ALLAIRE
FIRSIROTU

STRATÉGIES
et
MOTEURS
de
PERFORMANCE

*Les défis et les rouages du
leadership stratégique*

**Chenelière
McGraw-Hill**

CHENELIÈRE ÉDUCATION

Stratégies et moteurs de performance
Les défis et les rouages du leadership stratégique

© 2004 Les Éditions de la Chenelière inc.

Éditeur : Sylvain Ménard
Éditeur délégué : Pierre Frigon
Éditrice adjointe : Mélanie Bergeron
Coordination : Valérie Tannier
Révision linguistique : Marie-Hélène de la Chevrotière
Correction d'épreuves : Manuel : Luc Asselin et Annick Loupias
                  Cédérom : Chantale Landry
Conception graphique et infographie : L'autographe X
Couverture : Karina Dupuis et Josée Bégin

Catalogage avant publication de la Bibliothèque nationale du Canada

Allaire, Yvan

Stratégies et moteurs de performance :
Les défis et les rouages du leadership stratégique

2e éd.

Publ. antérieurement sous le titre : L'entreprise stratégique, Boucherville :
G. Morin, 1993.

ISBN 2-7651-0362-3

Comprend des réf. bibliogr. et un index.

1. Planification stratégique. 2. Économie d'entreprise. 3. Gestion du risque.
4. Compétitivité (Économie). 5. Marketing. I. Firsirotu, Mihaela E., 1946-. II. Titre.
III. Titre : L'entreprise stratégique.

HD30.28.A398 2004   658.4'012   C2004-940497-0

**Chenelière
McGraw-Hill**

CHENELIÈRE ÉDUCATION

7001, boul. Saint-Laurent
Montréal (Québec)
Canada H2S 3E3
Téléphone : (514) 273-1066
Télécopieur : (514) 276-0324
info@cheneliere-education.ca

ISBN 2-7651-0362-3

Dépôt légal : 2e trimestre 2004
Bibliothèque nationale du Québec
Bibliothèque nationale du Canada

Imprimé au Canada

2 3 4 5 ITG 08 07 06 05 04

Dans ce livre, le masculin a été utilisé dans le but d'alléger le texte. La lectrice
et le lecteur verront à interpréter selon le contexte.

Nous reconnaissons l'aide financière du gouvernement du Canada par l'entremise du Programme d'aide au développement de l'industrie de l'édition (PADIÉ)
pour nos activités d'édition.

Gouvernement du Québec – Programme de crédit d'impôt pour l'édition de livres
– Gestion SODEC

L'Éditeur a fait tout ce qui était en son pouvoir pour retrouver les copyrights. On peut
lui signaler tout renseignement menant à la correction d'erreurs ou d'omissions.

DANGER

LE
PHOTOCOPILLAGE
TUE LE LIVRE

Table des matières

Partie V
Les stratégies de marché et les systèmes stratégiques   323

Prologue

En 1987, l'un des auteurs de cet ouvrage (Allaire) visitait, en compagnie de cadres de la société Bombardier, une petite filiale de celle-ci située à Auburn dans l'État de New York. Cette filiale, nommée Alco, ne comptait alors qu'une centaine d'employés et fabriquait des composants de moteurs diesels pour locomotives.

Or, Alco (un diminutif de American Locomotives Co.) a déjà employé jusqu'à 15 000 personnes et a été la soixante et unième plus grande entreprise aux États-Unis en 1917! Elle était alors le plus grand producteur de locomotives à vapeur (plus de 1 300 en une seule année et un total de plus de 75 000). Alco, fabricant innovateur, est entrée sur le marché de l'automobile en 1906 avec une licence française. En 1909 et en 1910, ses véhicules ont gagné la course la plus prestigieuse du temps. Cette incursion dans le secteur automobile s'est avérée non profitable et a été abandonnée sept ans plus tard. (Il semble que la faible rentabilité de cette opération n'était pas due à des coûts excessifs, mais à la pratique douteuse consistant à donner une automobile en cadeau aux responsables des achats de locomotives!)

Hélas, Alco n'a pas réussi à se transformer pour s'adapter à la nouvelle technologie du diesel et aux nouveaux procédés de fabrication en série que cette technologie facilitait. Malgré des efforts héroïques pour se diversifier, l'entreprise s'est graduellement estompée à compter de 1960. Vendue, fusionnée, démembrée, elle devint une ombre de ce qu'elle avait été à son apogée.

Cette anecdote soulève l'inévitable question : «Comment certaines entreprises deviennent-elles grandes et comment font-elles pour le rester?» L'histoire économique comporte tant d'exemples d'entreprises, célébrées pendant un moment pour leur spectaculaire réussite, qui n'ont pas su éviter la stagnation, le déclin et même la disparition.

On peut évoquer avec nostalgie les noms d'entreprises, jadis florissantes et dominantes, qui ne sont plus. Ce sort menace toutes les entreprises qui commettent des erreurs de stratégie ou qui ne réussissent pas à se donner le mode de leadership qu'exigent les circonstances du moment.

Au Canada, on se souvient des grandes sociétés Dupuis et Frères, Eaton's, Steinberg, Pascal's, Massey-Ferguson, Consolidated Bathurst, Montreal Trust, le quotidien *Montreal Star* et tant d'autres.

L'histoire économique récente résonne encore de la déconfiture crapuleuse et soudaine des entreprises encensées la veille encore : Enron, WorldCom et les autres. De toutes les entreprises constituant l'indice Dow Jones à l'origine, il y a quelque 110 ans, une seule, General Electric, a survécu.

Selon le Corporate Strategy Board, 95% des entreprises qui ont fait partie à un moment donné du *Fortune 50* (c'est-à-dire les 50 plus grandes entreprises aux États-Unis sur la base de leur chiffre d'affaires) ont vu leur croissance fléchir ultimement. Seulement 7% d'entre elles ont su, de nouveau, retrouver le chemin de la prospérité.

Le tableau suivant présente le classement des 20 entreprises du *Fortune 500*, les plus importantes sur la base de leur valeur boursière pour la période 1972-2002. Ce tableau est éloquent et inquiétant. Sur une brève période de 30 ans, 13 des 20 sociétés les plus importantes en 1972 ne se trouvent plus parmi les 20 premières en 2002.

Classement des 20 plus grandes entreprises du *Fortune 500* sur la base de leur capitalisation boursière (1972-2002)

1972	
1. IBM	46,8 M$
2. AT&T	29,2
3. Eastman Kodak	23,9
4. General Motors	23,2
5. Exxon	19,6
6. Sears Roebuck	18,2
7. General Electric	13,3
8. Xerox	11,8
9. Texaco	10,2
10. Minnesota Minning & MFG	9,7
11. Procter & Gamble	9,1
12. Royal Dutch/Shell	9,1
13. Coca-Cola	8,9
14. Du Pont	8,4
15. Ford Motor	8,0
16. Avon Products	7,9
17. Mobil	7,5
18. Johnson & Johnson	7,4
19. Chevron	6,8
20. Merck	6,6

1982	
1. IBM	57,0 M$
2. AT&T	52,2
3. Exxon	25,7
4. General Electric	21,6
5. General Motors	19,0
6. Royal Dutch/Shell	16,9
7. Eastman Kodak	14,2
8. Schlumberger	13,4
9. Toyota Motor	12,6
10. Amoco	11,7
11. Chevron	10,9
12. Mobil	10,7
13. Sears Roebuck	10,3
14. Atlantic Richfield	10,2
15. Hitachi	9,9
16. Procter & Gamble	9,8
17. Matsushita Electric Ind.	9,6
18. GE Co. (U.K.)	9,3
19. Johnson & Johnson	9,3
20. British Petroleum	8,7

1992	
1. Exxon	75,8 M$
2. General Electric	73,9
3. Wal-Mart	73,5
4. Royal Dutch/Shell	71,8
5. Nippon Tel. & Tel.	71,4
6. Philip Morris	69,3
7. AT&T	68,0
8. Coca-Cola	55,7
9. Mitsubishi Bank	53,5
10. Merck	50,3
11. Indus. Bank of Japan	46,5
12. Sumitomo Bank	45,6
13. Toyota Motor	44,1
14. Fuji Bank	41,8
15. Daiichi Kangyo Bank	41,8
16. Sanwa Bank	37,9
17. British Telecom.	37,8
18. Procter & Gamble	36,4
19. Glaxo Holdings	36,1
20. Bristol-Myers Squibb	35,1

2002	
1. General Electric	401,5 M$
2. Microsoft	331,5
3. Exxon	295,8
4. Wal-Mart	277,5
5. Pfizer	251,2
6. Citigroup	251,1
7. Intel	207,6
8. Johnson & Johnson	196,2
9. American International Group	195,3
10. IBM	183,3
11. Merck	144,3
12. Verizon Com.	129,9
13. SBC Com.	129,7
14. Cisco Systems	122,6
15. Coca-Cola	119,0
16. AOL Time Warner	113,9
17. Home Depot	113,3
18. Philip Morris	112,5
19. Procter & Gamble	110,1
20. Berkshire Hathaway	110,0

Source : Fortune 500, *1972, 1982, 1992, 2002.*

Des 10 entreprises en tête du classement en 1972, seulement 3 sont parvenues à y demeurer 30 ans plus tard (GE, Exxon et IBM). Deux d'entre elles, GE et IBM, font l'objet d'une évaluation poussée dans cet ouvrage.

La société IBM a connu une trajectoire inusitée. Au premier rang en 1972 et en 1982, elle disparaît de cette liste en 1992 pour réapparaître au dixième rang en 2002, fournissant un rare exemple de phénix dans le milieu des affaires.

Ainsi, alors que 5 pétrolières faisaient partie de ce groupe des 20 en 1972, seule la société Exxon, grâce à une habile stratégie d'acquisitions, y apparaît encore en 2002. Elle réussit même à améliorer son rang, passant de la cinquième à la troisième place.

Des entreprises naguère dominantes dans leur marché, comme AT&T, Xerox, Sears Roebuck, Eastman-Kodak, GM et 3M, ont connu de sérieuses difficultés pour se donner une stratégie efficace et pour transformer leur organisation afin de composer avec les changements majeurs dans leur contexte de marché. Il est significatif que la valeur boursière d'Eastman Kodak, de Sears Roebuck et de Xerox était, en 2002, inférieure à ce qu'elle était en 1972!

Évidemment, **ce caractère éphémère au sommet est souvent la conséquence brutale d'une saine et efficace économie de marché agissant comme elle se doit pour éliminer les incompétents, écarter les périmés, fusionner les médiocres et récompenser les innovateurs.**

Justement, il est significatif que 7 entreprises réussissent à demeurer (ou à revenir, dans le cas d'IBM) parmi le peloton de tête pendant 30 ans, tandis que les 13 autres glissent lentement hors de ce groupe durant cette période. **Pourquoi les entreprises ont-elles souvent une vie si courte? Pourquoi leur succès semble-t-il si éphémère?**

La réponse à cette question, dans presque tous les cas, est simple : stratégie et leadership. Par **stratégie**, nous entendons non seulement la stratégie de marché de l'entreprise mais également sa stratégie concernant l'organisation, ses valeurs, la qualité et la pérennité de son personnel. Par **leadership**, nous entendons bien sûr la qualité des hauts dirigeants, mais aussi le leadership à tous les niveaux de l'entreprise; nous faisons également référence au mode de leadership qui convient aux circonstances, à celui qui bâtit de grandes et durables organisations.

Cet ouvrage démontre comment on arrive à créer dans l'entreprise cette alliance de la stratégie et du leadership, si essentielle à sa performance et à sa survie. Reflétant notre conception de la stratégie, **cet ouvrage propose un modèle unifié, flexible et subtil pour la réflexion et l'action stratégiques. Notre concept de la stratégie réunit les aspects économiques et financiers de la stratégie ainsi que les dimensions culturelles et informelles de l'organisation.** Il s'avère exigeant parce qu'il regroupe et intègre de multiples concepts épars, et parce qu'il se veut pertinent pour la gamme complète des situations d'entreprise et des enjeux stratégiques.

Nous y traitons des enjeux de la gouvernance dans le contexte post-Enron, du sens et de la mesure de la création de valeur économique, de la pression exercée par les marchés financiers sur les dirigeants et du contexte inédit dans lequel l'entreprise moderne doit apprendre à évoluer ainsi que des modes de leadership appropriés à différents contextes. Nous présentons également une méthodologie éprouvée pour exécuter une stratégie radicalement différente, pour mener à bien des opérations de transformation, de réorientation, de redressement ou de revitalisation. Notre propos comporte de nombreux exemples concrets, plusieurs d'entre eux provenant de l'expérience directe des auteurs. Des personnages et des entreprises sont mis en scène. Leurs enjeux, leurs succès, leurs déboires et leurs stratégies fournissent de puissantes leçons pour tout aspirant dirigeant.

- En septembre 1985, à Orlando en Floride, Laurent Beaudoin, 47 ans, PDG de la société Bombardier et gendre du fondateur, s'apprête à proposer à son conseil d'administration une stratégie de diversification pour l'entreprise. Bombardier affiche alors un chiffre d'affaires de quelque 400 millions de dollars canadiens, provenant de deux secteurs d'activité : les motoneiges et le matériel de transport ferroviaire. Un grand contrat, obtenu à l'arraché en 1982 avec la Régie des transports de New York, fournit maintenant une solide trésorerie à l'entreprise. Toutefois, la diversification dans des secteurs non reliés est une opération hasardeuse, le Waterloo de tant d'entreprises jusque-là florissantes.

  Quinze ans plus tard, Bombardier sera le numéro un mondial dans les marchés des avions régionaux, des jets d'affaires et du transport ferroviaire des passagers. Laurent Beaudoin avait réalisé son rêve de faire de Bombardier une grande entreprise diversifiée et transnationale. Comment s'y est-il pris ? Quels enseignements peut-on tirer de l'expérience de Bombardier ?

  Évidemment, le ressac des événements du 11 septembre 2001 allait ébranler cette superbe réalisation. Or, l'histoire de Bombardier est parsemée de crises dont l'entreprise s'est relevée chaque fois pour devenir plus forte.

- Au début de 1996, Maurice Lévy, 54 ans, informaticien de formation et PDG de Publicis – la grande agence française de communications et de publicité –, comprend que son entreprise est arrivée à une croisée des chemins. Grand joueur sur la scène française, avec une place importante en Europe, le Groupe Publicis ne participe au marché américain que par une alliance avec FCB (devenue par la suite True North), alliance qui est venue à terme en 1996. Publicis n'a aucune présence en Asie en 1996. Or, ses grands clients (L'Oréal, par exemple) deviennent de plus en plus « mondiaux » par leur couverture de marché. De plus, par un chassé-croisé d'acquisitions, de grands groupes de communications se sont formés (Omnicom, Interpublic, WPP) pour proposer à leurs clients une offre intégrée de services d'envergure mondiale.

  Confrontée à cette double réalité, Publicis peut : 1) se concentrer sur le marché français et européen et établir des alliances pour offrir à ses clients une « couverture » complète des marchés géographiques pertinents ; 2) devenir, par le truchement d'acquisitions, un grand groupe capable de rivaliser d'égal à égal avec les autres groupes pour se gagner les faveurs des entreprises transnationales et les budgets des marques « mondiales ». Ce second choix devient le pari et le rêve de Maurice Lévy, appuyé par les actionnaires de contrôle, héritiers du fondateur de la société.

  Publicis passe alors à l'action ! Elle fait l'acquisition de la fameuse agence britannique Saatchi & Saatchi en 2000. Elle ajoute une brochette d'entreprises pour élargir sa couverture géographique (incluant BCP au Canada) et se donner des compétences de pointe dans tous les secteurs des communications. En 2002, elle acquiert le groupe américain Bcom3 (Leo Burnett, D'Arcy, etc.) et elle signe une entente de partenariat avec la grande agence japonaise Dentsu. Publicis a ainsi mis en place toutes les pièces d'une stratégie de mondialisation.

Avec des revenus de quelque 2,9 milliards d'euros en 2002 (et 4,0 milliards sur une base *proforma*), Publicis est maintenant le quatrième groupe mondial de communications, premier en Europe, troisième aux États-Unis. Quel est le prochain geste stratégique de Maurice Lévy ? Quels sont les modes de fonctionnement et les principes de gouvernance mis en place pour que ce grand rassemblement « livre la marchandise », crée une valeur économique à la hauteur des attentes et des investissements ? Comment Maurice Lévy compte-t-il s'y prendre pour aller jusqu'au bout de son « rêve mondial » ?

- Le 5 juillet 1994, un gringalet de 30 ans entreprend les formalités juridiques pour créer une nouvelle entreprise dans le but de vendre des livres en ligne. Son nom est Jeff Bezos. Son entreprise, Amazon.com, est devenue en moins de 10 ans un véritable centre commercial en ligne avec, en 2002, un chiffre d'affaires de près de 4 milliards de dollars américains. Le rêve de Bezos, un rêve technologique encore inachevé, est de pousser jusqu'à ses limites l'occasion nouvelle qu'offre le commerce en ligne. Cependant, pour établir une position dominante dans ce nouveau marché, Bezos doit agir rapidement et investir massivement. Le niveau de son endettement pèse lourdement sur les résultats de l'entreprise et laisse encore planer le doute quant au succès ultime de cette stratégie audacieuse. Comment Amazon.com nous éclaire-t-il sur les exigences et les risques d'une stratégie de domination de marchés ?

- Le 5 novembre 1997, Andrew S. Fastow, 35 ans, vice-président des finances d'Enron, le *Boy Wonder* de la finance américaine, participe à une réunion du comité exécutif du conseil d'administration d'Enron. L'entreprise vient d'être choisie par la revue *Fortune* comme l'entreprise la plus innovatrice aux États-Unis. Le troisième point à l'ordre du jour porte sur la création d'une entité spéciale (*special purpose entity* ou SPE), appelée CHEWCO, pour effectuer une transaction hors bilan.

  Dans son style policé et un tantinet arrogant, Fastow présente les principaux éléments de la structure soumise pour approbation. Ce type de montage, fréquent chez Enron, doit se conformer à des normes comptables et juridiques précises pour conserver un statut hors bilan. La structure présentée par Fastow semble parfaitement respectueuse de ces exigences. CHEWCO est rapidement approuvée, et le comité passe au point suivant de son ordre du jour.

  Or, Fastow venait de commettre un acte frauduleux et de faire une fausse représentation. Quatre ans plus tard, cette transaction CHEWCO deviendra la bougie d'allumage d'une séquence d'événements aboutissant à la faillite d'Enron le 2 décembre 2001. Comment ce cauchemar financier qu'est devenue Enron s'est-il fait et comment aurait-il pu ne pas se faire ?

- Le 1er avril 1993, Louis V. (Lou) Gerstner, 50 ans, un produit du Harvard Business School et de McKinsey, ex-dirigeant d'American Express, ci-devant PDG de RJR-Nabisco (propriété de la firme Kohlberg, Kravis and Roberts, KKR), débute dans son nouvel emploi : PDG d'IBM. Cette grande entreprise naguère admirée, puissante et riche, connaît des problèmes sérieux, faisant craindre le pire. Pour la première fois de son histoire, la société IBM sera dirigée par une personne « étrangère », un cadre qui n'est pas sorti des rangs d'IBM. Le comité du conseil responsable de trouver un nouveau PDG cherchait un « agent de changement », un leader capable de « brasser » l'entreprise, de bousculer le *statu quo*, de faire des changements radicaux. Gerstner est-il l'homme de la situation ? Sera-t-il capable de redresser ce mastodonte aux valeurs incrustées ? Gerstner lui-même avait ses doutes. Dix ans plus tard, IBM est de nouveau une entreprise très rentable, rétablie aux palmarès des grandes entreprises admirées. Quelle a été la stratégie de redressement de Gerstner ?

- En 1954, un vendeur itinérant de 52 ans, diabétique, souffrant d'arthrite précoce, amputé de sa vésicule biliaire et de la moitié de sa thyroïde, songe à se lancer dans une nouvelle affaire avec deux frères propriétaires d'un restaurant spécialisé (hamburgers et frites), lequel fait fureur dans une ville de Californie. Ray Kroc est son nom, et il rêve de transformer ce concept en une chaîne de restaurants. L'entreprise s'appelle McDonald's. Cinquante ans plus tard, elle compte 30 000 établissements dans 118 pays et affiche un chiffre d'affaires de 15 milliards de dollars américains. Numéro un mondial de la restauration rapide, symbole de l'américanisme « mondialisant », McDonald's est parmi les cinq marques de commerce les mieux connues au monde. Cependant, des changements d'habitudes et de valeurs en matière de nutrition posent de sérieux défis à l'entreprise en 2003. Quelles sont les raisons véritables du succès de McDonald's ? L'entreprise pourra-t-elle composer avec tous les nouveaux contextes qui pèsent maintenant sur sa performance ?

- En septembre 1981, Jack Welch, 45 ans, détenteur d'un doctorat en génie chimique de l'université d'Illinois, cadre légèrement iconoclaste, devient le PDG de General Electric au terme d'un âpre concours l'opposant à deux autres dirigeants de GE. Il hérite d'un vaste conglomérat rentable mais, selon Welch, vulnérable et sclérosé.

Vingt ans plus tard, au moment où il prend sa retraite, en septembre 2001, General Electric est une entreprise dominante dans 14 secteurs industriels. Elle a négocié avec succès le virage « services » et le virage « e-business » ; elle affiche la plus grande valeur boursière au monde. Welch a été choisi par la revue *Fortune* comme le plus grand leader d'entreprise du XXe siècle ! Quels sont les principaux ingrédients de ce succès par-delà les aspects trop évidents et donc trompeurs ?

- Le 2 juillet 1962, Sam Walton, 44 ans, ouvre un établissement appelé Wal-Mart dans la ville de Rogers, en Arkansas, comptant une population de quelque 10 000 habitants. Quarante ans plus tard, la société Wal-Mart est devenue un véritable phénomène du commerce de détail. Avec plus de 3 000 établissements et un chiffre d'affaires de plus de 100 milliards de dollars américains, l'entreprise compte quelque 1 140 000 « associés », ce qui en fait le plus important employeur privé au monde ! Étudiée et disséquée dans toutes les écoles de gestion, elle se classait en 2002 au premier rang des entreprises les plus admirées en Amérique. Comment se fait une entreprise comme Wal-Mart ? Quels sont ses défis pour l'avenir ?

- En 1992, Paul Tellier, 52 ans, ci-devant greffier du conseil privé (le plus haut fonctionnaire du gouvernement canadien) devient le président du

Canadien National, la société d'État (ou de la Couronne) dans le transport ferroviaire de marchandises. L'entreprise prévoyait des pertes de 100 millions de dollars canadiens pour l'année 1992. Le mandat de Tellier était de la préparer pour une éventuelle privatisation.

Dix ans plus tard, le CN, entreprise privée inscrite aux Bourses de New York et de Toronto, affiche la meilleure performance financière de toutes les entreprises de son secteur en Amérique du Nord, tant en ce qui a trait à ses résultats d'exploitation qu'à l'appréciation de sa valeur boursière. Quels ont été les moteurs de cette performance ?

Tout au long de cet ouvrage, ces personnes et ces entreprises, et bien d'autres encore, jouent un rôle de démonstration de la « stratégie en action » pour le meilleur et pour le pire. **Leurs stratégies, peu importe qu'ils y soient arrivés par analyse, par intuition, par expérience, par tâtonnements successifs ou par chance, ont toujours un fondement économique et psychosociologique.** Le dirigeant de demain a beaucoup à apprendre de leur expérience, des raisons véritables de leur succès ou de leur déconfiture, par-delà les anecdotes, l'hagiographie, le culte de la personnalité et les recettes *a posteriori*.

Cet ouvrage vise à montrer ce qu'est la stratégie, comment elle se fait, comment elle contribue à créer des entreprises performantes et durables, comment le leadership est le côté pile d'une monnaie dont le côté face est la stratégie !

Plan de l'ouvrage

Cet ouvrage comporte six thèmes ou parties :

Le schéma suivant résume le contenu de l'ouvrage.

Coupe schématique de l'ouvrage et démarche stratégique

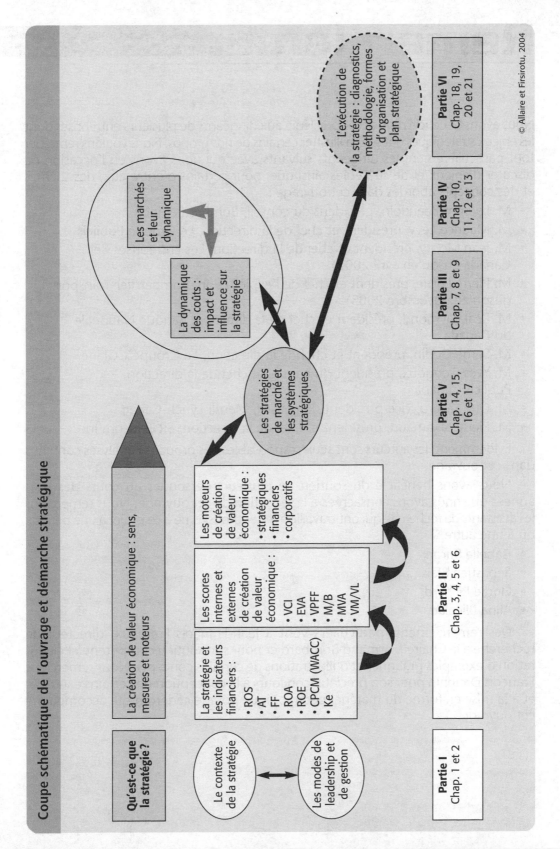

© Allaire et Firsirotu, 2004

Remerciements

Nous avons bénéficié d'un accès privilégié aux dirigeants de plusieurs entreprises dont les enjeux stratégiques ont servi à illustrer certains de nos propos. Nous voulons remercier tout particulièrement les dirigeants suivants avec qui nous avons eu l'occasion de discuter d'enjeux et de stratégies ainsi que, pour certains d'entre eux, des thèmes et des concepts abordés dans cet ouvrage :

- M. Laurent Beaudoin, président du conseil, Bombardier inc.
- M. Maurice Lévy, président et chef de la direction, Le Groupe Publicis
- M. Jean Monty, président et chef de la direction, Les Entreprises Bell Canada (jusqu'en avril 2002)
- M. Pierre Lortie, président et chef de l'exploitation, Bombardier Transport (jusqu'en novembre 2003)
- M. Réal Raymond, président et chef de la direction, Banque Nationale du Canada
- M. Serge Godin, président et chef de la direction, Le Groupe CGI inc.
- M. Yves Gougoux, président du conseil et chef de la direction, Publicis Canada
- M. Guy Savard, vice-président du conseil, Merrill-Lynch-Canada
- M. Pierre St-Arnaud, président et chef de la direction, SR Telecom Inc.

Évidemment, les auteurs sont seuls responsables des propos et analyses contenus dans cet ouvrage.

Nous avons bénéficié du soutien de plusieurs personnes au cours des trois années que nous avons consacrées à la rédaction de cet ouvrage. Nous remercions les assistants de recherche qui ont travaillé avec enthousiasme à ce projet à une période ou à une autre :

- Isabelle Burger
- Sébastien Blais
- Élodie Richard
- Alina Nicolau

Des remerciements particuliers vont à Jean-François Fremaux, directeur de recherche à la Chaire J. Armand Bombardier pour son soutien compétent à l'élaboration d'exemples pratiques et d'illustrations de certains concepts. Nous remercions François Dauphin pour son précieux concours à la conception de certains exercices et à la mise en forme du matériel pédagogique pour le cédérom qui accompagne cet ouvrage.

Nous remercions chaleureusement la professeure Camelia Dumitriu qui, sur la base d'un cahier d'exercices qu'elle a développé et rodé avec ses étudiants de l'École des sciences de la gestion (UQAM), a assumé la responsabilité de mettre au point une bonne partie des exercices et mini-cas rassemblés sur le cédérom qui accompagne cet ouvrage. Cet outil a pour but de faciliter l'apprentissage des étudiants et de leur permettre de rafraîchir les connaissances préalables à une bonne compréhension de certaines parties de notre ouvrage.

L'équipe de Chenelière/McGraw-Hill (Valérie Tannier, Sylvain Ménard, Pierre Frigon) s'est acquittée avec tact et professionnalisme de la tâche complexe de produire un ouvrage difficile tout en ménageant les susceptibilités des auteurs. Pour les auteurs, un ouvrage n'est jamais vraiment terminé, il est abandonné à leur éditeur !

Enfin, nous remercions la Chaire J. Armand Bombardier en gestion stratégique (UQAM) pour son indispensable soutien logistique.

Yvan Allaire,
Mihaela Firsirotu
Stowe, Vermont, février 2004

Partie I

Qu'est-ce que la stratégie ?

Introduction

Cet ouvrage débute par une question en apparence anodine, mais importante et complexe dans sa substance : qu'est-ce que la stratégie ? Nous proposons dans cette introduction une réponse à cette question et aux questions dérivées suivantes :

- Quelles sont les caractéristiques d'une bonne stratégie ?
- Quelles sont les qualités d'un bon stratège ?
- Peut-on former des stratèges ? Est-on né ou devient-on bon stratège ?

Définir le concept de stratégie

La stratégie trouve généralement sa cohérence et sa logique après coup, dans des chroniques et des récits bien structurés. Un genre littéraire, dont on trouve la trace jusqu'au IXe siècle, consiste justement en chroniques assurant le panégyrique du prince. Le monde de la gestion n'a pas échappé à cette pratique, bien au contraire.

D'autres observateurs, à l'esprit sceptique, prennent un malin plaisir à souligner les aspects accidentels et fortuits de la stratégie, laissant une large part au hasard et à l'imprévu dans le succès des entreprises. L'épigramme d'Ambrose Bierce est alors citée avec sourire en coin : *Planifier, c'est s'évertuer à trouver la meilleure façon d'atteindre un résultat accidentel.*

Il ne fait aucun doute qu'une bonne étoile fournit un singulier avantage. Napoléon ne disait-il pas qu'il préférait un général chanceux à un général talentueux ? Cependant, en stratégie comme dans d'autres domaines, on tente sa chance et on crée ses opportunités.

La stratégie est toujours présente là où se prennent les décisions qui influent sur le cours des sociétés et des organisations. Amalgame d'intuition et de calcul, soumise aux aléas, la stratégie prend néanmoins la mesure du jugement et de l'expérience des preneurs de décision. Le succès, la pérennité, voire la survie des entreprises sont tributaires des choix stratégiques des dirigeants ainsi que de leur habileté à exécuter des initiatives stratégiques judicieuses. Ainsi, **la stratégie d'entreprise, selon notre perspective, est un ensemble cohérent de choix et de mesures à prendre pour réaliser une certaine vision de l'entreprise et créer une valeur économique durable dans un contexte de marchés donné.**

La stratégie doit toujours chercher à concilier le souhaitable et le réalisable. Son exécution requiert soit le renforcement, soit le changement, soit la mise en place d'un assemblage cohérent de valeurs, de compétences, de ressources, de systèmes de gestion, de processus et de structures pour livrer la stratégie de marché choisie. Nous appelons cet assemblage « **système stratégique** ».

Chacune des parties de cette définition est importante :

- « **un ensemble cohérent de choix...** » – Toute stratégie est faite de choix entre les avantages et les risques des différentes options qui s'offrent à l'entreprise ; elle comporte des arbitrages (*trade-offs*) entre objectifs et ressources, entre le souhaitable et le réalisable. Ces choix et ces arbitrages doivent être cohérents entre eux et conséquents avec l'objectif de création de valeur économique durable. Dans le monde réel des entreprises, tissé d'intérêts divergents, de calculs individuels et de visions conflictuelles, établir ces choix cohérents et maintenir ces arbitrages représentent le premier test du leadership stratégique. Un exemple d'arbitrage est donné par la situation suivante, fréquente en pratique :

- L'expansion de l'entreprise dans de nouvelles régions géographiques à un rythme optimal est incompatible avec les ressources dont l'entreprise dispose dans l'immédiat. Des choix s'imposent :
  - ajuster le rythme de développement aux capacités de l'organisation et ainsi risquer que des concurrents s'établissent les premiers dans ces nouveaux marchés avec tous les avantages que cela confère ;
  - déplacer des ressources de ses opérations actuelles vers ces nouveaux développements à haut potentiel, au risque d'affaiblir les opérations actuelles ;
  - acquérir rapidement de nouvelles ressources, ce qui suppose un endettement additionnel ou une émission de nouvelles actions (et une dilution des actionnaires actuels) ainsi que le risque de mauvais choix de ressources ou d'une intégration mal faite de ces nouvelles ressources.

- **« de mesures à prendre... »** – La stratégie doit inclure les principales démarches et mesures qui donnent sa substance aux choix cohérents de la direction, incluant la nature et l'ampleur des changements à effectuer aux valeurs et aux systèmes de gestion qui ont cours dans l'entreprise.

- **« pour réaliser une certaine vision de l'entreprise... »** – Ces choix ainsi que les mesures à prendre sont guidés et commandés par la conception que la direction se fait de son entreprise, de son développement, de la place qu'elle devrait occuper dans les marchés pertinents.

- **« et créer une valeur économique durable... »** – L'entreprise doit dégager à tout le moins une rentabilité suffisante et continue pour payer le juste prix demandé par tous ses « fournisseurs », incluant les « fournisseurs » de talent et de capitaux. Une rentabilité insuffisante se traduira, le cas échéant, par un retrait de ces ressources essentielles à la performance et à la survie de l'entreprise.

- **« dans un contexte de marché donné »** – L'entreprise évolue dans un contexte fait de trois marchés distincts : produits et services, « talent » et capitaux.
  - **le marché des produits et des services,** où elle doit affronter une concurrence plus ou moins vive dans un cadre particulier de réglementations ;
  - **le marché du « talent »,** qui est plus ou moins rare, plus ou moins mobile selon les cadres juridique, sociopolitique et culturel de la société ambiante ;
  - **le marché des capitaux,** qui exerce des pressions plus ou moins fortes sur les orientations et les stratégies de l'entreprise ; le recours à des sources de capitaux plus ou moins patientes, plus ou moins prédominantes sur les autres « parties prenantes » (*stakeholders*) que sont les employés, les clients, la société civique.

Les pays et les époques diffèrent grandement quant au rôle et à l'importance relative de ces trois marchés pour la gestion stratégique. Cette considération est d'une telle importance pour la stratégie des entreprises que nous consacrons tout le premier chapitre de cet ouvrage à l'examen de cet enjeu. **Les bouleversements dans ces trois marchés au cours des vingt dernières années ont un impact fondamental, mais mal compris, sur les stratégies des entreprises, le caractère du leadership et les styles de gestion.**

Il est bien évident que les contextes économique et sociopolitique particuliers à une société exercent une profonde influence sur la stratégie des entreprises. **Les « nouveaux » modes de gestion, les stratégies du jour, les recettes et les panacées à tous les maux des entreprises prennent toujours forme et racine dans les dynamiques sociale, politique et économique d'un lieu et d'une époque.** Or, l'immense capacité de production et de diffusion du système américain en ce domaine fait en sorte que ce lieu et cette époque sont, presque toujours, les États-Unis d'aujourd'hui.

Dans la mesure où le contexte de l'entreprise canadienne ou européenne s'apparente au contexte américain, il est raisonnable de s'abreuver à cette abondante fontaine. Cependant, il faut faire preuve de discernement. Les valeurs sociales, la mobilité du talent et des ressources, les structures politiques, le système économique et juridique, ainsi que le caractère et le fonctionnement des marchés financiers et commerciaux diffèrent suffisamment entre le Canada et l'Europe, d'une part, et les États-Unis, d'autre part, pour que les enjeux stratégiques des entreprises soient également de nature différente et commandent des stratégies adaptées à leur contexte propre.

Au cours des dernières années tout particulièrement, des concepts et des pratiques de gestion stratégique d'origine américaine se sont propagés à l'échelle mondiale (du moins dans tous les pays développés), bien que leur raison d'être, leur finalité et les valeurs qui les sous-tendent soient essentiellement des produits des systèmes économique et sociopolitique américain.

L'imitation servile et l'application dogmatique des approches américaines, parfois remises en question aux États-Unis même, donnent souvent des résultats médiocres et peuvent résulter en des entreprises infirmes, inadaptées à leur véritable contexte.

Cet ouvrage contient de nombreux exemples américains pour démontrer tel ou tel aspect de la stratégie. Cependant, **nous proposons une conception de la stratégie fermement ancrée dans les réalités propres à chaque société, sensible aux différences et critique à bien des égards envers le modèle américain.**

Un exemple de « stratégie en action » : la société Dell

La société texane Dell Computers est devenue en quelques années le plus grand producteur d'ordinateurs au monde. Ses revenus annuels atteignaient 35 milliards de dollars en 2003, et sa part du marché mondial des PC en fait un grand joueur dans ce marché. Sa profitabilité est également supérieure à celle des sociétés Compaq, Gateway, Hewlett-Packard (HP) et IBM.

Comment Michael Dell, fondateur de l'entreprise, a-t-il réussi un pareil tour de force ? Par l'élaboration d'une stratégie très judicieuse et par son impeccable exécution. Cependant, il ne faut pas croire que Michael Dell a conçu, dans un éclair de génie, le système Dell tel qu'on le connaît aujourd'hui. Le processus par lequel les grandes stratégies se manifestent est souvent brouillon, fait de tâtonnements, de *trials and errors*.

La stratégie de marché de Dell

Encore étudiant à l'université d'Austin, au Texas, Michael Dell a constaté qu'il pouvait acheter les PC en surplus de stock de détaillants, les modifier pour leur ajouter de la puissance, puis les revendre sur le campus à des prix inférieurs à ce que demandaient les détaillants conventionnels pour des ordinateurs équivalents. Il a ainsi fait un chiffre d'affaires de 80 000 $ en 1983, ce qui l'a incité à fonder son entreprise en 1984. Dell a commencé à comprendre, plus ou moins clairement, que des changements importants survenaient dans l'industrie du PC. Quatre phénomènes interreliés se sont alors conjugués pour transformer le marché des PC :

1. Presque tous les fabricants adoptent le standard Wintel.
2. De grands réseaux de distribution de PC émergent.
3. La stratégie d'impartition (*outsourcing*) des fabricants a créé une industrie de fournisseurs dynamiques.
4. Les acheteurs manifestent un besoin insatisfait de service après-vente.

   1. Le standard Wintel – C'est IBM qui a donné le ton lorsque, en 1981, elle a choisi d'adopter le logiciel d'exploitation de Microsoft pour ses propres ordinateurs. Les autres fabricants, sauf Apple, ont suivi l'exemple d'IBM. Puis, les microprocesseurs d'Intel ont été adoptés par un grand nombre de fabricants. L'importance de ce phénomène est considérable. En utilisant les mêmes composants pour les deux fonctions critiques du produit, tous les ordinateurs équipés de Wintel (nom donné à cette quasi-norme faite de Windows de Microsoft et de Pentium ou autres microprocesseurs d'Intel) sont perçus comme interchangeables, non différenciés. Tous les fabricants peuvent donc se procurer à des prix similaires les composants critiques d'un ordinateur.

   2. De grands réseaux de distribution de PC – Les sociétés CompUSA, Circuit City, Best Buy et Future Shop au Canada (récemment achetée par Circuit City) augmentent le pouvoir de marchés des réseaux au détriment des fabricants et de leur rentabilité. Ces grands réseaux se concurrencent vivement, essentiellement dans le domaine des prix et du service dans leurs établissements.

   3. La stratégie d'impartition des fabricants de PC – Les fabricants, en conséquence des deux phénomènes précédents et des pressions qu'ils exercent sur leur rentabilité, ont recours à des fournisseurs externes pour un grand nombre de pièces et de composants. Ils cherchent tous à devenir des assembleurs de composants achetés au meilleur prix, tant aux États-Unis que dans les pays en voie de développement.

   4. Le service après-vente – Dans ce marché du PC où les différences techniques entre les produits concurrents sont minces et où les grands réseaux de vente au détail rivalisent surtout par les prix, un critère de choix, un bénéfice recherché reste insatisfait : le service après-vente.

Le **concept stratégique**, la vision qui émerge graduellement de ces quatre tendances, se présente ainsi :

- Il faut contourner les grands réseaux de distribution. Grâce à leur pouvoir de marché, à leur accès direct aux acheteurs et aux produits faiblement différenciés des producteurs (dans la mesure où ce sont tous des Wintel), les réseaux s'approprient une grande part de la rentabilité de l'industrie. On estimait les marges brutes prises par ces réseaux à quelque 25 à 40 %.

- Il faut offrir un produit différencié selon le service après-vente, mais offrant toutes les caractéristiques techniques des produits concurrents et à un meilleur prix.

- Il faut mettre en place des arrangements structurés avec le réseau de fabricants de pièces et de composants pour accélérer le temps de réponse et réduire les actifs nécessaires à Dell. Le volume aidant, Dell devra faire de ses fournisseurs des « partenaires » qui s'engagent à respecter de très courts délais de livraison et des conditions de paiement favorables, de telle sorte que Dell puisse répondre rapidement à la demande sans engager les coûts et les investissements pour maintenir un grand inventaire de produits.

Michael Dell comprend qu'il doit créer sa marque de produits, bâtir un système direct de vente aux consommateurs, se constituer un réseau de fournisseurs capables de répondre aux exigences de ce système. Voilà l'essence de la stratégie formelle de Dell.

Le concept est logique. La perspective est attrayante ; mais encore faut-il implanter cette stratégie, créer une organisation qui donne sa substance concrète à ce qui, autrement, ne pourrait que demeurer une bonne idée. C'est ce qui distingue l'entrepreneur de l'analyste !

Dell met en marche son système de vente directe, ciblant d'abord les entreprises à cause de leur volume d'achat d'ordinateurs. Il crée une société sans frontières où fournisseurs et clients sont en contact virtuel, d'abord par téléphone puis grâce au site Web de l'entreprise. Un effectif de vendeurs-conseillers, qui comptera, avec le temps, plus de 1 000 personnes, sillonne les entreprises, recueille toutes les informations sur leurs besoins, les conseille dans la configuration de leurs systèmes et établit des projections de vente, lesquelles servent à planifier la production des fournisseurs-partenaires. Dell peut donc prendre des engagements de volume envers ses fournisseurs en échange de conditions favorables contribuant à l'efficacité du système et à sa rentabilité.

Dans le système Dell, quelque 40 fournisseurs-partenaires (comparativement à environ 200, il y a quelques années) fournissent leurs pièces et leurs composants en mode juste-à-temps, de sorte que cinq heures après avoir reçu une commande, celle-ci est assemblée et prête à être livrée au client ! Le système de Dell est tellement efficace qu'il peut offrir un service de livraison ultrarapide avec des inventaires qui représentent à peine quatre jours de vente, par comparaison à 63 jours pour ses concurrents. Le service après-vente est assuré par un réseau de quelque 10 000 techniciens à l'emploi de firmes indépendantes.

Dell mesure continuellement les variables critiques de sa performance, comme le ratio ventes/inventaires, les marges par catégorie de clients et ligne de produits, etc. En 2002, Dell a montré une marge nette (ROS) sur ventes de seulement 16,00 %, une indication de sa stratégie de prix et de la vive concurrence de prix dans ce secteur. Cependant, en raison du système mis en place, la rotation des actifs (AT) chez Dell, c'est-à-dire les revenus divisés par les actifs économiques, atteint un remarquable 5,53 fois (par comparaison, Hewlett-Packard affiche 2,3 fois et Compaq, 2,6 fois). Cette performance, tributaire du système unique de Dell, produit un rendement exceptionnel sur les actifs (ROA) de 33,2 %.

Michael Dell a-t-il compris tous les aspects de cette stratégie dès le départ? A-t-il été infaillible dans l'exécution? Assurément pas! Par exemple, à la fin des années 1980, il a tenté de vendre ses ordinateurs par les réseaux CompUSA et Best Buy, donc les grands réseaux, pour atteindre le marché des particuliers. Il a dû s'en retirer en 1993, ayant subi des pertes importantes.

De même, il n'a certes pas anticipé le soutien tacite de Microsoft et d'Intel qui souhaitent sa réussite, parce qu'ainsi ils contribuent à affaiblir leurs rivaux IBM, Compaq et Hewlett-Packard (ces deux dernières entreprises ayant fusionné en 2002).

Quelles sont les caractéristiques d'une bonne stratégie?

Qu'elle soit privée, publique, gouvernementale ou coopérative, qu'elle soit une multinationale ou une PME, **une entreprise n'est finalement que l'aboutissement des choix stratégiques présents et passés de ses dirigeants.** Ces choix reflètent des analyses et des intuitions plus ou moins justes, plus ou moins heureuses, et ils mènent à des réalisations plus ou moins conformes aux intentions de départ.

La stratégie dans les entreprises bien gérées procède en deux temps et à deux niveaux. D'une part, il y a toujours une stratégie en voie d'actualisation dans l'entreprise, manifeste dans un flux continu d'activités, d'initiatives et d'opérations, conséquences, en partie du moins, de choix et de décisions passés. En ce sens, la «stratégie» donne sa substance présente à l'entreprise. D'autre part, **l'avenir de toute entreprise repose sur ce que nous appelons la méta-stratégie des dirigeants.** Ceux-ci doivent «précéder» mentalement l'entreprise, établir ce que deviendra l'entreprise dans sa projection actuelle, définir, si nécessaire, de nouvelles orientations puis influer sur le cours et la direction de l'entreprise.

«Penser la stratégie», c'est justement s'interroger sur le devenir d'une organisation, sur les choix qui s'offrent à elle, sur les incertitudes qui marquent son destin. La stratégie d'une entreprise reflète la qualité de son information, sa capacité d'innovation et l'efficacité de son leadership pour mener à bien à la fois la réflexion stratégique et l'exécution de la stratégie.

En simplifiant un tantinet, nous pouvons donc dire que la qualité d'une stratégie dépend de trois opérations distinctes, que nous appelons les trois «i» de la stratégie: information, innovation, implantation. Chacune de ces activités recourt à des habiletés distinctes.

Par **information**, il faut bien sûr entendre la mise en place de systèmes formels de collecte, de tri et d'analyse des données stratégiques; mais cette activité comporte aussi l'établissement de réseaux informels de renseignements et d'antennes dans différents milieux. Elle suppose une démarche continue et dynamique de recherche d'informations quantitatives et qualitatives de la part des cadres et des dirigeants. Elle exige une haute capacité d'analyse et de synthèse, une démarche professionnelle impartiale, libre de préjugés, de conclusions prématurées et d'*a priori,* lesquels empoisonnent ou façonnent trop souvent le jugement des dirigeants d'entreprise.

Par **innovation**, nous voulons souligner un aspect très précieux de la démarche stratégique: l'habileté à voir des options, des possibilités que d'autres n'ont pas vues, à imaginer une stratégie qui surprenne et déroute la concurrence. L'innovation stratégique n'est pas qu'une intuition sans fondement analytique, qu'une heureuse lubie ; elle se base sur l'analyse mais va souvent au-delà. Elle fait appel à l'utilisation imaginative de l'information disponible. Elle est souvent le résultat d'« imitation créatrice », d'un transfert de ce qui a été observé dans un secteur d'activité à un autre secteur. Elle définit une nouvelle approche, une nouvelle configuration stratégique qui a échappé à d'autres observateurs ayant pourtant accès aux mêmes données et aux mêmes analyses. Le cas Dell décrit plus haut fournit un bon exemple. McDonald's, FedEx, ainsi que les puissants systèmes de vente au détail comme Home Depot, Wal-Mart, Costco, Toys R US ou Amazon.com sont tous le résultat d'innovations stratégiques.

Par **implantation**, nous voulons insister derechef sur l'exécution, dans ce milieu social et politique qu'est une organisation, d'une intention stratégique, d'un plan d'action concret. L'implantation stratégique exige une compréhension nuancée de l'organisation dans toutes ses manifestations formelles et informelles. Elle mise sur une flexibilité d'exécution qui permet d'adapter la stratégie aux humeurs et aux réalités propres à chaque organisation. Les dirigeants doivent sentir le rythme de changements dont est capable leur entreprise, la pousser à ses limites, augmenter sa plasticité, sa capacité d'adaptation. Toutefois, ils doivent prendre garde de ne pas la surcharger de changements au point d'en paralyser le fonctionnement et de semer le désarroi chez ses membres.

Une stratégie reposant sur une bonne qualité d'information, une bonne dose d'innovation et une bonne habileté d'implantation est garante de pertinence et de valeur ajoutée. Une autre façon, en partie redondante avec cette dernière, d'évaluer l'à-propos d'une stratégie consiste à se poser les questions suivantes auxquelles cet ouvrage apporte des réponses au fil des chapitres qui suivent :

1. La stratégie proposée est-elle créatrice de valeur économique ? (*voir la partie II*)
2. La stratégie proposée est-elle fondée sur un diagnostic implacable de la situation de l'entreprise, de ses coûts et de l'évolution de ses marchés ? Quel est ce diagnostic, et quelle vision des marchés sous-tend la stratégie proposée ? (*voir les parties III et IV*)
3. La stratégie proposée définit-elle clairement le positionnement de l'entreprise, l'innovation sur laquelle elle s'appuie et la vision de l'avenir qui l'anime ? (*voir la partie V*)
4. La stratégie proposée comporte-t-elle des mesures explicites pour composer avec les risques majeurs et les principales vulnérabilités de l'entreprise ? (*voir la partie II, chapitre 5*)
5. La stratégie proposée est-elle explicite à propos de l'architecture de l'organisation à mettre en place, des principaux changements à effectuer pour réussir son exécution ? (*voir la partie VI*)

Si un dirigeant d'entreprise (ou d'unité stratégique) n'arrive pas à répondre clairement et succinctement à ces questions, sa réflexion stratégique est alors incomplète et la démarche stratégique de l'entreprise, perfectible.

Quelles sont les qualités d'un bon stratège ?

Notre conception de la stratégie insiste sur le fait que l'intention stratégique et sa réalisation dans l'entreprise sont deux aspects indissociables d'une stratégie. Alors, bien évidemment, **un bon stratège ne peut pas être qu'un penseur inspiré qui délègue à des cadres opérationnels l'exécution de ses vœux et de ses vues.** Tout dirigeant opérationnel doit être, ou doit devenir, un bon stratège. Nous sommes perplexes devant cette nomenclature récente qui fait apparaître à l'organigramme de certaines grandes entreprises un poste de « chef de la stratégie » occupé par un cadre du siège social ! Le PDG doit être le « chef de la stratégie » dans l'entreprise, appuyé bien sûr par le personnel approprié.

Un bon stratège est d'abord un bon dirigeant, et vice-versa. Deux habiletés sont essentielles au stratège-dirigeant-leader d'entreprise :

1. Une habileté à penser stratégiquement.
2. La capacité d'exécuter, de changer les organisations.

Ces deux habiletés doivent se compléter et se renforcer chez toute personne qui aspire à diriger une entreprise. Elles s'exercent cependant de façon différente selon les phases ou les cycles du développement de l'entreprise. C'est pourquoi nous consacrons le chapitre 2 aux modes de leadership et de gestion appropriés aux différentes étapes de la vie d'une entreprise.

1. Une habileté à penser stratégiquement

Bien que peu d'études vraiment utiles soient disponibles sur ce sujet, l'observation directe et attentive d'excellents dirigeants en action nous amène à conclure à une certaine forme de pensée, à une régularité et à une similitude de leur démarche intellectuelle. Selon nos observations, la pensée stratégique est :

- **systémique** – La pensée stratégique s'attache aux relations fondamentales entre les phénomènes et est capable d'embrasser l'entreprise dans toutes ses relations internes ou externes. Elle se méfie des explications unidimensionnelles et des schémas de causalité trop simples. Elle procède d'une compréhension « holistique » de l'entreprise et de l'organisation. **L'intensité de l'expérience et la passion pour son objet qui l'alimentent donnent souvent à la pensée stratégique un caractère trompeur de « flair » et d'« intuition ».**

- **innovatrice** – Fondée sur l'analyse et l'expérience, la pensée stratégique n'est pas emprisonnée par celles-ci. Elle s'alimente à de multiples sources d'information et elle cherche les liens ainsi que les relations, inaperçus jusque-là, entre des idées disparates et des concepts étrangers (c'est d'ailleurs la définition qu'Arthur Koestler donne de la créativité). Elle procède par analogie, par imitation de ce qui se fait ailleurs. **Il est remarquable à quel point les grandes entreprises innovatrices sont souvent le résultat d'« imitation créatrice ».** Ray Kroc (McDonald's), Sam Walton (Wal-Mart), Richard Branson (Virgin), Stelios Hajo-Iaoannou (EasyJet), Fred Smith (FedEx), Jeff Bezos (Amazon.com) et Ingvar Kamprad (IKEA) offrent l'exemple d'une pensée innovatrice, parfois caractérisée par une imitation créatrice de formules et de concepts trouvés ailleurs. Comme dans d'autres domaines de création, il est vrai que l'idée nouvelle, le concept innovateur flotte souvent dans l'air du temps, mais cela n'enlève pas le mérite à qui l'a flairé le premier. **La pensée stratégique peut, veut même, être dérangeante par la volonté qui l'anime de ne pas accepter que ce qui fut sera, et que ce qui n'a pas été ne pourra être.**

- **pratique** – La pensée stratégique n'est pas faite de sauts périlleux dans les conjectures. Ouverte et libre de préjugés et de conventions, la pensée stratégique se distingue de la futurologie échevelée par un ancrage dans le possible et par le dur « test de réalité » qu'elle impose. Elle sait reconnaître et tenir compte de l'héritage du passé ainsi que du rythme de changement propre aux institutions et aux individus. **Le stratège ne doit rêver que d'un œil et s'assurer que ses plans, pour paraphraser un beau mot de Napoléon, soient faits des rêves du personnel qui devra leur donner substance.**

2. La capacité d'exécuter, de changer les organisations

Une stratégie nouvelle exige du changement. La partie VI de cet ouvrage comporte une réflexion élaborée sur le sujet ainsi qu'une proposition précise de méthodologie pour mener à bien ces opérations. Nous y décrivons **trois habiletés de gestion** distinctes qui caractérisent, à des degrés divers, les leaders qui ont réussi des opérations importantes de changement :

- une **habileté technique**, c'est-à-dire : une maîtrise des aspects techniques de la gestion ; une bonne compréhension des aspects financiers et analytiques nécessaires à la direction d'une entreprise ; une certaine facilité avec les concepts, les modèles et les outils servant à donner une assise rationnelle aux décisions de l'entreprise.
- une **habileté politique**, c'est-à-dire : la compétence ainsi que l'habitude de former et de gérer des équipes et des coalitions ; une haute sensibilité aux sources du pouvoir formel et informel dans l'entreprise ; une compréhension sympathique des résistances au changement et une habileté à composer avec elles, à les contourner ou, le cas échéant, à les éliminer ; une facilité à convaincre, à mobiliser ou à coopter les personnes et les groupes dont le support est essentiel au changement.
- une **habilité de gestion symbolique**, c'est-à-dire : une haute sensibilité aux mécanismes par lesquels les significations et les symboles sont créés dans l'entreprise ; une habileté à accomplir des gestes qui marquent, qui auront un sens et une portée bien au-delà de leur objet immédiat ; une maîtrise des processus par lesquels de nouvelles valeurs et croyances émergent dans l'entreprise.

Un exemple parmi plusieurs : dans les tout premiers jours suivant son arrivée comme PDG de l'entreprise IBM, Lou Gerstner participe à une réunion de cadres supérieurs. Comme c'est la coutume chez IBM, on s'apprête à lui présenter de multiples transparents au rétroprojecteur. Gerstner, sans dire un mot, se lève et va presser l'interrupteur du rétroprojecteur en disant : *Parlez-moi simplement des enjeux de votre unité*. Dans les heures qui ont suivi, des courriels diffusaient l'anecdote dans l'univers d'IBM, suscitant l'étonnement et faisant réaliser qu'une nouvelle façon de diriger et de gérer venait de naître chez IBM !

Peut-on former des stratèges ? Est-on né ou devient-on bon stratège ?

Beaucoup d'excellents dirigeants sont des **autodidactes**, immensément curieux (bien que leur curiosité soit souvent délimitée par leurs intérêts) et sachant extraire de leurs expériences, bonnes et mauvaises, et de celles des autres tous les enseignements utiles pour améliorer leur performance comme dirigeant.

En effet, certaines personnes possèdent un talent naturel qui les prédispose au leadership : caractère affirmé, énergie physique débordante, esprit analytique, curiosité intellectuelle, sens inné de l'influence, ouverture d'esprit, habileté à communiquer de façon persuasive, etc.

Comme dans les autres domaines (du sport professionnel à la chirurgie cérébrale), il est essentiel que le futur dirigeant puisse avoir accès à l'expérience des autres, directement par *coaching* ou mentorat, ou de façon plus formelle par l'apprentissage consigné dans des textes. Des concepts et des modèles éprouvés peuvent certes lui fournir des grilles d'analyse et de réflexion utiles sur les enjeux de la gestion stratégique.

Selon les termes utilisés plus tôt, il est possible de relever considérablement les habiletés d'un dirigeant en puissance, déjà doté d'attributs naturels, par une formation appropriée concernant l'information, le premier « i » de la stratégie. Il est également plausible que par l'étude intense de multiples situations et de cas d'entreprises, par un effort structuré pour lui faire acquérir une façon systémique de concevoir toute entreprise ou organisation, que l'on puisse développer chez le futur dirigeant son habileté à penser de façon innovatrice, le deuxième « i » de la stratégie, aux enjeux et aux orientations de l'entreprise.

L'implantation, le troisième « i » de la stratégie, se prête toutefois mal à un apprentissage ailleurs que sur le terrain. Cependant, lorsqu'il s'agit d'exécuter, de mettre en branle des changements importants dans une organisation, la maîtrise de théories et de modèles éprouvés pourra fournir un guide précieux au dirigeant pris dans la tourmente de ces opérations.

Consciemment ou non, les gens d'action procèdent toujours selon une certaine « théorie » du changement. Ils sont un peu l'équivalent de ces « hommes pratiques » dont Keynes disait qu'ils étaient *les esclaves inconscients de quelque économiste défunt*. Les dirigeants ont en fait le choix entre leur « théorie » implicite faite de notions éparses et appuyée sur une expérience fragmentaire, d'une part, et une « théorie » explicite, éprouvée et éclairante quant à la démarche à suivre, d'autre part.

La contribution de l'apprentissage formel au développement des habiletés du leader comme « **agent de changement** » est significative, mais néanmoins limitée. Elle ne dépasse pas le cadre des habiletés de « gestion technique » décrites plus haut. Les habiletés politiques et symboliques, si essentielles pour réussir une opération de changement stratégique, proviennent d'une fusion de l'expérience pertinente et du talent inné.

La suite de cette première partie porte sur deux aspects contextuels, préalables dirions-nous, de la stratégie. Le chapitre 1 traite de l'évolution des trois marchés pertinents (produits, « talent », capital) et de leur influence sur la gestion stratégique d'une entreprise. Au chapitre 2, nous proposons les modes de leadership et de gestion qui sont appropriés aux différentes phases du développement de l'entreprise, ainsi que les risques de dérive vers des modes de gestion toxiques. **Une intention stratégique, aussi pertinente soit-elle, ne pourra se réaliser sans un mode de leadership et de gestion qui soit à la hauteur des défis que cette volonté stratégique comporte et en harmonie avec le stade de développement de l'entreprise.**

Chapitre 1

Le contexte de la stratégie

Selon un modèle de gestion qui a longtemps primé dans les grandes entreprises, mais dont la prédominance s'estompe depuis une vingtaine d'années, l'entreprise embauche son personnel à la sortie des études secondaires ou universitaires, investit dans sa formation et lui fait acquérir une expérience des multiples facettes de ses activités. L'entreprise évalue soigneusement le rendement des employés, puis leur accorde des promotions selon leur mérite. Leur rémunération est établie selon leur ancienneté et leur position hiérarchique, tout en tenant compte du contexte économique général. L'entreprise garantit la sécurité de l'emploi, jusqu'à l'âge de la retraite. Chaque employé devient un spécialiste de sa firme, plutôt qu'un spécialiste fonctionnel. Sa valeur économique pour tout autre employeur s'avère donc inférieure à ce qu'elle est pour son employeur actuel.

1.1 Le modèle de loyauté réciproque

Ce type d'entreprise était, naguère, la norme en Amérique du Nord. Il offrait une grande sécurité d'emploi et des perspectives de promotion jusqu'au plus haut niveau de la société, selon le talent et les compétences de chacun. En échange, la personne était profondément engagée envers l'entreprise ; elle se sentait étroitement associée aux succès et aux déboires de celle-ci.

En misant sur une relation durable, sur une loyauté réciproque, et en investissant dans la formation et le développement de son personnel, l'entreprise accumulait graduellement une somme considérable d'habiletés, de connaissances tacites et d'apprentissages transmissibles qui constituaient de précieux actifs intangibles, appartenant en propre à l'entreprise. Ces actifs étaient source d'avantages concurrentiels durables parce qu'ils ne pouvaient être ni achetés ni facilement imités par les concurrents. En effet, ces actifs résidaient dans les cerveaux d'un personnel essentiellement inamovible.

Les dirigeants toujours sortis du rang jouissaient d'une grande **crédibilité** et d'une grande **légitimité** auprès du personnel. Dans ce modèle, les cadres et les dirigeants sont peu connus à l'extérieur des frontières de leur entreprise. Les politiques en matière de ressources humaines visent la sécurité d'emploi ainsi que l'absence, si possible, de syndicats affiliés à des centrales ou, au besoin, la coopération avec les syndicats. L'entreprise investit des sommes importantes dans des programmes de formation pour élargir la base de connaissances des membres de son personnel et la mobilité de ces derniers entre les fonctions. Ainsi, elle s'assure d'une abondance de ressources capables de répondre à ses besoins.

La rémunération totale des dirigeants comporte peu d'incitatifs financiers variables; elle ne varie donc que faiblement selon la performance économique de l'entreprise. Ces dirigeants mettaient l'accent sur le mieux-être du personnel et les investissements à long terme pour les développements de technologies ainsi que de nouveaux produits. Le rendement à court terme pour les actionnaires n'était qu'une préoccupation parmi tant d'autres.

Selon ce modèle courant durant les années 1950 à 1980, les entreprises se financent en bonne partie par le réinvestissement de leurs profits. Les dirigeants souscrivent au concept de *stakeholders*, ou « parties prenantes », c'est-à-dire qu'ils se donnent la responsabilité de conserver dans leur gestion un sain équilibre entre les intérêts du personnel, des actionnaires, des clients et de la société en général. Les marchés financiers, et les actionnaires en particulier, exercent peu d'influence sur les décisions de la grande entreprise qui compte beaucoup d'actionnaires et qui se finance en grande partie par des fonds autogénérés.

Ces conséquences du divorce entre la propriété et la gestion des grandes entreprises avaient été signalées dès 1932 par Berle et Means. En 1967, John Kenneth Galbraith a bien décrit ce contexte de la grande entreprise américaine dans son ouvrage *The New Industrial State*.

Dans les meilleures circonstances, cet arrangement industriel a produit d'excellentes entreprises : par exemple la société IBM de 1960 à 1985, qui offre de bon produits, d'excellentes conditions d'emploi et un bon rendement aux actionnaires. Ce modèle comportait également des risques de bureaucratisation, d'inflexibilité, de prise de décision dans l'intérêt premier des dirigeants, et ainsi de suite.

De grandes institutions ont été construites sur ce modèle de gestion : IBM, Dupont, GM et tant d'autres aux États-Unis; Bell Canada, Alcan, les banques à charte canadiennes, Canadien Pacifique et tant d'autres au Canada.

Malgré ses attraits réels, la description idyllique de ce modèle de gestion pouvait cependant cacher des problèmes sérieux à l'usage. Par exemple, les freins à la mobilité du personnel entre grandes firmes et la sécurité d'emploi à vie pouvaient faire en sorte que la personne se sente prisonnière dans une entreprise où, bien que traitée correctement d'un point de vue économique, elle y soit psychologiquement malheureuse, sans voie de sortie acceptable. Cette période et ce type d'entreprise ont aussi produit les concepts d'*organization man*, de *man in the grey flannel suit* et de technostructure, symboles de conformisme et de grisaille anonyme.

De même, le *stakeholders model* est apparu aux yeux de plusieurs observateurs comme un subterfuge des hauts dirigeants des entreprises. Ces derniers se donnaient toute liberté de dépenser et d'investir dans des projets qui augmentaient leur prestige ainsi que leur pouvoir, plutôt que de favoriser la performance économique de l'entreprise.

1.2 Un changement de contexte

Pour un ensemble de raisons, cette combinaison de loyauté réciproque et de responsabilité envers les *stakeholders,* ou « parties prenantes », s'effrite graduellement depuis le début des années 1980. Les grandes entreprises américaines, les unes après les autres, ont répudié ce contrat psychologique, social et économique entre l'entreprise, son personnel et tous les autres commettants. Les « clauses » essentielles de ce contrat, l'équilibre des intérêts, la pérennité d'emploi, les promotions exclusivement internes et la très faible mobilité du personnel d'une entreprise vers une autre ont subi l'assaut d'un ensemble de facteurs économiques et sociaux.

Quelques textes académiques, parus au cours des années 1970, ont eu une influence considérable sur la suite des événements. Jensen, Meckling et autres (1974) proposaient que l'actionnaire, preneur de risques ultime, reprenne son rôle de mandant et exige que ses mandataires (les conseils d'administration et les dirigeants) placent ses intérêts au premier rang et que la maximisation de la valeur pour les actionnaires devienne le moteur premier de la gestion d'une entreprise.

Puisque, à l'évidence (plus ou moins contestable), cela n'était pas le cas, les entreprises, selon cette *agency theory* (théorie des mandats), ont spolié leur valeur réelle par une gestion molle des coûts, une tendance aux dépenses somptuaires chez les membres de la direction ainsi que par des investissements et des acquisitions sans justification économique.

Cette vision du monde des entreprises a suscité un branle-bas de combat chez les gestionnaires de fonds d'investissement. Ceux-ci, alimentés par l'arrivée massive d'argent à investir, détenaient souvent, collectivement, plus de 50 % des actions de ces grandes entreprises et étaient eux-mêmes de plus en plus soumis à des pressions de performance et rémunérés sur la base de leur rendement.

Par ailleurs, au début des années 1980, de nouveaux acteurs ont fait leur apparition, persuadés que le système de gouvernance des grandes entreprises était profondément vicié et qu'il ne pourrait être réformé par les exhortations des investisseurs. Ces acteurs, des firmes d'acquisition par emprunt *(leveraged buy-out* ou LBO), ont alors mis en branle une véritable révolution en « privatisant » de grandes entreprises au moyen d'un endettement à la limite du tolérable en regard des flux financiers de ces entreprises (aidés en cela par l'innovation de Milken, les obligations pourries ou *junk bonds*). Ces nouveaux propriétaires ont éliminé les conseils d'administration traditionnels, n'ont donné d'autre choix aux gestionnaires que de couper toutes les dépenses non essentielles pour servir et repayer cette énorme dette, ont offert à ces gestionnaires des incitatifs financiers extrêmement généreux, mais entièrement liés à leur réussite dans cette opération. Ce nouvel arrangement a produit, en effet (du moins au début), des augmentations considérables de la valeur de l'entreprise après ce traitement-choc.

Or, de toute évidence, ce traitement ne pouvait être infligé à toutes les grandes entreprises. Cependant, les investisseurs et les dirigeants ont estimé que certains principes pourraient être adoptés par toutes les entreprises. Par exemple, pourquoi ne pas augmenter spectaculairement la rémunération variable des hauts dirigeants et la relier directement à la création de valeur pour les actionnaires (mesurée par le prix de l'action) ?

Ainsi motivés et mobilisés, les dirigeants prendraient toutes les mesures nécessaires, couperaient tous les coûts et investiraient avec sagacité, ayant comme seul objectif de maximiser l'intérêt des actionnaires.

Un mouvement d'une grande force s'est alors mis en marche qui, en pratique, est en voie d'éliminer complètement le modèle « **loyauté réciproque** » et *stakeholders* pour le remplacer par un « **modèle à trois marchés** » : marché financier, marché des produits et des services, marché du « talent ». Cette transformation est déjà largement complétée aux États-Unis, au Canada et en Grande-Bretagne ; elle est en cours de façon irrésistible en Europe occidentale ; même le Japon, terre de choix de l'ancien modèle, n'y échappera pas à moyen terme.

Tout un ensemble de phénomènes, décrits brièvement à l'encadré 1.1, se combine pour détruire le vieil ordre des choses et établir un nouvel ordre où trois marchés distincts, avec leurs règles et leurs impératifs, imposent un nouveau contexte pour la gestion et la stratégie des entreprises.

Encadré 1.1	Les facteurs sous-jacents au « nouvel ordre », au nouveau contexte de la gestion

1. Facteurs augmentant la vulnérabilité de l'entreprise aux marchés des produits et aux marchés financiers

- La déréglementation de nombreuses industries et l'ouverture des marchés à la concurrence internationale ; ces phénomènes ont bouleversé plusieurs secteurs économiques, forçant des ajustements pénibles et rapides pour éviter la déconfiture des entreprises dans ces secteurs.
- La pression accrue, voire exacerbée, des marchés financiers et des gestionnaires de fonds sur les dirigeants d'entreprises publiques ; la décennie 1980-1990 marque la fin du modèle *stakeholders* et son remplacement par le modèle « maximisation de la valeur aux actionnaires ».
- Les dirigeants reçoivent des rémunérations variables extrêmement généreuses à la condition de livrer un haut rendement aux actionnaires ; sinon, leurs jours sont comptés[1].

2. Facteurs incitant à la plus grande mobilité du personnel et du « talent »

- Les exigences de flexibilité, de mobilité stratégique et de performance financière font en sorte que l'entreprise ne peut s'accommoder des contraintes de l'ancien contrat social et économique avec son personnel.
- La volonté des entreprises, sous les pressions des marchés financiers, d'ajuster rapidement leurs effectifs à la conjoncture économique ; la dure récession de 1981-1982 a été un point tournant à cet égard, alors que beaucoup d'entreprises ont répudié leur engagement de sécurité d'emploi envers leurs cadres intermédiaires ; tous les cadres et les dirigeants ont alors compris que leur « sécurité d'emploi » passait dorénavant par leur valeur sur le marché du « talent ». Cela mène directement à l'émergence des « vedettes » et des « étoiles » comme dans le sport professionnel.
- L'émergence d'intermédiaires qui stimulent et structurent un « marché secondaire » pour les cadres ainsi que le personnel scientifique et technique (firmes de recrutement, chasseurs de têtes, etc.).
- La spécialisation par discipline (marketing, finances, ressources humaines, etc.) comme fonctions étanches prises en charge par des experts fonctionnels ; cette propension à la spécialisation facilite le développement de marchés pour des habiletés spécialisées ; l'entreprise en vient à se concevoir comme un rassemblement de spécialités.

1. Selon une étude récente de Booz Allen Hamilton portant sur les 2 500 plus grandes compagnies mondiales, 39 % des directeurs généraux ayant quitté leurs fonctions en 2002 ont été licenciés, contre 25 % en 2001. Les directeurs généraux démis de leurs fonctions en 2002 ont généré un retour sur investissement pour les actionnaires de 6,2 % inférieur à celui généré par les démissions volontaires. C'est au Japon qu'a eu lieu la plus importante augmentation du nombre de licenciements de PDG, avec 4,9 % des directeurs généraux mis à la porte en 2002. En Europe, le nombre est de 3,7 %, en légère hausse par rapport à 2001. En Amérique du Nord, 4,2 % des dirigeants ont été renvoyés, hausse par rapport à 2001 mais baisse par rapport aux 5,2 % de 2000. *Financial Times*, le 12 mai 2003.

- L'émergence des connaissances et du savoir techniques, mobiles et transmissibles, comme principal actif et premier moteur de création de valeur dans beaucoup de secteurs industriels ; encore ici, cette nouvelle réalité donne au « talent » une valeur marchande appréciable et monnayable.
- Le faible rythme d'innovation de produits des grandes entreprises comparativement à l'effervescence technique dans les petites entreprises, phénomène qui est à la fois cause et conséquence de la forte mobilité entre firmes du personnel technique et scientifique.
- L'attrait de l'entrepreneurship auquel sont maintenant associés un grand prestige social et des récompenses économiques souvent sans commune mesure avec la rémunération offerte par la grande entreprise à des personnes du même âge.
- Les politiques gouvernementales favorisant la mobilité interfirmes (régime universel de sécurité sociale, régime de retraite « portable » ou universel, etc.) ainsi que la mobilité géographique de la main-d'œuvre (politiques d'immigration, élimination de barrières régionales à la mobilité, etc.).
- Plus généralement, une évolution des valeurs sociales en Amérique du Nord vers une plus grande autonomie personnelle, défavorable à la sécurité institutionnelle et à la relation de dépendance envers un employeur.

Or, tous les ouvrages classiques sur la gestion des entreprises, notamment Chester Barnard, Selznik, Chandler, Drucker, Sloan, March et Simon, et même Peters et Waterman, ne sont pertinents que dans le contexte de l'ancien contrat social et économique, fait de durée, de sécurité et de loyauté réciproque. Cela vaut également pour beaucoup d'ouvrages contemporains (voir, par exemple, Collins 2001, 2002), lesquels, curieusement, semblent présumer un ordre économique et social pourtant clairement révolu. Ce serait comme si un ouvrage publié en 2003 sur la gestion d'une équipe professionnelle de sport (par exemple le hockey, le baseball ou le soccer) présumait que ces équipes peuvent encore être gérées sur le modèle qui avait cours en 1960.

Que l'on compare la mobilité entre équipes des joueurs étoiles, un phénomène inconnu voire sacrilège à l'époque, avec sa fréquence de nos jours. Ou que l'on pense à la capacité de ces joueurs étoiles de s'approprier une grande partie de la valeur économique créée par leur popularité ; cela était impensable à une autre époque alors que le pouvoir de négociation d'un joueur étoile était limité par la quasi-impossibilité pour lui d'aller jouer pour une autre équipe.

1.3 Contextes et dynamique stratégique

Les figures 1.1 et 1.2 présentent **quatre contextes** définis selon que : l'entreprise est fortement ou faiblement vulnérable à ses marchés (incluant les marchés financiers) ; son personnel de « talent » est faiblement ou fortement mobile.

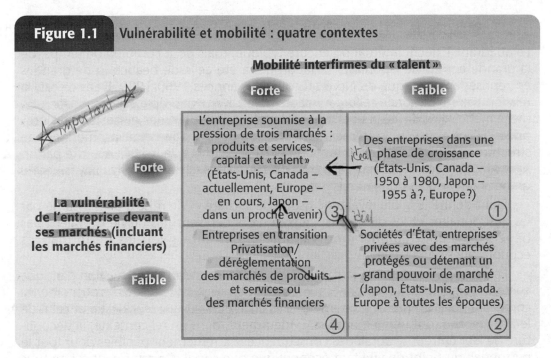

Figure 1.1 | Vulnérabilité et mobilité : quatre contextes

Chacun des quatre quadrants représente un contexte de gestion très différent. Les facteurs de réussite dans l'un mènent tout droit à l'échec dans un autre. Or, les sociétés civiles, les États, les pays diffèrent quant au contexte dominant en leur sein. De même, les entreprises se déplacent d'un quadrant à l'autre, souvent sans trop en prendre conscience et sans en tirer les conclusions appropriées pour leur gestion.

Depuis les années 1980, on a vu les entreprises américaines cheminer les unes après les autres du quadrant 1 au quadrant 2, puis péniblement vers le quadrant 3. La société IBM, dont le cheminement ardu vers le quadrant 3 est décrit à la partie VI, fournit un exemple typique de ce que beaucoup d'autres entreprises ont vécu au cours des années 1990-2000.

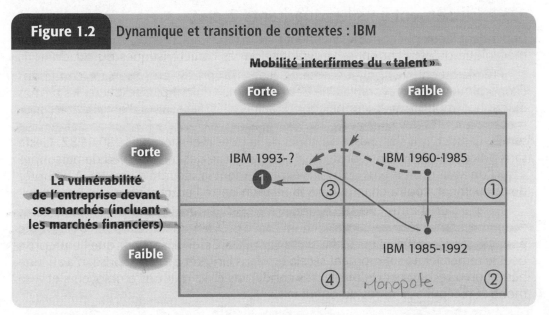

Figure 1.2 | Dynamique et transition de contextes : IBM

1.3.1 Quadrant 1 (le modèle de loyauté réciproque)

Le quadrant 1 décrit la situation encore typique, mais pour combien de temps, de la grande entreprise japonaise, situation qui a été celle de beaucoup de grandes entreprises en Amérique du Nord au cours des années 1960-1980. Dans ce cas, la relation entre la personne et l'organisation est relativement simple à gérer : un recrutement méticuleux de jeunes personnes de talent montrant des dispositions appropriées à l'entreprise, un système méritocratique de formation et de promotion, une structure salariale associée à la fonction et à l'ancienneté, le tout caractérisé par un haut niveau d'équité interne et une adéquation générale aux salaires payés par de grandes entreprises du même type.

Étant donné le faible niveau de risque de carrière et de mise à pied assumé par les gestionnaires et les dirigeants, ceux-ci ne bénéficient pas ou ne devraient pas bénéficier d'une rémunération variable importante selon les performances économiques de la firme.

Le **principal moteur de la motivation** réside alors dans la conviction partagée par tous les membres du personnel que leur entreprise est vulnérable à des phénomènes comme la concurrence et les humeurs des acheteurs, et que leur destin et celui de leur entreprise sont intimement liés. Évidemment, dans un tel contexte, la déconfiture de leur entreprise aurait des conséquences extrêmement pénibles pour tout le personnel, du point de vue tant économique que social. Ce sentiment d'être tous « dans le même bateau » se traduit par une motivation intrinsèque au haut rendement ainsi que par une volonté des pairs de contrôler et de punir les comportements opportunistes ou de tire-au-flanc *(free-rider)* chez leurs collègues de travail.

Le système de valeurs et toute la culture de l'organisation sont alors profondément influencés par cette contingence fondamentale qu'est la **nécessité collective de faire face aux sources de vulnérabilité** qui pèsent sur le destin de l'organisation. Lorsque cette vulnérabilité provient du marché, de la concurrence et des clients, tout le personnel est facilement mobilisé pour mieux servir le client et mieux répondre aux attentes du marché.

1.3.2 Glissement vers les quadrants 2 et 3

Cependant, deux phénomènes viennent parfois (inévitablement ?) enrayer cette belle mécanique qu'est l'entreprise œuvrant selon les caractéristiques du quadrant 1.

Premièrement, le contexte change. Les entreprises, en raison de conditions économiques moins favorables, ne peuvent ou ne veulent plus respecter les termes du contrat implicite avec leur personnel. Selon elles, la sécurité d'emploi et les promotions internes deviennent des handicaps sérieux à leur performance, voire à leur survie. C'est ce qui s'est passé au cours de la dure récession de 1980-1982. Geste sans précédent dans l'entreprise, on a alors effectué des mises à pied de personnes à qui l'on avait promis plus ou moins explicitement la sécurité d'emploi. À compter de ce moment, tout a changé dans la relation entre l'entreprise et son personnel.

De part et d'autre s'installe une relation faite en bonne partie de calculs économiques. La sécurité d'emploi d'un cadre provient maintenant de la demande pour ses services ailleurs que dans son entreprise. Celui-ci, sachant que l'entreprise peut le remercier à tout moment si cela est dans l'intérêt de l'entreprise, n'a aucune hésitation à rechercher de meilleures conditions chez d'autres employeurs et à se montrer réceptif aux offres qu'on lui fait.

L'univers de la mobilité entre firmes du personnel de talent vient d'être créé. Les entreprises en Amérique du Nord et, de plus en plus, en Europe ont migré, ou sont en voie de le faire, du quadrant 1 (le modèle de loyauté réciproque) au quadrant 3 (le modèle à trois marchés) sans avoir bien compris toutes les conséquences de ce changement fondamental.

Deuxièmement, la grande entreprise qui a réussi à se donner une position forte et dominante dans ses marchés a tendance à glisser graduellement et imperceptiblement vers le quadrant 2 (faible vulnérabilité et faible mobilité), soit vers un mode de fonctionnement bureaucratique. Ainsi, les membres du personnel à tout niveau en arrivent à concevoir leur entreprise comme imperméable aux avaries de la concurrence et capable « d'imposer » aux clients ses prix et ses produits. Ce glissement s'est effectué chez nombre de grandes entreprises nord-américaines au cours des années 1980. Cela a été le cas des grands fabricants d'automobiles (GM, Ford et Chrysler) et de sociétés dominantes comme IBM, Sears, Eastman Kodak, Polaroid, Xerox, etc.

Ces entreprises ont migré vers le quadrant 2 où se trouvent les grandes bureaucraties gouvernementales et les institutions publiques. Or, celles-ci avaient toujours été à l'abri des aléas des marchés et de la concurrence. Pour fonctionner adéquatement, elles ont dû se doter dès leur création de puissants systèmes de valeurs et de socialisation incitant leur personnel à des comportements de probité, d'engagement et de loyauté envers les objectifs de l'institution.

Lorsque de tels systèmes de valeurs ne sont pas institués ou cessent d'avoir prise sur le personnel, les comportements opportunistes, la politisation, la corruption, le favoritisme et le mercantilisme risquent de spolier l'institution et de la détourner des fins pour lesquelles elle a été créée.

A fortiori, les entreprises commerciales qui gravitent vers ce deuxième quadrant deviennent terriblement vulnérables. L'assise même de leur système de valeurs, soit la pressante nécessité de satisfaire aux attentes des clients aux meilleurs coûts, devient de moins en moins crédible et mobilisatrice. Or, l'entreprise commerciale ne comporte aucune autre valeur aussi puissante pour faire contrepoids aux propensions bureaucratiques et aux comportements opportunistes du personnel qui, inévitablement, se manifestent alors.

Pendant un temps plus ou moins long, selon le pouvoir de marché et la rente économique dont jouit la grande entreprise, celle-ci utilise ses ressources excédentaires (*organizational slack*) afin d'acheter la paix avec son personnel par le biais de salaires élevés, de la semaine de travail écourtée, de la sécurité d'emploi, etc. De plus, elle renforce l'appareil bureaucratique de contrôle qui lui semble maintenant nécessaire pour contrer et combattre les comportements opportunistes, les tricheries et les abus qui risquent de se manifester avec une fréquence croissante.

Le fonctionnement de l'entreprise et sa véritable performance sur le marché se détériorent lentement. La qualité des produits, le rythme d'innovation et la productivité chutent. Les coûts d'exploitation et de gestion, les dépenses somptuaires, les avantages de toutes sortes offerts aux dirigeants augmentent rapidement. En fait, on assiste alors à une rivalité plus ou moins ouverte entre différents groupes, soit les dirigeants, les cadres intermédiaires, le personnel syndiqué, les fournisseurs de services et, souvent en résiduel, les actionnaires, pour s'approprier la plus-value économique que rendent possible la performance passée de l'entreprise et sa situation dominante sur le marché.

Dans les conditions du quadrant 2, les consommateurs et les acheteurs des produits de l'entreprise ainsi que le développement de nouveaux produits ne sont pas, ou plutôt ne sont plus, au cœur de ses préoccupations, de sa raison d'être. La perception qu'ont les dirigeants de l'évolution de leurs marchés est fortement conditionnée et biaisée par les présupposés, les postulats et les cadres mentaux qui ont cours dans l'organisation. En conséquence de ces facteurs, souvent un tribut de ses succès passés, l'organisation ne détecte pas des phénomènes importants comme de nouvelles formes de concurrence ou l'émergence de technologies de substitution et de nouveaux modes de comportement d'achat. Dans ce quadrant, **le bien-être et la satisfaction des « producteurs » deviennent plus importants que la mission originale de l'entreprise de fournir des produits de qualité au meilleur prix.** Cette confusion quant à la vocation première de l'entreprise, parfois entretenue par les politiques et les orientations économiques des gouvernements, provient de la croyance largement répandue parmi le personnel de l'entreprise que celle-ci est invulnérable aux aléas des marchés et de la concurrence.

Tôt ou tard, mais inévitablement, l'entreprise qui a glissé vers ce deuxième quadrant fera face à une crise de performance, à une incapacité de soutenir la concurrence, ce qui provoquera des tentatives de redressement parfois brutales. Toutefois, il semble qu'il ne soit plus possible de revenir au quadrant 1 (le modèle de loyauté réciproque), bien que ce soit ainsi que les dirigeants tentent d'abord, mais futilement, de redresser la situation désormais précaire de leur entreprise.

1.3.3 Quadrant 3 (le modèle à trois marchés)

L'entreprise qui se trouve dans cette situation échappera à la déconfiture si, dans un soubresaut proprement révolutionnaire, elle brise et répudie l'ancien contrat social et psychologique, et entreprend un pénible cheminement vers le quadrant 3 (le modèle à trois marchés). C'est le hasardeux processus que les sociétés GM, Sears, Canadien National, Xerox, IBM, Nissan et Kodak ont dû mettre en branle au début des années 1990.

En conséquence des phénomènes décrits plus haut, la plupart des grandes entreprises commerciales et non monopolistiques aux États-Unis et au Canada, ainsi qu'un nombre croissant d'entreprises européennes dans le contexte de l'Union européenne et déjà quelques entreprises japonaises, œuvrent dans un contexte comme celui schématisé au quadrant 3.

Il s'agit d'un contexte de fonctionnement radicalement différent de celui du premier quadrant. **Or, le contexte de faible mobilité du personnel stratégique a encadré le fonctionnement des grandes entreprises pendant si longtemps qu'il continue, même là où il est périmé, à influer sur les politiques et les modes de gestion de plusieurs entreprises, de même qu'à sous-tendre encore plusieurs modèles et théories en gestion.**

Le contexte de gestion du quadrant 3 est marqué par l'influence des marchés dans tous les aspects du fonctionnement de l'entreprise. Ainsi, **les règles du marché jouent même un rôle important** (mais non exclusif) dans la relation entre l'entreprise et son personnel. Dans un tel univers, le talent et l'expertise nécessaires à l'exécution d'une stratégie nouvelle ou d'un redressement de l'entreprise peuvent être obtenus dans un marché relativement efficient pour les ressources humaines. La faible sécurité d'emploi et les hautes exigences de performance font en sorte que les contrats d'emploi des dirigeants et des cadres supérieurs contiennent de puissants incitatifs financiers et des conditions de fin d'emploi négociées entre conseillers juridiques avertis.

Face à un tel contexte, l'entreprise doit savoir établir avec son personnel stratégique des conditions d'emploi qui lient ce personnel à l'entreprise pour une durée appropriée aux fins de l'entreprise. Ces modalités peuvent comprendre, selon les niveaux stratégiques, un ensemble de plus en plus raffiné et innovateur d'incitatifs financiers à court, à moyen et à long terme, des perspectives de promotion et de progression de carrière rapide, un climat de travail stimulant, des valeurs d'entreprise en harmonie avec les valeurs personnelles. Tous ces aspects constituent d'importants éléments de motivation et de rétention du personnel.

Cependant, dans le cadre du quadrant 3, aucune garantie d'emploi n'est offerte au personnel. Les promotions ne se font à l'interne que si le candidat de l'entreprise est jugé égal ou supérieur à tout candidat externe. Les personnels cadre et de direction en viennent à être constitués de personnes ayant acquis une expérience professionnelle dans des entreprises différentes et s'étant jointes plus ou moins récemment à leur employeur actuel.

En conséquence, les problèmes de mandant-mandataire et les coûts de mandat, décrits plus en détail à la partie III, phénomènes pratiquement inexistants dans le contexte du quadrant 1 (le modèle de loyauté réciproque), deviennent maintenant de plus en plus importants.

L'expression « coûts de mandat » fait référence à toute situation où une personne, un mandataire, est payée pour accomplir une tâche pour une autre personne, le mandant, celle-ci ne pouvant surveiller directement le travail de son mandataire à cause de la nature de la tâche, de l'éloignement physique ou de son manque de compétence pour apprécier le travail du mandataire. Ainsi, le mandataire peut agir de façon à maximiser son intérêt plutôt que celui de son mandant.

Si l'entreprise ne prend garde ou si elle n'a pas institué des valeurs incontournables de probité, d'intégrité et d'engagement à son endroit, elle peut devenir un lieu de calcul féroce, d'opportunisme crasse ainsi que de maximisation par les cadres et les dirigeants de leurs bénéfices économiques à court terme au péril de la performance et de la survie à plus long terme de l'entreprise.

Le drame vécu par un bon nombre d'entreprises américaines au cours de la période 2001-2002, alors que les unes après les autres ont révélé toutes sortes de malversations et de tripotage comptable, tient à ce que l'on tente de gérer et de gouverner les entreprises du quadrant 3 selon les méthodes de gestion et de gouvernance typiques du quadrant 1. L'univers du quadrant 3 (le modèle à trois marchés) est nouveau et mal compris en ce qui concerne ses tenants et ses aboutissants. On ne peut pas y présumer, comme au quadrant 1 (le modèle de loyauté réciproque), une relation de durée entre le personnel et l'entreprise, une coïncidence d'intérêt économique à long terme. Dans l'univers du quadrant 3, on doit établir des garde-fous en matière de gouvernance et de systèmes de rémunération variable, qui n'ont aucune similitude ni commune mesure avec ce qui est nécessaire aux entreprises des quadrants 1 et 2.

Or, les conseils d'administration des entreprises sont en général fort peu conscients de cette nouvelle réalité et mal équipés pour intervenir efficacement.

1.4 Deux conceptions philosophiques : économisme versus humanisme

Sur le plan fondamental, philosophique presque, cette évolution, cette transition du « modèle de loyauté réciproque » au « modèle à trois marchés », témoigne d'une opposition profonde entre deux conceptions de l'entreprise, de son rôle dans la société ainsi que de la forme de relation appropriée entre les personnes et leur entreprise.

1.4.1 Une conception « économiste »

Selon un courant de pensée issu du domaine des sciences économiques, la relation entre la personne et l'organisation est soumise aux contraintes, aux limites cognitives et aux calculs intéressés, caractéristiques du fonctionnement des êtres humains en milieu social. Selon cette perspective, le défi principal pour l'architecte et le dirigeant d'une organisation consiste à y établir les structures et les systèmes de gestion qui lui permettront d'atteindre un haut niveau de performance, et ce, malgré les limites cognitives et les propensions opportunistes des membres de l'organisation.

La conception « économiste » de la relation entre la personne et l'organisation recouvre d'autres courants théoriques, comme ceux postulant la concurrence permanente entre personnes, leur profond besoin de puissance et de domination, la primauté de l'intérêt individuel sur le bien-être de l'ensemble (Schelling, 1978), ou encore, la propension à tricher, à tirer profit gratuitement et de façon calculée du travail et du mérite des autres (*free-rider*).

Le champ de la finance et de l'économie se préoccupe au plus haut point de la relation entre mandants et mandataires ainsi que des coûts de mandat résultant de l'avantage d'information et d'expertise du mandataire sur son mandant, tout comme des comportements du mandataire qui seraient contraires aux intérêts du mandant (*moral hazard*) (Jensen et Meckling, 1976 ; Pratt et Zeckhauser, 1985 ; et autres).

Enfin, selon une conception plus positive, mais tout aussi « économique » dans son essence même, les membres de l'organisation, par leur talent, leur expérience et leur savoir-faire, constituent de précieuses ressources stratégiques qu'il faut pleinement utiliser, protéger de la concurrence et rémunérer selon les conditions d'un marché que l'entreprise souhaite aussi imparfait que possible (Barney, 1991 ; Dierickx et Cool, 1987, 1989 ; Wernerfelt, 1984 ; et autres).

Cette conception des rôles et des comportements des personnes en milieu organisationnel, si sombre ou froidement réaliste qu'elle puisse sembler, comporte néanmoins des enseignements précieux pour la gestion d'organisations complexes. Il ne fait aucun doute que toute organisation contient les germes en puissance des comportements décrits dans cette section.

1.4.2 Une conception « humaniste »

Les tenants d'une conception « humaniste » de l'organisation reprochent aux théoriciens de la conception « économiste » de présenter leurs modèles comme des lois ou des données générales, de faire le postulat qu'un certain système de valeurs foncièrement américain jouit d'une portée universelle. Cette vision « économiste » essentiellement américaine serait donc insensible au fait que les cultures des différentes nations sont fort variables quant aux types de comportements qu'elles encouragent et provoquent en milieu organisationnel.

La vision « économiste » de l'organisation ne serait pas une norme inéluctable. Elle serait le résultat de l'échec ou de l'incompétence à façonner une organisation qui mobilise la capacité et la volonté d'engagement, de solidarité, de coopération, de confiance et de loyauté que les personnes manifestent dès que l'on sait créer une culture organisationnelle propre à stimuler ces comportements.

Or, de toute évidence, certains présupposés « humanistes » en ce qui a trait à la relation entre la personne et le système social auquel elle appartient ont contribué à la création de systèmes sociaux oppressifs, dégénérés et profondément dysfonctionnels. L'échec monumental du socialisme a d'ailleurs été causé par la foi absurde de cette doctrine en l'émergence éventuelle d'un « nouvel homme » qui transcenderait et disciplinerait toutes ses pulsions opportunistes et ses calculs intéressés.

Par contre, certains chantres du marché et de l'« économisme » souffrent d'un réductionnisme moral pernicieux. Ils semblent parfois oublier que les relations de marché et les comportements économiques doivent être enchâssés dans un système de valeurs civiques, lesquelles établissent les balises et les normes de l'activité économique. Adam Smith l'avait bien compris, lui qui est l'auteur d'un ouvrage qui est tout aussi important que *The Wealth of Nations,* mais moins bien connu : *The Theory of Moral Sentiments* (voir Muller, 1992).

Autant la conception « économiste » de l'organisation est formelle et réaliste, mais incomplète et incapable de saisir toute la richesse et la complexité de la vie en organisation, autant la conception « humaniste » est à maints égards anecdotique, utopique et anachronique, mais en même temps sensible au caractère affectif, émotif, voire passionnel de la relation entre la personne et l'organisation.

De toute évidence, la pérennité des relations personne-entreprise et la faible mobilité interfirmes (quadrants 1 et 2 de la figure 1.1) appuient, et même exigent, une vision humaniste de l'organisation. Par contre, le contexte de forte mobilité et de pressions des marchés financiers caractéristique du quadrant 3 redonne une grande pertinence aux aspects économiques de la relation entre la personne et l'organisation.

Selon les époques et les sociétés, les entreprises oscillent entre l'une et l'autre conception. À notre époque, le balancier s'est déplacé presque complètement vers la vision « économiste » de l'organisation. Pourrait-il se déplacer de nouveau vers une conception « humaniste » ? Cela est possible, mais nous en doutons fort pour les années à venir.

L'entreprise moderne qui œuvre dans un contexte de marché exigeant un haut degré de flexibilité et d'adaptation, et favorisant la mobilité professionnelle, doit trouver les arrangements qui définissent pour son lieu et son époque les conditions d'une association satisfaisante et mutuellement rentable.

Le défi pour le chef de l'entreprise moderne est de réconcilier ces conceptions « économiste » et « humaniste », de faire une synthèse des dimensions économiques et sociales, rationnelles et émotives qui caractérisent la relation entre les personnes et leur organisation, tout en tenant compte du « contexte » mobilité-vulnérabilité dans lequel son entreprise œuvre. Cela l'aidera à bien comprendre sa marge de manœuvre. Dans ce sens, la démonstration des quatre types de contextes présentés dans ce chapitre (figure 1.1) peut être vue comme un outil de réflexion et de diagnostic stratégique. Le lecteur trouvera en annexe à ce chapitre un tableau contrastant ces deux courants de pensée et les auteurs associés à l'une et à l'autre conception.

Conclusion

Tous les points abordés dans ce chapitre servent à définir ce qui, selon nous, constitue l'enjeu premier de la stratégie dans ce nouveau contexte, le contexte des années 2000.

Comment l'entreprise peut-elle créer une valeur économique durable dans un contexte de fortes pressions simultanées exercées sur elle par trois marchés distincts :

- les marchés financiers, impatients, impitoyables et certains que leurs intérêts doivent être servis les premiers ;
- le marché des produits et des services, déréglementé et ouvert à la concurrence internationale ;
- le marché du « talent », maintenant mobile et à la recherche de sa pleine valeur économique où qu'elle se trouve ?

Tout cet ouvrage est une longue réponse à cette question fondamentale. N'en doutons point, le dirigeant d'aujourd'hui et de demain devra trouver une réponse satisfaisante à cette question dans le contexte de son entreprise. Ce nouveau contexte est maintenant une réalité incontournable du fonctionnement de l'entreprise, nonobstant une certaine nostalgie pour l'ancien modèle, alimentée par une crise de confiance récente provoquée par les fiascos Enron, Worldcom et autres.

Le retour en arrière, même si cela peut sembler attrayant, n'est pas une option viable. La boîte de Pandore a été ouverte ; le dentifrice ne peut être remis dans le tube ! Il importe, au contraire, de définir les conditions d'un nouveau contrat économique et psychologique entre l'entreprise, ses dirigeants, son personnel et ses actionnaires. Nous en sommes encore aux ébauches en ce domaine, mais il est d'une importance capitale pour notre système économique que nous trouvions un nouvel équilibre entre toutes les parties.

Annexe 1A

Conception « humaniste » et conception « économiste » de la relation entre la personne et l'organisation

Conception « économiste »	Conception « humaniste »
• La personne, par ses compétences et son savoir-faire, est une ressource stratégique dont il faut optimiser la valeur nette pour l'entreprise. (Barney, Nelson, Beer et autres)	• La personne, par sa participation à l'organisation, cherche à satisfaire des besoins d'appartenance, de sécurité économique, de maîtrise de sa destinée et de réalisation de soi. (Maslow, McGregor et autres)

- La personne est soumise à de fortes limites cognitives (*bounded rationality*) qui restreignent sa capacité analytique en situation de complexité et de prise de décisions. (March, Simon et autres)

- La personne, par l'apprentissage intense et passionné d'une activité, développe des cartes cognitives et des schémas mentaux qui lui procurent une flexibilité ainsi qu'une capacité d'adaptation et de prévision. La pensée configurale transcende les limites de la pensée analytique. (Hampden-Turner, Edelman et autres)

- La personne est fondamentalement mue par la recherche de son intérêt personnel. En l'absence de contrepoids, les comportements opportunistes sont la norme plutôt que l'exception. La combinaison d'opportunisme et de capacités cognitives limitées constitue le principal enjeu pour la structuration et la gestion des grandes organisations. (Williamson et autres)

- La personne est capable et même désireuse d'engagement non calculé dans son fonctionnement en milieu social et organisationnel. L'émergence d'un climat d'opportunisme et de calcul intéressé au sein de l'organisation est la manifestation d'une carence de leadership et d'incompétence administrative. (Etzioni et autres)

- La personne n'hésitera pas à maximiser son intérêt personnel même en sachant que si tous les membres de l'organisation se comportaient comme elle, le résultat global serait déplorable. La personne cherchera à tricher ainsi qu'à bénéficier du travail des autres et de leur observation des règles et des valeurs de l'organisation (*free-rider*). Si ces comportements se multiplient sans contrepoids ni punition, la grande organisation deviendra un système ingouvernable de relations intéressées et de calculs opportunistes. (Schelling et autres)

- La personne veut participer à une organisation dont les intérêts et ses intérêts propres convergent à long terme. La socialisation au système de valeurs de l'organisation lui inculque une préoccupation pour le bien-être de l'ensemble et l'incite à contrôler ses propensions opportunistes et celles de ses collègues. (Peters et Waterman, Moss-Kanter et autres)

- Toute relation de mandant-mandataire suppose des coûts pour établir une symétrie d'information et contrôler les risques de comportements contraires aux intérêts du mandant. (Jensen et Meckling, Pratt et Zeckhauser et autres)

- Dans une organisation fondée sur les connaissances et l'expertise que chacun apporte aux fins de l'organisation, les relations mandant-mandataire sont inexistantes. Elles sont remplacées par des relations de partenaire et d'associé entre les membres de l'organisation. (Drucker et autres)

- La personne est foncièrement mue par son besoin de puissance et de conquête. Ses relations avec les autres membres de l'organisation sont empreintes de rivalité et de recherche de domination. (Hobes, Maccoby et autres)

- La personne mise en situation de relations continues en vient à comprendre que la coopération constitue la stratégie optimale dans ses rapports avec les autres membres de l'organisation. (Axelrod, Wilson et autres)

Chapitre 2

Les modes de leadership et de gestion

Les qualités personnelles des chefs d'entreprise ont fait l'objet de centaines d'études. Celles-ci n'ont réussi qu'à démontrer la grande diversité des caractères, des talents et des styles chez ces leaders pourtant tous auréolés de succès. Nos propres observations nous amènent toutefois à quelques conclusions :

- Certaines qualités nous semblent essentielles, mais insuffisantes pour diriger une grande entreprise ou une entreprise en voie de le devenir : une exceptionnelle énergie physique, le courage dans la prise de décision, une solide intelligence, un jugement exercé en affaires, des valeurs morales inflexibles.
- Au-delà de ces caractéristiques et de ces habiletés essentielles, les leaders tirent leur efficacité d'une harmonie entre, d'une part, leurs valeurs et leur style de gestion, d'autre part, le contexte et les défis de l'entreprise.
- L'entreprise connaît des phases prévisibles de durées variables dans son évolution, chacune appelant un type de leadership différent. Les données présentées dans le prologue de cet ouvrage soulignent les risques de stagnation et de déclin de l'entreprise lorsque celle-ci, après une période de croissance et de succès, n'a pas su mettre en place le type de leadership et les modes de gestion appropriés aux circonstances.

L'objet de ce chapitre est de bien camper cinq modes de leadership et de gestion. Trois de ces modes donnent de bons résultats dans des contextes précis ; cependant, dans des circonstances qui ne leur conviennent pas, ils donnent de piètres résultats. Par ailleurs, deux autres modes, fréquents en pratique, sont des déviations dysfonctionnelles et conduisent toujours à de grands problèmes pour l'entreprise.

2.1 Cinq modes de leadership et de gestion

Le leadership efficace se fonde sur une relation forte entre le leader et les membres de l'organisation. Cette relation, lorsqu'elle est positive et productive, surgit de l'une ou l'autre des trois sources :

- de liens affectifs entre un entrepreneur fondateur et ses employés. Ces liens sont souvent faits d'un respect admiratif pour l'entrepreneur, d'un engagement de celui-ci envers les employés, d'un sentiment de participer à une aventure grisante. Bien sûr, tous les entrepreneurs n'arrivent pas à établir ce type de relation avec les membres de leur entreprise. Ainsi, doivent-ils, assez tôt dans le développement de leur entreprise, tenter d'adopter d'autres modes de leadership et de gestion.

- d'une forte socialisation à une culture d'entreprise, faite de valeurs communes et de normes partagées. Le leader devient, et doit être, l'incarnation de cette culture d'entreprise ; il tire sa légitimité de ses états de service valeureux au sein de cette entreprise.
- d'un mode de fonctionnement comportant, d'une part, un leader légitime et crédible par son expertise du secteur industriel et, d'autre part, des cadres opérationnels, leaders de leur unité d'affaires et autonomes dans leur gestion. Leur autonomie est toutefois enchâssée dans un système de gouvernance qui donne au leader de l'ensemble la capacité d'orienter l'entreprise, de prendre les décisions d'ensemble et d'en contrôler la performance.

Par contre, la carence du leadership dans les grandes entreprises se manifeste, entre autres, par deux modes de gestion :

- un mode bureaucratique et centralisateur où un noyau de cadres-conseils, entourant le chef d'entreprise, s'arrogent l'autorité de celui-ci et imposent leurs vues ainsi que leurs volontés aux cadres opérationnels. Ces situations ne se produisent pas spontanément ; elles résultent plutôt d'une lente usurpation de pouvoir au moyen de règles, de pratiques et de procédures d'approbation de plans, de budgets et de dépenses. Chacune de celles-ci semble raisonnable et souhaitable pour une entreprise gérée de façon « professionnelle ». Or, le cumul de processus a pour effet de donner aux cadres-conseils du centre (ou « siège social ») un grand pouvoir et de vassaliser les cadres opérationnels (*line managers*).
- un mode de gestion par les chiffres, selon lequel toutes les discussions entre les cadres opérationnels et le « siège social » portent sur les chiffres, les calculs de rendements, les résultats financiers à court terme. Cette situation tend à se manifester lorsque le dirigeant, ou leader, ne jouit pas d'une crédibilité et d'une expertise suffisantes pour engager la discussion avec les cadres opérationnels sur les vrais enjeux et orientations stratégiques de l'entreprise. L'attention exclusive aux chiffres devient un mécanisme de défense, une façon pour le leader de cacher son manque de familiarité avec les enjeux et les problèmes des unités opérationnelles. **Il est évident toutefois que, depuis une dizaine d'années, les pressions des marchés financiers sur les entreprises en ont fait dériver plusieurs vers ce mode de gestion marqué par une obsession des performances financières trimestrielles.**

Les cinq modes de leadership et de gestion que nous proposons sont associés, à la figure 2.1, à deux dimensions selon lesquelles ils se distinguent singulièrement :

- le **niveau de partage des valeurs, expériences et connaissances** entre, d'une part, les gestionnaires opérationnels, responsables des plans et des budgets ainsi que de leur exécution (les mandataires), d'autre part, les leaders ou les dirigeants (ou le conseil d'administration) qui reçoivent et approuvent ces plans et ces budgets et en supervisent l'exécution (les mandants).
- la **diversité des produits et des marchés de l'entreprise.**
  Plus cette diversité est grande, plus elle suscite une abondante quantité

d'informations. En conséquence, les dirigeants (incluant le conseil d'administration) ne peuvent recevoir, traiter ou assimiler toutes ces informations. Dans ces situations, les cadres opérationnels jouissent d'un avantage important sur leurs « supérieurs » quant aux informations et aux connaissances qu'ils possèdent.

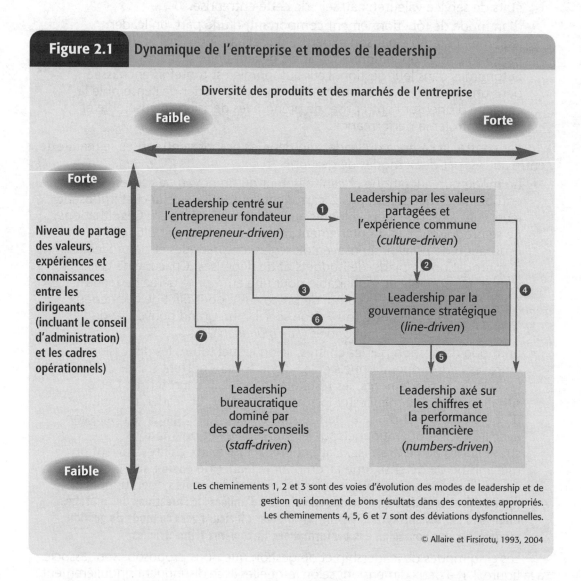

Figure 2.1   Dynamique de l'entreprise et modes de leadership

Diversité des produits et des marchés de l'entreprise

Faible   Forte

Forte

Niveau de partage des valeurs, expériences et connaissances entre les dirigeants (incluant le conseil d'administration) et les cadres opérationnels)

Leadership centré sur l'entrepreneur fondateur (*entrepreneur-driven*)

Leadership par les valeurs partagées et l'expérience commune (*culture-driven*)

Leadership par la gouvernance stratégique (*line-driven*)

Leadership bureaucratique dominé par des cadres-conseils (*staff-driven*)

Leadership axé sur les chiffres et la performance financière (*numbers-driven*)

Faible

Les cheminements 1, 2 et 3 sont des voies d'évolution des modes de leadership et de gestion qui donnent de bons résultats dans des contextes appropriés. Les cheminements 4, 5, 6 et 7 sont des déviations dysfonctionnelles.

© Allaire et Firsirotu, 1993, 2004

Dans la suite de ce chapitre, nous décrivons les tenants et aboutissants de chacun de ses modes de gestion stratégique pour en tirer des enseignements concrets quant à la nature du leadership en entreprise.

2.1.1 Le leadership centré sur l'entrepreneur fondateur (*entrepreneur-driven*)

Toute firme ou institution prend sa source dans l'activité entrepreneuriale d'un fondateur ou de quelques personnes fondatrices. Pendant un temps plus ou moins long, toute entreprise demeure la création de son ou de ses fondateurs qui l'imprègnent de leur personnalité, de leurs valeurs, de leurs styles de gestion.

Ainsi, le leader-entrepreneur fondateur marque profondément l'organisation de ses préférences, de sa vision, parfois aussi de ses lubies. La stratégie, élaborée dans sa tête, n'est pas souvent explicitée dans des documents. Le leader connaît (du moins, il le croit) tous les domaines de responsabilité aussi bien, voire mieux que les cadres qui en sont responsables. Les énoncés explicites de stratégie sont inutiles dans ce cas : les budgets et autres formes simples de contrôle suffisent.

Tant que la firme demeure centrée sur les marchés, les produits et les technologies que maîtrise totalement le fondateur et tant que celui-ci possède l'énergie et la vitalité nécessaires à la direction d'une entreprise de plus en plus importante, ce mode entrepreneurial de leadership et de gestion s'avère fort efficace.

L'entreprise peut devenir grande et dispersée sur le plan géographique sans que ce mode de leadership ne soit dépassé ou surchargé. Les entreprises Toys "R" Us, The Limited, Wal-Mart, Marriott, Home Depot, Cotsco, FedEx, Microsoft, Starbuck, Dell, IKEA sont toutes de grandes sociétés qui ont été menées pendant de longues années – et le sont encore pour certaines d'entre elles – par un entrepreneur fondateur qui connaît intimement tous les recoins, tous les aspects d'une entreprise qu'il a lui-même construite. Ces leaders fondateurs se donnent corps et âme pour bâtir leur entreprise. Jamais aucun cadre ne pourra jouir d'un tel avantage en matière d'expérience et d'informations à propos de quelque aspect du fonctionnement de l'entreprise.

Le leadership dominant, parfois même charismatique, du fondateur façonne toute l'organisation à son image. La connaissance « holistique » de l'entreprise – résultat d'une participation intense à tous les détails et étapes de son développement – donne à l'entrepreneur fondateur une capacité de gestion exceptionnelle, mais crée souvent un vide de talent autour de lui.

Entouré d'exécutants loyaux, disponibles et admiratifs, l'entrepreneur fondateur peut ainsi bâtir une entreprise d'une dimension considérable pourvu qu'il ne dévie pas du secteur industriel et du marché qu'il connaît à fond. Il ressemble alors à un grand maître aux échecs capable de jouer et de gagner, avec aisance, brio et sans grande fatigue mentale, plusieurs parties simultanées contre des adversaires de moindre force.

Cependant, lorsque l'entrepreneur fondateur est remplacé par des gestionnaires professionnels, ou lorsque la firme acquiert ou ajoute des activités dans des domaines nouveaux qui exigent des aptitudes différentes, celle-ci doit effectuer un changement difficile de mode de leadership et de gestion. Idéalement, les valeurs, les connaissances et les expériences qui ont assuré la réussite de l'entreprise sont « institutionnalisées » ; elles définissent **une culture** qui est partagée par tous les membres et qui anime tout le fonctionnement de l'entreprise. Cela correspond au cheminement 1 de la figure 2.1.

Cette aptitude de l'organisation à intégrer et à assimiler de nouveaux membres à sa culture propre durant sa phase de croissance provient souvent de ce qu'un bâtisseur d'organisation a pris la relève de l'entrepreneur fondateur. Une fois ces systèmes et ces valeurs de gestion mis en place, et tant que ceux-ci continuent d'être fonctionnels, les leaders qui se succèdent à la tête de l'organisation tirent leur légitimité et leur crédibilité du fait qu'ils sont des produits de ce système et qu'ils en épousent fidèlement les valeurs ainsi que les tenants et les aboutissants. Sloan chez GM, Watson fils chez IBM, Johnson fils chez Johnson & Johnson, Woodruff chez Coca-Cola sont de bons exemples de bâtisseurs d'organisation qui ont mis toute leur énergie à construire une culture partagée par tous les membres de leur entreprise.

Comme c'est malheureusement trop souvent le cas, l'entrepreneur fondateur peut s'acharner à maintenir ce même mode de leadership, lequel l'a bien servi dans le passé, dans une entreprise dont la taille et la diversité ont dépassé les limites de ce type de leadership. **Éventuellement, désemparé par des résultats médiocres ou franchement mauvais, dépassé par la complexité des enjeux amenés par la taille et la diversité de l'entreprise, l'entrepreneur fondateur décide tardivement de se donner une gestion plus « professionnelle ».** Il embauche quelques jeunes gens ayant une maîtrise en administration des affaires (M.B.A.), recrute quelques cadres chevronnés dans d'autres entreprises, met en place une démarche de planification stratégique, structure l'entreprise en divisions ou en unités d'affaires, chacune « dirigée » par un cadre opérationnel. Il espère que ces mesures lui apporteront des recettes et des solutions à ses problèmes sans qu'il n'ait à changer fondamentalement sa façon de diriger l'entreprise. Or, tant que l'entrepreneur fondateur ne change pas son style de leadership, toutes ces mesures s'avèrent futiles et décevantes. Il pourra se convaincre qu'il vaut mieux retourner aux anciennes façons de faire ou il adoptera résolument un mode « professionnel » de gestion, lequel peut facilement dériver vers un « mode bureaucratique » ou vers une « gestion par les chiffres et les indicateurs financiers ». Cela correspond au cheminement 7 de la figure 2.1.

Cette tendance, fréquente en pratique, résulte du fait que l'entreprise ne remplit pas les conditions essentielles pour adopter des modes de gestion et de leadership efficaces, comme le leadership basé sur les valeurs partagées et l'expérience commune (*culture-driven*) ou encore un mode de leadership fondé sur la gouvernance stratégique (*line-driven*).

Nous verrons, dans la description de ces deux modes de gestion et de leadership, les principes de gestion qui les sous-tendent ainsi que les contextes qui leur sont nécessaires.

2.1.2 Le leadership fondé sur les valeurs partagées et l'expérience commune (*culture-driven*)

L'entreprise est grande et diversifiée sur le plan géographique, mais les mêmes objectifs, compétences, valeurs et principes de gestion, le même « centre de gravité », imprègnent toutes ses articulations et sont partagés par les membres de toutes les unités opérationnelles. Cette culture est appuyée et renforcée par tous les moyens possibles, allant des politiques de promotion jusqu'aux récompenses symboliques et financières.

Quoique les gestionnaires opérationnels (*line-managers*) possèdent souvent un niveau d'informations supérieur à celui des dirigeants qui doivent les superviser, la culture partagée par les deux groupes s'avère un **moyen de contrôle efficace** puisqu'elle agit sur **les prémisses mêmes de la décision et de l'action** des cadres.

Les plans sont alors simples, courts et axés sur l'action, puisqu'il est inutile de répéter ce qui est évident et connu de tous. Étant donné les valeurs, l'expérience et les connaissances partagées par les cadres et les dirigeants, la communication entre eux est d'une efficacité sténographique.

Ce type de leadership est fondé sur l'idée centrale selon laquelle le contrôle des cadres et du personnel par des moyens externes est inefficace et voué à l'échec. Par contre, le contrôle au moyen de valeurs intériorisées, d'objectifs partagés et de prémisses décisionnelles communes constitue la méthode la plus satisfaisante et la plus économique de gérer une grande entreprise dispersée sur le plan géographique.

Dans ces cas, c'est en fait la culture, non pas les plans, les budgets ou autres systèmes comptables, qui constitue le mécanisme principal de contrôle pour protéger la firme contre les comportements opportunistes. Il s'agit ici d'une relation que l'on pourrait qualifier de partenaires et d'associés. Plus précisément, la relation entre la personne et son entreprise doit être conçue, dans ces situations, comme découlant d'un contrat tant psychologique qu'économique.

Ce mode de leadership convient au modèle de «loyauté réciproque» décrit au premier chapitre. Il est encore présent en Europe et très répandu au Japon, mais pour combien de temps encore? Les sociétés Nestlé, Sony, Honda, Canon, Toyota en sont des exemples bien connus. Jadis, plusieurs grandes entreprises nord-américaines étaient construites et gérées selon ce mode. Malgré leur taille considérable, elles s'étaient développées essentiellement autour d'un même «centre de gravité», d'un seul noyau de technologies et de compétences. Ces entreprises avaient su inculquer, à un degré élevé, les valeurs et les objectifs partagés au sein de l'organisation. Les sociétés IBM, 3M, Johnson & Johnson, Hewlett-Packard, Bell Canada et A&T, dans leur période de marché réglementé, en sont de bons exemples.

Évidemment, **pour qu'un leadership à dominante culturelle soit efficace, l'entreprise doit adopter et respecter un ensemble de politiques et de pratiques de gestion, lesquelles sont devenues presque impraticables dans l'Amérique des années 2000** pour les raisons évoquées au chapitre 1 :

- le recrutement d'un personnel jeune dont les valeurs et les orientations sont en harmonie avec le système de valeurs que propose l'entreprise;
- une politique quasi exclusive de promotion interne et un effort conscient pour réduire la mobilité interfirmes;
- un engagement de sécurité d'emploi par l'entreprise, soit le concept «d'emploi à vie»;
- une croissance et une diversité d'opérations centrées sur un même noyau de compétences, de technologies et de facteurs de succès;
- des investissements importants pour la socialisation du personnel à des valeurs et à des normes communes ainsi qu'à des pratiques de gestion uniformes;
- la formation et la rotation du personnel conçues de façon à former des généralistes de l'entreprise (non pas de la gestion);
- des cadres supérieurs issus de ce système, connaissant donc intimement tous les aspects critiques du fonctionnement de leur entreprise.

Le défi auquel font face les entreprises pratiquant ce mode de leadership et de gestion, au moment où cela s'impose, est de réussir à gérer la diversité en dehors du noyau de compétences et de technologies qui ont façonné le développement de l'entreprise. Ces entreprises ont tendance, pour des raisons bien fondées, à éviter toute initiative qui pourrait les entraîner hors de ce noyau. Toutefois, lorsque les circonstances les y obligent, elles éprouvent souvent beaucoup de difficultés à trouver les approches de gestion qui seront efficaces pour leur nouveau contexte.

Selon ce mode de gestion et de leadership, les valeurs partagées, l'expérience commune ainsi que les intérêts convergents entre le personnel et les dirigeants donnent à ceux-ci une grande légitimité et servent non seulement à contrer, mais aussi à canaliser les propensions opportunistes des membres.

Cependant, il se peut que l'organisation ne puisse adopter ce mode de leadership ou doive s'en éloigner, et ce, pour plusieurs raisons :

- Le contexte social ou stratégique ne se prête pas, ou plus, à ce genre de relations entre l'entreprise et son personnel, comme il en a été question au chapitre 1 lors de la discussion du contexte du quadrant 3 (*voir la figure 1.2*).
- Le leadership n'a pu, ou n'a pas su, bâtir en temps opportun ce type d'organisation comportant une forte socialisation à des valeurs communes.
- L'entreprise s'est diversifiée, souvent par acquisition d'autres entreprises, dans des domaines qui exigent des compétences, des technologies, du savoir-faire et des valeurs de gestion fort différents de ceux du secteur d'origine de l'entreprise.

De toute façon, l'entreprise se trouve alors à un moment charnière de son développement. Elle peut facilement dériver vers des modes de leadership et de gestion comme le «mode bureaucratique» ou un «mode de gestion axé essentiellement sur les chiffres et la performance financière», lesquels s'avèrent insatisfaisants et peuvent éventuellement mettre l'entreprise en péril.

2.1.3 Le leadership fondé sur la gouvernance stratégique (*line-driven*)

Cette façon de concevoir la gestion et le leadership de l'entreprise moderne découle d'un certain nombre de facteurs contextuels et de choix stratégiques déjà décrits au chapitre 1 :

- la mobilité professionnelle des cadres et du personnel technique ainsi que leur maîtrise de compétences particulières qui créent un marché relativement efficient pour le «talent» (*knowledge workers*);
- la diversité des activités de l'entreprise, résultant d'une croissance organique ou d'acquisitions, et l'extension géographique de celle-ci, directement ou par acquisitions, lesquelles font en sorte que plusieurs cultures organisationnelles doivent inévitablement coexister au sein de l'entreprise;
- le regroupement au sein d'une même équipe de gestion de dirigeants aux expériences professionnelles diverses, acquises au service de différentes entreprises;
- le rythme d'évolution des marchés, les déréglementations, l'intensité de la concurrence et la mouvance technologique, qui provoquent un haut niveau de vulnérabilité de l'entreprise à ses différents marchés.

En fait, ces caractéristiques définissent l'entreprise du quadrant 3 (le modèle à trois marchés) représentée à la figure 1.1. Dans ces situations de plus en plus fréquentes à notre époque, la grande entreprise doit être conçue : soit comme une communauté de firmes de petite ou de moyenne taille reliées entre elles par leur recours à des actifs tangibles ou intangibles communs ; soit comme un regroupement de divisions et de groupes opérationnels sous une même enseigne, mais offrant des produits et services précis à des marchés particuliers, chaque division ou groupe devant exécuter de façon plus ou moins autonome des stratégies de marché adaptées à son contexte propre.

Ce type de leadership ne sera efficace que s'il remplit cinq conditions essentielles :

1. La légitimité et la crédibilité des dirigeants

Un leadership fondé sur la légitimité et la crédibilité du leader, plutôt que sur une longue expérience commune entre dirigeants et cadres opérationnels, est une condition nécessaire, mais non suffisante, à ce mode de gestion. Dans l'entreprise moderne, le dirigeant tire sa légitimité d'un poste d'autorité opérationnel auquel il a été nommé par les propriétaires de l'entreprise ou leurs représentants désignés, selon une démarche jugée équitable. Il tire sa crédibilité de sa compétence à superviser et à orienter un secteur d'activité précis et de la confiance qu'il inspire au personnel relevant de lui.

Les cadres opérationnels sont responsables de la gestion de leurs unités ; ils doivent faire état de leurs plans et de l'exécution de ces plans à un dirigeant du siège social. Ces cadres doivent percevoir leurs dirigeants – ceux qui reçoivent, approuvent leurs plans et leurs budgets, et supervisent leur performance – comme les personnes ayant une autorité légitime (ce sont des dirigeants opérationnels, non pas des cadres-conseils) et une forte crédibilité (ils ont une connaissance approfondie des opérations qu'ils supervisent).

Comment l'entreprise peut-elle croître tout en maintenant une relation de légitimité et de crédibilité entre les différents niveaux de cadres et de dirigeants ?

La forme multidivisionnelle d'organisation se voulait une réponse à cette interrogation. Cette forme d'arrangement structurel, avec son système de *checks and balances* «volontairement équivoque», satisfait, dans sa conception originale, à cette exigence de crédibilité et de légitimité. En effet, tant que l'entreprise se développait au sein d'un même secteur d'activité et que les dirigeants étaient choisis parmi les cadres de l'entreprise, comme c'était l'usage auparavant, toutes les instances dirigeantes de l'entreprise possédaient une riche connaissance et une grande expérience des activités de la firme, ce qui leur conférait légitimité et crédibilité.

Ces phénomènes étaient jadis si communs que l'on n'a pas vu leur importance. Les théoriciens et les praticiens de la structure multidivisionnelle ont sous-estimé le rôle de ces facteurs pour le bon fonctionnement d'une grande entreprise, dont l'envergure s'étend à plusieurs unités, divisions ou centres de profit, ayant ses activités dans des marchés et des secteurs variés.

Les entreprises qui ont grandi sans faire les investissements nécessaires pour créer une culture commune à l'ensemble de l'organisation, qui se sont diversifiées dans des domaines faiblement reliés ou qui ont recruté comme dirigeants des gestionnaires chevronnés dans d'autres industries (ou des diplômés des écoles de gestion) ont souvent abouti à un mode de gestion dominé par les chiffres (*numbers-driven*) ou par les cadres-conseils (*staff-driven*). Le lien de légitimité et de crédibilité entre les cadres et les dirigeants a été irrévocablement coupé, remplacé par un contrôle par les chiffres ou par une supervision serrée exercée par des cadres-conseils logés au siège social de l'entreprise.

2. Un équilibre relatif d'informations entre les dirigeants et les cadres opérationnels

Les dirigeants qui reçoivent, autorisent les plans stratégiques et les budgets, et supervisent la performance ont besoin de sources indépendantes d'information. Celles-ci leur fournissent des indices de performance reliés aux facteurs de marché et de concurrence des unités opérationnelles, de même qu'à leur véritable performance économique.

Les dirigeants doivent donc disposer d'indices précurseurs de performance, c'est-à-dire des informations ayant une valeur prédictive quant aux problèmes qui peuvent surgir plus tard, non pas seulement des données comptables qui consignent le passé et ne rendent compte des erreurs ainsi que des incuries que lorsqu'il est trop tard pour agir. Des exemples de ce type d'indices précurseur de performance sont : le degré de satisfaction des clients et les intentions d'achat ; le nombre de produits défectueux ; le cycle de développement de produits nouveaux ; le pourcentage de produits nouveaux dans les prévisions de vente ; les bénéfices nets par unité de production vendue ; le degré de satisfaction des employés ; etc.

Le système d'information de l'entreprise doit être conçu de façon que les responsables d'unités opérationnelles subissent une pression forte et continue des marchés. Si la structure du marché n'exerce pas naturellement un tel degré de pression (ce qui est souvent le cas, comme il en est question à la section concernant la gestion dominée par les chiffres), il incombe aux dirigeants du siège social de recueillir et de diffuser des informations qui maintiennent un haut niveau de discipline de marchés dans toutes les unités opérationnelles. **Le sentiment de vulnérabilité aux pressions du marché et de la concurrence constitue un moteur essentiel de la motivation et de l'efficience pour l'entreprise.**

Ces enjeux reliés à la qualité de l'information sont fondamentaux pour le bon fonctionnement du mode de leadership et de gestion que nous décrivons ici.

Un principe fondamental, sous-jacent aux structures complexes, reste mal compris encore aujourd'hui : une donnée, un chiffre, un fait n'est transformé en information que si le récepteur possède la compétence et les connaissances du domaine nécessaires pour effectuer cette alchimie. Sinon, la somme des données, des chiffres et des faits recueillis demeure matière inerte et source de confusion.

3. Un noyau de valeurs et de thèmes unificateurs

La grande entreprise moderne est souvent caractérisée par deux phénomènes :

- Une importante diversité d'activités, lesquelles englobent **plusieurs marchés, technologies et facteurs de succès** ; en soi, cette diversité rend caduque la notion d'une seule culture pour toute l'entreprise. En effet, dans la mesure où les contingences propres à chaque secteur d'activité appellent des façons différentes de faire et de gérer pour réussir, la grande entreprise voit (et doit même susciter) le développement de **cultures multiples** en son sein.

- Le fait, indéniable en Europe et en Amérique du Nord, d'une mobilité croissante des ressources stratégiques, en particulier du personnel technique et de direction, phénomène traité au chapitre 1. Cette tendance lourde, conséquence d'un ensemble de phénomènes présentés au chapitre 1, se traduit par des effectifs aux comportements plus calculateurs, moins susceptibles d'une socialisation à une culture commune servant de mécanisme de contrôle endogène. Le vieux contrat social d'un emploi assuré en échange de loyauté et d'engagement est largement remis en question.

Compte tenu de ces deux facteurs, pris individuellement ou collectivement, « le mode de leadership et de gestion à dominante culturelle » est devenu inopérant. Là où ce mode a été installé il y a longtemps, il persiste, mais il est soumis à une érosion continuelle qui en sape l'efficacité. Par ailleurs, sauf dans des conditions exceptionnelles, il est difficile de nos jours en Amérique du Nord et en Europe d'instaurer un tel type de gestion.

Le mode de gestion que nous décrivons ici est justement conçu pour fonctionner efficacement dans ce contexte de cadres et de dirigeants professionnels, mobiles et calculateurs, contexte que nous avons décrit sous le vocable de « modèle à trois marchés » au chapitre 1.

Cependant, la grande entreprise ne doit pas devenir qu'un lieu de calcul économique, qu'un marché aux enchères pour des ressources stratégiques qui supputent continuellement leur valeur marchande et planifient froidement leur carrière.

La grande entreprise doit au minimum proposer des valeurs de gestion pertinentes pour toutes les opérations de l'entreprise et des thèmes engageants qui donnent à l'entreprise un rôle mobilisateur.

L'absence de tout lien émotif positif entre l'entreprise et son personnel transforme celle-ci en un assemblage ingouvernable de personnes calculatrices et de ressources mobiles.

4. Des systèmes adaptatifs et flexibles de rémunération

La rémunération ainsi que la motivation des cadres et des dirigeants dans l'entreprise moderne deviennent de plus en plus complexes. Certains principes généraux peuvent cependant être énoncés à cet égard :

- La rémunération variable devrait être liée à des indicateurs de réelle création de valeur, tels que ceux présentés aux chapitres 3 et 4.
- La rémunération variable devrait inciter les cadres et les dirigeants à maintenir en équilibre la performance à court terme et la performance à plus long terme.
- Le niveau de rémunération variable doit être ajusté au contexte propre de l'entreprise comme la mobilité de ses cadres et la contribution directe des gestionnaires à la création de valeur. Nous reprendrons ce thème au chapitre 4.

5. L'aptitude des cadres opérationnels à penser stratégiquement et à exécuter une stratégie

Il est illusoire de proposer un mode de leadership et de gestion faisant une large place à l'autonomie et à la responsabilité des cadres opérationnels, si l'entreprise ne prend pas les moyens pour aider ces cadres dans cette tâche et pour en faire une compétence aussi importante pour leur carrière que les capacités plus opérationnelles qu'ils ont dû acquérir pour réussir dans l'entreprise. L'entreprise doit implanter un programme efficace de recrutement, de sélection et de développement des cadres afin de faire de la gestion stratégique une compétence largement répandue chez ses cadres opérationnels.

Ce mode de leadership et de gestion fondé sur la gouvernance stratégique (*line-driven*) permet de concevoir une stratégie créatrice de valeurs pour leurs unités imbues d'un esprit d'entrepreneuriat et habiles dans la gestion du changement. Il ne peut tolérer une sorte de spécialisation entre ceux qui pensent la stratégie, mais ne sauraient comment la réaliser, et ceux qui mettent en application la stratégie, mais ne sauraient la concevoir.

2.1.4 Les modes dysfonctionnels de leadership et de gestion

Deux modes de gestion et de leadership profondément pernicieux, et signes avant-coureurs de problèmes à venir, guettent toute entreprise à un moment ou à un autre de son évolution :

- le leadership et la gestion axés sur les chiffres et la performance financière (*numbers-driven*) ;
- le leadership et la gestion dominés par des cadres-conseils (*staff-driven*).

Le leadership et la gestion axés sur les chiffres et la performance financière (*numbers-driven*)

Par leur ignorance des facteurs techniques et des enjeux stratégiques particuliers, ou à cause de leur formation et de leur expérience professionnelles essentiellement à saveur financière, certains dirigeants en arrivent à se concentrer sur la partie financière quantitative de la gestion. Un certain Jean-Marie Messier, issu de la banque d'affaires Lazar Frère, a implanté à la Lyonnaise des Eaux, quand il en est devenu le PDG, une stratégie faite d'acquisitions massives et de montages financiers hasardeux qui ont abouti à l'aventure pénible qu'a été Vivendi-Universal. Est-ce surprenant ?

Les pressions extraordinaires exercées sur les entreprises par les marchés financiers depuis le début des années 1990, ainsi que leurs exigences de haute performance à court terme, ont suscité chez trop d'entreprises des modes de gestion entièrement dominés par la « création de valeur pour les actionnaires ». Cet objectif, valable en soi, est alors devenu l'excuse pour rechercher frénétiquement à satisfaire aux attentes trimestrielles des analystes financiers et des investisseurs.

Ce contexte de gestion, longuement décrit au chapitre 1, a eu des effets corrosifs sur toutes les entreprises, en particulier sur celles où le fonctionnement ne s'appuie pas sur des valeurs partagées et une longue expérience commune entre les administrateurs, les dirigeants et les cadres opérationnels.

Ces problèmes de leadership et de gestion sont particulièrement aigus dans l'entreprise qui a grandi rapidement par acquisition et en se diversifiant dans des domaines différents, ou qui est devenue grande et dispersée sur le plan géographique sans développer une culture commune dans toutes ses divisions et ses activités. Ce type d'entreprise tente souvent et désespérément de mettre en place un mode de leadership et de gestion efficace, mais elle ne satisfait pas aux conditions essentielles pour un mode de leadership fondé sur la gouvernance stratégique (*line-driven*).

Lorsque les circonstances sont favorables et que les résultats sont satisfaisants, l'autonomie des cadres opérationnels est assurée et sacro-sainte. Quand les choses tournent mal, le conseil d'administration et les cadres supérieurs sont souvent les derniers à le savoir. Une fois informés, ils n'ont d'autres recours que de remplacer les gestionnaires en question ou de les garder si leurs explications les disculpant semblent plausibles.

Cette situation est très insatisfaisante et peut même être dangereuse pour l'entreprise. Pourtant, elle prévaut encore dans beaucoup d'entreprises et caractérise la plupart des relations entre les dirigeants et leur conseil d'administration en Amérique du Nord.

Les grandes entreprises en arrivent souvent à un mode de gestion axé sur les chiffres en raison de deux croyances répandues mais erronées :

L'illusion du contrôle exercé par les marchés

Les grandes entreprises ont généralement des activités qui se déploient sur de nombreux marchés et secteurs industriels. Selon un mode de gestion fort usité, l'entreprise n'a qu'à se diviser en unités opérationnelles de façon que chaque unité soit responsable des profits pour un couple produit-marché. Ainsi, cette structure fait en sorte que les cadres opérationnels sont soumis à la discipline rigoureuse des marchés et de la concurrence. L'hypothèse implicite est évidente : grâce au contrôle puissant exercé par les marchés sur les unités, l'entreprise bénéficiera d'une rétroaction rapide, claire et indiscutable de la performance des unités. Les responsables d'unités opérationnelles ne peuvent réussir que s'ils sont plus efficaces et compétents que leurs concurrents.

En conséquence, le contrôle et la supervision du point de vue du siège social peuvent se limiter à surveiller quelques indices quantitatifs (parts de marché, bénéfices sur capital investi, profits, flux financiers) et à évaluer les unités opérationnelles selon des grilles synthétiques de stratégies génériques.

Cependant, ce raisonnement est faux dans son essence même. Par choix stratégique, la grande entreprise tend à exclure les activités dans des marchés purement concurrentiels et fragmentés, qui sont justement ceux qui sont susceptibles de rendre un verdict rapide sur la performance d'une entité.

Dans des industries plus concentrées et complexes, le marché ne fournit généralement que des indications ambiguës et différées (*lagged*) sur la performance. Ainsi, la qualité du service et le niveau de satisfaction des clients peuvent se détériorer subrepticement, mais sûrement, sans que les résultats comptables en soient affectés à court terme.

Si les signaux donnés par le marché sont ambigus ou même trompeurs à court terme, si l'information sur laquelle se basent les dirigeants est « gérée » par les cadres opérationnels, si ceux-ci, professionnellement mobiles, savent quitter l'entreprise avant que leur vraie performance soit évidente pour tous, une piètre performance peut alors être dissimulée pendant une assez longue période.

Lorsque les cadres supérieurs du « centre » finissent par s'apercevoir de cette situation, ils ont tendance à augmenter de façon considérable leurs moyens d'analyse et de contrôle. L'entreprise peut alors cheminer vers une gestion bureaucratique dominée par des cadres-conseils (*staff-driven*).

Le contrôle par le système de rémunération

Une deuxième croyance associée à ce mode de gestion veut que des schémas ingénieux de récompenses fassent en sorte que les cadres opérationnels ne pourront satisfaire leurs propres ambitions et intérêts qu'en travaillant pour le bénéfice de l'entreprise.

Cependant, **un gestionnaire vraiment calculateur et opportuniste trouvera toujours des moyens ingénieux pour se servir des chiffres à son avantage.** Plusieurs facteurs l'y aideront : la subjectivité inhérente au processus d'interprétation des données comptables, la difficulté à bâtir un système de rémunération variable qui ne privilégie pas un aspect de la performance au détriment de certains autres, la nature différée (*lagged*) de nombreux indicateurs quantitatifs et l'ignorance relative du dirigeant quant à la performance réelle des cadres opérationnels.

Personne ne doute qu'un système efficace de rémunération soit essentiel à la réussite de l'entreprise. Nous voulons souligner ici qu'un système de rémunération ne peut agir comme système de contrôle. En l'absence de relations de légitimité et de crédibilité entre niveaux de dirigeants et sans une information pertinente, il est très difficile d'élaborer un système de rémunération qui assure une réelle coïncidence entre les intérêts de l'entreprise et ceux de ses gestionnaires. D'ailleurs, les études dans ce domaine ne cessent de révéler la relation insatisfaisante entre la rémunération totale payée aux cadres supérieurs (fixée par leurs conseils d'administration) et la performance de l'entreprise.

La société Tyco, sous la direction de Kozlowski, nous fournit un cas d'école de ce type de leadership et de gestion par les chiffres. Après une période de croissance tous azimuts, par le truchement de multiples acquisitions, Tyco a affiché une performance financière remarquable ratifiée généreusement par les marchés financiers et encensée par les analystes. Cependant, Tyco a en réalité fourni une nouvelle preuve du caractère dysfonctionnel du mode de gestion dominé par les chiffres. En effet, même sans les excès personnels et les fraudes fiscales de Kozlowski, Tyco se dirigeait vers de graves problèmes.

Tyco ou l'illusion d'une gestion par les chiffres

Tyco, un des célèbres conglomérats américains au cœur des scandales financiers des années 2001-2002, est un exemple contemporain révélateur de la dérive du leadership axé uniquement sur les chiffres.

Entre 1973 et 1982, les revenus de Tyco sont passés de 34 à 500 millions de dollars, et sa capitalisation boursière a été multipliée par dix. Dennis Kozlowski s'est joint à Tyco au milieu des années 1970 et en est devenu le PDG en 1992. Il a alors entrepris de bâtir l'entreprise selon le modèle et l'esprit des années 1990. Entre 1994 et 2001, Tyco a investi 63 milliards de dollars américains dans une politique quasi frénétique d'acquisitions. En janvier 2001, au sommet de sa «gloire», Tyco valait 122 milliards ($US) à la Bourse de New York, et son chiffre d'affaires dépassait les 36 milliards ($US).

En 2001, Tyco était présent sur de nombreux marchés avec des produits ayant peu de particularités communes : les systèmes de protection contre le feu, les appareils médicaux, les câbles sous-marins, les appareils de sécurité électronique et, avec l'acquisition de la société financière CIT en 2001, les services financiers. Les activités du groupe sont divisées en grandes catégories comprenant chacune plusieurs dizaines de firmes : 1) produits d'alerte de feu et de sécurité (96 compagnies) ; 2) produits de santé (11 compagnies) ; 3) produits électroniques (64 compagnies) ; 4) plastiques et adhésifs (4 compagnies) ; 5) produits d'ingénierie et services (172 compagnies) ; 6) CIT et ses multiples produits de financement.

Pour tenter de maîtriser cette croissance extraordinaire de façon profitable, la direction de Tyco a mis très tôt en place un système de leadership axé uniquement sur les chiffres. Sa logique a toujours été davantage financière qu'industrielle. De l'aveu même de Dennis Kozlowski, PDG de la société jusqu'en 2001, les principales caractéristiques et «forces» du groupe étaient *son contrôle financier, son programme de rémunération incitatif, les activités de production et, surtout, sa capacité de motiver les dirigeants des divisions opérationnelles par la rémunération et l'autonomie dont ils jouissent malgré l'appartenance à un conglomérat.*

Plus précisément, les principes de gouvernance pratiqués par le siège social étaient les suivants :

- des unités opérationnelles qui jouissent d'une grande autonomie ;
- des présidents qui sont incités à agir comme des entrepreneurs qui doivent améliorer leurs performances et étendre l'envergure de leurs activités selon les objectifs et dans les limites fixées par le centre corporatif ;
- des mécanismes de contrôle qui s'appuient sur quelques indicateurs financiers de performance ; à ce titre, Tyco était fière d'annoncer qu'elle n'investissait jamais dans un secteur où elle ne pouvait établir des indicateurs de performance fiables et valides, ce qui explique la présence de la firme uniquement dans des marchés matures, stables, jamais à la fine pointe de la technologie afin de réduire la complexité ;
- des récompenses financières accordées aux cadres performants, qui peuvent être très importantes en cas d'atteinte des objectifs ;
- le recrutement de dirigeants fait surtout à l'externe, compte tenu de la large gamme de métiers ; ces personnes ne sont pas promues d'une unité à l'autre.

Un tel système de leadership a abouti à un siège social à effectif minimal. En 1997, seuls 50 des 40 000 salariés du groupe y travaillaient. Tyco a poussé si loin sa logique financière qu'elle et la compagnie des Bermudes ADT ont fusionné en 1997, afin d'y établir son siège social et de se soustraire ainsi aux lois fiscales américaines. Tyco estime avoir épargné entre 400 et 800 millions ($US) d'impôts grâce à ce stratagème.

Cependant, ce contrôle financier néglige complètement la connaissance industrielle des métiers du groupe. Les membres du siège social ne maîtrisent pas les métiers des différents groupes et ne cherchent d'ailleurs pas à les connaître. Ils se contentent de fixer des objectifs, de tenter de les mesurer à l'aide d'indicateurs de performance qu'ils estiment «fiables et valides», et de baser le système de rémunération sur ces indicateurs.

Toutefois, ce système comporte de grands risques. **Il est toujours possible pour les cadres opérationnels connaissant parfaitement leurs industries de «gérer» les chiffres sans autre mobile que de satisfaire aux exigences de rendement qu'on leur impose et de récolter les bonis associés à une bonne «performance».**

L'acquisition en 2001 de CIT, cette grande entreprise de services financiers, a ajouté une telle complexité à Tyco que celle-ci est devenue ingouvernable. Le mode de gestion à dominante financière a alors montré toutes ses faiblesses. Devant la mauvaise humeur des marchés financiers à son égard, Tyco a décidé de se fragmenter en quatre sociétés distinctes, chacune inscrite en Bourse.

Cependant, un scandale autour de la personne de Kozlowski a touché Tyco, dévoilant une compagnie hors de contrôle, tant des administrateurs envers les dirigeants corporatifs que les dirigeants corporatifs envers les cadres d'unités opérationnelles. Pour l'exercice 2002, la compagnie a annoncé plus de 9 milliards de pertes (pour un peu plus de 35 milliards de revenus). Son PDG, Kozlowski, a été remercié, et CIT a été revendue.

Le leadership et la gestion dominés par des cadres-conseils (*staff-driven*)

Sentant bien qu'il est mal préparé pour évaluer et approuver les multiples propositions stratégiques émanant des unités opérationnelles, le dirigeant pourra tenter de corriger son manque d'expertise. Il tentera de réduire ce déséquilibre d'informations entre lui et ses cadres opérationnels en embauchant un personnel hautement qualifié dans les domaines de la finance, de la stratégie et des ressources humaines. En d'autres termes, il s'agit, théoriquement, de rétablir au moyen de cadres-conseils une certaine symétrie d'informations et de compétences entre le dirigeant et les cadres opérationnels.

La présence au siège social d'un vice-président aux ressources humaines, omnipotent en matière de promotion et de rémunération, ainsi que d'un chef de la direction financière (CFO), craint et dictatorial, est signe qu'une entreprise dérive vers un type de leadership et de gestion dysfonctionnel.

Ce type de gestion se manifeste aussi par une tendance des cadres-conseils à accumuler et à protéger de l'information, et à mettre en place de nombreuses politiques et règles pour tenter de contrôler et de prendre en défaut les cadres opérationnels. Ceux-ci finiront par comprendre que ce n'est plus le marché et la concurrence qui contrôlent leur sort. Leur réussite dépend tout autant de leur capacité à gérer les pressions politiques émanant du siège social et de leur habileté à manipuler les chiffres qui importent au dirigeant financier (le «CFO»). Certains cadres opérationnels s'efforceront d'être bien vus d'eux et tiendront compte de leur jugement. D'autres mèneront une guérilla contre ces cadres-conseils qu'ils jugent illégitimes et qui leur imposent des modes de fonctionnement qu'ils estiment contraires à la bonne marche de l'entreprise.

Les cadres-conseils doivent accepter une bonne part de responsabilité dans le fait que le « siège social » en vienne à être conspué et même détesté des cadres opérationnels. Leur proximité de la source ultime du pouvoir dans l'entreprise, leur accès à une information privilégiée quant aux orientations et aux choix stratégiques à tous les niveaux de l'entreprise, leur supériorité cognitive en matière de planification et d'analyse, leur influence sur les carrières des cadres opérationnels leur fournissent maintes occasions d'usurper l'autorité exécutive et d'inciter les cadres opérationnels à des comportements dysfonctionnels.

Les PDG portent également une part de responsabilité. Toujours pressés et préférant s'en remettre à un nombre restreint de personnes accessibles, ils peuvent bien involontairement encourager cette usurpation de leur autorité par les cadres-conseils et faire dériver l'entreprise vers un mode de gestion inefficace.

La société IBM, comme tant d'autres compagnies, représente parfaitement ce mode bureaucratique et dysfonctionnel de leadership et de gestion, présent dans cette entreprise dans la période 1985-1993. Ce mode de gestion ainsi que le redressement radical à la suite du passage au mode de gestion par gouvernance stratégique *(line-driven)* réalisé par son nouveau PDG, L. Gerstner, sont décrits en détail à la partie VI de cet ouvrage.

Un exemple d'évolution des modes de leadership et de gestion : General Electric

L'entreprise General Electric (GE) fournit depuis longtemps un modèle, voire un paradigme, de la gestion et de la planification stratégiques. Les dirigeants de l'entreprise n'ont cessé d'innover en ce domaine, cherchant à solutionner les problèmes associés à la gestion stratégique. La séquence des modes de leadership et de gestion stratégique utilisés par GE, présentée à la figure 2.2, démontre bien certains aspects des modes de leadership décrits dans ce chapitre.

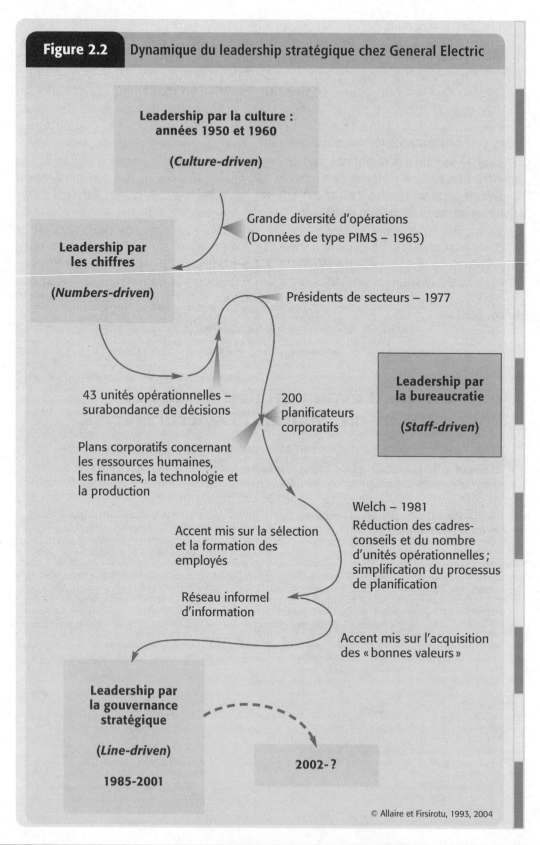

Figure 2.2 Dynamique du leadership stratégique chez General Electric

Leadership par la culture :
années 1950 et 1960

(*Culture-driven*)

Grande diversité d'opérations
(Données de type PIMS – 1965)

Leadership par
les chiffres

(*Numbers-driven*)

Présidents de secteurs – 1977

43 unités opérationnelles –
surabondance de décisions

200
planificateurs
corporatifs

Leadership par
la bureaucratie

(*Staff-driven*)

Plans corporatifs concernant
les ressources humaines,
les finances, la technologie et
la production

Welch – 1981
Réduction des cadres-
conseils et du nombre
d'unités opérationnelles ;
simplification du processus
de planification

Accent mis sur la sélection
et la formation des
employés

Réseau informel
d'information

Accent mis sur l'acquisition
des « bonnes valeurs »

Leadership par
la gouvernance
stratégique

(*Line-driven*)

1985-2001

2002- ?

© Allaire et Firsirotu, 1993, 2004

L'entreprise GE a longtemps été dominée par la culture : GE était essentiellement une société d'ingénierie détenant de nombreux brevets et un fort achalandage dans le domaine de l'électronique de consommation. Au début des années 1960, cette culture à dominante technologique a donné lieu à une augmentation fulgurante du nombre et de la diversité des opérations de la compagnie. En 1968, GE comptait des activités dans 23 des 26 industries de la classification statistique américaine, y compris le secteur des moteurs d'avions à réaction, des ordinateurs et des réacteurs atomiques. Le leadership par la culture (*culture-driven*), avec ses processus informels et fondé sur des compétences, des expériences et des valeurs communes agissant comme mécanisme de contrôle, ne suffisait plus à la gestion d'une telle diversité.

Au cours de la seconde moitié des années 1960, l'entreprise s'est rapidement dirigée vers un leadership dominé par les chiffres (*numbers-driven*). Elle a établi une impressionnante banque de données afin de pouvoir évaluer la performance de ses opérations. Cependant, étant donné que la société était structurée autour d'un grand nombre (près de 200) d'unités et de divisions dont plusieurs n'avaient pas de lien direct avec les marchés, les résultats ont été insatisfaisants.

Au début des années 1970, la «planification par portefeuille» a été inaugurée (ce type de planification a en fait été conçu pour GE) et a contribué à pousser la compagnie vers une gestion axée encore plus que jamais sur les chiffres (*numbers-driven*). On a identifié 43 unités opérationnelles, chacune d'entre elles ayant ses activités sur un marché externe. Les cadres opérationnels étaient responsables de l'élaboration de leurs propres plans stratégiques.

Les cadres supérieurs étaient cependant incapables d'agir comme dirigeants crédibles pour les 43 unités opérationnelles qui leur soumettaient des plans stratégiques. On a tenté de simplifier le processus en ayant recours à des grilles de prise de décisions. Ces grilles débouchaient sur une série de stratégies génériques (maintenir, investir, éliminer, etc.) ainsi que sur des indicateurs généraux servant à contrôler les opérations (investissements, bénéfices, etc.). Le siège social avait néanmoins le sentiment de ne plus pouvoir orienter l'entreprise, mais plutôt d'être à la merci des plans stratégiques des unités opérationnelles. Par ailleurs, les cadres supérieurs n'avaient ni le temps ni les connaissances nécessaires pour évaluer l'à-propos et le bien-fondé des plans qui leur étaient soumis.

En 1977, la gestion stratégique chez GE a fait un pas important dans le sens d'un leadership par la gouvernance stratégique (*line-driven*). On a nommé six présidents de secteur ; chacun devait superviser et coordonner un ensemble d'opérations étroitement liées.

En même temps, le siège social a augmenté le nombre de personnes affectées à la planification, se donnant ainsi les outils et les ressources nécessaires pour définir une stratégie globale pour l'entreprise. Le nombre de planificateurs est alors passé à 200. On a élaboré des plans pour l'utilisation des ressources humaines, des ressources financières, de la technologie et des moyens de production. Toutefois, les processus de gestion ont commencé à prendre certaines des caractéristiques du leadership par la bureaucratie dominée par les cadres-conseils (*staff-driven*) : formalisme, priorité de la forme sur la substance, style technocratique, longues et multiples réunions, etc.

Business Week (1987) rapporte la perception de Welch concernant la situation de GE avant 1981 :

> *Il voyait à quel point une bureaucratie rigide peut nuire à l'entreprise. Il se souvenait avoir vu des cadres-conseils du siège social embêter son personnel en se mêlant de ce qu'il faisait, en demandant des comptes rendus, des rapports, des données et des chiffres qui ne contribuaient en rien à concevoir, à fabriquer et à vendre de meilleurs produits. Il se rappelait que les cadres opérationnels gaspillaient du temps et de l'énergie pour s'efforcer de faire plaisir aux cadres-conseils, à donner des soirées en leur honneur, en espérant obtenir d'eux un bon traitement au moment des approbations des plans et des budgets. Welch avait encore à l'esprit un incident particulièrement révélateur, quand des cadres opérationnels dans la section des ampoules électriques avaient dépensé 30 000 dollars pour monter un film d'une belle facture afin de convaincre les cadres-conseils de la nécessité d'acquérir un certain équipement de production.*

Lorsque Welch est devenu le chef de la direction en 1981, il a pris des mesures destinées à instaurer un mode de leadership par la gouvernance stratégique (*line-driven*). Il était convaincu que GE, bien que profitable et tranquille à l'époque, ferait face à de nombreux concurrents et à de nouvelles exigences de marché pour lesquelles elle n'était pas prête. Welch était particulièrement inquiet de la lenteur du changement de l'entreprise ; il était persuadé qu'il lui fallait accélérer le rythme. La vision proposée par Welch était la suivante :

> *Nous devons devenir numéro un ou numéro deux dans chaque marché que nous avons choisi de servir et transformer GE pour combiner la force d'une grande société avec l'agilité d'une petite entreprise.*

Il a alors décidé de mettre en branle une véritable révolution, une transformation en profondeur de l'entreprise.

En quelques années, il a éliminé 112 000 postes, vendu 71 entreprises ou lignes d'affaires et complètement abandonné certains secteurs d'activité pour investir dans d'autres plus prometteurs. Ces actions ont provoqué une grande animosité à son égard. Il est alors devenu *Neutron Jack* (celui qui, comme la bombe de ce nom, laisse les bâtiments intacts mais pulvérise le personnel). Il a gagné le concours du « patron le plus dur » aux États-Unis. Encore aujourd'hui, cette phase de sa carrière de PDG est utilisée par tous ses critiques comme le plus vibrant exemple d'abus et de vexations issus d'un capitalisme débridé.

Dès ses premières années comme PDG, Welch a mis en marche des initiatives d'une grande portée symbolique. Par exemple, il a éliminé toutes les fonctions de planification au siège social de l'entreprise, arguant que les plans stratégiques devaient se préparer dans les unités stratégiques et non au siège de l'entreprise. Il a choisi quelques thèmes dont il se faisait le défenseur, le prêcheur inlassable : une « organisation sans frontières » (*boundaryless*), un important programme d'amélioration de la qualité et des coûts (*Six Sigma*), la mondialisation de l'entreprise, l'initiative « Services ».

Welch a mis en place un système de gouvernance interne ou stratégique (qu'il appelle *operating system*) d'une grande efficacité. Ce système comporte de nombreux échanges structurés avec les responsables des unités opérationnelles, ce qui lui a permis d'imprimer une orientation à toute l'entreprise, d'entendre en direct les divers leaders défendre leurs plans et leur performance.

Welch était bien conscient qu'un tel « système de gouvernance » exige des dirigeants crédibles. Par exemple, parlant de l'expérience des membres du bureau du président (*CEO's office*), il a déclaré :

> *Le vice-président Larry Bossidy connaît le secteur du crédit chez GE. C'est lui qui l'a construit. Moi, je connais les plastiques. Le vice-président Ed Hood connaît les moteurs à réaction. Après ça, les choses deviennent beaucoup moins certaines. Mais nous savons évaluer la qualité des dirigeants. Nous savons reconnaître les gens qui ont les qualités qu'il nous faut. (Fortune, 1986)*

C'est là une définition brève et concrète des problèmes du mandant devant ses mandataires.

Welch a également créé un comité exécutif qui réunit, tous les trois mois, les quatorze responsables des unités opérationnelles, les quelques cadres du siège social et le bureau du président. On y examine des projets, on échange des idées, on fait des suggestions, on cherche des mesures pratiques de stimuler les synergies entre unités et l'on se penche sur la mise en exécution de ces mesures.

Welch a redéfini et clarifié le rôle des présidents de secteur. Il a choisi de leur donner le statut de présidents opérationnels de leurs secteurs. Ce faisant, il a changé leur rôle important mais ambigu de représentants du PDG et mandants vis-à-vis des unités qui se rapportent à eux. Ils ont acquis une responsabilité opérationnelle pour les plans et la performance de leur secteur, et sont donc devenus des PDG et mandataires pour leurs secteurs d'activité.

Welch et les membres de son bureau de direction estiment que l'ancien concept de loyauté à l'entreprise est démodé :

> *Ce que nous faisons maintenant rend les cadres plus heureux, plus sûrs d'eux, plus dynamiques qu'ils ne l'étaient lorsqu'ils étaient motivés par cette idée de loyauté envers l'entreprise... Nous voulons créer un environnement dans lequel les employés veulent s'intégrer et dans lequel ils tiennent à rester, mais ils sont libres de partir.*

Pour Welch, ces propos ne sont pas que des paroles ou des concepts vides de sens. Il est convaincu que GE possède les ressources nécessaires au développement d'un groupe de « supergestionnaires ». Le recrutement, la sélection et la formation des cadres sont devenus des variables stratégiques.

Welch a intensifié les programmes de formation et a orienté leurs objectifs de façon à mettre l'accent sur le type de valeurs, d'habitudes de pensée et de styles de gestion qui constitueront désormais les normes de la compagnie. Le centre de formation de GE, situé à Crotonville, sert d'« agent de changement » et a pour mission de *rendre les gestionnaires de la compagnie plus axés sur l'action, plus prêts à prendre des risques, plus habiles dans les relations humaines. Le centre a pour but de produire des leaders, non pas de simples gestionnaires*. Plus de 5 000 personnes participent chaque année aux programmes de formation offerts au centre de Crotonville. Les participants se composent de tous les nouveaux employés de niveau cadre, ainsi que de gestionnaires et de cadres supérieurs expérimentés. Welch lui-même se rend souvent à Crotonville pour y faire des présentations et mener des discussions avec les participants.

Welch est un leader innovateur qui mise sur l'idée que la meilleure façon de gouverner une méga-organisation est d'instituer un mode de gestion axé sur la gouvernance stratégique. Cette forme de leadership dans toute entreprise et, *a fortiori*, dans une immense entreprise comme GE, requiert des personnes aux capacités exceptionnelles.

La facture du leadership de Welch

Welch, le leader, est le produit d'une combinaison heureuse des éléments suivants :

1. Ce qui frappe d'abord chez Welch, c'est son énergie physique hors du commun qui lui confère une capacité de travail phénoménale. N'en doutons point : une telle énergie est une condition nécessaire mais non suffisante au leadership d'une grande entreprise. La liste de ses activités au cours d'une journée, d'un mois, d'une année est étonnante.

   Une anecdote démontre bien cet aspect de l'homme. À la fin des années 1980, nous lui faisions parvenir un article sur la planification stratégique dans lequel nous décrivions l'évolution de cette pratique chez GE. Au lieu d'un accusé de réception laconique issu de quelque membre du service des relations publiques, ce à quoi nous nous attendions, nous avons reçu une note écrite de sa main, datée d'un samedi et provenant de son domicile, nous offrant ses commentaires sur notre article !

2. Welch est doté d'une solide intelligence (il détient un Ph. D. en chimie), mais, de son propre aveu, n'est pas génial : *Si j'avais été accepté au Massachusetts Institute of Technology (MIT), je n'aurais été qu'un étudiant très moyen, alors que j'ai fini au sommet de ma classe à l'université de l'Illinois.* **Pour un leader d'entreprise, un quotient intellectuel ou QI (si cette mesure garde encore quelque validité) de 120 est nécessaire. Davantage est redondant, voire nuisible ;** un QI moindre peut faire problème pour assimiler rapidement la grande quantité d'informations essentielles au dirigeant. Ce qui est remarquable cependant, c'est à quel point cette énergie mentale est concentrée, comme un laser, sur un seul objet : améliorer sa performance comme gestionnaire et leader de GE.

3. Welch est animé d'une passion pour *the game of business*. C'est une passion contagieuse qui donne à tous le sentiment de faire partie d'une grande aventure. C'est aussi la passion de gagner à tout prix, qui comporte le risque de l'excès pour la cause.

   Cet alliage d'énergie irrépressible, d'intelligence focalisée et de passion pour la performance définit le caractère essentiel du leadership de Welch. D'où vient un tel enthousiasme, un tel goût de gagner ? Welch, au fond, est un athlète frustré. Jeune homme, il a été un joueur passionné de hockey, de baseball et de football. Cependant, à l'âge du collège, il était trop petit et trop lent pour réussir dans l'un ou l'autre de ces sports d'équipe. Il a trouvé refuge dans le golf, sport qu'il pratique avec brio mais qui n'a rien du *all american team sport*. La gestion d'une entreprise est-elle un exutoire pour ce désir d'exceller dans un sport d'équipe ?

4. Welch possède un excellent jugement d'affaires. **Si l'on pouvait mesurer cette dimension, un quotient du jugement (QJ) peut-être, Welch obtiendrait certainement une note de 150, assez pour être admis au Club Mensa du jugement.** D'où cela vient-il ? Difficile à dire, mais il est évident que Welch a beaucoup réfléchi sur la gestion, le leadership et le fonctionnement des organisations. Il a tiré tous les enseignements de chacune de ses erreurs et de celles des autres. De son expérience sont tirés des règles et des principes qui le guident dans ses actions et sa prise de décision. En outre, Welch est le produit d'une grande école de gestion : GE.

5. Welch s'est transformé en formidable communicateur, lui qui était gêné en public et qui souffrait d'un bégaiement assez prononcé. À force de volonté, il est devenu un porte-parole éloquent et infatigable, le symbole omniprésent de l'entreprise. Sa participation à la formation de près de 18 000 cadres de GE lui fait tenir ce propos surprenant au premier abord : « Tout compte fait, enseigner est ce que

je fais pour gagner ma vie. » (*When all is said and done, teaching is what I do for a living.*)

Sans aucun doute, certains aspects du modèle Welch sont pertinents à toute époque et en toute situation. Cependant, le modèle peut poser des problèmes dans un contexte social différent par son exigence d'un engagement singulier et exclusif. C'est l'antithèse de la vie équilibrée et du partage des responsabilités familiales. Welch admet que l'échec de son premier mariage (et peut-être bien de son deuxième !) tient en grande part à la difficulté de concilier sa carrière et la vie de famille. Si l'analogie du sport d'équipe de haut niveau rend bien la vision qu'a Welch de l'entreprise, il faut noter une différence importante : l'athlète, la vedette du sport, termine sa carrière dans la trentaine, alors que la vedette de la gestion est au sommet de sa forme dans la cinquantaine et ne termine sa carrière qu'à 60 ou 65 ans. C'est toute une vie qu'il faut y consacrer pour devenir un dirigeant de haut niveau !

Conclusion

L'évolution de toute entreprise comporte des phases distinctes, chacune singulière par ses exigences de gestion et de leadership. L'incapacité à s'ajuster à cette réalité ou un ajustement trop tardif ont mené à la déconfiture de beaucoup d'entreprises prometteuses à une certaine époque. On ne peut surestimer le caractère essentiel d'un mode de leadership qui corresponde aux besoins de l'entreprise, bien que ceux-ci soient souvent mal compris.

L'entrepreneur fondateur doit, tôt ou tard, songer à doter son entreprise d'une gestion professionnelle. Toutefois, il arrive souvent qu'il ne fasse qu'une concession à la mode du moment quant « à ce que doit faire tout bon dirigeant d'entreprise ».

Cependant, l'entrepreneur fondateur, ayant réfléchi aux causes des succès et des échecs d'autres entrepreneurs fondateurs, en arrivera à comprendre que son mode de gestion et son style de leadership ne seront plus adéquats au fur et à mesure que son entreprise croîtra en taille et en complexité. Le leader-PDG fondateur doit alors faire un choix. Il pourra faire évoluer son entreprise vers un mode de leadership et de gestion à dominante culturelle, fondé sur les valeurs, les connaissances et les expériences communes qui ont bien servi l'entreprise et qui continuent d'être essentielles à sa performance future. Il peut aussi faire migrer son entreprise vers un mode de leadership et de gestion fondé sur la gouvernance stratégique (*line-driven*). Selon le contexte dans lequel se situe l'entreprise, contextes que nous avons décrits au chapitre 1, il se peut que le leader n'ait pas le choix.

Dans le cas où il choisit d'orienter l'entreprise vers un système de leadership et de gestion par la culture, les processus de gestion doivent alors être conçus pour appuyer les valeurs, les croyances et les principes de gestion que le leader désire inculquer et institutionnaliser dans l'organisation.

Les processus de gestion pour ce type d'entreprise doivent être simples, axés sur l'action et totalement légitimés par la culture de l'organisation.

Si le leader veut doter l'entreprise d'un mode de gestion fondé sur la gouvernance stratégique, l'architecture de l'entreprise, les processus de gestion ainsi que les systèmes de contrôle et de rémunération deviennent alors des outils essentiels.

En tout temps, il doit prendre garde de ne pas faire, par inadvertance ou par des choix peu judicieux, dériver son entreprise vers des modes de gestion et de leadership néfastes.

Partie II
La création de valeur économique : sens, mesures et moteurs

Introduction

Cette partie porte sur la performance économique de l'entreprise, les mesures du succès ou de l'échec d'une stratégie. **Il s'agit d'une idée toute simple et à la logique implacable. Les entreprises ont une finalité économique. Leur pérennité dépend de leur habileté à satisfaire aux attentes légitimes de ceux qui prennent le risque d'investir dans l'entreprise.** À défaut d'une rentabilité suffisante, l'entreprise sera entravée dans sa recherche de nouveaux capitaux, répondra avec difficulté à ses obligations financières et, ultimement, verra la valeur de ses actifs diminuer à un point tel que des acheteurs voudront se les approprier pour en faire un meilleur usage. Ce sera la disparition de l'entreprise, avec son contingent de pertes financières et de pertes d'emplois.

La figure suivante présente de façon schématique le plan de cette partie de l'ouvrage. Cela va de soi, la stratégie dans l'entreprise privée doit produire une valeur économique maximale et durable. Il s'agit du point de convergence de cette figure, le score de la partie, le test qui détermine si l'entreprise pourra continuer à « jouer ».

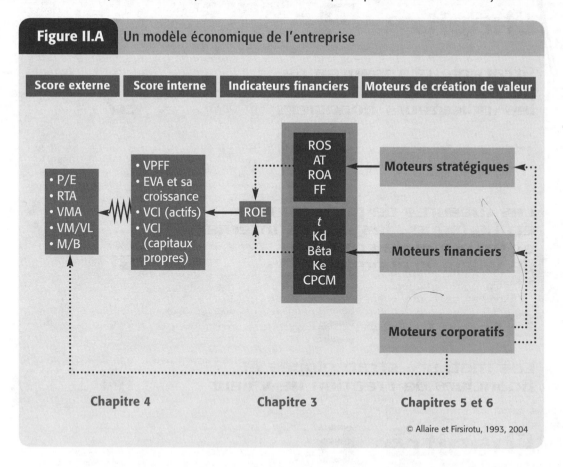

Figure II.A Un modèle économique de l'entreprise

© Allaire et Firsirotu, 1993, 2004

Le chapitre 3 traite d'un ensemble d'indicateurs financiers, soit la marge économique sur les ventes (ROS), la rotation des actifs (AT), le rendement sur les actifs économiques (ROA), le rendement sur les capitaux propres (ROE), etc., ainsi que de la mesure du coût des capitaux (CPCM et Ke).

Le chapitre 4 rassemble ces indicateurs financiers : d'une part, en scores internes de performance, soit la valeur présente des flux financiers (VPFF), l'EVA (*Economic Value Added™* et le VCI™ (*Value Creation Index*) ; d'autre part, en scores externes, soit le rendement total pour l'actionnaire (RTA), la valeur marchande ajoutée (VMA), les ratios valeur marchande sur valeur comptable des capitaux propres (M/B) ou des actifs de l'entreprise (VM/VL), etc.

Les chapitres 5 et 6 portent sur les moteurs de création de valeur qui propulsent ces indicateurs et ces scores de performance. Nous proposons trois types de moteurs – stratégiques, financiers et corporatifs –, chacun se traduisant par un certain nombre d'initiatives stratégiques bien concrètes, dont il est question tout au long de cet ouvrage.

Cet accent que nous mettons sur la création de valeur économique ne signifie pas, bien au contraire, que seuls les actionnaires doivent être satisfaits de la performance de l'entreprise et de ses dirigeants. Le « score » de l'entreprise est indubitablement économique. Toutefois, pour réussir un excellent score en longue durée, l'entreprise doit faire appel au talent et à la passion de tout son personnel. De plus, elle doit se bâtir et protéger une bonne réputation comme employeur, fournisseur de biens et de services, acheteur et citoyen des régions et des pays où elle a des activités. La création durable de valeur économique repose sur une performance supérieure et soutenue dans toutes ces dimensions. C'était notre position explicite en 1993 (Allaire et Firsirotu, 1993), et elle n'a pas changé depuis. Au contraire, les événements de la dernière décennie la soutiennent.

En de courtes périodes, et même en des périodes plus longues à de rares époques, comme ce fut le cas au cours des années 1995-2000, il arrive que la « création de valeur pour les actionnaires » ne soit pas synonyme de création de valeur économique ni équivalente. En effet, durant cette période, pour un ensemble de raisons, « la maximisation de la valeur des actionnaires » a pris trop souvent l'allure d'engouement éphémère et la forme d'acrobaties comptables et financières.

Cette « création de valeur » s'est avérée de courte durée et a été suivie d'une importante destruction de valeur. Les sociétés Enron, Tyco, WorldCom, Global Crossing, Adelphi et autres sont devenues les symboles de cette époque débridée.

L'histoire de cette période reste à écrire. Comme c'est le cas pour toutes les tragédies, cette sordide saga a résulté d'un ensemble d'événements qui ont coïncidé dans un même lieu au même moment. **Si nous devions choisir le principal coupable de cette catastrophe, nous pointerions sans aucune hésitation les systèmes de rémunération.** Non seulement ceux des dirigeants d'entreprises, mais également les formes de rémunération des « analystes », des gestionnaires de fonds, des banques d'affaires, des vérificateurs comptables. Tous ont fortement contribué à une grave déviation des valeurs et des motivations dans une partie du système économique américain. Les garde-fous mis en place pour d'autres temps et d'autres mœurs se sont avérés totalement insuffisants.

Dans des secteurs précis, comme les télécommunications et les dot.com, une fièvre semblable à celle animant les fameuses « ruées vers l'or » s'est emparée de toutes les parties. Dans une frénésie d'appât du gain, tous ont cherché à profiter d'un système qui distribuait, avec largesse, richesse et célébrité. Les conséquences de décevoir les marchés financiers par une performance trimestrielle un peu en deçà des espérances sont devenues telles que tous les moyens imaginables ont été utilisés par ces entreprises pour satisfaire aux attentes des marchés. Cette pression en a mené plusieurs, lorsque les moyens « agressifs » mais légitimes ont été épuisés, à franchir le Rubicon de la légalité et de l'éthique. Dans cet ouvrage, tout particulièrement au chapitre 6, nous portons une grande attention aux systèmes de rémunération en entreprise comme levier de performance. Mais ce levier doit être manipulé avec beaucoup de dextérité pour en éviter les effets pervers contraires à l'intérêt à long terme de l'entreprise.

La véritable création de valeur se fonde sur des mesures économiques et financières, comme le rendement du capital investi, le profit économique, la croissance des profits, etc. En temps normal et sur une longue période, ces mesures montrent une forte association à la valeur donnée à l'entreprise par les marchés financiers et boursiers.

Cette singulière insistance sur la création de valeur économique comme mesure et score de la performance de l'entreprise peut faire l'objet de deux critiques plus ou moins valides.

Première critique

Cette démarche risque de canaliser toute l'énergie et l'attention des gestionnaires vers des mesures financières, au détriment d'autres mesures d'une importance égale sinon supérieure pour l'avenir de l'entreprise comme la satisfaction des clients, l'excellence du personnel, le moral des troupes, le rythme d'innovation de produits, etc.

Le concept de « tableau de bord » (ou *balanced scorecard*) proposé par Kaplan et Norton (1992) connaît une grande popularité parce que cette approche milite justement en faveur d'un suivi de plusieurs indicateurs de performance.

La deuxième figure qui suit décrit une situation typique de ce que proposent Kaplan et Norton. Nous exprimons de sérieuses réserves envers le fait que la performance financière ne soit qu'une dimension parmi d'autres, équivalente aux autres en importance. Notre position est simple, comme le montre la troisième figure, qui reflète d'ailleurs la trame de cet ouvrage : **la performance financière constitue le score de la partie ; les autres dimensions mesurent comment la partie est jouée.** Ces dernières (satisfaction des clients, rythme d'innovation, réputation et image de l'entreprise, etc.) sont donc d'une extrême importance. Leur rôle consiste à faire gagner la partie.

Rien dans ce que nous proposons ne va à l'encontre d'une mesure de ces autres dimensions de l'activité de l'entreprise, bien au contraire. Cependant, nous croyons que ces autres mesures devraient être bien arrimées à des moteurs particuliers de création de valeur, pertinents pour une entreprise donnée. Il est important d'établir clairement comment les variables mesurées influent sur la performance économique de l'unité ou de l'entreprise.

Figure II.B — Tableau de bord : un exemple

Comment les clients nous perçoivent-ils ?

Que pensent de nous les actionnaires ?

En quoi excellons-nous ?

Perspective financière

Objectifs	Mesures
• Survivre	• Flux financiers
• Réussir	• Croissance des ventes trimestrielles et revenus d'exploitation par division
• Prospérer	• Accroissement de la part de marché et ROE

Perspective client

Objectifs	Mesures
• Nouveaux produits	• Pourcentage de ventes de nouveaux produits
	• Pourcentage de ventes des produits de la firme
• Fournisseur réactif	• Livraison dans les temps (définie par le client)
• Fournisseur préféré	• Part des achats de comptes clés
	• Classement par comptes clés
• Partenariat client	• Importance des efforts coopératifs d'ingénierie

Perspective des processus internes

Objectifs	Mesures
• Capacité technologique	• Géométrie de fabrication vs concurrence
• Excellence de la fabrication	• Temps du cycle de production
• Productivité du design	• Coût de l'unité produite
	• Production
	• Efficience du silicone
• Introduction d'un nouveau produit	• Efficience de l'ingénierie
	• Introduction de l'horaire actuel vs plan

Perspective de l'innovation et de l'apprentissage

Objectifs	Mesures
• Leadership de la technologie	• Le temps de développement d'une nouvelle génération de produits
• Apprentissage de la fabrication	• Le temps d'atteinte de la maturité
• Accent sur le produit	• Pourcentage des produits qui réalisent 80 % des ventes
• Introduction sur le marché	• Introduction d'un nouveau produit plus vite que la concurrence

Pouvons-nous continuer à nous améliorer et à créer de la valeur ?

Source : Kaplan et Norton (1992)

Figure II.C	Le modèle général de création de valeur

Mesures arrimées aux moteurs Par exemple :

Comment ?

Résultats

Moteurs stratégiques

1. Comprendre et satisfaire profitablement les clients ciblés.
2. Innover continuellement en matière de produits et de services.
3. Chercher par tous les moyens les avantages de coûts sur la concurrence.
4. Se donner une stratégie de marché pertinente et profitable, et la faire évoluer de façon opportune.
5. Bâtir (ou changer) l'organisation pour exécuter ses stratégies de marché.
6. Protéger les ressources stratégiques de l'entreprise.
7. Gérer les risques d'affaires afin de diminuer la vulnérabilité de l'entreprise.

- Satisfaction des clients
- Rythme d'innovation
- Coûts unitaires totaux
- Perception et moral des troupes
- Etc.

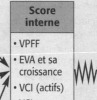

Score interne	**Score externe**
• VPFF	• P/E
• EVA et sa croissance	• RTA
• VCI (actifs)	• VMA
• VCI (capitaux propres)	• VM/VL
	• M/B

Moteurs financiers

1. Établir et maintenir une structure de capital performante.
2. Gérer les risques financiers.
3. Gérer la fiscalité de l'entreprise.
4. Rechercher le meilleur coût de financement, notamment par des innovations financières légitimes.
5. Établir une politique optimale de dividendes et de rachats d'actions.

- Coût relatif au financement
- Appréciation par les agences de notation
- Etc.

Moteurs corporatifs

- Réputation et image de l'entreprise
- Évaluation par les investisseurs
- Etc.

Entreprise diversifiée dans des secteurs reliés

1. Rechercher les synergies entre groupes et divisions par les transferts et les échanges du savoir-faire, des ressources et des technologies.
2. Structurer l'entreprise et gérer les acquisitions de façon à la faire bénéficier d'économies d'envergure avec un minimum de coûts de complexité.

Entreprise diversifiée dans des secteurs non reliés

1. Constituer l'entreprise d'entités lui appartenant à 100 %.
2. Bien gérer un programme d'acquisitions et de retranchement afin de :
   - diversifier l'entreprise de façon équilibrée dans quelques secteurs précis ;
   - renforcer la position stratégique de l'entreprise dans chacun de ces secteurs ;
   - se retirer d'activités non rentables ou ayant perdu leur intérêt stratégique.
3. Rechercher une croissance soutenue des revenus et des bénéfices ainsi qu'un bilan sain.
4. Optimiser les coûts du siège social.
5. Mettre en place un système de gouvernance stratégique de nature à inciter les unités d'affaires à maximiser leur performance économique.

Moteurs corporatifs communs aux deux types d'entreprise

1. Bien gérer la réputation de l'entreprise auprès de tous ses publics.
2. Renforcer l'entreprise par des initiatives stratégiques d'ensemble et par des projets judicieux d'expansion.

© Allaire et Firsirotu, 1993, 2004

Seconde critique

Cette valorisation de la performance financière ne cherche à satisfaire que les actionnaires. Elle se montre insensible aux autres parties envers qui l'entreprise assume des devoirs et des responsabilités : ses employés, ses fournisseurs, la société civile, etc. L'entreprise comporte de multiples *stakeholders* ou commettants ; elle doit donc maintenir un équilibre entre leurs intérêts divergents.

Cette conception de l'entreprise, particulièrement des grandes sociétés publiques, a été populaire jusqu'aux années 1980 en Amérique du Nord et jouit encore d'une popularité controversée en Europe, où elle porte maintenant le nom de « responsabilité sociale de l'entreprise » (en anglais *Corporate Social Responsibility – CSR*). Selon ce modèle, la direction de la grande entreprise devrait établir un juste équilibre entre les attentes, les droits et les revendications des syndicats, du personnel, des gestionnaires, des actionnaires, des fournisseurs, des clients, de la société civile, des gouvernements et autres parties prenantes.

Cette conception multidimensionnelle, aussi séduisante qu'elle soit à première vue, prend racine, plus ou moins consciemment, dans une surestimation du pouvoir exercé par l'entreprise sur ses marchés, ainsi que dans une sous-estimation du rôle du capital externe servant à financer le développement de la firme.

Dans cette vision du monde économique, pertinente à certaines époques et dans certains États, quoique pour un temps limité, les clients de la firme sont à demi captifs, et les actionnaires constituent des acteurs anonymes et changeants d'une importance limitée pour une entreprise qui répond à ses besoins de capitaux par autofinancement. Au-delà d'un dividende raisonnable et d'une modeste appréciation de la valeur du titre, résultats qui sont nécessaires pour satisfaire aux légitimes attentes des actionnaires, tout le surplus créé par l'activité économique de la firme devrait servir à rendre l'entreprise plus responsable envers ses parties prenantes et, pourquoi pas, plus agréable et plus confortable pour tous les autres preneurs, y compris, en tout premier lieu, la haute direction de l'entreprise.

Une telle conception de l'entreprise en fait, pratiquement, une quasi-société d'État. Les fonds nécessaires à son développement devraient provenir soit du réinvestissement de ses bénéfices, soit de sources elles-mêmes canalisées selon des critères autres que le rendement économique commensurable au risque assumé. **Selon ce modèle, le succès des entreprises se mesure désormais par leur bilan social et leur contribution à un ensemble d'objectifs tant sociaux qu'économiques, non plus seulement par leur productivité, leurs innovations et leur efficience économique.**

Il est aisé de démontrer comment une telle conception de l'entreprise, si elle devait se généraliser, aurait tôt fait de produire une structure industrielle stagnante habitée, au mieux, par des bureaucraties stériles et, au pire, par un vaste troupeau d'éléphants blancs nourris par l'État ou ses émanations. À notre époque de marchés géographiques ouverts, de disparition des oligopoles et des monopoles réglementés, et de haute mobilité du savoir-faire et de la technologie, il n'est plus possible de s'inspirer d'une vision aussi peu dynamique de l'entreprise.

Or, et c'est ce que veut démontrer cette partie de l'ouvrage, il ne s'agit pas de choisir entre, d'une part, cette conception bureaucratique de l'entreprise et, d'autre part, une idéologie de l'entreprise privée cherchant par tous les moyens licites à **maximiser son profit à court terme.** Nous proposons, comme nous l'avons fait en 1993, que les dirigeants d'entreprises et leurs conseils d'administration cherchent à **maximiser de façon durable** la valeur économique de leur entreprise.

Cet objectif transcendant est nécessairement compatible avec une prise en considération des intérêts et des attentes de multiples parties, et ce, dans un cadre qui maintient la primauté du rôle économique de l'entreprise.

En effet, pour atteindre cet objectif de maximisation de la valeur économique de leur entreprise, les dirigeants doivent se préoccuper tout autant, sinon plus, des aspects intangibles du fonctionnement de leur entreprise, comme la valorisation et la protection du savoir-faire et des compétences de leur personnel, la réputation de l'entreprise en tant que producteur et employeur, et la qualité de leurs produits, que des aspects tangibles et rigoureux, comme la structure de capital de l'entreprise et l'efficience économique de ses activités.

Le véritable enjeu, et il est de taille à notre époque, consiste à bien faire la distinction entre, d'une part, l'objectif d'une valeur économique réelle et durable et, d'autre part, celui de la maximisation de la valeur des actionnaires. Si le premier prend naturellement en compte l'ensemble des parties prenantes, le second, sensible aux attentes et aux pressions d'investisseurs impatients, tend à donner à l'entreprise un horizon de court terme incompatible avec une prise en considération d'autres parties que l'actionnaire. Si les entreprises devaient évoluer de façon décisive et exclusive vers ce deuxième objectif, sous la pression implacable des marchés financiers, il se pourrait bien que le modèle *stakeholders* revienne en force, appuyé par des interventions législatives et politiques.

Dans les deux chapitres qui suivent, nous décrivons les indicateurs financiers, les scores internes et les scores externes présentés dans la première figure de cette partie. Le chapitre 5 est consacré aux moteurs stratégiques et financiers alors que le chapitre 6 porte sur les moteurs « corporatifs » de création de valeur, auxquels nous donnons un contenu concret en l'appliquant à la société Bombardier.

Comme pour les autres parties de notre ouvrage, nous n'avons pas voulu alourdir le texte de multiples références. Cependant, le lecteur intéressé trouvera à la section « Références » une riche bibliographie qui étaye nos propos.

Chapitre 3

Stratégie et mesures de performance économique : les indicateurs financiers

Nous traitons, dans ce chapitre, d'indicateurs financiers internes qui résument et synthétisent l'activité économique d'une entreprise, d'une filiale, d'une division ou d'une unité d'affaires. Le chapitre suivant porte sur les scores internes de l'entreprise, obtenus par la combinaison d'indicateurs financiers précis, et sur les scores externes, c'est-à-dire les mesures de la performance de l'entreprise telle qu'elle est appréciée par les marchés financiers.

La première figure de la partie II, à la page 50, représente la trame des chapitres 3 et 4, de même que celle des chapitres 5 et 6 portant sur les moteurs de création de valeur. Ces moteurs de nature stratégique, financière ou « corporative » influent sur les indicateurs financiers ainsi que sur les scores internes et externes de la performance de l'entreprise. Il faut bien noter que la relation entre les scores internes et les scores externes est décrite par une ligne brisée pour bien indiquer qu'elle n'est pas toujours simple, ni directe, à court terme. Ainsi, relier directement des systèmes de rémunération variable à la performance du titre de l'entreprise risque, comme cela a été le cas pour beaucoup d'entreprises au cours des années 1995-2000, d'aboutir, d'une part, à sur-récompenser les cadres et les dirigeants en raison de l'euphorie générale des marchés boursiers durant cette période et, d'autre part, à inciter les gestionnaires à « gérer » les données financières internes, dont on connaît la capacité de propulser la valeur du titre à court terme.

Ce chapitre présente et décrit le rôle de divers indicateurs financiers (ROS, AT, ROA) sensibles aux moteurs stratégiques de création de valeur. Il sera ensuite question d'indicateurs en partie liés aux moteurs financiers : le coût de la dette (Kd), la volatilité du titre (β), le coût du capital (WACC), le coût des capitaux propres (Ke) et le rendement des capitaux propres (ROE).

3.1 La marge économique sur les ventes (ROS)

Ce premier indicateur financier capte tout un réseau de forces et d'influences exercées sur la performance économique de la firme.

Définition

bénéfice économique / chiffre d'affaire.

La marge économique sur les ventes (ROS) est le bénéfice économique ramené au chiffre d'affaires. Le bénéfice économique se définit comme le profit de la firme avant tout frais de financement (c'est-à-dire comme si la firme n'était financée que par les capitaux propres des actionnaires, mais après déduction des impôts, au taux statutaire, qui seraient à payer sur le profit ainsi défini[1].

ROS = bénéfice économique / chiffre d'affaires

Dans son essence même, la stratégie de l'entreprise cherche à optimiser ce paramètre de performance. Cette mesure essentielle apparaît sous des étiquettes variées : marge opérationnelle, marge nette, marge bénéficiaire. Parfois, dans certains secteurs, c'est le ratio (1-ROS) sur lequel on met l'accent ; on parle alors de ratio d'opération ou de « ratio d'efficacité ». Nous verrons, par exemple, qu'au Canadien National (CN), la société canadienne de transport ferroviaire, toute la stratégie de la direction entre 1996 et 2002 a consisté à améliorer par tous les moyens son ratio d'opération.

La figure 3.1 présente un cadre d'analyse stratégique qui capte et résume les multiples influences sur le ROS d'une entreprise ou d'une unité d'affaires.

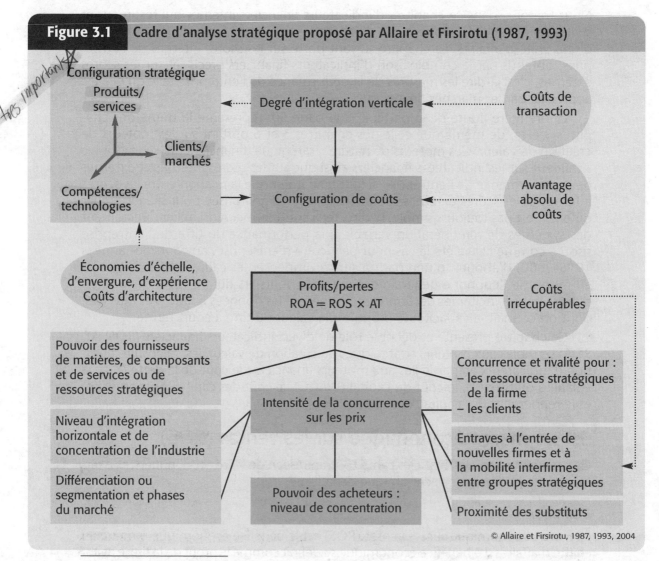

Figure 3.1   Cadre d'analyse stratégique proposé par Allaire et Firsirotu (1987, 1993)

© Allaire et Firsirotu, 1987, 1993, 2004

---

1. Cette définition du profit économique n'apparaît pas directement dans les états financiers publiés par l'entreprise.

variable qui influence le ROS

La stratégie comporte toujours des initiatives pour améliorer et stabiliser le ROS : augmenter la latitude de prix par une forte différenciation de ses produits ; diminuer ou composer avec l'intensité de la rivalité et de la concurrence ; bénéficier des effets de volume sur ses coûts ; réduire ou se protéger contre le pouvoir relatif de ses fournisseurs de matériel, de composants ou de services ; surveiller et apprécier la pression réelle des produits substituts ; augmenter son pouvoir de négociation avec les réseaux de distribution ; améliorer l'efficacité de son système de production et de distribution ; diminuer la volatilité du ROS en raison des facteurs hors du contrôle de l'entreprise, comme les prix de l'énergie et des denrées (pâtes et papiers, aluminium, or, etc.) ou le cours des devises étrangères. Tous ces aspects de la gestion stratégique font l'objet d'un traitement particulier aux parties III, IV et V de cet ouvrage.

Les figures 3.2, 3.3 et 3.4 présentent les marges économiques (ROS) réalisées par trois échantillons d'entreprises provenant de secteurs différents. À l'examen, il est bien évident que le ROS de ces entreprises résulte de leurs contextes particuliers et de stratégies distinctes au sein d'un même secteur d'activité. McDonald's et The Limited qui affichent respectivement un ROS de près de 11,0 % et de 5,5 % sont-elles des entreprises plus performantes que Costco avec 1,8 % ? La réponse serait affirmative si ces entreprises étaient vraiment des concurrents directs, donc soumis aux mêmes exigences de service et d'investissements en immobilisations. Ces tableaux sont plus révélateurs si l'on compare la performance d'entreprises en concurrence directe : Borders (3,5 %) et Barnes & Noble (3,0 %), deux entreprises de distribution de livres ; GAP (4,2 %) et The Limited (5,5 %), deux firmes spécialisées dans la vente de vêtements ; Best Buy (2,4 %) et Circuit City (1,4 %), deux grands détaillants de produits électroniques. En matière de ROS, ces différences entre concurrents directs sont révélatrices quant à la qualité d'exécution de leur stratégie et à l'efficacité de leur gestion.

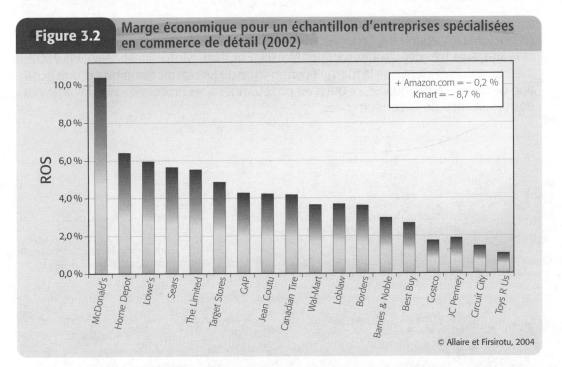

Figure 3.2 — Marge économique pour un échantillon d'entreprises spécialisées en commerce de détail (2002)

+ Amazon.com = − 0,2 %
Kmart = − 8,7 %

© Allaire et Firsirotu, 2004

De la même façon, Kmart (–8,7 %) est poussée vers la faillite par son concurrent direct Wal-Mart (3,6 %).

| Figure 3.3 | Marge économique pour un échantillon d'entreprises technologiques (2002) |

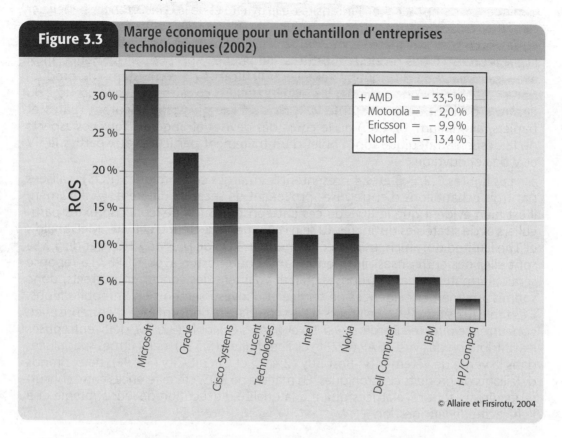

© Allaire et Firsirotu, 2004

La figure 3.3 ne fait que démontrer la grande hétérogénéité du secteur « haute technologie ». Cependant, on peut noter déjà une faible performance de HP/Compaq et la situation très difficile des sociétés Nortel, Ericsson, Motorola et AMD, en 2002. Il est toutefois évident que la marge économique de Microsoft témoigne d'une position de marché remarquable, ce qui n'est pas étranger à ses problèmes avec les agences de surveillance de la concurrence.

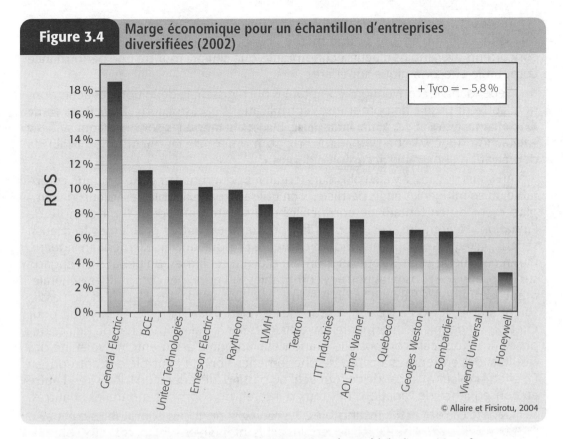

Figure 3.4 Marge économique pour un échantillon d'entreprises diversifiées (2002)

+ Tyco = − 5,8 %

© Allaire et Firsirotu, 2004

Les entreprises diversifiées, dont le ROS est présenté à la figure 3.4, forment un groupe également très hétérogène. Selon leurs secteurs d'activité, certaines d'entre elles réussissent à dégager une marge élevée, comme GE ou BCE, pendant que Tyco connaissait une année terrible en 2002. Cependant, tout particulièrement pour ce type d'entreprise, on ne peut tirer de conclusions sans une évaluation des capitaux investis pour réaliser cette marge économique. C'est ce type d'information que fournit le prochain indicateur financier : la rotation des actifs économiques (AT).

3.2 La rotation des actifs (AT)

Ce deuxième indicateur financier joue un rôle critique dans la création de richesse économique.

AT = Chiffre d'affaire / actifs economiques

Définition

La rotation des actifs (AT) se définit comme le rapport entre le chiffre d'affaires, ou revenus bruts, et les actifs économiques nécessaires pour réaliser ce chiffre d'affaires. Par actifs économiques, on entend généralement le fonds de roulement (FR), plus les actifs à long terme (ALT) comme les immobilisations nettes de leur dépréciation. Le fonds de roulement (FR) est obtenu en soustrayant les passifs à court terme des actifs à court terme :

(FR = actifs à court terme – passifs à court terme)

AT = chiffre d'affaires / actifs économiques = chiffre d'affaires / (FR + ALT)

actif économique

Toutes choses étant égales, l'entreprise qui, dans un secteur industriel donné, réalise un chiffre d'affaires et une marge économique comparables à ceux de ses concurrents avec moins d'actifs économiques que ceux-ci montre une performance comptable et économique supérieure.

Cependant, les conventions comptables qui régissent la définition des actifs donnent souvent prise à de nombreuses complications et distorsions. **Toute firme abrite des actifs tangibles et des actifs intangibles.** Les actifs tangibles sont consignés à leur valeur historique, c'est-à-dire à leur prix au moment de leur acquisition moins la dépréciation comptable accumulée depuis.

Au cours des ans, il y a eu plusieurs tentatives pour modifier cette pratique comptable ou en mitiger les effets pernicieux en utilisant, par exemple, les valeurs de remplacement ou en tentant de corriger les coûts historiques pour tenir compte de l'inflation. Néanmoins, ces «correctifs» produisant d'autres problèmes tout aussi sérieux, la règle des coûts historiques demeure presque universellement en vigueur. Plus récemment, et en Europe au moment d'écrire ces lignes, un débat s'est engagé sur l'à-propos de réviser les normes comptables, ou principes comptables généralement reconnus (PCGR), de façon à exiger que tous les postes d'actifs et de passifs soient établis, lorsqu'il y a lieu, à leur «juste valeur marchande». Cela aurait pour effet positif de mieux informer les investisseurs sur la valeur marchande de l'entreprise. Toutefois, cela comporte le grand désavantage d'augmenter la volatilité des résultats des entreprises à cause de phénomènes hors du contrôle des entreprises. En effet, la valeur marchande de tout actif ou passif peut varier d'un trimestre à l'autre en conséquence de variations des taux d'intérêt, du cours des monnaies et autres.

Dans le cas des **actifs intangibles,** les règles et principes comptables créent un problème différent. En effet, seuls certains actifs intangibles sont inscrits aux comptes de l'entreprise, comme c'est le cas pour les écarts d'acquisitions (autrefois appelés «achalandage»). De nombreux actifs intangibles ne sont jamais consignés aux comptes des actifs de l'entreprise, en particulier ceux qui donnent une grande force stratégique à l'entreprise et propulsent sa valeur économique, comme les marques de commerce, les brevets, son savoir-faire unique, sa maîtrise de certaines technologies et ses compétences particulières.

Enfin, conscientes de l'importance de minimiser le montant de ses actifs comptables et de la dette nécessaire pour les financer, les entreprises ont appris à recourir à des montages financiers pour garder l'un et l'autre, actif et dette, hors de leur bilan. Il faut donc garder ces multiples phénomènes à l'esprit lorsqu'on interprète le sens de l'indicateur AT d'une entreprise.

3.2.1 Les actifs tangibles

Pour poursuivre ses activités, l'entreprise doit se doter d'immobilisations, soit d'équipements, de machinerie, de locaux et de meubles. Ces immobilisations représentent souvent un important investissement initial et continu, lequel doit être financé par l'entreprise. La croissance du chiffre d'affaires ou la poursuite de nouveaux projets appellent également de nouveaux investissements en immobilisations ainsi qu'une augmentation du fonds de roulement. Plus le niveau d'immobilisations requis pour effectuer un volume d'affaires donné est élevé, plus les frais fixes (dépréciation comptable et autres) formeront une part importante des coûts totaux de la firme.

De plus, dans la mesure où ces actifs ont une utilisation particulière et limitée aux fins de l'entreprise, ils n'auront qu'une faible valeur de revente pour tout autre usager. L'entreprise doit donc assumer le risque de ces coûts irrécupérables (*sunk costs*), sujet traité au chapitre 8. Plus ces coûts irrécupérables sont lourds, plus les risques économiques de l'entreprise sont élevés. Cela vaut également pour toute entreprise qui tenterait de s'installer dans ce marché. Les coûts irrécupérables constituent souvent une formidable entrave à l'entrée de nouveaux concurrents dans un marché donné.

Après avoir longtemps négligé ce paramètre de la performance économique, les entreprises, poussées par les marchés financiers et l'adoption de mesures de performance comme la « valeur économique ajoutée », ont cherché par tous les moyens à réduire leurs actifs comptables.

Cette nouvelle passion s'est d'abord manifestée, ce qui était hautement souhaitable, par un examen rigoureux de tous les projets d'investissement, une meilleure gestion de leurs comptes débiteurs et créditeurs, une recherche des moyens de réduire les inventaires et l'élimination d'actifs redondants ou non rentables. **Cependant, cette quête d'une plus grande efficience capitalistique a également mené à des perversions comptables et, dans certains cas, carrément à des magouilles financières.**

Une industrie du « financement hors bilan » a pris son essor au cours des années 1990. En effet, par un tour de prestidigitation comptable, l'entreprise pouvait comptabiliser dans son chiffre d'affaires des revenus provenant de certains actifs, mais financer ceux-ci de sorte qu'ils n'apparaissent pas au bilan de l'entreprise, ni du côté des actifs ni du côté des passifs.

De telles opérations sont fréquentes, notoires et légitimes dans certaines industries (banques, exploration minière, énergie). Elles servent ainsi à partager les risques entre investisseurs financiers, lesquels sont bien informés des tenants et des aboutissants de ces opérations.

Au cours des années 1995-2000, ces montages financiers sont devenus de plus en plus répandus et « innovateurs ». Enron constitue l'exemple noir de ces pratiques du « hors bilan ». L'entreprise a étiré les normes comptables jusqu'à leurs limites, puis au-delà, provoquant éventuellement la déconfiture de l'entreprise et de son cabinet d'audit (Arthur Andersen) et la mise en accusation de ses dirigeants.

Le cas Enron : une leçon et un avertissement

Pourtant, Enron avait été choisie par la revue *Fortune* six ans de suite comme l'entreprise la plus innovatrice aux États-Unis. Cette société était adulée par les médias, citée en exemple dans les écoles d'administration, adorée des investisseurs.

Comment Enron en est-elle arrivée là ? La croissance phénoménale des revenus de l'entreprise n'était pas accompagnée d'une croissance équivalente des bénéfices. De plus, une telle croissance demandait des investissements importants qu'Enron ne voulait pas financer par de la dette (cela aurait fragilisé son bilan et mis à risque sa cote de crédit) ni par l'émission de nouvelles actions (cela aurait ralenti la croissance de son bénéfice par action, premier moteur du cours de son titre).

Ces « génies », qui avaient créé avec Enron un nouveau modèle d'entreprise et qui étaient encensés pour leur sens de l'innovation ainsi que pour leur extraordinaire réussite, ne pouvaient imaginer qu'ils devraient décevoir les attentes et en payer le gros prix par leurs bonus et leurs options d'achat d'actions. Ils ne s'étaient pas trompés, pensaient-ils. Ils avaient un problème « temporaire » à régler en 1997, et la solution passait par leur expertise et leur créativité en montage financier. Ils sont des virtuoses des PCGR, qui régissent les états financiers des entreprises et guident les vérificateurs externes dans leur tâche. Cependant, la « solution » de 1997 a due être répétée et amplifiée au cours des années suivantes. De 1997 à 2001, l'entreprise a eu recours à deux subterfuges pour continuer d'accroître ses revenus et son bénéfice par action :

1. La création de filiales non consolidées (les infamantes *Special Purpose Company* ou SPC) auxquelles Enron fait assumer des investissements et la dette associée à ces investissements. La dette se trouve ainsi hors bilan pour Enron et ne pèse donc pas sur sa cote de crédit. Les règles comptables en vigueur permettaient de créer ces SPC avec un capital fait de seulement 3 % de capitaux propres et de 97 % de dette. Pourvu qu'Enron détienne moins de 50 % du capital propre de ces SPC et n'en contrôle pas les activités, la SPC ne sera pas consolidée à ses états financiers. Enron créera des douzaines de SPC en quelques années. Elle doit cependant trouver des partenaires, à hauteur de 50 % et plus des capitaux propres de la SPC, qui acceptent d'en assumer les risques considérables. L'entreprise a dû aussi convaincre des prêteurs d'accepter d'en financer la dette. Pour attirer les prêteurs, Enron a offert des options (*puts*) convertibles en actions d'Enron avec un prix plancher (mais Enron a omis d'inscrire dans ses livres comptables cette obligation) et leur offre des garanties l'obligeant à repayer la dette de la SPC si Enron subissait une décote de son crédit. Ces obligations sont structurées de façon à, selon les PCGR, ne pas être comptabilisées dans les livres d'Enron.

   Les correctifs apportés le 19 novembre 2001 ont fait diminuer les capitaux propres des actionnaires de 1,5 milliard de dollars et augmenter la dette de 1 milliard de dollars. De plus, parce qu'il est difficile de financer dans ces montages le 3 % de capitaux propres (ils comportent un haut niveau de risque et un rendement incertain), Fastow, le chef de la direction financière d'Enron, a créé une SPC dont il était le gestionnaire, afin de fournir le 3 % de capitaux propres aux autres SPC. Ce conflit d'intérêts évident a pourtant été avalisé par le conseil d'administration.

2. La vente d'actifs d'exploitation, souvent à des SPC créées expressément à cette fin. Le profit sur ces ventes était comptabilisé comme un bénéfice d'exploitation (non pas comme un gain extraordinaire, ce qui est la norme), parce qu'Enron considérait ces ventes fréquentes comme faisant partie du cours normal de ses activités. Donc, afin de soutenir la croissance de son bénéfice par action, Enron a vendu des actifs à prix gonflés à ses SPC et enregistré un bénéfice d'exploitation sur ces ventes.

La divulgation de ces opérations, le 19 novembre 2001, a révélé que les ventes d'actifs représentaient 20 % du bénéfice net de l'entreprise en 1998, 40 % en 1999 et 15 % en 2000.

Depuis mai 2001, Enron faisait l'objet d'un scepticisme croissant et d'interrogations insistantes à propos de ses pratiques comptables, en provenance, au départ, des milieux financiers périphériques comme The Street.com et Off Wall Street (cette société publie un rapport cinglant sur Enron en mai 2001).

Le départ précipité de Jeffrey Skilling en août 2001, la chute progressive du titre, puis la décote le 12 novembre 2001 par Standard and Poors ont forcé Enron à divulguer que toute décote additionnelle ferait en sorte que quelque 7 milliards de dollars de dettes de ses SPC non consolidées devraient être remboursés ou remplacés immédiatement, ce qui lui était impossible. L'entreprise a également dû reconnaître que le profit sur la vente d'actifs à des SPC n'aurait pas dû être comptabilisé comme bénéfice d'exploitation chez Enron.

Le cours du titre a chuté brutalement dès l'annonce de ces entourloupettes comptables. Les prêteurs ont demandé un remboursement immédiat et se sont préparés à se saisir des actifs. Enron n'avait d'autre choix que de demander la protection de la Cour selon la section 11 de la *Loi des faillites,* ce qu'elle a fait le 2 décembre 2001.

Une gestion active et compétente des actifs de l'entreprise, à la base de mesures comme celles décrites plus loin dans ce chapitre, constitue un puissant levier de valeur économique. Ce levier doit cependant s'appuyer sur des initiatives concrètes et opérationnelles, non pas sur des subterfuges comptables.

3.2.2 La gestion des actifs : diverses mesures

Le niveau des **actifs tangibles** requis pour réaliser un chiffre d'affaires donné est très variable d'un secteur d'activité à l'autre. Il faut le rappeler, les actifs tangibles ne sont en quelque sorte qu'une concession au temps nécessaire pour produire des biens et services, et les transformer en flux monétaires.

Ainsi, la première composante des actifs tangibles, le fonds de roulement, est une conséquence directe de l'écart temporel entre les entrées et les sorties de fonds. Plus cet écart est grand, plus les besoins en fonds de roulement sont importants.

Évidemment, une double question s'impose : « D'où vient cet écart et comment peut-on le diminuer ? » Cet écart provient d'abord du niveau des inventaires (matières premières, produits semi-finis et finis) nécessaires à la bonne marche du système de production. Or, si les fournisseurs pouvaient approvisionner l'entreprise à bref délai, directement sur la chaîne d'assemblage dans un système « juste-à-temps », cela réduirait considérablement le niveau des inventaires de pièces et de composants qu'elle doit entreposer et financer.

Une autre initiative, qui a beaucoup contribué à une gestion plus efficiente des inventaires, a trait aux systèmes d'échange électronique des données (EDI) et, de nos jours, à des systèmes en ligne. Par l'utilisation de ces systèmes, les firmes, au sein d'une même filière industrielle, peuvent s'échanger en temps réel les informations sur leurs ventes et leur niveau d'inventaire, et en arriver à diminuer considérablement les délais d'approvisionnement et, ainsi, les niveaux d'inventaire pour tous leurs membres.

L'intégration des flux d'informations entre les marchands au détail, les intermédiaires et même les fournisseurs de matières premières permet de fournir la même qualité d'information à des entreprises autonomes que si ces entreprises avaient été intégrées verticalement. Wal-Mart, par exemple, rapporte une réduction de plus de 50 % dans les délais d'approvisionnement à la suite de l'intégration de ses systèmes d'informations à ceux de ses fournisseurs.

Au début des années 1990, The Limited, un détaillant de vêtements pour femmes qui exploitait à l'époque plus de 3 200 magasins aux États-Unis, a réduit le délai d'approvisionnement de ses magasins de 66 semaines à 60 jours par la mise en place d'un système innovateur pour gérer ses stocks. Nous présentons ce système au chapitre 9.

Michael Dell a créé un modèle d'affaires innovateur par lequel il vend directement à ses clients des ordinateurs construits sur demande en fonction de leurs besoins. Grâce à un échange d'information en temps réel, l'entreprise Dell est capable d'exécuter une commande en cinq à six jours, tout en ayant des stocks de produits finis et semi-finis bien inférieurs à la concurrence.

Encaisser avant de payer

Le niveau du fonds de roulement dont l'entreprise a besoin est influencé par la relation entre le temps qu'il faut pour encaisser les fonds des comptes-clients et les délais qui sont impartis à l'entreprise pour payer ses fournisseurs de matières, de composants et de services. Encore une fois, le gestionnaire stratégique voudra évaluer cette relation et les moyens à prendre pour la modifier de façon avantageuse pour son entreprise.

Par exemple, un des avantages du modèle d'affaires initial d'Amazon.com résidait dans le fait qu'elle était payée par ses clients bien avant d'avoir à payer ses fournisseurs, ce qui lui permettait de bénéficier de capitaux gratuits (*negative operating cycle*) et de réduire ses besoins en fonds de roulement.

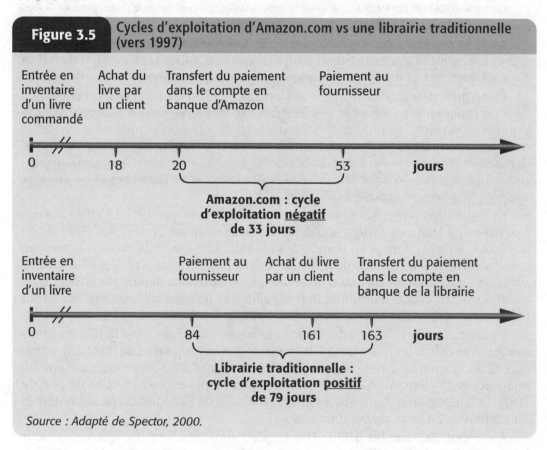

Figure 3.5 Cycles d'exploitation d'Amazon.com vs une librairie traditionnelle (vers 1997)

Source : Adapté de Spector, 2000.

Soyons concrets quant à la signification de cette donnée. Supposons que ces deux entreprises (Amazon.com et une librairie traditionnelle comme Barnes & Noble) ont un chiffre d'affaires identique de 1 milliard de dollars et qu'elles dégagent des marges identiques sur les prix payés par les fournisseurs. Leur coût des marchandises vendues est, supposons, de 800 millions. La conséquence de ces cycles négatif et positif est énorme : Amazon.com bénéficiera de capitaux libres, permanents et sans coûts de quelque 81 millions : (33/365) × 800 M $. Quant à Barnes & Noble, elle devrait financer par de la dette ou des capitaux propres un montant de 195 millions : (79/365) × 800 M $!

Il est facile de comprendre l'impact d'un tel avantage sur la performance économique de l'entreprise, quelle que soit la mesure utilisée pour l'établir. Sa première manifestation sera sûrement sur le plan du ratio AT. C'est pourquoi, dans la figure 3.6, on constate une rotation des actifs de quelque 4,8 fois pour Amazon.com, comparativement à environ 3,0 fois pour Barnes & Noble, deux concurrents directs.

Nous traitons plus en détail du cas Amazon.com au chapitre 17.

Réduire le cycle de développement de produits

Les efforts consentis pour réduire le temps nécessaire au développement d'un nouveau produit sont motivés, bien sûr, par le désir de répondre plus vite que la concurrence aux attentes des acheteurs. Par ailleurs, cette détermination provient également du fait qu'une diminution du temps écoulé entre la conception et la commercialisation d'un nouveau produit comprime de façon importante les coûts en actifs improductifs associés au développement d'un nouveau produit.

Par exemple, l'industrie pharmaceutique connaît des cycles en recherche et en développement de nouveaux produits longs et coûteux. Dans cette industrie, 70 à 75 % des coûts de recherche et de développement sont engagés durant la phase de développement, laquelle peut prendre une dizaine d'années pour un produit donné. Dans les années 1990, la seule phase d'essais cliniques des produits durait en moyenne de six à neuf mois. En appliquant des techniques de gestion de qualité totale (GQT) au processus de développement de produits, SmithKline Beecham prétend avoir diminué la durée de cette phase à trois mois et, par conséquent, les coûts des investissements associés.

Le domaine de la gestion des actifs est en pleine effervescence et suscite de multiples innovations, et ce, surtout depuis que les gestionnaires ont compris que la rentabilité de la firme provenait tout autant de la gestion des actifs que de la marge économique sur le chiffre d'affaires. Ainsi, comme en témoignent les figures 3.6, 3.7 et 3.8, la rotation des actifs varie d'une entreprise à l'autre, selon le domaine d'activité et les initiatives prises pour réduire le niveau des actifs. Cette performance reflète souvent le design même d'un système stratégique innovateur, comme c'est le cas des sociétés Costco, Best Buy, Circuit City, Amazon.com ou Dell.

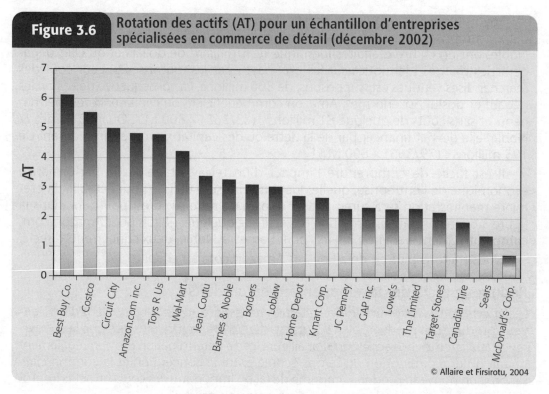

Figure 3.6 Rotation des actifs (AT) pour un échantillon d'entreprises spécialisées en commerce de détail (décembre 2002)

© Allaire et Firsirotu, 2004

Costco a mis en place un système stratégique de type magasin-entrepôt, basé sur l'obtention d'un grand volume de ventes par une politique de très bas prix. En conséquence, sa marge économique sur les ventes (ROS) est faible à dessein, mais est compensée par une rotation exceptionnelle des actifs, à quelque 5,5 fois.

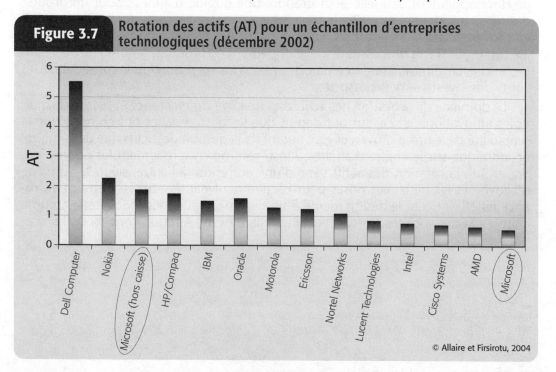

Figure 3.7 Rotation des actifs (AT) pour un échantillon d'entreprises technologiques (décembre 2002)

© Allaire et Firsirotu, 2004

La figure 3.7 montre bien à quel point le système de Dell se distingue des autres entreprises, par exemple HP/Compaq, en ayant des bas prix et un faible ROS, mais en réalisant un gros volume de ventes par rapport aux capitaux investis. Cette combinaison se traduit par une rotation des actifs exceptionnellement élevée pour ce secteur industriel, comme en témoigne encore une fois la figure 3.7 (AT = 5,53 pour l'exercice 2002). Nous avons expliqué les aspects essentiels de la stratégie de Dell dans l'introduction de la partie I de cet ouvrage.

Au contraire, une firme comme HP/Compaq, dont le ROS est relativement faible en 2002 du fait de la concurrence féroce sur le marché des PC, ne parvient pas, avec son système stratégique actuel, à dégager une rotation des actifs suffisante pour atteindre une performance satisfaisante.

Signalons aussi le cas particulier de Microsoft. Cette entreprise pose un défi particulier à l'analyse, puisqu'elle comptait à ses actifs au 31 décembre 2002 quelque 43,3 milliards de dollars en espèces et en titres négociables. Pourquoi ces sommes ne sont-elles pas en grande partie versées aux actionnaires sous forme de dividendes ou de rachats de ses actions ? Est-ce la manifestation de l'insécurité, voire de la paranoïa de son fondateur Bill Gates qui, en tout temps, a craint la catastrophe et voit en ces liquidités fabuleuses une sorte d'assurance tous risques ? Ou était-ce pour ne pas aviver l'intérêt des agences de surveillance de la concurrence par un rendement trop élevé des actifs et des capitaux propres, ce qui est, à leurs yeux, le signe d'un pouvoir de marché indu ? Cette composante en trésorerie dans les actifs économiques de Microsoft a pour effet d'en fausser la véritable performance. Aussi, pour les indicateurs AT (et ROA) de Microsoft, nous présentons les données brutes et corrigées pour tenir compte de cette anomalie. La colonne « Microsoft (excluant les montants en espèces et en titres négociables) » de la figure 3.7 montre ce que serait la rotation des actifs de cette société si elle avait distribué chaque année à ses actionnaires les flux monétaires excédentaires à ses besoins (AT = 1,9 vs AT = 0,5).

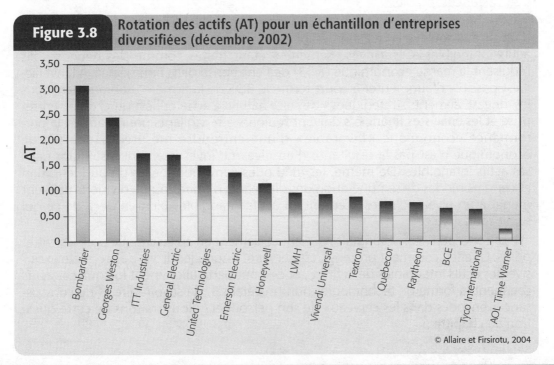

Figure 3.8 Rotation des actifs (AT) pour un échantillon d'entreprises diversifiées (décembre 2002)

© Allaire et Firsirotu, 2004

La figure 3.8 montre l'intérêt du AT pour des entreprises très diversifiées. Ces résultats révèlent l'impact des stratégies de ces différentes firmes. Ainsi, celles qui ont procédé à des acquisitions importantes comportant de gros « écarts d'acquisition » (c'est-à-dire la différence entre le prix payé et la valeur comptable des actifs nets achetés) doivent composer avec une faible rotation des actifs; c'est le cas des sociétés AOL Time Warner et Vivendi Universal, et ce, même après les radiations d'une partie des écarts qu'elles ont dû inscrire à leurs livres en 2001 et en 2002. Par ailleurs, la rotation rapide des actifs au sein de Bombardier s'explique par l'augmentation du poids des activités du secteur du transport depuis l'acquisition de l'entreprise Adtranz. En effet, le secteur du matériel de transport nécessite fort peu d'investissements pour générer un chiffre d'affaires important, en raison des avances reçues des clients à la signature des contrats et au fur et à mesure de leur réalisation. Nous traitons de la création de valeur par Bombardier au chapitre 20.

3.2.3 Les actifs intangibles

Une entreprise comporte de nombreux actifs intangibles. Certains de ces actifs apparaissent au bilan de l'entreprise : écart d'acquisition, certains frais de développement de produits, frais engagés pour obtenir des contrats à long terme, etc. **D'autres actifs intangibles importants, voire essentiels, pour une haute performance économique, n'apparaissent pas, ou rarement, au bilan de l'entreprise : sa réputation, ses marques de commerce, ses savoir-faire, ses compétences et ses aptitudes accumulées dans l'organisation au cours des ans, les technologies brevetées ou non; en somme, toute sa propriété intellectuelle.**

Ces actifs intangibles résultent souvent d'investissements passés comme les investissements publicitaires qui, en vertu des conventions comptables et des avantages fiscaux, sont traités comme des dépenses. Or, ces actifs intangibles constituent presque toujours la cause fondamentale d'une haute performance économique soutenue et donnent à l'entreprise une valeur économique de beaucoup supérieure à sa valeur comptable.

Ce concept d'actifs intangibles, ou « invisibles », est hautement stratégique à plus d'un titre. Il soulève la question épineuse du niveau adéquat d'investissement en actifs intangibles. Ces « investissements » étant traités comme des dépenses, ils réduisent la marge économique (ROS) de l'entreprise dans l'immédiat. À l'inverse, il est possible d'augmenter à court terme le ROS de la firme en sabrant dans tous les « investissements stratégiques » de cette nature. L'acheteur éventuel d'une entreprise et les analystes financiers doivent toujours être vigilants pour établir si la performance économique « favorable » d'une entreprise mesurée par sa marge économique n'est pas la résultante d'un niveau d'investissement insuffisant dans ses actifs intangibles. De même, les méthodes conventionnelles de budgétisation et certains modes de rémunération des dirigeants d'unités ou de divisions peuvent mener à un niveau d'investissement en actifs intangibles bien en deçà de ce qui serait souhaitable.

Le concept d'actifs intangibles devient également un enjeu critique pour les entreprises. En effet, comment protéger, conserver et assurer les droits de propriété exclusive des actifs intangibles de la firme, et ce, tout particulièrement lorsque ces actifs prennent la forme de technologies non brevetables, de savoir-faire et de connaissances encodés dans les cerveaux de son personnel? Nous traitons de cette question au chapitre 5.

Ce long exposé à propos du paramètre «rotation des actifs» (AT) souligne non seulement l'intérêt stratégique de **diminuer les actifs tangibles** nécessaires au chiffre d'affaires de l'entreprise, mais aussi le **rôle important des actifs intangibles. C'est par le développement judicieux et la rétention de ces actifs intangibles, source de revenus futurs, qu'une entreprise acquiert une valeur économique supérieure à sa valeur comptable.**

3.3 Le rendement sur les actifs économiques (ROA) ou sur le capital investi (ROIC)

Les deux indicateurs précédents se combinent pour définir le rendement sur les actifs économiques de l'entreprise (ROA).

Définition

$$ROA = ROS \times AT$$

Rendement sur les actifs économiques (ROA) = bénéfice économique / actifs économiques

Aux fins d'analyse, on peut décomposer le ROA de la façon suivante : rendement sur les actifs économiques (ROA) = ROS × AT

Notons que, étant donné l'égalité comptable entre actifs et passifs au bilan de toute entreprise, il est possible d'établir une équivalence entre les actifs économiques et le capital investi. En additionnant les capitaux propres (aussi appelés fonds propres, avoir des actionnaires ou équité) à la somme du passif à long terme, nous obtenons une valeur équivalente à la valeur des actifs économiques, ceux-ci étant définis par l'addition des fonds de roulement et des actifs à long terme :

1. Capital investi = capitaux propres + passifs à long terme
2. Actifs économiques = fonds de roulement + actifs à long terme

Donc

3. Capital investi = actifs économiques

Ainsi, la mesure ROA devient ROIC (rendement sur le capital investi), une mesure de performance équivalente couramment utilisée. En effet, pour le ROIC, le bénéfice économique est rapporté aux capitaux investis, c'est-à-dire les capitaux propres ajoutés au passif à long terme.

L'indicateur ROA constitue un élément fondamental de la performance économique de la firme. Comme il en est question plus loin, la relation entre ce paramètre et le coût du capital de l'entreprise donne une bonne indication à long terme de sa capacité à créer une richesse économique. À court terme, un faible ROA peut être soit une indication d'une piètre performance économique, soit le résultat d'une phase d'investissements en actifs tangibles et intangibles prometteurs de rendements futurs attrayants. La distinction entre l'une et l'autre situation, assez facile à établir en pratique, mène à une évaluation fort différente de la valeur de l'entreprise.

À ce stade-ci du développement de notre modèle économique de l'entreprise, l'indicateur ROA nous servira à définir un certain nombre d'enjeux de performance.

Les figures 3.9, 3.10 et 3.11 présentent le ROA pour les mêmes échantillons d'entreprises de commerce de détail, technologiques et diversifiées.

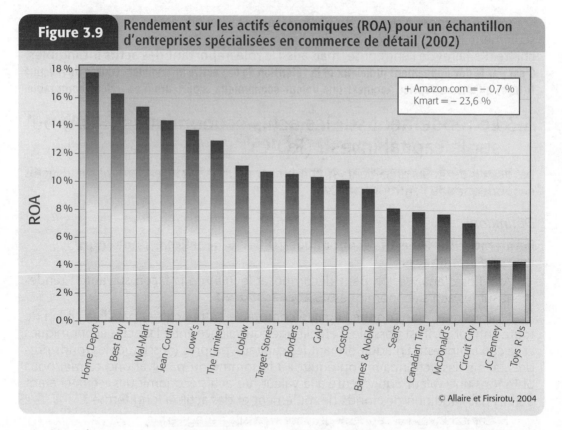

Figure 3.9 Rendement sur les actifs économiques (ROA) pour un échantillon d'entreprises spécialisées en commerce de détail (2002)

© Allaire et Firsirotu, 2004

Ainsi, les entreprises de commerce de détail varient grandement quant à leur performance mesurée par leur ROA. De puissants systèmes stratégiques comme Home Depot, Best Buy, Wal-Mart, les Pharmacies Jean Coutu (entreprise canadienne) et The Limited réalisent des scores impressionnants et soutenus de plus de 12 % de ROA. À l'autre extrême, mais pour des raisons bien différentes, on trouve Amazon.com (ROA = – 0,7 %) et Kmart (ROA = – 23,6 %). La première entreprise, encore en pleine croissance, a engagé d'importants investissements pour se donner une position dominante dans de nouveaux marchés. Quant à l'entreprise Kmart, souffrant d'un système stratégique inférieur à celui de Wal-Mart, elle s'acheminait en 2002 vers son inévitable déconfiture. Des entreprises d'une même industrie, comme Borders et Barnes & Noble, montrent des résultats rapprochés (10,5 % vs 9,7 %), bien qu'une différence de cet ordre soit très significative de la qualité de la gestion et des opérations pour des entreprises en concurrence directe.

Par contre, les sociétés Best Buy et Circuit City, concurrents directs et respectivement nos 1 et 2 de la vente de produits électroniques aux États-Unis, affichent des performances bien différentes, puisque le ROA de Best Buy est plus de 2 fois supérieur à celui de Circuit City (16,5 % vs 7,2 %). Best Buy se distingue à la fois par sa marge économique plus élevée (ROS = 2,7 % vs 1,4 %) et par sa rotation des actifs supérieure (AT = 6,12 vs 5,01). Best Buy a mis au point un système stratégique différent de celui de Circuit City, avec des magasins plus grands mais moins nombreux et mieux situés géographiquement.

La figure 3.9 montre aussi les faibles ROA de systèmes vieillissants, comme Toys R Us (ROA = 4,2 %) ou McDonald's (ROA = 7,9 %). Toys R Us a mis au point, au début des années 1980, un système performant spécialisé dans la vente au détail de jouets. Nous décrivons ce système aux chapitres 10 et 17. Or, l'arrivée du commerce en ligne, la concurrence de Wal-Mart et les changements de comportements des parents (plus de jouets éducatifs vendus dans des réseaux spécialisés) ont frappé durement cette entreprise qui n'a pu, ou n'a pas su, s'ajuster au nouveau contexte.

McDonald's, face à la maturité du marché et au changement des goûts des consommateurs aux États-Unis, s'est peu à peu diversifiée. Elle l'a fait non seulement géographiquement (Europe, Asie, Europe de l'Est et Russie), mais également en offrant une plus grande variété de menus à l'intérieur des restaurants McDonald's et en faisant l'acquisition d'autres chaînes de restauration rapide comme Donatos Pizza ou la chaîne de rôtisseries Boston Market. Cela se traduit par une marge économique qui continue d'être élevée (le ROS de McDonald's, à près de 11 %, est de loin le plus élevé de toutes les firmes représentées à la figure 3.2), mais a provoqué un ralentissement important de la rotation des actifs au fur et à mesure que l'entreprise devait investir dans de nouveaux produits ou marchés.

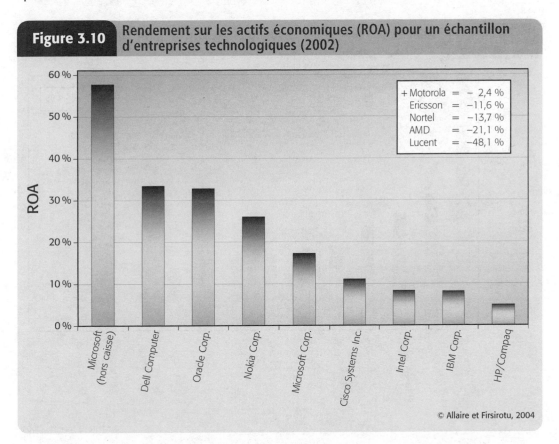

Figure 3.10 Rendement sur les actifs économiques (ROA) pour un échantillon d'entreprises technologiques (2002)

© Allaire et Firsirotu, 2004

À la figure 3.10, l'écart de performance (ROA = 57 %) est énorme entre Microsoft (espèces et titres exclus de ses actifs) et sa performance comptable (ROA = 15 %). La raison la plus plausible pour les énormes liquidités de Microsoft tient à ce qu'elle préfère afficher un ROA de 15 %, inférieur à ceux de Dell et d'Oracle. Montrer un ROA de 57 % serait une véritable invitation aux investigateurs du Département de la justice en matière de concurrence et de pouvoir de marché. Microsoft compte (ou plutôt comptait) sur le fait que les investisseurs sauraient corriger ses chiffres, comme nous l'avons fait à la figure 3.10, alors que cette astuce échapperait peut-être aux agences de réglementation !

L'excellente performance de Dell reflète bien son système stratégique innovateur de domination de marché. Il est intéressant de remarquer comment Dell et Oracle, avec des ROA similaires, tirent de sources différentes leurs avantages pour atteindre ce même niveau de rendement sur les actifs. Ainsi, Oracle obtient un rendement sur les actifs de près de 33 % grâce à une marge économique de 22,4 % et à une rotation des actifs modeste (AT = 1,46). De son côté, Dell affiche une faible marge (ROS = 6 %), mais a une rotation des actifs inégalée dans le secteur (AT = 5,53). Ces différences témoignent aussi de l'hétérogénéité du secteur de l'informatique. Oracle profite de sa réputation, de son avance technologique et de son pouvoir de marché pour vendre ses logiciels à des prix élevés, alors que Dell domine le marché très concurrentiel de la vente de PC, avec des prix, et donc des marges, très faibles mais un niveau exceptionnel de rotation des actifs.

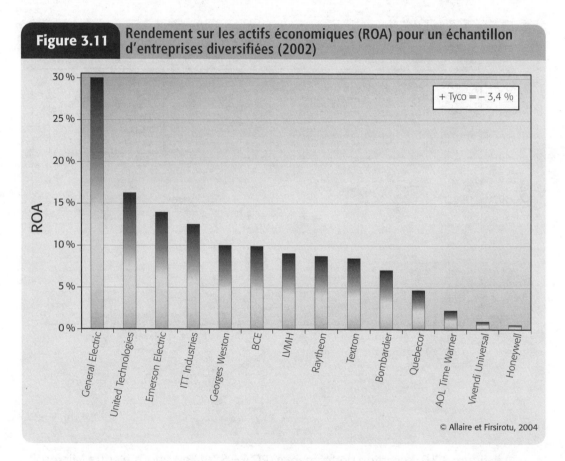

Figure 3.11 Rendement sur les actifs économiques (ROA) pour un échantillon d'entreprises diversifiées (2002)

+ Tyco = − 3,4 %

© Allaire et Firsirotu, 2004

À la figure 3.11, le rendement sur les actifs économiques des entreprises diversifiées varie grandement, bien que la volatilité affichée ne soit pas aussi grande que pour les entreprises de haute technologie. Une seule entreprise, Tyco, affiche un résultat négatif. Il s'agit là d'un des avantages de la diversification des entreprises. Leurs résultats ne dépendent pas d'un seul secteur d'activité, d'où une dispersion moins grande de leurs performances. La stratégie de « convergence » épousée par BCE, AOL Time Warner, Quebecor et Vivendi Universal a eu des effets néfastes sur leurs performances. GE continue d'afficher un résultat exceptionnel en dépit de la turbulence dans certains de ses marchés.

3.3.1 La combinaison stratégique ROS/AT

Le choix d'une combinaison de ROS et de AT constitue souvent une des pierres angulaires d'un **système stratégique** performant. Comme le montre la figure 3.12, pour des entreprises spécialisées en commerce de détail, différentes combinaisons de ROS et de AT peuvent produire des ROA similaires. Chaque gradient de la figure 3.12 représente toutes les combinaisons de ROS et de AT aboutissant à un même ROA.

Dans le commerce de détail, différents concepts connus aux États-Unis sous le vocable général de *Power Retailers* sont caractérisés par des combinaisons différentes de ROS et de AT : les magasins-entrepôts (Costco, Circuit City), axés sur les bas prix, ont de très faibles marges économiques mais une rotation d'actifs extrêmement rapide. Par comparaison, The Limited et Home Depot obtiennent un ROA équivalent à celui de Costco avec un positionnement de marché très différent.

Finalement, parmi ces entreprises très performantes, Wal-Mart et Jean Coutu se distinguent par leur capacité à réaliser à la fois des marges économiques élevées et une bonne rotation des actifs, résultat de la mise en place d'un système stratégique très efficient.

| **Figure 3.12** | Combinaison stratégique de ROS et de AT pour atteindre différents niveaux de ROA (entreprises de commerce de détail 2002) |

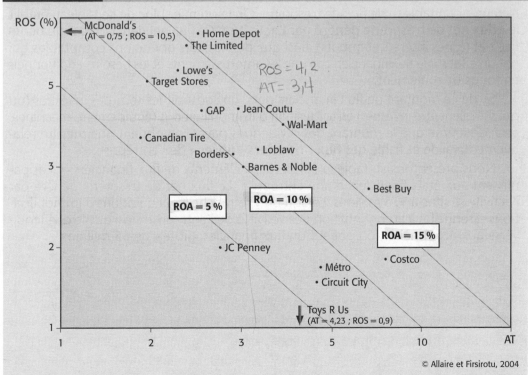

© Allaire et Firsirotu, 2004

3.3.2 Les flux financiers « libres »

Les flux financiers (FF), ou flux de trésorerie (*Free Cash Flow*), dégagés par une entreprise apparaissent à plusieurs observateurs comme le meilleur indicateur de la performance économique de l'entreprise. D'abord, ces flux financiers ne seraient pas vulnérables aux jugements, aux interprétations et aux manipulations propres aux données comptables. Puis, cet indicateur, beaucoup mieux que le profit, prend la mesure réelle de la capacité de l'entreprise à remplir toutes ses obligations financières, à payer des dividendes aux actionnaires et à investir dans sa croissance future sans avoir à recourir aux marchés financiers.

La difficulté réside en ce que cette notion se prête à plusieurs définitions, aucune ne faisant l'unanimité. Ainsi, au cours des années 1995-2000, plusieurs entreprises, analystes et investisseurs en sont venus à mesurer la performance de certaines entreprises sur la base du BAIIA (bénéfices avant intérêts, impôts et amortissement) – en anglais, EBITDA (*Earnings Before Interest, Taxes, Depreciation and Amortization*). Cette mesure était souvent présentée comme l'équivalent du flux financier de l'entreprise disponible pour ses engagements financiers. La croissance du BAIIA était devenue l'indicateur favorisé par la direction et, malheureusement, par les analystes et les investisseurs comme mesures de progrès d'une stratégie souvent hasardeuse construite sur des acquisitions payées très cher (et donc occasionnant, avant 2001, une forte charge pour l'amortissement des écarts d'acquisition).

Bien sûr, le BAIIA n'est pas une mesure de flux financier. Les bénéfices qui en sont le terme premier, se prêtent également à des ajustements et à des interprétations comptables, et ne sont donc pas synonymes d'argent « comptant et rutilant ».

Cependant, les états financiers publiés par les entreprises comportent obligatoirement un tableau de flux de trésorerie. Or, le premier bloc de ce tableau établit le « **flux net de trésorerie généré par l'activité** ». Ce flux net tient compte du bénéfice net (après intérêts et impôts) ainsi que de plusieurs opérations comptables qui ont un effet sur le flux financier, comme les amortissements et les besoins additionnels en fonds de roulement.

Si, de ce montant de flux financiers nets, on soustrait les sommes investies (ou qui devraient être investies) en acquisition d'immobilisations (équipement, machines, etc.) de même que le montant des dividendes payés, on obtient une mesure relativement valide et fiable des **flux financiers « libres »** de l'entreprise.

Nous présentons au tableau 3.1 certains éléments de flux financiers qui apparaissent aux états financiers d'une entreprise. Le flux net de trésorerie généré par l'activité se situe à 175 millions. Lorsqu'on y retranche les acquisitions d'immobilisations essentielles à la continuation des activités de l'entreprise ainsi que le dividende versé aux actionnaires, on obtient un flux financier « libre » de 65 millions.

Tableau 3.1	Calcul de flux financier libre : un exemple simple

(en millions)	2002
Flux de trésorerie liés à l'activité	150 $
Dotation aux amortissements sur immobilisations corporelles	75 $
Variation du besoin en fonds de roulement lié à l'activité	(50 $)
Flux net de trésorerie généré par l'activité	**175 $**
Acquisition d'immobilisations corporelles et incorporelles	(60 $)
Dividendes versés	(50 $)
Flux financier « libre »	**65 $**

3.4 Le financement des actifs économiques

Jusqu'à maintenant, nous ne nous sommes pas préoccupés des coûts de financement des actifs économiques, ou du capital, nécessaires à la bonne marche de l'entreprise. Dans la mesure où une entreprise décide de financer tous ses actifs économiques par du capital souscrit par les actionnaires et les bénéfices réinvestis, son rendement sur les capitaux propres (ROE) sera bien sûr égal au rendement sur les actifs économiques (ROA).

Par contre, l'entreprise peut aussi décider de financer une partie de ses actifs économiques par un endettement à court, à moyen ou à long terme. Tant que ce niveau d'endettement demeure en deçà de certaines normes et tant que les règles fiscales en vigueur permettront de considérer les frais d'intérêt comme des dépenses d'exploitation, une entreprise peut améliorer sensiblement son rendement sur les capitaux propres en finançant une partie des actifs par le biais de la dette.

3.4.1 Le rendement sur les capitaux propres (ROE)

Définition

Le rendement sur les capitaux propres (ROE) constitue les bénéfices nets après les frais financiers et les impôts, rapportés aux capitaux propres des actionnaires, soit le capital souscrit et payé plus les bénéfices réinvestis. La formule suivante établit les relations essentielles :

ROE = ROA + FLE

FLE = D/E [ROA – Kd (1 – *t*)] : effet du levier financier

D/E = ratio d'endettement : passif à long terme (D) divisé par les capitaux propres (E)

(Notez que D + E = actifs économiques = capital investi)

Kd : Coût de la dette, frais financiers sur endettement

t : taux effectif d'imposition de l'entreprise

Le levier financier (FLE) aura un effet positif sur le ROE tant que le ROA sera supérieur au coût de la dette après impôts. Il aura cependant un effet négatif sur le ROE si le ROA de la firme devait chuter en deçà du coût de la dette. C'est pourquoi un ratio d'endettement élevé augmente la volatilité du rendement de la firme et, donc, le risque financier qu'elle fait assumer aux détenteurs de ses titres.

La relation entre le ROE et le ROA met en évidence les facteurs à évaluer lorsqu'on cherche à établir le niveau d'endettement approprié pour une entreprise particulière :

1. Écart [ROA – Kd]
Plus le ROA d'une entreprise est supérieur au coût de la dette avant impôts, plus son niveau d'endettement peut être élevé sans lui faire assumer des primes de risques supplémentaires.

2. Stabilité du ROA
Plus le ROA de la firme est stable tout au cours du cycle économique, plus le ratio d'endettement peut être élevé. C'est pourquoi les entreprises de services publics dont le rendement sur le capital est déterminé et régi par des organismes publics peuvent financer à bon compte un niveau élevé d'endettement.

3. Coût marginal de la dette
Au fur et à mesure que le ratio d'endettement (D/E) augmente, le coût marginal de la dette tend à croître, de même que le risque associé à l'investissement dans les capitaux propres de la firme. C'est pourquoi le ROE d'une firme ne peut être évalué qu'au regard des attentes de rendement des actionnaires et des investisseurs, attentes qui reflètent un ensemble de facteurs, dont le niveau de risque spécifique de l'entreprise, comme il en est question plus loin dans cette section.

L'effet-combiné d'une augmentation du coût de la dette et du rendement nécessaire pour inciter les investisseurs à placer des fonds dans les capitaux propres de la firme fait que, **dans le système financier nord-américain du moins**, le ratio D/E atteint vite un seuil au-delà duquel l'effet de levier financier change d'un impact positif à un impact négatif sur l'ensemble de la performance économique de la firme. Où se situe ce seuil est une question empirique et théorique ardemment débattue dans les milieux financiers.

Il est toutefois évident que les considérations présentées précédemment (ROA vs Kd et stabilité du ROA) sont pertinentes à ce débat. Les «fournisseurs» de financement par voie de dette portent d'ailleurs de tels jugements et peuvent refuser de financer une entreprise qu'ils jugent trop risquée.

De plus, les agences de notation comme Moody's et Standard & Poor's évaluent continuellement la qualité du crédit des émetteurs de dette publique. Toute détérioration de la santé financière de la firme ou augmentation indue de son endettement provoquera une mise en garde (*credit watch*) ou une diminution de la cote de crédit de l'entreprise; celle-ci verra alors son coût en capital augmenter de façon significative. Cette augmentation du coût de la dette, voire le rationnement imposé par les institutions prêteuses, pousserait l'entreprise soit à se financer par apport de capitaux propres, ce qui comporte un coût élevé ainsi qu'une dilution rapide de la propriété et du contrôle des actionnaires fondateurs, soit à moduler son rythme de développement sur sa capacité d'autofinancement.

3.4.2 Le coût des capitaux propres (Ke)

Le coût de financement par capitaux propres reflète en fait les attentes de rendement **[E(ROE)] des investisseurs**, c'est-à-dire le niveau de rendement anticipé à compter duquel les investisseurs seraient intéressés à placer leur argent dans les actions de l'entreprise. L'investisseur peut être un entrepreneur-propriétaire dans son rôle de pourvoyeur de capitaux propres à son entreprise ou qui réinvestit les profits de l'entreprise, des banques et autres institutions dont la mission est d'offrir des capitaux à long terme aux entreprises, des personnes ou des institutions qui évaluent la pertinence d'acheter des actions ordinaires de la firme à différentes phases de son développement (*angel funds*, *venture funds*, etc.), ou sur le marché primaire au moment d'une première émission publique d'actions (EPA) ou d'émissions subséquentes, ou encore sur le marché secondaire par le truchement d'une Bourse des valeurs mobilières.

Le recours aux marchés publics de financement était jadis longuement, voire à jamais, différé, l'entrepreneur fondateur préférant limiter le rythme d'expansion de son entreprise à ce que lui permettait le réinvestissement des profits. C'est encore la situation qui prévaut en Allemagne, par exemple (mais pour combien de temps encore), où la trame industrielle est tissée de moyennes entreprises hautement spécialisées et farouchement privées.

À un moment décisif de son histoire, l'entreprise doit choisir comment elle financera sa croissance et son développement. En Amérique du Nord, à notre époque, la voie des marchés publics de financement et de l'inscription du titre en bourse est la plus fréquentée ; cette transition d'entreprise privée à entreprise publique est d'ailleurs ardemment désirée par les créateurs d'entreprise et consommée le plus rapidement possible. Cependant, en conséquence des règles de gouvernance et de divulgation de plus en plus contraignantes maintenant imposées aux entreprises publiques, il se pourrait que les entrepreneurs nord-américains redécouvrent les vertus et les avantages de l'entreprise « privée ».

Lorsque l'entreprise décide donc de faire appel aux marchés publics, un certain nombre de principes sous-tendent l'évaluation du rendement nécessaire pour inciter un investisseur à participer à son capital-actions.

- **Le niveau de rendement sur des placements sans risque (Rf)**, notamment les obligations émises par l'État : ce taux de rendement constitue en quelque sorte un minimum pour tous les autres types de placements. En effet, un investisseur rationnel n'acceptera pas d'assumer quelque risque que ce soit sans un engagement ou un espoir de rendement qui s'avère supérieur au taux de rendement réalisable sans aucun risque[2].

- **La prime de risque pour investir dans un portefeuille diversifié d'actions ordinaires liquides (Rm – Rf).** Puisqu'il s'agit d'établir les attentes de rendement pour un investissement dans des actions ordinaires forcément plus risquées, peut-être devrait-on établir comme base de comparaison la prime de rendement obtenue pour un investissement dans un portefeuille de titres composé de toutes les actions ordinaires hautement liquides négociées sur une place boursière active. En d'autres

---

2. Sauf peut-être celui de l'inflation, bien que ce taux « sans risque » soit sensible à tout moment aux perspectives d'inflation et tende généralement à couvrir adéquatement ce risque.

termes, quel a été le rendement moyen passé des actions en Bourse (Rm) comparativement au rendement sur les titres de l'État avec une échéance de 5 ou 10 ans (Rf)? Les séries chronologiques américaines et canadiennes, selon les périodes à l'étude, situent cette **prime (Rm – Rf)** dans un intervalle de **4 à 6,5 %** en longue durée. C'est-à-dire qu'un investisseur détenant un portefeuille d'actions largement diversifié aurait pu réaliser un rendement de 4 à 6,5 % supérieur à celui des titres des gouvernements américain ou canadien.

- **La mesure du risque associé à l'investissement dans les titres d'une entreprise donnée (β).** Jusqu'ici, la mesure du rendement attendu s'était toujours fondée sur des facteurs d'une pertinence générale pour tout genre d'investissement. En ce qui concerne ce troisième facteur, il faut cependant faire la distinction entre plusieurs situations pour en établir le niveau approprié.

1. **L'investissement d'un entrepreneur dans sa propre entreprise** : ce type d'investissement, typique dans nos systèmes économiques, est régi par des considérations tant psychologiques qu'économiques. Bien que l'entrepreneur, *ex ante*, doive pouvoir espérer des rendements commensurables aux risques qu'il doit assumer, cet espoir de gains et cette appréciation du risque sont la résultante de l'évaluation personnelle et subjective que l'entrepreneur en fait. **Dans un contexte réel, l'entrepreneur continuera souvent à investir ses fonds et à exploiter son entreprise même si les rendements présents et logiquement prévisibles ne sont pas compensatoires des risques assumés.** Les bénéfices intangibles associés au fait de pouvoir exploiter sa propre entreprise, d'être son « propre patron », de léguer une entreprise à ses enfants, l'absence d'autres choix de carrière ainsi que la spécificité des actifs et des savoir-faire de l'entreprise, c'est-à-dire leur non-transférabilité à d'autres secteurs d'activité, font que l'entrepreneur pourra se satisfaire d'un rendement sans commune mesure avec le niveau de risque inhérent à l'activité de l'entreprise.

   En tout état de cause, l'entrepreneur voudra habituellement évaluer tout projet d'investissement selon des facteurs économiques, même si la quantification de ces facteurs pourra s'avérer hautement subjective. Ainsi, il ne saura demeurer insensible aux rendements qu'il pourrait obtenir d'autres placements moins risqués et plus liquides que les capitaux propres de son entreprise. De plus, il aura tendance à se montrer réticent à assumer des risques liés à des projets d'investissement qui, s'ils devaient échouer, pourraient provoquer la déconfiture de l'entreprise.

   Donc, même si l'entrepreneur en fait rarement une évaluation explicite, il demeure que son attitude quant aux rendements qu'il espère obtenir en compensation des risques à assumer est généralement conforme à la relation classique rendement/risque.

   La figure 3.13 représente ces relations, intuitives chez la plupart des entrepreneurs, qui déterminent les comportements économiques. La courbe rendement/risque montre le niveau de « récompense » espéré pour les risques à assumer. Cette prime prend comme point de départ

Rf, c'est-à-dire le rendement possible sans assumer de risque. À l'autre extrême, selon la taille du patrimoine dont dispose l'entrepreneur, des investissements qui pourraient le ruiner s'ils tournaient mal seront tout simplement rejetés, quel qu'en soit le niveau de rendement anticipé. Il s'agit là d'un niveau de risque psychologiquement intolérable pour l'entrepreneur.

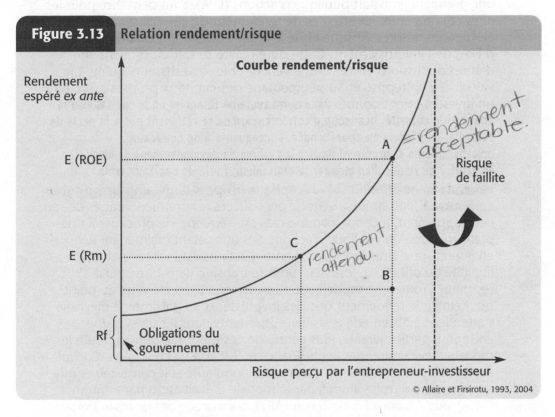

Figure 3.13 | Relation rendement/risque

Courbe rendement/risque

Rendement espéré *ex ante*

E (ROE)

= rendement acceptable.

A

Risque de faillite

C

rendement attendu.

E (Rm)

B

Rf { Obligations du gouvernement

Risque perçu par l'entrepreneur-investisseur

© Allaire et Firsirotu, 1993, 2004

Enfin, l'entrepreneur pourra estimer qu'un rendement *ex ante* acceptable selon son niveau de risque, E (ROE), se situe au point « A » sur la courbe. Cependant, même avec un rendement de niveau « B », il est rare que l'entrepreneur retire ses investissements de l'entreprise, et ce, pour les raisons déjà évoquées plus haut.

En cela, l'entrepreneur est différent des autres types d'investisseurs pour qui la liquidité et la possibilité de se départir rapidement d'un investissement sont des facteurs importants, de sorte qu'un résultat de niveau « B » les poussera à déplacer rapidement leurs capitaux vers d'autres types d'investissements plus susceptibles de satisfaire à leurs attentes de rendement/risque. Le point « C » indique le rendement attendu d'un placement diversifié dans des actions cotées en Bourse.

2. **Le rendement attendu par les fournisseurs de capital de risque.** L'entreprise devra avoir recours à des sources externes de capitaux lorsque la capacité financière de l'entrepreneur fondateur, les profits monétaires réinvestis et les financements bancaires à court terme ne suffiront plus au financement de l'expansion de l'entreprise. Selon les

phases de développement de son entreprise, l'entrepreneur pourra avoir recours à une panoplie de sources de fonds. L'éventail de possibilités comprend : des amis et de la parenté ; des fonds dits *angels*, qui sont prêts à investir tôt dans l'entreprise ; des fonds de capital de risque investis dans des entreprises à une phase où leur modèle d'affaires commence à faire ses preuves et, éventuellement, conduit à une première émission publique d'actions (EPA). Sauf peut-être pour les amis et la parenté, les attentes de rendement de ces investisseurs sont élevées, en raison du risque et de la faible liquidité (jusqu'à la phase d'EPA) de l'investissement. Cette dure réalité se traduit souvent en d'âpres discussions entre l'entrepreneur et les investisseurs quant à la valeur de l'entreprise et au pourcentage des capitaux propres associés à un investissement donné. **Dans notre système financier où le capital exerce une grande autorité, beaucoup d'entrepreneurs ne se résignent pas à la perte de contrôle, immédiate ou appréhendée, conséquente à de nouveaux investissements et préfèrent limiter le rythme de développement de leur entreprise au risque d'en stopper la croissance, faute de capitaux frais.**

3. **Le rendement attendu sur les capitaux propres d'une entreprise cotée en Bourse.** L'entreprise a négocié avec succès les premiers virages de son développement, a choisi, comme cela est fréquent, de procéder à une première émission publique d'actions. Ses titres étant maintenant négociés en Bourse, une émission subséquente d'actions est facilitée par la liquidité qu'offre à l'investisseur un titre transigé dans une Bourse reconnue. Toute une modélisation financière a alors été mise au point pour établir le rendement que des investisseurs au patrimoine diversifié s'attendent à obtenir de leurs investissements dans les titres d'une entreprise particulière. Le plus connu de ces modèles est sans doute le modèle d'évaluation des actifs financiers (MEDAF) – en anglais, *Capital Asset Pricing Model* (CAPM), quoique sa popularité soit contestée et que sa primauté soit mise au défi par le modèle d'évaluation par arbitrage (MEA), ou l'*Arbitrage Pricing Theory* (APT), qui marque des points importants.

Le MEDAF

En tout état de cause, le MEDAF se fonde sur une logique simple d'une valeur certaine, même si ses hypothèses empiriques et ses calculs précis peuvent être discutables. Le MEDAF ne cherche qu'à proposer une façon globale et systématique d'établir le niveau de risque qui ne peut être diversifié et qu'assume un investisseur en achetant les actions ordinaires d'une entreprise cotée en Bourse.

La formule générale du MEDAF pour établir le rendement attendu, E (ROE) ou Ke, en fonction du risque et des autres paramètres cités plus haut, se lit comme suit :

$$E(ROE_i) = Ke_i = Rf + \beta_i (Rm - Rf)$$

Tous les termes de cette relation ont été définis plus haut, sauf le **bêta**. Le coefficient bêta de l'entreprise i (β_i) représente une mesure du risque inhérent à un investissement dans le titre de cette entreprise, en comparaison d'un portefeuille largement diversifié de titres d'entreprises.

D'une certaine façon, ce coefficient pourrait être établi subjectivement par l'investisseur. Par exemple, cet investisseur s'attend à ce que l'augmentation du prix de l'action (plus les dividendes versés, s'il y a lieu) lui fournisse un rendement de

15 % sur la base du prix actuel de l'action. À ce taux de rendement anticipé, l'investisseur se montre acheteur du titre. Supposons un contexte de placement où le rendement sans risque (Rf) est de 5 % et la prime de rendement attendue pour l'ensemble des titres en Bourse est de 6 % (Rm – Rf). Quel est alors le bêta présumé de cet investisseur ? L'équation simple présentée plus haut nous donne la réponse :

15 % = 5 % + bêta × (6 %), donc bêta = 1,67

Un bêta inférieur à 1,0 signifie que l'entreprise présente moins de volatilité qu'un portefeuille diversifié composé de tous les titres cotés en Bourse, alors que la situation inverse prévaut pour un bêta supérieur à 1,0.

Il serait évidemment ardu d'obtenir des estimations individuelles des attentes des investisseurs à tout moment et pour tous les titres négociés en Bourse. Le MEDAF propose une méthode systématique et statistique pour estimer le bêta de chaque firme. Ce modèle se fonde sur une régression simple entre, d'une part, le rendement obtenu au cours d'une période assez longue (par exemple, chaque mois pour les 60 derniers mois) sur les actions ordinaires d'une entreprise donnée (soit le gain du cours plus les dividendes) et, d'autre part, le même rendement pour un ensemble de titres (soit toutes les actions composant un large indice comme le S&P 500 ou le TSE 300 au Canada).

Le bêta d'une entreprise varie selon la volatilité ou les risques associés à un investissement dans l'entreprise. À titre d'exemple, la figure 3.14 montre l'évolution du bêta et du coût des capitaux propres de l'entreprise Bombardier au cours de la période 1994-2000. La diminution progressive de la volatilité du prix de l'action durant la période 1994-2000 (un bêta passant de 1,48 à 0,67), combinée avec

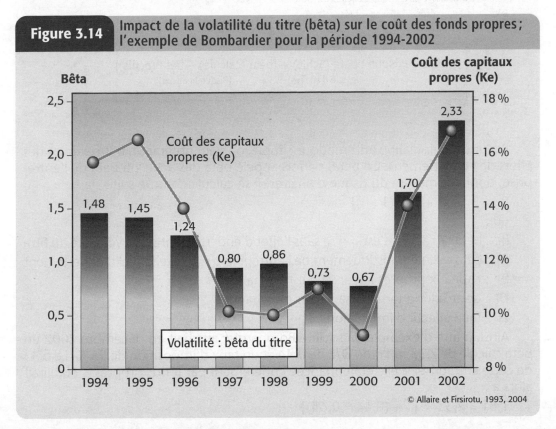

Figure 3.14 Impact de la volatilité du titre (bêta) sur le coût des fonds propres ; l'exemple de Bombardier pour la période 1994-2002

© Allaire et Firsirotu, 1993, 2004

une diminution du taux sans risque (Rf), a ramené le coût de ses capitaux propres de quelque 16 %, en 1994-1995, à moins de 9 %, en 2000. Cependant, les événements du 11 septembre 2001 et leur impact dramatique sur l'industrie de l'aviation civile aux États-Unis ont fait bondir l'incertitude et la volatilité du titre de Bombardier. En conséquence, Bombardier affichait en 2002 un bêta de 2,33 et un coût des capitaux propres de quelque 17 % !

Comme nous l'avons montré, le niveau d'endettement augmente la volatilité des résultats d'une entreprise. Le bêta étant une mesure de volatilité, il est donc sensible au niveau d'endettement d'une entreprise donnée. Aussi, comme le montre la figure 3.15, il est possible de distinguer deux influences sur le bêta d'une entreprise : le risque d'affaires inhérent au secteur d'activité et le risque financier mesuré par son niveau d'endettement.

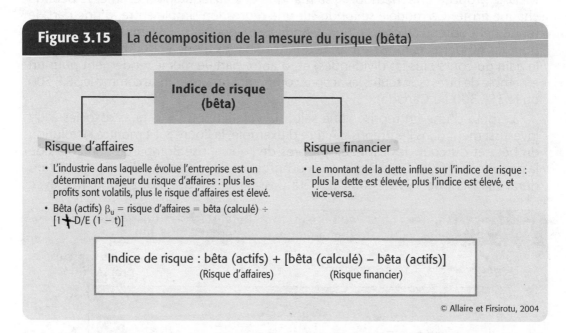

Figure 3.15 La décomposition de la mesure du risque (bêta)

Indice de risque (bêta)

Risque d'affaires
- L'industrie dans laquelle évolue l'entreprise est un déterminant majeur du risque d'affaires : plus les profits sont volatils, plus le risque d'affaires est élevé.
- Bêta (actifs) β_u = risque d'affaires = bêta (calculé) ÷ [1 + D/E (1 − t)]

Risque financier
- Le montant de la dette influe sur l'indice de risque : plus la dette est élevée, plus l'indice est élevé, et vice-versa.

Indice de risque : bêta (actifs) + [bêta (calculé) − bêta (actifs)]
(Risque d'affaires)   (Risque financier)

© Allaire et Firsirotu, 2004

Par une manipulation arithmétique simple, on peut obtenir un bêta exempt des effets de l'endettement. Ce bêta, parfois appelé bêta des actifs ou bêta de l'entreprise, donne la mesure du risque d'affaires. Il se calcule comme suit :

$$\beta_u = \beta_i ÷ [1 + D/E (1 − t)]$$

où :

β_u : bêta des actifs, c'est-à-dire sans l'effet d'endettement sur la volatilité du titre

β_1 : bêta calculé statistiquement de l'entreprise à son niveau réel d'endettement

E : capitaux propres à leur valeur marchande

D : dette à long terme à sa valeur marchande

t : taux effectif d'imposition

Ainsi, à titre d'exemple, la société Bombardier affichait en décembre 2002 un bêta calculé de 2,33, un ratio D/E de 0,44 et un taux d'imposition de 35 %. Le bêta de cette entreprise, si elle était financée entièrement par fonds propres, s'établirait alors à :

$$1,81 = 2,33 ÷ [1 + (0,44 × 0,65)]$$

Le tableau 3.2 présente la décomposition du bêta entre risque d'affaires et risque financier pour un échantillon de firmes. Il est important de noter que le coût des capitaux propres pour une entreprise résulte des composantes suivantes :

$$E\,(ROE) = Ke = Rf + \beta_u\,[Rm - Rf] + (\beta_1 - \beta_u)\,[Rm - Rf]$$

ou encore, le rendement sans risque plus une prime pour le risque d'affaires (β_u) et une prime pour le risque financier associé ($\beta_1 - \beta_u$).

Tableau 3.2	**Exemples de décomposition du bêta entre risque d'affaires et risque financier pour un échantillon d'entreprises (décembre 2002)**		
	Bêta	**Risque d'affaires**	**Risque financier**
Entreprises diversifiées			
General Electric (industriel)	1,06	1,06	0,00
Vivendi Universal	1,80	1,28	0,52
Bombardier* (industriel)	2,33	1,81	0,52
Quebecor*	1,32	0,26	1,06
AOL Time Warner	2,69	2,06	0,63
Entreprises de commerce de détail			
Canadian Tire*	0,72	0,57	0,15
Costco	1,11	1,05	0,06
Jean Coutu*	0,98	0,93	0,05
Wal-Mart	0,93	0,88	0,05
Amazon.com	3,33	2,77	0,56
Entreprises technologiques			
IBM	1,53	1,39	0,14
Microsoft	1,77	1,77	0,00
Dell	1,67	1,66	0,01
Nokia	2,04	2,04	0,00

* Bêta calculé sur 52 semaines.

© Allaire et Firsirotu, 2004

Bémol sur le bêta calculé

Les limites des approches statistiques à la mesure du risque sont nombreuses et fort bien documentées.

- Le bêta ainsi calculé est une mesure fondée sur des données statistiques et donc tournée vers le passé, alors que les attentes des investisseurs sont tournées vers l'avenir.
- La mesure statistique du bêta est insensible aux événements récents – par exemple, une augmentation récente mais importante du ratio d'endettement, lequel a pu affecter sensiblement le niveau de risque perçu de la firme. Le choix de la période pour le calcul du bêta peut influer grandement sur son résultat. Par exemple, le bêta de Bombardier calculé pour les 52 dernières semaines s'élève à 2,33, alors que le calcul de ce même bêta pour les 60 derniers mois ne donne que 1,21.

Ce dernier bêta est en fait influencé par le fait que, de 1997 à 2000, le bêta de Bombardier était très bas. Depuis septembre 2001, comme le montre la figure 3.14, Bombardier souffre des problèmes liés à l'incertitude du marché aéronautique. Par conséquent, le bêta sur 52 semaines paraît dans ce cas-ci mieux capter la volatilité du titre de cette société au début de l'exercice 2003.

- Le MEDAF propose une mesure unidimensionnelle du risque, alors que de multiples facteurs peuvent influer sur le niveau de risque inhérent aux titres d'une entreprise donnée. À cet effet, le MEA présente une méthode multifactorielle qui tient compte de la sensibilité de la performance de l'entreprise aux fluctuations inattendues des taux d'intérêt, de l'inflation, de l'ensemble de l'économie, etc. De même, le modèle, vétuste mais instructif de Myron Gordon (1962) propose une autre approche au calcul du coût des capitaux propres. Pour Gordon, la valeur d'une entreprise reflète la relation suivante :

$$Pt = \frac{Dt}{Ke - g}$$

où

Pt : prix au marché d'une action ordinaire

Dt : dividende par action versé par l'entreprise à la période t

Ke : coût des fonds propres, ou les attentes de rendement des investisseurs

g : croissance annuelle du dividende anticipée au cours des années à venir

En transposant les termes de cette équation, le coût de capitaux propres devient :

$$Ke = \frac{Dt}{Pt} + g$$

Cette définition du coût des capitaux propres souligne le fait que l'émission de nouvelles actions comporte un coût direct (le dividende à payer sur ces actions) et un coût indirect, le partage avec les nouveaux actionnaires de la croissance future du dividende.

- Lorsqu'un titre n'est pas très actif, l'estimation statistique du bêta peut s'en trouver faussée, c'est-à-dire montrer un bêta anormalement faible.
- La mesure statistique du bêta résulte souvent en un faible niveau de signification statistique, ce qui laisse songeur quant à la fiabilité du résultat obtenu.

Quoi qu'il en soit, et c'est là l'essentiel, il faut établir dans chaque cas particulier une mesure du risque inhérent à une entreprise. Les calculs du Ke selon le MEDAF ou selon d'autres méthodes (MEA, Gordon) peuvent servir de base à cette évaluation, mais ils doivent être utilisés avec mesure et prudence aux fins d'analyse stratégique. Dans la suite de ce chapitre, nous utiliserons le MEDAF pour estimer le coût des fonds propres, et ce, uniquement dans le but d'illustrer, et non parce qu'il s'agit de la mesure définitive du Ke d'une entreprise.

3.4.3 Le coût moyen pondéré du capital (CPCM)

Le coût moyen pondéré du capital (CPCM), ou *weighted average cost capital* (WACC), est une mesure de ce qui en coûterait à l'entreprise pour financer des investissements supplémentaires tout en maintenant une structure de capital (ratio d'endettement) donnée et appropriée. Le CPCM tient compte non seulement du coût de financement par capitaux propres (Ke), mais aussi du coût de toute dette supplémentaire. Il se calcule selon la structure de capital actuelle ou celle visée si le financement de nouveaux projets devait changer cette structure. Les pondérations des sources de financement, que ce soit par de la dette ou des capitaux propres, sont établies en fonction de leur valeur marchande et non de leur valeur comptable. Par « **coût de la dette** » (Kdm), on entend le coût marginal pour l'entreprise, c'est-à-dire combien il lui en coûterait pour ajouter de la dette, à ce moment-ci, à celle qu'elle assume déjà. Le coût des fonds propres (Ke) est normalement établi par le MEDAF avec toutes les réserves déjà exprimées.

Le CPCM se calcule donc ainsi :

$$CPCM = \frac{CP}{CP + DLT} \times Ke + \frac{DLT}{CP + DLT} \times Kdm\,(1 - t)$$

où

CP : capitaux propres, à leur valeur marchande

DLT : dette à long terme, à sa valeur marchande, s'il y a lieu

Ke : coût des capitaux propres

Kdm : coût marginal de la dette

t : taux d'imposition

McDonald's : un exemple de calcul du CPCM

Au 31 décembre 2002, la dette à long terme de la compagnie McDonald's s'élevait, en valeur comptable, à 9,703 millions de dollars. Or, au 31 décembre 2002, cette dette publique de la compagnie se transigeait en moyenne à 109 $ pour une valeur nominale de 100 $ à l'origine, pour un rendement (*yield*) de 6,47 %. Par conséquent, la valeur marchande de la dette à long terme de McDonald's s'élevait à 9,703 × (109/100), soit 10,576 millions de dollars. Le coût marginal de la dette, **pourvu qu'on maintienne le même ratio d'endettement**, serait de 6,47 % puisque c'est le niveau de rendement de la dette présente sur les marchés publics.

La valeur marchande de ses capitaux propres atteignait à cette date 21,34 milliards. Le pourcentage de la dette dans la structure de capital de McDonald's s'établissait donc à 33,14 % et le pourcentage des capitaux propres, à 66,86 %. Le taux d'imposition de McDonald's était alors de 30 %. Enfin, le coût de ses capitaux propres (Ke), calculé selon la méthode du MEDAF avec un taux sans risque de 4,81 %, une prime de marché (Rm-Rf) de 5,5 % et un bêta (2002) de 0,72, s'établissait à 8,71 %.

Supposons que la part de la dette et des capitaux propres soit jugée « optimale » par McDonald's et que tout investissement supplémentaire soit donc financé aux deux tiers par des capitaux propres et au tiers par de la dette. Comme le montre la figure 3.16, le CPCM de l'entreprise s'établit alors à 7,36 % :

$$CPCM = (67\,\% \times 8{,}71\,\%) + 33\,\% \times [6{,}47\,\% \times (1 - 30\,\%)]$$

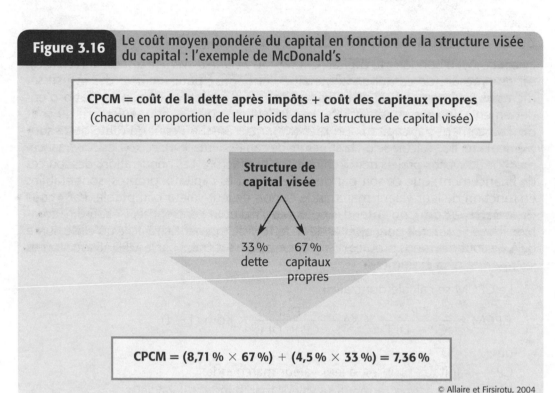

Figure 3.16 Le coût moyen pondéré du capital en fonction de la structure visée du capital : l'exemple de McDonald's

CPCM = coût de la dette après impôts + coût des capitaux propres
(chacun en proportion de leur poids dans la structure de capital visée)

Structure de capital visée

33% dette   67% capitaux propres

CPCM = (8,71 % × 67 %) + (4,5 % × 33 %) = 7,36 %

© Allaire et Firsirotu, 2004

En théorie, il est possible d'établir quelle serait la structure « optimale » du capital pour une entreprise, c'est-à-dire avoir le coût moyen pondéré du capital le plus bas possible. En effet, le coût des fonds propres (Ke) et le coût marginal de la dette (Kmd) varient en fonction de la structure du capital, d'où la possibilité d'atteindre un coût minimal avec une structure de financement donnée. Tant que le coût marginal de la dette (Kmd) est sensiblement inférieur au coût des capitaux propres (Ke) et bénéficie d'un effet fiscal, le financement par de la dette plutôt que par des capitaux propres fait diminuer le CPCM dans un premier temps. Cependant, lorsque la dette devient trop importante, non seulement le coût marginal de la dette augmente-t-il, mais les marchés financiers relèvent également leurs attentes de rendement sur les titres de l'entreprise (Ke) en raison du risque financier accru qu'ils doivent assumer. Aussi, au-delà d'un certain niveau d'endettement, le CPCM augmente. La figure 3.17 décrit ces relations.

Si kmd < ke et ↓I = financement Dette = ↓CPCM

Kmd↑ et ke↑ = ↑CPCM

Figure 3.17 — Illustration de l'évolution du coût des fonds propres, de l'indice de risque et du coût de la dette en fonction de la structure du capital (ratio DLT/CP)

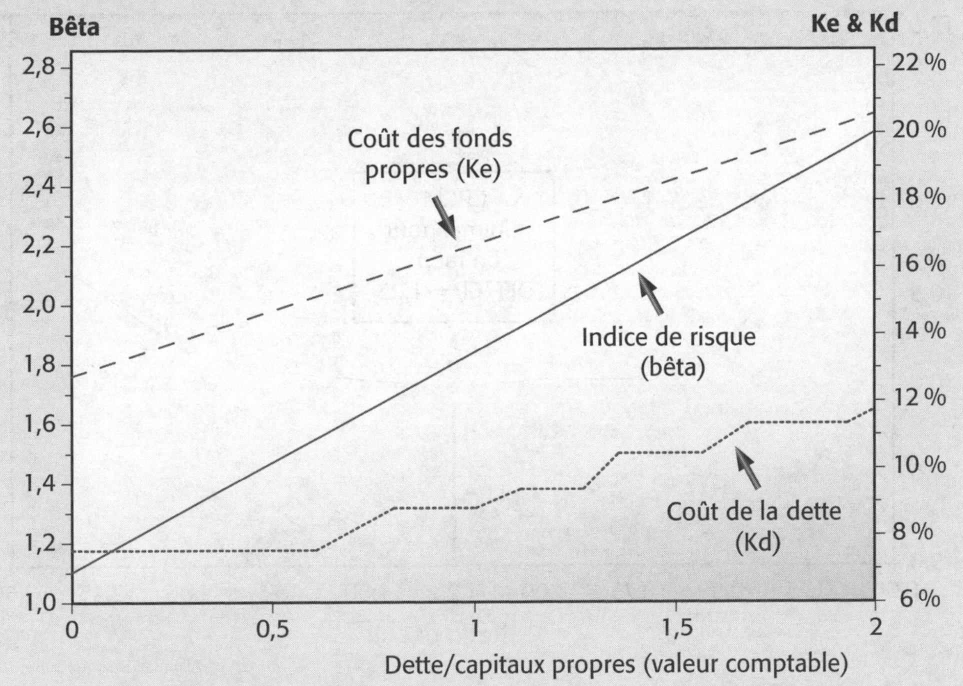

Note : $Rf = 6,5\%$, *bêta* actifs = 1,1.   © Allaire et Firsirotu, 2004

À la figure 3.18, le CPCM minimal est obtenu pour un ratio d'endettement (DLT/CP) de 1,25. Cela signifierait une structure de capital composée à 55,5 % de dette et à 44,5 % de capitaux propres. En théorie, ce ratio de 1,25 se calcule sur la base des valeurs au marché de la dette et des capitaux propres. Toutefois, en pratique, il est bien difficile de prévoir la valeur marchande des fonds propres d'une entreprise à différents niveaux d'endettement théorique. De plus, les banques et les agences de notation évaluent le rapport DLT/CP selon leurs valeurs comptables. Or, il se peut fort qu'un ratio de 1,25 à la valeur marchande se traduise par un ratio DLT/CP en valeur comptable qui soit trop élevé au goût de ces financiers et de ces agences de notation. Enfin, **la capacité d'ajouter rapidement de l'endettement en cas d'urgence et de revers imprévus représente une forme de gestion de l'incertitude très prisée par les dirigeants d'entreprise judicieux.** Si l'entreprise pousse son endettement jusqu'au niveau « optimal », elle perd ainsi une bonne partie de sa marge de manœuvre en situation d'urgence, pour composer avec des événements imprévus ou saisir des occasions d'affaires.

Nous avons donc décrit et expliqué les principaux indicateurs financiers à la portée des gestionnaires pour évaluer la performance actuelle de leur entreprise. Au chapitre suivant, nous utilisons ces indicateurs pour définir **des mesures, ou scores internes, de création de valeur économique.** Nous y définissons aussi **des scores externes,** c'est-à-dire des mesures de la performance de l'entreprise telle qu'elle est appréciée par les marchés financiers.

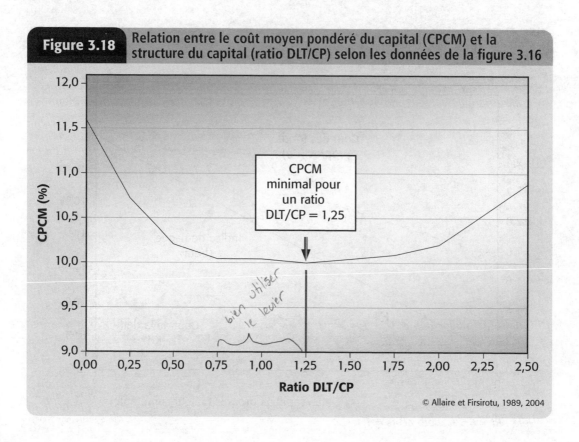

Figure 3.18 Relation entre le coût moyen pondéré du capital (CPCM) et la structure du capital (ratio DLT/CP) selon les données de la figure 3.16

© Allaire et Firsirotu, 1989, 2004

Chapitre 4

Les mesures de performance économique : les scores internes et externes de création de valeur économique

4.1 Les scores internes de création de valeur économique

Les dirigeants d'entreprise ont plusieurs mesures à leur disposition pour apprécier leur performance économique comparativement à celle des concurrents et pour mesurer l'impact de leur stratégie sur la valeur économique de l'entreprise. Les scores dits internes de performance ont ceci de particulier qu'ils ne dépendent pas des humeurs des marchés financiers, autrement que par leur influence sur le coût du capital. L'encadré 4.1 présente quatre scores internes dont nous traitons dans ce chapitre.

Encadré 4.1	Les mesures internes de création de valeur

- VPFF (DCF) = valeur présente des flux financiers
- EVA (*Economic Value Added*) = (ROA – CPCM) $\times$ actifs
- VCI (capitaux propres) = ROE/Ke
- VCI (actifs) = ROA/CPCM

4.1.1 La valeur présente des flux financiers (VPFF)

Tous les ouvrages en finance présentent, à bon droit, cette mesure comme l'arbitre ultime de la valeur. La VPFF – en anglais *Discounted Cash Flow* (DCF) ou, chez certains auteurs (Rappaport, 1986), la SVC pour *Shareholder Value Creation* – établit ce que valent aujourd'hui les flux financiers que produira l'entreprise dans l'avenir. La démarche est simple :

- estimer les flux financiers pour les années à venir (horizon de planification de 3 ans, de 5 ans ou préférablement de 10 ans) en se fondant sur une mesure des flux financiers apparentée à la définition que nous avons donnée plus haut (*voir FF, section 3.3.2*);

- estimer le coût du capital de l'entreprise, son CPCM ;
- estimer le taux de croissance du bénéfice (ou des flux financiers) pour la période allant de la fin de l'horizon de planification jusqu'à l'infini ;
- faire les calculs en conséquence et obtenir la valeur de l'entreprise aujourd'hui.

L'encadré 4.2 présente un calcul simple de VPFF. Selon les hypothèses de cet exemple, l'entreprise aurait une valeur d'environ 1,7 milliard de dollars, dont plus de 70 % proviennent de la valeur créée depuis l'an 6 jusqu'à la fin des temps ; et cette valeur « terminale » dépend fortement du taux de croissance perpétuelle présumée. Si, au lieu de 3 %, on présume 2 %, l'entreprise vaut quelque 1,57 milliard ; à 1 %, il s'agit d'un peu plus de 1,4 milliard de valeur. De même, si le coût du capital (CPCM) – une mesure comportant sa part de subjectivité comme nous l'avons établi au chapitre précédent – était estimé à 12 % plutôt qu'à 10 %, la valeur de l'entreprise passerait de 1,7 milliard à un peu plus de 1,3 milliard ! Enfin, l'estimation des flux financiers pour les cinq prochaines années est aussi basée sur des hypothèses multiples plus ou moins hasardeuses.

Encadré 4.2   Exemple de calcul du score VPFF

Calcul du VPFF   (CPCM = 10 %)

Années	1	2	3	4	5	6 ⇒ ∞
Flux financiers (millions $)	100	120	130	140	150	
Valeur présente =	90,91	99,17	97,67	95,62	93,14	+1246

VPFF   = 1723 $

Valeur terminale* $= \left[\dfrac{150}{0,10 - 0,03}\right] \div (1 + 0,10)^6$

*Croissance = 3 %   © Allaire et Firsirotu, 1993, 2004

C'est pourquoi, malgré ses fondements théoriques impeccables, cette mesure est vue avec scepticisme par les dirigeants d'entreprises. Il leur est difficile d'accepter un résultat se fondant sur autant d'hypothèses et si sensible aux variations mineures dans l'un ou l'autre des paramètres du calcul.

La VPFF demeure d'un usage fréquent dans l'évaluation de projets ou de nouveaux investissements pour en apprécier la contribution nette à la valeur économique de l'entreprise. Même dans ce rôle, elle est soumise à une critique supplémentaire, car cette méthode ne tient pas compte des valeurs d'options de certains investissements. Ainsi, un projet que l'on peut interrompre ou continuer à certaines étapes sur la base de nouvelles informations se prête bien à une analyse dite d'« options réelles », calquée sur les modèles (Black Scholes ou binomial) développés pour les options financières (*puts* et *calls*).

4.1.2 La valeur économique ajoutée (EVA™)

La populaire mesure EVA™ (*Economic Value Added*) proposée par la société de conseil en financement et en rémunération Stern Stewart (1991) n'est qu'une marque de commerce donnée à un vieux concept, le **profit économique**[3].

La définition de cette mesure est :

EVA = (ROA − CPCM) × actifs économiques ou capitaux investis

Cette mesure connaît encore une grande popularité tant en Amérique du Nord qu'en Europe. Elle a fait redécouvrir aux gestionnaires qu'un profit n'est vraiment réalisé qu'après que les coûts du capital investi ont été « payés ». Cette mesure a le grand avantage d'être pertinente pour les unités ou divisions d'une entreprise, permettant même d'ajuster le coût du capital (CPCM) aux circonstances particulières de chaque unité. Enfin, et c'était là l'objectif premier de Stern Stewart, la rémunération variable des dirigeants et des cadres opérationnels devrait être reliée directement à l'EVA de leur unité et à l'amélioration de cette EVA.

Limites et critiques de l'EVA :

Par contre, cette mesure a également été soumise à plusieurs critiques.

1. Pour éviter les biais et les distorsions résultant des conventions comptables et des règles fiscales, la firme Stern Stewart propose tout un train d'ajustements aux données comptables, par exemple :
   - capitaliser les dépenses de publicité ainsi que de recherche et de développement, puis les amortir sur une période appropriée ;
   - ajouter aux actifs économiques la valeur des actifs loués dans le cadre de baux opérationnels ;
   - calculer le bénéfice économique (NOPAT) en y soustrayant les impôts financiers réellement versés au fisc plutôt que les impôts estimés, etc.

   Ces suggestions ont abouti à de grandes variations dans le calcul de l'EVA d'une entreprise à l'autre. Ainsi, Weaver (2001), dans une étude sur 29 entreprises, établit qu'elles utilisaient toutes des variations différentes du calcul de l'EVA. En général, tous ces « correctifs » proposés par Stern Stewart n'améliorent pas l'utilité de la mesure.

2. Puisque l'EVA est avantagée par la réduction des actifs économiques et que la rémunération variable est reliée à l'EVA, l'entreprise court le danger d'un tarissement de nouveaux projets et de nouveaux investissements s'étalant sur une période de quelques années. En effet, dans un premier temps, ces projets augmenteront les actifs économiques et réduiront l'EVA tant qu'ils seront en phase de développement. Ce n'est que lorsque ces projets commenceront à produire des profits économiques qu'ils contribueront à l'augmentation de l'EVA.

---

3. Entre autres, Donaldson, le vice-président des finances de General Motors dans les années 1920, avait mis au point une telle mesure ; General Electric en faisait usage dans les années 1950, et l'ouvrage de Fruhan (1979) en fait longuement état.

Ce risque est bien réel et commande des solutions adaptées au contexte précis de chaque entreprise. Ainsi, les projets importants peuvent être traités de façon à ne pas influer négativement sur la rémunération variable des cadres, pourvu que leur réalisation soit conforme aux évaluations fournies par ces derniers pour obtenir l'approbation de tels projets.

Fondamentalement, et cela est vrai pour tout système de mesure et de rémunération variable, la crédibilité des dirigeants et leur connaissance de l'entreprise sont des garde-fous essentiels. Les cadres opérationnels doivent être convaincus qu'ils ne pourront pas améliorer leur sort par des subterfuges ou des calculs à court terme au détriment du bien-être de l'entreprise à plus long terme.

À tout prendre, nous estimons que l'**EVA peut fournir un bon score interne. Elle contribue à hausser la performance de l'entreprise lorsque cette mesure sert d'étalon financier pour évaluer toutes les décisions d'investissement de l'entreprise et que la mesure ainsi que ses tenants et aboutissants sont bien compris de tous les cadres. Ce système de mesure et de rémunération doit cependant s'insérer dans un cadre de relations de confiance, d'expertise et de respect entre les cadres opérationnels et les dirigeants.**

Un score négatif de l'EVA peut avoir deux significations, comme le montre la figure 4.1.

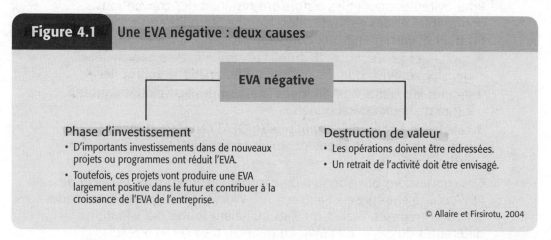

Figure 4.1 | Une EVA négative : deux causes

EVA négative

Phase d'investissement
- D'importants investissements dans de nouveaux projets ou programmes ont réduit l'EVA.
- Toutefois, ces projets vont produire une EVA largement positive dans le futur et contribuer à la croissance de l'EVA de l'entreprise.

Destruction de valeur
- Les opérations doivent être redressées.
- Un retrait de l'activité doit être envisagé.

© Allaire et Firsirotu, 2004

L'affirmation selon laquelle il y a création de valeur si l'EVA est positive n'est pas juste. En effet, le calcul de l'EVA se base sur les actifs économiques à leur valeur comptable (avec ou sans les ajustements proposés par Stern Stewart). Or, la valeur de l'entreprise sur le marché peut être bien supérieure à sa valeur comptable. Ne devrait-on pas calculer l'EVA sur la valeur marchande des actifs plutôt que sur la valeur comptable ?

Prenons un exemple simple :
- Une entreprise affiche une valeur comptable des capitaux propres de 100 millions de dollars et une dette de 50 millions pour un capital investi (= actifs économiques) de 150 millions.
- Le prix des titres de cette entreprise sur les marchés publics est tel que la valeur marchande des capitaux propres est de 300 millions ; ajoutons-y la valeur de la dette, et l'on obtient une valeur marchande de 350 millions pour l'entreprise.

- Le coût du capital (CPCM) de l'entreprise est établi à 10 %.
- L'EVA de l'entreprise est de 15 millions lorsqu'elle est calculée sur la valeur comptable des actifs économiques : (ROA – 10 %) × 150 M$ = 15 M$. Le ROA est donc de 20 % et le bénéfice économique, de 30 millions (20 % × 150 M$).
- Or, si l'on calculait l'EVA sur la valeur marchande, on obtiendrait un ROA de 8,6 % (= 30 M$/350 M$) et une EVA de –5 millions : (8,6 % – 10 %) × 350 M$! Il faut présumer que la croissance anticipée de l'EVA (calculée sur les actifs comptables) est de nature à conforter la valeur marchande de l'entreprise.
- L'utilisation de la mesure EVA pour une gestion stratégique demande que l'on établisse une EVA cible pour chaque unité ou division de l'entreprise de façon que l'EVA pour l'ensemble de l'entreprise ainsi que la perspective de croissance de cette EVA appuient ou, mieux encore, propulsent la valeur économique de l'entreprise. La volatilité de la valeur marchande et l'impossibilité (ou la complexité) d'établir cette valeur à tout moment pour chaque unité ou division de l'entreprise militent fortement pour l'usage des valeurs comptables.

4.1.3 Le VCI$_{\text{capitaux propres}}$

L'entreprise ne crée une valeur économique que si elle atteint éventuellement une situation où son rendement sur les fonds propres est égal ou supérieur aux attentes de rendement. L'indice VCI (*Value Creation Index*), proposé par Allaire et Firsirotu (1990, 1993) démontre bien cette relation :

VCI$_{\text{capitaux propres}}$ = ROE/Ke

Si cette affirmation est généralement vraie, elle doit être modulée pour tenir compte des phases d'investissement de l'entreprise. En effet, une entreprise peut afficher un VCI inférieur à 1,0 parce qu'elle investit des sommes importantes dans des projets laissant présager de bons rendements futurs. Si les marchés financiers sont de cet avis, l'entreprise verra son cours s'établir à un niveau tenant compte de ces rendements futurs. Cette mesure a également le grand avantage d'être un ratio, ce qui permet d'établir des relations avec la valeur marchande de l'entreprise, comme nous le ferons à la prochaine section, et de comparer une entreprise avec d'autres entreprises pertinentes.

4.1.4 Le VCI$_{\text{actifs}}$

Un autre score de création de valeur pour l'entreprise nous est donné par le rapport entre le rendement sur les actifs économiques (ROA) et le coût du capital (CPCM) :

VCI$_{\text{actifs}}$ = ROA/WACC ou ROIC/CPCM

Cette mesure s'apparente évidemment à l'EVA, laquelle se calcule ainsi :

(ROA – CPCM) × actifs économiques

Encore ici, l'avantage du **VCI$_{\text{actifs}}$** est de permettre des comparaisons entre des entreprises de taille différente et de pouvoir établir des relations statistiques entre ce score et des scores externes de performance. De plus, comme pour l'EVA, le VCI$_{\text{actifs}}$ peut servir à mesurer la performance des unités ou des divisions d'une entreprise.

4.2 Les scores externes de création de valeur économique

Nous abordons maintenant toute une série de scores externes de performance associés d'une façon ou d'une autre à la valeur des titres de l'entreprise. Certaines mesures sont plus valables, ont plus de mérite que d'autres, comme nous le verrons.

L'encadré 4.3 présente certaines mesures couramment utilisées pour évaluer la performance de marché d'une entreprise.

Encadré 4.3 | **Les mesures externes de création de valeur**

- Ratio P/E (ou C/B) = cours du titre/bénéfice par action

- RTA = [(prix du titre$_t$ − prix du titre$_{t-1}$) + dividende] ÷ prix du titre$_{t-1}$

- VMA$_t$ = (VM$_t$ − VM$_{t-1}$) − (VL$_t$ − VL$_{t-1}$) + dividendes versés
  - ♦ VM = valeur marchande de l'entreprise : valeur sur le marché des actions ordinaires et privilégiées, et de la dette
  - ♦ VL = valeur comptable des capitaux propres et de la dette

- Ratio VM/VL = (valeur marchande des capitaux propres + valeur marchande de la dette à long terme) / (valeur comptable des capitaux propres + valeur comptable de la dette à long terme)

- Ratio M/B = valeur marchande des capitaux propres / valeur comptable des capitaux propres

---

4.2.1 Le ratio cours/bénéfice de l'entreprise (P/E)

Nous l'avons écrit plus haut, la valeur marchande d'une entreprise correspond à la valeur présente (ou actualisée) des flux financiers futurs (ou VPFF) générés par celle-ci. Autrement dit, en théorie, la valeur d'un titre équivaut aux flux financiers futurs (*cash flow*) anticipés, escomptés à un taux approprié au risque encouru par l'investisseur.

Nous avons aussi présenté, à la section précédente, les difficultés pratiques de la mesure VPFF.

Bien que certains analystes financiers tentent parfois d'établir la valeur réelle d'une entreprise par la mesure VPFF, il est plus courant de se rabattre sur les mesures plus simples comme le P/E (*Price/Earnings*) ratio.

Comme le montre la figure 4.2, les indicateurs comme le BAIIA (EBITDA), le BAII (EBIT) ou le bénéfice net sont convertis en bénéfice par action, lequel, ramené à la valeur du titre, donne un « multiple » ou P/E. Ce multiple résume toute l'information que devrait prendre en compte une analyse plus fine :

- la croissance anticipée des bénéfices ;
- le coût des capitaux propres ou la mesure du risque inhérent à l'entreprise, et donc les attentes de rendement appropriées pour cette entreprise.

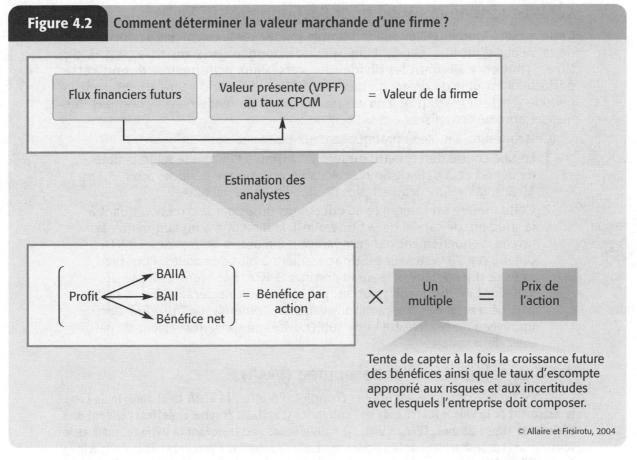

Figure 4.2 Comment déterminer la valeur marchande d'une firme ?

Flux financiers futurs

Valeur présente (VPFF) au taux CPCM = Valeur de la firme

Estimation des analystes

$$\text{Profit} \left\{ \begin{array}{l} \text{BAIIA} \\ \text{BAII} \\ \text{Bénéfice net} \end{array} \right\} = \text{Bénéfice par action} \quad \times \quad \text{Un multiple} \quad = \quad \text{Prix de l'action}$$

Tente de capter à la fois la croissance future des bénéfices ainsi que le taux d'escompte approprié aux risques et aux incertitudes avec lesquels l'entreprise doit composer.

© Allaire et Firsirotu, 2004

Cette mesure n'est pas très satisfaisante même lorsqu'on l'affine quelque peu.

- **P/E (*forward*)** : le ratio du cours présent sur le bénéfice par action anticipé l'année prochaine.
- **Ce P/E (*forward*)** peut être rapproché du P/E (*trailing*), c'est-à-dire le cours rapporté au bénéfice par action des 12 derniers mois.
- On peut aussi calculer un « PEG ratio », c'est-à-dire :

$$\text{PEG} = \frac{\text{P/E}}{\text{croissance anticipée du bénéfice par action}}$$

Ce coefficient a le mérite de soulever des questions pertinentes quant aux variations du « PEG » de différentes entreprises d'un même secteur d'activité.

La mesure P/E (ou C/B) n'est pas satisfaisante en ce qu'elle ne fait que rapporter des faits connus sans fournir d'explications ou d'éclairage neuf. Malgré cela, cette mesure a été la pierre philosophale des années 1990-2000, transformant la croissance anticipée (des bénéfices, des revenus, du BAIIA) en valeur d'or pour l'entreprise et ses dirigeants. Aussi, **toute une armée de dirigeants ont été conscrits pour la bataille du P/E et la recherche de tous les moyens pour augmenter ou soutenir un P/E élevé. Ce temps est révolu... pour le moment.**

4.2.2 Le rendement total pour l'actionnaire (RTA)

Cette mesure fournit une évaluation simple fondée sur le calcul de l'accroissement de la valeur d'un titre pendant une période donnée (**prix du titre$_t$ – prix du titre$_{t-1}$**) **et en y ajoutant les dividendes versés aux actionnaires durant cette période.** Il est utile de diviser ce montant RTA par le prix du titre au début de la période (en $t-1$), afin d'obtenir un pourcentage de rendement et non pas une mesure absolue en dollars.

Cette mesure, simple et pratique, a deux points faibles.

1. En une courte durée, cette mesure est instable et variable selon la date de départ et la date de fin du calcul. En une longue période, 5 ou 10 ans, la mesure acquiert plus de stabilité et de validité.

2. Cette mesure est insensible aux décisions prises par la direction quant à la structure de capital de la firme. Ainsi, la direction a pu augmenter le niveau d'endettement par comparaison à d'autres entreprises. Le RTA obtenu par l'investisseur est donc assujetti à plus de risques. Pour bien saisir ce phénomène, il faudrait corriger le RTA. Pour tenir compte des variations de risque, on pourrait, par exemple, calculer un ratio RTA/bêta pour des comparaisons valables. Toutefois, on introduit alors un niveau de complexité et de subjectivité qui spolient la valeur de cet indicateur simple.

4.2.3 La valeur marchande ajoutée (VMA)

Ce score de performance est le plus complet. En effet, **la VMA tient compte de l'accroissement de la valeur marchande de l'entreprise (capitaux propres et dettes) pendant une période de temps donnée, (VM$_t$ – VM$_{t-1}$) + dividendes versés durant la période, mais en y soustrayant l'accroissement de la valeur comptable des capitaux propres et de la dette à long terme (VL$_t$ – VL$_{t-1}$).** Ce calcul, sur une période de trois ou cinq ans, permet de mesurer la véritable valeur créée par la société, puisque les effets de l'accroissement de sa valeur comptable sont annulés. En fait, le score VMA capte bien l'accroissement de valeur marchande durant une période donnée au-delà des investissements faits par l'entreprise. La VMA indique clairement si ces investissements ont été fructueux pour les actionnaires de l'entreprise.

Il est utile de rapporter la VMA absolue à la valeur marchande de l'entreprise au début de la période choisie, afin d'obtenir un pourcentage de rendement. Ce pourcentage peut être converti en un **taux composé annuel (TRAC)** pour ainsi permettre toutes les comparaisons avec d'autres entreprises : **TRAC VMA** (période en années).

4.2.4 Le ratio VM/VL

Ce score met en relation la valeur marchande (dettes et capitaux propres), VM, avec la valeur comptable des capitaux propres et de la dette, VL. Plus ce coefficient est élevé, plus les marchés financiers indiquent ainsi leur appréciation pour la forte performance économique de l'entreprise, leur confiance dans les compétences de la direction ou dans les perspectives de rentabilité future de l'entreprise. Ce coefficient devient le *q de Tobin* si la valeur comptable des actifs est ajustée pour tenir compte de leur valeur de remplacement. Bien que cette mesure soit populaire en économie financière, nous estimons que le *q de Tobin* requiert des ajustements approximatifs discutables qui en vicient l'utilité à des fins stratégiques.

4.2.5 Le ratio M/B

Ce score établit une relation entre les capitaux propres à leur valeur marchande, M, et ces mêmes capitaux à leur valeur comptable, B. Ce ratio donne les mêmes indications que le précédent, mais puisque la dette est exclue du calcul, il reflète encore plus la façon de voir et de supputer des investisseurs.

Les tableaux 4.1, 4.2 et 4.3 présentent presque toutes les mesures décrites dans ce chapitre pour un ensemble d'entreprises au sein des trois industries que nous suivons depuis le début de ce chapitre. Ces résultats donnent les scores réalisés par les différentes entreprises. Ces scores sont en bonne partie (pas totalement, cependant) l'aboutissement, la résultante, de leurs stratégies et de l'efficacité de leur gestion.

| **Tableau 4.1** | Sommaire de la performance économique en 2002* pour un échantillon d'entreprises de commerce de détail | | | | | | | | | |

Entreprises	P/E	FF (M$)	ROA	VCI actifs	VM/VL	ROE	VCI capitaux propres	M/B	EVA (M$)	TRAC VMA (5 ans)
Kmart	NA	2 298	− 24%	− 4,36	1,04	− 127%	− 11,05	1,95	− 3 287	− 4%
Canadian Tire[1]	16,4	330	8%	1,04	1,43	11%	1,25	1,73	9	2%
Costco Wholesale	19,7	735	10%	0,97	2,07	12%	1,13	2,29	− 19	25%
Groupe Jean Coutu[1]	23,3	− 51	14%	1,47	2,93	16%	1,58	3,52	54	36%
Wal-Mart	25,5	10 476	15%	1,63	4,04	22%	2,23	5,33	3 394	24%
Amazon.com	NA	− 278	− 1%	− 0,04	10,38	11%	0,46	NA	− 164	83%
JC Penney	14,1	1 088	5%	0,65	0,90	6%	0,76	0,82	− 325	− 16%
Barnes & Noble	11,2	454	9%	1,06	1,44	16%	1,56	1,65	9	− 3%
Circuit City	10,8	937	7%	0,42	0,90	8%	0,44	0,90	− 267	− 15%
Toys R Us	15,5	− 207	4%	0,60	0,87	5%	0,57	0,78	− 187	− 16%
Borders	10,7	170	11%	0,91	1,15	11%	0,94	1,15	− 12	− 16%
The Limited	17,6	− 960	13%	1,08	1,89	14%	1,17	1,94	39	10%
Sears	4,7	− 448	8%	1,30	1,03	25%	2,98	1,11	545	− 21%
McDonald's	15,6	1 324	8%	1,06	1,55	14%	1,58	2,08	91	− 10%
GAP	24,3	− 348	10%	0,84	2,53	14%	1,07	3,17	− 122	2%
Loblaw[1]	20,3	769	11%	1,02	2,41	19%	1,55	3,59	15	21%
Target Stores	11,5	− 92	11%	1,19	1,49	19%	1,71	2,01	327	6%
Best Buy	15,3	1 377	16%	1,03	2,97	23%	1,37	3,62	17	73%
Home Depot	16,4	4 452	18%	1,54	2,92	19%	1,66	3,04	1 306	11%
Lowe's	18,2	1 192	14%	1,39	2,53	20%	1,85	3,22	448	16%

* *Performance de l'exercice 2002 (du 1er janvier 2002 au 31 décembre 2002 – sauf Kmart, Costco, Wal-Mart et Lowe's : du 1er février 2002 au 31 janvier 2003).*

1. *Valeur sur le marché de l'entreprise à la fin de l'année fiscale 2002 (31 décembre 2002 ou 31 janvier 2003) en dollars canadiens.*

Source : Données de base – Yahoo! Finance, SEC filings (10-k, 10-q), Market Guide, août 2002.

© Allaire et Firsirotu, 2004

Tableau 4.2 | **Sommaire de la performance économique en 2002* pour un échantillon de grandes entreprises technologiques**

Entreprises	P/E	FF (M$)	ROA	VCI actifs	VM/VL	ROE	VCI capitaux propres	M/B	EVA (M$)	TRAC VMA (5 ans)
IBM	29,4	2 062	8%	0,67	3,60	20%	1,48	5,87	− 2 333	5%
Microsoft	28,9	12 854	17%	1,14	4,94	17%	1,19	4,94	1 157	23%
Dell Computer	36,1	2 750	33%	2,43	14,34	44%	3,24	15,72	1 250	32%
Nokia	20,2	6 033	26%	1,63	4,81	26%	1,65	4,86	1 415	20%
HP/Compaq	29,0	4 537	5%	0,41	1,38	7%	0,52	1,45	− 2 694	− 18%
Intel	32,8	4 909	8%	0,54	2,82	9%	0,56	2,87	− 2 663	− 5%
Oracle	29,8	4 245	33%	2,13	10,93	36%	2,33	11,22	1 127	25%
Nortel Networks[1]	NA	− 844	− 14%	− 0,97	1,75	− 49%	− 2,15	3,16	− 2 879	− 17%
Ericsson	NA	− 2 404	− 12%	− 0,69	1,18	− 27%	− 1,22	1,28	− 4 169	− 35%
Lucent Technologies	NA	− 1 820	− 48%	− 3,66	− 7,37	− 249%	− 13,36	NA	− 8 790	− 27%
Motorola	NA	762	− 2%	− 0,23	1,47	− 8%	− 0,64	1,78	− 2 864	− 12%
Cisco Systems	30,6	3 685	11%	0,64	3,34	11%	0,66	3,34	− 1 734	1%
AMD	NA	− 92	− 21%	− 1,65	0,94	− 32%	− 1,65	0,91	− 1 453	− 10%

* Performance de l'exercice 2002 (du 1er janvier 2002 au 31 décembre 2002 – sauf Dell : du 1er février 2002 au 31 janvier 2003).

1. Valeur sur le marché de l'entreprise à la fin de l'année fiscale 2002 (31 décembre 2002 ou 31 janvier 2003) en dollars canadiens.

Source : Données de base – Yahoo! Finance, SEC filings (10K, 10Q), Market Guide, *août 2002.*

© Allaire et Firsirotu, 2004

Tableau 4.3 | **Sommaire de la performance économique en 2002* pour un échantillon de grandes entreprises diversifiées**

Entreprises	P/E	FF (M$)	ROA	VCI actifs	VM/VL	ROE	VCI capitaux propres	M/B	EVA (M$)	TRAC VMA (5 ans)
General Electric	16,0	14 378	30%	2,82	3,75	26%	2,40	3,79	15 041	− 1%
Tyco International	NA	− 4 460	− 3%	− 0,30	1,21	− 10%	− 0,72	1,32	− 8 783	− 15%
Vivendi Universal[2]	NA	− 3 682	1%	0,05	1,11	− 3%	− 0,23	1,19	− 6 730	− 13%
BCE[1]	9,3	2 086	10%	1,07	1,43	17%	1,46	1,88	214	28%
Bombardier[1]	19,4	− 686	7%	0,48	1,74	11%	0,62	2,57	− 574	− 5%
Quebecor[1]	3,0	403	5%	0,68	0,92	15%	1,25	0,62	− 335	− 20%
AOL Time Warner	159,0	5 657	2%	0,10	1,07	0%	0,02	1,11	− 20 951	− 23%
Emerson Electric	16,4	860	14%	1,69	2,49	20%	2,28	3,15	596	2%
Raytheon	10,1	2 619	8%	1,08	1,08	11%	1,14	1,16	130	− 10%
Textron	8,3	872	8%	1,14	1,24	19%	1,94	1,70	115	− 7%
Honeywell International	164,3	− 2 909	0%	0,03	1,84	1%	0,12	2,28	− 1 884	− 6%
ITT Industries	16,5	156	13%	1,66	2,69	21%	2,67	3,16	146	14%
United Technologies	10,5	1 833	16%	1,58	2,14	33%	2,73	3,47	1 127	8%
LVMH[2]	19,8	889	9%	0,74	2,04	14%	1,01	2,71	− 411	1%
Georges Weston[1]	12,3	345	10%	1,09	1,78	24%	2,22	2,74	96	65%

* Performance de l'exercice 2002 (du 1er janvier 2002 au 31 décembre 2002 – sauf Bombardier : du 1er février 2002 au 31 janvier 2003).

1. Valeur sur le marché de l'entreprise à la fin de l'année fiscale 2002 (31 décembre 2002 ou 31 janvier 2003) en dollars canadiens ;
2. en euros.

Source : Données de base – Yahoo! Finance, SEC filings (10K, 10Q), Market Guide, *août 2002.*

© Allaire et Firsirotu, 2004

4.3 La relation entre les scores internes et les scores externes

L'enjeu pour un gestionnaire d'entreprise est, bien entendu, de comprendre les relations entre les scores internes de création de valeur et les scores externes attribués par les marchés financiers. Les hauts dirigeants peuvent agir directement sur le cours de l'action par des initiatives financières, comme la politique de dividendes, ou par le rachat d'actions. Toutefois, **les dirigeants et les cadres créent une réelle valeur économique par des stratégies et des initiatives opérationnelles qui ont un impact positif sur les indicateurs financiers et les scores internes de performance.**

Les scores internes comme ceux que nous avons proposés (EVA™, VCI) ont une capacité démontrée d'influer sur les scores externes, tels que P/E, VMA, M/B, VM/VL. Toutefois, cette relation n'est pas parfaite à court terme, à cause de multiples phénomènes ayant une influence momentanée sur la valeur d'un titre, allant des crises sociopolitiques aux variations d'humeurs des investisseurs.

Néanmoins, de façon générale, une entreprise dont les scores internes sont supérieurs à ceux de ses concurrents sera récompensée par des scores externes également supérieurs (*voir la figure 4.3*).

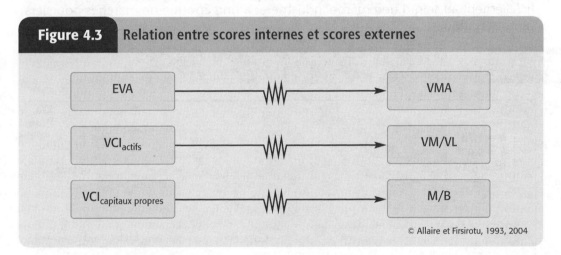

Figure 4.3 Relation entre scores internes et scores externes

© Allaire et Firsirotu, 1993, 2004

La firme Stern Stewart (Stewart, 1991) prétend, sur la base de données empiriques plutôt persuasives, qu'une bonne performance en matière d'EVA, c'est-à-dire une EVA positive et en croissance, mène à une haute performance quant à la valeur marchande ajoutée par l'entreprise (VMA).

En pratique, cette relation est difficile à établir parce que la VMA et l'EVA doivent être transformées en indice pour établir une relation statistique entre ces deux mesures. Par contre, nous montrons, comme nous l'avons fait précédemment (Allaire et Firsirotu, 1993), comment la relation entre le VCI_{actifs} et VM/VL ainsi que celle entre le $VCI_{capitaux\ propres}$ et M/B fournissent des informations utiles au stratège.

Cette relation est bien saisie par un modèle linéaire simple, comme suit, pour des entreprises appartenant sensiblement au même secteur industriel :

- **VM/VL = k + ($b \times$ VCI$_{actifs}$) + delta**
- **M/B = k + ($b \times$ VCI$_{capitaux\ propres}$) + delta**

Pour estimer la qualité et la nature de cette relation, il faut obtenir des estimés statistiques de k et de b. Le delta de chaque entreprise indique l'écart entre le score réel de l'entreprise et son score estimé sur la base de son VCI. Le R^2 est une mesure de la qualité de la relation entre ces variables, une relation parfaite donnant un R^2 de 100 %.

Nous avons estimé cette relation pour les entreprises des trois « industries » qui ont fourni la trame de fond de ce chapitre : commerce de détail, haute technologie et entreprise diversifiée.

Il est bien évident, et nous l'avons déjà noté, que les entreprises classées comme faisant partie d'une même « industrie » sont en fait très hétérogènes. La qualité de l'analyse que nous proposons ici et sa valeur stratégique dépendent grandement du rassemblement d'entreprises comparables, en forte concurrence entre elles. Néanmoins, les figures 4.4 à 4.9 montrent **une relation significative entre les scores externes et internes**, même si les entreprises sont regroupées un peu artificiellement au sein d'une même industrie et à une époque de marchés boursiers plutôt erratiques.

| **Figure 4.4** | **Relation entre le VCI$_{capitaux\ propres}$ et le ratio M/B pour les entreprises de vente au détail en 2002** |

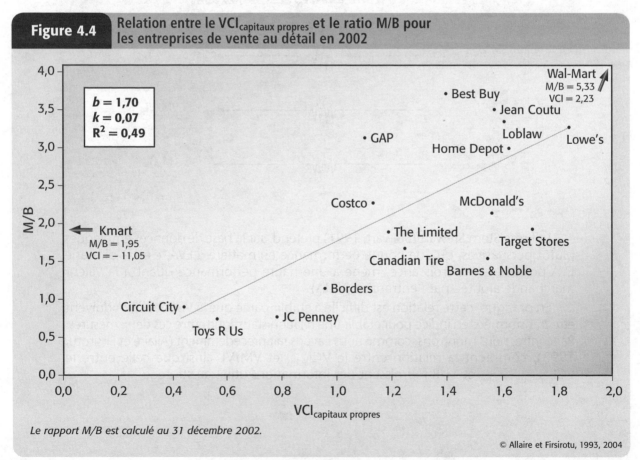

Le rapport M/B est calculé au 31 décembre 2002.

© Allaire et Firsirotu, 1993, 2004

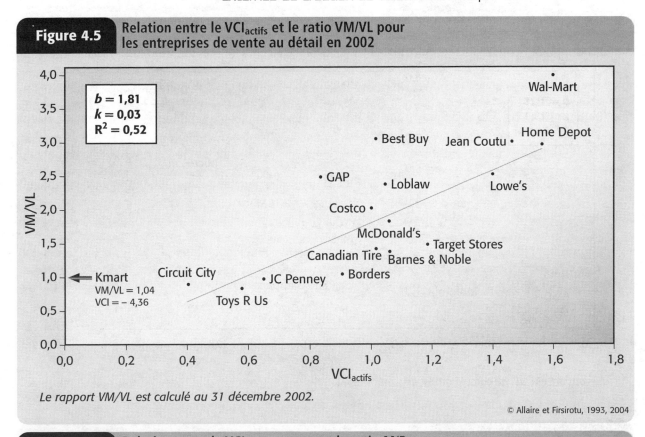

Figure 4.5 Relation entre le VCI$_{actifs}$ et le ratio VM/VL pour les entreprises de vente au détail en 2002

Le rapport VM/VL est calculé au 31 décembre 2002.

© Allaire et Firsirotu, 1993, 2004

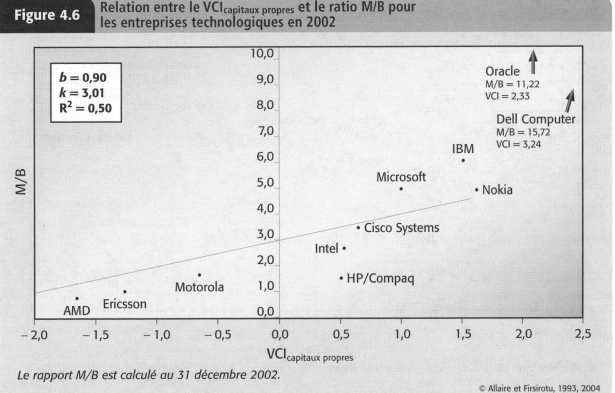

Figure 4.6 Relation entre le VCI$_{capitaux propres}$ et le ratio M/B pour les entreprises technologiques en 2002

Le rapport M/B est calculé au 31 décembre 2002.

© Allaire et Firsirotu, 1993, 2004

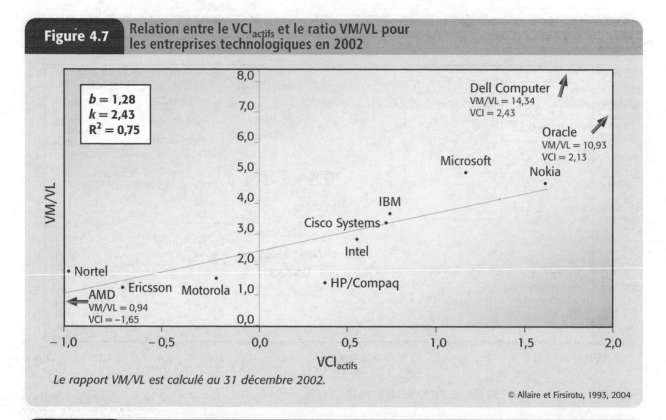

Figure 4.7 Relation entre le VCI_{actifs} et le ratio VM/VL pour les entreprises technologiques en 2002

$b = 1,28$
$k = 2,43$
$R^2 = 0,75$

Dell Computer
VM/VL = 14,34
VCI = 2,43

Oracle
VM/VL = 10,93
VCI = 2,13

Microsoft

Nokia

IBM

Cisco Systems

Intel

Nortel

AMD
VM/VL = 0,94
VCI = −1,65

Ericsson   Motorola

HP/Compaq

VM/VL

VCI_{actifs}

Le rapport VM/VL est calculé au 31 décembre 2002.

© Allaire et Firsirotu, 1993, 2004

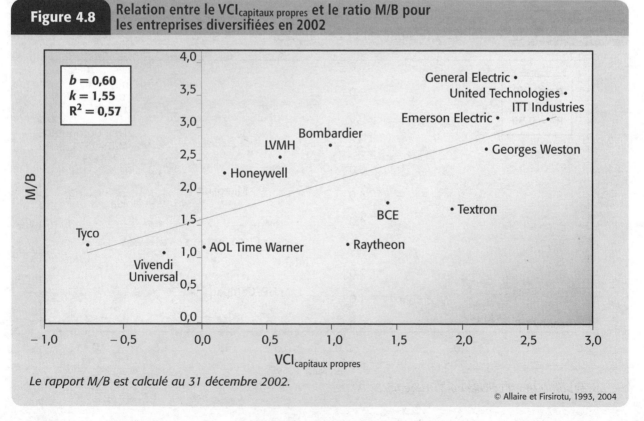

Figure 4.8 Relation entre le $VCI_{capitaux\ propres}$ et le ratio M/B pour les entreprises diversifiées en 2002

$b = 0,60$
$k = 1,55$
$R^2 = 0,57$

General Electric •
United Technologies •
ITT Industries

Emerson Electric •

Bombardier

LVMH

• Georges Weston

• Honeywell

BCE

• Textron

Tyco

• AOL Time Warner

• Raytheon

Vivendi
Universal

M/B

$VCI_{capitaux\ propres}$

Le rapport M/B est calculé au 31 décembre 2002.

© Allaire et Firsirotu, 1993, 2004

Figure 4.9	Relation entre le VCI_{actifs} et le ratio VM/VL pour les entreprises diversifiées en 2002

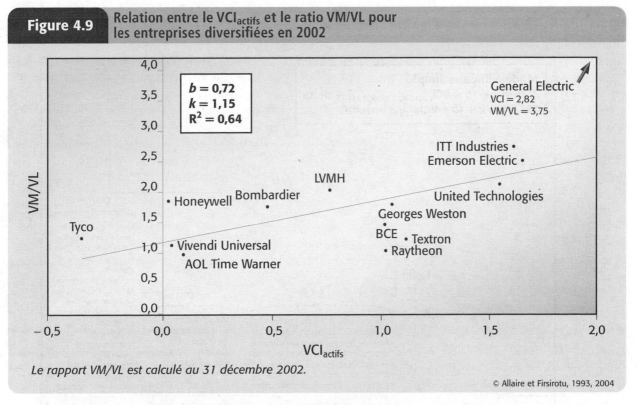

Le rapport VM/VL est calculé au 31 décembre 2002.

4.3.1 Les paramètres du modèle de création de valeur

La figure 4.10 décrit la signification des paramètres du modèle obtenus par estimations statistiques (*k, b* et delta).

Le paramètre *k*

Ce paramètre est le point d'intersection de l'axe vertical, ou encore la valeur moyenne estimée du ratio (M/B ou MV/VL) lorsque le VCI est égal à 0,0. Notez qu'un VCI égal à 0,0 signifie que le ROE ou le ROA est aussi égal à 0,0 et que l'entreprise se trouve au seuil de rentabilité financière. Quelle est donc la signification que l'on peut prêter au paramètre *k* d'une industrie et pourquoi existe-t-il de si grandes variations d'une « industrie » à l'autre ?

Le premier phénomène que capte ce paramètre porte sur **le potentiel de croissance des profits de l'industrie.** En effet, lorsque le marché financier anticipe une croissance forte et une haute rentabilité pour une industrie donnée, il attribue une valeur marchande aux entreprises de ce secteur qui reflète ces attentes. La différence entre le *k* de l'industrie des entreprises diversifiées et celui de l'industrie des hautes technologies, que nous rappelle le tableau 4.4, est typique de cette relation. Ainsi, une entreprise faisant partie du secteur des entreprises diversifiées et affichant un VCI de 0,0, c'est-à-dire étant au seuil de rentabilité, aurait une valeur marchande estimée qui atteindrait entre **une fois et une fois et demie** sa valeur comptable. Par comparaison, une même performance dans le secteur de la haute technologie donnerait une valeur marchande estimée à près de **trois fois** sa valeur comptable.

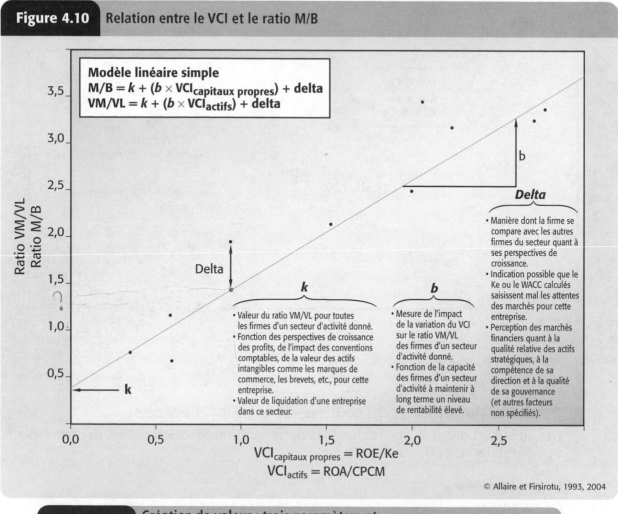

Figure 4.10   Relation entre le VCI et le ratio M/B

Modèle linéaire simple
$$M/B = k + (b \times VCI_{capitaux\ propres}) + delta$$
$$VM/VL = k + (b \times VCI_{actifs}) + delta$$

k
- Valeur du ratio VM/VL pour toutes les firmes d'un secteur d'activité donné.
- Fonction des perspectives de croissance des profits, de l'impact des conventions comptables, de la valeur des actifs intangibles comme les marques de commerce, les brevets, etc., pour cette entreprise.
- Valeur de liquidation d'une entreprise dans ce secteur.

b
- Mesure de l'impact de la variation du VCI sur le ratio VM/VL des firmes d'un secteur d'activité donné.
- Fonction de la capacité des firmes d'un secteur d'activité à maintenir à long terme un niveau de rentabilité élevé.

Delta
- Manière dont la firme se compare avec les autres firmes du secteur quant à ses perspectives de croissance.
- Indication possible que le Ke ou le WACC calculés saisissent mal les attentes des marchés pour cette entreprise.
- Perception des marchés financiers quant à la qualité relative des actifs stratégiques, à la compétence de sa direction et à la qualité de sa gouvernance (et autres facteurs non spécifiés).

$$VCI_{capitaux\ propres} = ROE/Ke$$
$$VCI_{actifs} = ROA/CPCM$$

© Allaire et Firsirotu, 1993, 2004

Tableau 4.4   Création de valeur : trois paramètres et leur variation d'une industrie à l'autre

	VCI_{actifs}		$VCI_{capitaux\ propres}$	
	k	*b*	*k*	*b*
Commerce de détail	0,03	1,81	0,07	1,70
Haute technologie	2,43	1,28	3,01	0,90
Entreprise diversifiée	1,15	0,72	1,55	0,60

© Allaire et Firsirotu, 1993, 2004

En certaines occasions, le *k* est également sensible à la **valeur relative des actifs tangibles ou intangibles des firmes** d'un secteur donné en situation de liquidation. Plus spécifiquement, ce paramètre peut capter l'impact des règles comptables en vigueur sur la juste appréciation des actifs des firmes dans un secteur industriel particulier. Le *k* des entreprises diversifiées est sensible à ce phénomène, de même qu'aux **importants programmes de rachat d'actions** dans cette « industrie » au cours des années 1995-2000, programmes qui relèvent plus ou moins artificiellement les ratios M/B et VM/VL de ces entreprises.

Le paramètre *b*

Ce paramètre mesure la relation entre la performance économique (VCI) des firmes et leur évaluation par les marchés financiers. Le *b* d'un secteur d'activité indique la « récompense » relative que le marché accorde aux firmes qui font preuve d'une bonne performance économique, et vice-versa. Les variations de *b* entre secteurs sont reliées à la durabilité d'une haute performance économique, une fois acquise, dans un secteur donné.

Plus le *b* d'un secteur est fort, plus forte sera la récompense pour une bonne performance économique (VCI). Ce facteur devrait être pris en compte dans l'établissement de la rémunération variable des dirigeants.

Les entreprises spécialisées en commerce de détail sont « fortement » récompensées pour toute amélioration de leur VCI ($b = 1{,}70$ et $1{,}81$), alors que les entreprises diversifiées reçoivent une plus modeste récompense des marchés financiers pour l'amélioration de leur score de performance ($b = 0{,}60$ et $0{,}72$).

La signification combinée de *k* et de *b*

La combinaison des paramètres *k* et *b* fournit une estimation statistique de la relation entre les ratios M/B et VM/VL, et la performance économique actuelle des firmes dans un secteur donné.

Le tableau 4.5 établit, pour les trois mêmes secteurs, les ratios M/B et VM/VL estimés statistiquement au seuil de création de valeur économique (VCI de 1,0), c'est-à-dire lorsque ROE = Ke ou ROA = CPCM.

Tableau 4.5	Création de valeur : trois paramètres et leur variation d'un secteur d'activité à l'autre	
	VM/VL estimé pour VCI$_{\text{actifs}}$ = 1,0	**M/B estimé pour VCI$_{\text{capitaux propres}}$ = 1,0**
Commerce de détail	1,84	1,77
Haute technologie	3,71	3,91
Entreprise diversifiée	1,87	2,15

© Allaire et Firsirotu, 1993, 2004

Encore une fois, ces résultats montrent l'appréciation très variable d'un secteur à l'autre que font les marchés financiers de leur performance économique pour les raisons décrites à la figure 4.10.

Le delta

Le facteur **delta** est en fait le résidu statistique ou la différence entre, d'une part, le ratio (M/B ou VM/VL) d'une firme estimé statistiquement en fonction de sa performance économique (VCI) et, d'autre part, la valeur réelle observée de ce ratio.

D'un point de vue strictement statistique, le delta est une mesure des variations du ratio qui ne sont pas expliquées par le VCI de la firme. Ce delta peut être positif ou négatif, important ou insignifiant. Évidemment, un delta très élevé pour une firme peut être une indication que celle-ci a été classifiée dans le mauvais secteur d'activité. Il faut bien sûr s'assurer que de tels phénomènes ne compromettent pas la qualité des données statistiques utilisées pour ces estimations.

Ainsi, un delta négatif pourra indiquer que :

- **La performance comptable de la firme n'est pas une bonne mesure de sa véritable performance économique.** Par exemple, son ROE ou son ROA peuvent être le produit de choix comptables douteux ou résulter de coupures dans les dépenses stratégiques, risquant ainsi de miner la rentabilité future de la firme. Dans le cas du ROE, il peut refléter des phénomènes transitoires tels qu'un taux de taxation anormalement bas ou des gains extraordinaires sur la vente de certains actifs.

- **Le coût du capital de l'entreprise, mesuré par son Ke ou son CPCM, ne fournit pas une bonne estimation du véritable risque perçu et du rendement attendu** par les investisseurs. Cette éventualité découle souvent de changements récents dans la situation de la firme, soit dans son niveau d'endettement, son personnel de direction, le contexte politique, économique ou technologique, le caractère de la concurrence, etc., phénomènes qui ne sont pas reflétés dans l'estimation statistique du bêta sur la base des données historiques.

- Les marchés financiers estiment que, à cause de ses choix stratégiques douteux dans le passé, **la firme se trouve dans une position vulnérable devant ses concurrents** ayant fait des choix plus judicieux, et que cette vulnérabilité ne s'est pas encore manifestée dans la performance de l'entreprise, telle qu'elle a été mesurée par le ROA ou le ROE. Ainsi, HP/Compaq, McDonald's ou Quebecor affichent un delta négatif qui soulève des interrogations pertinentes : pourquoi les marchés financiers ont-ils une perception négative de leurs perspectives d'avenir, de la qualité de leur gestion ou de leur stratégie ?

Évidemment, un delta positif peut indiquer une évaluation favorable des choix stratégiques et de la gestion de l'entreprise ainsi que de ses perspectives de croissance, comparativement à la moyenne de son industrie.

Des entreprises comme Wal-Mart, Best Buy, Oracle, Dell Computer et General Electric affichent un delta fortement positif. Celui-ci indique que les marchés financiers leur attribuent un potentiel de rendement futur supérieur à celui des autres entreprises de leur industrie, et ce, quel que soit leur niveau actuel de performance économique.

Les marchés financiers estiment que, par comparaison avec la moyenne de leurs secteurs respectifs, ces entreprises ont un fort potentiel de croissance ou une position de marché imprenable. Leurs investissements stratégiques offrent des perspectives de haut rendement. Leur direction est en mesure de tirer pleinement avantage du potentiel de croissance et de rendement de leur industrie, et ce, tout en fournissant à l'investisseur l'assurance d'une gestion énergique des risques de contre-performance durant les périodes creuses du cycle économique.

Dans le contexte actuel où on se préoccupe beaucoup de la qualité de la gouvernance des entreprises, il se pourrait qu'un delta positif ou négatif résulte de l'appréciation que font les investisseurs de la gouvernance de l'entreprise.

L'annexe à ce chapitre fournit un exemple du calcul précis des indicateurs financiers, des scores internes et externes de performance économique pour le Canadien National (CN), une entreprise canadienne de transport ferroviaire.

Annexe 4A

Un exemple de calculs détaillés des indicateurs financiers, des scores internes et externes : le CN

Les tableaux 4A.1 et 4A.2, et la figure 4A.1 présentent le calcul détaillé de tous les indicateurs financiers ainsi que des scores internes et externes présentés aux chapitres 3 et 4 pour le CN. Les calculs sont établis sur la base des résultats du CN selon les principes comptables généralement reconnus (PCGR) canadiens. À la fin de cette annexe, nous présentons quelques résultats établis sur la base des principes comptables américains pour bien montrer comment les résultats financiers d'une entreprise sont sensibles aux principes comptables utilisés.

Tableau 4A.1   Calculs des indicateurs de création de valeur (en millions de dollars) – Canadien National (1er janvier 1997 – 31 décembre 2002)

		2002	2001	2000	1999	1998	1997	TRAC (5 ans)
#1	Revenus (chiffre d'affaires)	6110	5652	5446	5261	4101	4313	7%
#2	Capitaux propres moyens	6494	6000	5573	4899	3854	3253	15%
#3	Passif à long terme moyen[1]	10476	9192	7535	6328	3817	2486	33%
#4	Capital investi moyen (ou actifs économiques moyens) (= #2 + #3)	16970	15192	13107	11226	7671	5739	24%
#5	Bénéfice avant impôts	839	1119	1216	971	115	746	
#6	Intérêts payés	353	312	295	308	244	118	
#7	BAII (EBIT) (= #5 + #6)	1192	1431	1511	1279	359	864	
#8	Impôts	268	392	442	369	6	325	
#9	Taux d'imposition (= #8 / #5)	32%	35%	36%	38%	30%	40%	
#10	Bénéfice net (= #5 – #8)	571	727	774	602	109	421	6%
#11	Dépréciations et amortissements	499	463	412	400	210	200	
#12	BAIIA (EBITDA) (= #7 + #11)	1691	1894	1923	1679	569	1064	
#13	Bénéfice économique (avant intérêts, après impôts) (NOPAT) (= #7 × [1 – #9])	811	930	962	793	340	488	11%
#14	**Marge économique sur ventes (ROS) = (#13 / #1)**	**13,28%**	**16,45%**	**17,66%**	**15,07%**	**8,30%**	**11,31%**	
#15	**Rotation des capitaux investis (AT) = (#1 / #4)**	**0,36**	**0,37**	**0,42**	**0,47**	**0,53**	**0,75**	
#16	**Rendement des actifs économiques (ROA) = (#14 × #15)**	**4,78%**	**6,12%**	**7,34%**	**7,06%**	**4,44%**	**8,50%**	
#17	Coût de la dette à long terme (= [#6 / #3]×[1 – #9])	2,29%	2,21%	2,49%	3,02%	6,06%	2,68%	
#18	Ratio de dette à long terme / capitaux propres (= #3 / #2)	1,61	1,53	1,35	1,29	0,99	0,76	
#19	Levier financier (Fle) = (#18 × [#16 – #17])	4,01%	6,00%	6,55%	5,23%	–1,61%	4,45%	
#20	**Rendement sur capitaux propres (ROE) = (#16 + #19)**	**8,79%**	**12,12%**	**13,89%**	**12,29%**	**2,83%**	**12,94%**	
#21	Vérification (ROE) = (#10 / #2)	8,79%	12,12%	13,89%	12,29%	2,83%	12,94%	

1. Dans le cas du CN, le passif à long terme inclut d'importantes sommes pour les impôts différés (3,8 milliards $ en 2002) et d'autres provisions (1,3 milliard $ en 2002). Ces éléments du passif ne sont pas une dette au sens strict du terme mais sont inclus dans le calcul des capitaux investis.

Source : www.sedar.ca, rapports annuels du CN, bêtas du CN, du site Financial Post - www.fpdata.finpost.com, coût marginal de la dette du site Globeinvestor - http://gold.globinvestor.com.

Tableau 4A.2 Scores internes et externes (en millions de dolars) – Canadien National (1er janvier 1997 – 31 décembre 2002)

#			2002	2001	2000	1999	1998	1997	TRAC (5 ans)
#22	Taux sans risque		4,5 %	4,81 %	5,42 %	4,74 %	5,50 %	4,70 %	
#23	Bêta[2]		0,92	0,70	0,86	1,04	1,09	1,05	
#24	Prime du marché		5,50 %	5,50 %	5,50 %	5,50 %	5,50 %	5,50 %	
#25	**Coût des capitaux propres (Ke = #22 + [#23 × #24])**		9,56 %	8,66 %	10,15 %	10,46 %	11,50 %	10,48 %	
#26	**Indice VCI (capitaux propres) (= #20/#25)**		**0,92**	**1,40**	**1,37**	**1,17**	**0,25**	**1,24**	
#27	Coût marginal de la dette[3]		6,50 %	6,50 %	6,40 %	6,30 %	6,20 %	6,10 %	
#28	Coût de la dette après impôts (= #27 × [1 – #9])		4,42 %	4,22 %	4,07 %	3,91 %	4,34 %	3,66 %	
#29	Nombre d'actions émises (millions)		197,5	192,7	190,6	202,4	191,8	171,2	3 %
#30	Prix de l'action à la fin de la période		65,27	76,70	44,35	38,2	39,88	33,65	14 %
#31	Valeur marchande des capitaux propres (= #29 × #30)		12891	14780	8453	7732	7649	5761	17 %
#32	Dette à long terme à la fin de la période (à la valeur marchande)[3]		5003	5764	3886	3961	4009	1640	**25 %**
#33	% des capitaux propres (= #31/[#31 + #32])		72,0 %	71,9 %	68,5 %	66,1 %	65,6 %	77,8 %	
#34	% de dette (= #32/[#31 + #32])		28,0 %	28,1 %	31,5 %	33,9 %	34,4 %	22,2 %	
#35	**CPCM (= [#28 × #34] + [#25 × #33])**		8,12 %	7,42 %	8,24 %	8,24 %	9,03 %	8,96 %	
#36	**Indice VCI (actifs) (= #16/#35)**		**0,59**	**0,83**	**0,89**	**0,86**	**0,49**	**0,95**	
#37	Valeur comptable des capitaux propres		6627	6361	5639	5506	4291	3417	14 %
#38	**Ratio M/B (= #31/#37)**		**1,95**	**2,32**	**1,50**	**1,40**	**1,78**	**1,69**	
#39	**Ratio VM/VL (= [#32 + #31]/[#32 + #37])**		**1,54**	**1,69**	**1,30**	**1,24**	**1,40**	**1,46**	
#40	**EVA (= [#16 – #35] × #4)**		**-567**	**-197**	**-118**	**-132**	**-353**	**-27**	
#41	FF[4] (flux financiers)		423	453	340	189	360	207	
#42	Dividendes par action		0,91	0,90	0,78	0,63	0,52	0,43	16 %
#43	VMA $(= (\#31 + \#32)_t - (\#31 + \#32)_{t-1} - (\#37 + \#32)_t - (\#37 + \#32)_{t-1} + (\#42 \times \#29))$		-1976	5779	737	-1005	1113	NA	
#44	**VMA 5 ans (TRAC)**								10 %
#45	**P/E (trailing) (= #31/#10)**		22,6	20,3	10,9	12,8	70,2	13,7	
#46	**Bénéfice par action (EPS) (= #10/[(#29[t] + #29[t – 1])/2])**		**2,9**	**3,8**	**3,9**	**3,1**	**0,6**	**2,5**	4 %

2. Source du bêta : www.fpdata.finpost.com ; pour les entreprises cotées à New York ou au NASDAQ : http://finance.yahoo.com.

3. Source de la dette publique et du coût marginal de la dette : http://gold.globeinvestor.com ou www.bondpickers.com ; si aucune dette publique : valeur comptable, coût marginal : taux sans risque plus une prime considérée égale à la prime au moment de l'émission.

4. Voir le détail des calculs au tableau 4A.3 pour les années 2001 et 2002. Les flux financiers libres des autres années sont calculés selon la même méthode.

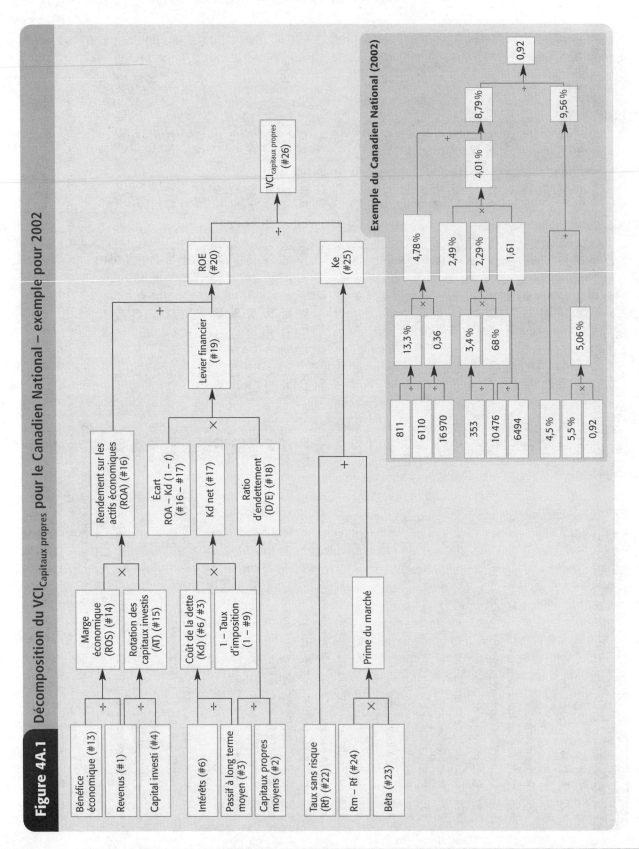

Figure 4A.1 Décomposition du VCI_Capitaux propres **pour le Canadien National – exemple pour 2002**

| **Tableau 4A.3** | Calculs de flux financiers libres du CN (version simplifiée) |

(en millions)	2002	2001
Bénéfices nets	571 $	727 $
Dotation aux amortissements sur immobilisations	506 $	469 $
Impôts sur les bénéfices reportés	156 $	307 $
Provisions pour accidents aux États-Unis	281 $	-
Provisions au titre des compressions d'effectif	120 $	98 $
Autres provisions	(461 $)	(369 $)
Flux net de trésorerie lié à l'activité	**1173 $**	**1232 $**
Acquisition d'immobilisations corporelles et incorporelles	(571 $)	(605 $)
Flux financiers nets ou « libres »	**602 $**	**627 $**

Source : Rapport annuel du CN, 2002.

Notez la contribution positive aux flux financiers d'impôts reportés ; les provisions pour « accidents » et pour compression d'effectifs sont des dépenses, d'un point de vue comptable, qui réduisent le bénéfice de l'entreprise mais qui n'ont pas d'impact sur sa trésorerie ; ce sera l'inverse lorsque des déboursés devront être réalisés à ces titres : ils n'auront pas d'effets sur le profit mais auront un impact sur la trésorerie. Notez également que les besoins de l'entreprise en fond de roulement augmentent (461 millions $ en 2002, 369 en 2001).

| **Tableau 4A.4** | Résultats du CN selon les PCGR canadiens et américains pour 2002 |

(en millions)	Principes canadiens	Principes américains
Bénéfice net	571 $	800 $
Immobilisations	16898 $	19681 $
Avoirs des actionnaires	6627 $	8369 $
Trésorerie provenant des activités	1173 $	1612 $
Impôt sur les bénéfices reportés	3825 $	4826 $

Chapitre 5

Les moteurs stratégiques et financiers de création de valeur

Dans ce chapitre, nous traitons des moteurs, ou leviers, de création de valeur économique que les dirigeants d'entreprise peuvent et doivent actionner. Nous établirons une distinction entre les **moteurs stratégiques**, les **moteurs financiers** (traités dans ce chapitre) et les **moteurs corporatifs** (traités au chapitre 6). Chaque groupe de moteurs comporte un grand nombre d'initiatives stratégiques susceptibles d'influer favorablement sur l'un ou l'autre des paramètres de la performance économique de l'entreprise. La figure 5.1 reprend le modèle économique de l'entreprise décrit aux chapitres 3 et 4, et montre comment les différents moteurs de création de valeur sont liés à des paramètres précis de la performance économique de la firme.

Pour l'entreprise simple et de relative petite taille, la direction générale de l'entreprise assume toutes ces responsabilités stratégiques, financières et corporatives pour assurer la survie et la croissance rentable de la firme. Cependant, lorsque l'entreprise atteint une taille et une complexité plus grandes, elle doit souvent se constituer en plusieurs divisions, unités d'affaires ou filiales, chacune ayant un mandat de marché particulier et une responsabilité de rentabilité économique.

Dans un tel cadre, caractéristique de la plupart des entreprises qui ont franchi l'étape du démarrage, la distinction entre moteurs stratégiques, financiers et corporatifs revêt une grande importance. En effet, les unités d'affaires (*strategic business units*), les divisions ou les filiales arrivent, par l'utilisation efficace de tous les **moteurs stratégiques** décrits dans ce chapitre, à créer une valeur économique propre à leurs activités.

À cette valeur économique créée par les unités opérationnelles s'ajoutent la création de valeur associée aux enjeux financiers de l'entreprise ainsi que la contribution du siège social.

Figure 5.1   Le modèle général de création de valeur

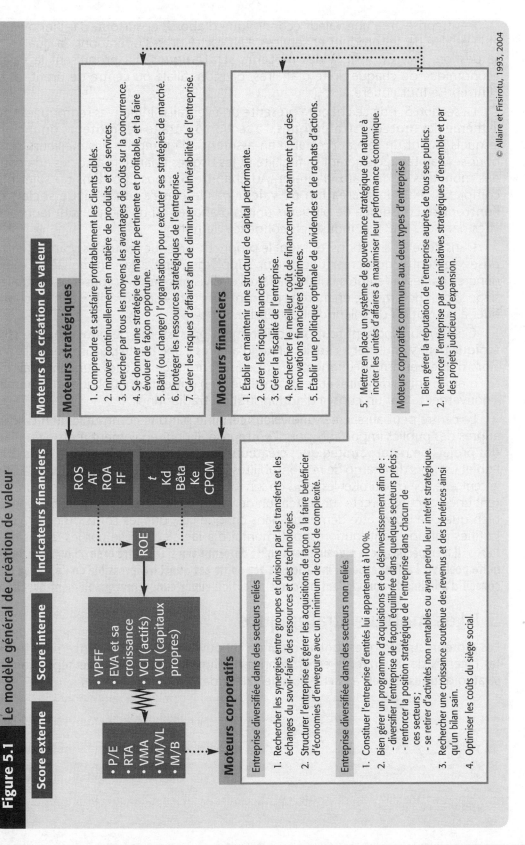

L'entreprise crée une valeur économique d'abord, et surtout, par l'innovation et la qualité de ses produits et services, l'efficacité de ses opérations, la qualité de sa gestion, etc. Ce sont là des **moteurs stratégiques** qui propulsent la valeur économique de chaque unité d'affaires, division, filiale ou centre de profit, et de l'entreprise tout entière.

La section 5.1 de ce chapitre présente un éventail d'initiatives regroupées sous le thème des **moteurs stratégiques.** La section 5.2 traite des **moteurs financiers**, lesquels jouent un rôle appréciable en assurant à l'entreprise des meilleurs coûts pour ses capitaux, en gérant sa fiscalité et les risques financiers associés aux cours des monnaies et des taux d'intérêt. Au chapitre 6, nous abordons un sujet plus complexe, celui de la **création de valeur par le centre (ou le siège social) de l'entreprise** constituée de plusieurs unités d'affaires ou divisions ayant leurs activités dans des secteurs industriels connexes ou non.

Dans de telles situations, qui sont le propre de presque toutes les grandes entreprises, le centre doit créer une valeur supplémentaire à la somme de la valeur générée par les différentes unités d'affaires et divisions de l'entreprise. Le centre (ou siège social) doit mettre en marche des **moteurs dits « corporatifs »** afin de contribuer à la création de valeur de l'entreprise.

Ces moteurs incluent tout particulièrement un **système de gouvernance stratégique** pour stimuler et inciter les unités d'affaires à une haute performance. Il s'agit alors d'une performance tangiblement supérieure à ce qu'elles auraient réalisé si ces mêmes unités d'affaires étaient constituées en entreprises publiques autonomes, « gouvernées » par un conseil d'administration traditionnel.

Le centre peut aussi créer une valeur certaine par une communication efficace auprès des publics importants pour l'entreprise. Il peut également mettre en place des projets de nature stratégique, créateurs de valeur pour l'entreprise, mais dont l'objet est hors du champ de responsabilités immédiates des unités d'affaires. Enfin, le centre se doit d'optimiser les coûts de son fonctionnement, puisque ceux-ci représentent une ponction directe sur la création de valeur par les entités. On peut supposer, bien que cela doive être démontré dans chaque cas, que les coûts du centre sont justifiés par une contribution supplémentaire à la valeur créée par les unités d'affaires. **Il n'empêche que le niveau de ses coûts déterminera si le centre crée ou non une valeur nette positive. La tendance à l'inflation de ses coûts est quasi irrépressible en l'absence d'un conseil d'administration vigilant ou d'une direction supérieure remarquablement ascétique.**

5.1 Les moteurs stratégiques

Les moteurs stratégiques sont au cœur de cet ouvrage, puisqu'ils concernent toutes les facettes de la stratégie en entreprise. La figure 5.2 fait état de sept moteurs stratégiques essentiels à la création de valeur dans toute entreprise.

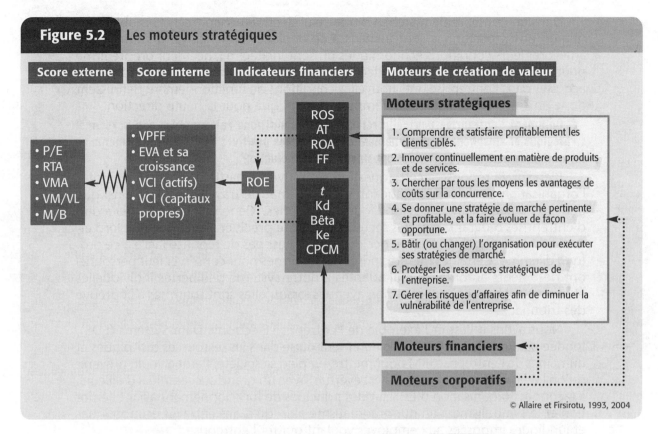

Figure 5.2 Les moteurs stratégiques

© Allaire et Firsirotu, 1993, 2004

Les quatre premiers moteurs portent sur la dynamique des coûts et des marchés ainsi que sur les stratégies de marché qui en découlent. Les aspects des coûts dans un contexte stratégique, plus particulièrement les actions stratégiques que les entreprises doivent mener à bien pour établir une configuration de coûts optimale, concurrentielle et flexible (moteur 3), sont traités aux chapitres 7, 8 et 9.

La dynamique des marchés et son influence sur la stratégie de l'entreprise reçoivent une attention minutieuse aux chapitres 10, 11, 12 et 13.

Les chapitres 14, 15, 16 et 17 portent entièrement sur les systèmes stratégiques et les stratégies de marché dans toute leur diversité.

Quant au moteur stratégique qui consiste à bâtir (ou à changer radicalement) l'organisation pour livrer la stratégie de marché choisie, il fait l'objet de toute la partie VI de cet ouvrage (chapitres 18, 19, 20 et 21).

Le lecteur trouvera une riche explication et une abondante représentation de ces moteurs stratégiques dans ces parties. Cette section-ci ne traite donc que des deux derniers moteurs stratégiques, soit la protection des ressources stratégiques de l'entreprise et la gestion des risques d'affaires.

5.1.1 Protéger les ressources stratégiques de l'entreprise

Par leur expérience et leurs investissements, les firmes mettent au point et nourrissent un précieux savoir-faire, des compétences distinctives et des technologies propres.

Dans un contexte de marché tel que celui décrit au chapitre 1, la mobilité est grande et les personnes sont invitées à se déplacer d'une firme à l'autre pour améliorer leurs conditions économiques ou sont incitées à lancer leur propre firme pour s'approprier les bénéfices découlant des connaissances et de l'expérience acquises dans l'entreprise. Ces nouvelles conditions de fonctionnement définissent donc un enjeu stratégique d'une importance critique pour la haute direction.

Comment l'entreprise peut-elle retenir à des conditions raisonnables son personnel stratégique et ainsi bénéficier pleinement des retombées positives de ses investissements en formation du personnel et en développement de technologies?

Bien sûr, la réponse à cette question se trouve en partie dans le fait de doter l'organisation de valeurs engageantes, d'un climat de travail stimulant ainsi que d'incitatifs pécuniaires et symboliques appropriés. Cependant, pour beaucoup d'entreprises œuvrant dans des secteurs d'activité précis en Amérique du Nord et, à un moindre degré, en Europe occidentale, il n'est pas de réponse facile à ce profond dilemme. Certaines mesures prises par les firmes pour conserver leur personnel ont des relents autoritaires mal adaptés à notre système de libertés individuelles et se révèlent souvent nulles et non avenues lorsqu'elles sont soumises à l'épreuve des tribunaux.

Nous avons à l'esprit l'exemple de l'entreprise Electronic Data Systems (EDS), fondée par Ross Perot. Ayant copieusement puisé dans les ressources techniques et humaines de l'entreprise IBM pour mettre sur pied sa société, Perot a voulu prévenir qu'on lui fasse le même coup. Il s'est évertué, avec un grand succès initial d'ailleurs, à façonner l'organisation d'EDS sur des principes de fonctionnement alliant l'émotion et le symbolisme à un dur pragmatisme ainsi qu'à des entraves économiques et juridiques imposées aux employés voulant quitter l'entreprise.

La combinaison suivante de mesures contraignantes constitue une recette éprouvée, quoique indigeste, pour nombre d'observateurs : options d'achat différées sur les titres de l'entreprise ; primes cumulatives ; dispositions juridiques faisant obstacle au départ de l'employé tel un engagement contractuel de non-concurrence ; obligation de rembourser les frais de formation si l'employé part durant les trois premières années ; forte socialisation à des valeurs de dépassement et d'héroïsme au service de l'entreprise (mise en évidence par les aigles et les commandos d'EDS).

Une entreprise comme EDS ressemblait, à l'époque où Perot en était le PDG, à une secte religieuse ou à un commando militaire par sa discipline de fonctionnement et sa volonté de conquête. Ces entreprises pratiquent le modèle de leadership et de gestion décrit au chapitre 2, axé sur un entrepreneur fondateur charismatique. Leur survie est souvent mise en péril par la disparition du leader ou par le succès et la croissance de l'entreprise, laquelle atteint rapidement les limites de ce mode de fonctionnement.

Quelles sont les options dont dispose une entreprise pour établir une relation durable avec son personnel stratégique et ainsi éviter de dissiper, par la perte de tels employés, le savoir-faire et l'information stratégique qu'elle possède ? À la lumière d'un examen pratique et réaliste de cette question, nous croyons que l'entreprise doit, à des degrés divers, recourir à un ensemble bien dosé de politiques et de pratiques concrètes.

- L'entreprise peut créer non seulement un milieu de travail attrayant qui suscite et appuie l'émergence de valeurs de loyauté et de solidarité, mais aussi un engagement mutuel durable entre l'entreprise et son personnel.

Certaines entreprises réussissent à donner un supplément d'âme aux tâches les plus ordinaires. Elles confèrent à leur personnel un sentiment d'appartenance à un groupe investi d'une mission importante ; elles donnent un sens à leur vie en leur proposant une grande aventure.

- L'entreprise peut définir clairement le personnel qui est vraiment stratégique pour ses activités, soit parce qu'il est difficile à former et à remplacer dans le marché du travail, soit parce qu'il maîtrise des connaissances pratiques et techniques d'une grande valeur stratégique. Elle peut établir, avec **ce personnel seulement, un contrat psychologique et économique de longue durée** par un engagement à long terme et une loyauté réciproques, une participation directe à la rentabilité de l'entreprise, etc.

- L'entreprise peut s'efforcer de localiser physiquement son personnel stratégique de façon qu'il soit moins visible ou accessible aux concurrents.

- L'entreprise peut limiter l'accès à l'information stratégique et technologique à ceux qui en ont un réel besoin.

- L'entreprise peut s'assurer que **l'apprentissage soit « organisationnel » et non strictement individuel** ; c'est-à-dire faire en sorte que le développement des compétences et du savoir-faire soit consigné, systématisé et inscrit dans des systèmes, des méthodes et des pratiques formels de l'entreprise.

- L'entreprise peut susciter le développement interne ou externe des habiletés et du savoir-faire qui sont essentiels au bon fonctionnement de l'entreprise de façon à diminuer la vulnérabilité de la firme aux attentes et aux humeurs de ses ressources stratégiques, rendant celles-ci moins stratégiques en conséquence de leur abondance.

- L'entreprise peut chercher à occuper **une position dominante dans un marché,** un segment de marché ou une aire géographique donnée, de façon à diminuer la rivalité pour ses ressources stratégiques. Elle peut également faire preuve d'une discrétion encourageant la réciprocité dans le recrutement de cadres et de personnel technique chez les concurrents.

- L'entreprise peut se doter d'une politique énergique de protection de sa propriété intellectuelle. Cet enjeu a mené plusieurs entreprises à se doter de stratégies et de politiques proactives en ce domaine. Ainsi, elles font un vigoureux effort pour, entre autres, breveter tout ce qui peut l'être, enregistrer des marques de commerce et des concepts, et défendre leurs droits contre toute intrusion.

A-t-on des exemples d'entreprises qui ont réussi le défi d'établir une relation durable avec leur personnel stratégique ? À notre connaissance, plusieurs entreprises y sont parvenues à des degrés divers, notamment Wal-Mart, Bombardier, Amazon.com et Walt Disney. Cependant, la société Microsoft offre l'exemple le plus saisissant de la façon dont un entrepreneur astucieux a su, dans un contexte de haute mobilité du talent, mettre en place toute une gamme d'initiatives pour conserver ses ressources hautement créatrices de valeur économique.

Microsoft : un art consommé de la rétention et la protection du personnel stratégique

Sans aucun doute, **un des multiples facteurs qui expliquent la haute performance de Microsoft tient à sa capacité de recruter et de retenir à son service des milliers de « geeks » et de « nerds » talentueux, irrévérencieux, non conformistes et mobiles, mais essentiels à son succès.** Comment Bill Gates, le fondateur de l'entreprise, a-t-il réussi ce tour de force ? Les aspects suivants du fonctionnement de Microsoft ont contribué, et contribuent encore, à cette réussite.

1. D'abord, Bill Gates lui-même se présente comme le « nerd » en chef, un modèle auquel ces jeunes gens peuvent s'identifier. Avec le temps, Gates acquiert une dimension mythique dans l'entreprise, à la fois proche et distant, encensé pour son intelligence ainsi que sa vision stratégique et technologique. Omniprésent, il donne à l'entreprise une personnalité attrayante pour des employés.

2. Microsoft a mis en place un processus très exigeant de sélection du personnel, comportant des tests d'intelligence et de créativité, ainsi que de multiples interviews conçues pour mettre à l'épreuve les valeurs et les habiletés intellectuelles des candidats. Tout cela concourt à donner à la nouvelle recrue le sentiment de se joindre à un club d'élite, dans lequel les habiletés mentales priment de façon absolue.

3. Microsoft propose et propage une vision de l'entreprise qui transcende les objectifs bas, vils et économiques : Microsoft veut changer le monde.

4. Cependant, Microsoft s'assure d'inculquer à tous des valeurs très pratiques essentielles à son succès et à sa performance économique. Une valeur dominante de l'entreprise consiste à « **terminer le projet à temps** » et à « **livrer le nouveau produit aux clients à temps** ». Tout un appareillage symbolique a été construit pour appuyer cette valeur : une prestigieuse plaque appelée *Ship it* est remise à ceux qui terminent un projet selon le calendrier prévu. Une autre valeur importante et utile pour l'entreprise encourage tous les membres de l'organisation à un travail forcené : la semaine de travail de 100 heures est considérée comme une sorte de norme, un badge d'honneur.

5. Microsoft a construit à Redwood, une banlieue de Seattle, un splendide campus pour tout son personnel. Ce lieu relativement isolé et très agréable, mélange de campus universitaire et de lieu de villégiature de haut luxe, devient le point d'attache de son personnel où se mêlent vie sociale et vie professionnelle, loin des regards des concurrents à la recherche du talent de Microsoft.

6. Microsoft n'a jamais cru que tous ces incitatifs symboliques, aussi importants soient-ils, éliminaient la motivation économique chez son personnel. Aussi, l'aspect pécuniaire prend des formes très concrètes : un salaire de base qui ne représente qu'environ 65 % des salaires payés ailleurs dans l'industrie, mais avec la possibilité de se joindre au programme d'options sur le titre de Microsoft. À la fin de l'année 2000, quelque 10 000 des 39 000 employés de Microsoft étaient millionnaires en raison de leurs options ! Le taux de rotation du personnel chez Microsoft est la moitié du taux général dans son industrie. Cependant, une telle fortune amassée à un jeune âge provoque, et c'est un enjeu pour Microsoft, une perte de jeunes gens de talent qui souhaitent « jouir de la vie », partir à la recherche de nouveaux défis, de nouveaux horizons.

7. Microsoft s'est évertuée à mettre au point de nouvelles façons de développer des logiciels. L'entreprise a alors réussi à transformer ce processus en procédé quasi manu-facturier, avec spécialisation des tâches et travail en parallèle. Il est bien évident que Microsoft souhaite ainsi donner un caractère de prévisibilité au développement de logiciels, conçu jadis comme une activité créatrice, presque un art. Cette transformation du processus de développement apporte aussi une certaine protection à l'entreprise, qui devient moins dépendante de quelques « développeurs » de génie. De plus, l'entreprise est moins vulnérable au départ d'employés vers ses concurrents, puisque, en vertu de leur spécialisation, ils sont plus faciles à remplacer et n'emportent avec eux qu'un petit morceau du savoir technologique de Microsoft.

8. Enfin, jusqu'à récemment, Microsoft gardait à son emploi quelque 5 000 employés temporaires qui n'avaient pas les droits et les privilèges des employés permanents. Leur présence et leur aspiration à devenir permanents jouaient un rôle de tampon pour absorber les variations de la demande sans avoir à mettre à pied les permanents. Ce groupe représente aussi un rappel à l'ordre pour les employés permanents qui se croiraient indispensables. Ces employés temporaires, conscients du stratagème de Microsoft, ont récemment intenté une poursuite judiciaire pour forcer l'entreprise à leur reconnaître les mêmes droits que ceux des employés permanents. Ils ont eu gain de cause.

La mise en place de politiques et de mécanismes tangibles pour limiter la mobilité interfirmes de ses ressources stratégiques, et ainsi diminuer la vulnérabilité de l'entreprise, joue un rôle essentiel mais encore mal compris dans la création de valeur économique par une entreprise. Toute entreprise doit s'ajuster sans fausse sentimentalité au contexte dans lequel elle fonctionne, contexte qu'elle n'a la plupart du temps ni créé ni souhaité.

5.1.2 Gérer les risques d'affaires afin de diminuer la volatilité des résultats et la vulnérabilité de l'entreprise

Plus que jamais en ces temps incertains, l'entreprise doit exceller dans l'évaluation et la mesure des risques, leur élimination, leur transfert à d'autres, l'établissement du juste prix pour assumer certains risques et la gestion des risques retenus par l'entreprise.

Comprenons-nous bien. L'entreprise doit prendre des risques économiques ; c'est sa raison d'être. Elle doit cependant choisir les risques qu'elle assumera et s'assurer d'être adéquatement récompensée pour sa prise de risques. Une bonne gestion stratégique inclut une démarche serrée d'évaluation et de mesure des risques. L'entreprise doit décider en connaissance de cause des risques qu'elle est prête à assumer, et à quel prix.

Les entreprises savent habituellement reconnaître les risques de marché qu'elles encourent. **Elles sont généralement beaucoup moins habiles à quantifier la valeur des risques qu'elles assument afin de bien refléter cette valeur dans le prix qu'elles demandent.** Parce que les risques assumés ne se traduisent pas immédiatement en un coût de production, il est facile de surestimer la rentabilité d'une transaction en l'absence de mesures rigoureuses des risques.

Les dirigeants et les gestionnaires doivent comprendre comment les **trois modes d'intervention** suivants, utilisés pour composer avec le risque et l'incertitude, peuvent les aider à pallier la vulnérabilité de leur firme.

1. **Prévoir et se préparer,** ce qui consiste à utiliser les meilleures techniques prévisionnelles afin d'anticiper les enjeux futurs et d'élaborer des plans pertinents. (mode technocratique)
2. **Contrôler sa destinée,** contrôle selon lequel les dirigeants utilisent toutes les ressources de l'entreprise pour créer ou façonner les contextes propices aux fins de l'entreprise. (mode politique)
3. **S'adapter et s'ajuster,** moyen par lequel on imperméabilise l'entreprise contre les aléas des contextes dans lesquels elle évolue en se dotant de structures et de systèmes flexibles selon les contingences changeantes de son environnement. (mode structurel)

Prévoir et se préparer (mode technocratique)

La gestion stratégique peut et doit faire appel à un ensemble varié de techniques qui permettent de saisir les « tendances lourdes » de l'évolution de l'environnement. Cet appareillage technique comprend une vaste gamme de méthodes : les techniques de prévisions statistiques, technologiques et sociopolitiques ; les techniques prévisionnelles qualitatives fondées sur le jugement (Delphi, matrice des impacts croisés, etc.) ; les simulations ; l'élaboration de scénarios et de modèles d'entreprise ; les procédures de « vigie environnementale » ; les systèmes d'information de gestion ; les recherches de marché.

L'exemple édifiant des prévisions de Boeing pour le marché des avions commerciaux[4]

Le marché mondial des avions commerciaux est caractérisé par des variations de demande cycliques d'une amplitude très prononcée. Étant donné les longs délais entre les décisions de développer un nouveau type d'appareils et leur mise en marché effective, cette variabilité de la demande constitue une source critique d'incertitude et définit un enjeu incontournable pour la gestion stratégique de ces firmes.

Boeing, un des leaders sur le marché mondial, est particulièrement vulnérable à cette caractéristique du marché aéronautique. Ses dirigeants reconnaissent d'emblée que la performance concurrentielle de l'entreprise repose sur sa capacité de réduire sa vulnérabilité au caractère cyclique et imprévisible de la demande. Aussi investissent-ils des sommes considérables dans la recherche fondamentale sur le marché, recherche dont l'objectif est de modéliser la dynamique des facteurs déterminants de la demande ; de même, ils engagent des dépenses importantes pour obtenir des informations stratégiques fiables et opportunes concernant le marché.

---

4. Comme toute entreprise compétente, Boeing ne se limite pas uniquement aux moyens technocratiques pour pallier l'incertitude de la demande, mais utilise également les modes politique et structurel. Cependant, son recours au mode technocratique constitue un bon exemple d'utilisation compétente des meilleures techniques de prévision disponibles.

En effet, exerçant au mieux un contrôle limité sur la demande, Boeing a choisi, comme une de ses initiatives stratégiques, d'investir à grande échelle dans des efforts systématiques de prévision afin d'améliorer sa capacité de prédire la demande et l'offre futures d'avions commerciaux. Conformément à cet objectif, le service de recherche commerciale de Boeing a mis au point un processus de prévision annuelle de la croissance du transport aérien mondial. Ce modèle permet de dégager le niveau relatif d'offres d'avions nécessaire pour répondre à la demande. La figure 5.3 présente les prévisions de Boeing quant aux livraisons mondiales d'avions pour la période s'échelonnant de 1989 à 2005.

| Figure 5.3 | Prévisions de livraisons mondiales d'avions commerciaux (1989-2005) |

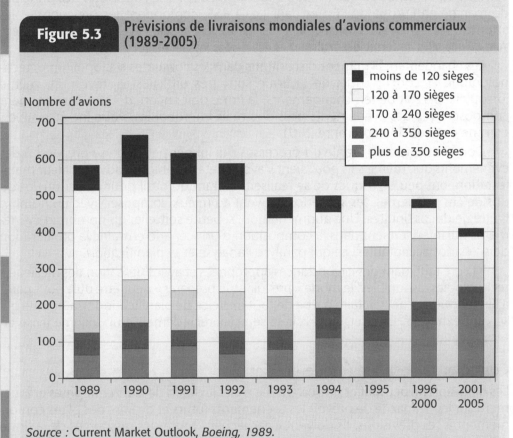

Source : Current Market Outlook, *Boeing, 1989.*

Il est étonnant et instructif de noter, quant aux limites du mode technocratique, comment Boeing a sous-évalué le développement du marché des avions de moins de 120 places. Comme l'indique la figure 5.3, **Boeing estimait en 1989 que la demande pour les jets de moins de 100 places n'atteindrait qu'une moyenne annuelle d'une dizaine d'unités pour la période 1996-2000.**

Or, en cette année 1989, Bombardier annonçait le développement d'un jet d'affaires de 50 places, une première dans l'industrie aéronautique. Le modèle économétrique de Boeing, comme tous ces modèles, ne pouvait incorporer une discontinuité technologique. Aussi, les décideurs de Boeing n'ont pas vu l'immense potentiel de ce marché avant qu'il ne soit trop tard. Bombardier et la société brésilienne Embraer ont pris le marché. Ensemble, ils ont livré plus de **200 avions par année** au cours de la période 1996-2000 !

Les faiblesses du mode « prévoir et se préparer »

Les carences de ce mode de planification stratégique proviennent de son incapacité de tenir compte des changements discontinus que subissent les contextes de la firme, et du fait que les prévisions sont fortement contaminées par la « sagesse conventionnelle » du moment. Les techniques quantitatives de prévision, allant de l'extrapolation la plus élémentaire au modèle de simulation le plus élaboré, ne peuvent ni anticiper les événements imprévus ni déterminer les retombées des changements structurels inattendus. Des événements imprévisibles aux ramifications complexes, comme l'écroulement du socialisme ainsi que l'adoption des principes du marché en Europe de l'Est et dans l'ex-URSS, confondent les prévisions et les attentes. **Les méthodes statistiques et les scénarios pour sonder l'avenir ne produisent souvent qu'une mise en forme des truismes et des modes intellectuelles d'une époque.**

Les changements vraiment discontinus dans les contextes sociopolitique, technologique et concurrentiel de la firme sont très difficiles à prévoir. Et, même lorsqu'elle perçoit de tels changements, la firme doit encore déterminer comment composer avec des événements possibles mais improbables, voire inconcevables, comme ceux du 11 septembre 2001.

Doit-elle mettre en branle un processus qui lui permettra de se préparer à des événements qui, même s'ils pouvaient s'avérer catastrophiques advenant leur manifestation, ont peu de risques de se réaliser ? En tant qu'outil pour pallier quelques-uns de ces problèmes, les scénarios peuvent au mieux composer avec un nombre limité de discontinuités. Une augmentation, si petite soit-elle, du nombre d'événements qui interviennent dans la composition d'un scénario entraîne la prolifération de scénarios acceptables, ce qui paralyse l'analyse et la planification.

Malgré tout, dans des circonstances appropriées et avec l'utilisation des meilleures technologies disponibles, le mode « prévoir et se préparer » peut être utile pour parer à l'incertitude et devrait faire partie de tout exercice de planification stratégique qui se veut exhaustif. En effet, « prévoir et se préparer » demeure un axiome avisé en temps et lieu.

Contrôler sa destinée (mode politique)

Les dirigeants ne peuvent et ne doivent pas miser le destin de leurs entreprises uniquement sur leur capacité de prévoir les événements futurs et de faire des plans conformément à ces prévisions. Ils doivent « harnacher » toutes les ressources de la firme et faire preuve d'ingéniosité pour en arriver à façonner des environnements propices à leur entreprise.

Rares sont les firmes de toute taille ne pouvant individuellement, à titre de membres d'un secteur d'activité ou en collaboration avec d'autres parties intéressées, façonner et contrôler, dans une certaine mesure, les événements futurs qui les concernent.

Le façonnement du contexte sociopolitique

Toute firme voulant exercer un certain contrôle sur sa destinée doit se préoccuper du maintien et de l'amélioration d'un contexte sociopolitique favorable au monde des affaires en général, au rôle de l'industrie et aux activités de la firme en particulier.

Les entreprises ne doivent pas tenir pour acquis l'acceptation et l'appui du public quant à leur rôle et à leur existence. Elles ne doivent pas non plus prendre à la légère les attaques dirigées contre leurs opérations et leur raison d'être, ni les dénigrements systématiques par des groupes hostiles à la libre entreprise. Il incombe à toutes les entreprises, à titre individuel ou en tant que membres de groupes organisés, de surveiller l'opinion publique et d'agir d'une manière responsable et énergique afin de maintenir un climat favorable pour l'entreprise privée. Ces efforts peuvent prendre différentes formes et sont souvent intégrés dans une stratégie plus globale à l'échelle de l'industrie : un programme de bons citoyens « corporatifs » ; des campagnes publicitaires institutionnelles ; des programmes d'altruisme « corporatif » (par exemple, les maisons Ronald McDonald qui permettent aux familles d'enfants hospitalisés de se loger et de se nourrir à des prix raisonnables ou le programme des activités charitables de Bell Canada qui verse chaque année plus de deux millions de dollars à des œuvres de bienfaisance).

Il est fondamental que toutes les entreprises adoptent un comportement responsable et soient perçues comme de bons citoyens « corporatifs ». Elles ne doivent pas hésiter à critiquer sévèrement les dirigeants d'entreprise qui se comportent de façon inappropriée. Les entreprises doivent se montrer respectueuses des lois et des règlements. Elles doivent être sensibles aux aspirations et aux exigences de la société au sein de laquelle elles évoluent. Ces obligations amènent souvent les entreprises à s'imposer volontairement des restrictions et à implanter des programmes qui précèdent les exigences légales ou qui vont au-delà de celles-ci, et ce, dans des secteurs comme l'environnement, la santé et la sécurité au travail, l'intégration de groupes minoritaires, etc.

Les firmes peuvent et doivent agir en vue d'exercer un certain contrôle sur leur contexte sociopolitique (par exemple, en faisant du lobbying pour la définition d'un contexte réglementaire ou concurrentiel favorable, ou des représentations formelles auprès des gouvernements et de leurs agences pour faire valoir les points de vue de l'entreprise). Cet engagement envers la structuration de leur contexte devrait s'appuyer sur un comportement moralement responsable et propre à accroître la faveur du public envers les firmes et le système de la libre entreprise. Il comporte également des efforts axés sur les enjeux particuliers qui pourraient avoir un impact important sur la rentabilité et sur l'avenir de la firme.

Le façonnement du contexte technologique

Les discontinuités les plus nettes, et donc les risques les plus sérieux mais également les occasions les plus spectaculaires pour toute firme, proviennent souvent des innovations technologiques. En conséquence, la technologie présente un défi particulier à toute firme qui désire contrôler sa destinée.

Heureusement, le contexte technologique se révèle en fait moins discontinu sur une période de 5 à 10 ans que ne le supposent les futurologues de tout acabit. De plus, une bonne capacité de prévision peut fournir une évaluation assez juste de la contribution de la technologie au façonnement des contextes futurs, dans la mesure où les innovations de demain seront probablement fondées sur des inventions déjà connues.

Par exemple, Boeing est en mesure de prévoir avec suffisamment de précision les matériaux composites et les nouvelles sources d'énergie qui rendraient réalisable, à une date ultérieure, la construction d'un avion commercial aux propriétés, aux coûts et aux performances radicalement supérieures aux techniques en cours. Boeing peut dès lors élaborer des plans et créer des équipes de travail qui lui permettront de s'assurer une place dans ce marché, si jamais ce dernier se développait. Cependant, il est plus difficile pour Boeing d'évaluer dans quelle mesure une technologie de remplacement telle que la vidéoconférence pourrait évoluer et influer à la baisse sur la demande pour les voyages d'affaires. Il en va de même pour des événements imprévisibles comme ceux du 11 septembre 2001.

Le façonnement de l'environnement technologique comporte souvent des mesures telles que des investissements stratégiques afin de contrôler les sources de développement technologique. C'est ce qu'a fait IBM avec sa participation financière substantielle pendant un temps dans Intel (mais, curieusement, elle a refusé d'investir dans Microsoft). Microsoft est particulièrement alerte en ce domaine par le truchement de multiples initiatives : sa participation au capital de douzaines d'entreprises en phase de démarrage ; une acquisition proactive de licences et de droits à des brevets et à de nouvelles technologies, tant à l'échelle nationale qu'à l'étranger ; l'utilisation du système juridique et des tribunaux pour bloquer ou débloquer l'accès au savoir-faire technologique, protéger les acquis technologiques de l'entreprise contre les violations de brevets (comme l'ont aussi fait Intel vs VIA à propos du Pentium IV, Amazon.com vs Barnes & Nobles à propos de l'enregistrement des commandes) ou contre l'embauche de ses employés clés par des concurrents.

L'entreprise peut aussi exercer une influence importante sur l'environnement technologique au moyen d'interventions sociopolitiques. Par exemple, elle peut contrer ou favoriser la création de normes technologiques internationales (WAP vs i-mode pour l'Internet mobile en Europe), faire amender les lois sur les brevets, et faciliter ou décourager l'enregistrement de brevets étrangers par des procédures encombrantes et de longs délais, comme au Japon.

Le façonnement des marchés et de la concurrence

Une concurrence intense entre les entreprises pour s'attirer et conserver la faveur des clients, une capacité collective de production très supérieure à la demande, une rivalité impitoyable avec les fournisseurs et les groupements d'achat, une attaque répétée par de nouveaux entrants et l'arrivée de produits substituts constituent autant de caractéristiques essentielles de notre système économique et, dans la plupart des cas, de menaces considérables à la survie de toute firme. Une direction d'entreprise compétente doit réfléchir à la façon dont elle peut exercer un certain contrôle, dans les limites de la légalité et de l'éthique, sur cette incertitude en structurant un environnement concurrentiel moins menaçant. Pour arriver à cette fin, les entreprises disposent de plusieurs moyens légitimes.

La protection la plus efficace contre l'incertitude provenant des aléas des marchés réside souvent dans une **position dominante sur ces marchés** par l'innovation continue et rapide, des investissements substantiels dans le marketing, l'augmentation préventive de la capacité de production, une stratégie de prix faisant entrave à l'entrée de nouveaux concurrents, et une présence massive dans les réseaux de distribution.

Le chapitre 15 de la partie V présente une analyse approfondie de la stratégie de création et de domination de marché. Une fois établie, une structure de marché dominée par une seule entreprise peut se maintenir durant une période prolongée, car les efforts de nouveaux concurrents pour modifier cette structure peuvent être futiles ou neutralisés.

Dans de nombreux marchés, les firmes dominantes ont atteint leurs positions grâce, surtout, à des investissements stratégiques effectués au bon moment. IBM avec son Système 360, Microsoft avec son système d'exploitation des ordinateurs personnels et des systèmes bureautiques Windows, Boeing avec son jet 747 et Intel avec son microprocesseur ont créé de nouveaux marchés et ont acquis un redoutable avantage concurrentiel au sein de ces marchés. Dans une large mesure, **elles ont structuré leur propre environnement concurrentiel.**

Dans d'autres marchés, **un processus d'acquisitions et de cessions** a permis aux firmes de dominer leurs marchés et leur a donné la capacité d'influer sur leur environnement concurrentiel. General Electric est une firme particulièrement adroite à ce jeu. Ainsi, elle a atteint une position forte dans le secteur des équipements de diagnostics médicaux par prise d'images en faisant l'acquisition de la division concurrente de Johnson & Johnson. Elle a également acquis celle de la société française Thomson, avec laquelle elle a changé sa division de produits de consommation électroniques. Toutes ces transactions ont permis à GE de s'assurer une position dominante dans le secteur des équipements de diagnostics médicaux par prise d'images. Ce chassé-croisé de ventes et d'acquisitions est un moyen évident pour les entreprises de s'extirper de secteurs où elles sont vulnérables et de se donner une position forte dans une industrie plus concentrée.

L'intégration verticale comme moyen de réduire la vulnérabilité de la firme devant un fournisseur, un acheteur ou un concurrent puissant est également une réaction stratégique de bon aloi. La stratégie d'intégration verticale en amont de PepsiCo, avec les acquisitions au milieu des années 1990 des trois chaînes de restauration rapide PFK, Taco Bell et Pizza Hut, est un bon exemple d'une telle situation. L'objectif de PepsiCo était, bien sûr, de réaliser la vente exclusive de Pepsi dans ces restaurants partout dans le monde et, ainsi, d'augmenter sa part de marché vis-à-vis de la société Coca-Cola, le leader sur le marché des boissons gazeuses. En effet, Pepsi est consciente de sa vulnérabilité devant ce concurrent puissant. Malgré une augmentation de revenus (la division « restaurants » amenait plus de revenus que les autres divisions), la complexité d'une activité impliquant 400 000 employés à l'échelle mondiale dans un secteur mal connu a fait en sorte que la profitabilité de cette division a été moindre. En 1997, PepsiCo s'est départie de cette ligne d'activité.

La firme devrait utiliser toute son influence pour **partager les risques ou les transférer vers d'autres membres** de sa filière industrielle, que ce soit les acheteurs, les fournisseurs ou d'autres intervenants. Par exemple, elle devrait :

- utiliser son influence comme acheteur important pour convaincre ses fournisseurs d'assumer une part importante du risque :
  - ◆ par des contrats à prix variables selon le prix qu'obtient l'acheteur pour ses produits finis sur ses marchés (pratiques fréquentes dans l'industrie papetière) ;
  - ◆ par des contrats d'achat sans garantie ferme de volume, avec un court préavis pour tout changement de quantité (les grandes avionneries comme Boeing et Airbus ont recours à de nombreux sous-traitants selon ce type d'arrangements) ;
  - ◆ par des conditions d'achat concédant à l'acheteur l'option de retourner le produit sans pénalité après une période donnée

(*walk-away clause*) (les sociétés aériennes dans un contexte difficile peuvent parfois obtenir de telles concessions des avionneries) ;

 ♦ par des partenariats qui partagent les risques commerciaux avec les sous-traitants (par exemple, Global Express de Bombardier a été développée avec des partenaires qui partagent les risques du marché ; ainsi, Mitsubishi, qui fabrique les ailes, Sextant, le système de contrôle, et BMW Rolls-Royce, les moteurs, doivent miser sur le succès commercial du produit puisque Bombardier n'a pris aucun engagement ferme envers eux quant au nombre et au rythme des commandes) ;

- utiliser son pouvoir de fournisseur pour faire assumer le risque à l'acheteur, par exemple :
 ♦ les prêts bancaires à taux variable (taux de base plus prime variable), ce qui signifie que les risques de variation de taux sont assumés par l'emprunteur ;
 ♦ des contrats rémunérés selon les dépenses engagées par le fournisseur auxquels est ajoutée une marge bénéficiaire ;
- avoir recours à des instruments dérivés pour réduire certains risques d'entreprises, par exemple :
 ♦ le recours aux contrats de change pour se protéger contre les fluctuations des devises ;
 ♦ le recours aux marchés futurs des denrées pour se protéger contre les variations de prix de certains intrants importants. Par de telles mesures, le risque de l'entreprise est transféré à l'autre partie au contrat ;
- chercher à contrôler sa destinée en utilisant des mesures pour réduire la vulnérabilité de la firme aux comportements des concurrents.

Dans des marchés caractérisés par un petit nombre de concurrents, chaque firme a intérêt à bien mesurer la portée de ses gestes, si elle ne veut pas déclencher une guerre qui n'épargnerait personne. Avec le temps, cette attitude prudente influe sur l'intensité de la concurrence dans l'industrie. Des règles tacites du jeu de la concurrence s'établissent ; si elles sont adoptées par l'ensemble des concurrents, elles rendent ainsi l'environnement concurrentiel plus prévisible.

En Amérique du Nord, les firmes les plus faibles utilisent souvent les tribunaux pour façonner la structure des secteurs d'activité et contrôler les concurrents plus puissants. Les litiges en matière de concurrence, particulièrement aux États-Unis, sont souvent des gestes stratégiques conçus pour changer les conditions de la concurrence et influer sur les règles du jeu de l'industrie. Les innombrables poursuites antitrust intentées contre IBM au cours des années 1970 par des concurrents de plus petite taille avaient évidemment pour but d'intimider le géant de l'informatique et de lui imposer une attitude concurrentielle moins énergique. En retour, la société IBM s'est toujours empressée de poursuivre toutes les entreprises qui, selon elle, avaient enfreint la loi sur les brevets qu'elle détenait.

La société Microsoft, entreprise qui domine le marché des <u>logiciels d'exploitation</u> subit depuis le début des années 1990 le même sort qu'IBM au cours des années

1970 et 1980. Non seulement Microsoft a fait l'objet de litiges et de poursuites pour dommages et comportements anticoncurrentiels de la part de nombreux rivaux, y compris la société Apple, mais, plus récemment, le Département de la justice, aiguillonné par la société Netscape, a intenté une poursuite contre Microsoft pour abus de sa position dominante.

De toute évidence, et quel que soit le bien-fondé des accusations portées contre Microsoft, on sent bien l'utilisation par ses rivaux du processus juridique pour tempérer l'ardeur compétitive de cette société.

L'incertitude de marché peut être considérablement réduite par un certain nombre de démarches relatives au contrôle et au façonnement du contexte de marché, lorsque ce terme est pris dans le sens d'une utilisation intelligente de l'influence et des ressources dont dispose l'entreprise pour réduire sa vulnérabilité aux aléas sociopolitiques et aux incertitudes provenant des nouvelles technologies, des marchés et de la concurrence.

Les faiblesses du mode «contrôler sa destinée»

Cependant, les entreprises ne doivent pas surestimer leur capacité réelle d'influer sur le cours des événements. Elles doivent s'assurer également qu'elles n'achètent pas la paix à court terme au prix de crises futures. Enfin, les entreprises doivent être pleinement conscientes que des événements échapperont toujours à leur influence, et ce, peu importe l'abondance de leurs ressources. Le sentiment trompeur d'omnipotence qui se développe parfois au sein des grandes entreprises peut s'avérer un obstacle sérieux à la formulation d'une position stratégique adéquate.

Enfin, il faut prendre garde que la tranquillité immédiate du marché résultant des comportements «coopératifs» de firmes en place ne se paie, en contrepartie, par la stagnation et le déclin du marché. La vulnérabilité des firmes trop complaisantes devient évidente lorsque de nouveaux concurrents et de nouveaux produits assaillent les firmes en place. En dernière analyse, lorsque les marchés sont compétitifs et dotés d'entrepreneurs dynamiques, et qu'aucune réglementation pernicieuse n'entrave le libre commerce, la meilleure façon pour une firme de réduire sa vulnérabilité de marché provient d'une performance supérieure à la concurrence. Or, les sociétés et les nations diffèrent énormément en matière de protection de la concurrence et d'ouverture des marchés; dans de nombreuses circonstances, une concurrence mitigée entre les entreprises rivales peut s'avérer hautement profitable pour elles.

S'adapter et s'ajuster aux changements (mode structurel)

Nous faisons ici référence aux **arrangements structurels** adoptés par une firme pour faire en sorte que sa survie ne soit pas menacée par des événements incertains, sur lesquels elle ne peut exercer aucun contrôle. Les stratégies des concurrents, les innovations technologiques et les discontinuités sociopolitiques entraîneront toujours un niveau important d'incertitude résiduelle, laquelle ne pourra être éliminée malgré tous les efforts déployés pour façonner des contextes favorables à l'entreprise.

Les dirigeants compétents, ayant compris cette implacable réalité du monde des affaires, ne se contentent pas de se croiser les doigts en espérant que le destin leur sera favorable. Ils cherchent plutôt **les initiatives stratégiques et les arrangements structurels qui immuniseront leurs entreprises** contre de telles circonstances, ou même leur permettront d'en tirer profit. Les firmes qui œuvrent dans des environnements chroniquement turbulents et caractérisés par des fluctuations importantes et imprévisibles de la demande (par exemple, le secteur de la construction) ont toujours eu recours à des solutions d'adaptation structurelle pour réduire leur vulnérabilité. En effet, ces firmes sont constituées et structurées de façon à augmenter ou à diminuer rapidement le niveau de leurs activités en fonction des fluctuations imprévisibles de la demande pour leurs services. Malheureusement, les entreprises qui œuvrent dans des industries moins volatiles ont tendance à oublier ce principe.

Une bonne gestion stratégique doit nécessairement inclure l'examen explicite des incertitudes et des vulnérabilités, qui restent imprévisibles, ou sur lesquelles l'entreprise ne peut exercer un certain contrôle. Les dirigeants doivent s'interroger sur **le niveau de flexibilité et le rythme d'adaptation** qui sont nécessaires à leurs entreprises pour composer avec les risques et l'incertitude qui en caractérisent le fonctionnement. **Ils doivent évaluer et modifier, s'il y a lieu, le niveau des coûts fixes, le seuil de rentabilité, la rapidité d'ajustement des coûts aux variations des revenus ainsi que leurs politiques en matière de production interne, d'achats à l'externe et de location.** De même, un bilan sain dotant l'entreprise d'une bonne capacité de réunir rapidement des capitaux frais représente une forme d'assurance tous risques contre la déconfiture de l'entreprise. **Le dirigeant compétent en stratégie voudra aussi évaluer comment des alliances ou une stratégie de diversification peuvent réduire la vulnérabilité de l'entreprise.**

Quelques exemples de solutions structurelles

- **La diversification des activités**
  Lorsqu'elle est exécutée et gérée de façon compétente, la diversité des activités peut donner à une entreprise une mesure de stabilité et de pérennité, et ce, même si chacune de ses activités ou de ses opérations est assujettie à un niveau élevé de risque. En effet, **les entreprises aux activités diversifiées soit géographiquement, soit en matière de produits-marchés, bénéficient d'une forme de « loi des grands nombres ».** Jusqu'à un certain point, plus le nombre d'unités ou d'opérations distinctes au sein d'une même entreprise est grand, moins il est probable qu'une série d'événements ne contiennent que de mauvais augures pour l'ensemble de l'entreprise. Il est plus probable que les bonnes et les mauvaises « nouvelles » aient tendance à se maintenir dans un équilibre relatif.

- **Les alliances**
  Les alliances sont souvent un mécanisme structurel, très populaire en des temps incertains, pour partager les risques entre des entreprises juridiquement distinctes. Des sociétés en participation ou autres mécanismes de coopération contribuent souvent à un partage des risques et des coûts associés à de nouveaux projets. Du consortium Airbus à l'alliance GM-Toyota, à la prolifération d'ententes de coopération portant sur la recherche et le développement, la fabrication, les systèmes informatiques et le marketing, la motivation demeure la même : réduire les risques et regrouper les ressources en faisant appel à de nouveaux arrangements structurels, à des **« organisations hybrides »** établies pour atteindre ces objectifs et protéger les intérêts des partenaires.

- **L'intégration partielle ou la firme «fluide et sans frontière»**

Il est de plus en plus fréquent de nos jours que des entreprises juridiquement distinctes soient liées entre elles de façon très étroite. Ainsi, selon un certain angle d'approche, elles semblent intégrées verticalement ou horizontalement, tandis que, selon un autre angle, elles affichent un comportement de firmes entièrement autonomes et indépendantes. L'intégration de ses fournisseurs au «système» Dell, phénomène décrit plus tôt, offre un exemple saisissant de cette nouvelle réalité.

Dès leur origine, les systèmes de franchises ont été conçus comme une forme inusitée d'intégration partielle puisque les fonctions de marketing, de développement de produits et d'approvisionnement sont intégrées, alors que la propriété, la gestion des unités et leur adaptation au contexte local ne le sont pas.

En raison de ces phénomènes d'intégration partielle, **les firmes en viennent à ne plus être des monolithes, mais plutôt des faisceaux de flux et de ressources** : flux d'informations, flux financiers, flux de marketing, flux de recherche et de développement, etc. Certains de ces flux seront intégrés verticalement ou horizontalement à des degrés divers. En conséquence, les frontières juridiques de la firme peuvent ne pas coïncider avec les frontières de chacun des «flux» dont elle est constituée.

Les bénéfices de l'intégration verticale proviennent surtout de l'intégration du **flux d'informations entre firmes distinctes participant à une même chaîne d'approvisionnement.** En effet, le bénéfice économique principal de l'intégration verticale provient de la possibilité d'établir une coordination plus serrée entre les différents membres d'un même réseau d'approvisionnement.

Ainsi, les entreprises œuvrant dans le secteur du vêtement et du jouet ont longtemps dû composer avec une grande vulnérabilité provenant du caractère fragmenté de la chaîne d'approvisionnement des matières premières aux consommateurs. La faible intégration verticale se traduisait à l'époque en une coordination déficiente et en de longs délais d'approvisionnement. Durant des décennies, les commerçants dans ces domaines devaient choisir les marchandises plusieurs mois avant la période de ventes et faire face à l'éventualité d'être à court des articles les plus populaires dans les périodes de forte demande (début décembre, par exemple), et de devoir vendre en solde les marchandises les moins en demande dès janvier.

L'intégration des flux d'informations entre les détaillants et tous les intermédiaires, jusqu'aux fournisseurs de matières premières, a considérablement réduit le temps de réponse de la chaîne d'approvisionnement et a permis de fournir à ces entreprises une qualité d'information équivalente à celle d'entreprises intégrées verticalement.

Cet aspect de la stratégie est amplement décrit au chapitre 9, qui traite, entre autres, des coûts de transaction.

- **La grande entreprise comme un ensemble de petites firmes**

Lorsque les marchés, les produits et les technologies sont imprévisibles et incontrôlables, l'entreprise devrait être conçue de façon à évoluer avec le processus entrepreneurial de création des marchés.

Le cas Johnson & Johnson

Johnson & Johnson a connu un succès certain en ayant recours à ce type d'arrangements structurels. La direction de Johnson & Johnson ne peut prévoir quels nouveaux produits seront vendus dans cinq ans sur le marché des médicaments sans ordonnance ainsi que des produits pharmaceutiques et chirurgicaux. Elle ne peut davantage exercer de contrôle sur la création d'une myriade de petites firmes cherchant à mettre en marché une quelconque innovation. Cependant, Johnson & Johnson a su reconnaître l'effervescence de l'entrepreneurship dans cette industrie qui donne naissance chaque année à de nombreuses entreprises spécialisées créées par des inventeurs-entrepreneurs.

Johnson & Johnson évalue donc continuellement ces petites entreprises qui tentent leur chance dans ses secteurs d'activité. Ces entrepreneurs fournissent à Johnson & Johnson une information peu coûteuse sur les réactions du marché à de nouveaux produits. Lorsque les marchés semblent donner des signes favorables au nouveau produit, Johnson & Johnson peut offrir à l'entrepreneur d'acquérir son entreprise et de se joindre à la grande famille de Johnson & Johnson.

Dans ce contexte, la gestion stratégique chez Johnson & Johnson consiste :

- à favoriser le développement de nouveaux produits dans toutes les unités de l'entreprise ;
- à évaluer de façon constante le potentiel de marché de ses unités existantes et à se départir des activités qui ont un faible potentiel de croissance et de rentabilité ;
- à surveiller étroitement les firmes entrepreneuriales pour reconnaître et acquérir celles qui reçoivent l'approbation du marché. Ces firmes représentent l'avenir de Johnson & Johnson. **La société est donc continuellement façonnée et refaçonnée par les changements de configuration de ses activités.** Ainsi, pour un seul semestre de l'an 2000, Johnson & Johnson, selon un processus continu d'adaptation à des marchés en constante évolution, a mené à bien les opérations suivantes :
  - la fusion d'une de ses filiales, Ethicon, avec Innovasive Devices Inc., un fabricant d'appareils de chirurgie ;
  - l'acquisition de Atrionix Inc. par son unité Cordis, afin d'avoir accès à la technologie brevetée de sonde de cette entreprise ;
  - l'acquisition de St. Joseph par sa filiale McNeil pour consolider sa position dans le marché des médicaments sans prescription ;
  - l'acquisition de Heartport, un des pionniers dans le développement, la fabrication et la vente de produits de chirurgie cardiaque, pour renforcer sa position sur le marché cardiovasculaire ;
  - l'acquisition de babycenter.com, un site destiné aux nouveaux parents, permettant ainsi à Johnson & Johnson de bénéficier du lien créé entre le site et les parents de jeunes enfants.

Les faiblesses du mode « s'adapter et s'ajuster aux changements »

L'examen des moyens structurels joue un rôle essentiel dans toute évaluation stratégique rigoureuse, afin de réduire la vulnérabilité de la firme aux événements futurs incontrôlables. Cependant, ces moyens structurels ne sont pas sans engendrer des coûts ou des problèmes potentiels. En effet, les alliances et autres arrangements de nature coopérative peuvent entraîner une perte de contrôle sur des aspects critiques d'une entreprise ; la sous-traitance peut faciliter l'entrée de nouveaux concurrents, etc.

Ainsi, l'engagement de Johnson & Johnson envers une structure flexible faite de nombreuses unités d'affaires hautement autonomes a été sérieusement mis à l'épreuve par l'entrée d'un concurrent dont les activités étaient fortement intégrées, soit American Hospital Supply Co. (AHS). Johnson & Johnson a dû créer péniblement une superstructure pour intégrer les opérations de plusieurs unités indépendantes afin d'atteindre la parité concurrentielle avec AHS.

Bien sûr, l'enjeu, ici, a trait aux arbitrages à faire entre deux types de coûts. Lorsqu'on fait face à des événements imprévisibles et incontrôlables, quels coûts doit-on engager afin d'obtenir un niveau adéquat de flexibilité ? Peut-on concevoir des arrangements ingénieux qui font bénéficier l'entreprise d'une flexibilité accrue tout en minimisant les coûts de cette flexibilité, par exemple, par la perte de contrôle sur des ressources clés ? La planification stratégique doit inciter les dirigeants à considérer ces enjeux.

Conclusion sur la gestion des risques

Une bonne gestion des risques et de l'incertitude doit comprendre les **trois grands modes de réponses** décrits dans cette section.

En effet, les gestionnaires doivent d'abord déterminer quels évènements contextuels peuvent exercer une influence critique sur le devenir de leur entreprise, puis diagnostiquer la capacité de cette dernière de prévoir leurs probabilités de se produire et leur impact sur l'entreprise ; l'entreprise doit apprécier sa capacité d'en influencer le cours.

Considérons, à titre d'exemple, l'**environnement concurrentiel** d'une entreprise. Son évolution est-elle prévisible dans les prochaines années ? Les conditions actuelles de concurrence vont-elles persister ? De nouveaux intervenants feront-ils leur apparition ? Les concurrents adopteront-ils de nouvelles stratégies ? Sont-ils susceptibles de lancer de nouveaux produits radicalement différents ? Quels aspects de l'environnement concurrentiel sont relativement prévisibles ?

La conclusion générale de cet exercice peut être que l'évolution du contexte concurrentiel est si incertaine qu'il serait imprudent de fonder les plans de l'entreprise sur un ensemble quelconque d'hypothèses et de conjectures concernant la concurrence.

Dans ce cas, les dirigeants devraient s'interroger sur les ressources dont ils disposent pour façonner ou contrôler certains aspects de l'environnement concurrentiel. Quelles innovations stratégiques, quels investissements ou quelles acquisitions conféreraient à leur entreprise une position dominante sur ses marchés, rendraient l'entrée de nouveaux concurrents plus difficile et convaincraient les autres intervenants du secteur d'activité que le fait de tenter de croître aux dépens de leur entreprise ne serait pas une option judicieuse ?

Si les dirigeants estiment qu'ils ne peuvent raisonnablement espérer façonner certains aspects de leur environnement concurrentiel, ils doivent alors examiner les façons d'adapter l'entreprise pour la prémunir contre les risques et réduire sa vulnérabilité :

- Comment la diversification des opérations pourrait-elle en atténuer la vulnérabilité ?
- Quelles alliances ou ententes de développement de produit, de fabrication ou de commercialisation pourraient contribuer à réduire les risques que court l'entreprise ?
- Comment reconfigurer les opérations de la firme afin d'abaisser ses coûts fixes, son temps de réponse (*lead time*) et son cycle de développement de nouveaux produits ?
- Quels investissements dans les technologies, les compétences et les capacités de ses ressources protégeraient la firme des incertitudes créées par la concurrence ?
- Comment la firme peut-elle se structurer afin de tirer avantage des nouveaux produits et marchés créés par des entrepreneurs ? Peut-elle être configurée de façon à favoriser l'intégration ou le retrait de petites firmes dans son système stratégique ?

Les autres sources de vulnérabilité – par exemple, la conjoncture économique nationale et internationale, les bouleversements politiques, les innovations technologiques, les variations de la demande, etc. – devraient être traitées selon le même processus que celui décrit pour l'environnement concurrentiel.

La direction de l'entreprise devrait ensuite proposer les moyens de composer avec ces risques et sources d'incertitude et la façon de les transformer en avantages stratégiques.

5.2 Les moteurs financiers

Les décisions et les initiatives à caractère financier peuvent contribuer de façon significative à la création de valeur économique. Les leviers financiers les plus importants sont présentés à la figure 5.4. Nous ne traiterons pas de façon détaillée de tous ces moteurs financiers, puisqu'ils font l'objet de plusieurs ouvrages spécialisés sur les aspects financiers des entreprises.

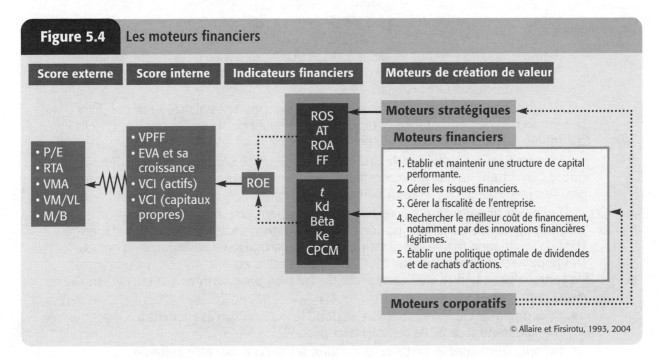

Figure 5.4 Les moteurs financiers

© Allaire et Firsirotu, 1993, 2004

Nous avons bien établi les bases financières de ces moteurs au chapitre précédent. Les considérations sur le niveau d'endettement, la structure « optimale » pour le capital d'une entreprise, l'impact du levier financier (FLE) sur le rendement des capitaux propres (ROE) et l'effet de l'endettement sur la volatilité du titre (bêta$_u$ et bêta$_l$) donnent leur substance aux moteurs financiers de création de valeur.

Des décisions judicieuses à propos de ces paramètres contribuent hautement à la performance financière de l'entreprise. D'autres contributions, de nature financière, à la création de valeur proviennent d'une gestion active et astucieuse de la fiscalité de l'entreprise, un sujet de plus en plus complexe recelant des avantages importants pour qui sait les reconnaître et s'en prévaloir.

Une gestion compétente des risques de change devient un atout important lorsqu'une partie significative des revenus ou des coûts de l'entreprise est de source étrangère. Certaines entreprises sont également soumises à des risques de fluctuations des taux d'intérêt, risques dont on peut se protéger par l'achat ou la vente de produits dérivés appropriés.

Enfin, l'entreprise doit se montrer ouverte aux innovations financières visant à réduire les coûts de financement. Cependant, elle doit faire montre d'une grande prudence en ce domaine. La recherche de potions magiques a marqué d'un sceau douteux toute la période 1995-2000, aux États-Unis particulièrement. Cette potion était offerte en deux saveurs :

1. Des « instruments » de financement, qui étaient vus, d'une part, comme une forme de capitaux propres pour satisfaire aux critères des agences de notation (Standard & Poor, Moody's, Fitch, etc.) et, d'autre part, comme une forme de dette pour la fiscalité de l'entreprise de façon à réduire le coût de ces instruments. C'était l'équivalent financier du « beurre et l'argent du beurre ».

2. Des montages financiers plaçant des actifs et des dettes hors du bilan de l'entreprise, mais lui permettant de conserver dans ses états financiers des revenus associés à ces actifs. Nous avons déjà insisté sur la déconfiture d'Enron causée par un usage effréné, ultimement illégal, de cette drogue du « hors bilan ».

Ces innovations ont leur place, mais elles exigent une vigilance extrême. Elles posent un défi de compétence et un devoir particulier de surveillance aux conseils d'administration d'entreprises qui en font usage.

Une politique de dividendes stables, en croissance continue, aussi généreuse que le permettent les flux financiers libres de l'entreprise, rend un titre très attrayant pour les investisseurs sensibles aux rentrées de fonds.

Enfin, **un programme de rachat d'actions** peut être mis en place parfois en sus d'un dividende généreux, parfois au lieu d'un dividende, ce choix étant dépendant de la situation fiscale des principaux actionnaires. De tels programmes ont été très populaires durant la période 1990-2000 alors qu'ils étaient vus comme une sorte de tonique pour le titre de l'entreprise. Ce type de programmes a (ou avait) tendance à propulser un titre pour trois raisons.

- Ils augmentent le levier financier et donc le ROE puisqu'ils mènent à une diminution sensible des capitaux propres.
- Ils font augmenter le bénéfice par action (et la croissance de celui-ci) parce qu'ils réduisent le nombre d'actions en circulation ; pour un ratio C/B (ou P/E) donné, une telle augmentation du bénéfice par action peut se transmettre directement au prix du titre ; sans compter que l'effet à la hausse sur la croissance du bénéfice par action peut mener également à une augmentation du P/E ; à tout le moins, ces programmes pouvaient servir à contrer l'effet de dilution provenant de l'exercice des options d'achat d'actions détenues par la direction et les cadres de l'entreprise.
- Ils sont vus, en finance traditionnelle, comme un signal que la direction estime la négociation du titre de l'entreprise bien en deçà de sa pleine valeur.

5.2.1 La création de valeur par les leviers financiers : l'exemple du CN

Nous avons présenté en annexe au chapitre 4 le calcul détaillé des indicateurs financiers et des scores de performance pour l'entreprise canadienne CN. En nous référant à cette annexe, nous allons montrer **le rôle des leviers financiers dans la création de valeur pour les actionnaires** de cette entreprise.

Tout d'abord, notons l'excellente performance boursière du titre du CN au cours des cinq années se terminant le 31 décembre 2002, par comparaison aux principales entreprises de son industrie, comme le montre la figure 5.5.

Quels sont les facteurs de nature financière qui expliquent ce résultat ?

Affichant une modeste croissance annuelle de 7 % de son chiffre d'affaires, de 6 % du bénéfice net et de 4 % du bénéfice par action au cours de cette période de 5 ans (lignes #1, #10 et #46, tableaux 4A.1 et 4A.2), le cours du titre du CN croît pourtant de quelque 14 % durant la même période (#37).

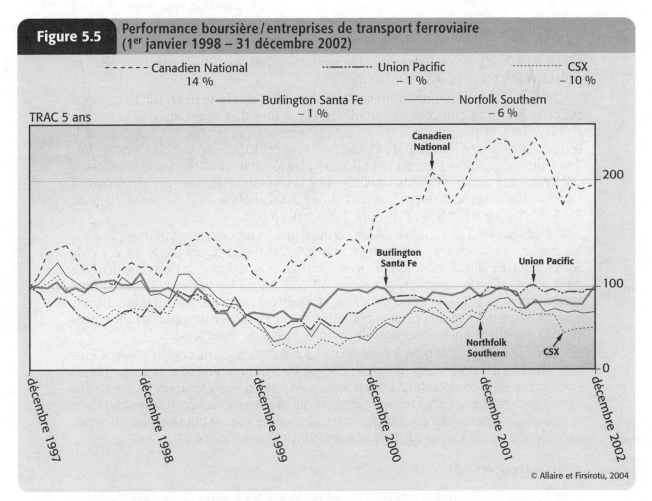

Figure 5.5 Performance boursière / entreprises de transport ferroviaire
(1er janvier 1998 – 31 décembre 2002)

- - - - - Canadien National
14 %

Union Pacific
– 1 %

CSX
– 10 %

Burlington Santa Fe
– 1 %

Norfolk Southern
– 6 %

TRAC 5 ans

© Allaire et Firsirotu, 2004

Les aspects suivants sont significatifs :

Au cours de la période 1997-2002, le CN réduit son effectif, investit massivement dans la modernisation de ses équipements et procède à des acquisitions pour améliorer son ratio d'opération, ou le ROS ; le capital investi augmente de 24 % sur une base annuelle (ligne #4) et le ROS (ligne #14) s'améliore sensiblement à compter de 1999, alors qu'il passe de 8,30 % à 15,07 % ; le ROS fléchit quelque peu en 2002, une année de conjoncture économique difficile, mais se maintient à un niveau supérieur à celui des années 1997-1998.

Ces investissements provoquent une forte diminution du taux de rotation des actifs (AT) qui passe de 0,75 en 1997 à 0,36 en 2002 (ligne #15) ; cela a pour effet de neutraliser l'augmentation du ROS et de produire un rendement sur les actifs économiques (ROA) (ligne #16) qui ne montre aucune amélioration, bien au contraire, passant de 8,50 % en 1997 à 6,12 % en 2001 et à 4,78 % en 2002. Ce résultat se traduit en une EVA négative pour toute la période (ligne #41).

Ces nouveaux investissements sont en bonne partie financés par de nouvelles dettes, ce qui fait passer le ratio d'endettement de 0,76 en 1997 à 1,61 en 2002 (ligne #18). En conséquence, l'effet du levier financier (ligne #19) augmente et contribue à maintenir le rendement sur les capitaux propres (ROE) malgré une diminution du ROA ; ainsi, le ROE, qui s'élevait à 12,94 % en 1997, s'établit à 12,12 % en 2001 et à 8,79 % en 2002 (ligne #20).

Les flux financiers de l'entreprise augmentent significativement (ligne #41), lui permettant d'élever son dividende à un rythme annuel composé de 16 % (ligne #42) et, en l'an 2000, de racheter des actions (ligne #29) ; **ces deux mesures ont un puissant effet à la hausse sur le titre.**

Enfin, tous les calculs de l'annexe 4A sont établis sur la base des résultats obtenus selon les principes comptables canadiens. Or, le titre du CN est inscrit à la bourse de New York, et plus de 70 % de ses actionnaires sont Américains ; ceux-ci consulteront évidemment les résultats établis selon les principes comptables américains. Il se trouve que, sur la base de ces principes, les résultats du CN sont sensiblement différents et, à certains égards, meilleurs que ceux établis selon les principes comptables canadiens.(Par exemple, pour l'année 2002, ROS = 17,1 % versus 13,3 % ; ROA = 5,5 % versus 4,8 % ; ROE = 10,1 % versus 8,8 %.)

Le tableau 4A.3 de l'annexe 4A fait comprendre les raisons de ces différences dans les indicateurs financiers ; par exemple, en 2002, le bénéfice net passe de 571 millions $ à 800 millions $ selon les principes comptables américains, la trésorerie générée par l'activité augmente de 1,173 million $ à 1,612 million $ selon les principes comptables américains ! Les résultats du CN sont meilleurs selon les principes américains essentiellement parce que ceux-ci permettent de **capitaliser une plus grande partie des dépenses encourues** pour le remplacement de voies ferrées.

Cet exemple illustre bien à quel point les résultats des entreprises doivent être interprétés à la lumière des principes comptables qui en régissent la préparation. Deux groupes de comptables compétents et bien formés, l'un canadien, l'autre américain, aboutissent à des principes comptables qui produisent des écarts sensibles dans la mesure de la performance économique d'une entreprise ; et pourtant, les principes canadiens sont tout aussi valables que les principes américains !

Conclusion

Il est évident que les dirigeants du CN ont bien géré **les leviers financiers** ; la direction comprend que le ratio d'exploitation (à peu près équivalent à 1-ROS), critique dans cette industrie, est étroitement surveillé par les analystes et investisseurs ; aussi, les programmes de réduction de l'effectif rendus possibles par la modernisation de l'équipement (financés par l'endettement) contribuent à augmenter le ROS, ce qui influe positivement sur le cours du titre ; de plus, l'établissement d'une structure de capital comportant un plus haut niveau d'endettement avantage le rendement sur les capitaux propres (ROE) sans augmenter indûment le risque des actionnaires ; de même, une politique d'accroissement soutenu du dividende et le rachat intermittent d'actions ont des effets positifs sur le cours du titre ; enfin, les principes comptables américains produisent des scores de performance encore meilleurs que ceux établis selon les principes canadiens.

L'investisseur américain constate donc que : a) le CN prend des mesures énergiques pour augmenter son ratio d'exploitation ; b) affiche un rendement sur les capitaux propres d'un bon niveau ; c) se finance par de la nouvelle dette, ce qui ne dilue pas l'actionnariat ; d) maintient cet endettement en deçà des seuils tolérables de risque financier ; e) verse un dividende en forte croissance, ce qui est attrayant pour toute une catégorie d'investisseurs.

Au prochain chapitre, nous présentons les moteurs corporatifs, en expliquons le fonctionnement et les illustrons d'exemples pratiques.

Chapitre 6

Les moteurs corporatifs de création de valeur

L'expression « moteurs corporatifs » fait référence aux moyens et aux initiatives par lesquels le centre (ou siège social) d'une grande entreprise en arrive à créer de la valeur économique au-delà de la contribution de chaque unité. La figure 6.1 présente un certain nombre de ces moteurs corporatifs. Il faut cependant faire la distinction entre deux types de grandes entreprises.

1. La grande entreprise à plusieurs volets mais œuvrant dans un seul marché largement défini, comme IBM, Procter & Gamble, Publicis, L'Oréal, GM, 3M, Johnson & Johnson, Honda, etc. Avec leur stratégie de « convergence », des sociétés telles que AOL Time Warner, Vivendi Universal, BCE et Quebecor ont tenté d'intégrer plusieurs marchés distincts en un seul marché et se sont donc considérées, à tort selon nous, comme des entreprises de ce premier type.

2. La grande entreprise diversifiée dans des secteurs non reliés, comme General Electric, Bombardier, United Technologies, LVMH, Alstom, ITT, Tyco, Weston, Emerson, etc.

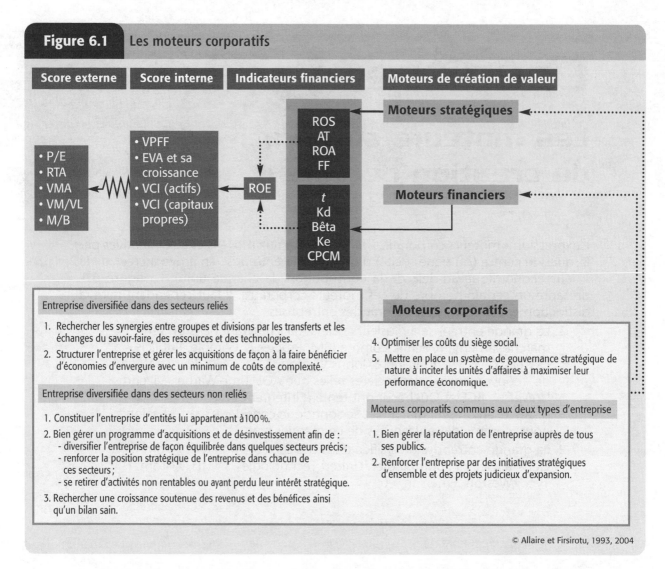

Figure 6.1 Les moteurs corporatifs

© Allaire et Firsirotu, 1993, 2004

Pour toutes ces entreprises, qu'elles soient du premier ou du deuxième type, le rôle du siège social (ou du centre corporatif) et sa contribution réelle à la création de valeur de l'entreprise deviennent un enjeu incontournable.

Il existe un troisième type d'entreprise dont nous ne traitons que de façon occasionnelle dans cet ouvrage. Il s'agit de conglomérats ou de holdings comme Power Corp. et Onyx, deux entreprises canadiennes dont le rôle consiste à détenir des participations de différents niveaux dans d'autres entreprises. Il en va de même pour les firmes « d'équité privée » comme KKR, Blackstone, Clayton, Dubilier et de multiples autres qui acquièrent, souvent avec des partenaires, la propriété d'entreprises diverses et leur imposent leur modèle de gestion financière et de gouvernance pour en tirer une performance maximale.

6.1 La création de valeur dans l'entreprise aux multiples activités reliées

Ces entreprises du premier type ont toutes une architecture faite de multiples divisions ou d'unités d'affaires et filiales. Cependant, toutes ces activités sont vraisemblablement reliées et connexes. L'envergure et la complexité de l'entreprise font en sorte qu'un centre corporatif doit chapeauter ces unités stratégiques relativement autonomes mais interreliées (IBM, GM, Honda, Xerox, 3M).

Les interrelations entre les secteurs ou les unités d'affaires découlent du partage des fonctions, des actifs et des compétences (systèmes de production et de distribution, technologie commune, image corporative, etc.). Nous discutons amplement de ces aspects au chapitre 16, qui porte sur les stratégies d'envergure de marché et de produits, ainsi qu'au chapitre 21, qui traite des formes d'organisation pertinentes à ce type de stratégie.

Les entreprises de ce type sont devenues grandes et complexes au fur et à mesure de leur croissance organique, appuyée ici et là par des acquisitions stratégiques. Les avantages économiques (entre autres, coûts unitaires plus bas) provenant de leur taille et de leur envergure leur donnent une grande force économique, si elles savent minimiser les autres coûts subtils (coordination, conflits entre les divisions, etc.) qui accompagnent invariablement la complexité des organisations, ce dont nous traitons au chapitre 9 (les coûts d'architecture).

L'entreprise diversifiée dans des secteurs reliés, contrairement à celle dont la diversification est non reliée, se donne **une mission globale qui embrasse toutes les activités de l'entreprise ainsi que son positionnement, actuel ou souhaité, dans les marchés pertinents.** L'entreprise de ce type est donc porteuse d'**une stratégie commerciale** d'ensemble.

Le centre (ou siège social) a la responsabilité d'établir les marchés géographiques et les marchés-produits qui seront exploités par l'entreprise. En d'autres mots, la direction générale de ce type d'entreprise est responsable de l'établissement de la **stratégie de marché pour l'ensemble de l'entreprise.** Cette stratégie prend la forme de ce que nous appelons, au chapitre 16, une **stratégie d'envergure de marchés ou** une **stratégie d'envergure de produits,** laquelle se manifeste en un faisceau de stratégies de marchés déployées par les unités ou les divisions de l'entreprise.

Dans de telles entreprises, deux questions fondamentales se posent aux dirigeants.

1. Comment faire un usage stratégique et rentable des actifs tangibles et intangibles de l'entreprise, de ses expertises, de ses technologies, de ses marques de commerce, etc. ?

2. Comment structurer l'entreprise et gérer les acquisitions de façon à la faire bénéficier de toutes les économies d'échelle et d'envergure, sans encourir des coûts de complexité tels qu'ils annulent tous les effets bénéfiques de sa taille et de son envergure ? Quelle forme d'organisation (selon les termes employés au chapitre 21) convient à l'exécution d'une stratégie de diversification reliée ?

La création de valeur par le centre d'une entreprise complexe de ce type dépend beaucoup de la compétence des dirigeants à relever ces deux défis. En effet, **la valeur créée par ce type d'entreprise tend à provenir, pour une bonne part, de la recherche fructueuse des synergies entre les groupes et les divisions par les transferts et les échanges de savoir-faire, de ressources et de technologie, ainsi que de l'habileté des gestionnaires à concevoir et à mettre en place une architecture d'organisation pour tirer avantage de toutes ces synergies potentielles.** De telles initiatives peuvent contribuer de façon significative à la performance d'ensemble de l'entreprise, bien qu'il ne faille pas en surestimer l'importance.

Dans les entreprises du premier type, c'est-à-dire grandes et diverses mais articulées autour d'un même noyau de marchés et de technologies, ce moteur de création de valeur joue un rôle important. En effet, les économies d'envergure (dont nous traitons à la partie III) proviennent du fait que des actifs communs, tangibles et intangibles, peuvent servir à la production et à la vente de plusieurs produits distincts. Ainsi, les ressources d'ingénierie en développement d'avions servent à la fois à la division des avions d'affaires et à celle des avions régionaux de Bombardier Aéronautique.

La marque bien connue Virgin, de Richard Branson, est un actif stratégique utilisé à la fois par ses magasins de disques, son transporteur aérien, sa société de transport ferroviaire de passagers, son cola, ainsi que par plusieurs autres entités offrant une gamme variée de produits et de services.

Ce type d'entreprise cherche résolument, et par tous les moyens structurels ou informels, à extraire tous les bénéfices économiques de la mise en commun d'actifs et de savoir-faire.

Dans les entreprises du deuxième type, c'est-à-dire celles qui sont diversifiées dans des secteurs industriels non reliés, ce moteur de création de valeur est moins important et prend la forme de mécanismes informels (ou, à tout le moins, non structurels) pour susciter un partage des savoir-faire et des expériences utiles. En effet, il importe de ne pas complexifier le fonctionnement de l'entreprise et de rendre les mesures de performance de chaque unité difficiles à établir en raison des liens et des connexions entre unités œuvrant dans des secteurs industriels distincts.

Ainsi, chez General Electric (GE), la rencontre trimestrielle entre les dirigeants des unités opérationnelles et les membres de la haute direction comporte toujours un volet sur les initiatives intéressantes prises par l'une ou l'autre unité et pouvant s'avérer utiles aux autres. L'adoption de ces nouvelles façons de faire est laissée à la discrétion des dirigeants de chaque unité, bien que le PDG puisse à l'occasion « stimuler » leur intérêt pour de nouvelles initiatives.

6.1.1 L'exemple de Honda

L'entreprise Honda représente bien le type de mission et de stratégie corporative que doit se donner une entreprise aux multiples activités reliées.

La mission de Honda établit déjà un principe important : Honda a pour mission de développer, de fabriquer et de commercialiser des produits conçus pour utiliser **son expertise, son leadership et sa technologie de moteur à haute performance.** Voilà qui établit ce que nous appelons le champ stratégique de l'entreprise, l'envergure visée : tout produit incorporant un moteur à essence de haute performance et à propos duquel Honda détient une expertise de développement et de commercialisation.

Le cœur de l'entreprise, ses compétences motrices, se trouve dans la technologie des moteurs ainsi que dans l'abondance de savoir-faire et d'expertise en matière de développement de produits motorisés. Tout produit qui dépend de façon importante de la qualité et du coût du moteur à essence est un candidat à l'innovation. Ainsi, Honda fabrique et vend des automobiles, des motocyclettes, des véhicules tout terrain (VTT), des produits de pelouse et de jardinage ainsi que des moteurs pour bateaux, et ce, à l'échelle mondiale. Le résultat de cette stratégie d'envergure de produits fait de Honda un intervenant important dans tous les marchés de produits motorisés, alors que la notoriété de sa marque de commerce et son envergure la font bénéficier d'un net avantage de coût sur des concurrents plus spécialisés.

Selon cette conception, une entreprise de grande taille n'est pas un ramassis hétéroclite de produits et d'unités de production. Elle résulte d'une patiente édification fondée sur une croissance organique, arrimée à des compétences et à des technologies soigneusement développées et jalousement conservées. Cette croissance organique, propulsée par l'innovation de produits et axée sur les compétences motrices de l'entreprise, lui confère une force stratégique qui échappe parfois à l'observateur externe.

La description de telles entreprises et de leur stratégie devient rapidement complexe. Ces sociétés sont un peu comme des icebergs dont la partie visible est facile à décrire, mais dont la force stratégique provient de ce qui n'est pas visible, de ce qui demeure « submergé ». Aussi, ne percevra-t-on les secrets de telles entreprises qu'en faisant un peu de « plongée stratégique ». Au chapitre 16, nous faisons cette plongée stratégique en revenant au cas de Honda, lorsque nous expliquons la dynamique de la stratégie d'envergure de produit avec la mondialisation.

Un mot d'avertissement : **la réussite d'une stratégie de diversification dans des secteurs reliés dépend en bonne partie d'une culture qui s'est développée en harmonie avec la croissance organique de l'entreprise. Cette culture donne une âme et une substance à ce qui ne pourrait être qu'une vision théorique et utopique des choses.** La stratégie de « convergence » a bien démontré les difficultés à créer ce type d'entreprise *de novo* au moyen d'acquisitions massives et en succession rapide.

6.1.2 La stratégie de convergence : un contre-exemple

La stratégie de convergence qu'ont épousée à une époque récente les sociétés BCE, Quebecor, AOL Time Warner et Vivendi Universal se fondait sur l'hypothèse hasardeuse selon laquelle, en rassemblant des entreprises aux métiers très différents, on pourrait créer une entreprise offrant des services convergents ou bénéficiant des synergies entre ces différents métiers. En effet, selon la thèse de ses promoteurs, ce sont les liens, les synergies et les interconnexions entre les différentes parties ou firmes regroupées au sein de leur entreprise qui devaient créer une valeur économique justifiant les prix et les primes payés pour leurs acquisitions.

La stratégie de convergence est l'une de ces idées, mélange de vision et de lubie à la mode, dont la réalisation s'est avérée très difficile, voire illusoire, en pratique. Elle consistait à rassembler et à combiner des contenus (films, livres, programmes de télévision, musique, journaux, etc.) et des réseaux (téléphonie, chaînes de télévision, satellite, câblodiffuseur, Internet, cellulaires, etc.) pour produire une meilleure façon de servir les multiples clientèles. Par une propriété commune de contenus et de canaux de distribution, ces entreprises devaient s'approprier une plus grande partie de la valeur créée dans la chaîne, allant du créateur de contenu jusqu'au consommateur ultime de ces contenus. De plus, ces entreprises devaient être en mesure de combiner ces différents contenus et réseaux de façon à offrir des produits et des services inédits pour la plus grande satisfaction des clients.

À plusieurs reprises dans l'histoire économique des nations, les innovations techniques et les changements réglementaires sont venus modifier le périmètre des marchés existants et créer de nouvelles occasions de marché. Ce fut le cas pour les institutions financières au cours des années 1980. Cependant, il leur a fallu quelque 15 ans de tâtonnements et de tiraillements pour en arriver à une certaine convergence entre les services bancaires et les services de courtage en valeurs mobilières.

Lors de ces époques de transition, les dirigeants d'entreprise doivent s'efforcer de comprendre les tenants et les aboutissants de ces changements pour leurs entreprises, leurs marchés et leurs secteurs d'activité. Ils doivent alors relever trois défis.

1. Au début, il est presque impossible de prévoir comment les comportements des acheteurs seront modifiés par le nouveau contexte, quelle sera la demande véritable pour les nouveaux services et quels services parmi toute une gamme de possibilités recevront la faveur des acheteurs. À ce jour, la convergence dans le secteur des médias-télécommunications-câblodiffuseurs-Internet demeure une hypothèse, à vérifier, selon laquelle les bénéfices d'une offre intégrée auront une valeur économique réelle pour les acheteurs-consommateurs.

2. Les dirigeants sur le point d'entrer dans cette contrée inconnue aux multiples périls souffrent souvent d'un des deux problèmes de vision. Certains, et ils sont nombreux, souffrent de myopie : les bouleversements dans leur environnement n'ont pas, à leurs yeux, une importance telle qu'il leur faille changer de direction ou de stratégie. N'a-t-on pas souvent déploré le manque de vision de tel ou tel dirigeant qui n'a pas su préparer son entreprise à des changements pourtant prévisibles? Que l'on pense à IBM durant la période 1987-1992, à Xerox, à Kmart, à Eastman-Kodak, à Polaroid et autres sociétés prises au dépourvu par des changements pourtant perceptibles bien avant que ces derniers n'en arrivent à les mettre en difficulté.

D'autres dirigeants souffrent plutôt de presbytie : l'impact des changements en cours leur semble plus immédiat, plus rapproché qu'il ne l'est en réalité. Ces nouveaux marchés que ces dirigeants voient si distinctement seront peut-être bien réels, mais un jour plus lointain. Ainsi, il n'y a aucun doute que la convergence des médias et des contenus produira éventuellement de nouvelles combinaisons de produits et de services. L'enjeu pour les entreprises est d'en apprécier l'horizon temporel et de s'assurer que leurs investisseurs ont la patience nécessaire.

3. Enfin, un dernier enjeu, lié au précédent, provient de la façon de réaliser cette stratégie de convergence. L'entreprise peut croître et diversifier sa gamme de produits et de services selon deux approches distinctes :

  ♦ de façon organique, en ajoutant graduellement des nouveaux services et des technologies à sa base technique, en procédant à quelques acquisitions d'entreprises de petite taille, faciles à intégrer à son fonctionnement. C'est, entre autres, le modèle Honda (décrit plus haut), Johnson & Johnson et Procter & Gamble. Cette approche graduelle semble comporter le moins de risques. Toutefois, elle peut s'avérer inappropriée lorsque les contextes changent rapidement et radicalement, et qu'une nouvelle stratégie exige de nouvelles compétences et technologies non disponibles dans l'entreprise ;

  ♦ en procédant à des acquisitions importantes pour rassembler rapidement des technologies, des produits et des compétences nécessaires pour proposer une offre « convergente » de produits et de services. Cette voie a été adoptée par BCE, AOL Time Warner, Vivendi Universal, Quebecor et bien d'autres. Les défis stratégiques sont alors redoutables. En effet, pour se constituer rapidement ce portefeuille d'entreprises, elles ont dû procéder à des acquisitions importantes en un court laps de temps. Or, à une époque de surchauffe des marchés boursiers, elles ont dû payer pour ces acquisitions, non pas le plein prix déjà élevé, établi par leur valeur marchande avant l'annonce de la transaction, mais cette valeur bonifiée d'une prime de contrôle. Cette prime, qui peut atteindre 40 % ou plus, représente l'évaluation approximative de ce que vaut pour l'acheteur le contrôle total de l'entreprise en raison des économies, des synergies et autres avantages qu'il pense en tirer en combinant ses activités avec celles de l'entreprise acquise. En conséquence, une part importante des bénéfices attendus de la convergence a déjà été versée aux vendeurs de leur entreprise.

Pour justifier ces primes, l'acheteur doit montrer comment ce nouvel assemblage pourra créer une valeur au-delà de ce que les marchés financiers attendaient de ces entreprises lorsqu'elles œuvraient de façon indépendante. L'acheteur doit persuader les marchés financiers que la valeur présente de ces bénéfices additionnels est supérieure à la prime de contrôle payée pour l'entreprise.

D'autre part, ces bénéfices ou ces synergies proviennent habituellement de l'intégration complète de l'entreprise, acquise au fonctionnement de l'acquéreur, pour réaliser ainsi d'importantes économies. Cependant, dans ces cas-ci, on ne peut « intégrer » des entités aux métiers aussi distincts que CTV (réseau de télévision) et le *Globe and Mail* (grand quotidien canadien), TVA et Vidéotron, Canal Plus et Universal Studio.

En l'absence de synergies dans les coûts, certains bénéfices peuvent provenir d'une augmentation des revenus et du pouvoir de marché de la nouvelle entreprise. Encore faut-il que l'on puisse mettre en place les structures, les systèmes de rémunération et les valeurs de gestion qui vont inciter à la coopération et à la coordination entre des entités jusque-là autonomes et farouchement indépendantes, voire en concurrence les unes avec les autres. Il faut aussi démontrer comment les clients seront mieux servis par cette approche. Enfin, les bénéfices de cette convergence doivent être considérables et rapidement réalisés afin de justifier les prix des acquisitions.

La stratégie de «convergence» a dû et devra encore composer avec des difficultés d'exécution redoutables. D'une part, voulant et devant agir rapidement, ces entreprises ont fait plusieurs acquisitions à prix fort, assumant parfois une dette importante pour compléter ces transactions, ce qui a rendu leur entreprise précaire. D'autre part, les bénéfices de la convergence, s'il y a lieu, seront réalisés en longue durée. Or, les marchés boursiers, pourtant si enthousiastes à une époque récente pour cette stratégie, se sont impatientés et ont rapidement perdu confiance dans cette stratégie. La suite était prévisible.

6.2 La création de valeur par l'entreprise diversifiée dans des secteurs non reliés

De grandes entreprises diversifiées, comme General Electric, Textron, United Technologies, Emerson, ITT, Weston, LVMH, Alstom, Tyco, Siemens et Bombardier, cherchent avec plus ou moins de bonheur à devenir des rassemblements cohérents d'activités distinctes pour offrir croissance, rendement et stabilité à l'investisseur.

La mission de ces entreprises diversifiées se définit en termes généraux, puisque ce sont les groupes et les divisions réunis sous leur enseigne qui offrent des produits et des services précis à des marchés particuliers, et qui doivent exécuter des stratégies de marché.

La performance boursière d'un échantillon de telles entreprises diversifiées, au cours de la période allant de décembre 1998 à décembre 2002 est illustrée à la figure 6.2. La société United Technologies, avec 13 % de rendement annuel composé, affiche le meilleur résultat, conséquence de son application impeccable des règles et des principes sur lesquels repose la création de valeur dans ce type d'entreprise. Par contre, GE, qui est à bien des égards la société modèle en matière de gestion de la diversification non reliée, n'a produit qu'un faible rendement annuel de 1 % sur cette période, en partie à cause de l'importance démesurée de son groupe financier dans l'ensemble de l'entreprise.

Tyco a subi les effets d'une direction générale débridée ainsi que d'un mode de gestion toxique axé exclusivement sur les chiffres et la performance financière, phénomène que nous avons décrit au chapitre 2.

La société Textron n'a jamais su mettre en place les principes de gouvernance stratégique décrits dans ce chapitre. Oscillant d'une approche à l'autre, d'une structure à l'autre, l'entreprise détruit bon an mal an une partie de sa valeur économique. Il est notable que même durant une période d'optimisme généralisé des marchés boursiers, comme cela a été le cas entre 1997 et 2000, le titre de Textron a végété ou perdu de sa valeur.

Emerson, une entreprise qui a brillamment exécuté sa stratégie de diversification non reliée, réussit tout juste à ne pas détruire de valeur au cours de cette période de cinq ans. La cause de ce phénomène est simple. Emerson, entreprise à la gestion et à la gouvernance exemplaires, est diversifiée dans des secteurs assez peu porteurs de croissance future. La valeur donnée à l'entreprise reflète pleinement son excellente performance économique et ses dividendes généreux. Toutefois, elle rend compte aussi du fait que l'entreprise est sensible aux cycles économiques et qu'elle

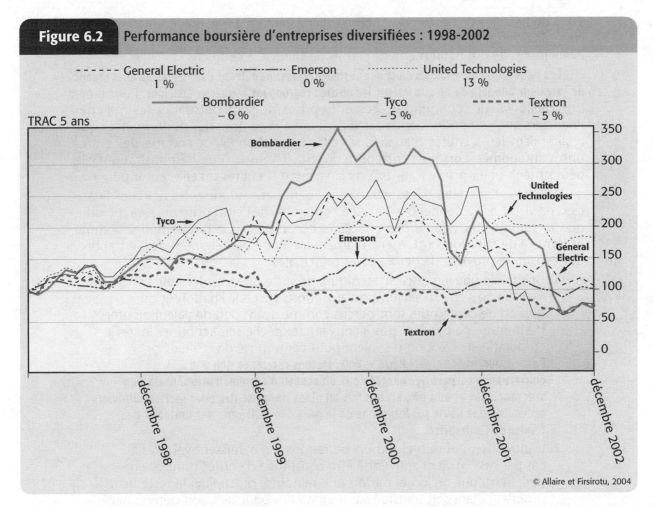

Figure 6.2 Performance boursière d'entreprises diversifiées : 1998-2002

------ General Electric
1 %

------ Emerson
0 %

········ United Technologies
13 %

Bombardier
– 6 %

Tyco
– 5 %

------ Textron
– 5 %

TRAC 5 ans

ne peut produire une augmentation significative et durable de son bénéfice au cours des prochaines années, au-delà des variations propres aux phases du cycle économique.

Jusqu'au 11 septembre 2001, la société Bombardier affichait une performance exceptionnelle, devançant toutes les autres entreprises mentionnées à la figure 6.2. Cependant, la croissance exponentielle du secteur aéronautique a créé un déséquilibre dans la diversification de l'entreprise, déséquilibre qu'elle était en voie de corriger par l'acquisition d'Adtranz, pour le groupe de matériel de transport, et l'acquisition d'OMC, pour le groupe des produits récréatifs. Malheureusement, avant que ces initiatives n'aient porté des fruits, le secteur aéronautique de l'entreprise a durement, cruellement, été frappé par des événements imprévisibles, voire impensables.

Les attaques du 11 septembre 2001 ont eu un effet dévastateur sur l'industrie américaine de l'aviation civile, provoquant la pire crise financière de son histoire. De plus, à compter du 2 décembre 2001, les faillites d'Enron, puis de WorldCom, et les scandales qui en ont découlé – la remise en question des conseils d'administration, les révélations d'abus et d'extravagances de certains dirigeants ainsi qu'un ralentissement économique sensible – ont eu un effet très nocif sur le marché des avions d'affaires. Frappée de plein fouet dans les deux marchés qui, ensemble, représentaient quelque

70 % du bénéfice de l'entreprise, Bombardier a fait face à une grave situation financière. Sa diversification et son niveau d'endettement relativement modeste avant ces événements lui ont heureusement permis de survivre à cette crise.

Les entreprises diversifiées dans des secteurs non reliés doivent démontrer qu'elles créent de la valeur au-delà de ce que valent les entités regroupées sous leur enseigne. Pour créer une réelle valeur économique, ces entreprises doivent persuader les marchés financiers que leur performance est supérieure à la somme des performances que réaliseraient leurs entités d'affaires si celles-ci fonctionnaient comme des entreprises autonomes. Lorsque l'entreprise diversifiée réussit cette démonstration, elle peut obtenir une « **prime** » au-delà de la valeur des entités qu'elle regroupe.

À défaut d'une telle démonstration probante et soutenue, les marchés financiers en viendront à donner une valeur à l'ensemble de l'entreprise qui sera moindre que la somme des valeurs des entités la constituant. Ce phénomène, nommé **escompte de conglomérat**, mène ultimement au démantèlement de l'entreprise. Cet escompte provient de deux causes principales.

1. Une faible gouvernance stratégique, de sorte que tous les coûts associés au siège social ainsi qu'aux efforts de coordination et de gestion de l'ensemble sont perçus comme ayant peu de valeur ajoutée. L'entreprise ne parvient pas à convaincre qu'elle sait actionner les leviers corporatifs de création de valeur pour l'entreprise diversifiée. **Par « gouvernance stratégique », nous faisons référence non pas à la gouvernance corporative exercée par un conseil d'administration, mais bien aux processus et aux démarches mis en place par le centre pour inciter, stimuler, provoquer une haute performance de la part des divisions, des unités et des filiales de l'entreprise.**

2. L'entreprise, pour un ensemble de raisons qui paraissent valables au cas par cas, en vient souvent à être constituée d'entités dont elle ne détient qu'une majorité, parfois une minorité, du capital, le reste de la propriété étant soit transigé sur les marchés boursiers, soit détenu par des « partenaires » de toutes sortes. Or, ces arrangements font qu'il est difficile de mettre en place un système de gouvernance efficace pour toute l'entreprise. Mais, surtout, **ils limitent la capacité de l'entreprise d'utiliser efficacement tous ses flux financiers, puisque la présence d'autres actionnaires empêche ces flux de circuler librement d'une entité à l'autre.**

Ce dernier point est très important, car l'entreprise bien diversifiée et bien dirigée peut utiliser les surplus de liquidités d'un secteur pour investir dans un autre secteur en croissance, et ce, de façon optimale sur les plans de la fiscalité et des coûts de financement.

Malheureusement, trop d'entreprises adoptent une stratégie de diversification non reliée sans avoir compris les conditions essentielles à la création de valeur par une telle stratégie. Ainsi, la société Canadian Pacific a récemment été subdivisée en trois entités (transport, hôtels, énergie). Chaque entité est devenue une entreprise de plein titre, avec son propre titre inscrit en Bourse. Durant une période d'au moins 2 ans précédant cette décision, les analystes n'ont cessé d'estimer que la valeur donnée à l'entreprise par les marchés boursiers était de quelque 15 à 30 % inférieure à la valeur totale représentée par les entités sous son contrôle.

Malgré tous ses efforts, la direction de l'entreprise n'est pas parvenue à convaincre les marchés financiers de la valeur ajoutée de ce regroupement de sociétés en son sein. Tous les coûts du siège social sont donc vus comme inutiles et destructeurs de valeur. Le fait que certaines entités étaient déjà inscrites en partie sur les marchés boursiers ne faisait qu'appuyer le jugement des observateurs, selon lequel cette diversification ne créait pas de valeur, au contraire.

Plus récemment encore, la société américaine Tyco, dont il est question au chapitre 2, a décidé qu'elle n'avait d'autre choix que de se fractionner en trois entités distinctes, indépendantes et inscrites individuellement à la Bourse. Cette société a connu une croissance fulgurante par le truchement de nombreuses acquisitions, mais elle a tardé à mettre en place les systèmes de gouvernance que nécessite une telle diversification. L'acquisition de CIT, une grande société financière, a tellement ajouté de complexité à Tyco que les dirigeants étaient en voie de perdre le contrôle de l'entreprise. Il se peut également que certaines des acquisitions allaient, au vu et au su des marchés, s'avérer moins heureuses une fois que les astuces comptables associées aux acquisitions ne pourraient plus cacher leur réalité économique.

À telle enseigne que Tyco a dû renoncer, en 2002, à son projet de fractionnement de l'entreprise. Son titre a perdu plus de 50 % de sa valeur entre décembre 2001 et avril 2002. En juin 2002, son PDG, Dennis Kozlowski, a été démis de ses fonctions à la suite d'une affaire de fraude fiscale. La nouvelle direction s'est empressée de revendre CIT, réalisant une perte de quelque 3,9 milliards de dollars américains à peine un an après l'acquisition de cette entreprise.

6.3 Les moteurs « corporatifs » dans l'entreprise diversifiée dans des secteurs non reliés

Aussi en sommes-nous venus à définir **cinq conditions principales ou moteurs « corporatifs »** pour qu'une entreprise diversifiée dans des secteurs non reliés puisse aspirer à recevoir une « **prime** » plutôt qu'un « **escompte** » des marchés financiers.

Ces conditions s'appliquent d'ailleurs, *mutatis mutandis*, à toute entreprise devenue complexe et diverse en conséquence de sa croissance et de l'élargissement de ses activités.

1. **L'entreprise doit détenir 100 % des capitaux propres des entités regroupées sous son enseigne et peut donc utiliser les flux financiers d'un secteur pour appuyer les développements dans un autre secteur.**

   Toutefois, les marchés financiers doivent avoir confiance en la direction de l'entreprise (et c'est une confiance qui se mérite chaque jour), assurés que celle-ci investira judicieusement ces flux financiers. Un tel arrangement contribue alors à diminuer les coûts de financement des projets et des investissements de l'entreprise. En effet, en qualité d'entreprises autonomes, les entités affichant un surplus de trésorerie auraient dû le verser aux actionnaires sous forme de dividendes, alors que les entités en croissance auraient dû financer leur expansion par un recours aux marchés financiers.

   En conséquence, les « coûts » suivants auraient été assumés : a) la ponction fiscale sur les dividendes versés ; b) les coûts de transaction et les délais associés au financement public ; c) la dilution des actionnaires actuels (financement par émission d'actions) ou encore un endettement supplémentaire et le risque accru assumé par les actionnaires. Tous ces coûts sont évités par l'entreprise qui peut allouer de façon interne les flux financiers excédentaires d'un secteur à des projets prometteurs dans un autre secteur.

Évidemment, les critiques de l'entreprise diversifiée, et ils sont nombreux et féroces, allèguent qu'il vaut mieux laisser à l'investisseur la liberté de n'investir que dans les secteurs où il souhaite investir. Cet argument est valable. C'est pourquoi la direction de telles entreprises doit mériter et conserver la confiance des investisseurs par l'observance rigoureuse des cinq conditions énoncées ici.

2. **L'entreprise doit offrir une diversification équilibrée de ses activités en matière de secteurs industriels et de régions géographiques.**

Aucun secteur n'est dominant. Les différents secteurs sont soumis à des risques d'affaires et à des aléas conjoncturels différents et, autant que faire se peut, non corrélés entre eux de façon à assurer une certaine stabilité à la performance financière de l'entreprise. Sa diversification est arrimée à une stratégie d'ensemble logique et facile à expliquer. Chez Bombardier, la croissance très rapide du secteur aéronautique a suscité un enjeu d'équilibre entre les secteurs. Toutefois, selon une certaine façon de voir les choses, les activités « avions d'affaires » et « avions régionaux » offraient une diversification valable au sein du secteur aéronautique, puisqu'elles s'adressent à des marchés très différents et ne sont pas soumises aux mêmes risques et sources de vulnérabilité. Quoi qu'il en soit, par l'acquisition d'Adtranz, le secteur du transport réalise maintenant un chiffre d'affaires équivalent à celui du secteur de l'aéronautique. La société GE qui abrite quelque 14 secteurs d'activité distincts a tout de même souffert du fait que son groupe GE Capital représentait, en 2001, environ 44 % des revenus totaux de l'entreprise. Cette forte dépendance dans un secteur vulnérable en période creuse du cycle économique ainsi qu'une certaine insatisfaction due à la qualité de l'information fournie aux investisseurs sur les activités de ce groupe ont eu un impact négatif sur la performance boursière de GE. En 2002, GE a tenté de corriger cette lacune en divisant GE Capital en plusieurs parties constituantes (financement commercial, financement des consommateurs, assurance, etc.) et en donnant des explications plus abondantes et limpides à propos de ces différentes activités.

L'entreprise United Technologies offre un bon exemple d'une application quasi impeccable de ce principe. L'entreprise est constituée de quatre groupes d'exploitation :

- le groupe Otis, leader dans le secteur des ascenseurs et des équipements connexes, représente 26 % du chiffre d'affaires en 2002 ;
- le groupe Carrier, leader mondial dans les systèmes de climatisation, compte pour 43 % du chiffre d'affaires ;
- le groupe Pratt & Whitney, grand fabricant de moteurs d'avion, fait 14 % des revenus ;

- le groupe Flight Systems (Sundstrand et Sikorsky), qui détient une forte position dans les secteurs des hélicoptères et des systèmes avioniques, réalise 17 % du chiffre d'affaires.

De plus, United Technologies réalise 56 % de son chiffre d'affaires dans des marchés autres que le marché américain, ce qui lui assure une solide diversification géographique de ses revenus.

3. **L'entreprise bien diversifiée doit afficher une croissance soutenue des revenus et des bénéfices ainsi qu'un bilan sain. L'entreprise doit se montrer capable de soutenir sa rentabilité dans les périodes creuses du cycle économique.** Par exemple, malgré un contexte économique défavorable en 2001 et en 2002, l'entreprise United Technologies a continué d'accroître ses revenus et son bénéfice net. La société Emerson a mérité les accolades des investisseurs pour son habileté à maintenir une bonne performance tout au long du cycle économique.

L'entreprise croît en bonne partie grâce au développement de nouveaux produits et de nouveaux marchés par ses entités opérationnelles. Les acquisitions jouent un rôle stratégique de renforcement de position dans un secteur ou de pénétration de nouveaux marchés géographiques, mais elles ne sont pas le moteur premier de la croissance de l'entreprise. L'entreprise bien diversifiée évite l'endettement trop lourd et cherche à obtenir ainsi qu'à conserver une bonne note de crédit des agences spécialisées comme Standard & Poor, Moody's et Fitch.

Elle compte sur des flux financiers internes, importants et stables, pour financer les nouveaux projets et les dépenses en capital de l'entreprise. Malgré sa complexité, elle cherche à présenter des résultats financiers transparents et relativement faciles à comprendre.

4. **L'entreprise bien diversifiée doit s'assurer de maintenir les coûts du centre (ou siège social) à un niveau optimal. Il ne faut pas que la valeur créée par le centre soit oblitérée par les coûts qui sont associés à celui-ci. Le calcul est facile à comprendre.**

Supposons que le centre corporatif coûte quelque 50 millions de dollars pour chapeauter des entités opérationnelles, lesquelles pourraient constituer des entreprises autonomes de plein titre. Supposons que le titre de la société se transige à quelque 10 fois les bénéfices nets avant impôts. Les marchés financiers doivent alors attribuer une valeur économique au centre d'au moins 500 millions (50 millions × 10) pour que l'ensemble crée une valeur additionnelle par comparaison à la somme de ses parties. Évidemment, on devrait soustraire du coût du centre le coût de la gouvernance traditionnelle (conseil d'administration, etc.) que devraient assumer les entités si elles œuvraient comme des entreprises autonomes.

Une autre façon d'évaluer les coûts du centre est de les comparer avec le prix demandé par les gestionnaires de fonds mutuels ou de fonds d'investissement. Ainsi, l'entreprise diversifiée offre une gestion active d'un portefeuille diversifié dans trois ou quatre secteurs industriels pour quelque *x* % de la valeur marchande du portefeuille (en pratique, ce pourcentage se situe entre 0,5 et 0,75 %). Or, les gestionnaires de fonds demandent sensiblement le même prix pour une gestion passive de portefeuille.

Pour bon nombre de grandes entreprises, les coûts directement attribuables aux opérations du siège social disparaissent souvent par un habile processus de répartition de ces coûts dans les budgets respectifs des unités, des divisions ou des filiales. Ils représentent alors un genre d'impôt ou de taxe d'entreprise pour ces dernières.

Cette pratique est souvent justifiée par un souci de simplicité des procédés comptables. Cependant, à moins que la haute direction et le conseil d'administration n'exercent une surveillance vigilante et n'acceptent de remettre en question ces coûts, l'enveloppe budgétaire du siège social risque de grimper de façon graduelle et subreptice, et d'exercer ainsi une influence négative sur la valeur économique de l'entreprise.

C'est pourquoi il est utile, particulièrement pour le conseil d'administration, de maintenir un poste comptable distinct afin d'isoler les dépenses du siège social. Ce poste doit comprendre tous les coûts engendrés directement par le fait que les unités d'affaires sont réunies sous la gouverne d'une entité centrale plutôt que gérées de façon distincte en tant qu'entreprises indépendantes.

La haute direction de l'entreprise a le devoir de donner l'exemple d'une gestion parcimonieuse, mue par le seul impératif de maximiser la valeur économique de l'entreprise. Tout le personnel prendra acte des signaux donnés et calquera ses comportements sur ceux de la haute direction. Tout ajout de personnel ou de ressources au siège social doit être soumis au dur test de la valeur ajoutée. Comment cet ajout de ressources renforce-t-il l'un ou l'autre des moteurs corporatifs décrits plus haut et contribue-t-il ainsi à créer davantage de valeur économique ?

Il n'est pas certain, cependant, qu'il soit toujours optimal de diminuer les ressources du siège social. Le rendement de ces nouvelles ressources peut s'avérer très élevé si celles-ci contribuent à améliorer le système de gouvernance stratégique décrit dans ce chapitre. Le centre doit donc disposer des moyens nécessaires pour jouer pleinement son rôle, mais il doit éviter toute dépense ne contribuant pas directement à la création de valeur économique.

5. **L'entreprise diversifiée doit se doter d'un système de gouvernance stratégique (ou interne) qui pousse toutes les entités de l'entreprise à rechercher une haute performance. De tous les moteurs de création de valeur, celui-ci est fondamental et trop souvent mal compris.**

Par définition, la gouvernance stratégique fait référence aux activités du centre de l'entreprise, non pas à la gouvernance « corporative » exercée par les conseils d'administration.

L'entreprise diversifiée doit démontrer que, par la gouvernance active et « à plein temps » qu'exercent les dirigeants au siège social, elle obtient une meilleure performance de ses entités que celle qui serait réalisée si chaque entité était autonome et soumise à la gouvernance d'un conseil d'administration traditionnel.

Étant donné la piètre performance historique des conseils d'administration, cet argument jouit d'un préjugé favorable auprès des investisseurs, mais seulement si la première condition est remplie, c'est-à-dire que l'entreprise détienne 100 % de ses entités. En effet, comment invoquer ce principe lorsque l'entreprise est constituée d'entités à la propriété partagée soit avec des partenaires, soit avec le marché des investisseurs publics ?

C'est alors le pire des deux mondes : une entreprise diversifiée, donc complexe, mais qui ne peut bénéficier des deux leviers principaux de création de valeur. Elle ne peut utiliser les flux financiers d'un secteur pour investir dans un autre secteur. Elle ne peut davantage imposer son système de gouvernance, puisque la présence de partenaires publics ou privés rend nécessaire la constitution d'un conseil d'administration représentatif et au fonctionnement traditionnel.

6.4 Les quatre piliers de la gouvernance stratégique

Une gouvernance stratégique qui se veut efficace et créatrice de valeur doit reposer sur quatre piliers bien précis (Allaire & Firsirotu, 1989, 1993).

6.4.1 Premier pilier – Architecture et leadership

L'entreprise s'est complexifiée. Elle œuvre dans plusieurs secteurs d'activité en conséquence de sa croissance organique ou à la suite d'acquisitions. Chaque secteur, ou unité d'affaires, doit être dirigé par un cadre opérationnel doté d'un esprit d'entrepreneurship et capable d'exécution stratégique. Par ailleurs, le leadership au centre (le « mandant » dans la terminologie financière) doit démontrer aux dirigeants des groupes opérationnels une expertise crédible, une connaissance fine de leurs enjeux stratégiques, des critères de succès dans leur secteur et de vraies mesures de performance pour ce type d'opération.

Il faut bien comprendre, et ici nous réitérons notre propos du chapitre 2, que les dirigeants des unités opérationnelles doivent relever d'un dirigeant (d'un mandant) exécutif qu'ils jugent légitime et crédible : légitime en ce que cette personne a été choisie en conséquence d'un processus perçu comme juste et équitable, non soumis au favoritisme ou au népotisme ; crédible en ce sens qu'elle possède des états de service antérieurs démontrant une expertise et une réelle connaissance des secteurs industriels qui relèveront de sa direction ou, mais cela est très hasardeux, cette personne acquerra rapidement une compréhension des enjeux stratégiques et des particularités opérationnelles de ce secteur.

On voit bien pourquoi le recrutement externe d'un dirigeant pour une entreprise donnée, démarche pourtant fréquente aujourd'hui, pose souvent problème et mène parfois à des échecs douloureux.

Le nouveau dirigeant ne sera légitime que si les dirigeants en place jugent qu'aucun d'entre eux n'aurait pu assumer ce poste. Il ne sera crédible, de prime abord, que si son expérience professionnelle paraît pertinente et exceptionnelle aux yeux des dirigeants qui relèveront de lui. La légitimité et la crédibilité du dirigeant affecté au centre sont des conditions nécessaires (mais non suffisantes) à toute gouvernance créatrice de valeur.

L'esprit d'entreprise, le flair stratégique et la capacité d'exécution des dirigeants opérationnels en constituent le moteur stratégique. L'identification, le recrutement, le développement et la rétention de tels dirigeants représentent une tâche essentielle du centre et une des contributions significatives de celui-ci à la valeur de l'entreprise. Ce premier pilier de la gouvernance stratégique porte également sur l'architecture de l'entreprise, sur son organisation, de façon à maintenir les bénéfices de sa taille et de sa diversité sans encourir de tels coûts de complexité que l'entreprise perde tout avantage stratégique. Le chapitre 9 traite de ces enjeux.

L'architecture de ce type d'entreprise relève donc de considérations : a) sur la relation de crédibilité entre les différents niveaux de responsabilité ; b) sur le regroupement judicieux d'activités dans une même unité opérationnelle ; c) sur la nature et le nombre de ces regroupements. Au chapitre 21, nous traitons des formes d'organisation appropriées aux stratégies de diversification.

Cette exigence essentielle d'un mandant crédible et légitime, de qui relèvent les unités opérationnelles, limite le nombre des secteurs ainsi que l'hétérogénéité de la diversification de l'entreprise. À l'exception de GE (entreprise, sous la gouverne de Jack Welch, qui comptait de 12 à 14 secteurs industriels ; situation à haut risque, n'eut été de la longue tradition d'excellence de gestion chez GE, de puissantes valeurs partagées dans toute l'entreprise, d'un personnel de direction façonné et développé au sein de GE ainsi que de l'énergie surhumaine de Welch), les entreprises bien diversifiées limitent leurs activités à 3, à 4 ou à 5 secteurs industriels et ont tendance à élargir leur base d'activités de façon très graduelle.

Ces entreprises limitent également leur diversification à des secteurs industriels ayant en commun certaines caractéristiques de fonctionnement. Ainsi, il est rare, par exemple, qu'une entreprise dans le secteur manufacturier se diversifie dans le secteur du commerce de détail. Par contre, il est fréquent qu'aux secteurs industriels, l'entreprise diversifiée ajoute un secteur financier. Chaque fois, cette opération s'avère hasardeuse, puisqu'elle exige du centre une expertise crédible pour la gouvernance d'un secteur pour lequel les dirigeants du centre n'ont parfois aucune expérience préalable.

Ainsi, la société diversifiée Westinghouse a été amenée au bord de la faillite par un secteur financier hors de contrôle. Les problèmes de Tyco ont commencé, ou à tout le moins ont été amplifiés, par l'acquisition de CIT, une grande entreprise de services financiers.

La société GE semble avoir réussi ce tour de force avec GE Capital, mais il faut bien noter que les débuts de GE dans les services financiers datent des années 1970 et que les dirigeants de GE ont appris les tenants et les aboutissants de ce secteur par expérience au fil des ans. Néanmoins, la performance médiocre du titre de GE au cours de la période 2001-2002 est, en grande partie, imputable aux inquiétudes soulevées par son groupe GE Capital.

En 1974, Bombardier a également fait des débuts modestes dans ce secteur par le financement des inventaires de concessionnaires de motoneiges. Cependant, lorsque le président du groupe financier, Bombardier Capital, a entrepris en 1996-1998 de diversifier les activités dans sa poursuite d'une forte croissance, il a engagé le groupe dans de nouveaux types de financement qu'il maîtrisait mal. Cela a eu comme résultat des pertes importantes dans ce secteur entre 1999 et 2001.

Une saine gouvernance est faite d'une bonne dose de scepticisme envers les nouvelles initiatives proposées par les groupes opérationnels, lorsque ces projets amènent l'entreprise dans des champs d'activité inédits pour l'entreprise. Cela vaut tout autant lorsque de telles propositions émanent de cadres opérationnels jugés fiables, aux longs et valeureux états de service dans l'entreprise et aux propos persuasifs. Trop souvent, ceux-ci sous-estiment les habiletés qui leur font défaut et les traquenards qu'ils n'ont pas aperçus à propos de ces nouvelles activités. Par ailleurs, l'autonomie relative des dirigeants opérationnels et la responsabilité qui leur incombe de proposer des initiatives de croissance comportent toujours un risque de dérapage. Le génie du leadership et l'essence de la gouvernance dans de telles entreprises consistent à établir et à protéger un délicat équilibre entre, d'une part, l'exigence d'un contrôle judicieux par le centre et, d'autre part, la nécessaire autonomie des cadres opérationnels. **Comment s'assurer que la grande entreprise ne devient ni une bureaucratie stérile ni un lieu d'initiatives anarchiques ?**

6.4.2 Deuxième pilier – Un processus efficace de gestion et de planification stratégiques

Dans la mesure où l'exigence première de légitimité et de crédibilité des dirigeants est satisfaite, et c'est une condition nécessaire mais non suffisante à ce type de démarche, le système de gouvernance stratégique doit susciter un dialogue continu entre le centre et les dirigeants opérationnels sur leurs orientations, leurs enjeux et leurs initiatives de portée stratégique. **Le centre doit s'assurer que ce dialogue se poursuit dans un climat de confiance mutuelle, de franchise et de support envers les unités opérationnelles.** Cette candeur et cette franchise de la part des dirigeants et des cadres opérationnels seront grandement stimulées par la qualité de l'information disponible au centre. Le processus de gestion et de planification stratégiques doit être construit de façon à fournir des moments forts pour les discussions d'orientations stratégiques, ainsi que des occasions programmées pour discuter des nouveaux enjeux et évaluer les progrès accomplis. Nous présentons, au chapitre 21, une démarche de planification stratégique conforme aux exigences d'une gouvernance stratégique efficiente.

6.4.3 Troisième pilier – Une information stratégique et financière de haute qualité

Les dirigeants œuvrant au centre, tout légitimes et crédibles qu'ils sont, seront vite à la remorque des dirigeants opérationnels si l'information dont ils disposent est partielle et gérée exclusivement par ces dirigeants opérationnels.

Les dirigeants affectés au centre doivent s'assurer d'une information financière fiable, intègre et opportune. Cette assurance provient souvent d'une architecture d'organisation qui fait relever les dirigeants financiers des unités opérationnelles directement du centre. Leur nomination, leur promotion et leur rémunération variable dépendent alors du dirigeant financier au centre de toute l'entreprise. D'autres entreprises, plus subtiles, laissent les responsables de la gestion financière relever du dirigeant opérationnel, mais contrôlent leur nomination et s'assurent qu'ils proviennent du « sérail » de cadres bien formés aux systèmes, aux us et coutumes de l'entreprise en matière de gestion financière.

Le centre doit également acquérir une information de nature stratégique qui ne soit pas filtrée ou interprétée par les unités opérationnelles. Le type d'information nécessaire à la gouvernance sera variable d'une entreprise à l'autre, et même d'une unité opérationnelle à l'autre au sein d'une même entreprise. Toutefois, les informations suivantes sont pertinentes dans tous les cas et devraient **provenir de sources indépendantes** :

- niveau de satisfaction des clients quant aux produits et aux services offerts par chaque unité opérationnelle ;
- comparaison de l'unité avec ses principaux concurrents sur les facteurs clés de succès dans son marché et son secteur d'activité selon une appréciation établie par les clients actuels et potentiels ;
- évaluation du climat de travail sur des dimensions critiques, comme clarté stratégique, qualité des communications, style de leadership, adhésion aux valeurs de gestion, etc.

6.4.4 Quatrième pilier – Un système de rémunération variable et de motivation incitant à de hautes performances

Dans la foulée des fiascos financiers des entreprises Enron, WorldCom, Tyco et autres, et des scandales dans le milieu des analystes financiers Citigroup, JP Morgan et Goldman Sachs, les investisseurs soumettent maintenant les entreprises et leurs conseils d'administration à des exigences sévères en matière de rémunération des cadres et des dirigeants.

Il ne fait aucun doute que, durant la période 1990-2000 tout particulièrement, des rémunérations outrancières dans les systèmes financier et économique américains ont été la cause directe de comportement douteux, parfois carrément frauduleux. Or, ce phénomène a été l'aboutissement de trois tendances qui se sont conjuguées durant cette période.

1. L'affirmation d'un capitalisme d'investisseurs, ayant comme conséquence une sensibilité et une vulnérabilité accrues des entreprises aux marchés financiers, ainsi que nous l'avons décrit au chapitre 1. En conséquence, plusieurs entreprises ont pensé bien agir en reliant la rémunération variable de leurs dirigeants directement à la performance du titre de l'entreprise.

2. Les carences de légitimité et de crédibilité des conseils d'administration. Les administrateurs, formés et façonnés par un contexte d'entreprise très différent, n'ont pas immédiatement compris les règles brutales et les âpres motivations inhérentes à ce nouveau contexte. Leur expertise limitée en matière de rémunération variable et de principes comptables les a rendus vulnérables aux interprétations et aux manipulations des données comptables qui ont pu servir à propulser la valeur d'un titre.

3. Une foi naïve envers l'efficience des marchés boursiers toujours capables, selon les théoriciens, de départager la vraie performance de l'entreprise des résultats comptables « arrangés » pour montrer une performance artificiellement gonflée. Nous avons souligné, au chapitre 3, les différences entre « **création de valeur économique durable** » et « **création de valeur pour les actionnaires** ». En longue durée, ces deux notions convergent vers un même résultat ; mais, en courte période, la divergence entre les deux concepts peut être considérable.

Les systèmes de rémunération variable doivent garder un juste équilibre entre les incitatifs à court terme et ceux à plus long terme, afin de maximiser la performance économique de l'entreprise, appuyer sa croissance et assurer sa pérennité. L'enjeu de la rémunération des cadres et des dirigeants est complexe, et il se trouve au cœur des problèmes de l'entreprise moderne œuvrant au confluent de marchés financiers impatients et de marchés du talent mobile et calculateur (Allaire, 2002).

Nous proposons quatre principes qui devraient guider l'élaboration de systèmes de rémunération dans l'entreprise moderne.

1er principe : la valeur, la rareté et la mobilité du talent

Ce premier principe soulève trois questions essentielles qui, curieusement, sont rarement abordées en pratique.

1. Les dirigeants, les gestionnaires et le personnel technique – le talent de l'entreprise – sont-ils comptables et responsables d'une grande part de la valeur créée par l'entreprise ?
2. Ce talent est-il rare, difficile à trouver et à remplacer ?
3. Ce talent est-il mobile, susceptible de se déplacer aisément vers une autre entreprise ?

Une réponse affirmative à ces trois questions est un phénomène de plus en plus fréquent à notre époque dans le contexte nord-américain (et de la plupart des sports professionnels !) pour les raisons décrites au chapitre 1. Cette réalité fait de la rémunération un enjeu d'une importance critique ; elle justifie des formes inédites et des hauts niveaux de rémunération variable.

Cependant, les entreprises, les industries et les sociétés varient grandement quant à la contribution des dirigeants et des cadres à la création de valeur et quant à leur propension à se déplacer d'une entreprise à l'autre. Rappelons, par exemple, les différences importantes entre les trois industries du chapitre 4 quant à la pente (paramètre *b* des figures du chapitre montrant la relation entre M/B et VCI$_{\text{capitaux propres}}$ ou entre VM/VL et le VCI$_{\text{actifs}}$. Un coefficient *b* élevé indique une forte valeur économique pour des dirigeants capables de relever le niveau du VCI de l'entreprise. La rémunération des dirigeants devrait tenir compte de cette réalité. En d'autres mots, **les secteurs d'activité caractérisés par une réaction très forte des marchés financiers à l'amélioration de la performance économique de l'entreprise devraient adopter une politique de rémunération du personnel qui soit sensible à cette réalité.**

On doit également tenir compte du fait que, dans certains secteurs, les performances des entreprises sont fortement déterminées par les prix internationaux de certaines denrées (or, aluminium, pâtes et papiers, pétrole). Récompenser la direction pour des résultats en grande partie imputables à des événements hors de leur contrôle est inapproprié, bien que cela soit très fréquent en pratique.

De plus, différents systèmes économiques et différentes cultures suscitent des valeurs, des comportements et des attentes différentes en matière de rémunération et de relation entre la personne et l'entreprise. La recherche de sécurité, un certain mépris pour les transfuges, des politiques de promotion interne exclusive sont encore le lot de nombreuses sociétés, entreprises et personnes. Au Japon, même à notre époque, la mobilité d'une entreprise à l'autre demeure un phénomène marginal, bien qu'apparaissent les signes avant-coureurs d'une américanisation du « marché du talent ».

Enfin, l'entreprise abrite de multiples talents, certains plus rares et plus difficiles à remplacer, d'autres plus abondants et moins essentiels. Un système uniforme de rémunération variable risque de maltraiter les premiers et de surpayer les seconds.

Le système de rémunération d'une entreprise devrait être sensible à cet ensemble de facteurs.

2ᵉ principe : les incitatifs financiers non garants de motivation et d'engagement

Les systèmes de rémunération ont un puissant effet sur les comportements, pour le pire et pour le meilleur. Les années récentes ont fait la preuve de cet énoncé. Ainsi, plusieurs observateurs ont souligné à quel point, chez Enron, le système de rémunération et d'évaluation des cadres avait contribué à façonner une culture de mercenaires, âpres au gain, prêts à tout pour réussir et pour qui l'intérêt de l'entreprise arrivait loin derrière leur enrichissement personnel.

Les entreprises capables de haute performance en longue durée proposent toujours à leur personnel une raison d'être, une vision de l'entreprise qui donne un sens, un « surplus d'âme » à leur travail. Au cours des années 1990-2000, pour un ensemble de raisons décrites au chapitre 1, le pendule semble s'être déplacé, en Amérique du Nord du moins, vers une **conception** strictement « **économiste** » de la relation entre la personne et son entreprise.

Plus récemment, on observe **un retour vers certaines valeurs humanistes**, l'accent est de nouveau mis sur la loyauté et la durée de la relation d'emploi. Sans sombrer dans une nostalgie des temps révolus, les entreprises doivent offrir à leur personnel de tout niveau un riche éventail de motivations dont, bien sûr, l'attrait pécuniaire. Faut-il rappeler que des motivations comme le besoin de réalisation de soi et le désir d'affiliation sont des moteurs de performance tout aussi puissants et plus durables que les incitatifs monétaires ?

Lorsqu'elles étendent leurs activités à des sociétés et à des cultures distinctes, les entreprises doivent également prendre garde de présumer que les systèmes de motivation qui sont efficaces dans un lieu le seront dans un autre.

3ᵉ principe : la loi des rendements décroissants

Un système de rémunération bien conçu prendra en compte le fait que l'augmentation de la rémunération variable au-delà d'un point donné aura possiblement un effet dépressif sur la valeur de l'entreprise pour trois raisons.

1. Toute personne est limitée par les heures disponibles et son énergie physique quant à la somme de travail qu'elle peut abattre ; des incitatifs pécuniaires supplémentaires ne peuvent tirer plus de performance d'une personne fonctionnant à plein régime.

2. De façon plus subtile, des incitatifs financiers qui produisent un enrichissement rapide des cadres et des dirigeants peuvent avoir un effet nuisible sur la performance de l'entreprise si, comme nous l'avons indiqué plus haut, d'autres facteurs de motivation ne s'ajoutent aux facteurs économiques. Alors, les gestionnaires, plus riches qu'ils ne l'avaient espéré, perdent leur motivation au travail, veulent jouir de la vie, quittent même l'entreprise à un jeune âge. Microsoft a connu ce problème avec son personnel devenu multimillionnaire dans

la vingtaine grâce aux options d'achat sur le titre de Microsoft qui leur avaient été accordées.

3. Enfin, de toute évidence, des systèmes de rémunération mal calibrés promettant des rémunérations astronomiques sur la base de résultats à court terme ont un effet corrosif sur l'éthique des dirigeants et peut les inciter à des comportements douteux sinon carrément frauduleux.

4ᵉ principe : la vraie création de valeur récompensée

Tout au long des chapitres 3 et 4, nous avons décrit plusieurs mesures de performance, chacune ayant ses particularités et ses limites. Le choix d'une mesure particulière pour arrimer la rémunération variable dépend des circonstances de chaque entreprise. Toutefois, nous sommes d'avis que **les scores internes comportant une mesure des attentes des marchés financiers, comme l'EVA et le VCI, fournissent le meilleur critère.**

Ce n'est pas le caractère astucieux du système de rémunération qui importe, mais la légitimité et la crédibilité des mandants qui gèrent le système. En effet, la direction supérieure doit connaître et comprendre ce qu'est une contribution significative dans un secteur donné, doit savoir quels sont les trucs qui peuvent être utilisés pour bonifier artificiellement la performance à court terme ou « gérer » les paramètres sur lesquels la rémunération variable est établie. Les dirigeants opérationnels doivent savoir que les dirigeants du centre savent ! De toute évidence, on devrait observer cette même qualité de relation entre les dirigeants du centre et le conseil d'administration, mais cela est rarement le cas.

Les dirigeants, légitimes et crédibles, doivent donc mettre en place des systèmes de rémunération calibrés, bien arrimés à des mesures de performance fiables et valides comme celles décrites au chapitre 3 (EVA, VCI, etc.). Ils doivent faire preuve de perspicacité et de subtilité pour motiver pleinement et de façon durable le personnel stratégique, mais éviter de donner des récompenses financières démesurées ou sans relation avec leur véritable contribution.

La figure 6.3 présente une vue d'ensemble de ces quatre piliers de la gouvernance stratégique.

| Figure 6.3 | Les quatre piliers de la gouvernance stratégique |

Piliers de la gouvernance stratégique

Leadership et architecture	Gestion stratégique et processus de planification	Système d'information et suivi de la performance	Système de rémunération et d'incitation à la performance
• Structuration des activités et mandat de chaque unité d'affaires • Leadership et entrepreneurship dans chaque unité d'affaires • Crédibilité et légitimité des leaders-mandants	• Stratégie claire pour chaque unité d'affaires • Occcasions de discussion et d'approbation des orientations stratégiques par le centre • Processus stratégique favorisant un dialogue suivi entre le centre et les unités d'affaires	• Intégrité, pertinence ainsi qu'objectivité de l'information financière et comptable • Qualité et objectivité de l'information stratégique incluant les indicateurs précurseurs de performance	• Rémunération variable en fonction d'une véritable création de valeur économique • Arbitrage entre la performance à court et à long terme • Alignement des intérêts des cadres et des dirigeants sur ceux des investisseurs à long terme

© Allaire et Firsirotu, 1993, 2004

6.5 Les moteurs corporatifs communs aux deux entreprises

6.5.1 Renforcer l'entreprise par des initiatives stratégiques d'ensemble et des projets judicieux d'expansion ou de retranchement

Que l'entreprise soit du premier ou du deuxième type, la direction œuvrant au centre est responsable des initiatives d'ensemble utiles à la performance de l'entreprise. Ainsi, un programme comme Six Sigma (un programme rigoureux de réduction des coûts et d'amélioration de la qualité) doit être une initiative « corporative », implantée dans toutes les unités de l'entreprise, comme cela a été fait dans les sociétés GE, Bombardier, Honeywell et autres.

La mise en place d'un système de mesures de la performance et de la rémunération variable, comme l'EVA ou les tableaux de bord de performance (*Balanced Scorecards*), fournit un autre exemple.

Le centre d'une grande entreprise doit cependant se montrer parcimonieux en ce domaine. De grandes initiatives corporatives, devant être déployées partout dans l'entreprise, représentent souvent de véritables révolutions et doivent être gérées comme telles (la partie VI traite des exigences et des méthodes pour mener à bien de telles opérations). En plus de 20 ans, Welch, comme PDG de General Electric, s'est limité à une demi-douzaine d'initiatives « corporatives ». Cela est sage.

Enfin, on trouve, regroupées sous ce moteur corporatif de création de valeur, les démarches et les initiatives de la haute direction dans les domaines des acquisitions et des dispositions d'actifs. C'est là un rôle éminemment créateur de valeur lorsque la direction supérieure s'avère sagace et judicieuse en ce domaine. Le succès de GE au cours de la période 1990-2000 provient en bonne part d'une décision stratégique prise par Welch, dès sa nomination comme PDG en 1981, de réorienter complètement les activités de l'entreprise par un programme de vente d'entreprises dans des secteurs qu'il jugeait peu prometteurs et par l'acquisition d'entreprises dans d'autres secteurs, afin de renforcer sa position stratégique dans ces marchés (souvenons-nous de son orientation globale d'être «premier ou deuxième» dans tous ses marchés).

6.5.2 Bien gérer la réputation de l'entreprise auprès de ses publics ciblés

La réputation de l'entreprise comme employeur et citoyen corporatif, la crédibilité de sa direction ainsi que sa clarté financière et stratégique sont les actifs précieux de toute entreprise, *a fortiori* pour les grandes entreprises complexes par la diversité de leurs activités.

Les programmes de philanthropie, les interventions sociopolitiques, les prises de positions politiques doivent être bien gérés. Le centre est également responsable des relations de l'entreprise avec les actionnaires, les analystes financiers, les agences de crédit (Moody's, Standard & Poor, etc.) et la communauté des investisseurs individuels ou institutionnels. L'entreprise qui sait fournir aux marchés financiers des explications claires, fiables et persuasives sur ses orientations et ses développements stratégiques, et dont les dirigeants jouissent auprès des investisseurs d'une solide réputation de stratèges habiles et de gestionnaires sagaces, pratiques et exigeants, sera récompensée par une forte valeur marchande pour ses titres.

Rappelons que cette confiance qu'inspire le personnel de direction aux marchés financiers joue un rôle important dans l'évaluation que font les marchés financiers des perspectives de rentabilité de nouveaux projets, des acquisitions et des investissements stratégiques de l'entreprise.

Si, par malheur ou par maladresse, la direction perd la confiance des investisseurs, il lui sera très difficile de la regagner, et l'entreprise en subira les effets négatifs sur sa valeur boursière. En fait, tout autant que créer de la valeur, la direction d'une grande entreprise peut facilement réduire la valeur économique de l'entreprise par une mauvaise gestion de ses relations avec les marchés financiers.

6.6 Bombardier : bâtir et gouverner une entreprise diversifiée

Sous le leadership de Laurent Beaudoin, Bombardier est devenue une grande entreprise transnationale et diversifiée, un leader mondial dans tous ses marchés. Cette réussite, jusqu'aux événements de l'automne 2001, n'est toutefois pas le fruit du hasard. La vision, la mission et l'orientation stratégique de Bombardier comportent depuis de nombreuses années un énoncé selon lequel Bombardier doit se diversifier dans quelques secteurs d'activité et chercher à devenir le leader dans tous ses marchés. Il lui aura fallu 26 ans (1974-2000) pour réaliser cette vision dans le secteur du transport et plus de 12 ans (1986-1998) pour réussir ce tour de force dans les secteurs des avions régionaux et des jets d'affaires.

La stratégie d'ensemble de Bombardier est fondée sur des principes précis qui ont guidé ses choix et ses décisions au cours des années.

1. Investir et innover de façon à soutenir la croissance rentable de l'entreprise.

2. Devenir un leader dans tous ses marchés.

3. Promouvoir l'esprit d'entrepreneurship partout dans l'entreprise ; structurer l'entreprise en divisions autonomes et responsables de leur performance.

4. Maintenir une diversification équilibrée tant sur le plan des secteurs industriels que sur celui des marchés géographiques.

5. S'assurer de contrôler sa destinée, notamment en ce qui concerne le contrôle de ses technologies et de son savoir-faire.

6. Acquérir et conserver la propriété complète de toutes les entités de l'entreprise.

7. Obtenir une haute performance des divisions et des groupes opérationnels de l'entreprise par un rigoureux système de gouvernance stratégique.

Au cours des ans et au gré de la complexité de l'entreprise, Laurent Beaudoin a dû et a su ajuster son mode de leadership au nouveau contexte de l'entreprise. Déterminé à faire de Bombardier un leader dans tous ses marchés, il était à l'affût des occasions d'acquisitions pour renforcer la présence de Bombardier dans l'un ou l'autre de ses marchés.

Laurent Beaudoin a été le champion du développement de nouveaux produits, l'« entrepreneur en chef » de l'entreprise. Cependant, il croit aussi en la valeur d'une excellente gestion et en la nécessité de mettre en place des systèmes de gestion avant que l'entreprise soit surchargée par la complexité produite par son activité entrepreneuriale.

Il fait preuve d'une grande discipline dans l'observance des sept principes cités plus haut qui lui ont servi de guide dans l'action. Enfin, il dirige l'entreprise par un processus de gouvernance stratégique fort élaboré, mais jugé essentiel au succès de l'entreprise diversifiée. Ce processus de gouvernance stratégique exige plus du tiers de son temps ainsi qu'une discipline et une rigueur exemplaires.

Comment Laurent Beaudoin en est-il arrivé à cette stratégie corporative et à ces principes en matière de diversification et d'acquisition ?

6.6.1 Diversification et gouvernance stratégique chez Bombardier

En 1985, la société Bombardier a réalisé un chiffre d'affaires de quelque 500 millions de dollars canadiens grâce à des activités dans deux secteurs distincts : la motoneige et le matériel pour le transport ferroviaire de passagers. Laurent Beaudoin, président et chef de la direction, a alors songé à diversifier les activités de l'entreprise par l'ajout d'un troisième secteur. Par expérience et par observation, il savait le caractère hasardeux de ces opérations, mais il était également certain que la diversification pouvait apporter une nouvelle source de croissance tout en rendant l'entreprise moins vulnérable à des événements imprévus et incontrôlables.

La genèse

Bombardier a été fondée en 1943 par un inventeur et entrepreneur talentueux, J. Armand Bombardier, dans le but de fabriquer du matériel industriel conçu pour le transport sur neige. Après avoir développé et mis en marché plusieurs types de véhicules industriels conçus pour le transport sur neige, J. Armand Bombardier a mis au point en 1959 un petit véhicule motorisé équipé de skis pour transporter une ou deux personnes sur la neige. Ce produit, nommé Ski-Doo (à cause d'une erreur typographique, l'intention étant de le nommer Ski-Dog!), a donné naissance à un nouveau sport, à un nouveau marché et à une nouvelle industrie. Malheureusement, le fondateur est décédé en 1964, au moment où son produit commençait à prendre son envol.

Après quelques péripéties, son gendre, Laurent Beaudoin, est devenu en 1966 le directeur général de l'entreprise. De 1966 à 1972, le marché de la motoneige a crû de façon fulgurante, atteignant des ventes de plus de 400 000 unités en 1971. Malgré la multiplication des concurrents, Bombardier a conservé quelque 40 % de ce marché et a donc connu une prospérité spectaculaire. L'entreprise a fait une première offre d'actions au grand public en 1969; ses actionnaires, la famille Bombardier, ont récolté quelque 32 millions de dollars canadiens pour 2 millions d'actions, soit environ 13 % du capital de l'entreprise à l'époque.

Durant la période de 1966 à 1973, devant l'augmentation massive de la demande, Bombardier a investi dans les équipements de production et procédé à une intégration verticale très poussée.

Pourquoi cette stratégie d'intégration verticale?

Dans un marché croissant à une telle vitesse, plusieurs fournisseurs de composantes essentielles (chenilles, capots en fibre de verre, moteurs Rotax, etc.) n'ont pas les ressources financières ni les compétences de gestion pour croître au même rythme que Bombardier ou, comme dans le cas du moteur Rotax, rendent Bombardier vulnérable à une prise de contrôle d'un fournisseur essentiel par une autre entreprise.

Dans ce contexte, Bombardier devait agir rapidement. À l'époque, il n'y avait pas d'autre option pour elle que d'acheter ces fournisseurs et de les intégrer au fonctionnement de son entreprise. Bombardier pourrait ainsi s'assurer que les investissements seraient faits et que les compétences seraient assemblées en fonction des besoins du marché de la motoneige. (Le chapitre 9 traite des raisons économiques qui sous-tendent cette décision d'intégration verticale dans le contexte contemporain.)

Tout marché à forte croissance atteint, un jour ou l'autre, sa phase de maturité. Cette dynamique de marché est inéluctable, mais toujours surprenante. (Pensons à l'exemple récent offert par les fabricants de produits de télécommunication – Nortel, Lucent, Cisco et autres – tout surpris et penauds devant la chute rapide de la demande pour leurs produits.)

Or, plus la croissance du marché est rapide, plus la chute des ventes à maturité sera dramatique. De façon générale, les ventes pour un bien durable chutent brutalement lorsque survient la phase de maturité, et elles auront tendance dès lors à osciller autour de 50 % des ventes réalisées à l'apogée du marché. (Ces aspects du marché sont décrits à la partie IV.)

Comme il arrive souvent, un événement contextuel déclenche le phénomène de maturité du marché. Pour la motoneige, la crise de l'énergie en 1973, provoquée par la guerre du Yom Kippour entre Israël, l'Égypte et la Syrie, et l'embargo des pays arabes (OPEP) sur l'exportation de pétrole, a joué un rôle déterminant. À l'automne 1973, moment fort pour les ventes de motoneiges, le prix du pétrole brut a bondi en quelques jours de 3 $ US à 13 $ US. Bombardier venait tout juste, le 29 août 1973, de produire la millionième motoneige Ski-Doo. Il faudra 20 ans à l'entreprise pour vendre un deuxième million de Ski-Doo !

La chute précipitée des ventes pour la saison 1973-1974 dans un contexte d'intégration verticale très poussée (près de 90 % du produit final était fabriqué au sein de Bombardier) a entraîné une perte de 7,9 millions de dollars au 31 janvier 1974 et une augmentation importante de l'endettement.

Cette période difficile et ce revirement soudain de fortune ont donné une leçon à Bombardier et à son président, Laurent Beaudoin. **Jamais plus l'entreprise ne devrait dépendre d'un seul marché, un marché vulnérable aux aléas de la température ainsi qu'à des décisions politiques prises à Washington ou à Rhyad. Jamais plus l'entreprise ne devrait s'intégrer verticalement au-delà de ce qui est nécessaire pour contrôler sa destinée, ses compétences et ses technologies.**

Laurent Beaudoin a alors décidé qu'il fallait diversifier l'entreprise, et le faire rapidement. Par un concours fortuit de circonstances, Bombardier a fait son entrée en 1974 dans le secteur du matériel de transport. Équipée d'une licence française pour les voitures de métro roulant sur pneus, elle a utilisé une usine de motoneiges désaffectée à La Pocatière, forte d'un embryon de connaissances du secteur obtenues avec l'acquisition de Rotax, dont une des filiales fabriquait du matériel de transport pour la ville de Vienne, en Autriche.

Ce secteur a été choisi pour diversifier l'entreprise à la suite d'une recherche systématique par Bombardier d'activités moins sensibles aux humeurs de l'économie et des modes, mais surtout grâce à l'occasion qui se présentait avec la tenue prochaine des Jeux olympiques à Montréal (en 1976).

Le service de transport en commun de la ville de Montréal devait, de façon pressante, augmenter la capacité du métro, mais il voulait aussi réduire sa dépendance avec la seule firme au Canada (Vickers Ltd.) apte à présenter une offre pour construire ces voitures. Les dirigeants de la Société de transport de Montréal ont invité, voire incité, Bombardier à préparer une offre de service. De son côté, Vickers, par mesure d'économie, n'avait pas renouvelé la licence française avec laquelle elle avait construit les premières voitures du métro de Montréal. Saisissant l'occasion, Bombardier a pu obtenir cette licence et ainsi être en mesure d'offrir des voitures identiques aux premières fabriquées par Vickers.

En 1974, Bombardier a donc gagné ce premier contrat pour les voitures du métro de Montréal, puis a connu quelques succès aux États-Unis. En 1982, après une épopée qui reste marquante dans son histoire, l'entreprise a gagné un contrat de 1 milliard de dollars pour la construction de 825 voitures de métro pour la ville de New York.

Cette victoire a résulté d'une combinaison de circonstances favorables vite comprises, d'audace à les saisir et de capacité à prendre des risques mesurés. Les responsables du service de transport en commun de la ville de New York, mécontents des prix obtenus des deux seules firmes en concurrence lors du dernier contrat octroyé par eux, souhaitaient augmenter le nombre de firmes en concurrence pour ce prochain contrat d'importance.

Par ailleurs, la firme japonaise Kawasaki, gagnante d'une partie importante du contrat précédent, a décidé de se retirer de la course pour un ensemble de raisons, dont le sentiment très défavorable à l'époque envers l'industrie japonaise, laquelle était perçue aux États-Unis comme une entreprise pratiquant une concurrence déloyale envers l'industrie américaine.

Encore une fois, Bombardier a pu acheter la licence de Kawasaki, lui permettant ainsi d'offrir des véhicules identiques à ceux fournis par Kawasaki et de livrer ces véhicules dans un délai relativement court, ce qui était une exigence des autorités new-yorkaises.

Cependant, un contrat d'une telle ampleur comportait aussi de grands risques. Les dommages exigibles en cas de retard de livraison ou de problèmes de performance étaient très élevés et, dans une telle éventualité, auraient mis l'entreprise en péril. Or, après de multiples péripéties, dont la tentative *in extremis* d'un concurrent américain de disqualifier Bombardier à cause du financement prétendument « trop généreux » offert par la Société canadienne de support aux exportations (SEE), Bombardier a exécuté ce contrat avec grand succès et de façon rentable.

À cette époque, Laurent Beaudoin voulait accélérer le rythme de croissance de l'entreprise par la diversification de ses produits. Bombardier a donc évalué un certain nombre de projets. En 1985, elle a commencé des discussions avec la firme japonaise Daihatsu pour la création d'une entreprise à risque partagé pour l'assemblage et la mise en marché pour l'Amérique du Nord de leurs véhicules automobiles (surtout une petite voiture pour le bas de gamme).

Ces discussions se sont avérées difficiles et frustrantes. Le projet a été abandonné en 1986, lorsque la valeur du yen a augmenté de plus de 50 % en quelques mois, annulant ainsi la compétitivité de coûts des composants japonais.

À la même époque a commencé le développement d'un petit véhicule aquatique motorisé, appelé Sea-Doo, qui a connu un grand succès quelques années plus tard. Bombardier a aussi fabriqué un véhicule motorisé, le Iltis, pour les forces armées belges. On a également évalué le marché des autocars ; toutefois, Bombardier a abandonné un important contrat d'autocars octroyé par le gouvernement du Québec au profit de General Motors.

À l'automne 1985, Bombardier a commencé des négociations avec le gouvernement de l'Ontario pour l'achat de l'entreprise UTDC, une société d'État dans le matériel de transport.

La société d'abord créée pour favoriser l'utilisation des moyens de transport en commun en Ontario, s'était transformée en un manufacturier de système de transport de pointe, opérant deux usines et employant quelque 1750 personnes.

Alors que Bombardier estimait avoir conclu une entente de principe, le gouvernement de l'Ontario a répudié son engagement et vendu l'entreprise à un autre groupe québécois, Lavalin.

Quelques années plus tard, en 1991, Lavalin a fait faillite et Bombardier a racheté UTDC à de meilleures conditions que celles offertes en 1986. Toutefois, en 1986, cette occasion qui lui échappait a donné à Laurent Beaudoin la conviction que si cette aquisition d'envergure avait réussie, il est probable que Bombardier n'aurait pas cherché à se diversifier dans un troisième secteur, du moins pour quelques années à venir.

Bombardier a aussi commencé à s'intéresser à une possible expansion en Europe de son secteur du matériel de transport. Le marché européen, beaucoup plus vaste que le marché nord-américain, était cependant dominé par quelques grandes firmes autour desquelles gravitent plusieurs petites entreprises concentrées sur leur marché intérieur. Bombardier a fait un premier pas en Europe en mars 1986 avec l'achat d'une participation de 40 % dans la société belge BN, fabricant de matériel de transport pour la Société nationale des chemins de fer belges.

Toutes ces initiatives n'offrent pas, **à court terme**, des possibilités de croissance et de diversification à la mesure des objectifs de Laurent Beaudoin et des ressources de Bombardier à l'époque.

La réussite de sa diversification dans le matériel de transport et les abondants flux financiers que ce secteur produisait ont incité Laurent Beaudoin à considérer, en 1985, l'ajout d'un troisième secteur d'activité. Toutefois, une initiative prise en 1975 lui conseillait la prudence envers tout projet d'acquisition. Cette année-là, Bombardier a fait l'acquisition de Montreal Locomotive Works (MLW), une entreprise fabriquant des locomotives de toutes catégories et de tous genres.

Selon Laurent Beaudoin, à l'époque, le processus d'acquisition avait donné une grande importance aux aspects financiers de la transaction (bilan, flux financiers, etc.), mais pas suffisamment à la vérification diligente des opérations, des relations de travail, de la qualité des produits, etc. Cette acquisition a été une source intarissable de problèmes jusqu'à ce que, plusieurs années plus tard, Bombardier revende l'entreprise à General Electric.

À la réunion du conseil d'administration de septembre 1985, Laurent Beaudoin a présenté ses vues et discuté de ses intentions. Il a été convenu que la direction de Bombardier évaluerait les possibilités de diversification non reliée, gardant à l'esprit certaines caractéristiques essentielles que devrait posséder tout nouveau secteur pour justifier l'intérêt de Bombardier. **Le nouveau secteur pour Bombardier serait manufacturier et comporterait un rôle important pour la gestion des achats et des relations avec les fournisseurs.** Ces deux critères correspondaient aux habiletés «génériques» de Bombardier, qui résultaient de ses activités dans les secteurs du matériel de transport et des produits récréatifs motorisés.

Au printemps de 1985, Laurent Beaudoin avait entrepris une réflexion systématique sur les enjeux de la diversification non reliée et les moyens à prendre pour en minimiser les risques. La question à laquelle il cherchait à répondre est la suivante : Comment et pourquoi certaines entreprises, notamment les sociétés General Electric et Emerson Electric, ont-elles réussi avec grand succès une diversification non reliée, alors que tant d'autres ont échoué lamentablement et parfois tragiquement en tentant d'exécuter une telle stratégie ? Pourquoi le taux d'échec des acquisitions est-il si élevé ?

Cette question fondamentale à propos des acquisitions et de la diversification a mené à une étude comparative des succès et des échecs en ce domaine, pour tenter d'en extraire certains principes, certaines causes récurrentes. Cet examen serré de l'expérience des autres est mené par l'un des auteurs de cet ouvrage (Allaire, qui est dès lors devenu un conseiller stratégique auprès de Beaudoin, puis vice-président exécutif de mai 1996 à juin 2001). De ce dialogue enrichi par l'expérience concrète de Beaudoin commencent à émerger, plus ou moins clairement au début, certains principes et certaines règles pouvant améliorer les chances de succès des acquisitions et de la diversification non reliée.

6.6.2 Bombardier comme acquéreur : quelques principes

Dans le contexte de 1985-1986, Laurent Beaudoin a tiré certaines conclusions qui le guideront pour toute acquisition à venir et, *a fortiori*, une acquisition dans un secteur industriel non relié.

1. **L'importance du juste prix.** Une entreprise payée trop cher sera toujours un boulet pour l'acquéreur. En conséquence, Bombardier ne devrait comptabiliser, pour son offre d'achat, que les économies évidentes et tangibles qui résulteront assurément de la transaction. Le terme « synergie » est à éviter ; il s'agit souvent d'un attrape-nigaud et d'un leurre pour justifier un prix trop élevé. Sauf en période creuse des marchés boursiers, Bombardier devrait éviter d'acheter des entreprises publiques, puisqu'elle devra alors payer une « prime de contrôle » toujours difficile à récupérer. Bombardier devrait établir dès le départ un prix maximal qu'elle est prête à payer et ne pas hésiter à se retirer de la course si d'autres acheteurs potentiels poussent le prix au-delà de cette limite. Bombardier ne doit pas se laisser attirer dans une surenchère par un besoin infantile de gagner à tout prix. Bombardier doit comprendre l'ensemble des motifs, économiques et non économiques, du vendeur et s'assurer que son offre d'achat répond bien à toutes ses attentes. Enfin, Bombardier doit agir de façon décisive mais sans précipitation. Le temps joue souvent à l'avantage de l'acquéreur.

2. **L'importance de la « vérification diligente »** (*due diligence*) dans la démarche d'acquisition. Pour Bombardier, cette évaluation doit comporter une appréciation fouillée, faite par **des gens compétents de Bombardier**, de la qualité des installations et des produits, de la compétence du personnel, des valeurs de gestion et du potentiel de croissance avec des investissements bien ciblés. Si les bilans et autres données comptables servent à établir **combien** on devrait payer pour l'entreprise, ce sont ces autres dimensions qui déterminent **pourquoi** on devrait l'acheter. **L'entrepreneur et le stratège cherchent toujours les occasions encore inaperçues qui, par conséquent, ne sont pas prises en compte dans le prix attendu par le vendeur ni dans le prix offert par les autres acheteurs potentiels.**

3. **Le style et les valeurs de gestion** de Bombardier et **sa réputation comme acquéreur** : des atouts importants. Les dirigeants et le personnel de l'entreprise en vente exercent souvent une influence subtile, parfois déterminante, quant au choix de l'acheteur, lorsque plus d'une entreprise rivalise avec des offres d'achat à peu près équivalentes d'un point de vue financier. Chez Bombardier, un certain nombre de valeurs et de principes de gestion ont été vite établis et bien compris : l'autonomie de gestion accordée aux entités opérationnelles dans le cadre d'un système cohérent et explicite de gouvernance stratégique ; la valorisation de l'entrepreneurship, de l'innovation et de l'initiative

personnelle ; la pratique de garder les dirigeants en place au moment de l'acquisition et de leur donner l'occasion de prouver leur valeur dans un nouveau contexte ; des systèmes de rémunération qui encouragent et récompensent la haute performance. Tout cela concourt à faire de Bombardier un **acquéreur sympathique**, voire **recherché par le personnel et la direction de l'entreprise ciblée.**

4. **L'apprentissage des acquisitions.** Comme toute activité complexe, le processus d'acquisition est soumis à une courbe d'apprentissage. Certains apprennent mieux et plus vite parce qu'ils sont plus motivés et plus studieux. Laurent Beaudoin était de ceux-là. Persuadé que les acquisitions joueraient un rôle important dans son développement, Bombardier a constitué à son siège social, en 1986, une petite équipe pour gérer le processus d'acquisition. La composition de cette équipe est demeurée constante pour une quinzaine d'années, permettant ainsi à Bombardier de s'approprier l'expérience et le savoir-faire au fil des acquisitions. Ce *modus operandi* laisse une place limitée et bien circonscrite aux banques d'affaires ainsi qu'aux autres spécialistes des fusions et des acquisitions.

5. **Les principes d'exploitation post-acquisition (la gouvernance stratégique).** L'examen, en 1985, des facteurs qui semblaient démarquer les entreprises ayant réussi une stratégie de diversification non reliée a mené à certains principes d'exploitation. Ceux-ci allaient servir de guide à Bombardier pour la phase postérieure à toute acquisition d'une entreprise et, *a fortiori*, pour sa stratégie de diversification non reliée. Avec le temps, ces principes seront raffinés et codifiés par les coauteurs de cet ouvrage sous le thème « **Les quatre piliers de la gouvernance stratégique** » (Allaire et Firsirotu, 1987 a, 1987 b, 1993 chapitre 4). Ces quatre piliers de la gouvernance stratégique ont déjà été décrits dans ce chapitre.

6.6.3 L'acquisition de Canadair

Mandaté par son conseil d'administration pour ajouter un troisième secteur d'activité, bénéficiant d'une trésorerie favorable et assuré de maîtriser les enjeux de la diversification en conséquence de son expérience ainsi que de son examen poussé des tenants et des aboutissants de ce genre d'opérations, Laurent Beaudoin était aux aguets et à l'affût d'occasions. Au printemps de 1986, le gouvernement du parti conservateur, conséquent avec ses engagements électoraux annoncés lors de la campagne de 1984, voulait privatiser Canadair, une société de la Couronne fabriquant le jet d'affaires Challenger.

Au terme de multiples péripéties, Bombardier a gagné le concours et est devenue propriétaire de Canadair en décembre 1986. Cette acquisition a été l'occasion d'élaborer et d'appliquer les cinq principes énoncés plus haut.

1. **L'importance du juste prix.** Malgré une forte rivalité provenant d'autres groupes intéressés, Bombardier a maintenu son prix, mais elle a cherché par tous les moyens à répondre aux attentes multiples du vendeur (le gouvernement canadien), inquiet des conséquences de cette privatisation. Bombardier a offert, en sus du prix d'achat de

120 millions de dollars payé au gouvernement canadien, une redevance sur chaque Challenger qui serait vendu au cours des 21 années suivant l'acquisition, a pris des engagements fermes d'investissement dans Canadair ainsi que pour la recherche et le développement de nouveaux produits pour Canadair.

2. **L'importance de la « vérification diligente ».** Le processus de mise en vente de Canadair s'étalant sur plusieurs mois, Bombardier a donc eu l'occasion d'évaluer à fond toutes les facettes de l'entreprise. C'est au cours de cette vérification diligente que des études préliminaires ont démontré que, à des coûts raisonnables (pour ce secteur!), l'appareil Challenger pourrait être allongé et transformé en un jet commercial de 50 places. Certaines études de marché semblaient indiquer un intérêt des lignes aériennes pour un tel appareil inédit jusque-là (les avions de 50 places étaient tous de type à hélices, turbo-propulsés).

3. **Le style et les valeurs de gestion** de Bombardier et **sa réputation comme acquéreur.** L'acquisition de Canadair a été l'occasion de rendre explicites les valeurs de gestion de Bombardier, sa façon de traiter avec les dirigeants et le personnel d'entreprises acquises. L'excellente réputation comme acquéreur, dont Bombardier a joui depuis lors, prend racine à cette époque : une approche pragmatique et respectueuse des personnes en place ; un style de gestion dynamique et déterminé mettant l'accent sur le développement de l'entreprise et l'amélioration des résultats ; une croyance sincère en la capacité des personnes de fournir une haute performance si l'on crée les conditions favorables et un contexte propice.

4. **L'apprentissage des acquisitions.** Laurent Beaudoin prévoyait que l'acquisition de Canadair serait suivie d'autres acquisitions. Au début de la démarche menant à cette acquisition, il a eu recours à des consultants spécialisés. Très tôt, cependant, il a embauché un de ces consultants qui, avec une petite équipe, a géré le processus d'acquisition de Bombardier pour les 15 années suivantes. Laurent Beaudoin avait compris l'importance d'un apprentissage cumulatif au fil des acquisitions ainsi que l'utilité d'une équipe permanente qui comprend bien les valeurs de gestion de Bombardier et le style de Laurent Beaudoin en matière d'acquisitions.

5. **Les principes d'exploitation post-acquisition (la gouvernance stratégique).** Cela étant, le principal défi des acquisitions, dès la conclusion de la transaction, consiste à créer une valeur économique supérieure au prix payé pour l'entité. L'opération est particulièrement périlleuse lorsque l'entité acquise provient d'un secteur non relié aux activités de l'acquéreur et donc relativement peu connu de celui-ci.

Voyons quel était le raisonnement stratégique quant à la façon dont Canadair pourrait créer une réelle valeur économique pour Bombardier.

La décision d'acquérir Canadair s'appuyait sur plusieurs motifs de nature stratégique :

• une entreprise manufacturière avec un produit ayant des caractéristiques de fabrication à certains égards semblables au secteur du matériel de transport ;

- un avion d'affaire, le Challenger, dont la réputation avait grandement souffert de problèmes de fiabilité, mais que l'on venait d'équiper de moteurs 6E plus fiables après avoir changé de fournisseur ;
- des embryons de possibilités, comme un jet à 50 places qui pourrait donner une grande valeur additionnelle aux actifs et aux technologies de cette entreprise ;
- un prix et une structure de financement à la mesure des moyens de Bombardier à l'époque.

Cependant, cette diversification dans le secteur aéronautique comportait un avantage important tenant au fait que le secteur du transport et, à un moindre degré, **le secteur des produits récréatifs produisait des flux de trésorerie excédentaires, alors que le secteur de l'aéronautique est connu pour son immense appétit de capitaux.**

En conséquence, Bombardier a pu investir massivement dans le développement de nouveaux produits aéronautiques, en ne faisant appel que très sporadiquement au marché des capitaux propres et en maintenant un niveau d'endettement relativement faible.

L'actionnaire de Bombardier pouvait donc anticiper une forte croissance des revenus et des bénéfices au fur et à mesure que Bombardier aéronautique mettait en marché de nouveaux produits, sans subir de dilution importante de son actionnariat et sans assumer les risques d'un endettement accru. C'était là une proposition irrésistible pour l'investisseur sagace.

Mais encore fallait-il exécuter sans défaillance cette opération de diversification, savoir gérer ou plutôt « gouverner » une entreprise diversifiée.

6.6.4 Les quatre piliers de la gouvernance stratégique chez Bombardier

Premier pilier – Architecture et leadership

Comment faire pour que Bombardier, acquéreur et propriétaire de Canadair, devienne un mandant légitime et crédible pour ce nouveau secteur d'activité ? Il était important, au premier chef, que toutes les parties soient convaincues que la démarche de « privatisation » avait été équitable et que Bombardier avait prévalu à cause du mérite de son offre d'achat. Sauf dans certains milieux chagrins, cet objectif a été pleinement atteint.

L'enjeu de la crédibilité était plus complexe. D'entrée de jeu, le personnel de Canadair était en droit de s'interroger sur la compétence de Bombardier dans le secteur de l'aéronautique, sur sa compréhension des enjeux et des facteurs de succès dans ce secteur. Ces situations où un acquéreur manque de crédibilité auprès des dirigeants de l'entreprise acquise, fréquentes en pratique, constituent l'une des principales causes d'échec de ce type d'acquisition. Si la situation n'est pas corrigée rapidement et judicieusement, elle risque de déclencher un cercle vicieux de comportements nuisibles et de décisions mal avisées.

L'exercice de réflexion mené par Laurent Beaudoin avait convaincu celui-ci de l'importance de cet enjeu. Aussi, dès qu'il a pressenti que l'offre de Bombardier pourrait être retenue, il a fait des arrangements pour obtenir les services de Donald C. Lowe, un dirigeant expérimenté dans le secteur aéronautique puisqu'il avait été le président de Pratt & Whitney au Canada.

Don Lowe deviendrait le **mandant** intérimaire auprès de Canadair. Bombardier serait assurée, dès l'acquisition, que ses intérêts seraient protégés et que le personnel de Canadair aurait ainsi un interlocuteur, crédible à leurs yeux, représentant l'acquéreur. Laurent Beaudoin, par cet arrangement, minimisait les «coûts de mandat» et les risques de dérapage dès la prise de contrôle de Canadair, pendant qu'il investissait pour acquérir une connaissance pointue du secteur. Après quelque temps, Laurent Beaudoin est devenu, comme il se devait, le mandant corporatif crédible et légitime de Canadair.

L'acquisition de Canadair a également suscité des enjeux d'architecture tant pour Bombardier que pour Canadair. Au début de 1986, Raymond Royer, auparavant président de la division de matériel de transport, était devenu président et chef de l'exploitation de Bombardier. Cet arrangement s'est avéré très précieux lorsque, après l'achat de Canadair, Laurent Beaudoin a dû investir une grande partie de son temps à acquérir une compétence de mandant pour ce nouveau secteur. Raymond Royer a pu assumer avec compétence le rôle de mandant corporatif pour le secteur du transport. (L'industrie des motoneiges étant intimement connue de tous les dirigeants de Bombardier, il leur était facile de «gouverner» ce secteur.)

Fidèle à ses principes de gestion, Bombardier a rapidement décidé de structurer Canadair, une entité monolithique et centralisée au moment de l'acquisition, en quelques divisions responsables d'améliorer leur performance et de proposer des initiatives stratégiques. Dès ce moment, l'autonomie des divisions a été enchâssée dans un système de gouvernance comportant : a) des revues détaillées menées par le « corporatif » des projets, des initiatives et des budgets de chaque division ; b) une démarche explicite de planification stratégique ; c) un dialogue suivi sur les enjeux et les perspectives de chaque division.

Deuxième pilier – Un processus efficace de gestion et de planification stratégiques

Avant même l'acquisition de Canadair, Bombardier avait mis au point une démarche de planification stratégique comportant des exigences précises d'information et de structuration des enjeux pour faciliter la discussion entre les responsables de chaque division et les dirigeants de Bombardier. Cette démarche a été vite imposée à Canadair. Elle a évolué au gré de la complexité croissante de Bombardier. Nous présentons au chapitre 21 les tenants et les aboutissants d'une bonne démarche de planification stratégique dans une grande entreprise.

Troisième pilier – Une information stratégique et financière de haute qualité

La quantité et la qualité d'informations dont disposent les cadres opérationnels par rapport à la direction générale de l'entreprise, de même que l'occasion que cette circonstance leur offre de gérer l'information à leur avantage, constituent des risques dont nous avons fait amplement état dans cet ouvrage. **Plusieurs mécanismes servent à protéger l'entreprise contre ces risques : des valeurs partagées et une relation de longue durée entre les cadres opérationnels et la direction générale, une haute crédibilité des dirigeants appuyée sur une information judicieuse.**

Or, l'entreprise qui procède à une acquisition dans un secteur non relié à ses activités ne peut bénéficier ni de l'un ni de l'autre de ces mécanismes de protection. Sa vulnérabilité est grande, et les coûts peuvent être énormes. La faillite de ce type d'acquisition prend souvent sa source dans cet arrangement malsain.

Dès l'acquisition de Canadair, Laurent Beaudoin a nommé comme vice-président aux finances de Canadair Paul Larose, le vice-président aux finances de Bombardier, un dirigeant de souche en qui Beaudoin a placé la plus haute confiance. Bombardier s'est ainsi assurée que les données financières produites par Canadair seront fiables et limpides pour les dirigeants de Bombardier, que ceux-ci comprendront bien les suppositions et les hypothèses qui sous-tendent toujours l'établissement de données comptables et financières.

Après un séjour à Canadair, Paul Larose est revenu au siège comme vice-président aux finances, jouissant dorénavant de l'expertise lui permettant de jauger la qualité de l'information financière soumise au siège social de Bombardier. Pour la suite de ses acquisitions, Bombardier a adopté ce principe de placer à la tête de la direction financière, ou à tout le moins au sein de cette direction, des cadres financiers attachés à Bombardier, souvent formés pendant un temps au centre sous la direction de Paul Larose.

Quatrième pilier – Un système de rémunération variable et de motivation incitant à de hautes performances

Bombardier s'est efforcée de créer au sein de Canadair un climat stimulant empreint des valeurs de gestion de Bombardier. La très grande majorité des dirigeants en poste à Canadair au moment de l'acquisition sont restés en place. On les a bien informés des attentes de Bombardier ainsi que de l'occasion qui leur était offerte de prouver leur valeur.

Laurent Beaudoin était persuadé que la performance médiocre ou franchement mauvaise d'une entreprise relève souvent plus des structures et des contraintes imposées par sa direction que de la compétence des hommes et des femmes qui composent le personnel.

Placés dans un climat stimulant, débarrassés des freins et des contraintes à leurs actions, motivés par des incitatifs financiers et non financiers bien arrimés à une bonne performance économique, la plupart de ces mêmes cadres et dirigeants s'avèrent très souvent capables d'accomplir de grandes choses !

Déjà à l'époque de l'acquisition de Canadair, le système de rémunération variable de Bombardier valorisait la rentabilité des divisions et la croissance de cette rentabilité. En 1993, Bombardier a fait un autre pas dans cette direction en adoptant un système basé sur l'EVA, de façon que tous les groupes opérationnels et toutes les divisions qui les composent soient bien imprégnés de l'idée qu'un véritable profit n'est réalisé que lorsque tous les coûts ont été assumés, incluant le coût du capital investi dans une division ou un groupe.

L'importance croissante du secteur aéronautique, avec sa boulimie de capitaux, a incité Bombardier à adopter un système financier et de rémunération variable qui orientait les comportements de gestion dans la bonne direction. **La croissance du profit économique (l'EVA) est devenue le premier et parfois le seul critère déterminant le niveau de la rémunération variable des cadres et des dirigeants de tous les niveaux (sauf au siège social pour des raisons techniques). Bombardier avait ainsi mis en place un puissant incitatif, non**

pas pour accroître les revenus, mais bien pour accroître le profit économique, une mesure de véritable création de valeur.

6.6.5 La suite des événements (1986-2001)

Fidèle à ses principes de gestion et en matière d'acquisition, s'appuyant sur les quatre piliers de sa gouvernance stratégique, manipulant avec dextérité les moteurs de création de valeur dans une entreprise diversifiée non reliée, Bombardier a pris son envol. Elle a investi dans les nouveaux programmes d'avions de telle sorte que, de 1991 à 2000, l'entreprise a mis en marché un nouvel appareil **chaque année**, un rythme de développement supérieur à Boeing ou à Airbus :

- Challenger 601-3A1 ;
- Learjet 60 ;
- CRJ-100 (jet de 50 places), puis CRJ-200 ;
- Learjet 45 ;
- Dash 8-400 (avion turbo-propulsé de 70 places) ;
- CL 415 (avion de lutte aux feux de forêt) ;
- Challenger 604 ;
- Global Express ;
- Challenger 300 ;
- CRJ-700 (jet de 70 places) ;
- CRJ-900 (jet de 85 places).

Durant la même période, l'entreprise a mené plusieurs opérations d'acquisition pour renforcer sa position de marché dans ses trois secteurs. Entre autres opérations, Bombardier a fait l'acquisition de :

- Learjet, fabricants de jet d'affaires à Wichita au Kansas (1988) ;
- Shorts, avionneur d'Irlande du Nord (1989) ;
- BN (le reste du capital), ANF ;
- De Havilland, fabricant d'avions turbo-propulsés à Toronto (1991) ;
- UTDC, fabricant canadien de systèmes de transport, 1991 ;
- Talbot, fabricant de matériel de transport à Aachen, en Allemagne (1994) ;
- Concarril au Mexique (1995) ;
- DWA, fabricant de matériel de transport de l'ancienne Allemagne de l'Est (1998) ;
- Pro-RAIL, fabricant de matériel roulant en Belgique, en France et en Grande-Bretagne (vers 1990) ;
- OMC, fabricant de moteurs pour bateaux aux États-Unis (2001) ;
- Adtranz, la division de Daimler-Chrysler dans le domaine du transport ferroviaire (2001).

Bombardier a fait preuve d'une grande discipline et d'une rigueur impitoyable dans l'application des principes de gestion, de gouvernance et des règles de fonctionnement qui l'ont bien servie. Les quelques fois où l'entreprise a dévié de ces principes, pour quelque raison que ce soit, elle en a payé le prix. Par exemple, à Bombardier Capital, en laissant le président et chef de l'exploitation du Groupe, en qui le siège avait toute confiance, prendre plusieurs initiatives de croissance en 1997 et en 1998 présumant qu'il en maîtrisait bien tous les risques, ce qui n'était malheureusement pas le cas.

Un autre exemple est fourni par l'acquisition d'Adtranz. Le vendeur, Daimler-Chrysler, refusait de soumettre Adtranz à une pleine opération de « vérification diligente » par Bombardier, invoquant :

- le caractère perturbant d'une telle opération pour le personnel d'Adtranz, surtout si, pour quelque raison, aucune transaction n'était conclue par la suite ;
- les limites imposées à ce genre d'exercice par les agences européennes de réglementation de la concurrence lorsqu'une transaction implique des concurrents directs comme Adtranz et Bombardier Transport.

En échange, Daimler-Chrysler a offert à Bombardier une garantie selon laquelle les capitaux propres d'Adtranz, après vérification détaillée, atteindraient un chiffre donné. Daimler-Chrysler devrait ajuster le prix de vente si l'examen détaillé, effectué après la conclusion de la transaction, des contrats et autres engagements d'Adtranz menait à des ajustements comptables qui établissaient le niveau des capitaux propres à un montant inférieur au montant garanti. Or, Daimler-Chrysler ayant refusé de reconnaître le bien-fondé des ajustements exigés par Bombardier, les deux entreprises cheminent maintenant vers le tribunal international d'arbitrage à Genève, une démarche coûteuse privant Bombardier de sommes importantes jusqu'à ce qu'une décision soit rendue.

Ces entorses aux principes de Bombardier n'auraient pas eu de graves conséquences sur l'entreprise, n'eût été des événements du 11 septembre et du 2 décembre 2001 décrits précédemment.

À compter de 1992, Laurent Beaudoin a fixé comme objectifs globaux pour Bombardier de **doubler** son chiffre d'affaires en cinq ans et de **tripler** son bénéfice net sur la même période. **Il faut bien comprendre que cet énoncé d'objectifs n'était pas un diktat, un décret imposé d'en haut. L'objectif annoncé donnait, en fait, forme et substance à l'image de l'entreprise qui émergeait des objectifs et des plans stratégiques préparés par chacune des divisions de l'entreprise.** C'est parce que le résultat collectif de ces plans individuels, même après les réserves prises pour tenir compte des incertitudes et des imprévus, appuyait ces objectifs d'ensemble que Laurent Beaudoin en a fait état en 1992, et chaque année par la suite. Ces objectifs ont été pleinement atteints au cours de la période 1992-2000.

À la suite de l'annonce de l'acquisition d'Adtranz en août 2000, les dirigeants de Bombardier ont proposé d'autres objectifs puisque, avec l'ajout des quelque neuf milliards de dollars de chiffres d'affaires d'Adtranz, il était évident que Bombardier ne pourrait plus doubler son chiffre d'affaires tous les cinq ans.

À l'été de 2001, Bombardier était une entreprise florissante, d'envergure mondiale, une incontestable réussite stratégique et financière, occupant le premier rang mondial dans ses principaux marchés :

- le matériel de transport ;
- les avions régionaux ;
- les avions d'affaires ;
- les produits récréatifs.

Cette stratégie a donné d'excellents résultats tant sur le plan de la croissance du chiffre d'affaires que de la croissance de la rentabilité, comme le montre le tableau 6.1. Avant les événements de l'automne 2001, le rendement sur les capitaux propres de l'entreprise **(ROE) passe de 15,4% en 1997 à 25,6% en 2000**; son VCI (capitaux propres), de 1,48 à 2,64; le M/B, de 3,94 à 9,55 en 2000** (31 janvier 2001). La valeur du titre fait **plus que tripler** entre 1997 et 2000, et fait encore le double à la fin de 2001.

Il est intéressant de noter qu'un investisseur ayant acheté le titre de Bombardier le 1er février 1993 aurait réalisé 10 ans plus tard (31 janvier 2003) **un rendement annuel composé de 14% sans tenir compte du dividende.**

La dette à long terme de Bombardier (industriel) diminue de 1,4 milliard de dollars en 1997 à 880 millions en 2001 ! Les flux financiers sont constamment positifs de 1997 à 2000.

Tableau 6.1	Bombardier (industriel)* : Performance financière de 1997 à 2002

Années	2002 2003-01-31	2001 2002-01-31	2000 2001-01-31	1999 2000-01-31	1998 1999-01-31	1997 1998-01-31	TRAC
1** Revenus	21,6$	15,9$	13,4$	11,3$	8,3$	7,9$	22,3%
2 Passif à long terme	7,06	4,90	4,25	3,87	3,41	2,74	20,1%
3 Dette à long terme	2,08	0,88	0,97	1,12	1,20	1,40	8,2%
4 Capitaux propres	4,09	3,81	3,61	3,49	2,88	2,21	13,1%
5 Capitaux investis (2 + 4)	11,15	8,71	7,86	7,36	6,29	4,93	17,6%
6 Flux financiers nets***	0,96	−2,80[1]	0,49[2]	0,47[3]	0,67[4]	0,24	
7 Bénéfice par action en cents	−0,47	0,27	0,70	0,51	0,39	0,30	
8 Valeur du titre en fin d'année	5,34$	14,70$	24,54$	14,65$	11,25$	7,02$	−5,3%
9 Ke	17,3%	14,2%	9,7%	10,0%	10,7%	10,4%	
10 ROE	−22,4%	9,5%	25,6%	19,9%	16,7%	15,4%	
11 VCI (10/9)	–	0,67	2,64	1,99	1,56	1,48	
12 M/B	3,34	5,32	9,55	6,10	5,11	3,94	

* *Résultats pour le groupe manufacturier de Bombardier; les capitaux propres de Bombardier Capital sont alors traités comme un investissement dans les états financiers de Bombardier (industriel).*
** *Les valeurs des lignes 1 à 6 sont exprimées en milliards de dollars canadiens; celles des lignes 7 à 12 sont nominales.*
*** *Flux financiers nets = flux de trésorerie produit par les activités d'exploitation – (investissements dans immobilisations corporelles + coûts d'acquisition d'entreprises + investissements dans Bombardier Capital).*
1. Incluant l'acquisition d'Adtranz pour 980 millions de dollars.
2. Incluant un investissement de 77 millions de dollars dans Bombardier Capital.
3. Incluant un investissement de 257 millions de dollars dans Bombardier Capital.
4. Incluant un investissement de 895 millions de dollars dans Bombardier Capital.

© Allaire et Firsirotu, 2004

Le choc du 11 septembre 2001 et ses séquelles immédiates, ainsi que l'acquisition d'Adtranz, produisent un flux financier négatif de 2,8 milliards de dollars en 2001, ce qui a fait bondir de 1,2 milliard de dollars la dette à long terme en 2002.

Les données sur les flux financiers sont particulièrement significatives parce qu'elles sont largement (sinon entièrement) insensibles aux choix comptables qui guident le calcul de rentabilité.

Comme nous l'avons mentionné, lors de l'examen du CN et des moteurs financiers de création de valeur, les principes comptables américains aboutissent pour le CN à une meilleure performance financière que sous l'égide des principes comptables canadiens.

Or, la question se pose : la société Bombardier aurait-elle montré des résultats moins favorables (ou meilleurs) selon d'autres principes comptables que les principes canadiens ? L'investisseur était-il en mesure d'apprécier l'influence des principes comptables choisis sur le niveau de rentabilité de l'entreprise ?

La réponse à ces questions passe par les flux financiers. Nous l'avons écrit au chapitre 4, **la valeur actuelle des flux financiers représente la mesure la plus juste de la valeur d'une entreprise.** En pratique, comme pour les profits futurs, il est difficile et hasardeux d'établir quels seront les flux financiers futurs d'une entreprise. Il est cependant aisé de calculer les flux financiers générés par une entreprise durant la dernière année financière. Les états financiers de toutes les entreprises publiques contiennent une abondante et limpide information à ce sujet.

De façon générale, les choix et les principes comptables qui mènent à une divergence entre la rentabilité comptable et les flux financiers sont corrigés dans l'«état des flux de trésorerie». Ainsi, Bombardier a annoncé en 2003 des changements dans les principes comptables en vigueur jusque-là, notamment pour ce qui a trait au traitement des programmes de développement d'avions.

Bombardier a donc corrigé les états financiers du 31 janvier 2002 pour refléter ces changements, ce qui a eu pour effet de faire passer le bénéfice net de l'année fiscale terminée le 31 janvier 2002, de 391 millions à −36 millions de dollars. Cependant, les flux financiers nets sont restés totalement inchangés à − 2,85 millions de dollars.

Cela indique bien que les principes comptables n'influent pas sur la réalité économique des flux financiers. En d'autres mots, selon l'un ou l'autre régime comptable, les flux financiers présentés au tableau 6.1 auraient été rigoureusement identiques.

L'état des flux de trésorerie comporte un premier poste intitulé «Flux de trésorerie lié aux (ou provenant des) activités d'exploitation». Si les principes comptables utilisés créent des distorsions négatives, ce flux de trésorerie lié aux activités sera systématiquement inférieur au bénéfice net d'exploitation. De telles situations méritent un examen attentif de tout analyste ou investisseur. Qu'en est-il pour Bombardier ?

Le tableau 6.2 montre bien que, de 1997 à 2000, ce flux de trésorerie lié à l'activité était égal ou supérieur au bénéfice net comptable. Donc, de 1997 à 2000, alors que les programmes d'avions suivants étaient en pleine phase de développement – le Global Express, le CRJ 700, le CRJ 900, le Challenger 300 –, Bombardier continuait d'afficher un flux financier positif et a même réussi à réduire sa dette à long terme.

Tableau 6.2	Flux de trésorerie lié à l'activité et bénéfice net : Bombardier 1997-2002 (en millions de dollars canadiens)					
Années	**2002** **2001-01-31**	**2001** **2002-01-31**	**2000** **2003-01-31**	**1999** **2000-01-31**	**1998** **1999-01-31**	**1997** **1998-01-31**
Bénéfice net	− 615 $	391 $[1]	975 $	718 $	554 $	420 $
Flux de trésorerie lié à l'activité	1 997 $	− 689 $[2]	900 $	881 $	1 994 $	417 $
Flux financiers nets*	960 $	− 2 830 $	490 $	470 $	670 $	240 $

* Les flux financiers nets (après immobilisations, acquisitions et autres investissements).
1. Chiffre inscrit aux états financiers du 31-01-2002, a été redressé à − 36 $ au 31-01-2003.
2. Chiffre inscrit aux états financiers du 31-01-2002, a été redressé à − 343 $ au 31-01-2003.

© Allaire et Firsirotu, 2004

Est ensuite venue la tempête (une *perfect storm*, dirait-on en anglais) qui a failli couler le bateau. Toutefois, celui-ci s'en est tiré grâce à sa diversification et à son faible niveau d'endettement, mais il n'en est pas sorti indemne. Grande accidentée, amputée de son groupe de produits récréatifs, Bombardier a connu une pénible période de convalescence.

Aucune entreprise, comme aucun secteur d'activité, n'est invulnérable aux aléas et aux impondérables. Les coups bas du sort ne changent rien au fait que Bombardier est une grande et noble aventure ainsi qu'une réussite exceptionnelle.

Au cours des prochaines années, Bombardier devra de nouveau trouver sa voie et sa mission. **La qualité de son leadership déterminera le succès de cette opération.**

Une nouvelle phase débute dans la saga de cette entreprise dont l'histoire est déjà fertile en moments de gloire et de crise, tissée d'épisodes de succès remarquables et de difficultés quasi insurmontables. Bombardier les a toujours surmontées ; elle a toujours survécu.

Partie III
La dynamique des coûts : impact et influence sur la stratégie

Introduction

Dans cette partie, nous proposons un examen serré, une analyse fine, de plusieurs types de coûts sous-jacents à la plupart des stratégies d'entreprise.

Tout stratège doit maîtriser les tenants et les aboutissants de ces concepts de coûts, car il s'agit d'un des moteurs incontournables de création de valeur. Toutes les options stratégiques dont nous traitons à la partie V prennent racine dans l'un ou l'autre, ou une combinaison, des phénomènes de coûts présentés dans cette partie-ci.

Nous traitons des coûts stratégiques en trois chapitres distincts, chacun consacré à un aspect bien précis. Ainsi, le chapitre 7 démontre comment la taille de l'entreprise, son volume d'affaires, son expérience ainsi que la gamme de ses activités et de ses produits favorisent, s'il y a lieu, son efficience économique.

Le chapitre 8 décrit comment certains types de coûts donnent un avantage stratégique aux firmes en place, ou en situation dominante de marché, sur de nouveaux concurrents ou des concurrents de plus petite taille.

Le chapitre 9 présente l'envers de la médaille. Nous montrons comment taille et envergure suscitent des coûts de complexité, qui prennent la forme de coûts de mandat ou de transactions. Ceux-ci doivent être compris et apprivoisés, sinon la grande entreprise risque de devenir moins efficiente qu'une entreprise de plus petite taille.

La figure suivante présente de façon schématique les différentes catégories de coûts traitées aux chapitres 7, 8 et 9.

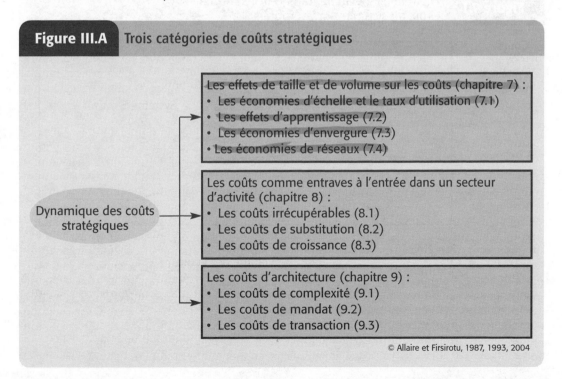

Figure III.A Trois catégories de coûts stratégiques

Dynamique des coûts stratégiques

Les effets de taille et de volume sur les coûts (chapitre 7) :
• Les économies d'échelle et le taux d'utilisation (7.1)
• Les effets d'apprentissage (7.2)
• Les économies d'envergure (7.3)
• Les économies de réseaux (7.4)

Les coûts comme entraves à l'entrée dans un secteur d'activité (chapitre 8) :
• Les coûts irrécupérables (8.1)
• Les coûts de substitution (8.2)
• Les coûts de croissance (8.3)

Les coûts d'architecture (chapitre 9) :
• Les coûts de complexité (9.1)
• Les coûts de mandat (9.2)
• Les coûts de transaction (9.3)

© Allaire et Firsirotu, 1987, 1993, 2004

Chapitre 7

Les effets de taille et de volume sur les coûts

7.1 Les économies d'échelle et le taux d'utilisation

Le phénomène des économies d'échelle, cette diminution exemplaire des coûts unitaires en fonction du volume, est bien connu. Toutefois, cette familiarité est parfois trompeuse, car il faut faire la distinction entre le phénomène d'économies d'échelle et le simple effet sur les coûts d'une augmentation du taux d'utilisation d'un système donné. Le discours en gestion confond souvent les deux. Toute diminution des coûts totaux unitaires imputable à une augmentation de volume est automatiquement attribuée à des économies d'échelle. Or, cette notion d'économies d'échelle devrait être utilisée pour comparer les coûts unitaires de systèmes de capacités différentes fonctionnant à un niveau optimal. La figure 7.1 représente cette distinction.

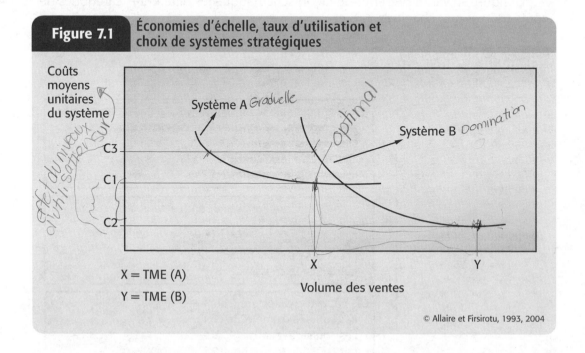

Figure 7.1 — Économies d'échelle, taux d'utilisation et choix de systèmes stratégiques

Coûts moyens unitaires du système

Système A

Système B

C3
C1
C2

X = TME (A)
Y = TME (B)

Volume des ventes

© Allaire et Firsirotu, 1993, 2004

La différence des coûts unitaires (C1 - C2) entre les systèmes A et B fonctionnant aux niveaux X et Y, soit leur taille minimale efficace (TME), constitue une mesure d'économies d'échelle. La différence de coûts (C3 - C2) pour le système B mesure l'effet du niveau d'utilisation sur les coûts d'un système.

7.1.1 Les économies d'échelle et le choix stratégique

Le phénomène d'économies d'échelle représenté à la figure 7.1, soit la différence de coûts moyens unitaires entre les systèmes A et B fonctionnant aux niveaux X et Y, sous-tend des choix stratégiques fondamentaux. En effet, la firme, dès sa création ou à des moments critiques ultérieurs, fera souvent face à la situation suivante :

- Devrait-elle opter pour la prudence d'une **approche graduelle,** minimisant les risques et les coûts irrécupérables par la mise sur pied d'un système de petite taille qui atteint un coût optimal de fonctionnement à un faible niveau de ventes et de part de marché ?

ou

- Devrait-elle bâtir un **système plus puissant** qui engendre de plus faibles coûts lorsqu'il fonctionne à un niveau optimal, celui-ci exigeant cependant un grand volume ?

Un tel système, puissant et efficient s'il atteint ce volume optimal, est cependant défavorisé à un moindre niveau de ventes, lequel devient optimal pour un système plus modeste, comme le niveau de ventes X de la figure 7.1. Toutefois, un système de grande envergure peut contribuer, voire être essentiel à la création et au plein développement d'un marché qui, autrement, serait demeuré inexistant ou bien en deçà de son potentiel.

Dans le premier cas, les risques financiers sont minimisés, alors que ceux de marché sont considérables. Parce que l'entreprise ne peut offrir un prix aussi attrayant que dans le deuxième cas et qu'il ne lui est pas possible d'appuyer la vente du nouveau produit ou service par une publicité et une promotion vigoureuses, l'effet de substitution d'un produit existant est plus modeste. Le marché se développe lentement et ne pourrait atteindre qu'une fraction de son véritable potentiel.

Selon ce premier scénario, l'entreprise modifie évidemment la capacité du système au fur et à mesure que la demande augmente et peut construire, au moment opportun et de façon successive, des systèmes ayant des propriétés de coûts et d'optimalisation de plus en plus favorables. Cette option minimise donc les risques, offre une grande flexibilité d'action et peut néanmoins s'avérer une source d'avantages concurrentiels dans un marché donné, à condition que la concurrence ne se manifeste que tardivement et s'attaque alors au marché avec la même approche gradualiste.

Dans le deuxième scénario, la firme décide de risquer les investissements préalables (*up-front investments*) tant en équipement de production qu'en recherche et développement, en publicité et en promotion afin de mettre en place un système qui soit créateur de demande. La stratégie de prix et l'effort de promotion sont alors conçus pour produire rapidement le niveau de ventes auquel le système devient efficient et rentable. Ayant conçu et implanté un tel système, la firme peut en arriver à dominer son marché et à en écarter les concurrents aux comportements timides et aux démarches gradualistes.

Évidemment, ce deuxième scénario suppose un haut degré de confiance non seulement dans l'existence d'un vaste marché potentiel latent, mais aussi dans la pérennité de ce marché. En effet, les investissements requis pour ce type de stratégie sont souvent importants, et les actifs sont souvent spécifiques à ce marché et donc non transférables à d'autres activités. Il faut une bonne dose d'assurance *ex ante* qu'aucun produit substitut, aucun changement d'humeur et de mode ou aucune innovation technologique ne sont susceptibles d'éliminer ou de diminuer la demande pour les produits du système, et ce, pour plusieurs années à venir. Un exemple historique d'un tel choix nous est donné par Procter & Gamble et Johnson & Johnson dans le marché des couches jetables.

Johnson & Johnson dans le marché des couches jetables : un cas d'approche graduelle qui a échoué

Pour le produit relativement nouveau qu'étaient les couches jetables au début des années 1960, deux firmes américaines, fort compétentes par ailleurs, ont fait des paris différents. Johnson & Johnson, en accord avec sa tradition et son credo d'entreprise, a démontré son intérêt envers ce marché en mettant sur pied une petite entité autonome et flexible dont elle pouvait se départir facilement si le marché ne s'avérait ni intéressant ni rentable. Procter & Gamble a choisi une option très différente. Cette compagnie a décidé de bâtir un système intégré capable de produire et de distribuer ce produit en grandes quantités. À plein volume, le système Procter & Gamble atteignait un niveau de coûts qui lui permettait d'importants efforts de promotion et de distribution, tout en conservant un prix de vente avantageux comparativement aux produits ou aux services substituts, notamment les services de lessive spécialisées. Ces facteurs, soit un prix de vente incitant à la substitution, une promotion intensive et un très grand réseau de distribution, ont mené à la création d'un vaste marché de ce qui était et aurait pu demeurer un marché au potentiel incertain et mal défini.

Johnson & Johnson, qu'une approche flexible et graduelle a bien servi dans d'autres marchés plus incertains et aléatoires, a dû se retirer du marché des couches jetables devant son incapacité à offrir une concurrence efficace au système instauré par Procter & Gamble dans ce secteur.

Donc, le concept d'économies d'échelle, en apparence simple et banal, sous-tend et définit en pratique des choix et des enjeux stratégiques fondamentaux.

De même, plusieurs entreprises doivent leur succès à des dirigeants qui ont fait le choix courageux, parfois téméraire, de consacrer des ressources importantes au développement et à la domination d'un marché par l'implantation d'un nouveau et puissant système de production et de distribution.

Ainsi, IBM ne serait pas la firme multinationale que l'on connaît si sa direction n'avait pas fait l'énorme pari d'engager entre 1961 et 1965 quelque 6 milliards de dollars américains, soit 40 % des revenus bruts de cette société durant cette période, dans le développement et la fabrication du système 360. Boeing doit sa situation d'avionneur dominant en grande partie au choix difficile et périlleux qu'a fait l'entreprise, celui de s'engager la première dans la fabrication de réacteurs pour le marché aérien commercial et, un peu plus tard, de jouer la survie de l'entreprise sur le développement du Boeing 747. Bombardier doit aussi sa situation d'avionneur dominant dans le marché des jets régionaux au choix d'avoir été le premier à développer le « jet régional » en 1988, créant ainsi un nouveau marché. Ce choix a été périlleux et difficile, car le coût de développement de ces produits représentait 250 millions de dollars canadiens, soit 50 % de la valeur boursière de Bombardier à l'époque. Amazon.com est un exemple récent de cette approche. Cette firme a fait le pari de consacrer des ressources importantes au développement et à la domination d'un marché, le marché de la vente et de la distribution en ligne de livres et autres produits, par l'implantation d'un puissant système de distribution. Pour ce faire, elle a dû assumer un endettement très élevé.

La courbe de coûts moyens à long terme du système B, représenté à la figure 7.1, est typique de ces systèmes. Ce modèle a été utilisé, mais avec beaucoup moins de bonheur, par un bon nombre de nouvelles entreprises de commerce électronique (les *dot-com*) au cours des années 1995-2000.

L'histoire économique contient de nombreux exemples de ce type de stratégie, parfois appelée *strategic leap*, dont nous traitons plus à fond à la partie V sous la rubrique « **Stratégie de création et de domination de marché** ». Cependant, l'incertitude inhérente à ces projets fondés sur une vision à long terme du marché et de la technologie conduit souvent à une approche plus prudente, donc graduelle, même si celle-ci peut sembler sous-optimale.

Les nombreux échecs coûteux et notoires associés à une vision à long terme qui s'avère erronée encouragent les preneurs de décisions à la prudence, sinon à la timidité. Prenons, parmi les exemples d'échecs dus à une approche apparemment audacieuse mais qui s'avéra hasardeuse, le cas de l'aéroport international de Mirabel à Montréal.

Aéroport de Mirabel à Montréal : un cas de *strategic leap* qui a échoué

En 1969, le gouvernement fédéral canadien a décidé de bâtir à Mirabel un aéroport international d'une taille énorme. Le projet s'appuyait sur une vision à 30-40 ans du marché de l'aviation commerciale. À cette fin, le gouvernement a entrepris la plus vaste action d'expropriation jamais vue au Canada : une superficie 10 fois plus grande que celle des plus grands aéroports du monde et 27 fois celle de l'aéroport

Pierre-Elliot-Trudeau (Dorval). Les coûts ont été énormes : 316 millions de dollars comme compensations aux propriétaires des terres expropriées et plusieurs années de litiges avec ceux-ci ; des travaux de construction et d'aménagement, d'une durée de 5 ans, au coût de plus de 500 millions.

Avec une superficie globale de 36 000 hectares, dont 7 000 hectares de superficie opérationnelle, Mirabel représentait à l'époque le plus vaste emplacement aéroportuaire du monde. La vision du gouvernement de faire de Mirabel « la porte de l'Atlantique Nord » fournit un autre bon exemple de ce que nous avons décrit au chapitre 5 comme une approche technocratique de la gestion des risques et de l'incertitude. Le projet de Mirabel était fondé sur trois hypothèses fondamentales interreliées, qui se sont révélées fausses dans une large mesure :

1. La possibilité, voire la probabilité, de faire de Montréal la plaque tournante des vols internationaux pour tout le nord-est de l'Amérique, à cause des contraintes de bruit et de volume que subiraient les aéroports de New York, de Boston et particulièrement de Toronto situés en milieu urbain et incapables de s'adapter à l'augmentation du trafic prévu.

2. Une demande globale prévue de 60 millions de passagers par année en 2020. Mais, en fait, la demande a crû à un rythme de beaucoup inférieur à celui présumé par les spécialistes.

3. L'utilisation, dans l'avenir, de la même technologie pour les avions commerciaux qu'auparavant. Or, l'évolution technologique dans le secteur mène à des appareils comme le Boeing 747 (dont le premier exemplaire a été livré à Pan Am en 1969 !) qui transporte deux fois plus de passagers avec un niveau de bruit au décollage et à l'atterrissage équivalant au tiers des appareils en usage en 1969. Il est donc possible pour les aéroports existants d'accommoder une augmentation importante du nombre de passagers de leur site actuel.

Les résultats de cette « vision à long terme », comportant des investissements massifs, ont été désastreux pour Mirabel. Les aéroports de New York et Boston n'ont pas été remplacés par Mirabel. Celui-ci n'est pas devenu la plaque tournante du nord-est américain. L'aéroport de Toronto, pour des raisons économiques et politiques, est devenu l'aéroport international canadien le plus important pour les vols nord-américains et transatlantiques.

En conclusion, **le choix d'une entreprise entre une approche gradualiste et une stratégie de domination de marché tend à se fonder sur : 1) son estimation de la taille potentielle et de la pérennité du marché ; 2) ses capacités financières ; 3) ses recettes stratégiques, ses valeurs de gestion et ses façons de faire ; 4) son évaluation des avantages de coûts associés au volume.**

Des divergences dans l'évaluation des facteurs de coûts et du potentiel du marché peuvent mener deux firmes rivales à faire des choix stratégiques totalement différents – le système A et le système B de la figure 7.1 – et souvent déterminants pour leur avenir.

7.1.2 La taille minimale efficace (TME) et la taille du marché

De façon générale, on observe l'une ou l'autre des relations suivantes entre la taille du marché et la taille minimale efficace pour une entreprise œuvrant dans ce marché :

$$K = D/TME$$

où :

   K : le nombre approximatif de firmes qui fonctionnent ou pourraient fonctionner à la TME

   D : la demande dans le marché pertinent

   TME : la taille minimale efficace

Si $D/TME < 1$, le marché est de **type monopole naturel** où, en l'absence de réglementation, une seule firme peut œuvrer de façon plus ou moins rentable selon le pouvoir de marché qu'elle peut exercer sur les acheteurs. Quoi qu'il en soit, cette entreprise ne réussit pas à atteindre sa TME dans ce marché tel qu'il est défini.

Dans le cas où $K = 1$, il s'agit d'une **situation de monopole (naturel ou juridique)** habituellement réglementée quant à sa rentabilité.

Lorsque le nombre K est bien supérieur à 1, cela signifie que **le marché en question pourrait**, sur la base des seules économies d'échelle, **soutenir un grand nombre d'entreprises efficientes**.

Dans de tels secteurs, les entraves à l'entrée dues aux économies d'échelle ne sont pas significatives. La concentration industrielle en l'absence d'autres facteurs ou entraves sera donc faible, et la rivalité entre les firmes du secteur sera intense.

La restauration classique, la mode et l'industrie des services en général, comme la consultation, les soins dentaires, la construction et la rénovation résidentielle, constituent des exemples de tels marchés.

Si K est un petit nombre, cela indique que **l'industrie aura tendance à n'être constituée que de quelques firmes, à la condition expresse que le désavantage de coût pour toute firme œuvrant en deçà de la TME soit significatif.** Ce dernier phénomène est habituellement mesuré par la différence de coûts entre le fait d'exploiter une entreprise à la TME et de l'exploiter à un tiers de la TME (*voir la figure 7.2*).

Dans plusieurs secteurs, la pente de la fonction de coûts moyens à long terme (c'est-à-dire le taux de diminution des coûts totaux unitaires en fonction du volume) est fortement accentuée. Pour y survivre, une firme doit s'attacher un volume d'affaires au moins équivalent à la TME. Des secteurs tels que les télécommunications, l'aéronautique, la fabrication d'automobiles et le matériel de transport en commun sont typiques de cette situation. Dans ces secteurs, **trois ou quatre grandes firmes se partagent un marché mondial.**

7.1.3 La TME et l'exigence technique du secteur

Qu'est-ce qui explique les différences dans les courbes de coûts d'un secteur industriel à l'autre ? Pourquoi la relation (C2 - C1)/C1, présentée à la figure 7.2, varie-t-elle tant du secteur 1 au secteur 2 ?

Figure 7.2	Courbes de coûts moyens à long terme

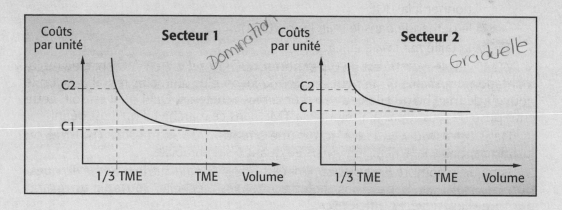

En général, les courbes de coûts moyens reflètent les exigences techniques de différentes industries. Par exigences techniques, on entend non seulement la technologie de production mais aussi la recherche et le développement ainsi que les systèmes de distribution et de vente propres à un secteur industriel donné. Plus ces exigences techniques sont élevées, plus les capitaux à investir sont importants, plus les coûts fixes sont élevés. Ainsi, le coût total par unité produite, développée ou vendue diminue avec le volume et n'atteint son point minimal qu'à un niveau élevé de production et de vente.

Ce phénomène est représenté par la courbe du secteur 1 de la figure 7.2. Comme nous l'avons expliqué, la TME reflète la zone où les coûts totaux unitaires sont les plus bas. Prenons deux firmes en concurrence dans un même marché, caractérisé par les mêmes « technologies », qui doivent investir les mêmes sommes d'argent, mais qui fonctionnent à des taux d'utilisation différents de leur système. Celle qui réussit à produire le plus grand volume aura les coûts unitaires les plus bas, et ce, jusqu'au volume équivalent à la TME de l'industrie. La firme qui n'atteint pas la TME sera lourdement pénalisée en ce qui concerne ses coûts unitaires, soit C2 - C1/C1, comme le représente la courbe 1. Par exemple, une firme de l'industrie aéronautique qui n'atteint pas sa taille minimale efficace, fonctionnant au tiers de sa TME, souffrira d'un tel désavantage relatif de coûts qu'elle devra sortir de ce marché, ou renoncer à y pénétrer, et concéder le marché à la firme en place, si celle-ci est exploitée à la TME.

La courbe du secteur 2 de la figure 7.2 reflète une industrie où la « technologie » est simple, d'où un pourcentage élevé des coûts totaux variables en fonction du volume. Le secteur des restaurants est typique de cette situation. En effet, pour satisfaire à une demande accrue, il faut ajouter des coûts pour les ingrédients, la préparation des repas et le service ; ces coûts variables représentent une part importante des coûts totaux par repas servi et sont relativement constants avec le volume, c'est-à-dire qu'ils ne diminuent pas selon l'augmentation du volume d'affaires. Donc, un plus grand volume ne change pas, ou peu, le coût unitaire ou le profit par client. En d'autres mots, un restaurant plus petit, quoique pénalisé en matière de coûts unitaires, (C2 - C1)/C1 (*voir la courbe du secteur 2*), ne le sera pas de façon significative. Le volume peut toutefois exercer un effet positif sur la *somme des profits monétaires* de l'entreprise la plus grande.

En conclusion, la relation (C2 - C1)/C1 fournit une bonne indication de la pente qu'affiche la fonction de coût d'un secteur d'activité, et donc du désavantage relatif de ne pas atteindre un volume TME. Elle indique aussi des situations fort différentes en ce qui a trait à la compétitivité, aux entraves à l'entrée et à la concentration industrielle.

7.1.4 La TME et les coûts de transport

Un autre aspect important de la relation entre la TME et le taux d'utilisation tient aux coûts de transport et de distribution. En effet, pour façonner un système de production et de distribution qui soit optimal du point de vue des coûts, il faut bien prendre en considération les coûts de transport du produit. Lorsque les coûts de transport du produit sont élevés, il peut arriver que le meilleur niveau de coûts totaux (incluant la livraison) soit atteint à un niveau de production inférieur à la TME, à la condition que la somme des deux coûts unitaires (production et transport) soit optimale, ou à tout le moins inférieure aux coûts des concurrents, peu importe où ceux-ci sont localisés.

L'entreprise doit faire un bon arbitrage, pertinent pour un lieu et un moment précis, entre les coûts de production et de vente, d'une part, et les coûts de transport du produit, d'autre part. Cet arbitrage est en mouvance continuelle en fonction des innovations techniques. Par exemple, une nouvelle technologie de production a permis l'émergence de mini-aciéries capables de rivaliser avec les grandes aciéries traditionnelles. Les coûts de communication et de transport peuvent également chuter de façon importante à la suite d'innovations techniques, comme le téléphone traditionnel et cellulaire à notre époque, l'Internet, le transport aérien, le TGV, etc. Très souvent, cette évolution de la technologie change le périmètre géographique du marché pertinent.

La division Vulcraft de la société Nucor, une entreprise qui exploite plusieurs mini-aciéries aux États-Unis, offre un bon exemple des considérations stratégiques découlant de la dynamique entre les coûts de transport et le coût d'un système de production et de distribution optimal. Cette division fabrique des poutrelles d'acier pour le secteur de la construction commerciale et industrielle aux États-Unis.

Le cas Nucor-Vulcraft

L'entreprise Nucor a établi une première usine Vulcraft dans le marché du sud-est des États-Unis, suivie par des installations de même nature dans les autres marchés géographiques américains. Dans chacun de ces nouveaux marchés, Nucor a apporté l'expérience et le savoir-faire que ses gestionnaires avaient acquis dans les marchés précédemment investis.

Ainsi, l'entreprise Nucor, en se basant sur une bonne analyse des coûts de production et de transport, en est arrivée progressivement à exploiter un réseau optimal d'usines de poutrelles, chacune desservant un marché géographique bien délimité où elle détenait une part de marché dominante. Elle aurait pu procéder de façon moins judicieuse, par exemple tenter de desservir tout le marché américain ou une grande partie du marché américain, par le truchement d'une seule grande usine et risquer des coûts élevés de transport, ou encore, imiter les autres concurrents et établir de nombreuses petites usines rapprochées géographiquement de ses clients.

Le tableau 7.1 et la figure 7.3 rendent compte des phénomènes sous-jacents à la stratégie choisie par Nucor. En se fondant sur des estimations fiables des coûts de transport, Nucor établit qu'une usine ayant une capacité de production de 70 000 tonnes par année (ce qui est nettement inférieur à la TME de cette industrie, c'est-à-dire qu'elle n'est pas optimale du strict point de vue de la fabrication) devrait en moyenne couvrir un marché géographique d'un rayon de 356 milles (570 kilomètres) autour de cette usine pour écouler sa production de façon concurrentielle. Une usine de cette dimension atteint des coûts de fabrication de 580 $ la tonne, ce qui est inférieur de quelque 25 $ la tonne aux coûts des usines de 30 000 tonnes qu'exploitaient à l'époque la plupart des concurrents. Avec un tel avantage de coûts de fabrication, l'entreprise peut étendre sa couverture géographique de façon à obtenir le volume nécessaire pour atteindre un haut taux d'utilisation de sa capacité de production. Avec un avantage de coût de 25 $ la tonne, Vulcraft peut ainsi servir un client à meilleur prix qu'un rival exploitant une usine de 30 000 tonnes, même si ce client était voisin de ce rival, tant que le client est situé à moins de 400 milles (640 kilomètres) de l'établissement de Vulcraft. Par ailleurs, même si la TME dans ce secteur est atteinte à un volume de production plus élevé – disons de 100 000 tonnes, ce qui se traduit par un coût moyen unitaire de fabrication de 578 $ et est inférieur de 2 $ à celui obtenu à 70 000 tonnes/année –, les coûts de transport pour écouler le volume supplémentaire, soit 30 000 tonnes de plus, font en sorte que le coût total moyen après livraison (production et transport) d'une telle usine est supérieur au même coût enregistré par Nucor, dans le cas d'une capacité de production de 70 000 tonnes.

À cause de son avantage concurrentiel, Vulcraft établira ses prix, durant les périodes de forte demande, en fonction des coûts de ses concurrents de petite taille, donc élevés par rapport à ses propres coûts, de façon à conserver un volume rentable. En période de faible demande, Vulcraft voudra obtenir tout le volume disponible pour maintenir son rythme de production. Pour ce faire, elle établira souvent ses prix à un niveau inférieur aux coûts des concurrents de petite taille qui, privés de volume d'affaires, fermeront leurs portes si la période difficile perdure.

En conséquence de cette approche stratégique, Vulcraft exploite maintenant six établissements, chacun dominant dans un marché géographique délimité par les phénomènes de coûts de fabrication et de transport décrits au tableau 7.1 et à la figure 7.3.

Tableau 7.1	Effets de la couverture géographique sur les coûts et le volume – Nucor-Vulcraft

Capacité de l'usine (000 tonnes)	Rayon de livraison[1] (milles)	Distance moyenne[2] (milles)	Coût de transport total[3] (000 $)	Coût de transport moyen ($/tonne)	Coût de fabrication	Coût total
20	190	134	168	8,37	645	653,37
30	233	165	309	10,31	605	615,31
40	270	191	478	11,94	592	603,94
70	356	252	1 102	15,75	580	595,75
100	426	301	1 881	18,83	578	596,83

1. *À distance moyenne du marché américain de 0,35 tonne/mi².*
2. *La distance départageant 50 % du volume.*
3. *À un coût de 0,0625 $/tonne-mille.*

Figure 7.3	Coût moyen du produit fabriqué à l'usine et après livraison au client en fonction de la capacité de production – le marché des poutrelles d'acier

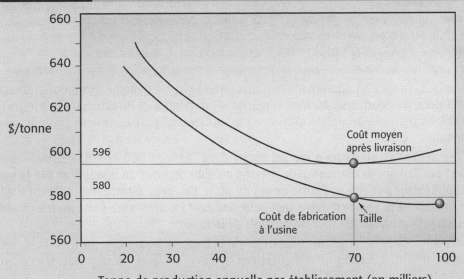

© Allaire et Firsirotu, 1993, 2004.

7.2 Les effets d'apprentissage

Au cours des années 1970, le Boston Consulting Group (BCG) fait une retentissante percée dans le domaine de la stratégie d'entreprise avec le concept de « courbe d'expérience ». En effet, en se fondant sur quelques considérations théoriques et des exemples empiriques choisis, le BCG affirme que les coûts moyens de fabrication d'un nouveau produit diminuaient selon la relation suivante :

$$C_n = C_i\, n^{-b}$$

où :

  C_n : le coût moyen de la n^e unité fabriquée

  n : la quantité totale fabriquée depuis le début des activités

  C_i : le coût de la première unité fabriquée

  b : le coefficient à estimer déterminant le rythme de réduction des coûts en fonction du volume cumulé

Bien sûr, cette relation signifiait que tout doublement des productions cumulatives aboutirait à une réduction du coût moyen équivalant à $2\,[1 - 2^{-b}]$.

S'appuyant sur cette simple observation, le BCG propose des prescriptions stratégiques précises. De toute évidence, le phénomène des courbes d'expérience qui, selon le BCG, est presque universel donnait un avantage de coûts au producteur qui atteignait le premier un grand volume de ventes. De plus, cette chute parfois dramatique des coûts moyens en fonction des volumes cumulatifs devait mener à une politique de prix fondée sur les coûts à venir, non pas sur les coûts passés. En fait, le BCG suggérait que, durant la phase d'introduction et de développement de marché, la firme devait établir ses prix à un niveau inférieur aux coûts actuels. Avec une telle stratégie, son volume de production augmenterait de façon accélérée et ses coûts diminueraient plus rapidement que les prix, lui permettant ainsi d'atteindre une position de marché dominante et une rentabilité élevée à moyen terme.

Le BCG proposait également de considérer la firme comme étant constituée d'un portefeuille de produits à équilibrer quant à leur potentiel de croissance, à leurs gains possibles de part de marché ou aux retraits stratégiques qui seraient profitables pour la firme.

Les options stratégiques d'une entreprise dans l'univers BCG étaient définies essentiellement par le taux de croissance du marché ou d'un segment de marché, et par la part de marché détenue par l'un ou l'autre de ses produits. Ces deux dimensions, qui sont d'ailleurs sous-jacentes à la courbe d'expérience, constituaient les deux axes d'une matrice marchés-produits servant à classer tous les produits de la firme.

Cette approche unidimensionnelle de la stratégie a eu un grand succès, lequel, avec du recul, s'explique difficilement si ce n'est par l'indigence théorique et conceptuelle du domaine de la stratégie à l'époque.

Après quelque temps, une critique abondante et dévastatrice[1] ainsi que certains échecs retentissants ont contribué à donner au concept de courbe d'expérience

---

1. Pour un échantillon restreint des critiques du concept de la courbe d'expérience, voir : Day et Montgomery, 1983 ; Hall et Howell, 1985 ; Amit, 1986.

un rôle stratégique plus modeste. En effet, de nos jours, le concept de « courbe d'expérience » conserve une valeur stratégique dans des circonstances précises. (*voir l'encadré suivant*).

Encadré 7.1 | Quand l'apprentissage compte…

- En phase de lancement d'un nouveau produit ou d'un nouveau concept, lorsque celui-ci fait appel à des procédés de fabrication, de distribution ou de mise en marché qui sont complexes et relativement nouveaux.

- Si l'expertise peut être développée au sein de l'entreprise et devenir sa propriété exclusive (*proprietary knowledge*), augmentant ainsi le niveau de ses compétences et de ses savoir-faire ayant une valeur concurrentielle. Cependant, l'utilisation de firmes de conseillers ou de fournisseurs pour de tels développements fait en sorte que, en l'absence de liens contractuels exclusifs, ces connaissances deviennent facilement et rapidement disponibles pour d'éventuels concurrents. De même, la forte mobilité du personnel d'une entreprise à l'autre peut limiter la capacité de la firme de s'approprier les avantages concurrentiels qu'elle devrait normalement retirer de l'apprentissage suivi par son personnel.

- Si l'expertise est systémique, c'est-à-dire qu'elle est intégrée au fonctionnement de l'entreprise par un **processus d'apprentissage organisationnel plutôt qu'individuel,** selon lequel le savoir-faire et l'expérience sont inscrits dans les systèmes et les méthodes de travail, ou sont fragmentés en plusieurs lieux et fonctions de l'entreprise de sorte que peu de personnes possèdent une maîtrise complète des technologies et du savoir-faire stratégiques de la firme. Tout employé n'ayant que des connaissances et des expertises partielles et diffuses, il est alors difficile pour un concurrent éventuel d'acquérir cette expertise par l'embauchage de personnel provenant de la firme innovatrice.

Les conditions citées précédemment donnent un rôle stratégique significatif aux effets d'apprentissage et d'expérience. **En général, le phénomène de courbe d'apprentissage, lorsqu'il est bien exploité, peut mener à une réduction accélérée des coûts moyens ainsi qu'à un niveau de coûts plus faible que celui de la concurrence, pourvu que la firme puisse empêcher la diffusion de son savoir-faire chez les concurrents.**

Une firme innovatrice pourra parfois compter sur les courbes d'expérience pour se tailler une place dominante dans un nouveau marché. Les avantages concurrentiels qui en découlent alors peuvent exercer une influence notable et durable sur la structure émergente du nouveau marché.

Les phénomènes d'apprentissage sont également au cœur des enjeux du développement de compétences, d'actifs intangibles et de technologies dans l'entreprise. L'importance stratégique du phénomène d'apprentissage va donc bien au-delà du rôle circonscrit qu'on lui a fait jouer au départ en fonction de sa genèse dans l'ingénierie de production.

Pour le spécialiste du marketing, par exemple, le phénomène d'apprentissage peut s'avérer pertinent à l'évaluation des processus de choix des acheteurs. Dans plusieurs secteurs d'activité, le choix d'un fournisseur comporte des risques et des coûts qui diminuent au rythme du nombre de transactions effectuées de façon satisfaisante.

Dans la mesure où une courbe d'expérience prononcée caractérise le comportement de l'acheteur, le phénomène peut être une entrave efficace à l'entrée de la concurrence et créer un obstacle redoutable au transfert d'allégeance à un autre fournisseur. Il s'agit là d'une des manifestations des coûts de substitution (*switching costs*), dont nous traitons plus loin dans ce chapitre.

La courbe d'expérience : le cas des avions commerciaux

Le concept de diminution des coûts en fonction des phénomènes d'expérience et d'apprentissage garde tout son sens premier dans le secteur de l'aéronautique. Dans ce secteur, les prix et les coûts associés à un nouveau programme ou à un nouveau type d'appareil sont influencés, voire imprégnés, par le concept de courbe d'expérience.

Le lancement d'un nouveau modèle d'avion exige d'énormes investissements (*non-recurring costs*). L'entreprise doit donc formuler des hypothèses, lesquelles sont fondées sur son expérience historique ainsi que sur son appréciation de la complexité et de la nouveauté relatives du nouvel appareil quant au rythme de diminution des coûts de main-d'œuvre pour sa fabrication et son assemblage. Différentes hypothèses de courbes d'expérience auront comme conséquence immédiate de faire varier le prix de vente et le nombre d'unités vendues qui seront nécessaires pour atteindre le seuil de rentabilité.

Comme le montre la figure 7.4, la différence entre une bonne performance et une performance médiocre en ce qui a trait à la courbe d'expérience peut se traduire par un écart de 200 % pour les coûts de main-d'œuvre et changer complètement les perspectives de rentabilité du projet. Par exemple, dans la deuxième partie de cette figure, la courbe des frais de démarrage (*non-recurring costs*) se fonde sur une courbe d'expérience de 80 %[2]. Si une courbe de 90 % était en fait réalisée, le projet n'atteindrait jamais le seuil de rentabilité. Étant donné l'importance des sommes en jeu, la survie de l'entreprise pourrait même être mise en péril.

---

2. Avec chaque dédoublement du volume cumulatif, les coûts totaux unitaires vont diminuer de 20 % sur une courbe de 80 %, de 30 % sur une courbe de 70 %, et ainsi de suite.

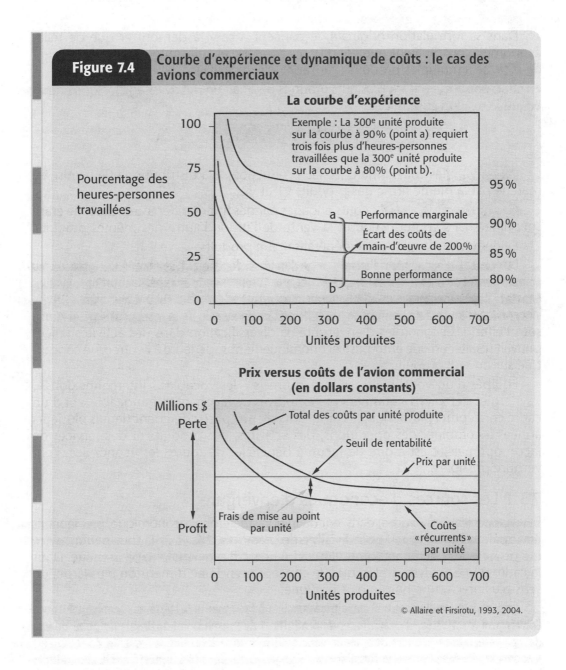

Figure 7.4 — Courbe d'expérience et dynamique de coûts : le cas des avions commerciaux

La courbe d'expérience

Exemple : La 300e unité produite sur la courbe à 90 % (point a) requiert trois fois plus d'heures-personnes travaillées que la 300e unité produite sur la courbe à 80 % (point b).

Pourcentage des heures-personnes travaillées

Performance marginale
Écart des coûts de main-d'œuvre de 200 %
Bonne performance

95 %
90 %
85 %
80 %

Unités produites

Prix versus coûts de l'avion commercial (en dollars constants)

Millions $
Perte
Profit

Total des coûts par unité produite
Seuil de rentabilité
Prix par unité
Frais de mise au point par unité
Coûts « récurrents » par unité

Unités produites

© Allaire et Firsirotu, 1993, 2004.

7.3 Les économies d'envergure

Ce concept de coûts, connu en anglais sous le terme *economies of scope,* est parfois traduit en français par « économies de champ[3] » ou par « économies de gamme ». Nous préférons l'expression « économies d'envergure » parce qu'elle rend mieux la signification du concept.

---

3. Voir Joffre et Koening, 1985.

Dans sa formulation originale, le concept a servi à démontrer que de telles économies constituaient une condition nécessaire et suffisante au développement de la firme à multiples produits (Panzar et Willig, 1981).

En effet, une firme offrant plusieurs produits détenait un net avantage lorsque entrait en jeu la relation suivante :

$$C (y1, y2) < C (y1, 0) + C (0, y2)$$

où :

C (y1, y2) : les coûts inhérents à la production, à la distribution et à la mise en marché par la même firme des produits y1 et y2 ;

C (y1, 0) et C (0, y2) : les coûts engagés par des firmes différentes, chacune étant spécialisée dans la production et la vente de l'un ou l'autre des mêmes produits.

Évidemment, la relation se généralisait à *n* produits.

Le concept d'économies d'envergure a donné un fondement économique rigoureux au comportement de nombreuses entreprises qui, par tâtonnements et expérimentations, avaient constaté depuis longtemps qu'elles pouvaient augmenter leur efficience et leur compétitivité en combinant un certain nombre de produits différents au sein de la même entreprise. Ainsi, sous l'effet des économies d'envergure, la diversification dans des activités reliées pouvait résulter en une entreprise économiquement supérieure à l'entreprise concentrée sur un seul produit.

Équipés d'un vocabulaire encore imprécis – les vocables «interconnexions», «synergies» et «liens» étant encore employés de façon interchangeable – et d'un cadre conceptuel plutôt flou, les dirigeants d'entreprise cherchent depuis plusieurs années à combiner des opérations, des activités, des produits et des services de façon optimale, c'est-à-dire de façon à bénéficier de toutes les économies d'envergure possibles.

7.3.1 Les sources d'économies d'envergure

Les économies d'envergure, dans leur définition strictement économique, proviennent principalement du **caractère indivisible de certains actifs** et de la sous-performance qui peut résulter du fait qu'un seul marché ne suffit pas à en faire plein usage. Dans le cadre d'une analyse stratégique, le concept prend une dimension plus large, un sens plus précis, une portée plus pratique.

Le défi pour les dirigeants d'entreprise consiste à façonner un « système stratégique » dont l'envergure d'activités, d'opérations, de produits et de marchés est optimale du point de vue de sa performance économique, en ce sens qu'il fait une utilisation maximale de toutes les ressources, de tous les actifs tangibles et intangibles qui sont la propriété exclusive et indivise de l'entreprise. Les exemples abondent, car toute grande entreprise offrant plus d'un produit est l'aboutissement d'une recherche d'économies d'envergure. Voici quelques exemples évidents de recherche d'économies d'envergure :

- Plusieurs produits développés et fabriqués dans un même système – Par exemple, chez Bombardier aéronautique, le département d'ingénierie est responsable du développement de nouveaux modèles à la fois pour les avions régionaux et les jets d'affaires ; également, plusieurs phases du processus de production sont partagées par plusieurs types d'avions.

- Des produits servant des marchés distincts mais bénéficiant de la réputation et de l'image de marque de la firme – Par exemple, les designers de mode comme Chanel, Gucci et Yves Saint-Laurent, dont les marques se retrouvent sur diverses gammes de produits (parfums, vêtements, souliers, sacs à main, etc.); Honda et sa vaste gamme de produits motorisés.

- Des produits partageant les mêmes composants, mais dont le principal élément différenciateur est la marque : c'est le cas de plusieurs produits électroniques (PC, téléphonie cellulaire, etc. affichant l'étiquette IBM, HP Compaq, Motorola, Nokia, ou Ericsson). L'exemple le plus édifiant vient de l'utilisation avec succès de la marque Virgin par son propriétaire Richard Branson sur plusieurs produits non reliés (*voir le tableau 7.2*).

- Des produits ciblant des marchés distincts, mais distribués par le truchement d'un même réseau – Par exemple, Honda, Bombardier et Yamaha distribuent une gamme de produits très souvent par le biais des mêmes concessionnaires (les véhicules tout-terrain (VTT) distribués dans le réseau des concessionnaires de motocyclettes ou les petits tracteurs et les souffleuses à neiges distribués dans le circuit de distribution des équipements pour l'entretien extérieur, etc.). Le groupe FedEx Corp. réunit la vente, le marketing et tous les services proposés collectivement par chacune des divisions de Federal Express, par ailleurs quasi indépendantes, dans une seule unité : FedEx Service; la compagnie a regroupé également le service pour toutes ses divisions afin d'offrir à ses clients un point d'accès unique pouvant leur fournir tous les renseignements concernant les points de collecte des colis, les tarifs, le suivi des envois, la facturation, etc. Ainsi, comme il en est question à la partie IV, FedEx Corp. essaie de combiner tous les avantages d'une spécialisation pointue avec les bénéfices des économies d'envergure.

  Un autre exemple est fourni par Procter & Gamble qui utilise le même réseau de distribution pour un grand nombre de catégories de produits (produits de soin et de santé, produits de beauté, produits de consommation, de nettoyage, etc.). Conceptuellement, cet arrangement serait censé produire de meilleurs coûts unitaires par catégorie de produits ainsi qu'un pouvoir accru de négociation avec les détaillants des grandes surfaces. Xerox a regroupé récemment ses services après-vente pour l'activité informatique et l'activité bureautique – chaque technicien de Xerox est non seulement responsable de l'activité de maintenance pour l'ensemble du parc de son client (copieurs, imprimantes et autres), mais il est aussi chargé de vendre à ses clients des services complémentaires.

- Le développement d'une large gamme de produits faisant appel à une même expertise et maîtrise technique; on peut souvent appliquer des technologies dites « génériques » à d'autres marchés ou produits – Par exemple, l'expertise de Honda dans la « technologie des moteurs à essence » lui permet de développer dans un premier temps des motocyclettes, puis des automobiles, des VTT, des tondeuses à gazon, des souffleuses à neige, des génératrices d'électricité, éventuellement (et tardivement, des motomarines), etc. Les nouvelles technologies d'optique et d'imagerie commerciale développées et brevetées par Canon sont utilisées par sa division de systèmes d'imagerie (copieurs laser couleur, télécopieurs, systèmes d'archivage d'images et imprimantes laser) ainsi que par sa division de produits industriels (lentilles de caméras de télévision, puces électroniques, etc.), divisions qui visent, par leur offre, des marchés ou des produits différents.

Le concept élargi d'économies d'envergure permet de mieux comprendre certaines décisions d'acquisition, d'alliance ou de fusion. Il peut également s'avérer un puissant stimulant de créativité et d'innovation en matière de stratégies d'entreprise. Enfin, ce concept sous-tend la préoccupation pour le développement maximal des ressources stratégiques et des compétences de l'entreprise.

L'empire Virgin

La société Virgin représente à merveille l'art de profiter de la reconnaissance et de la notoriété de sa marque. En 1966, alors qu'il n'avait que 17 ans, Richard Branson a créé un magazine nommé *Student*, destiné à tous les étudiants anglais. Cette première tentative a été un échec, car le magazine a disparu dans sa troisième année. Mais Branson n'a pas renoncé. En 1971, il a créé Virgin Music, un magasin de disques. Malgré son inexpérience, ce magasin s'est avéré un succès. Branson avait réussi à créer une «atmosphère», un endroit convivial dans lequel les clients restaient plus longtemps, discutaient avec les vendeurs et où les disques étaient moins chers que chez les concurrents. Virgin compensant ses faibles marges par un gros volume de vente. Rapidement, devant le succès de la formule, Branson ouvrit d'autres magasins.

En 1973, Branson a décidé d'élargir ses activités dans le secteur de la musique en se lançant dans la production musicale, et il a créé le label Virgin. Puis, au gré de son imagination un tantinet anarchique, Branson a lancé plusieurs affaires, s'assurant de toujours profiter de sa réputation et de la notoriété croissante du nom Virgin ; il s'assurait également d'attirer des investisseurs désireux de s'associer avec lui, de façon que lui, Branson, risque assez peu ses propres capitaux dans ses multiples initiatives. Par exemple, des investisseurs américains lui proposent de participer à la création d'une compagnie aérienne, qu'ils baptiseront Virgin Atlantic.

En 1987, le groupe Virgin est devenu public, ce qui a donné à Branson des moyens supplémentaires pour étendre son activité en continuant de se diversifier dans tous les secteurs pour lesquels il estime que **le nom Virgin et son concept d'alliance sont porteurs de succès.**

Aujourd'hui, l'envergure de Virgin englobe plusieurs dizaines d'activités différentes – aux dimensions locales (comme Virgin Limobike ou Virgin Limousines), nationales (Virgin Cinemas, Virgin Trains, etc.) et internationales (Virgin Drinks, Virgin Megastore, etc.) – mettant toujours en avant le nom, les couleurs et le sigle Virgin (*voir le tableau 7.2*).

Tableau 7.2 L'empire Virgin ou comment profiter de sa marque

Virgin Active

Virgin Active a repris le concept du club de loisir et santé pour créer des «centres de vie» (Royaume-Uni et Afrique du Sud).

Virgin Balloon Flights

Voyages en montgolfière au Royaume-Uni, en Hollande et en Belgique

Virgin Bikes

Virgin Bikes permet d'acheter, d'assurer et de financer l'achat d'une motocyclette et d'accessoires.

Virgin Brides

Produits et services pour les mariages

Virgin Cinemas

Virgin exploite une chaîne de cinémas au Japon.

Virgin Credit Card

La carte de crédit innovatrice de Virgin Money

Virgin Drinks

Compagnie de fabrication et de commercialisation de boissons gazeuses présentes en Europe, en Asie et en Afrique (plus de un million de cannettes vendues par jour)

Virgin Holidays

Voyagiste basé au Royaume-Uni, spécialisé dans les longs voyages (Amérique, Orient, Australie, etc.)

Virgin Limobike

Service de déplacement en motocyclette dans Londres

Virgin Megastores

Vente de disques, de livres, de films et autres produits culturels (80 Virgin Megastores en Europe, au Japon, au Canada et aux États-Unis)

Virgin Space

Les cybercafés de Virgin

Virgin Trains

Compagnie de transport ferroviaire au Royaume-Uni (plus de 1 600 destinations)

Virgin Atlantic

Vols vers vingt destinations aux États-Unis, aux Caraïbes, en Afrique du Sud et en Asie

Virgin Atlantic Cargo

Utilisant le réseau de Virgin Atlantic, Virgin Atlantic Cargo offre des services de cargo pour plus de 120 destinations dans le monde.

Virgin Books

Édition de livres à succès internationaux sur la musique, le sport, le cinéma, la télévision, etc.

Virgin Cars

Vente en ligne d'automobiles

Virgin Cosmetics

Réseau de 8 000 consultants indépendants en cosmétiques

Virgin Experience

Virgin Experience est spécialisée dans la vente de «rêves» (conduire une Ferrari, safaris africains, etc.).

Virgin Home

Services de téléphonie, de gaz et d'électricité

Virgin Incentives

Mise au point de systèmes d'incitation pour favoriser la performance des cadres dans le monde Virgin et celui de ses partenaires

Virgin Limousines

Services de transport en limousine dans toute la Californie

Virgin Mobile

Service de téléphonie mobile au Royaume-Uni, aux États-Unis et en Australie

Virgin.net

Service d'accès à Internet (ISP) au Royaume-Uni

Radio Free Virgin

Radio Free Virgin est une radio numérique au Royaume-Uni

Virgin Wines

Vente de vins et de produits connexes

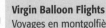
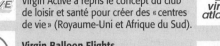

7.3.2 Les économies d'envergure par activité

Le concept d'économies d'envergure et les défis stratégiques qu'il pose aux dirigeants sont plus simples à comprendre si nous décomposons une entreprise dans ses multiples activités pour apprécier la dynamique de coûts pour chaque activité. Les différentes composantes d'un système sont caractérisées par des TME très différentes[4]. Par exemple, pour une firme qui produit et distribue un seul produit, chaque activité importante est soumise à sa propre dynamique de coûts avec une TME qui lui est spécifique, comme le démontre la figure 7.5. Supposons, aux fins de cet exemple, que la firme en question estime qu'elle ne peut espérer vendre un volume supérieur à 200 000 unités. Quelles répercussions ce volume aurait-il sur ses coûts ? Quelles sont ses options stratégiques ?

Figure 7.5	Illustration de la dynamique de coûts par activité

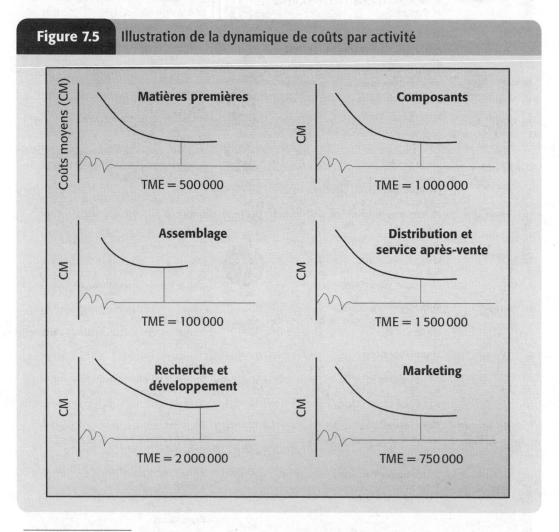

---

4. Cette argumentation démontre que, bien qu'on en fasse rarement mention, les courbes utilisées pour représenter les économies d'échelle s'appliquent soit à une seule composante de coûts, soit à une moyenne pondérée des coûts des diverses composantes pour différents niveaux de production, de distribution et de vente.

Pour cet exemple hypothétique, le tableau 7.3 établit qu'un volume limité à 200 000 unités, dans un système doté des meilleurs moyens, outils et équipements, se traduirait par des coûts de 17 % supérieurs aux coûts d'une entreprise qui aurait un volume d'affaires suffisant (2 000 000 d'unités, dans notre exemple) pour utiliser à leur TME toutes ces ressources et tous ces actifs.

Évidemment, dans de telles circonstances, l'entreprise à petit volume tentera plutôt d'utiliser des approches moins coûteuses pour un volume de 200 000 unités, mais ces méthodes seront souvent moins bien reçues par les clients. Ainsi, au lieu d'assumer sa propre distribution et d'offrir son propre service après-vente, ce qui, dans notre exemple, requiert un volume de 1 500 000 unités pour être efficace, l'entreprise pourra procéder par l'entremise d'agents et de sous-traitants, à moindre coût mais non sans une perte d'efficacité de distribution et de service. Si tel est le cas, elle vient de concéder un avantage stratégique décisif à un concurrent qui aura su atteindre un volume d'affaires suffisant pour mettre en place son propre système de distribution et de service après-vente.

Tableau 7.3	Coûts et TME par activité d'un système, et variations de coûts pour un volume de 200 000 unités			
1 Activités	2 Part des coûts totaux	3 TME	4 Augmentation de coûts pour 200 000 unités	5 Impact sur coûts totaux (2 × 4)
Matières premières	20 %	500 000	5 %	1 %
Composants	10 %	1 000 000	20 %	2 %
Assemblage	15 %	100 000	–	–
Distribution et service après-vente	20 %	1 500 000	30 %	6 %
Recherche et développement	15 %	2 000 000	40 %	6 %
Marketing	20 %	750 000	10 %	2 %
	100 %			17 %

Dans plusieurs secteurs d'activité et dans de grands marchés géographiques, l'entreprise peut atteindre avec un seul produit le volume d'affaires nécessaire pour utiliser pleinement les ressources et les actifs d'un système performant. Dans d'autres secteurs ou dans de plus petits marchés géographiques, cela ne serait possible que si l'entreprise s'appropriait une très forte part, voire la totalité du marché, hypothèse souvent improbable. Parfois, même si elle jouissait d'un monopole virtuel, l'entreprise ne pourrait faire une pleine utilisation des actifs indivisibles et des ressources assemblées dans son système.

Dans tous ces cas, l'entreprise voudra étendre son envergure pour englober de nouveaux marchés géographiques ainsi que de nouveaux produits ou services qui font appel à certaines de ses ressources ou utilisent certains de ses actifs. L'entreprise pourra chercher à contourner ce problème d'envergure limitée et de sous-utilisation d'actifs indivisibles en ayant recours à des alliances de toute nature pour partager l'utilisation de ces actifs ainsi que certains coûts tels que la recherche et le développement et la distribution physique.

Donc, le concept d'économies d'envergure invite les dirigeants d'entreprise à examiner tous les actifs tangibles et intangibles de la firme afin d'évaluer leur taux d'utilisation ainsi que leurs possibilités.

Cet examen comporte un aspect de coûts et de recherche d'optimisation, mais il comprend également une recherche d'activités nouvelles où les ressources et les actifs de la firme pourraient être utilement employés. En étendant son envergure, directement ou par le truchement d'alliances, à de nouveaux secteurs pour faire meilleur usage de ses actifs et de ses ressources, l'entreprise peut améliorer son rythme de développement et sa rentabilité totale.

La partie V décrit de nombreux cas de stratégies d'entreprise où les économies d'envergure jouent un rôle fondamental.

Cependant, cette extension des activités de l'entreprise n'est pas sans amener une complexité accrue et un besoin d'apprentissage et de qualité de gestion dans l'entreprise, exigences qui peuvent rendre largement illusoires les bénéfices d'une envergure élargie, comme il en est question plus loin dans ce chapitre.

7.4 Les économies de réseaux

Connu, en anglais, sous les termes *network economies, network externalities* ou *economies of density*[5], le concept d'économies de réseaux s'applique aux situations où la performance économique d'une entreprise donnée dépend de phénomènes interreliés de localisation ou de développement de la demande au sein d'un réseau ainsi que du développement du réseau lui-même. En son sens strict, la notion d'économies de réseaux fait référence aux produits ou services qui nécessitent l'existence d'un réseau physique (route, chemin de fer, câble, lignes téléphoniques). Selon une définition élargie, le concept englobe les réseaux «symboliques» ou virtuels qui rassemblent divers utilisateurs d'un même type de produit, de concept ou de système, leur permettant d'interagir ou de communiquer les uns avec les autres (le réseau des consoles de jeux, le réseau virtuel des magnétoscopes, etc.).

Tout réseau d'information trouve sa valeur dans le nombre total d'utilisateurs du réseau auxquels chaque membre a un accès direct. Des exemples classiques nous sont donnés par le téléphone, le télex, le télécopieur et l'Internet.

---

5. Voir Caves, Christensen et Thretheway, 1984, pour une application aux transports aériens.

Les économies de réseaux sont typiquement associées aux contextes comme ceux qui suivent :

- Le transport aérien de passagers, le transport de petits colis ou le fret par camions ou par trains, selon un système de plaque tournante *(hub and spokes)* qui rassemble le volume de plusieurs sites en un endroit central, ce qui permet d'y utiliser des équipements dont la performance est optimale à grand volume. L'analyse économique de tels systèmes doit porter sur l'ensemble du réseau, y compris le potentiel de chargements au retour *(back-haul)*, et doit également faire la distinction entre les économies d'échelle provenant de l'extension du réseau et les économies de densité provenant d'un volume accru dans un réseau donné *(voir l'encadré suivant)*.

- Le service téléphonique, le service de câble, les différents services reliés à l'Internet, où la valeur et le coût d'un produit ou d'un service pour un acheteur dépendent du nombre d'utilisateurs du produit). Cela est aussi vrai pour toutes les normes techniques (VHS vs Betamax pour les magnétoscopes, par exemple), les logiciels, les systèmes d'exploitation, dont la valeur dépend directement de l'universalité de leur acceptation.

Ainsi, IBM a créé le standard dans le réseau virtuel des micro-ordinateurs (« un PC est compatible avec IBM ou non »). Microsoft, avec son premier système d'exploitation MS-DOS puis Windows, a créé le standard pour les systèmes d'exploitation dans le réseau virtuel des micro-ordinateurs compatibles avec IBM : tout utilisateur peut lire ses fichiers à partir de n'importe quel ordinateur personnel pourvu que celui-ci soit équipé d'un système d'exploitation Windows. Netscape a créé le navigateur « standard » dans le réseau Internet, mais n'a pas été capable de verrouiller son réseau contre Microsoft, etc.

Bien que l'assurance vie et l'assurance automobile constituent des cas un peu différents, l'effet de réseau s'applique dans la mesure où le risque actuariel et donc les coûts diminuent au fur et à mesure qu'un plus grand nombre de personnes utilisent ces services.

La réalisation d'économies de réseaux dans le transport aérien de passagers, le transport de petits colis et le fret par camions ou par trains

Le transport aérien de passagers, le transport de petits colis ou le fret par camions ou par trains sont des exemples de réseaux dont le fonctionnement efficace est fondé sur l'existence d'une plaque tournante *(voir la figure 7.6)*.

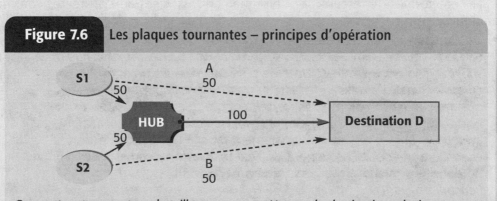

Figure 7.6 Les plaques tournantes – principes d'opération

Commuter : transporteur de taille moyenne desservant une courte route (*Spoke*) destinée à alimenter une plaque tournante gérée par une grande ligne de transport aérien

- Une seule destination, plusieurs courses par jour = économies de densité
- Plusieurs destinations ajoutées au réseau = économies d'échelle

Ainsi, comme le montre la figure 7.6, le transporteur qui assure le transport des marchandises ou des voyageurs entre deux sites, S1 et S2, et une destination D pourrait, du point de vue théorique, choisir une des deux options suivantes :

- Desservir les routes A et B directement, ce qui impliquerait l'utilisation des équipements de taille moyenne (50-70 places) – par exemple, dans le cas du transport aérien, les avions régionaux.

- Exploiter une plaque tournante (*hub*) qui rassemble le volume de plusieurs sites et assurer la connexion entre cette plaque tournante (qui pourrait être, par exemple, un centre de tri des colis, un aéroport, une gare centrale, etc.) et la destination D, ce qui lui permettrait d'utiliser des équipements de grande taille (dans le cas du transport aérien, des avions de 100 places et plus).

Ainsi, il pourrait desservir seulement les longues routes, en laissant aux autres transporteurs de petite taille (les *commuters*), la mission de desservir les courtes routes et d'alimenter la plaque tournante. Pour que ce système fonctionne mieux par rapport à la variante où chaque transporteur se consacrerait à une route distincte (A ou B, dans notre exemple), l'exploitant de la plaque tournante devrait offrir :

- une bonne connexion qui facilite les correspondances sans perte de temps par l'intermédiaire de la plaque tournante, ainsi qu'un transit rapide des colis, des passagers, etc., vers la destination finale D ;

- une fréquence adéquate de transport entre la plaque tournante et la destination finale D, qui stimule la demande aux points de départ (S1 et S2) et qui assure un bon taux de remplissage de l'équipement de transport alloué au transport tant à l'aller qu'au retour, entre la plaque tournante et la destination D (**économies de densité**).

Une fois ces conditions remplies, le transporteur pourra étendre son réseau et exploiter d'autres marchés (chaque route entre la plaque tournante et une destination représente un marché en soi), en effectuant le transport entre la plaque tournante et plusieurs destinations pour bénéficier de la réduction du coût moyen unitaire par des **économies d'échelle.**

Regardons concrètement comment Air Canada et Canadien International font en sorte d'obtenir les économies de réseaux recherchées.

Les effets d'économies de réseaux : la fusion d'Air Canada et de Canadien International

En conséquence de leur fusion, Air Canada et Canadien International proposait, au début de l'année 2000, un nouvel horaire de vol : 30 nouveaux vols, 11 nouvelles destinations et plus de 380 vols transfrontaliers supplémentaires par semaine[6]. Sensible aux économies de réseaux, ce programme comprenait :

- Une amélioration des plaques tournantes de Toronto et de Vancouver ainsi que l'ajout d'une nouvelle plaque tournante à Montréal – Ce nouvel arrangement devait permettre à Air Canada de réduire les délais de correspondance, faciliter l'embarquement des passagers et stimuler la demande. Ainsi, 245 des 380 nouveaux vols transfrontaliers chaque semaine avaient comme point de départ l'aéroport de Toronto.

Ces plaques tournantes avec leur fort volume de passagers devaient également permettre l'utilisation d'équipements ayant de meilleures caractéristiques de coûts.

- Une augmentation sensible de la fréquence des vols afin d'offrir au client un vaste choix d'heures de départ ainsi que plusieurs correspondances pratiques – Ces initiatives avaient comme but la stimulation de la demande et l'obtention d'économies de densité dans le réseau.

- L'établissement de nouvelles destinations : de nouveaux vols sans escale (Montréal-Edmonton, Halifax-Vancouver et Toronto-Victoria), ainsi que cinq nouvelles routes internationales (Toronto-Hong Kong, Toronto-Honolulu-Sydney, Toronto-Munich et Vancouver-Mexico) dans le but d'obtenir des économies d'échelle.

Conclusion

Les phénomènes dynamiques décrits dans ce chapitre fournissent à l'entreprise son assise économique ; ils font comprendre cette recherche, cette quête de croissance, d'expansion géographique et de diversification qui anime les entreprises et leurs dirigeants. **L'objectif d'en arriver aux meilleurs coûts d'exploitation est fondamental et incontournable, responsable au premier chef du succès et de la survie de l'entreprise.**

---

6. Air Canada et Canadien International, communiqués de presse.

Chapitre 8

Les coûts comme entraves à l'entrée dans un secteur d'activité

Ce chapitre traite de trois types de coûts dont l'effet premier est d'offrir une certaine protection aux firmes en place contre l'arrivée de nouveaux concurrents. Le stratège doit comprendre comment ces trois types de coûts peuvent contribuer à assurer une rentabilité durable pour son entreprise.

8.1 Les coûts irrécupérables

Le concept de « coûts irrécupérables » (*sunk costs*) fait référence à l'ensemble des coûts et des investissements essentiels pour toute entreprise voulant œuvrer dans un secteur industriel donné, mais qui n'ont de valeur que pour cette entreprise. Il s'agit donc de la différence entre la valeur des investissements requis au départ et la valeur résiduelle de ces investissements dans l'éventualité où l'entreprise devrait abandonner la partie. Ce concept est particulièrement pertinent dans des secteurs d'activité qui requièrent des actifs hautement spécialisés ou des investissements importants en promotion et en publicité pour faire connaître et différencier son produit.

Selon Baumol et autres (1982), ce ne sont ni la somme des investissements requis pour attaquer un marché, ni la différenciation technique des produits offerts par les firmes déjà en place, ni les économies d'échelle, ni les autres supposées entraves à l'entrée qui protègent un marché ou une industrie contre les nouveaux venus. C'est plutôt le niveau des coûts irrécupérables que devra risquer tout nouvel entrant dans un marché. En fait, tout marché, quel que soit le niveau de concentration observé, sera assujetti à une concurrence potentielle ou latente (*contestable market*) si le niveau des coûts irrécupérables est relativement faible.

L'examen rationnel des risques et des perspectives de succès dans un nouveau secteur d'activité aboutira finalement à la question fondamentale des sommes à mettre en jeu et en péril. La somme des coûts irrécupérables et la probabilité de perdre cette somme, ce que les praticiens et entrepreneurs appellent le *downside risk*, sont des considérations centrales à l'activité économique et aux décisions des entrepreneurs. Lorsque l'entreprise évalue l'attrait d'investir dans un nouveau secteur d'activité, elle cherchera par tous les moyens à réduire ces coûts irrécupérables. Ainsi, le recours à des démarches graduelles et réversibles, comme la location d'actifs plutôt que leur achat, tend à faciliter l'entrée de nouveaux concurrents.

Donc, un marché donné, même exploité par un monopole, reste potentiellement concurrentiel (*contestable*) à la condition que les coûts irrécupérables pour un nouveau rival soient relativement faibles, et que des entrepreneurs surveillent continuellement ce marché à la recherche d'occasions de profit.

Dans le cadre de politiques publiques visant à maintenir un haut niveau de concurrence au sein des marchés, les gouvernements doivent chercher les moyens de diminuer les coûts irrécupérables d'entrée et de sortie. En effet, c'est sur ce concept que s'est fondé tout le mouvement de déréglementation de plusieurs secteurs industriels aux États-Unis.

Le problème est inverse en ce qui concerne la rivalité entre firmes. Dans la mesure où une firme jouissant d'une position favorable et rentable sur un marché donné souhaite entraver l'entrée de nouveaux concurrents, elle doit répondre aux questions suivantes : « Comment faire pour augmenter les coûts irrécupérables que devrait assumer une firme qui serait tentée de venir rivaliser sur ce marché ? » ; « Quels changements technologiques et réglementaires pourraient vraisemblablement modifier la nature et l'importance de ces coûts ? »

Un exemple simple : l'industrie de l'aviation civile

Cette industrie a été totalement déréglementée aux États-Unis en donnant accès aux aérogares et aux droits de vol à toute entreprise qui en fait la demande. Les investissements considérables pour des appareils ne causent en fait que peu de coûts irrécupérables à cause de la bonne valeur de revente des appareils et d'un marché secondaire efficace. La présence active de locateurs d'avions, comme General Electric Capital Aviation Services (GECAS), facilite grandement le lancement de nouvelles entreprises sans exiger qu'elles trouvent et investissent d'énormes capitaux.

Avec le temps, il apparaît que les véritables entraves à la concurrence dans cette industrie prendront deux formes :

1. Les systèmes de réservation informatisés, très coûteux à développer et porteurs de coûts irrécupérables importants ;

2. Les programmes d'avantages pour les voyageurs à haute fréquence (*frequent flyer programs*) ; ces programmes permettent aux voyageurs (souvent des gens d'affaires) d'accumuler des points leur donnant droit éventuellement de voyager gratuitement.

Les agences de réglementation de la concurrence ont dû intervenir pour atténuer l'effet du premier facteur, en forçant les grands systèmes de réservation, pourtant propriété des sociétés mères de American Airlines ou de United Airlines, à faire une place sur leurs réseaux à toute entreprise qui en faisait la demande.

Quant aux programmes d'avantages, les nouvelles entreprises ont dû trouver des façons de contourner l'octroi de ce bénéfice, soit en s'associant avec un grand transporteur (avec lequel elles ne sont pas en concurrence directe) et ainsi rendre leurs clients éligibles aux programmes de ce dernier, soit en visant des niches de marché insensibles à ce bénéfice (voyageurs occasionnels, touristes, etc.).

8.1.1 Des mesures stratégiques visant à augmenter les coûts irrécupérables

Il est évident que la spécificité des actifs, c'est-à-dire le fait qu'ils ne peuvent pas servir à d'autres usages, ainsi que leur faible valeur résiduelle, donnent un caractère irrécupérable aux coûts afférents.

Investissements préalables et développements technofirmes. Un engagement décisif, crédible et irréversible d'une firme en place à investir des fonds importants pour augmenter sa capacité de production de façon à pouvoir répondre à une forte proportion de la demande pourra faire hésiter les concurrents virtuels et leur faire rebrousser chemin (Dixit, 1980).

Nous retrouvons ici les notions d'investissements préalables (*up-front investment*) dont nous avons déjà décrit les effets stratégiques ainsi que la contribution à la création et à la domination d'un marché (au chapitre 7, dans la section traitant des économies d'échelle). Le caractère irrécupérable de ces investissements leur ajoute une dimension stratégique importante.

Enfin, ce concept de coûts incite à l'examen des développements technologiques qui peuvent modifier le niveau des coûts irrécupérables, transformer un marché de monopole naturel en un marché concurrentiel, comme ce fut le cas, dans le secteur des télécommunications. L'évolution technologique peut également permettre à un nouvel entrant d'utiliser une technologie de pointe plus performante (*technological leap-frogging*), laissant les firmes en place aux prises avec d'importantes immobilisations encore non amorties, comme cela s'est produit avec les mini-aciéries aux États-Unis bénéficiant des avantages d'une nouvelle technologie pour mettre en difficulté les aciéries traditionnelles, prisonnières de leurs importants investissements historiques.

La publicité comme coût irrécupérable

Les spécialistes du marketing auront tôt fait de signaler que les investissements en publicité et en promotion sont sans doute les coûts les plus irrécupérables. Les dépenses de publicité et de promotion nécessaires pour lancer et appuyer un nouveau produit ont en effet une valeur résiduelle nulle en cas d'échec. On comprend dès lors que les investissements publicitaires massifs et accélérés, en plus de faire bénéficier le premier entrant des effets d'apprentissages et d'échelle, servent souvent à ériger une des entraves les plus efficaces à l'entrée de concurrents potentiels.

Autres coûts irrécupérables

Certains autres phénomènes, que la firme contrôle plus ou moins, peuvent contribuer à relever le niveau des coûts irrécupérables. Il en est ainsi des réglementations en matière de pollution et de salubrité des milieux du travail. Plus d'une firme a tenté de sauvegarder son marché en incitant les organismes de protection à rendre plus sévères les normes minimales à respecter dans ces domaines. Pour les firmes en place, les investissements à faire sont amortis sur un volume d'affaires déjà réalisé. Pour un nouvel entrant, les investissements requis et les risques, donc les coûts irrécupérables, se trouvent augmentés d'autant.

En tout état de cause, le phénomène des coûts irrécupérables donne au stratège matière à réflexion tant sur les activités et les marchés actuels de son entreprise que sur de nouveaux marchés potentiels.

8.2 Les coûts de substitution

Ce type de coûts provient du fait que, dans certaines circonstances, **l'engagement d'un acheteur envers un fournisseur ou une marque de produits suscite des coûts particuliers pour changer d'allégeance** (Porter, 1980). Le phénomène de courbe d'apprentissage, traité au chapitre 7, est souvent un des facteurs sous-jacents aux coûts de substitution (*switching costs*). En effet, lorsque les caractéristiques techniques du produit sont telles que l'apprentissage de son fonctionnement est relativement long et difficile, l'utilisateur-acheteur se montrera très réticent à changer s'il lui faut apprendre un nouveau mode d'emploi.

Les coûts de substitution peuvent également provenir d'une astuce du vendeur qui consiste à fournir gratuitement ou à bon compte les équipements particuliers servant à utiliser son produit et exclusivement son produit, ou à éduquer l'acheteur à utiliser son produit spécifique.

Ainsi, la société IBM s'est évertuée au cours des années 1960 et 1970 à fournir à des prix fort généreux des équipements informatiques à toutes les universités nord-américaines. Toute une génération d'ingénieurs, d'informaticiens, de programmeurs et de cadres ont appris leurs notions d'informatique sur des systèmes IBM. En conséquence, l'acheteur d'équipements IBM était assuré de trouver facilement du personnel compétent pour travailler sur ses équipements. Les coûts d'apprentissage du personnel pris en charge par l'acheteur étaient presque nuls pour les produits IBM, mais considérables pour les produits des autres manufacturiers.

En s'inspirant d'IBM, Microsoft est parvenu à protéger ses marchés en créant des coûts de substitution importants pour ses clients et ses partenaires (*voir le tableau 8.1*). Après avoir imposé comme standard de l'industrie ses systèmes d'exploitation (MS-DOS puis Windows), ses logiciels bureautiques (MS Office) et son navigateur Internet (Explorer), la compagnie de Seattle a récemment lancé en Europe un programme baptisé « Compétences 2000 », destiné à former les étudiants d'écoles d'ingénieurs aux logiciels Microsoft grâce à des cycles de formation complémentaires menant à une certification (« Microsoft Certified Professional »).

Dans l'assemblage de produits complexes, le choix de composants et de fournisseurs particuliers peut se traduire par la suite en coûts de substitution élevés.

Il en va ainsi, par exemple, lors du choix d'un type de moteur pour propulser un nouveau modèle d'avion, un choix irréversible pour toute la durée de vie du programme, soit une bonne quinzaine d'années. Le fabricant cherchera évidemment à se protéger contre le risque que le fournisseur de moteurs abuse de sa position d'exclusivité. Les contrats comporteront des clauses de prix pour l'ensemble du programme, des assurances de prix aussi favorables qu'à tout autre acheteur, etc.

Afin de se dégager de l'emprise des motoristes, les grands avionneurs ont changé la façon de développer et de construire leurs avions gros porteurs (747, 777, A360) pour offrir aux clients plusieurs options de moteurs pour un même appareil, diminuant ainsi leur vulnérabilité et le pouvoir de marché des fabricants de moteurs. Par exemple, Boeing offre à ses clients le choix entre trois moteurs pour ses gros porteurs, soit ceux de Pratt & Whitney, de General Electric et de Rolls-Royce. En fait, un client des Boeing 777 pourra négocier directement le prix des moteurs avec les trois fabricants offrant des moteurs homologués pour cet appareil.

Tableau 8.1	**Microsoft et la « substitution à grands coûts »**

Besoins évolutifs des clients	**Actions de Microsoft pour stimuler et entretenir les coûts de substitution**
1980 – Besoins du client : UN PRODUIT Le client s'intéresse à un ordinateur IBM ou compatible et cherche des périphériques compatibles.	• IBM est le leader dans le secteur des ordinateurs. La technologie standard : « PC IBM et compatibles ». • 1980 – IBM adopte le système d'opération MS-DOS proposé par Microsoft, qui refuse toutefois de lui fournir les codes sources de son logiciel.
1985 – Besoins du client : UN SYSTÈME = **équipement et logiciel (*hardware* + *software*)** Le client s'intéresse à un système qui, par la compatibilité entre son équipement et son système d'exploitation, lui procure une satisfaction maximale en matière de mémoire active, de vitesse et de possibilités graphiques.	• 1981-1983 – Microsoft signe des contrats fermes avec les constructeurs de produits imitant les PC d'IBM pour équiper leurs micro-ordinateurs de son MS-DOS. Les coûts de substitution sont considérables pour IBM et semblent l'empêcher de changer de fournisseur. • 1985 – MS-DOS devient la norme : « Compatible DOS ou pas ».
1990 – Besoins du client individuel : UNE **SOLUTION INFORMATIQUE** Le client, déjà propriétaire d'un PC compatible IBM, s'intéresse à un système d'exploitation et aux programmes d'applications compatibles. C'est le moment où ses coûts de substitution ne sont pas encore importants, à condition qu'il trouve un fournisseur qui puisse lui offrir un progiciel à un bon ratio qualité/prix.	• 1990 – Digital Research offre le système d'exploitation DR-DOS 5.0. Réagissant rapidement, Microsoft signe avec les producteurs de PC des contrats à long terme, les empêchant de changer de fournisseur, leur offrant d'importantes réductions sur le prix du système d'exploitation de Microsoft en fonction du volume cumulé de ventes, mais leur imposant de payer une redevance à Microsoft « selon le nombre de PC vendus, que MS-DOS soit fourni avec le PC ou non ». Il est évident que dans de telles conditions les fabricants ne sont plus intéressés à installer le DR-DOS sur leurs systèmes, ayant à payer de toute façon pour le système MS-DOS. Microsoft offre Windows 2.0, puis Windows 3.1, en avertissant ainsi les clients, les distributeurs et les producteurs d'ordinateurs : *Avertissement : Ce produit Microsoft a été testé et homologué pour fonctionner uniquement avec les systèmes d'exploitation MS-DOS et PC-DOS. Toute utilisation de ce produit avec un autre système d'exploitation pourrait annuler la garantie de protection de Microsoft.* • 1995 – L'offre de Windows 95 : Windows intègre MS-DOS et ferme définitivement le marché des systèmes DOS (moment à partir duquel les coûts de substitution deviennent très importants pour les clients). • Arrive l'offre de MS Office, comprenant Word, Excel et PowerPoint. Il s'agit d'une offre de bureautique complète et compatible Windows, offerte à un meilleur prix que la somme des prix de chacun des produits concurrents individuels. MS Office devient le standard des suites bureaucratiques.
1990 – Besoins du client « entreprise » : **CONNECTIVITÉ** Le client, ayant déjà mis en place un réseau d'ordinateurs PC fonctionnant seulement sur Windows NT, s'intéresse à des applications partagées entre ses diverses filiales ou divisions (bases de données, calcul électronique, etc.). À compter de ce moment, ses coûts de substitution sont considérables à moins qu'un compétiteur puisse lui offrir une large gamme d'applications compatibles Windows, à un meilleur prix.	• Microsoft fait la vie dure à ses concurrents en programmes de calcul électronique (Lotus) et en traitement de texte (WordPerfect) en offrant ses produits (Excel et Word) à des prix très « compétitifs ». La complexité accrue des affaires, le volume de plus en plus grand de données et le nombre de plus en plus grand d'employés dans l'activité informatique (formés sur Windows et sur les applications Microsoft), font en sorte que les entreprises qui ont choisi le produit Windows NT deviennent essentiellement captives de Microsoft, leurs coûts de substitution étant énormes.
1995 – Besoins du client (particulier et **entreprise) : UNE EXPÉRIENCE partagée** **globalement dans Internet**	• 1996 – Microsoft impose aux producteurs d'ordinateurs comme condition à l'obtention d'une licence « Windows » l'installation automatique d'Internet Explorer 3.0, son navigateur Internet déjà inséré dans Windows 95 et offert gratuitement (les producteurs qui tentent d'installer le navigateur Netscape risquent de perdre la licence de Windows). • 1998 – Microsoft offre la nouvelle version de Windows, WIN 98, intégrant le logiciel de navigation Explorer à tous les niveaux de ses fonctions essentielles. • Ces dernières mesures, pour habiles qu'elles soient, ont provoqué l'ire du département américain de la justice qui intente un procès retentissant à Microsoft, coûteux pour son image et dont les séquelles continuent de se faire sentir.

© C. Dumitriu

Cependant, pour les appareils de plus petite taille, les contraintes économiques empêchent le recours à une telle approche. Ainsi, pour toute la famille de jets commerciaux de Bombardier, General Electric est le seul fournisseur de moteurs. Il est bien évident que, dans ces situations, le manufacturier doit établir à l'avance, et pour une longue période de temps, les prix ainsi que les augmentations de prix du fournisseur et faire jouer pleinement son pouvoir d'achat au moment de la sélection du fournisseur.

Enfin, les coûts de substitution peuvent être intangibles ou « affectifs ». Le sentiment de sécurité et de confort que procurent les marques que l'on utilise habituellement, les relations suivies et amicales avec un fournisseur ou ses représentants, et même une politique ou une pratique d'« achat chez nous » peuvent empêcher le déplacement des achats vers des marques concurrentes même si, d'un point de vue strictement économique, le prix en semble plus favorable.

8.3 Les coûts de croissance

Ce concept de coûts[7] sert à expliquer un paradoxe qui se manifeste parfois dans la concurrence entre entreprises : l'émergence et la stabilité d'une structure de marché constituée d'une firme dominante, et très profitable, ainsi que de firmes rivales de plus petite taille, convaincues qu'il est rationnel et optimal pour elles d'accepter cette situation et d'en tirer le meilleur parti, plutôt que d'assumer les risques associés à des stratégies visant à changer la structure du marché.

Bien qu'il soit de toute évidence plus rentable et plus efficient pour ces firmes d'afficher un plus haut volume et de jouir d'une plus forte part d'un marché en maturité, les coûts et les investissements nécessaires pour augmenter leur chiffre d'affaires aux dépens du leader n'offrent pas de perspectives de rendement proportionnelles aux risques inhérents.

La raison fondamentale qui explique ce phénomène tient au fait que le niveau optimal de certains investissements stratégiques pour une firme qui entend exploiter un marché d'acheteurs donné n'est pas fonction du chiffre d'affaires de l'entreprise, mais bien de la dynamique économique propre à chaque type d'investissements. Par exemple, le niveau optimal d'investissements en publicité et en promotion pour une entreprise américaine qui veut se donner une couverture nationale dépendra du type de produit, de la fréquence d'achat et de la dynamique économique de la publicité en Amérique. **Le budget optimal pour un marché donné sera donc le résultat de facteurs qui touchent toutes les firmes œuvrant à l'échelle nationale, quels que soient leurs chiffres d'affaires respectifs.** Cela signifie que, pour deux entreprises rivales visant essentiellement les mêmes acheteurs et les mêmes marchés géographiques, le budget optimal pour leur efficacité sera de la même taille. Or, si l'une des deux entreprises compte des revenus beaucoup moins élevés que l'autre, ce budget « optimal » représentera pour celle-ci un pourcentage des revenus beaucoup plus élevé, voire irréaliste.

Cette logique de la « petite taille » explique en partie pourquoi nous observons dans de nombreux marchés une structure de parts de marché qui est stable, malgré des écarts considérables entre les parts détenues par les différents concurrents[8]. La figure 8.1 et le tableau 8.2 démontrent ce phénomène au sein du marché de la restauration rapide.

---

7. L'économiste réputée Edith Penrose (1959) a été la première à reconnaître ce phénomène.

8. Voir Buzzel, 1981.

Figure 8.1 Budget de publicité pour des entreprises concurrentes œuvrant à l'échelle nationale (États-Unis) (industrie de la restauration rapide, 1987 et 2000)

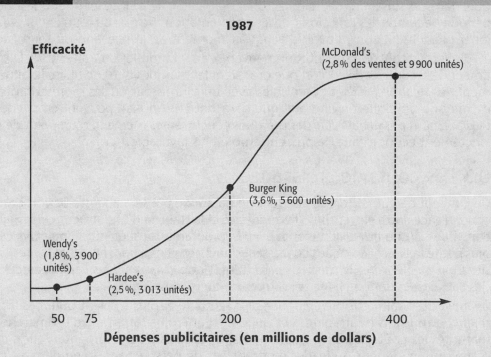

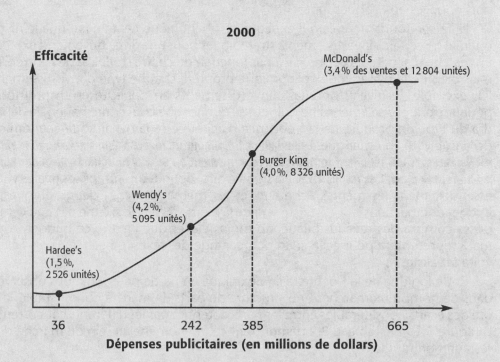

Tableau 8.2	**Le marché de la restauration rapide aux États-Unis – 1981, 1987, 2000**																	
	Ventes totales (en milliards de dollars)			**Budget de publicité** (en millions de dollars)			**Publicité** (en % des ventes)			**Nombre de restaurants**			**Ventes/ restaurants** (en millions de dollars)			**Parts de marché** (en %)		
	1981	1987	2000	1981	1987	2000	1981	1987	2000	1981	1987	2000	1981	1987	2000	1981	1987	2000
McDonald's	6,3	14,1	19,6	200	400	665	3,2 %	2,8 %	3,4	6263	9900	12804	1006	1451	1528	67,7	55,3	52,4
Burger King	1,8	5,6	9,6	75	200	385	4,2 %	3,6 %	4,0	2766	5600	8326	651	1000	1150	19,4	22,0	25,7
Wendy's	1,2	2,8	5,8	45	50	242	3,7 %	1,8 %	4,2	2043	3900	5095	590	740	1132	12,9	11,0	15,5
Hardee's*	–	3,0	2,4	–	75	36	–	2,5 %	1,5	–	3013	2526	–	1000	953	–	11,8	6,4

* Hardee's était une entreprise régionale en 1981.

© Allaire et Firsirotu, 1993, 2004

McDonald's et les coûts de croissance

McDonald's, l'entreprise qui a créé et développé le nouveau marché de la restauration rapide, s'y est taillé une place dominante et virtuellement imprenable pendant 40 ans. Nous décrivons en détail au chapitre 15 la stratégie de McDonald's, les raisons de son succès et les nouveaux enjeux qui se présentent à cette société.

McDonald's offre un exemple édifiant du concept des **coûts de croissance** ; examinons les budgets de publicité des firmes du secteur de la restauration rapide spécialisée en 1987. Bien que McDonald's dépensât alors quelque 400 millions de dollars américains en publicité aux États-Unis, cet énorme budget ne représentait que 2,8 % de ses ventes et environ 38 000 $ par établissement. À moins de supposer que McDonald's gaspille des sommes importantes en publicité et en promotion non rentables, une hypothèse plausible mais peu probable étant donné son expertise et son expérience éprouvée en marketing, il est sage de penser que son budget de publicité et de promotion est considéré comme optimal pour ce marché. S'il en est ainsi, cela signifie que ses concurrents d'envergure nationale (Burger King, Wendy's et Hardee's) se sont donné des budgets de publicité bien en deçà de ce qui est nécessaire pour assurer une couverture nationale efficace de ce marché de consommation (200 M$, 50 M$ et 75 M$, respectivement).

Ces firmes rivales font face aux choix suivants :

- Elles peuvent maintenir leur budget de publicité à leur niveau actuel, soit à un niveau légèrement supérieur, en proportion des ventes, à celui de McDonald's. Cependant, la fréquence et l'intensité de leur publicité seront alors en deçà du niveau optimal de publicité et ne contribueront donc qu'à consacrer l'avantage de notoriété et d'efficacité publicitaire de McDonald's.

- Elles peuvent tenter d'atteindre un niveau optimal de publicité et de promotion. Toutefois, une telle augmentation ne peut se faire ni rapidement ni même sans une augmentation préalable du nombre d'établissements, faute de quoi un budget comme celui de McDonald's ramené au nombre actuel d'établissements de

Burger King et de Wendy's signifierait, respectivement, des dépenses publicitaires de l'ordre de 70 000 $ et de 100 000 $ par établissement. Les ventes potentielles et la rentabilité par établissement ne permettant pas un tel niveau de dépenses, il leur faudrait donc augmenter leur nombre d'établissements tout en reconnaissant que McDonald's, en tant que premier entrant, a raflé les meilleurs emplacements.

Pour modifier cette structure de marché, il faudrait que Burger King, Wendy's ou Hardee's trouvent des milliers de nouveaux emplacements de qualité et augmentent leur budget de publicité de façon très importante, tout en ne suscitant pas de réactions énergiques comme des guerres de prix, des promotions spéciales, etc., de la part de McDonald's. Il faut présumer une bonne dose d'inertie stratégique chez McDonald's pour que de tels comportements agressifs de la part de ses concurrents, dans un marché maintenant arrivé à maturité, ne provoquent pas de la part de cette entreprise une contre-offensive rapide pour protéger son volume d'affaires et sa position de leader.

Le tableau 8.2 représente la dynamique de concurrence dans ce marché au cours de la période 1981-2000, période durant laquelle il passe de sa phase de croissance à une phase de maturité aux États-Unis.

Les comportements stratégiques de Burger King durant cette période ont été très énergiques et lui ont permis de faire croître son chiffre d'affaires de 21 % par année, contre 14 % pour McDonald's. Toutefois, cette dernière domine toujours avec 52,4 % de parts de marché en 2000, et chacun de ses établissements est beaucoup plus profitable que ceux de ses concurrents. Enfin, la décision de Burger King d'investir des sommes importantes pour augmenter le nombre de ses établissements ainsi que son budget publicitaire a mis l'entreprise en difficulté financière et a contribué à une prise de contrôle de Pillsbury, la société mère de Burger King.

De 1987 à 2000, le calcul stratégique change. La véritable bataille se fait pour la deuxième place entre Wendy's et Burger King alors que Hardee's est en voie de disparition. Conformément à la logique des coûts de croissance, Burger King s'est persuadée qu'elle devait chercher à atteindre un niveau acceptable de rentabilité malgré sa position non dominante dans ce marché et qu'il serait téméraire de tenter de changer l'équilibre concurrentiel en assumant des coûts irrécupérables énormes et de forts risques d'échec.

Dans ces conditions, il n'est pas étonnant de retrouver en 2000, quelque 13 ans plus tard, une structure de marché quasi inchangée. McDonald's est toujours, aux États-Unis, le leader incontesté du marché avec des ventes plus de deux fois supérieures à celles du numéro deux Burger King (*voir le tableau 8.2*). Son budget de publicité est toujours, dans l'absolu, largement supérieur à celui de ses concurrents (665 millions contre 385 millions pour Burger King et 242 millions pour Wendy's). Toutefois, il représente une plus faible part de ses revenus : seulement 3,4 % des ventes contre 4 % et 4,2 % pour ses deux principaux concurrents (*voir les tableaux 8.2 et 8.3*).

Mais, aujourd'hui, la menace la plus vive pour McDonald's semble venir des substituts plutôt que des concurrents directs. En effet, les modifications profondes des attitudes des consommateurs américains, désirant davantage de produits santé, ouvrent une brèche pour les produits substituables aux hamburgers. Subway, par exemple, qui a fait une vive percée au cours de la décennie 1990 grâce à son concept de repas « frais et faible en gras », compte aujourd'hui presque autant de restaurants aux États-Unis que McDonald's (12 253 contre 12 804).

Tableau 8.3	Relation entre les ventes et le budget de publicité dans le marché de la restauration rapide – 2000				
	Ventes totales (en milliards de dollars)	**Budget de publicité** (en millions de dollars)	**En %** **des ventes**	**Nombre d'unités**.	**Ventes/ restaurants** (en millions de dollars)
McDonald's	19,6	665	3,4	12 804	1528
Burger King	9,6	385	4,0	8326	1150
Wendy's	5,8	242	4,2	5095	1132
Hardee's*	2,4	36	1,5	2526	953

* Hardee's était une entreprise régionale en 1981.
Source : Technomic Information Services.

© Allaire et Firsirotu, 1993, 2004

Chapitre 9

Les coûts d'architecture

Introduction

Le propos des deux derniers chapitres servait à montrer comment le volume d'affaires d'une grande firme, l'envergure de ses produits et marchés, son expérience, sa place dominante dans les réseaux, sa capacité financière d'investir massivement dans son appareil de production ou en recherche et en développement lui donnent un avantage important sur les plus petites firmes et les firmes en place vis-à-vis de nouveaux entrants en puissance.

À certains égards, ce chapitre propose l'envers de la médaille. Volume et envergure signifient complexité ; et complexité signifie souvent coûts de coordination, bureaucratisation, lenteur administrative, perte du tonus entrepreneurial.

Ce chapitre traite de la complexité inhérente à la gestion d'entreprise, au fur et à mesure que celle-ci grandit, ajoute de nouveaux produits et de nouveaux marchés géographiques, procède à des acquisitions. La diversité de ses opérations, l'envergure de ses activités imposent alors ce que nous appelons des coûts d'architecture. En effet, **l'entreprise doit mettre en place les formes d'organisation, les valeurs et les systèmes de gestion pour contenir les coûts amenés par sa complexité croissante**. À défaut de quoi, elle ne pourra bénéficier des effets positifs de sa croissance et de sa taille, et verra plutôt sa performance s'étioler au lieu de s'améliorer au fur et à mesure de son développement. Il est évident que dans un scénario où la direction ne sait pas donner à l'entreprise les modes de gestion et l'architecture que requièrent sa taille, son envergure et sa complexité, cette dernière perdra sa vitalité ; elle n'aura d'autre choix, si cette carence de leadership et de gestion perdure, que de retourner à sa simplicité première pour éviter la déconfiture.

L'entrepreneur de talent, comme le leader compétent, déteste la complexité mais ne la craint pas ! Pour que son entreprise grandisse à la hauteur de ses ambitions, il lui faut apprivoiser et dompter la complexité.

L'architecture de la grande entreprise doit donc être conçue pour minimiser ces effets pervers inhérents, tout en lui conservant les effets bénéfiques décrits aux deux chapitres précédents. Pour ce faire, les dirigeants doivent composer avec trois types de coûts qui jouent un rôle déterminant dans le design d'une grande organisation performante :

- les coûts de complexité ;
- les coûts de mandat ;
- les coûts de transaction.

Nous verrons au chapitre 21 comment ces considérations de coûts mènent à des formes d'organisation adaptées aux différentes circonstances et stratégies de l'entreprise.

9.1 Les coûts de complexité

Plusieurs des types de coûts dont il a été question aux chapitres 7 et 8 confèrent des avantages importants à la grande firme. Il semble que chaque fois que deux entreprises rivalisent sur un même marché, la plus grande l'emporte facilement ou, à tout le moins, affiche des résultats financiers supérieurs à ceux du concurrent de plus petite taille.

Or, si cette constatation s'avère juste dans de nombreux cas, elle est loin d'être universelle. **Dans plusieurs secteurs, des entreprises plus petites ou de petites unités pleinement autonomes réussissent à tenir tête à des entreprises plus grandes et fortement intégrées (ou même à les surclasser).**

La raison de ces revirements de situation tient, en grande partie, au phénomène des **coûts de complexité**[9]. L'entreprise qui s'intègre verticalement, qui augmente la diversité de ses produits et sa dispersion géographique, qui est donc structurée en unités, en divisions ou en filiales et, enfin, qui cherche à établir des liens et des interconnexions entre les unités opérationnelles pour en retirer tous les bénéfices économiques doit alors mettre en place des systèmes de gestion, de contrôle et de coordination de plus en plus complexes et coûteux.

L'entreprise doit alors coordonner et contrôler de multiples activités, se protéger contre les comportements opportunistes de son personnel, de même que susciter un niveau élevé d'engagement et de productivité de la part de nombreux employés qui ont souvent des motivations diverses et un attachement limité à cette grande entreprise.

Les concepts d'économies d'échelle et d'envergure sur la foi desquels la direction a mis en place un système complexe s'avèrent souvent illusoires dans la réalité concrète de l'entreprise. Au-delà d'un certain seuil difficile à définir et souvent dépassé en pratique, la taille et l'envergure de l'entreprise peuvent provoquer une baisse importante de performance et d'efficience économiques.

Les coûts de complexité comprennent, notamment, les suivants :

- Les **coûts de mandat** dont nous traiterons au point 9.2. Lorsque l'entreprise franchit différents « paliers de complexité », elle doit mettre en place, parfois à la grande surprise de la direction qui avait sous-estimé ce phénomène, des systèmes de gouvernance adéquats qui ajoutent inévitablement des coûts, mais qui, lorsqu'ils sont bien adaptés, fournissent à l'entreprise les mécanismes de supervision nécessaires pour gérer une complexité accrue. Au pire, cependant, lorsque ces relations mandants-mandataires sont mal structurées, parce que le mandant est incompétent, que l'asymétrie d'information est incontournable, ou pour toute autre raison, elles conduisent inévitablement à des problèmes importants et encore plus coûteux pour l'entreprise.

---

9. Les économistes préfèrent parler de « déséconomies » d'échelle et d'envergure, mais ce terme ne rend que partiellement justice au concept dont il est question ici.

- **Les coûts afférents aux disputes et aux conflits** suscités par l'établissement de coûts de transfert entre les unités intégrées verticalement (Eccles, 1985) ou par les difficultés à obtenir la coopération et la coordination entre les unités d'une même entreprise, cherchant jalousement à protéger leurs intérêts et à maximiser leur performance individuelle.
- **Les coûts associés aux contraintes internes et aux politiques de fonctionnement** de la grande entreprise, soit ses conventions collectives, sa structure salariale, ses avantages sociaux, etc. Ces coûts s'appliquent à toutes ses opérations, même à celles qui étaient, avant leur intégration, gérées plus simplement et à moindres frais. Il s'agit là d'une réalité souvent mal comprise et sous-estimée au moment de procéder à l'intégration d'opérations jusque-là autonomes.
- **Les coûts associés à la négligence relative dont souffrent les opérations périphériques** de la part de la direction générale de la grande entreprise, souvent préoccupée par des entités plus « stratégiques ». Le peu de temps investi dans ces opérations par la direction fait qu'elles sont souvent sous-développées et mal gérées, et ne réussissent à attirer l'attention de la direction que tardivement lorsqu'elles produisent des déficits financiers importants.
- **Les coûts de coordination associés à la grande diversité des produits** fabriqués dans un même établissement ou distribués par les mêmes réseaux.
- **Les coûts associés aux conflits de culture, de valeur et de style de gestion** entre la direction de l'entreprise et des secteurs au développement plus récent ou résultant d'acquisitions d'entreprises jusque-là autonomes. Les coûts et les risques de contre-performance dans ces circonstances, fréquentes en pratique, sont considérables. En effet, les gestionnaires ont souvent tendance à minimiser cet aspect fondamental avant de procéder à une acquisition, pour réaliser ensuite que ce problème complexe suscite des coûts qui oblitèrent tous les avantages stratégiques éventuels d'une telle acquisition. Encore une fois, l'entreprise peut ainsi augmenter sa taille et son envergure, mais cela se fait au détriment de son efficience et de sa performance économiques.

9.1.1 La taille optimale d'un système stratégique

Le choix d'un champ stratégique, c'est-à-dire l'envergure à donner au « système stratégique » qu'est une entreprise, s'avère critique pour sa performance économique à court et à long terme, et ce, de plusieurs façons.

Premièrement, ce choix définit ce que les dirigeants perçoivent comme un équilibre optimal entre : d'une part, la variété et la diversité de leur offre de produits, l'étendue géographique de leurs opérations et la couverture des groupes d'acheteurs ; d'autre part, l'impact des phénomènes d'échelle, d'envergure et de complexité sur les coûts du système.

Deuxièmement, le choix d'un champ stratégique pour la firme, choix qui est arrêté plus ou moins consciemment au moment de sa création, en marquera profondément le potentiel de développement futur. En effet, l'envergure qu'une entreprise prend dans la tête de ses concepteurs conditionnera puissamment non seulement le type et le niveau des investissements à engager aux premiers stades de son développement, mais aussi et surtout les mentalités, les compétences et les styles de gestion de sa direction et de son personnel. **C'est de cette façon que le concept galvaudé de « vision stratégique » prend un sens concret d'une grande importance.**

Ainsi, la conception d'une entreprise de distribution, par exemple Toys "R" Us, devant ultimement « couvrir » les marchés américain, canadien et européen, suppose la volonté de s'équiper, dès les premières phases de son développement, de systèmes de gestion, de personnel compétent et des appuis financiers nécessaires pour réaliser cette vision, même si l'objectif ne sera atteint qu'au prix de dix années d'efforts. Cela est bien différent de la situation où une entreprise conçue selon une dimension locale est poussée par les événements à élargir l'envergure de son champ stratégique. Dans ce cas-ci, la direction devra modifier les compétences, les mentalités et les façons de faire, y compris les siennes, qui sont déjà incrustées dans l'organisation et en conditionnent le déploiement ainsi que la stature.

L'ouverture des frontières au commerce international, tant en Amérique qu'en Europe, invite les entreprises à concevoir leur champ stratégique de façon beaucoup plus hardie. Évidemment, **la démarcation entre une vision et une lubie n'est pas toujours claire, ni même étanche d'ailleurs.** Cette distinction tient essentiellement à ce que la première s'appuie sur des hypothèses économiques et stratégiques valables, même si elles sont audacieuses ou encore incomprises par la plupart des gens, alors que la seconde s'abreuve surtout à une conviction personnelle sans fondements stratégiques, parfois teintée de mégalomanie.

Troisièmement, l'entreprise complexe, souvent constituée de plusieurs divisions, filiales ou unités d'affaires, doit décider du nombre et de la démarcation des systèmes stratégiques en son sein. Exprimé autrement, l'enjeu consiste à établir d'abord si l'entreprise n'est constituée que d'un seul système stratégique même si celui-ci se manifeste en plusieurs unités ou divisions. Dans ce cas, cependant, toutes ces unités seraient soit fortement reliées entre elles, soit intégrées verticalement ou horizontalement, soit caractérisées par une importante mise en commun d'actifs tangibles ou intangibles.

Peut-être l'entreprise a-t-elle atteint un niveau de diversité tel qu'il devient préférable de considérer qu'elle est constituée de plus d'un système stratégique, chacun ayant son champ stratégique propre et bien démarqué, et entretenant des relations limitées et souples avec les autres systèmes.

Ces choix de démarcation de systèmes sont d'une importance critique dans la très grande entreprise, qui se caractérise par une offre de produits diversifiée et une vaste envergure de marché.

Prenons à titre d'exemple la société Bombardier en 2002, composée de plus de vingt divisions rassemblées en cinq groupes ou secteurs d'activité (Aéronautique, Transport, Produits récréatifs, Capital et International).

L'entreprise Bombardier est-elle constituée de cinq systèmes stratégiques, de plus de cinq ou moins de cinq systèmes ? Peut-on considérer les vingt divisions comme des systèmes stratégiques ? La réponse à cette question dépend du niveau d'intégration des divisions et des groupes, de la dépendance d'une unité envers l'autre pour atteindre ses objectifs économiques.

Ce niveau optimal d'intégration ou de « désintégration » doit être établi par les dirigeants de l'entreprise. **Leur décision, quant au nombre et au périmètre des différents systèmes stratégiques au sein de leur entreprise, sera porteuse de conséquences importantes pour l'ensemble de la performance de l'entreprise.** Elle devra évidemment être revue et modifiée selon les résultats obtenus et les changements de circonstances.

Ainsi, en se reportant à la figure 9.1, nous observons que le groupe des produits récréatifs est constitué des unités Motoneiges, Motomarines, Véhicules tout terrain, Bateaux, Moteurs Rotax et Véhicules utilitaires.

Ce groupe d'unités devrait-il former un seul système stratégique ? Ne serait-il pas plus efficace de considérer comme des systèmes stratégiques autonomes chacune de ces divisions et de les doter de leur propre outil de fabrication, de leurs réseaux de distribution et d'une direction générale particulière ? Les avantages de cette seconde option proviennent de ce que chaque système est alors simple et peut se consacrer entièrement à un seul marché. La mesure de sa performance y est facile et le sentiment de responsabilité, entier et tangible. Par contre, un tel choix ferait perdre les avantages importants découlant d'une distribution coordonnée entre des produits mis en marché, distribués et vendus par le truchement des mêmes réseaux de concessionnaires ; le choix d'établir des divisions autonomes provoquerait également une sous-utilisation des équipements de production et d'assemblage, puisque les produits du groupe sont soumis à un fort cycle saisonnier de distribution et de vente.

Par exemple, les divisions Ski-doo, Sea-doo et Rotax pourraient être intégrées dans un seul système pour des raisons économiques fort convaincantes :

- une meilleure utilisation des actifs de production puisque les deux produits (Ski-doo et Sea-doo) sont soumis à des cycles saisonniers de fabrication qui sont complémentaires ;

- des gains d'efficience pourraient être réalisés en servant de façon intégrée les nombreux concessionnaires vendant les deux produits, par le développement de nouveaux produits requérant des ressources communes d'ingénierie, par une maîtrise partagée des technologies de moteurs à deux temps et à quatre temps qui sont essentielles au développement de nouveaux produits.

Cependant, il faut reconnaître qu'un système stratégique réunissant Sea-doo, Ski-doo et Rotax occasionnerait des **frais additionnels de coordination.**

Les avantages économiques associés à un système de plus grande envergure sont-ils assez importants pour choisir une telle option ? Comment s'approprier les avantages économiques de ces systèmes d'envergure tout en minimisant leurs coûts de complexité et leurs effets négatifs sur le sentiment de responsabilité et d'imputabilité ? Voilà deux questions stratégiques auxquelles les dirigeants compétents doivent trouver des réponses adéquates.

De façon générale et conceptuelle, il est facile de démontrer, comme le font les figures 9.2 et 9.3, qu'une entreprise est soumise à des phénomènes déterminant un niveau optimal d'envergure et de complexité au-delà duquel elle risque de subir une détérioration de sa performance.

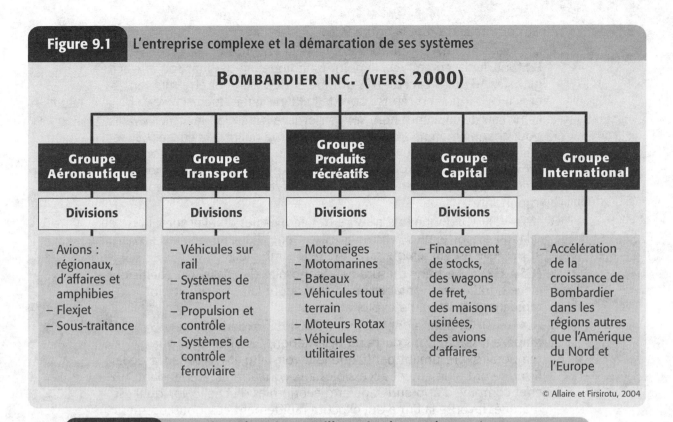

Figure 9.1 L'entreprise complexe et la démarcation de ses systèmes

BOMBARDIER INC. (VERS 2000)

Groupe Aéronautique	Groupe Transport	Groupe Produits récréatifs	Groupe Capital	Groupe International
Divisions	**Divisions**	**Divisions**	**Divisions**	
– Avions : régionaux, d'affaires et amphibies – Flexjet – Sous-traitance	– Véhicules sur rail – Systèmes de transport – Propulsion et contrôle – Systèmes de contrôle ferroviaire	– Motoneiges – Motomarines – Bateaux – Véhicules tout terrain – Moteurs Rotax – Véhicules utilitaires	– Financement de stocks, des wagons de fret, des maisons usinées, des avions d'affaires	– Accélération de la croissance de Bombardier dans les régions autres que l'Amérique du Nord et l'Europe

© Allaire et Firsirotu, 2004

Figure 9.2 Dynamique de coûts et taille optimale pour les systèmes stratégiques complexes

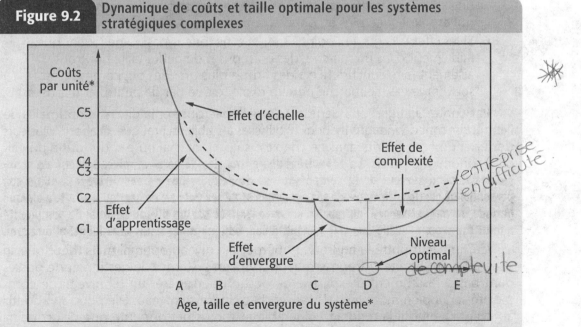

* Avec le phénomène d'économie d'envergure, la notion de coûts moyens par produit devient inapplicable. La notion décrite ci-dessus veut surtout démontrer une réalité stratégique importante. Cependant, si l'axe horizontal est défini par le volume total d'unités, gardant constante la proportion des différents produits dans la somme, l'axe vertical peut alors être défini comme une forme particulière de coûts moyens (*ray average costs*).

© Allaire et Firsirotu, 1993, 2004

Ainsi, comme le montre la figure 9.2 :

1. Le niveau optimal de complexité (taille et envergure) est situé au point D ; tout déplacement vers le point E diminue rapidement son efficacité globale. Au point E, cette très grande entreprise peut être mise en difficulté par une entreprise dont la taille ne serait que du niveau B.

2. Le niveau de concentration, soit le nombre potentiel de firmes rivales pour chaque marché exploité par le système décrit à la figure 9.3, sera influencé par le niveau des coûts atteint au point D. La situation de la firme dans chacun des marchés qu'elle exploite sera grandement améliorée par le **jeu des économies d'envergure** si celles-ci sont importantes.

3. (C2 – C1)/C2 donne une mesure des économies d'envergure. Plus cette relation est forte, plus la firme tire avantage d'une stratégie d'envergure et plus elle est vulnérable sans une telle stratégie.

4. (C5 – C2)/C2 est une mesure des économies d'échelle. Un coefficient élevé signifie des avantages importants pour la firme qui atteint rapidement le niveau d'exploitation C.

5. (C4 – C3)/C3 donne une mesure de l'effet d'expérience et d'apprentissage. Dans notre représentation, cet effet n'est que temporaire, présumant par là que le savoir-faire et l'expérience de la firme seront ultimement accessibles aux concurrents. Cependant, un effet combiné d'apprentissage et d'économies d'échelle, lorsqu'il est marqué, favorise la firme qui exécute rapidement et vigoureusement une stratégie de développement et de domination de marché, stratégie qui est expliquée plus en détail à la partie V.

6. Si les effets décrits aux points 3, 4, et 5 ne jouent pas ou ne jouent que faiblement dans un marché, des entreprises de petite taille pourront aisément faire concurrence à des firmes plus grandes ou, comme c'est souvent le cas, ce marché ne sera exploité que par de petites entreprises.

Par contre, la figure 9.3 démontre que l'envergure et la diversité optimales de l'entreprise sont des notions théoriques difficiles à établir en pratique. D'abord, plusieurs des phénomènes décrits dans ce chapitre se prêtent mal ou pas du tout à un calcul économique précis. **La capacité d'une entreprise de gérer un niveau donné de complexité dépend surtout de la compétence et de l'expérience de ses dirigeants et de son personnel de gestion, ainsi que de ses systèmes et de ses valeurs de gestion. En fait, à chaque période de son existence, l'entreprise est caractérisée par un niveau optimal de complexité qui lui est propre, quelle que soit la réalité économique du secteur dans lequel elle œuvre.**

Comme le montre la figure 9.3, même si le niveau optimal mais théorique se situe au point B, une entreprise mal pourvue en systèmes de gestion et ne possédant pas suffisamment d'expertise de gestion pour gérer un tel niveau de complexité serait bien mal avisée de tenter d'atteindre ce niveau. Elle pourrait aboutir au point C, ce qui la rendrait vulnérable et moins performante que des concurrents de plus petite taille. Cette entreprise ferait mieux de demeurer à un niveau de complexité associé au point A, même si elle risque ainsi de subir un désavantage possible (Écart I) comparativement à un concurrent qui aurait réussi à atteindre le point B. Cependant, cet écart de performance est beaucoup moindre que celui

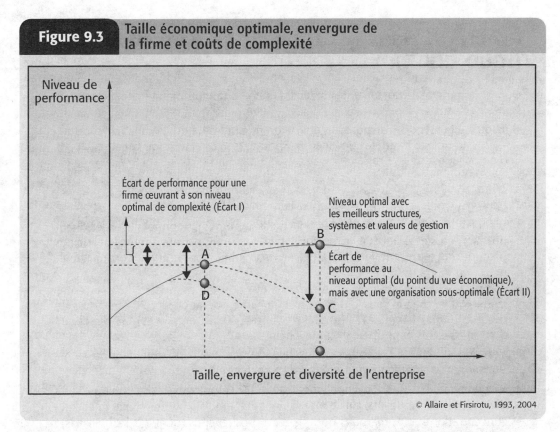

Figure 9.3   Taille économique optimale, envergure de la firme et coûts de complexité

Niveau de performance

Écart de performance pour une firme œuvrant à son niveau optimal de complexité (Écart I)

Niveau optimal avec les meilleurs structures, systèmes et valeurs de gestion

B

A

Écart de performance au niveau optimal (du point du vue économique), mais avec une organisation sous-optimale (Écart II)

D

C

Taille, envergure et diversité de l'entreprise

© Allaire et Firsirotu, 1993, 2004

qu'elle subirait (Écart II) si elle tentait de se rendre au point B sans avoir l'expertise et les systèmes nécessaires pour gérer une telle complexité.

Enfin, la figure 9.3 révèle un phénomène, hélas trop fréquent en pratique, selon lequel l'entreprise est amenée par sa croissance naturelle ou des démarches d'expansion à un stade de plus grande complexité (point A). Malheureusement, il arrive souvent dans ce cas que sa direction manque d'expérience et d'expertise de gestion, et que ses systèmes de gestion soient insuffisants. L'entreprise est alors déplacée vers le point D. En fait, avec un outil de gestion aussi peu performant, son niveau optimal est très modeste. Si les facteurs économiques dans son secteur favorisent les firmes de plus grande envergure, l'entreprise devra rapidement développer sa capacité à gérer avec compétence une plus grande complexité, sous peine de déconfiture inévitable.

L'entreprise Procter & Gamble, grande entreprise transnationale de multiproduits et multimarchés, constitue un bon exemple d'une entreprise qui essaie d'atteindre de nouveau son niveau optimal B. Toutefois, dans les dernières années, elle a fonctionné au niveau C à cause de coûts énormes de complexité. L'ancien chef de la direction, Durk Jager, tout comme son successeur A. G. Lafley, a tenté, avec plus ou moins de succès jusqu'à présent, de mettre en place les structures, les systèmes et les valeurs de gestion requis pour fonctionner au niveau B, ou au moins pour diminuer l'écart II de la figure 9.3.

Procter & Gamble et les coûts de complexité (1980-2002)

Durant la période 1980-1990, les sources de coûts de complexité chez Procter & Gamble étaient multiples :

- jusqu'à 39 catégories de produits et une grande diversité de gammes de produits – par exemple, 31 variétés de Head & Shoulders, 52 versions de Crest, 61 types d'emballages sur les produits Always, 1 358 produits Max Factor ;

- une très large envergure géographique – 40 % des ventes provenant de 140 pays étrangers comparativement à 29 % en 1986 (en Europe de l'Est par exemple, le détergent Ariel est distribué dans 14 pays différents) ;

- complexité de l'activité de marketing – plusieurs types de contrats avec les distributeurs et les détaillants (promotions, rabais de volume, etc.) ; les coûts de ces promotions représentaient en 1994 environ 11 % des revenus, comparativement à 5 % en 1978 ;

- complexité du système de gouvernance et coûts de mandats – 26 systèmes stratégiques, chacun sous la direction d'un cadre opérationnel ; 92 directeurs de produits (*brand managers*) ; 11 unités de ventes (40 000 employés) ; 39 directeurs d'achat, chacun pour une catégorie de produits.

En réaction, Procter & Gamble a décidé de se concentrer, durant la période 1993-1996, sur ses compétences de base (*core competencies*) :

- fermeture de 30 usines et licenciement de 13 000 employés (réduction des coûts de 1,6 milliard de dollars, soit 8 %) ;

- concentration sur les marques porteuses de gros revenus (quelque 12 milliards) ;

- abandon de 11 marques qui n'étaient plus appréciées par les clients (Lestoil, Lava, etc.) ;

- réduction de la variété de produits pour quelques gammes (les versions de Head & Shoulders sont réduites de 31 à 15 ; le nombre des emballages des produits Always est réduit à 13, etc.).

Sous la direction de A. G. Lafley, Procter & Gamble a tenté une réorganisation avec le programme SBU-CF-CC (*Strategic Business Units, Corporate Function, Changing Culture*), dont les principes fondamentaux sont les suivants :

- sept unités stratégiques (*Global Business Units*, GBU) – chacune ayant la responsabilité du marché global pour une grande catégorie de produits ;

- huit unités stratégiques pour le développement des marchés (*Market Development Organizations*, MDO) – responsabilité des ventes dans une zone géographique et des relations avec les distributeurs dans cette zone ;

- une unité de développement global (*Global Business Service*, GBS) – services intégrés pour les autres unités stratégiques (finance, comptabilité, relations avec les fournisseurs et services informatiques) ;

- réduction du nombre de gestionnaires au siège social – lesquels sont redistribués comme cadres opérationnels auprès des nouvelles unités stratégiques ;

- nouveau système de rémunération des cadres opérationnels (chaque domaine d'activité stratégique (SBU) est évalué d'après la valeur ajoutée aux actionnaires) ;

- nouvelle culture – nouveau système de motivation, de formation, d'encouragement des initiatives novatrices, etc. ;

- arrivée, en 2000, d'un nouveau PDG, A. G. Lafley, après une période de déclin d'une partie de la valeur boursière de l'entreprise – Lafley remplace l'architecte de ces changements, Durk Jager, et continue dans la même direction que son prédécesseur la réduction de la complexité et des coûts, mais à un rythme plus lent.

Procter & Gamble est aujourd'hui n° 10 sur la liste *Fortune* des compagnies les plus admirées. Son titre a pris 60 % de valeur, passant de 53 $ en juin 2000 à 85$ à la fin de 2002 ; son rendement sur les capitaux propres (ROE) s'établissait à 31,75 % en 2002.

Les deux figures qui suivent représentent la performance du titre de Procter & Gamble qui, après une période de performance assez moyenne en 1998-1999 et très difficile en 2000, connaît un regain en surpassant depuis l'indice S&P 500.

Figure 9.4 | **Performances de Procter & Gamble de mars 1998 à mars 2003 (comparativement à S&P 500)**

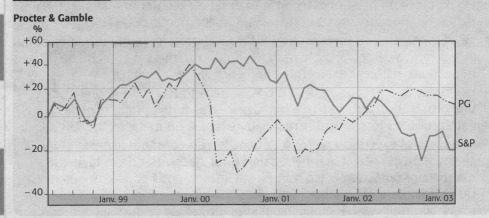

Figure 9.5 | **Performances de Procter & Gamble de mars 2001 à mars 2003 (2 ans) (comparativement à S&P 500)**

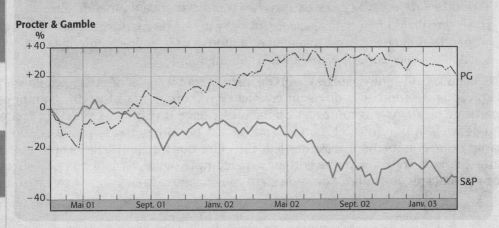

9.2 Les coûts de mandat

Comment faire en sorte que la personne mandatée pour s'acquitter d'une tâche ou assumer une fonction exécute son mandat dans le meilleur intérêt du mandant, c'est-à-dire celui qui lui a confié ce mandat ? Quels sont les coûts que le mandant doit engager pour inciter le mandataire à agir dans son intérêt ? Comment minimiser ces coûts ? Exprimé en ces termes, **le concept de coûts de mandat[10] peut sembler abstrait et d'une portée limitée. En fait, ce concept est au cœur du problème de la gouvernance des grandes entreprises ainsi que de la gestion de l'entreprise comportant plusieurs divisions et filiales.**

La notion de coûts de mandat est également primordiale pour l'élaboration de systèmes de rémunération différée et variable, un sujet de plus en plus essentiel au fonctionnement de la grande entreprise moderne.

Les relations mandants-mandataires dans l'entreprise complexe sont fréquentes. Elles caractérisent toutes les situations suivantes :

- Un membre du personnel reçoit le mandat d'exécuter une tâche ou bien d'assumer une fonction ou une responsabilité particulière.
- Les résultats de son travail sont difficiles à apprécier ; plusieurs facteurs autres que la diligence ou le manque de dévouement à la tâche du mandataire peuvent exercer une influence sur les résultats.
- Le processus d'exécution de la tâche ou de la fonction ne se prête pas à une observation directe par le mandant ; celui-ci doit juger, selon les extrants ou les résultats, si le mandataire a bien ou mal effectué son travail.
- Enfin, dans l'exécution de ses fonctions, ou en conséquence des connaissances spécialisées nécessaires pour s'acquitter de sa tâche, le mandataire possède ou acquiert plus d'informations et de compétences que le mandant (asymétrie d'information) quant aux conditions de réalisation de la tâche, aux perspectives futures de performance ou de contre-performance, ainsi qu'à la véritable contribution du mandataire aux résultats obtenus. Dans les cas extrêmes d'asymétrie d'information, le mandataire pourra chercher à se servir de son avantage de compétence et d'information pour en fait contrôler le mandant, dont le rôle est pourtant de contrôler et de superviser la performance du mandataire.
- Les intérêts du mandataire divergent des intérêts du mandant : le mandataire, cherchant à protéger et à mousser ses intérêts, agit de façon nuisible, voire contraire, aux intérêts du mandant.

Dans la petite entreprise, les coûts de mandat sont souvent négligeables. En effet, l'entrepreneur fondateur dirigeant connaît bien toutes les facettes de l'entreprise, participe activement à toutes les opérations, exerce un contrôle direct sur toutes les activités importantes et, parfois, motive son personnel par sa présence stimulante et un engagement à assurer leur bien-être qui suscitent leur loyauté et leur attachement. En fait, la petite entreprise ne compte généralement que peu ou pas de mandataires, mais plutôt des exécutants des volontés du dirigeant. Ce vide relatif,

---

10. Le concept de coûts de mandat a été proposé par Jensen et Meckling (1976) pour l'examen des relations entre les actionnaires, les conseils d'administration et la haute direction des entreprises cotées en Bourse. Voir aussi : Pratt et Zeckhauser, 1985 ; Allaire et Firsirotu, 1990.

ce vortex entrepreneurial, crée de sérieux problèmes lorsque l'entreprise atteint une taille et une complexité ne permettant plus ce style de gestion ou lorsque l'entrepreneur fondateur doit céder sa place à un successeur.

L'entreprise d'envergure, tissée de relations mandants-mandataires, fonctionne donc selon des « contrats », implicites ou explicites, psychologiques ou économiques, lesquels définissent les modalités et les coûts pour les parties au contrat.

Nous avons abordé ce sujet de façon directe et indirecte dans plusieurs sections de cet ouvrage. **Ainsi, au chapitre 1, où nous faisons état de différents contextes de gestion, nous avons montré qu'une des différences importantes entre le modèle de « loyauté réciproque », naguère si fréquent, et le modèle à « trois marchés », caractéristique de l'entreprise contemporaine, provenait justement de l'importance des coûts de mandat dans ce modèle-ci par comparaison à celui-là.**

Au chapitre 2, notre propos sur les modes de gestion visait à souligner comment **le leadership fondé sur la légitimité et la crédibilité des dirigeants devait composer avec des coûts de mandat beaucoup plus importants que ce n'est le cas pour un leadership basé sur des valeurs partagées et l'expérience commune. De même, les coûts de mandat sont la principale cause des échecs du mode de gestion axé sur les chiffres et la performance financière.**

Enfin, aux chapitres 5 et 6 de la Partie II portant sur les moteurs de création de valeur économique, nous avons présenté nos quatre piliers de la gouvernance, lesquels font une place importante aux enjeux de mandant-mandataire dans l'entreprise complexe et publique.

La gestion des relations mandants-mandataires se prête à plusieurs approches différentes, chacune comportant des coûts de mandat. Le choix de l'approche la plus adéquate et efficace dépend non seulement du contexte particulier de l'entreprise, de la diversité de ses opérations, de ses politiques présentes et passées, mais aussi du contexte sociopolitique dans lequel elle évolue.

Ce vaste sujet mériterait un ouvrage complet. Néanmoins, nous pouvons donner quelques aperçus sur les coûts de mandat inhérents à deux approches différentes, choisies pour représenter les deux points extrêmes d'un continuum de possibilités.

9.2.1 Le contrôle par des valeurs partagées et des objectifs communs

Ce mode de contrôle positif exercé sur les fondements mêmes du comportement des personnes était chose courante dans les grandes entreprises. Il persiste dans quelques secteurs d'activité en Amérique du Nord et constitue encore la norme dans les grandes entreprises japonaises. Ce mode de gestion comporte les exigences suivantes :

- un recrutement du personnel à la sortie de l'école ou de l'université ;
- une politique de formation interne intensive, y compris pour encourager l'adhésion à des valeurs communes ;
- une pratique exclusive de promotion du personnel de l'entreprise, sans recours aux ressources internes ;
- un engagement de la part de l'entreprise à ne pas mettre à pied ou congédier le personnel, sauf dans des cas de force majeure ;

- une hiérarchie de postes et une structure de rémunération qui incitent le personnel à atteindre des fonctions supérieures, ainsi qu'un système de promotion conçu de façon équitable pour tous et qui, dans l'ensemble, satisfait aux exigences d'un fonctionnement «méritocratique».

Un tel mode de gestion s'est avéré très efficace, car il minimise les coûts de mandat associés aux comportements opportunistes de certains membres du personnel, à la poursuite d'objectifs personnels contraires aux intérêts de l'entreprise et à des demandes salariales selon la pleine valeur sur le marché, cette valeur étant difficile à établir dans ces entreprises et le «marché» n'offrant jamais une sécurité d'emploi équivalente.

Le personnel de direction, étant issu d'échelons inférieurs et partageant donc une bonne base d'expérience avec les mandataires, est moins vulnérable aux problèmes d'asymétrie d'information et de compétence. En outre, le fait que le bien-être du personnel soit intimement lié au destin de l'entreprise tend à orienter leur comportement dans la bonne direction.

Si la «socialisation» à des valeurs communes, l'expérience des dirigeants dont le mandataire relève et le lien direct qui unit son succès à celui de l'entreprise ne suffisaient pas à empêcher des comportements de tire-au-flanc ou d'opportunisme nocif pour l'entreprise, ce sont les pairs qui, étant les mieux informés dans un tel système, verraient à faire regagner les rangs ou à expulser tout membre qui mettrait en péril la performance du groupe.

Ce mode de gestion, quoi qu'on puisse en penser par ailleurs, suscite de subtils coûts de complexité :

- les coûts de formation et ceux encourus pour encourager l'adhésion aux valeurs et aux normes de l'entreprise ;
- les coûts engagés pour concevoir et maintenir les politiques d'emploi permanent et de promotion interne exclusive ;
- les coûts associés au développement interne d'expertise et de savoir-faire, y compris les coûts d'une certaine inflexibilité des ressources ainsi que ceux reliés aux délais et aux risques supplémentaires encourus pour amener l'entreprise dans des secteurs d'activité différents de sa vocation traditionnelle[11].

Pour que ce mode de gestion puisse être maintenu, il faut que le personnel stratégique soit fidèle à l'entreprise de façon durable et que le contexte général dans lequel œuvre l'entreprise ne favorise pas la mobilité interfirmes du personnel à la recherche de meilleures conditions financières. Il faut également que le contexte général permette à l'employeur de prendre en charge les coûts d'une politique d'emploi permanent ou de promotion interne exclusive. Autrement, tout l'édifice s'écroule, et l'on doit faire appel à d'autres modes de gestion mieux adaptés à ces circonstances différentes.

---

11. Voir *Lost Economies* (Japon).

9.2.2 Le contrôle par des indicateurs financiers et un système de rémunération arrimé à ces indicateurs

À l'autre extrême du continuum, nous pouvons imaginer un mode de gestion où la direction générale, le mandant, confie à des cadres opérationnels, les mandataires, la responsabilité de gérer des unités, des divisions ou des filiales. Différentes entreprises ont été, à certaines époques, de véritables prototypes de ce modèle.

La direction générale connaît habituellement assez mal les exigences et les dynamiques de fonctionnement de tous ses secteurs d'activité. Cependant, elle s'estime capable de recruter des cadres opérationnels compétents dans leurs secteurs respectifs et de structurer leur rémunération de façon qu'une grande partie en soit variable et reliée directement à des indicateurs quantitatifs faciles à évaluer. Il peut s'agir, par exemple, du rendement sur actifs utilisés (ROA), du rendement sur fonds propres (ROE), de la croissance du chiffre d'affaires et de la part de marché, etc.

Ainsi, la direction générale de l'entreprise incite à une haute performance dans chacun de ses secteurs d'activité, puisque les cadres opérationnels qu'elle a recrutés pour leur compétence éprouvée ne peuvent assurer leur bien-être économique qu'en optimisant les indicateurs de performance qui confèrent une grande valeur économique à l'entreprise.

Il faut noter que ce phénomène est typique, et encore plus marqué dans la relation entre le conseil d'administration et les dirigeants d'une entreprise.

Les risques, les traquenards et les coûts de mandat associés à un tel mode de gestion sont maintenant bien connus, ayant été la cause de douloureuses expériences. Ils concernent :

- les incertitudes et les coûts reliés au recrutement de cadres supérieurs ;
- le coût de rédaction de dispositions contractuelles claires et valides pour la rémunération variable de cadres opérationnels ;
- le coût de cette rémunération variable, y compris la possibilité de payer des sommes importantes pour des résultats aléatoires non reliés à la performance du personnel ;
- le coût associé au fait que les cadres opérationnels cherchent à maximiser leurs bénéfices personnels au détriment des objectifs de l'entreprise à plus long terme, y compris par le choix du moment le plus opportun pour eux de changer d'employeur ;
- le coût d'asymétrie d'information qui permet aux cadres opérationnels de « gérer » leurs résultats et de camoufler pendant un temps les mauvais résultats. Lorsque la contre-performance est évidente, les cadres opérationnels responsables ont déjà quitté l'entreprise ou alors cette prise de conscience tardive des problèmes survient alors que l'unité a atteint un état proche de la déconfiture et que les coûts nécessaires pour redresser la situation seront très élevés. Comme il en a été question aux parties I et II, Enron, Tyco et WorldCom sont trois cas récents qui démontrent bien les risques de ces coûts de mandat dans l'entreprise complexe, ainsi que leur impact sur la performance de la firme, voire sur sa survie.

Bien sûr, la grande entreprise complexe a dû et doit trouver des modes de gestion pour les relations mandants-mandataires qui soient efficaces et performants. Comme nous l'avons déjà expliqué aux parties I et II, **la combinaison d'un mandant crédible et expérimenté quant aux activités du mandataire, de systèmes de planification et d'information bien adaptés et d'une structure de rémunération calibrée et ajustée aux circonstances fournit l'encadrement nécessaire pour assurer de saines relations de gouvernance dans la grande entreprise.**

Dans le cadre de ce chapitre, la notion de coûts de mandat sert à souligner un aspect, souvent mal compris en pratique, du développement de l'entreprise. La complexité et la diversité de l'entreprise croissent de façon plus ou moins rapide au fur et à mesure de son développement, de l'expansion de ses activités à de nouveaux marchés géographiques, de l'ajout de nouveaux produits ou de nouvelles entités, de décisions d'intégration verticale ou horizontale et de la mise en place d'alliances de tous genres.

Cette augmentation graduelle de la complexité de l'entreprise lui fait franchir, sans qu'elle s'en rende bien compte, des paliers de complexité qui en changent la nature et qui exigent des modes de gestion très différents d'un palier à l'autre.

Les dirigeants d'entreprise qui n'ont pas été suffisamment sensibles à ces phénomènes de coûts de mandat et aux risques qu'ils comportent en ont payé chèrement les conséquences.

Figure 9.6	Continuum des différents types de contrôle sur les mandataires

Type de contrôle sur les mandataires

Contrôle par valeurs partagées et objectifs communs	Contrôle par indicateurs financiers

• Contexte de faible mobilité interfirmes du personnel
• Caractéristiques de fonctionnement :
  – recrutement du personnel dès la fin des études
  – engagement de politique d'emploi à vie
  – hiérarchie de postes, structure de rémunération incitant le personnel à atteindre des fonctions supérieures, système de promotion interne équitable, fonctionnement « méritocratique »
• Faible asymétrie d'information et de compétence, le personnel de direction étant issu d'échelons inférieurs (promotion interne)
• Contrôle exercé aussi par les pairs
• Réduction des coûts de mandat « classiques », mais augmentation des coûts de mandat plus subtils :
  – coûts de formation et ceux encourus pour encourager l'adhésion aux valeurs et aux normes de l'entreprise
  – coûts des politiques d'emploi permanent et de promotion interne exclusive
  – coûts associés au développement interne d'expertise et de savoir-faire
	• Forte asymétrie d'information
	• Recrutement de cadres opérationnels compétents dans leurs secteurs et rémunération en grande partie variable, reliée à des indicateurs quantitatifs faciles à évaluer (CA, parts de marché, ROA, ROE, etc.)
	• Mandant crédible et expérimenté
	• Coûts de mandat :
	  – incertitudes et coûts reliés au recrutement de cadres supérieurs
	  – coût de rédaction de dispositions contractuelles claires et valides pour la rémunération variable de cadres opérationnels
	  – coût de la rémunération variable, y compris la possibilité de payer des sommes importantes pour des résultats aléatoires non reliés à la performance du personnel
	  – coût associé à l'intérêt porté par les cadres opérationnels à leurs bénéfices personnels au détriment des objectifs de l'entreprise à plus long terme, ainsi qu'à leur plan de carrière
	  – coût d'asymétrie d'information permettant aux cadres opérationnels de camoufler pendant un temps les mauvais résultats

© Allaire et Firsirotu, 1993, 2004

9.3 Les coûts de transaction

Le concept des « coûts de transaction » fait référence à tous les coûts économiques et non économiques de l'impartition et de la sous-traitance. Par le recours à ces mesures, l'entreprise cherche à diminuer sa complexité, à comprimer les coûts suscités par sa taille et son envergure croissantes. Ce faisant cependant, l'entreprise encourt des « coûts de transaction » et change sa nature et ses frontières.

Toute une école de pensée en théorie économique[12] tourne autour de ce concept pivot qui déterminerait les frontières optimales d'une firme. Selon ce concept, la firme ne devrait conserver à l'interne que les activités pour lesquelles les coûts de transaction engendrés par leur achat chez des fournisseurs externes sont supérieurs au coût de production de ces produits ou ces services à l'intérieur de l'entreprise.

Des choix judicieux d'intégration verticale ou horizontale lorsque l'offre de sous-traitance est inadéquate, économiquement inférieure, expliquent selon les tenants de cette théorie, la raison d'être, le succès et la pérennité des grandes entreprises.

Le phénomène des coûts de transaction expliquerait pourquoi, dans le cas de certaines filières industrielles, des entreprises assument à l'interne plusieurs des fonctions décrites à la figure 9.7, alors que pour d'autres filières, chaque fonction ou presque est assumée par une firme différente sans lien de propriété l'une avec l'autre.

| **Figure 9.7** | **Exemple d'une filière industrielle : coûts de transaction et frontières de la firme** |

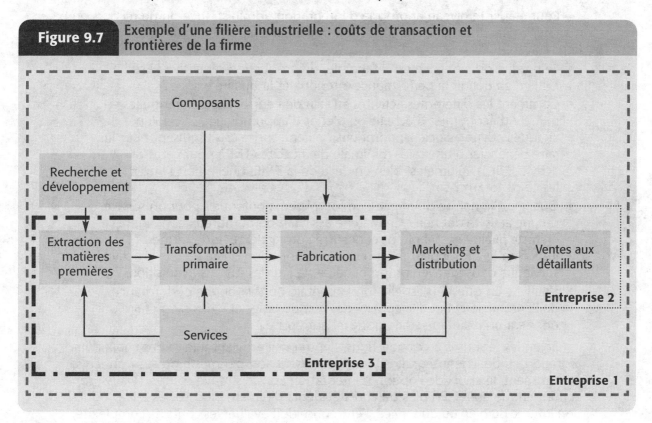

---

12. Voir : Coase, 1937 ; Williamson et autres, 1975.

Les coûts de transaction assumés par une firme lorsqu'elle fait appel au marché de l'impartition et de la sous-traitance comprennent évidemment le prix demandé par le fournisseur pour ses produits ou ses services, mais également les coûts suivants :

- les coûts pour déterminer et évaluer les fournisseurs qualifiés, et négocier les modalités de leur offre, y compris, s'il y a lieu, les coûts d'adjudication reliés aux appels d'offres publics ;
- les coûts de rédaction de contrats valides contenant toutes les stipulations nécessaires quant à la qualité, aux délais de livraison, à la confidentialité, aux garanties de performance, aux pénalités pour contre-performance, etc. ;
- les coûts de litige pour régler les différends et les conflits ;
- des coûts moins tangibles mais stratégiquement importants, comme la vulnérabilité de la firme aux comportements du fournisseur quant à la qualité de son produit et au pouvoir de marché que ce dernier peut exercer sur l'entreprise, ou encore, la diffusion à la concurrence, actuelle ou potentielle (incluant le fournisseur lui-même), du savoir-faire et de la technologie développés chez le fournisseur.

Plus ces coûts sont élevés, plus l'entreprise optera pour une solution administrative (faire à l'intérieur de l'entreprise) plutôt que pour une solution de marché (faire faire).

Pour établir le niveau approprié d'intégration administrative ou de recours au marché, la direction d'une entreprise doit trouver une réponse satisfaisante aux questions suivantes :

- Le produit ou le service est-il tangible, de production répétitive ? Est-il facile d'en définir la performance attendue et la qualité exigée ?
- Comment les différentes activités au sein de l'entreprise diffèrent-elles en matière d'économies d'échelle ou d'effet d'apprentissage ? Le volume de chaque activité associé aux produits de l'entreprise est-il suffisant pour lui faire bénéficier d'une taille minimale d'efficacité (TME) pour cette activité ? Si le volume est bien en deçà de la TME, quel en est l'impact sur les coûts totaux ?
- Quelle est la nature du marché de fournisseurs potentiels pour un service ou une activité donnée ? Ce marché est-il fait de nombreux concurrents en forte rivalité ? Est-il plutôt concentré autour de quelques firmes importantes ? Est-il plausible qu'une concentration de ce secteur d'activité survienne dans un avenir rapproché par le jeu des fusions-acquisitions ?
- L'activité en question est-elle fondamentale pour la bonne performance de l'entreprise et fait-elle appel à des technologies et à des savoir-faire qui donnent un avantage stratégique à l'entreprise ?

Selon les réponses à ces questions, l'entreprise en vient à faire des choix d'intégration ou de « désintégration » qui définissent son périmètre ou ses frontières. Évidemment, le choix de l'option d'intégration administrative comporte aussi son contingent de coûts. En plus de coûts évidents directement associés à la production interne du bien ou du service, l'entreprise doit évaluer les coûts de complexité, dont nous avons traité au point 9.1, afférents à cette décision :

L'intégration administrative d'opérations et d'activités périphériques à celles de l'entreprise engendre des coûts de supervision et de contrôle dans une structure qui ne comporte habituellement pas de mandants suffisamment compétents pour superviser ces activités. Lorsqu'il y a lieu, elle suscite également d'âpres confrontations autour des prix de transfert entre unités d'une même entreprise.

L'absence de concentration exclusive sur ces activités ainsi qu'une structure de coûts propre à la grande entreprise, et donc plus élaborée que celle des petites firmes spécialisées, donnent lieu à des coûts de production beaucoup plus élevés.

En définitive, **les coûts de transaction et les coûts de complexité exercent une tension dynamique diamétralement opposée sur les choix de la frontière optimale de la firme.** Selon l'efficience des marchés, selon l'abondance d'entrepreneurs désireux de prendre en charge les activités périphériques de l'entreprise, selon les époques et les tendances de la mode, l'entreprise en arrive à trouver un équilibre, souvent précaire, souvent remis en question, entre, d'une part, les activités qu'elle devrait assumer à l'interne et, d'autre part, les activités qu'elle devrait confier à des fournisseurs externes.

La figure 9.8 fournit quelques pistes de réponse aux questions soulevées auparavant en indiquant les facteurs qui tendent à favoriser l'une ou l'autre de ces deux options fondamentales.

Figure 9.8   Sources de coûts : les options de marché et d'intégration administrative

Sources de coûts de transaction

- Produit/service : intangible, fait sur mesure, non répétitif
- Difficulté à définir et à faire respecter les obligations contractuelles de fournisseurs
- Position dominante des fournisseurs
- Exigences de contrôle de la qualité
- Exigences de confidentialité
- Coûts de recherche de fournisseurs, de négociation de contrats et de contrôle des fournisseurs
- Coûts de litige

Poussent vers l'option d'intégration administrative

Sources de coûts de complexité

- Relations mandants-mandataires suscitant des coûts de mandat (mandant incompétent, asymétrie d'information, etc.)
- Contraintes internes à un fonctionnement entrepreneurial ; coûts et mode de gestion de la grande entreprise
- Conflits autour des prix de transfert entre unités de la même entreprise
- Caractère périphérique de certaines opérations intégrées menant à une certaine négligence administrative de la part de la direction de l'entreprise
- Diversité de produits au sein d'un même établissement et étalement géographique des opérations
- Conflit de culture et de valeurs entre l'entreprise centrale et certaines opérations acquises pour des raisons stratégiques

Poussent vers l'option de marché
Contrat de vente et d'achat entre les agents

Recherche de solutions intermédiaires et innovatrices combinant certains avantages de chaque option

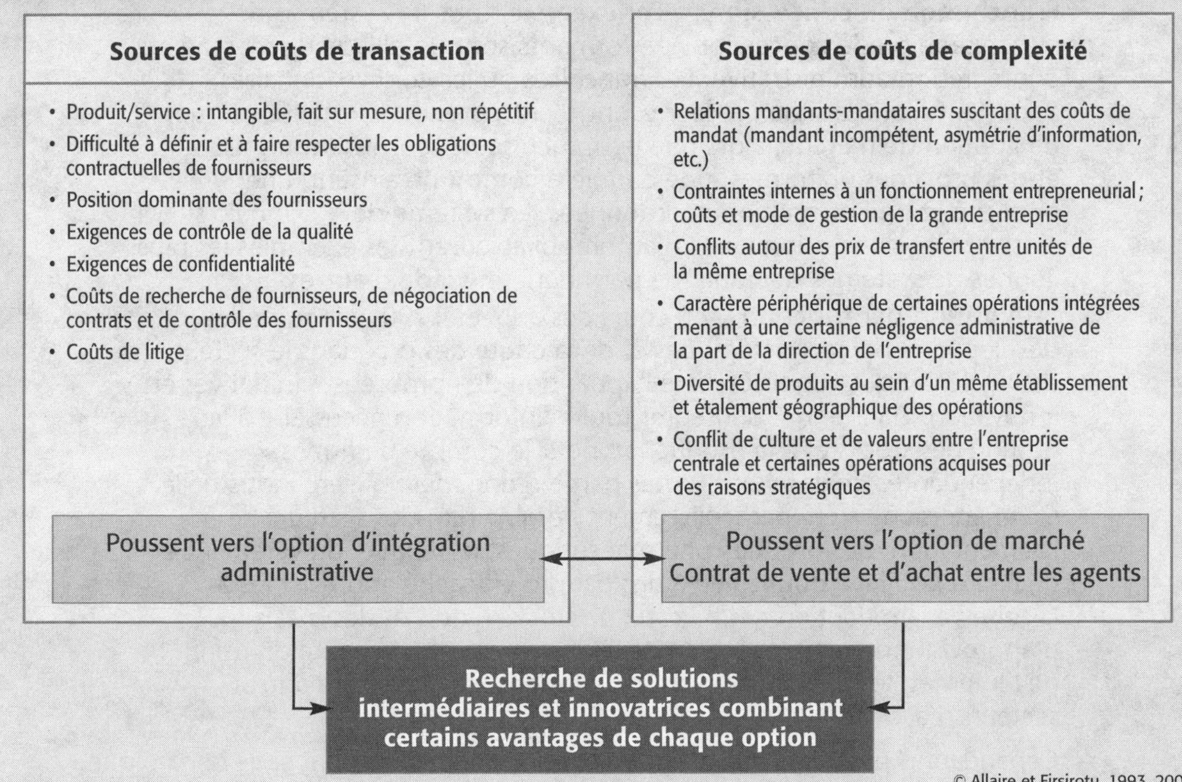

© Allaire et Firsirotu, 1993, 2004

Le concept de coûts de transaction porte deux messages d'une grande importance stratégique :

1. L'entreprise innovatrice ne doit pas se laisser enfermer dans la dichotomie « marché versus intégration administrative », mais plutôt tenter de trouver des façons inédites de combiner les avantages d'une certaine intégration administrative avec les bénéfices indiscutables du marché.

2. Le concept invite à une réflexion sur les imperfections de marché et sur les occasions qu'offrent ces phénomènes. Ces imperfections de marché, c'est-à-dire l'absence relative de fournisseurs compétents pour assumer à meilleurs coûts l'une ou l'autre activité, font en sorte que l'option d'intégration administrative est choisie par défaut. Or, cette situation n'est pas toujours incontournable. Souvent, la demande est insuffisante pour susciter l'émergence de firmes efficaces et concurrentielles. La volonté coordonnée de plusieurs acheteurs potentiels d'utiliser des services externes peut alors engendrer le développement de nouveaux marchés efficients de fournisseurs.

La recherche de solutions hybrides innovatrices : quelques exemples

- **Franchisage ou concessions** – Par exemple, tous les systèmes de franchisage ou de concessions performants sont un alliage de marché et d'intégration administrative. Les franchisés ou les concessionnaires apportent leurs capitaux et leur esprit d'entrepreneurs, caractéristiques de l'option de marché, alors que les franchiseurs fournissent un produit et des procédés uniformes, une bannière commune ainsi qu'une publicité et une promotion coordonnées. Le système de McDonald's ainsi que les concessionnaires d'automobiles offrent les exemples les plus connus de systèmes de franchise parmi une myriade d'autres.

- **Intégration par fonction** – Au cours des années 1990, à la suite des développements technologiques et de la chute des prix dans le secteur de la télématique, on a constaté l'apparition de nombreuses initiatives et innovations dans le but d'intégrer toute l'information nécessaire à la gestion des stocks et à la production pour le compte de firmes indépendantes, mais faisant toutes partie d'une même filière industrielle. Ce phénomène a été particulièrement notable dans les secteurs de l'alimentation, des produits pharmaceutiques, du textile, du vêtement et de l'automobile. Il donne lieu à des gains d'efficacité appréciables à la suite de la réduction des niveaux de stocks requis et des délais d'approvisionnement. Grâce au développement et à la haute diffusion de l'Internet, le phénomène s'est récemment généralisé à d'autres secteurs d'activité.

Cependant, il peut être utile d'examiner brièvement comment cette dynamique de coûts de transaction, influencée par les développements dans le domaine de l'informatique, peut façonner les stratégies d'entreprise de deux compagnies connues pour leur esprit innovateur dans la façon de combiner les avantages d'une certaine intégration administrative avec les bénéfices du marché.

Le cas de The Limited Inc.

L'entreprise The Limited Inc. fait partie de ce groupe de détaillants que l'on qualifie de *power retailers* parce qu'ils ont mis en place dans leur secteur – les vêtements pour femmes dans ce cas-ci – de puissants systèmes conçus pour écraser les concurrents traditionnels et produire d'excellentes performances économiques.

Actuellement, The Limited Inc. obtient la majorité de ses revenus des ventes de vêtements pour femmes dans ses 2 826 magasins exploités par ses détaillants Express (magasins de vêtements pour femmes préférant le style et l'allure sportives, présents dans 48 États américains), Lane Bryant (magasins de vêtements et lingerie intime pour les femmes de taille 14 et plus, présents dans 46 États américains), Limited Store (magasins de vêtements pour les femmes aimant le style sportif sophistiqué, présents dans 46 États américains), Structure (magasins de vêtements pour hommes, présents dans 43 États américains) et Henri Bendel (un magasin de vêtements haut de gamme pour femmes, à New York).

Une autre partie de ses revenus provient de la vente – par Intimate Brands Inc. (IBI), dont la compagnie détient une participation de 84 % – de lingerie intime et de produits de soins pour femmes dans un réseau de plus de 2 300 magasins.

La performance exceptionnelle et continue de cette entreprise par rapport à la performance moyenne de ce secteur d'activité, avec une valeur moyenne de ROA de 18,1 % pour les années 1995-2000 et une valeur moyenne de ROE pour la même période de 35,7 %, repose sur le système innovateur que l'entreprise a bâti au milieu des années 1980 en bouleversant les données conventionnelles de la stratégie dans son secteur économique, ainsi que sur sa capacité de continuellement s'adapter pour exploiter de nouveaux segments de marché.

Voyons comment The Limited Inc. a réalisé ce fait d'armes. La figure 9.9 présente les cycles traditionnels d'approvisionnement dans le secteur du vêtement au milieu des années 1980.

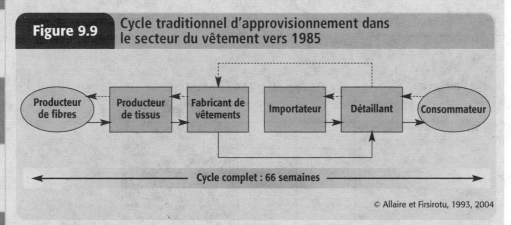

| **Figure 9.9** | **Cycle traditionnel d'approvisionnement dans le secteur du vêtement vers 1985** |

© Allaire et Firsirotu, 1993, 2004

À cette époque, la filière industrielle de ce secteur était caractérisée par des firmes indépendantes impliquées dans des relations contractuelles de vente et d'achat, et qui tentaient tant bien que mal de coordonner leurs opérations mais qui restaient assujetties à un cycle d'approvisionnement de 66 semaines à cause des délais d'information et de production.

Dans ce schéma traditionnel, plusieurs mois avant le début de chaque période de vente, les commerçants devaient choisir des modèles parmi ceux offerts par les fabricants. Évidemment, il était alors difficile de prévoir quels modèles seraient les plus populaires, ce qui, pour le commerçant, signifiait qu'il devenait rapidement à court de stock pour les modèles dont il avait mal jugé la popularité et avait un surplus de stock pour d'autres modèles, surplus de stocks qu'il devait vendre en solde et à fort rabais. Pour modifier cette dynamique de fonctionnement qui constituait une source pernicieuse de risques et de lourdes exigences en stocks pour toute la filière industrielle, il fallait concevoir un nouveau système dont le moteur serait l'entreprise The Limited Inc.

La figure 9.10 rend compte schématiquement du système mis en place, qui donne à la firme l'allure d'un assemblage de flux stratégiques aux frontières variables. Un

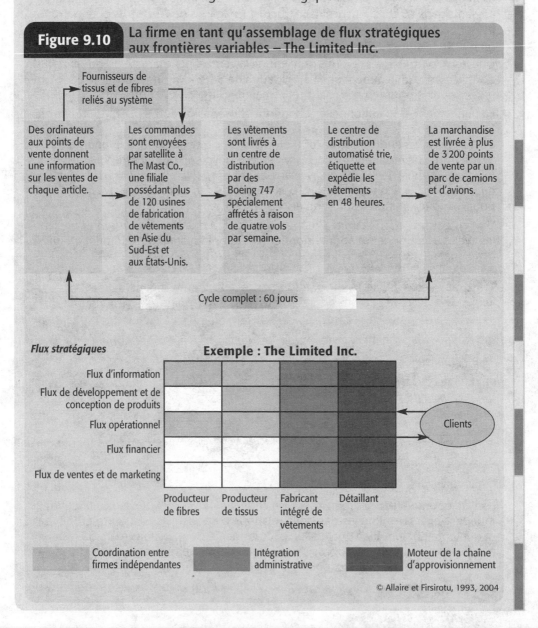

Figure 9.10 La firme en tant qu'assemblage de flux stratégiques aux frontières variables – The Limited Inc.

© Allaire et Firsirotu, 1993, 2004

tel système comprend une certaine intégration administrative, mais surtout une coordination des flux stratégiques et opérationnels, en particulier le flux d'information, par delà les frontières juridiques de l'entreprise The Limited Inc.

Grâce à ce système, cette société a été capable de réduire à 30 jours le cycle de réapprovisionnement de ses magasins.

Avec un tel temps de réaction, The Limited Inc. pourra ajuster le stock aux préférences exprimées par les consommateurs, comprimer les ventes perdues à cause des ruptures de stock et réduire le niveau des stocks ainsi que l'ampleur des ventes en solde et hors saison. Tous ces phénomènes contribuent à améliorer le rythme de rotation des actifs (AT), favorisant ainsi la compétitivité et la rentabilité de l'entreprise.

La création de marchés non conventionnels : quelques exemples

À notre époque, une entreprise peut, si elle le souhaite, non seulement sous-traiter la fabrication de pièces et de composants, mais également confier à des entreprises spécialisées des services naguère jugés indivisibles et essentiels. Voici quelques exemples :

- La gestion du système de distribution, notamment la gestion des inventaires et des entrepôts ainsi que toute la logistique de transport des marchandises en confiant ces activités à des entreprises hautement compétentes et spécialisées comme UPS et FedEx ; chez Dell Computer, par exemple, FedEx a pris en charge toute la partie logistique et de transport, ce qui permet à l'entreprise de se concentrer sur ses compétences primordiales : la distribution.
- La gestion de tous les systèmes d'information de l'entreprise prise en charge par des entreprises spécialisées comme IBM, EDS, CGI, Computer Associates.
- La firme Pitney Bowes a persuadé IBM – ou était-ce l'inverse ? – de lui confier la gestion de toutes ses activités de courrier ; depuis, cette entreprise a fait de ce service une importante source de sa croissance.

Les entreprises spécialisées offrant de tels services ont tout intérêt à utiliser les technologies les plus performantes et à mettre au point les systèmes de gestion les plus efficaces. La diversité de leur clientèle assure une certaine stabilité à leur entreprise. Enfin, ces entreprises peuvent offrir des plans de carrière attrayants à un personnel hautement valorisé, alors que ce même personnel était perçu et traité comme périphérique, important certes, mais hors du centre de gravité de l'entreprise dont la mission est tout autre.

Ces arrangements contractuels avec des fournisseurs spécialisés apportent certains avantages précis à l'entreprise :

1. D'abord, ils lui permettent d'établir avec son personnel stratégique seulement les termes et les conditions d'emploi appropriés sans avoir à étendre ces conditions à un personnel qui, bien qu'utile, ne joue pas un rôle stratégique pour l'entreprise.

2. De tels arrangements augmentent la souplesse et la capacité d'adaptation de l'entreprise, puisque, pour ses fonctions essentielles, elle peut s'ajuster rapidement aux changements dans ses marchés.

3. Le développement d'un réseau de fournisseurs offrant de hautes garanties de qualité et capables de prendre en charge des parties complexes du produit final apporte une solution au dilemme des producteurs dans plusieurs secteurs d'activité dont les marchés sont arrivés à leur phase de maturité ou de saturation. En effet, une caractéristique incontournable de tels marchés tient à la très forte segmentation de la demande, c'est-à-dire une demande fragmentée en de nombreux groupes d'acheteurs, chacun ayant ses préférences spécifiques quant au produit qu'il souhaite acheter. Une telle diversité de la demande tend à hausser fortement les coûts de production et à augmenter la complexité des systèmes de production.

L'entreprise manufacturière s'évertue depuis plusieurs années à trouver les moyens de produire une multiplicité de produits à des coûts semblables à ceux atteints à l'époque des longues séries de produits standard. Ces moyens incluent le développement de « plates-formes » communes pour toute une gamme de produits, chaque produit de la gamme étant ajusté aux spécifications d'un segment d'acheteurs donné. Un autre moyen consiste à sous-traiter la fabrication quasi complète de produits à faible volume à des entreprises dont les coûts d'exploitation sont beaucoup plus bas et qui peuvent assembler un volume plus important en œuvrant comme sous-traitant pour des firmes rivales offrant des produits similaires.

L'industrie automobile et l'industrie des produits électroniques (téléphones cellulaires, ordinateurs personnels, etc.) offrent des exemples instructifs de ce phénomène.

Ainsi, l'entreprise Solectron, une firme californienne avec un chiffre d'affaires de 19 milliards de dollars en 2001, se spécialise dans la fabrication de produits et pièces électroniques pour des firmes comme Ericsson (13 % de son chiffre d'affaires), IBM (ordinateurs portables), Cisco Systems (routeurs), Hewlett-Packard, etc.

Un autre exemple de ce phénomène nous est donné par la société Magna International, un fournisseur dans le secteur de l'automobile.

Magna International : un spécialiste de la sous-traitance automobile

La maturité du marché automobile pousse les producteurs à multiplier leurs offres de produits afin de couvrir tous les segments de marché. Ce faisant, ils doivent cependant produire de façon économique de petites quantités pour les créneaux de marché visés. À titre d'exemple, prenons la Mercedes classe E à quatre roues motrices. En 2002, seuls deux modèles offrent cette forme de traction, laquelle n'est populaire que dans les régions où les conditions de conduite en hiver justifient le coût plus élevé de ces véhicules. Il s'agit d'un créneau dont les ventes totales sont chaque année limitées. Donc, en produisant à faible quantité, les coûts unitaires sont très élevés (prix élevés proposés par les fournisseurs si les volumes commandés sont faibles, coûts d'assemblage, coûts fixes répartis sur une petite base de production, etc.).

C'est pourquoi les fabricants dits OEM (*Original Equipement Manufacturers* ou fabricants d'équipement) d'automobiles choisissent de plus en plus l'option de marché auprès de fournisseurs d'équipement. La volonté coordonnée des OEM d'utiliser des services externes leur font collectivement bénéficier des économies d'échelle, d'envergure et de gains d'apprentissage réalisés par les fournisseurs d'équipements, en assurant la production et l'assemblage de certaines pièces automobiles pour plusieurs fabricants.

La firme Magna International est un de ces fournisseurs. L'entreprise s'est rapidement développée en profitant de la tendance du marché automobile à l'externalisation de la fabrication et de l'assemblage de systèmes complets (système de freinage). Elle travaille avec presque tous les constructeurs sur tous les continents (GM, Ford, Daimler Chrysler, Volkswagen, BMW, Renault, Toyota, etc.) comme le montre la figure 9.11.

Figure 9.11	**Répartition du chiffre d'affaires de Magna par client**

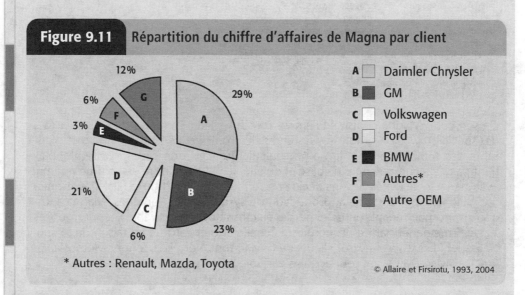

* Autres : Renault, Mazda, Toyota

© Allaire et Firsirotu, 1993, 2004

Magna est le leader mondial indépendant de l'assemblage de véhicules, de faible volume et pour certains créneaux, pour les principaux fabricants automobiles. Ses compétences technologiques lui permettent de fournir un assemblage à faible ou à moyen volume à des prix concurrentiels dans le marché mondial de la production des équipements. Magna produit chaque année plus de 85 000 véhicules totalement assemblés, incluant la Mercedes-Benz M Class, la Mercedes-Benz G Class, la Mercedes-Benz E Class 4MATIC et la Jeep Grand Cherokee.

La figure 9.12 décrit de façon schématique le rôle distinct de chaque membre de la chaîne de création de valeur pour l'ensemble de l'industrie automobile.

Figure 9.12	**La chaîne de création de valeur pour l'industrie automobile**

Fournisseurs de composants ou de modules complets	**Assembleurs de véhicules complets**	**Constructeurs automobiles**	**Réseaux de distribution**
• Fabrication de pièces ou de modules complets (système de freinage, d'embrayage, etc.) • Parfois spécialisés (ex. : Michelin dans les pneumatiques, C-Mac dans les composants électroniques, etc.) • Nombreuses compagnies comme Visteon, Siemens, Bosch, Magnelli Marelli, Valeo, Michelin, Goodyear	• Assemblage de véhicules complets, rôle de fournisseur unique pour les constructeurs • De plus en plus, rôle de concepteur, de designer du véhicule complet en collaboration avec les constructeurs ou sous leur supervision	• Grandes marques (Ford, General Motors, Toyota, Audi, Volkswagen, Daimler, Chrysler, BMW, Honda, Renault, etc.) • Marketing, service après-vente, conception, design • Assemblage des véhicules généralement assuré	• Concessionnaires des grandes marques (Ford, Toyota, Audi, Volkswagen, Daimler Chrysler, etc.) • Contact direct avec le consommateur final

© Allaire et Firsirotu, 2004

De son côté, Magna choisit également de sous-traiter certaines de ses activités à des spécialistes. Par exemple, les systèmes électroniques constituent une part croissante des coûts de production d'un véhicule. Jugeant que cette activité n'appartient pas à ses compétences de base et qu'elle ne peut atteindre un volume optimal avec ses seules activités, Magna décide de vendre en juillet 2000 sa filiale Invotronics à C-Mac, un spécialiste de la production de systèmes électroniques. Magna sous-traite donc maintenant toutes les parties électroniques de ses véhicules automobiles à une firme bénéficiant d'économies d'échelle et d'envergure en raison de sa spécialisation. Les trois plus gros clients de C-Mac sont Nortel, Lucent et Motorola. En 2001, C-Mac était à son tour acquise par Solectron.

Conclusion

L'étude des coûts et de leur dynamique, reflet des impératifs économiques et technologiques de la firme, est essentielle aux orientations et à la conduite stratégiques de toute entreprise.

L'éventail des phénomènes présentés dans ce chapitre et les deux précédents couvre de vastes pans de la théorie économique de la firme en ce qu'elle offre de pertinent pour la stratégie d'entreprise. Les nombreuses considérations conceptuelles et pratiques qui y sont développées donnent une assise économique aux stratégies de marché qui font l'objet de la partie V.

Partie IV
Les marchés et leur dynamique

Introduction

La notion de marché est simple et anodine dans le langage coutumier. Toutefois, vouloir lui donner un sens précis ou une définition exhaustive présente des défis conceptuels tellement redoutables que l'on tente souvent, par divers subterfuges, d'escamoter la difficulté à définir ce qu'est un marché.

Ainsi, dans un rigoureux ouvrage traitant d'économie industrielle, Tirole (1988, p. 12) avoue de guerre lasse : *Pour les besoins du présent ouvrage, la difficulté empirique de définir le « marché » sera ignorée. Nous présumerons que le marché a été défini correctement [...].*

Or, le domaine de la stratégie d'entreprise prend assise sur le concept de marché. Il doit donc se donner une définition du marché qui soit suffisamment riche pour tenir compte de ses multiples manifestations et dynamiques, et pour en accommoder les évolutions et les changements. Une première source de concepts et de théories à propos des marchés nous est fournie par l'appareil réglementaire et juridique en matière de concurrence, de fusions et d'acquisitions.

Dans cette problématique, les parts d'un marché détenues par les parties engagées dans une fusion ou une acquisition sont le déclencheur de procédures et d'enquêtes par les agences gouvernementales concernées, soit : la Federal Trade Commission (FTC) ou le Département de la Justice aux États-Unis, la Direction de la concurrence au Canada, la Commission de la concurrence de l'Union européenne. Les parts de marché sont également au cœur de la preuve lorsqu'une entreprise est accusée de détenir un pouvoir de marché indu.

Au fil des ans, des causes célèbres comportant d'énormes enjeux économiques – par exemple : IBM contre le Département de la Justice ; Coca-Cola contre la FTC ; Kellogg et autres contre la FTC ; AT&T contre le Département de la Justice ; AOL Time Warner contre la Commission de la concurrence de l'Union européenne ; Honeywell/GE contre la même commission ; Microsoft contre le Département de la Justice ; Alcan/Pechiney contre la Commission européenne – ont eu comme pivot central la définition du marché pertinent, suscitant ainsi une expertise et une jurisprudence considérables en cette matière.

L'âpre confrontation entre témoins experts devant les tribunaux compétents a donné lieu à l'établissement de règles et de directives permettant de guider toutes les parties dans la tâche délicate de définir le marché pertinent. Ainsi, les fameuses lignes directrices émises par les agences américaines en 1987 ont acquis une influence considérable en cette matière aux États-Unis, bien sûr, mais également au Canada, en Grande-Bretagne et même en Europe continentale. Selon ces directives, le marché pertinent doit être défini de façon à :

- tenir compte à la fois des **conditions de l'offre et de la demande** ;
- fournir une **démarcation du marché géographique pertinente** à la cause ;
- établir l'**ensemble des produits ou des services qui constituent un même marché** en vertu de leur substitution probable ;
- tenir compte de la **dimension temporelle appropriée aux circonstances** de la cause. Sur ce dernier point, les préoccupations plus immédiates des

agences de surveillance de la concurrence se démarquent nettement de la démarche stratégique, comme il en est question plus loin.

Après plusieurs années de tâtonnement et de multiples essais de définition, les agences américaines et canadiennes en sont venues à proposer ce qu'on a baptisé la «**règle du 5 %**» comme méthode opérationnelle en vue d'établir le marché pertinent pour toutes les causes juridiques.

Cette méthode propose que l'on définisse un marché de la façon suivante :

- Quant à sa dimension géographique, établir l'étendue géographique que devrait posséder un monopoleur hypothétique pour que, de façon profitable pour lui, il puisse augmenter sensiblement ses prix, habituellement de 5 % (d'où le nom de la règle), et maintenir cette augmentation pour une période de une année et parfois de deux. En d'autres mots, il s'agit de déterminer quelle envergure géographique permettrait à une entreprise en situation de monopole d'être à l'abri : 1) des changements de comportement des acheteurs, qui autrement pourraient se procurer le produit dans une autre zone géographique ; 2) des firmes qui, même si elles sont situées ailleurs, pourraient avec profit expédier leur produit dans la zone géographique du monopoleur dans le cas où celui-ci déciderait d'augmenter ses prix de façon appréciable. **La zone géographique minimale pour laquelle un monopoleur hypothétique pourrait accroître ses prix de façon durable et rentable est alors considérée comme la définition du marché géographique.**

- Quant à sa dimension marché-produits, établir quels sont les produits et les services qui devraient être contrôlés par une même firme pour que celle-ci puisse imposer, de façon durable (un an) et rentable, une augmentation importante (5 %) de ses prix. Ici encore, il s'agit de définir l'ensemble minimal de produits et de services qui satisfont à cette condition. Cette évaluation est sensible aux conditions de l'offre et de la demande parce qu'elle se préoccupe autant des comportements de substitution des acheteurs que de la possibilité que des firmes fabriquant d'autres produits puissent rapidement réorienter leur production pour faire concurrence au monopoleur virtuel, si celui-ci tentait d'augmenter ses prix.

Les «Directives en matière de fusionnement» accompagnant la *Loi canadienne sur la concurrence* définissent ainsi le concept de marché : «Sur le plan conceptuel, aux fins de l'analyse des fusionnements en vertu de la loi, **on définit un marché pertinent comme le groupe le plus restreint de produits et la plus petite région géographique pour lesquels les vendeurs pourraient imposer et maintenir avec profit, pendant un an, une augmentation de prix de 5 % par rapport aux prix pratiqués ou qui seraient pratiqués en l'absence de fusionnement, si les vendeurs agissaient comme une entreprise unique, un "monopoleur hypothétique" qui serait le seul vendeur de ces produits dans la région.**»

Cette façon d'établir le marché pertinent à des fins juridiques n'est pas sans susciter de nombreuses réserves et critiques. Toutefois, elle jouit d'une propriété utile, soit celle de permettre de centrer les débats et les oppositions sur des points précis de définition et sur la recherche de faits concrets[1].

---

1. En cette matière, la Commission économique européenne s'en tient encore à la notion de plus en plus contestée de «position dominante», selon laquelle une acquisition ou une fusion ne devrait pas être autorisée si une position dominante dans un marché donné devait en résulter. Les parts de marché déterminent une position «dominante», mais la définition du marché varie toutefois selon les particularités de chaque cause.

L'appareil conceptuel qu'ont construit les agences de réglementation de la concurrence au fil des ans, et dans le creuset de la contestation judiciaire, fournit un cadre valable à la réflexion stratégique. Cependant, une dimension temporelle de courte durée (un an) et une conception unitaire du marché où l'on dénote en effet l'absence de « segments » de marché réduisent la pertinence de cette définition du marché pour la formulation d'une stratégie d'entreprise.

Nous proposons une définition des marchés pour la formulation de la stratégie qui prend en compte les éléments utiles de la définition de marché donnée par les agences de réglementation de la concurrence tout en l'enrichissant de dimensions temporelles multiples, ainsi que d'une perspective dynamique de l'évolution du marché.

En effet, une définition stratégique du marché doit atteindre un certain nombre d'objectifs :

- Offrir une explication dynamique du comportement des acheteurs devant les phénomènes de différenciation du produit et de segmentation du marché.
- Fournir une démarcation des marchés géographiques pertinents tant du point de vue de la demande que de l'offre de produits ou de services.
- Être sensible aux multiples dimensions temporelles qui caractérisent la stratégie ; l'entreprise ne peut se confiner à une vue à court terme de ses marchés, pas plus qu'elle ne peut se mobiliser autour d'une vision à long terme au détriment d'enjeux de marché concrets et immédiats ; la myopie et la presbytie sont deux affections également nuisibles à la vision stratégique.
- Relier les volets d'offre et de demande dans une perspective intégrée du marché.

Cette partie de l'ouvrage examine tous ces aspects du marché. Elle est structurée en quatre chapitres portant sur les thèmes suivants :

Chapitre 10 : L'évolution du marché et de la concurrence : les phases du marché. Ce chapitre donne un aperçu général des facteurs et des forces qui poussent un marché d'une phase à une autre de façon relativement prévisible.

Chapitre 11 : La dimension géographique du marché. Ce chapitre décrit les phénomènes de démarcation du marché géographique du point de vue de l'offre et de la demande. Cette description sera sensible aux particularités qui font que des zones géographiques relativement restreintes peuvent constituer des monopoles naturels, alors que, pour d'autres produits, le marché pertinent est « mondial ».

Chapitre 12 : La différenciation et la segmentation : champs et groupes stratégiques. Ce chapitre propose une schématisation du comportement des acheteurs qui explique les phénomènes de différenciation et de segmentation des marchés, ainsi que les différents comportements des firmes en concurrence totale ou partielle pour s'attirer les faveurs d'un ensemble donné d'acheteurs.

Chapitre 13 : La vision stratégique des marchés selon quatre perspectives. Axé sur deux paramètres de démarcation, soit les bénéfices recherchés par les acheteurs et la dimension temporelle à court terme et à plus long terme, ce chapitre décrit quatre perspectives du marché, chacune porteuse d'une vision différente de l'entreprise et comportant des défis stratégiques bien précis.

Chapitre 10

L'évolution du marché et de la concurrence : les phases du marché

Tout marché est un phénomène dynamique. Le marché évolue et se transforme au gré des changements, des forces et des influences qui s'exercent sur lui. Sans être soumis à des déterminismes invariables, les marchés montrent toutefois une forte tendance à se développer selon des phases assez bien démarquées, chacune possédant ses caractéristiques propres.

10.1 Les phases du marché : taux de participation et volume des ventes

Plusieurs nomenclatures de ces phases sont traitées ici et là dans les ouvrages portant sur la stratégie et le marketing. La typologie des phases du marché présentée à la figure 10.1 nous semble la plus fertile avec ses phases d'émergence, de croissance, d'épuration, de maturité, de saturation et de déclin.

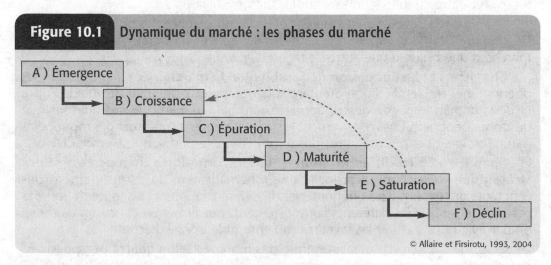

Figure 10.1   Dynamique du marché : les phases du marché

A) Émergence
B) Croissance
C) Épuration
D) Maturité
E) Saturation
F) Déclin

© Allaire et Firsirotu, 1993, 2004

Notez bien qu'il s'agit ici des phases d'évolution d'un marché et non des phases du cycle de vie d'un produit, dont la description s'apparente souvent à cette nomenclature.

De plus, **selon la conception du marché proposée dans cet ouvrage, puisque les aspects de l'offre et de la demande sont essentiels à une définition utile du marché, les phases d'évolution du marché doivent se référer à la fois aux comportements des acheteurs et à ceux des firmes rivales au sein de ce marché.**

Il peut arriver qu'un marché passe par toutes les phases de cette dynamique d'évolution à un rythme rapide. D'autres se maintiennent longtemps en phase de maturité ou de saturation, sans jamais passer à la phase de déclin. Ainsi, le marché de l'automobile est en phase de saturation depuis au moins 40 ans en Amérique du Nord sans montrer de signes de déclin.

Comme le montre la figure 10.1, certains marchés naissent et meurent sans jamais connaître toutes ces phases de développement. Par contre, d'autres marchés qui ont atteint leur phase de maturité ou de saturation connaissent, à cause de mutations dans les valeurs sociales ou d'innovations technologiques, une deuxième jeunesse, une nouvelle phase de croissance.

Des marchés comme ceux de la bicyclette, du ski alpin, du golf, de la motoneige, du tennis ou du transport en commun en Amérique du Nord se sont tous trouvés à un moment donné en phase de saturation et même de déclin. Certains ont connu et connaissent encore une nouvelle phase de croissance résultant d'une évolution des valeurs, de la démographie et de l'innovation de produits. On utilise le terme «**dématuration du marché**» pour désigner ce phénomène, spontané ou suscité par les démarches des entreprises, qui transforme un marché mature en un marché en croissance.

La figure 10.2 décrit de façon stylisée la relation conceptuelle entre les phases du marché, le volume de ventes (en unités) et le taux de participation au marché parmi une population cible. Le taux de participation fait référence au pourcentage d'une population ciblée ayant «acheté» le produit (service ou concept) au moins une fois et l'utilisant encore. La définition de la «population ciblée» dépend

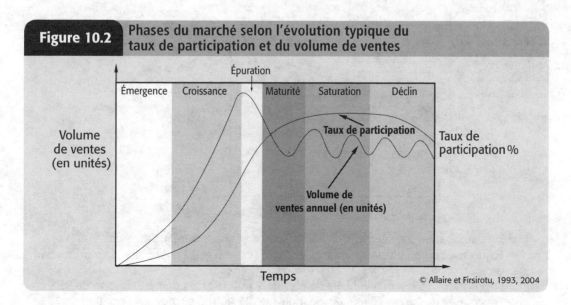

Figure 10.2   Phases du marché selon l'évolution typique du taux de participation et du volume de ventes

© Allaire et Firsirotu, 1993, 2004

évidemment de la nature du produit (service ou concept) et ne pose pas de problèmes trop difficiles en pratique.

Le taux de participation maximal d'un nouveau produit représente une donnée cruciale puisqu'elle influera sur la taille de ce marché en phase de maturité et de saturation, ainsi que sur sa durée et sa rentabilité à long terme. Ce taux de participation maximal est variable : 1) selon les efforts collectifs des firmes pour offrir des produits de qualité et en promouvoir énergiquement l'utilisation ; 2) selon les politiques de prix des firmes afin de promouvoir l'adoption du produit et de susciter les comportements de substitution.

C'est le rythme d'adoption d'un produit (service ou concept) qui définit les phases d'un marché, non pas les variations du volume de ventes.

La figure 10.2 démontre comment le volume annuel de ventes exprimé en unités sera beaucoup plus volatil que le taux de participation. Ce phénomène est particulièrement marqué pour les biens durables. Au cours de la phase de croissance du marché, les ventes totales résultent non seulement du processus dynamique de diffusion et d'adoption par de nouveaux acheteurs, mais aussi des achats répétés de ceux qui ont fait l'acquisition plus tôt du nouveau produit. Lorsque le taux d'adoption de ce nouveau produit commence à chuter, le marché en phase de maturité comporte une proportion croissante des achats de remplacement, qui sont sensibles aux cycles économiques et aux pressions des produits usagés sur les prix, des produits neufs et du volume de ventes.

Les deux courbes de la figure 10.2 décrivent des phénomènes distincts inhérents à l'évolution de tout marché et représentés par deux exemples concrets.

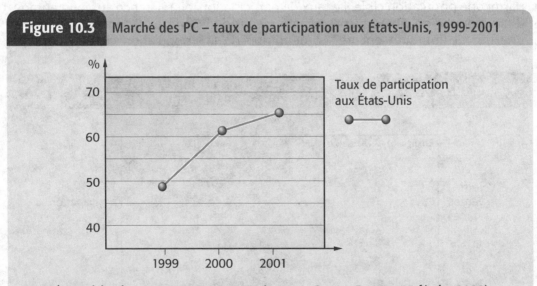

Figure 10.3   **Marché des PC – taux de participation aux États-Unis, 1999-2001**

Taux de participation par segment en 2000 (source : Census Bureau, 15 février 2002)
 – Foyers avec un ou plusieurs enfants à l'école (entre 6 et 17 ans) : taux de participation de 75 %
 – Foyers avec des revenus annuels de plus de 75 000 $: taux de participation de 89 %
 – Foyers avec des revenus annuels de moins de 25 000 $: taux de participation de 30 %
 – Personnes seules : taux de participation de 30 %

© Dumitriu, 2002

La figure 10.3 porte sur le taux de participation pour le marché des PC, c'est-à-dire le pourcentage des ménages aux États-Unis ayant au moins un PC à la maison. Cette courbe semble indiquer, pour le marché américain, un point d'inflexion autour de 2000, ce qui pourrait signifier qu'à ce moment-là ce marché est entré dans sa phase de maturité. Si en 2000 le marché américain pour les PC est en phase de maturité, les marchés européens sont encore en pleine phase de croissance et donnent ainsi au marché global une poussée dont il a grand besoin au moment où l'énorme marché américain ralentit sa croissance (*voir la figure 10.4*).

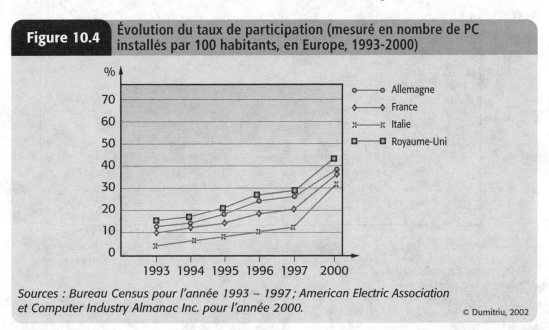

Figure 10.4 | **Évolution du taux de participation (mesuré en nombre de PC installés par 100 habitants, en Europe, 1993-2000)**

Sources : Bureau Census pour l'année 1993 – 1997 ; American Electric Association et Computer Industry Almanac Inc. pour l'année 2000.

© Dumitriu, 2002

La figure 10.5 présente la courbe moyenne de ventes pour des produits motorisés et non motorisés aux États-Unis, en unités indexées à 100 % pour l'année où elles ont atteint leur niveau maximal. Cette figure établit une distinction entre les « produits motorisés », pour lesquels se développe un marché très actif de produits d'occasion, et les « biens durables non motorisés », pour lesquels il n'y a pas (ou peu) de marché secondaire.

Dans les deux cas, la chute des ventes à compter du temps zéro, c'est-à-dire l'année où le marché a connu le sommet de ses ventes, est brutale et rapide, alors que le taux de participation continue d'augmenter mais à un rythme beaucoup plus lent. Ainsi, pour les produits motorisés, le niveau moyen de ventes tombe en moins de deux ans à 50 % de son point maximal et se stabilise à ce niveau. Le phénomène est moins brutal, même s'il est douloureux, pour les produits non motorisés. **Il faut comprendre le choc dramatique pour les entreprises qui œuvrent sur de tels marchés en croissance vertigineuse depuis plusieurs années (sept à huit ans en moyenne) lorsque survient la crise.**

D'abord, malgré quelques signes avant-coureurs, souvent ambigus ou contradictoires, le point culminant d'un marché est très difficile à prévoir et prend presque toujours les entreprises par surprise.

Les plans de production, les engagements envers les fournisseurs et les inventaires en réseaux sont tous établis sur la base d'une anticipation de croissance continue ou,

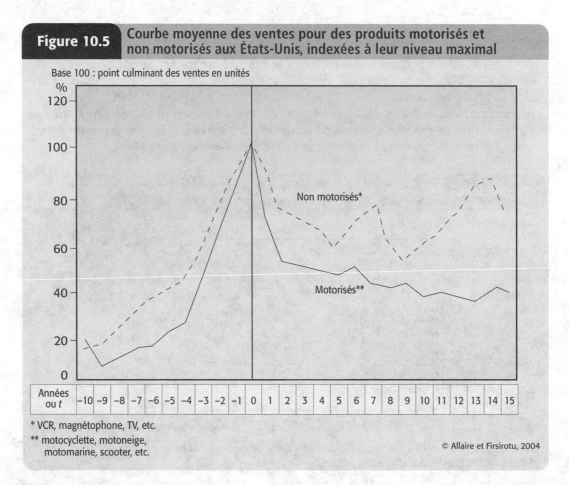

	Courbe moyenne des ventes pour des produits motorisés et non motorisés aux États-Unis, indexées à leur niveau maximal
Figure 10.5	

Base 100 : point culminant des ventes en unités

Non motorisés*

Motorisés**

| Années ou *t* | −10 | −9 | −8 | −7 | −6 | −5 | −4 | −3 | −2 | −1 | 0 | 1 | 2 | 3 | 4 | 5 | 6 | 7 | 8 | 9 | 10 | 11 | 12 | 13 | 14 | 15 |

* VCR, magnétophone, TV, etc.

** motocyclette, motoneige, motomarine, scooter, etc.

© Allaire et Firsirotu, 2004

lorsqu'on veut être prudent, sur la base d'un niveau de ventes pour l'année à venir équivalant aux ventes actuelles. Or, un examen de la figure 10.5 montre bien l'ampleur des ajustements à effectuer et l'importance des coûts à assumer. Plusieurs entreprises ne résisteront pas au phénomène ; elles disparaîtront ou seront acquises par d'autres. C'est la **phase d'épuration des marchés.**

10.1.1 Le dilemme aigu de la transition entre croissance et maturité d'un marché

Les phénomènes décrits ci-dessus sont bien connus (ou devraient l'être) des bons gestionnaires. **Pourquoi est-ce si difficile de composer avec la fin de la phase de croissance sans mettre l'entreprise en péril ?** Cette situation s'explique aisément de la façon suivante.

L'entreprise doit mettre en marche le processus de production de produits sur la base de prévisions de ventes. Or, malgré toutes les améliorations des systèmes d'information et la réduction des délais entre production et vente, il reste un écart important difficilement compressible dans le cas de biens durables, entre le moment où l'entreprise doit décider du volume de production pour la prochaine période et le moment où les acheteurs se présenteront dans les réseaux pour acheter ces produits. Bien sûr, on tâche de diminuer cet écart. Des progrès importants ont été accomplis, entre autres, par l'industrie automobile et celle des PC (par Dell du moins).

Idéalement, un produit ne serait mis en production et les fournisseurs ne seraient appelés à offrir leurs composants que dans le cas d'une commande ferme précisant les particularités souhaitées par le client.

Dans la mesure où le client est patient ou que l'on peut lui garantir une livraison dans un délai raisonnable, un tel système arrive à contourner les difficultés que présente la fin de la phase de croissance. Or, on est loin de cet état de choses dans plusieurs industries. Que se passe-t-il alors ?

Pourquoi, malgré la grande intelligence des marchés et l'appréhension de l'entreprise de voir arriver le terme de la croissance, la direction ne sait-elle pas si, pour l'année qui vient de se terminer, le marché se situe à *t*, à *t-2*, à *t-3* ou à *t-1* (*voir la figure 10.5*) ?

Si la direction concluait que le marché est rendu à un certain *t* et que, pour la prochaine année, l'industrie subira une chute dramatique des ventes, elle devrait prendre un train de mesures importantes :

- réduction du volume de production ;
- réduction du volume d'achats de ses fournisseurs ;
- plan de mise à pied du personnel excédentaire (de même chez ses principaux fournisseurs) ;
- rationnement des réseaux de distribution lorsque ceux-ci, ne partageant pas cette vision du marché, passent des commandes qui sont globalement supérieures au volume de production (historiquement, les réseaux de concessionnaires n'ont pas montré une grande capacité à prévoir la fin de la phase de croissance).

Supposons que la direction s'est trompée, que ses concurrents n'ont pas suivi son exemple et que le marché continue de croître. L'entreprise perdra alors une importante part du marché, sa rentabilité sera sérieusement affaiblie et la crédibilité de sa direction perdue de façon quasi irrémédiable. **Il est beaucoup plus pénible et dangereux pour sa carrière d'être le seul à se tromper que si tous se trompent en même temps.** En effet, le scénario le plus commun est que, à un moment donné, le marché arrivera à son point culminant, mais toutes les entreprises prévoyant une continuation de la croissance (ou une stabilisation de la demande chez les plus pessimistes) établiront des plans de production dont les volumes combinés seront bien supérieurs à la demande. Ce sera la débandade, mais elle sera au moins collective et partagée !

L'exemple le plus récent de ce phénomène nous est donné par les marchés des téléphones cellulaires et des équipements de télécommunication. La débandade dans ces secteurs, particulièrement dans celui des équipements de télécommunication, provient d'une phase de croissance spectaculaire que l'on a présumée « éternelle ». Lorsque le ralentissement s'est fait sentir, ces entreprises, incapables d'accepter ce phénomène normal et son impact sur leurs cours boursiers, ont eu recours à des subterfuges de toute nature pour mousser les ventes, incluant les financements d'acheteurs non solvables à des conditions hors marché. Ces tactiques n'ont réussi qu'à retarder quelque peu l'échéance du phénomène décrit à la figure 10.5, mais en ont amplifié les effets délétères. Le cas de Nortel représente très bien ce phénomène (*voir la figure 10.6*).

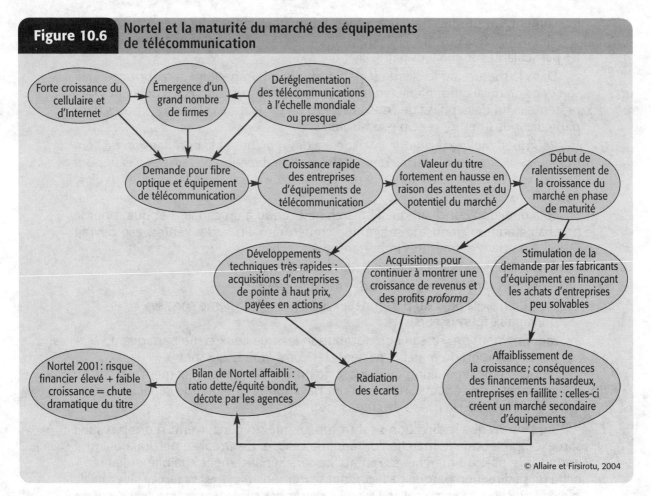

Figure 10.6 Nortel et la maturité du marché des équipements de télécommunication

© Allaire et Firsirotu, 2004

10.2 La phase d'émergence

Un nouveau produit (service ou concept) est proposé aux acheteurs dans un marché géographique donné. Il peut s'agir d'un nouveau produit ou d'un produit en maturité ailleurs mais nouveau dans cette région ou cette zone géographique. Il peut aussi s'agir d'un nouveau concept, d'une nouvelle façon de produire et de distribuer un produit ou un service déjà disponible, mais qui acquiert ainsi un caractère de nouveauté aux yeux de l'acheteur.

Un nouveau concept, tout comme un nouveau produit, suscite un phénomène d'adoption et crée un nouveau marché sans commune mesure avec celui associé aux anciennes façons de procéder. Par exemple, McDonald's a proposé au début des années 1960 « **un nouveau concept pour un vieux produit** », le hamburger et les frites, et a créé un nouveau marché autour de ce concept. Le commerce de détail connaît une suite ininterrompue de nouveaux concepts, tous soumis à un cycle de vie plus ou moins court avec ses étapes d'émergence, de croissance, de maturité, de saturation et de déclin.

Durant cette phase d'émergence, le prix relatif du nouveau produit, si ce dernier doit faire tous ses frais, sera souvent trop élevé pour susciter le niveau de demande nécessaire pour bénéficier des effets du volume.

À cette phase, une option stratégique consiste à fixer le prix en fonction du coût moyen unitaire qui serait atteint avec un volume plus élevé, lequel volume serait probablement suscité par un prix plus modique. Une telle stratégie de prix de « pénétration » repose sur deux conditions préalables : 1) des ressources financières nécessaires à une telle stratégie de prix jusqu'à ce que la réduction des coûts unitaires amène la profitabilité attendue ; 2) l'assurance que le nouveau produit, service ou concept ne peut être imité facilement et rapidement par des firmes rivales.

Si cette stratégie de prix de « pénétration » est combinée avec des investissements importants en publicité et en promotion pour stimuler la demande et les comportements de substitution, nous dirons que l'entreprise exécute une stratégie de création et de domination du marché. Ce sujet est traité plus à fond dans la partie V.

Par contre, si la firme proposant un nouveau produit ou concept jouit d'avantages techniques protégés par des brevets, ou incontournables à court terme, tels que des savoir-faire et des technologies en propriété exclusive et difficiles à imiter, elle pourra choisir une stratégie de prix et de distribution ciblant les acheteurs les plus intéressés au produit et les moins sensibles au prix. Cette politique d'« écrémage » des marchés (*market skimming*) produira évidemment un rythme beaucoup plus lent de développement du marché. Cependant, elle peut se traduire, selon des facteurs économiques particuliers au produit ou au marché, par une récupération plus rapide des investissements associés au nouveau produit, grâce aux fortes marges bénéficiaires dès l'introduction du produit.

10.3 La phase de croissance

Après les tâtonnements, le rodage et les ajustements qui caractérisent la phase d'émergence, le nouveau produit (service ou concept) trouve preneur auprès d'une clientèle bien disposée envers la nouveauté ; sinon, ce sera la fin prématurée de l'aventure, ce qui est le cas de beaucoup de nouveaux produits.

Cependant, le nouveau produit doit assez rapidement se gagner les faveurs d'un groupe plus large que ces acheteurs innovateurs, toujours prêts à essayer les nouveautés. Le succès ou l'échec de nouveaux produits tient au phénomène de diffusion de l'innovation, avec ses phases d'essai et d'adoption de l'innovation, et ces groupes d'acheteurs plus ou moins réticents à changer leurs habitudes. Les chances de succès d'un nouveau produit (service ou concept) sont bien meilleures si l'on peut répondre positivement aux questions suivantes le concernant :

- Offre-t-il un bénéfice supplémentaire par rapport aux produits disponibles ?
- Offre-t-il un ratio valeur/prix qui soit supérieur à celui des substituts disponibles pour satisfaire aux mêmes besoins génériques de l'acheteur ?
- Est-il appuyé par suffisamment de ressources de marketing et offre-t-il une valeur ajoutée suffisante pour percer dans la cohue de la « nouveauté » afin de secouer l'indifférence des consommateurs et de les amener à changer leur routine d'achat ?
- Offre-t-il une qualité et un niveau de satisfaction qui suscitent le rachat du produit par ceux qui se le sont procurés une première fois ?

S'il passe les divers tests qu'imposent nos économies modernes aux nouvelles initiatives, le produit (service ou concept) innovateur déclenchera un phénomène de diffusion plus ou moins vigoureux. À un rythme croissant, de nouveaux acheteurs essaient le nouveau produit (service ou concept) en l'achetant pour la première fois. Durant cette phase du marché, le taux de participation et les ventes du produit (service ou concept) augmentent à un taux croissant, c'est-à-dire que, d'une période à l'autre, le taux de croissance augmente constamment.

La façon dont se jouera la partie du côté de l'offre dépend entièrement des circonstances qui ont donné naissance à ce nouveau marché. Distinguons trois situations :

1. **Le nouveau produit (service ou concept) provient d'un autre marché géographique,** où il a d'abord été lancé et où il est entré en phase de maturité. La firme qui fait la promotion de ce produit (service ou concept) dans un nouveau marché géographique jouit de l'expérience et des compétences acquises dans sa zone géographique d'origine et tire avantage des investissements déjà amortis, engagés pour y développer le produit et sa technologie propre.

   Dans ces circonstances, la concurrence la plus forte aura tendance à provenir de firmes qui offrent également ce produit (service ou concept) dans le marché d'origine, bien que celles-ci tardent souvent et curieusement à se manifester.

   Des entrepreneurs locaux feront bien sûr quelques tentatives pour faire concurrence à ce nouveau produit (service ou concept) soit en copiant ses aspects les plus manifestes et souvent superficiels, soit en invoquant la supériorité locale, la tradition et la solidarité sociale. Ces parades n'ont guère de succès lorsque le nouveau produit (service ou concept) offre une réelle valeur ajoutée aux acheteurs visés.

   L'entrée de McDonald's dans les marchés de l'Europe de l'Est, ou en Chine, dans les années 1990 offre un bon exemple d'une telle situation. La concurrence dans ces marchés est venue sûrement de Burger King, mais assez faiblement de différents concurrents locaux.

2. **Le nouveau produit (service ou concept) est proposé par une firme** qui, sans être forcément celle qui a conçu cette innovation, est convaincue du potentiel de ce nouveau marché et dispose des ressources nécessaires pour se lancer dans une stratégie de création et de domination du marché.

   La firme est alors engagée de façon irréversible envers ce marché, y fait des investissements préalables et concomitants au lancement du produit (service ou concept). Ces investissements, en partie irrécupérables, visent à mettre en place un système de production et de distribution performant, à appuyer le nouveau produit (service ou concept) avec des efforts promotionnels et publicitaires et un prix de lancement pour accélérer le phénomène de diffusion et le rythme de premier essai ou de premier achat du produit (service ou concept). Dans de telles circonstances, le nombre de firmes rivales qui entreront dans ce nouveau marché durant la phase de croissance sera relativement faible. Les risques financiers étant importants et les stratégies de prix et de publicité adoptées par la firme innovatrice laissant peu de marge économique dans l'immédiat, seules des firmes ayant les ressources et les compétences adéquates se hasarderont dans ce nouveau marché. La phase d'épuration ne sera donc pas très sensible.

La figure 10.7 représente les relations plausibles entre les coûts, les prix et les différentes phases d'un nouveau marché pour l'entreprise qui s'est donné comme stratégie de le développer et de le dominer. IBM avec son système 360, Xerox avec sa technologie brevetée de photocopie à sec, Procter & Gamble dans le marché des couches jetables, McDonald's dans le marché de la restauration rapide, Amazon.com dans le marché de vente en ligne de livres, E-Bay dans le marché des enchères en ligne, Federal Express dans le courrier express ou encore Microsoft dans

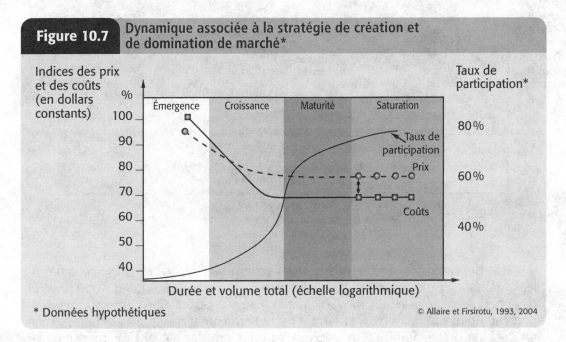

Figure 10.7 **Dynamique associée à la stratégie de création et de domination de marché***

Indices des prix et des coûts (en dollars constants)

Taux de participation*

Durée et volume total (échelle logarithmique)

* Données hypothétiques

© Allaire et Firsirotu, 1993, 2004

le marché des systèmes d'exploitation constituent tous des exemples d'entreprises ayant mis en œuvre une telle stratégie.

3. La figure 10.8 décrit les relations entre les coûts et les revenus typiques de ces situations où un entrepreneur, avec le peu de ressources dont il dispose, pousse tant bien que mal un nouveau produit (service ou concept) qu'il a conçu. La réaction des acheteurs, lorsqu'elle s'avère positive, suscite une demande qu'il ne peut satisfaire pleinement. Le volume croissant de la demande tend à comprimer les coûts de production et de distribution sous le double effet des économies d'échelle et des courbes d'expérience. L'entrepreneur innovateur donne à son entreprise toute l'expansion que lui permettent ses propres ressources et celles qu'il peut réunir, mais rarement dispose-t-il des moyens et des compétences nécessaires pour verrouiller le nouveau marché qu'il a créé. La forte demande pour le nouveau produit et son incapacité d'y satisfaire pleinement font que les prix ne chutent pas aussi rapidement que les coûts de fabrication.

Les fortes marges bénéficiaires, la croissance rapide des ventes et l'absence d'entraves importantes, telles que brevets et autres, à l'entrée de concurrents font qu'un grand nombre d'entrepreneurs viennent tenter leur chance dans ce nouveau marché.

Figure 10.8 Dynamique de la demande, des prix et des coûts associés aux différentes phases du marché

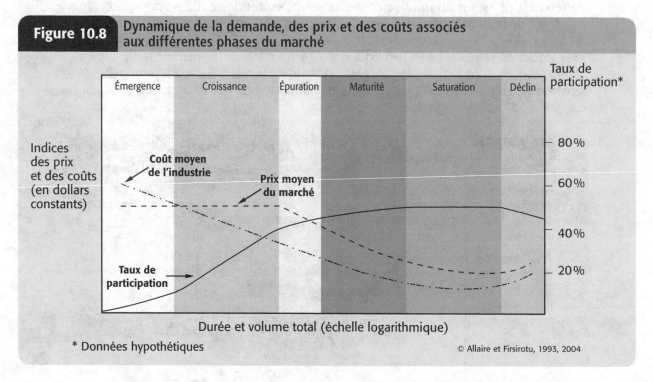

Durée et volume total (échelle logarithmique)

* Données hypothétiques

© Allaire et Firsirotu, 1993, 2004

Selon les capacités collectives des firmes à fournir un produit de qualité et à stimuler la demande primaire, selon les caractéristiques intrinsèques du nouveau produit (service ou concept), le taux de participation parmi la population ciblée augmentera plus ou moins rapidement. Il atteindra un taux maximal qui se situera parfois bien en deçà de ce qui aurait été possible si les firmes rivales avaient mieux soigné ce nouveau marché, s'étaient donné des politiques de prix et de promotion plus vigoureuses, et avaient offert une meilleure qualité de produit ainsi qu'un rythme d'innovation plus dynamique.

Dans ce scénario classique, la fin de la phase de croissance survient de façon inattendue et brutale pour les firmes selon une séquence que nous avons décrite plus haut et illustrée à la figure 10.5. Comme elles estiment le niveau des ventes futures par des projections fondées sur les taux de croissance des dernières années, les firmes ajoutent collectivement une capacité de production qui ne se justifie que sur la foi d'une croissance continue de la demande. Dans le scénario classique, au point d'inflexion du taux de participation – lequel représente le point de transition entre la phase de croissance et la phase de maturité, le marché est exploité par un grand nombre de firmes aux compétences variables et aux coûts d'exploitation très divergents.

Face à une chute brutale des ventes, les firmes les plus efficaces tentent de conserver un volume d'affaires conforme à leur capacité de production en coupant les prix. Ainsi, impitoyablement et rapidement, les firmes les moins efficaces seront éliminées du marché, alors que d'autres tenteront au moyen de fusions et d'acquisitions de se donner la taille et le volume nécessaires pour survivre.

Dans le scénario classique, **la phase d'épuration est courte, dramatique et inévitable, quoique toujours surprenante pour les entrepreneurs optimistes et les observateurs peu avertis.** Elle aboutit à une structure de marchés où évoluent quelques firmes de force économique à peu près égale, qui tenteront de différencier leur offre de produits, segmenteront les marchés et se feront une féroce concurrence durant les phases de maturité et de saturation du marché.

10.4 La phase de maturité

Cette phase est caractérisée par un taux de participation toujours croissant, mais à un rythme décroissant. La proportion des ventes totales provenant de personnes qui achètent le produit pour la première fois diminue constamment et rapidement. Le marché est ultimement constitué à plus de 50 % d'achats de « remplacement », ou d'acheteurs qui répètent leur achat. Le taux d'abandon – la proportion de ceux qui ont acheté au moins une fois le produit (service ou concept), mais n'en font plus usage et ne le rachèteront donc pas – est habituellement faible à ce stade, mais peut déjà être appréciable.

Le marché en phase de maturité commence à se fragmenter en segments d'acheteurs aux goûts et aux préférences plus ou moins clairement démarqués les uns des autres. La gamme des attributs et des bénéfices associés au produit se combine pour satisfaire de multiples groupe d'acheteurs. Leur conception du produit idéal varie selon : leur expérience concrète et répétée du produit ; les conditions différentes d'utilisation du produit ; leur niveau de sensibilité aux attributs du « produit total », soit le service, les garanties, la qualité des circuits de distribution, etc. ; les efforts des firmes rivales pour différencier leur offre.

Ce phénomène inévitable de segmentation du marché comporte plusieurs conséquences d'une grande portée stratégique.

- Dans la mesure où les phases de croissance et d'épuration auront abouti à une structure industrielle fortement concentrée sur quelques firmes rivales aux ressources suffisantes pour se confronter au sein de l'ensemble du marché, le phénomène de segmentation demeurera relativement longtemps occulte. Ces firmes tenteront de se différencier les unes des autres en prétendant offrir un produit supérieur selon tous les critères de choix importants pour les acheteurs. Chaque firme cherchera alors à rassembler le plus grand nombre d'acheteurs derrière son produit, son service ou son concept unique. Par exemple, dans le marché du cola, Coca-Cola s'est lancée dans la segmentation avec deux colas réguliers : Coca-Cola Classic et Coca-Cola, cela tout à fait par accident. En effet, pendant les fameuses guerres de différenciation des années 1980 pour l'augmentation des parts de marchés, Coca-Cola, consciente du fait que lors des tests en aveugle les consommateurs de cola préféraient le goût de Pepsi, a décidé de changer la formule de sa boisson pour offrir un produit « amélioré ». Cela a engendré un outrage important auprès des « fanatiques de la marque » Coca-Cola. Coca-Cola a alors dû offrir deux produits au lieu d'un : Coca-Cola Classic (formule originale datant d'une centaine d'années) et le nouveau Coca-Cola, dont le goût a été modifié pour mieux rivaliser avec Pepsi-Cola.

Nous traitons plus à fond des phénomènes de différenciation et de segmentation du marché au chapitre 12.

Évidemment, au fur et à mesure que s'accentuent et se campent les différences entre acheteurs, cette approche du marché sera de moins en moins soutenable.

- Par contre, si, en phase de jeune maturité, la structure industrielle est constituée de plusieurs entreprises aux ressources différentes et d'une envergure géographique variable, ces entreprises ne pourront pas toutes rivaliser entre elles sur l'ensemble du marché. Les stratégies de certaines porteront sur la recherche active de créneaux et de segments d'acheteurs auxquels elles pourront offrir un produit mieux adapté à leurs attentes. Ce faisant, toutes les firmes devront reconnaître que le marché est segmenté et ajuster leur stratégie en conséquence.

  Les firmes qui en ont les ressources voudront offrir une gamme de produits adaptés aux différents segments d'acheteurs et se donner une plus grande envergure géographique. Elles voudront s'approprier, s'il y a lieu, les avantages économiques d'une telle stratégie et, ainsi, être en mesure de bousculer et d'éliminer les firmes concentrées sur un seul segment d'acheteurs ou une seule région géographique.

- Par contre, bien que le phénomène de segmentation des marchés soit bien réel en phases de maturité et de saturation, la démarcation des segments s'avère un processus souvent difficile et problématique en pratique. Les méthodes de recherche auxquelles on fait appel pour établir les segments d'acheteurs dans un marché donné restent très imparfaites. Malgré tous les raffinements méthodologiques apportés au cours des ans, l'hétérogénéité des perceptions, des préférences et des processus d'achat des acheteurs peut être telle qu'il devient difficile de réduire cette diversité à quelques segments définis de façon opérationnelle, et d'en établir solidement les frontières.

  De plus, les segments de marché ont tendance à être en mouvance et à se redéfinir au gré des offres de produits des firmes rivales. **Les segments de marché apparaissent souvent plus clairement *a posteriori* lorsque des groupes d'acheteurs affichent, au vu et au su de tous, des comportements très différents devant les offres de produits et les stratégies des firmes.** Ces segments, alors évidents, serviront de fondement aux stratégies des firmes jusqu'à ce que l'une d'elles, par la recherche, par chance ou simplement grâce à son flair, trouve une nouvelle façon de segmenter le marché.

Il est souvent difficile, en pratique, d'établir quels sont les segments latents dans un marché donné, pour les mêmes raisons qu'il est téméraire de tenter d'établir le marché potentiel pour un nouveau concept de produit au moyen d'une recherche de marché. Le caractère hypothétique de la démarche et l'absence de points de référence concrets font que les acheteurs donnent aux chercheurs une réaction artificielle d'une validité douteuse.

Aussi est-il plus facile et plus fréquent d'établir une typologie des acheteurs qu'une véritable segmentation des marchés. **Une typologie ne fait que classer les acheteurs selon leurs caractéristiques socio-économiques et d'achat du produit. Par contre, une segmentation du marché signifie la capacité de classer les acheteurs selon leurs réactions ou, plus précisément, selon l'élasticité de leur demande aux différents attributs du produit ou aux décisions de la firme en matière de prix, de distribution, de promotion ou de publicité.**

Enfin, une segmentation du marché, quoique possible, peut en certains cas ne pas être « opérationnelle », et ce, pour trois raisons :

1. D'abord, la valeur attribuée par l'acheteur aux différents bénéfices qui pourraient démarquer un segment doit être mise en relation avec les coûts que la firme devra engager pour lui offrir ces bénéfices particuliers. La dynamique économique de la segmentation, souvent complexe – comme il en est question au chapitre 12 –, peut rendre irréalisables certains types de segmentation.

2. D'autre part, il peut être difficile de faire la distinction entre les acheteurs faisant partie de l'un ou l'autre segment et donc de définir une offre différente pour des segments différents d'acheteurs. Par exemple, si des entreprises de location d'automobiles comme Hertz et Avis, dont la clientèle première et fort rentable est constituée surtout de gens en voyage d'affaires, veulent exploiter le segment d'acheteurs sensibles aux prix pour rivaliser avec des firmes comme Dollar-Rent-A-Car, Alamo Rent-A-Car et d'autres sur ce segment, elles ne pourraient le faire sans perdre des revenus importants. En effet, ne pouvant choisir entre les deux types de clientèles, elles se verraient contraintes d'offrir toute baisse de prix à leur énorme base de clients actuels, pourtant tout disposés à payer le prix actuel pour le service qu'ils obtiennent. Il faut noter que ces entreprises peuvent cependant choisir leurs acheteurs, selon la période de location – ce qu'elles font avec vigueur –, en offrant des prix spéciaux pour les week-ends ou des séjours qui comprennent au moins un week-end, puisque la clientèle des gens d'affaires fait rarement usage de tels services.

3. Enfin, les segments peuvent s'exclure les uns les autres, c'est-à-dire qu'il est impossible pour une même firme de tenter d'exploiter deux segments différents avec le même nom, comme c'est souvent le cas pour les entreprises qui offrent des produits haut de gamme. La même firme ne peut prétendre exploiter à la fois ce segment et le segment bas de gamme, du moins publiquement. Par exemple, Honda a jugé inefficace de confier la distribution des produits haut de gamme Acura aux concessionnaires des autres véhicules Honda, comme Toyota avec ses modèles Lexus.

10.5 La phase de saturation

La proportion des acheteurs faisant un premier achat du produit est maintenant faible et en équilibre relatif avec le taux d'abandon. Les ventes de remplacement représentent plus de 85 % de l'ensemble des ventes. Celles-ci sont plus ou moins variables au gré des conditions économiques générales.

La segmentation des marchés, amorcée à la phase précédente, prend maintenant un caractère dominant et inéluctable. Alors que des firmes aux ressources comparables ont pu continuer à se faire concurrence par une différenciation relative d'une offre unique durant la phase de maturité, un tel comportement n'est plus viable à cette phase-ci. En toute probabilité, de nouvelles firmes spécialisées s'attaqueront à des segments précis d'acheteurs, leur proposeront un concept nouveau, plus performant. D'autres firmes se concentreront sur des segments d'acheteurs négligés des généralistes parce qu'ils sont jugés moins rentables ou sont situés en région périphérique. Des entreprises comme Toys "R" Us, Home Depot, Lowe's, Costco, Gap, Circuit City, Future Shop ne sont que des firmes de détail spécialisées (couramment appelées *power retailers* ou *category killers*) qui se sont attaquées à des segments précis d'acheteurs avec un concept nouveau, plus performant.

Tôt ou tard, toutes les firmes d'envergure doivent se doter d'une stratégie de segmentation dans un marché en phase de saturation, si cela n'a pas été déjà fait en phase de maturité. Cependant, cela est plus vite dit que fait. **Le passage d'une stratégie de différenciation à une stratégie de segmentation pose à l'entreprise un défi de transformation de ses valeurs et de ses façons de faire.** Nous traitons de ces sujets à la partie VI.

Durant cette phase, on observe souvent une tendance à « l'**hypersegmentation** » du marché, alors que les firmes rivales cherchent à maintenir ou à augmenter leur part de marché en offrant de multiples nouveaux produits se distinguant les uns des autres par des attributs plutôt secondaires, mais auxquels certains acheteurs sont sensibles.

La similarité des produits offerts sur les critères de choix importants pour les consommateurs et la capacité des firmes d'offrir, à faible coût marginal de production, de nombreuses variations d'un même produit de base créent une irrésistible prolifération de produits. Cela a comme conséquences une grande complexité de gestion et de distribution, ainsi qu'une faible loyauté des acheteurs envers quelque marque de produits que ce soit.

10.6 La phase de déclin

La phase de saturation peut durer indéfiniment, c'est-à-dire tant qu'aucun substitut ne répondra mieux et plus efficacement aux besoins associés au produit. Le marché de l'automobile, en saturation depuis 40 ans en Amérique du Nord, ne montre encore aucun signe de déclin malgré des efforts importants pour lui substituer, en partie du moins, les moyens de transport en commun. Cependant, plusieurs marchés atteignent une phase de déclin soit par l'arrivée de meilleurs substituts mis au point grâce aux innovations technologiques, soit par des changements dans les goûts et les valeurs des consommateurs ou encore en raison de modifications du cadre sociopolitique, comme pour le cas des cigarettes en Amérique du Nord et récemment en Europe de l'Ouest.

Cette phase de déclin est souvent marquée par une variation importante entre les segments en ce qui concerne le rythme d'abandon du produit (service ou concept). Elle peut être caractérisée par une forte rentabilité au fur et à mesure que le nombre de firmes rivales diminue et que la menace de nouveaux entrants s'estompe. Le marché de la cigarette constitue un exemple historique de ces phénomènes.

Enfin, il faut bien tenir compte que certains marchés sont caractérisés par des cycles de demande de longue durée et qu'**une phase de déclin des ventes ne signifie pas nécessairement un déclin du marché.** Les marchés de biens d'équipement et d'infrastructures publiques reflètent ces phénomènes de façon probante.

En conclusion à ce chapitre, nous proposons d'abord, au tableau 10.1, une synthèse des différentes phases de marché en y faisant une distinction entre les comportements des acheteurs et les comportements des concurrents propres à chacune de ces phases. Puis, nous illustrons notre propos à l'aide d'un exemple classique d'un marché créé par un entrepreneur innovateur, marché qui a connu toutes les phases décrites dans ce chapitre : le cas de la motoneige et de la société Bombardier.

Tableau 10.1   Dynamique de marché du côté de l'offre et de la demande

Phases du marché	Comportement des acheteurs	Comportement des concurrents
Émergence	• Il y a un fort degré d'incertitude et un risque d'achat élevé. • Les premiers acheteurs (innovateurs) sont atypiques de la population totale. • Résistance au changement : les habitudes de consommation et d'achat ainsi que les autres coûts de substitution ralentissent l'adoption. • L'intérêt dans le nouveau produit peut s'estomper si : 1) pas d'avantage qualité/prix clair par rapport aux substituts ; 2) promotion insuffisante ; 3) canaux de distribution inadéquats.	• Les investissements sont liés à la création de marché par les premiers entrants (prix de pénétration, promotion intense, etc.) (politique d'écrémage). • Des actions (PUSH) visent à déclencher le phénomène de diffusion de l'innovation. • L'entrée est relativement facile, sauf s'il y a des nouvelles technologies et des brevets. • Il se crée un important phénomène d'apprentissage des entreprises concurrentes.
Croissance	• On remarque un processus de diffusion de l'innovation. • Le taux de participation est fonction de l'élasticité de prix de l'acheteur et des stratégies de prix de la concurrence. • La croissance est menée par les premiers achats et l'augmentation de la demande primaire. • Des routines d'achat sont établies, et des possibilités de distribution sont créées.	• Une augmentation des ventes à un rythme croissant pousse les coûts unitaires à la baisse. • Le pionnier (ou le suiveur) bénéficie d'une avance sur les autres nouveaux entrants grâce aux économies d'échelle, aux effets d'apprentissage et à la confiance des acheteurs. • Le nombre de nouveaux entrants dépend des ressources et des stratégies concurrentielles exécutées par le premier entrant ou le créateur du marché. • Les firmes compétitives en matière de coûts sont les mieux positionnées pour survivre à la phase d'épuration.

Tableau 10.1	Dynamique de marché du côté de l'offre et de la demande (*suite*)

Phases du marché	Comportement des acheteurs	Comportement des concurrents
Maturité	• Les ventes totales augmentent à un rythme décroissant. • Le taux de participation augmente, mais à un rythme décroissant. • Les achats de remplacement sont majoritaires (>50 %). • L'expérience des acheteurs avec le produit mène à une réduction de l'incertitude et du risque perçu concernant l'achat. • Les différences dans les critères d'achat deviennent systématiques. • La sensibilité est croissante ; on demande une offre bonifiée (bénéfices supplémentaires).	• La transition de la phase de croissance à celle de maturité peut se faire par une phase d'épuration, mais pas toujours. • La stratégie de différenciation perd de sa puissance en raison de la dynamique de segmentation/fragmentation de la demande. • Des décisions compensatoires se prennent sur le plan du marketing ou de la production, amenant plusieurs firmes à se concentrer seulement sur un nombre limité de segments de marchés. • La veille concurrentielle et la flexibilité deviennent des facteurs critiques de succès.
Saturation	• Plus de 80 % de l'ensemble des ventes sont des ventes de remplacement. • Il y a un équilibre relatif entre le taux de nouveaux acheteurs et le taux d'abandon. • La demande est cyclique, et la sensibilité de la demande aux conditions économiques générales est croissante. • Les produits rivaux sont de plus en plus vus par l'acheteur comme étant similaires sur le plan des critères de choix fondamentaux ; les critères « secondaires » dominent le processus d'achat.	• Les acheteurs expérimentés pourraient être attirés par l'offre de firmes spécialisées (rapport qualité/prix supérieur). • Il y a un risque important de surcapacité en raison de l'aplanissement du volume total. • La recherche de nouveaux segments amène une hypersegmentation et une prolifération de produits. • La concurrence se joue sur le service et les prix. • L'attaque de nouvelles firmes spécialisées sur des segments précis d'acheteurs est probable.
Déclin	• Le taux d'abandon est élevé, mais variable d'un segment à l'autre. • Certains acheteurs engagés envers le produit assurent une base minimale de ventes.	• Des firmes abandonnent le marché au fur et à mesure que leurs perspectives de rentabilité s'assombrissent. • Les firmes résiduelles cherchent par tous les moyens à contrer les forces qui ont amené le déclin du marché. • Les firmes tentent de trouver des débouchés dans d'autres marchés géographiques. • Elles protègent leur rentabilité par une politique de prix qui tient compte de la loyauté des acheteurs et des faibles risques de nouvelle concurrence.

© Allaire et Firsirotu, 2004

Bombardier et le marché de la motoneige : un scénario classique

Le marché de la motoneige démontre bien la dynamique et les conséquences stratégiques d'une évolution de marché de « type classique ». La phase d'émergence du marché de la motoneige a été relativement longue. Dans un premier temps, J. Armand Bombardier, le fondateur de la compagnie Bombardier, concevait des machines industrielles capables de se déplacer sur la neige. Après avoir créé ces modèles industriels, il en est venu à concevoir une petite machine qu'il destinait d'abord aux missionnaires canadiens qui devaient se déplacer dans le Grand Nord. Cette machine, qu'il voulait nommer Ski-Dog, est devenue, à cause d'une erreur typographique, Ski-Doo. L'objet a graduellement trouvé preneur chez les résidants de villages et de petites villes qui y ont vu un moyen amusant de parcourir les campagnes enneigées du Québec.

La phase de croissance a débuté au milieu des années 1960 lorsque la firme Bombardier, en réponse à une demande croissante pour son produit, s'est donné une stratégie pour élargir ce marché du loisir d'hiver. La réaction a été phénoménale ; les ventes ont augmenté à un rythme exponentiel. L'innovation qu'était la motoneige a alors connu un succès considérable.

Évidemment, une demande aussi forte a entraîné certaines conséquences :

1. L'accroissement du volume des ventes a permis à la firme Bombardier de jouir d'économies d'échelle et d'autres réductions de coûts qui ont amené une fabrication et une distribution à grand volume, une plus grande expérience à fabriquer de telles machines et une capacité accrue d'obtenir de meilleurs prix des fournisseurs.

2. La demande étant forte, les prix se maintenaient, et même augmentaient, alors que les coûts de fabrication chutaient rapidement. La rentabilité de Bombardier a été spectaculaire durant cette phase.

La forte croissance de la demande ainsi que la marge appréciable entre le prix de vente et les coûts de fabrication du chef de file de l'industrie ont ouvert toutes grandes les portes de l'industrie et y ont attiré de nombreux concurrents. Au début des années 1970, on comptait plus d'une centaine de fabricants de motoneiges.

En 1973, la crise de l'énergie – conséquence de l'embargo de l'Organisation des pays producteurs de pétrole (OPEP) – a provoqué un ralentissement dramatique des ventes. Cela a été **la phase d'épuration,** brutale et subite.

Le phénomène d'épuration a vite ramené l'industrie à une dizaine d'entreprises concurrentes en 1975, mais avec quatre firmes en position forte : Bombardier, Artic Cat, Polaris et Yamaha.

Dans sa **phase de saturation,** le marché n'a attiré que relativement peu d'acheteurs (par exemple, en proportion des ventes totales) qui se procurent le produit pour la première fois. Le volume total des ventes était stable, mais oscillait d'une année à l'autre au gré des conditions économiques générales. Les firmes en place se sont fait une concurrence acharnée pour maintenir ou augmenter leur part de marché. La rentabilité de l'industrie variait selon les oscillations de la demande et donnait un rendement équivalant au coût du capital sur la durée d'un cycle économique. Cependant, au sein de cette industrie, certaines entreprises pouvaient afficher une rentabilité bien supérieure aux autres à cause d'avantages stratégiques durables.

Le marché est devenu fortement segmenté en groupe d'acheteurs avec des goûts et des préférences très variés. Toutes les entreprises ont offert une gamme de produits pour s'attacher les acheteurs des différents segments :

- le segment « utilitaire » ;
- le segment « randonnée » ;
- le segment « performance » ;
- le segment « haute vitesse ».

Dans le cas de la motoneige, les phases de maturité et de saturation ont été courtes, puisque des changements de valeurs et de goûts (changements du contexte, donc) ont amené une perte d'adhérents, un retrait graduel du sport de la motoneige.

Ces phénomènes ont fait en sorte que, à la fin des années 1970, la motoneige est entrée dans **une phase de déclin**. Le volume total des ventes a chuté de façon chronique pour se stabiliser autour de 100 000 unités par année (alors que l'industrie vendait près de 500 000 motoneiges en 1971). Or, le déclin n'est pas irréversible. Au cours des années 1980 et 1990, des améliorations techniques du produit et l'établissement de vastes sentiers permettant de voyager sur de grandes distances, agrémentés d'auberges de bonne qualité, ont donné **un nouvel essor** au sport de la motoneige. Le niveau des ventes annuelles se maintient depuis plusieurs années à plus de 200 000 unités.

Chapitre **11**

La dimension géographique du marché

Introduction

Tout marché est délimité par des bornes géographiques. Bien sûr, cette démarcation géographique est souvent le résultat de réglementations particulières à telle ou telle industrie, ou la conséquence d'entraves au commerce entre régions et pays. Les exemples de ces situations abondent : la télédiffusion un peu partout dans le monde, les banques étrangères au Canada, les services téléphoniques au Canada et aux États-Unis, le transport par camion entre États (avant la déréglementation aux États-Unis), l'importation de certaines denrées alimentaires en Europe (aliments génétiquement modifiés), au Japon et au Canada, les services de transport aérien de passagers et de fret, la distribution de la bière au Canada, etc.

Cette propension à la réglementation et au protectionnisme, phénomène d'une intensité variable selon les époques et les sociétés, joue un rôle important mais familier pour toutes les parties concernées. La stratégie sociopolitique des firmes et des producteurs œuvrant dans de tels secteurs consiste justement à maintenir ces restrictions lorsqu'elles leur sont favorables, et à les amoindrir ou à les contourner lorsqu'elles leur sont dommageables.

Notre propos, dans ce chapitre, vise plutôt à décrire les facteurs économiques, autres que les aspects politiques et juridiques, qui ont une influence sur le contour géographique du marché pertinent.

Nous proposons un examen de cette question en quatre étapes :
- les facteurs de comportements d'achat : de l'infiniment petit à l'infiniment grand ;
- la dimension variable du marché géographique pertinent pour l'entreprise ;
- l'envergure géographique du marché et le déploiement stratégique de la firme ;
- les conclusions quant aux aspects géographiques des marchés.

11.1 Les facteurs de comportements d'achat : de l'infiniment petit à l'infiniment grand

Une question fondamentale à propos de tout marché est la suivante : « Comment l'acheteur procède-t-il pour acheter ce produit (service ou concept) ? » Le chapitre 12 aborde cette question de façon globale, mais nous voulons ici rendre compte des aspects de commodité, de proximité ainsi que des coûts de magasinage, mesurés par le temps et les efforts consacrés à l'achat de différents biens et services.

En certaines occasions et pour certaines personnes dont le nombre n'est pas négligeable, la démarche d'achat peut prendre une valeur positive et devenir une forme de loisir. À l'exception de ces cas encore atypiques, l'acheteur cherche normalement et de façon plus ou moins rigoureuse à minimiser le temps et les efforts qu'il estime devoir raisonnablement consacrer à l'achat de divers biens et services.

De toute évidence, les biens que l'on achète peu fréquemment, dont le prix est élevé et qui font courir un risque important à l'acheteur en cas de contre-performance, suscitent, toutes choses étant égales, un processus d'achat plus complexe et méthodique ainsi qu'un investissement de temps et d'efforts plus considérable.

Toutefois, même dans ces circonstances, l'acheteur limitera sa démarche d'achat à une zone géographique et ne pourra consacrer qu'un certain temps à la recherche d'information et à l'évaluation de produits. Le temps et les efforts consacrés à l'achat d'un produit particulier pourront varier entre acheteurs selon leur expérience, leur connaissance du produit et leur situation financière.

Ainsi, **du point de vue d'un acheteur particulier, la dimension géographique du marché est toujours limitée par son calcul des coûts et des bénéfices associés au processus d'achat.**

La dimension géographique du marché de Coca-Cola

On peut bien disserter sur le fait que Coca-Cola, par exemple, offre des produits connus universellement et que son marché est « mondial » ou « global ». Ces réalités ne définissent pas pour autant le marché géographique pertinent pour un acheteur donné.

La personne qui souhaite se procurer du Coca-Cola se rendra, au Canada ou aux États-Unis du moins, à son magasin de quartier habituellement situé à moins de un kilomètre de sa résidence ou en fera l'achat au supermarché selon le rythme d'approvisionnement du ménage. Si ces endroits habituels sont à court de Coca-Cola, l'acheteur pourra se rendre chez un autre marchand, même si ce dernier s'avère légèrement moins commode d'accès, pour se procurer sa boisson préférée ou acheter une marque rivale dans l'établissement qu'il fréquente habituellement. En fait, la dimension géographique du marché, du point de vue de l'acheteur de Coca-Cola, se limite à un rayon de quelques kilomètres autour de sa résidence ou en bordure d'un trajet coutumier entre son lieu de travail et son domicile.

La même argumentation tient pour la bière et presque tous les produits de première nécessité comme le lait, le pain ou le sucre. Plus étonnant encore, la même logique vaut pour les produits complexes offerts par une compagnie comme IBM. Son marché est « mondial », mais cela ne définit pas pour autant le marché géographique pertinent pour un acheteur donné.

Une firme intéressée à acheter des produits informatiques et les services associés entrera en communication avec les représentants d'IBM et leurs concurrents dans la région. Ces représentants se rendront avec plaisir aux bureaux de la firme, fourniront toutes les analyses utiles et insisteront sur la qualité de leur service après-vente dans la ville où est situé l'acheteur. De même, un acheteur d'ordinateur personnel choisira parmi des établissements ou des centres de distribution situés dans une proximité relative de son domicile ; du moins cela était-il ainsi, avant que n'apparaisse le phénomène d'achat en ligne, lequel fait éclater les bornes géographiques des marchés pour un ensemble de produits.

En fait, ce sont les caractéristiques et les exigences économiques de l'offre qui contribuent à réunir ces multiples micromarchés géographiques en un seul marché géographique.

Cet aspect concret du fonctionnement des marchés, souvent mal compris en pratique, donne à ceux-ci un caractère dynamique et définit des enjeux stratégiques importants.

11.1.1 La notion évolutive de commodité

Au fur et à mesure des changements sociaux, de l'innovation technologique ainsi que des coûts de main-d'œuvre et de transport, la façon d'acheter les produits se transforme profondément et tend à redéfinir, du point de vue de l'acheteur, la dimension géographique du marché pertinent. Ainsi, alors que disparaissent les livraisons du lait et du pain à domicile, apparaissent les achats par téléphone ou par le truchement de la télévision. Les catalogues, ces instruments de vente que l'on pensait périmés, sont spécialisés par gammes de produits et segments d'acheteurs ; combinés avec le téléphone, ils ont permis d'offrir un service jour et nuit, sept jours par semaine. Avec l'apparition de l'Internet, le concept de commodité prend un sens radicalement nouveau pour des produits qui se prêtent à ce type de distribution (livres, disques, billets d'avion, location de voitures, etc.). Les guichets automatiques hors site des institutions financières, ou leurs services bancaires en ligne, libèrent le client de la tyrannie des heures d'ouverture écourtées et éliminent la relation entre commodité et proximité physique. Amazon.com, ainsi que nous en faisons la description au chapitre 17, est devenue un « centre commercial » en ligne par excellence fournissant à l'acheteur une nouvelle équation coûts/bénéfices : commodité et rapidité du processus d'achat (mais délai de livraison du produit), gamme étendue de choix, facilité à comparer les prix et les attributs des produits (mais impossibilité de « toucher à la marchandise »). Pour certains produits, les coûts de livraison sont trop élevés par rapport à leur prix ; le processus conventionnel d'achat demeure donc optimal.

La commodité pour l'acheteur prend souvent la forme de combinaisons optimales de biens et de services rassemblés dans un même lieu physique afin d'offrir à l'acheteur une **commodité d'agrégat** (*cluster convenience*). Le temps, le coût et les efforts nécessaires pour se rendre à un lieu d'achat plus éloigné sont alors économiquement justifiés lorsqu'ils sont « amortis » sur un vaste éventail de biens ou de services différents disponibles en cet endroit, ou lorsque le coût total des biens ainsi achetés, y compris les « coûts de magasinage », est inférieur au coût total des mêmes biens achetés ailleurs ou en des lieux plus rapprochés.

Ce phénomène décrit évidemment les conditions qui ont contribué au succès non seulement des centres commerciaux en périphérie des grandes villes, mais également des magasins-entrepôts où toute une gamme de produits est offerte à très bas prix dans des conditions sommaires et dans des lieux relativement éloignés.

11.1.2 Les monopoles « locaux »

La très faible dimension du marché géographique, du point de vue de l'acheteur, combinée avec les impératifs économiques ou juridiques auxquels le marché est soumis, crée souvent des monopoles naturels ou juridiques. Ces situations sont, en pratique, beaucoup plus fréquentes que ne le laisse supposer un examen superficiel des marchés, particulièrement lorsqu'on se fie aux statistiques générales. À titre d'exemple, on peut citer le concessionnaire de produits alimentaires exclusif dans un stade sportif ou une aérogare (dont le bailleur des sites s'approprie souvent la rente de monopole), le dépanneur[2] unique au rez-de-chaussée d'un immeuble résidentiel ou le commerçant bénéficiant des obstacles naturels de terrain ou des règlements de zonage, de sorte qu'aucun concurrent ne peut rivaliser efficacement avec lui sur le plan de la commodité d'accès.

Ce sont là des exemples évidents. Par contre, ce phénomène se produit également dans des situations plus subtiles. Si la taille du marché géographique pertinent, défini selon la demande, n'atteint pas la dimension nécessaire pour qu'on puisse y exploiter deux établissements rentables de taille minimale efficiente (TME) et s'il n'est pas économiquement viable d'importer dans ce marché géographique des biens fabriqués dans un établissement situé dans une autre région, la première firme qui s'établira de façon énergique dans un tel marché pourra alors y jouir d'une situation de monopole virtuel.

En effet, les **firmes rivales, constatant qu'un établissement de taille minimale efficiente est déjà installé dans ce marché, n'auront d'autre choix que de concéder ce marché ou d'y établir quand même un établissement tout en sachant que ni eux ni le premier entrant ne feront leurs frais.** À moins d'être raisonnablement convaincus que le premier entrant offre un produit ou un service nettement inférieur, ou ne démontre ni la capacité financière ni la détermination nécessaires pour accepter de fonctionner à perte pendant une période de temps plus ou moins longue, les décideurs rationnels des firmes rivales devront se résigner à choisir la première option et à concéder le marché.

C'est là un exemple des avantages concrets que peut procurer une stratégie de création et de domination de marché dont un des tenants est justement d'occuper en premier tous les sites les plus attrayants. Parce que ces phénomènes se jouent au niveau des régions, des villes ou même des quartiers, ils passent souvent inaperçus dans des analyses globales et sommaires des marchés.

Par exemple, McDonald's est un système d'envergure mondiale. On évalue sa part du marché structuré du hamburger aux États-Unis à plus de 50 %. Toutefois, la véritable concurrence se joue micromarché par micromarché. Ainsi, à Stowe, centre de villégiature dans les montagnes du Vermont, McDonald's détenait jusqu'à cette année[3] 100 % de ce marché géographique, puisque aucun de ses concurrents directs – Burger King, Wendy's ou Hardee's – n'y exploite d'établissement, estimant

---

2. Un dépanneur est une épicerie de quartier dont les heures d'ouverture sont longues, généralement de 7 h à 23 h. Au Canada et aux États-Unis, certains dépanneurs sont ouverts 24 heures sur 24 et 7 jours sur 7.

3. McDonald's a fermé ses portes à Stowe. C'est une indication importante du déclin du concept McDonald's aux États-Unis, déclin dû aux changements graduels de valeurs et d'habitudes nutritionnelles des Américains. Le premier segment en déclin est sans doute le segment de gens à revenus élevés, bien informés et préoccupés de leur santé. Pour s'inscrire dans cette tendance, McDonald's a lancé en 2002 une campagne d'information sur la santé et modifié ses menus.

probablement que ce village n'atteint pas la dimension de marché nécessaire pour deux établissements de ce genre.

Ainsi, parmi les critères de sélection de Burger King, on trouve en tête de liste l'exigence qu'un site potentiel soit situé dans une zone d'au moins 30 000 habitants ou donne sur une avenue ou un boulevard où circulent au moins 20 000 véhicules par jour.

Un autre exemple de rassemblement de micromarchés en un grand marché nous est donné par l'entreprise de presse Gannett aux États-Unis. Celle-ci s'est développée dans un premier temps par l'acquisition de quotidiens situés dans des villes où, à cause de leur marché restreint, un seul pouvait survivre, jouissant profitablement d'un monopole naturel. Dans un deuxième temps, Gannett a conçu un nouveau quotidien, le *USA Today,* qui, grâce à de nouvelles technologies (articles acheminés par satellite à des centres d'impression répartis partout aux États-Unis) devient le premier quotidien national aux États-Unis. Le *New York Times* et le *Wall Street Journal* ont imité ce modèle pour devenir également des quotidiens quasi nationaux.

Une entreprise engagée, avant toute autre, de façon dynamique et irréversible dans un marché géographique bien défini se gagne souvent une position dominante, voire de monopole virtuel, lorsque ce marché géographique ne peut suffire qu'à un seul système de production ou de distribution de taille optimale.

S'il est une firme qui a compris cette dynamique sur laquelle elle bâtira toute sa croissance spectaculaire pendant 35 ans, c'est bien Wal-Mart. L'encadré suivant donne un aperçu de cette stratégie de dépoiement progressif (*roll-out*) géographique.

Wal-Mart : une stratégie de monopoles locaux virtuels

Le phénomène Wal-Mart est particulièrement intéressant à cet égard. Premier employeur aux États-Unis, première entreprise mondiale dans la grande distribution avec un chiffre d'affaires supérieur à celui de l'ensemble de ses trois principaux concurrents, l'entreprise la plus admirée aux États-Unis selon le classement de la revue *Fortune* en 2002, Wal-Mart fait la démonstration du lien essentiel entre stratégie et géographie.

Sam Walton, le fondateur de Wal-Mart, n'a pas inventé un nouveau produit ni créé de nouveaux marchés. Il a tout simplement exécuté une judicieuse stratégie pour capitaliser sur une carence de services dans des marchés négligés par les firmes en place.

Quand Wal-Mart a lancé son premier établissement en 1962 à Rogers, en Arkansas, les magasins de ventes au rabais (*discount stores*) existaient depuis plusieurs années. Le concept, prôné au milieu des années 1950 par des firmes aujourd'hui disparues, est simple : offrir les meilleurs prix et, pour y arriver, réduire le nombre d'employés en laissant les clients se servir eux-mêmes de même que réduire les investissements en immobilier par le design très minimaliste des établissements. C'est essentiellement le modèle de Kmart. Cependant, la stratégie de développement choisie par Wal-Mart est unique.

À l'époque, les plus grandes entreprises de magasins de ventes au rabais étaient toutes installées dans les grandes agglomérations urbaines où elles se faisaient une concurrence féroce et pénible pour leur rentabilité. L'«innovation stratégique» de Sam Walton a été de *mettre en place des magasins de grande taille dans des lieux où personne n'envisagerait de s'implanter.*

Il a choisi de s'établir dans des zones rurales et des petites villes de 5 000 à 50 000 habitants. Ainsi, en localisant ses établissements à plus de quatre heures de route des grandes métropoles, il pouvait s'assurer, à condition d'offrir des prix compétitifs, une clientèle locale et un quasi-monopole, ces petits marchés ne pouvant «supporter» deux firmes de la taille de Wal-Mart.

En exécutant cette stratégie avec une féroce implacabilité, Wal-Mart s'est développée de façon lente mais sûre. Cinq ans après sa création, en 1967, Wal-Mart exploitait déjà 24 établissements, tous situés dans l'Arkansas.

En 1975, après 13 ans d'existence, l'entreprise comptait 125 établissements, tous situés en Arkansas ou dans des États voisins. L'entreprise s'est développée «en étoile» à partir de son siège social en Arkansas et selon une stratégie inflexible de localisation dans des petites villes, loin des grands centres urbains.

Ayant ainsi rodé son concept, Wal-Mart a accéléré le rythme d'ouverture des établissements et étendu son développement à tous les États américains :

- 276 établissements en 1980 ;
- 802 en 1985 ;
- 1 995 en 1995 ;
- 2 422 aux États-Unis et 1 269 dans neuf autres pays en 2003.

En 2002, l'entreprise réalisait un chiffre d'affaires de plus de 100 milliards de dollars américains, affichait une valeur boursière dépassant les 240 milliards et comptait plus de 960 000 employés (ou plutôt «associés», dans le jargon de Wal-Mart) aux États-Unis et plus de 282 000 à l'échelle internationale.

Le contour des marchés géographiques suscite souvent dans les industries cycliques un curieux phénomène d'expansion et de contraction du nombre de concurrents. Une firme dominante est entourée de petites firmes moins efficientes, qui accaparent le volume auquel la firme dominante ne peut satisfaire durant la phase prospère du cycle économique. Durant cette phase, les prix sont établis de façon que des firmes de taille sous-optimale soient tout de même rentables. À ce niveau de prix, la firme dominante, évidemment très rentable, prend bien garde de ne pas augmenter sa capacité de production en fonction de la demande au sommet du cycle économique. Durant la phase creuse du cycle, la firme dominante cherche alors à accaparer tout le volume d'affaires disponible pour maintenir un volume optimal pour son système de production. Elle établit donc ses prix en fonction de ses coûts, lesquels sont inférieurs aux coûts des petites firmes en place. Ce faisant, elle élimine bon nombre de ces dernières. La société Nucor et sa division Vulcraft présentent un cas typique de ces comportements dans le marché américain des poutrelles d'acier, comme nous en avons fait état au chapitre 7.

Une analyse fine des marchés révèle souvent de tels arrangements où une firme dominante varie sa stratégie de prix selon les périodes du cycle économique, et où de petites firmes apparaissent et disparaissent au gré de ce cycle économique.

11.1.3 La convergence des goûts et des préférences

Le marché géographique, lorsqu'on le définit selon les attentes et les exigences de commodité de l'acheteur, est souvent de dimension restreinte. Toutefois, pour satisfaire aux exigences d'une production et d'une distribution efficientes, un volume d'affaires beaucoup plus important devient une exigence essentielle. Aussi, l'entreprise doit réunir un grand nombre de ces micromarchés en un seul marché géographique.

Il faut donc présumer que des acheteurs situés dans différents marchés géographiques afficheront des goûts, des préférences et des comportements d'achat fort similaires. Cette similitude peut être intrinsèque, résulter de phénomènes de diffusion de l'innovation ou être le fruit des efforts consacrés par les firmes pour façonner les goûts et les préférences des acheteurs.

Historiquement, au rythme où se sont améliorés les moyens et les coûts de communication et de transport des marchandises, les entreprises ont pu se doter d'un appareil de production et de distribution de masse à la fine pointe de la technologie, au fur et à mesure que la dimension du marché géographique passait de locale, à régionale, à nationale, puis à internationale.

Cette extension géographique du marché pertinent est le résultat d'une certaine convergence des préférences et des goûts des acheteurs de par le monde entier, ainsi que de l'impact des nouvelles technologies sur les économies d'échelle et d'envergure sur la taille optimale des entreprises.

Par exemple, l'Internet et le commerce électronique ont transformé le marché géographique de plusieurs produits (livres, cédéroms, musique, etc.), passant d'un marché limité à une ville ou à un quartier à un marché régional, national et même international. **Pour Amazon.com, Montréal ou Paris, New York ou Londres ne sont que des micromarchés réunis en un seul grand marché « mondial » pour la vente de livres, de cédéroms et autres produits.** Bien sûr, Amazon.com se retrouve en concurrence avec des compétiteurs offrant ces mêmes produits dans des lieux physiques, comme Archambault et Renaud Bray à Montréal, Barnes & Nobles et Borders dans toutes les grandes villes américaines, la Fédération nationale d'achat des cadres (Fnac) dans toutes les villes de France et les grandes villes européennes. Évidemment, toutes ces entreprises tentent d'offrir, avec plus ou moins de bonheur, des services en ligne pour rivaliser avec Amazon.com.

Nous avons noté aussi comment le quotidien *USA Today* a même contribué par son offre à créer un marché unique pour l'ensemble des États-Unis. Le *New York Times* et le *Wall Street Journal* à New York, le *London Financial Times* et le *Globe and Mail* à Toronto fournissent tous de bons exemples de cette nouvelle conception du marché géographique. La convergence des préférences et des comportements d'un certain segment de lecteurs, combinée avec les nouvelles techniques de communication par satellite, d'impression et de distribution des quotidiens, a permis la transformation de ce qui était, naguère, de multiples petits marchés locaux en un grand marché national ou international. Nous verrons plus loin comment un phénomène semblable a transformé le marché de la bière aux États-Unis.

11.2 La dimension variable du marché géographique pertinent pour l'entreprise

La taille optimale du marché géographique varie souvent selon les différentes composantes ou activités d'une entreprise. En fait, il s'agit là de la variante géographique du phénomène décrit au chapitre 7, selon lequel les différentes activités ou opérations d'un même système de production et de distribution peuvent être caractérisées par des tailles minimales efficaces (TME) très différentes.

Dans sa variante géographique, ce phénomène peut mener à une définition variable du marché pertinent selon les différentes composantes du système de l'entreprise. Cette réalité est plus facile à saisir par un exemple concret.

Tous les grands réseaux de commerce de détail à large envergure géographique, par exemple McDonald's, Wal-Mart, Home Depot, Toys "R" Us (*voir l'encadré suivant*), Costco ou les pharmacies Jean Coutu au Canada, de même que Carrefour en France, prennent assise sur une définition variable et parfois originale du marché géographique.

Toys "R" Us et la définition variable de son marché géographique (vers 1988)

Prenons Toys "R" Us à titre d'exemple, puisque nous traitons au chapitre 17 de la stratégie de ce spécialiste américain de la vente au détail de jouets. Les composantes critiques du système Toys "R" Us font appel à une dimension géographique d'envergure croissante comme suit :

- Activité 1 : La taille et l'emplacement de ses établissements de vente

- Activité 2 : Les campagnes de publicité et de promotion

- Activité 3 : Le réseau d'entrepôts nécessaire pour approvisionner ses établissements selon des délais serrés

- Activité 4 : Les systèmes informatiques de gestion des stocks et de contrôle des flux financiers

- Activité 5 : Les achats auprès des fabricants de jouets

1. **Un établissement Toys "R" Us exploite un marché géographique d'environ 500 000 habitants,** soit une sous-région des grandes régions urbaines aux États-Unis ou au Canada. Ce marché géographique est jugé optimal de façon à maintenir un équilibre entre le volume potentiel de ventes de jouets dans une zone géographique donnée, la distance que l'acheteur doit et voudra parcourir pour se rendre à un grand établissement spécialisé et la dimension de l'établissement nécessaire pour offrir une large gamme de produits. Ces décisions compensatoires (*trade-offs*) entre la taille de l'établissement, la distance moyenne parcourue par l'acheteur et l'étendue de la gamme de produits sont fondamentales. Après de multiples

essais et analyses, la direction de Toys "R" Us a acquis la conviction que cet équilibre est optimal avec une population urbaine de 500 000 personnes. Elle évalue qu'elle s'approprie de 30 à 40 % de tout marché géographique où elle s'établit. Estimant que les dépenses annuelles *per capita* pour les jouets sont de quelque 50 dollars américains (1988), un marché de 500 000 personnes et une part de marché ciblée de 30 à 40 % font que tous les établissements doivent produire entre 7,5 et 10 millions de dollars (1988) de revenus.

2. **La publicité et la promotion des établissements prennent comme dimension géographique la zone de diffusion des médias locaux** (télévisions, radios et journaux). D'une part, la société Toys "R" Us, conformément aux choix décrits plus haut, est absente de tous les marchés géographiques de moins de 500 000 habitants ; par conséquent, sa couverture médiatique ne peut pas être nationale. Par contre, cette stratégie ne peut se limiter au marché géographique pertinent pour un seul établissement sans donner lieu à des pertes d'efficacité, puisque les médias en région urbaine ont une couverture plus large que le marché propre à un établissement. Le marché pertinent pour cette activité se définit donc par la couverture des médias régionaux, ce qui signifie que Toys "R" Us avait comme stratégie de déployer simultanément le nombre d'établissements destinés à une grande région urbaine. La firme réunit ainsi les quatre, cinq ou six marchés pertinents pour chaque établissement et constitue un marché géographique de deux à trois millions d'habitants aux fins de sa publicité et de sa promotion.

3. **L'approvisionnement des établissements de la société Toys "R" Us exige que tout établissement puisse être desservi depuis un entrepôt situé à moins de 24 heures de route par camion.** Cela signifie que le marché pertinent pour chaque entrepôt comprend quatre ou cinq marchés régionaux exploités par plus d'une vingtaine d'établissements.

4. **Les systèmes informatiques de gestion et de contrôle sont un actif stratégique essentiel ;** Toys "R" Us a investi massivement dans une technologie de pointe, ce qui lui permet d'obtenir des informations en temps réel sur les ventes et les stocks de tous ses établissements. Ainsi, le marché pertinent pour cette activité est constitué de toutes les grandes régions urbaines aux États-Unis et au Canada, et rassemble en un seul « marché » les quelque 700 marchés sous-régionaux[4] qui représentent chacun le marché pertinent d'un établissement Toys "R" Us.

5. **Les achats auprès des fournisseurs sont évidemment conduits à l'échelle internationale.** Le volume d'affaires du réseau Toys "R" Us lui confère une influence exceptionnelle auprès des fabricants de jouets. En effet, cette société peut obtenir de meilleurs prix, de meilleurs délais de livraison, des garanties de réapprovisionnement, un premier droit de refus et d'essai de nouveaux produits, une liaison électronique (EDI) avec ses fournisseurs, etc.

---

4. En 2001, Toys "R" Us comptait 698 établissements aux États-Unis. Les ventes par magasin en 2000 atteignaient 9,6 millions de dollars aux États-Unis.

La figure 11.1 rend compte de certaines des relations décrites ci-dessus.

Figure 11.1 — Dimension optimale du marché géographique selon les activités d'un système stratégique – Toys "R" Us

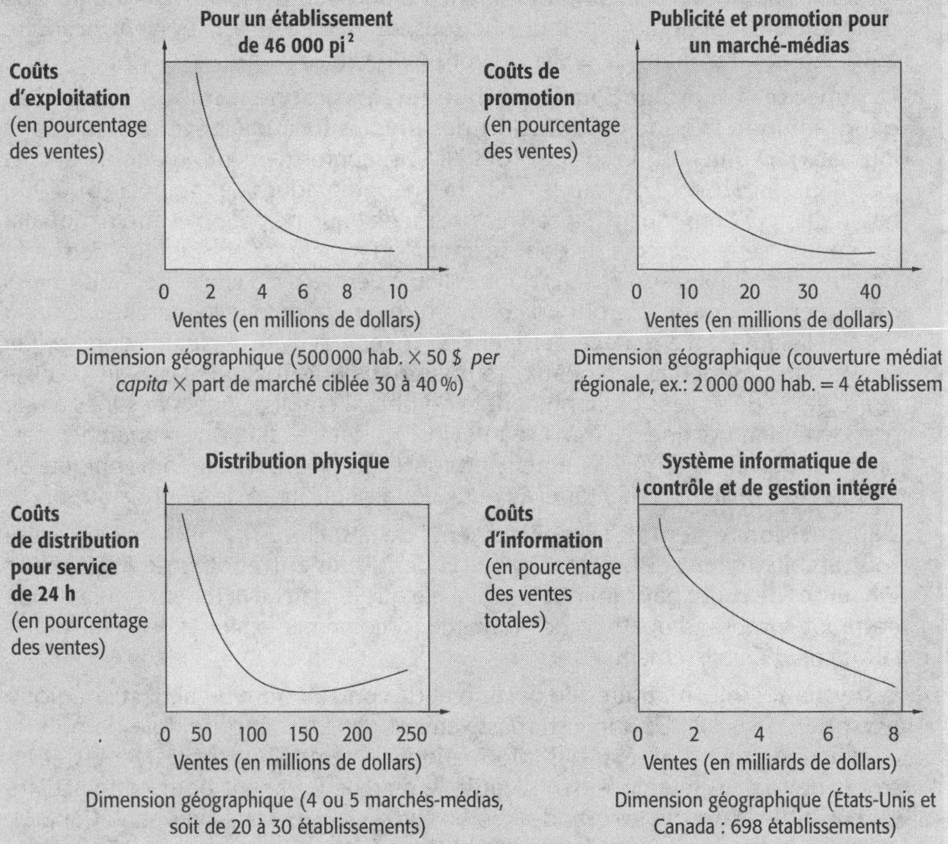

Pour un établissement de 46 000 pi^2

Coûts d'exploitation (en pourcentage des ventes)

Ventes (en millions de dollars)

Dimension géographique (500 000 hab. $\times$ 50 $ *per capita* $\times$ part de marché ciblée 30 à 40 %)

Publicité et promotion pour un marché-médias

Coûts de promotion (en pourcentage des ventes)

Ventes (en millions de dollars)

Dimension géographique (couverture médiat régionale, ex.: 2 000 000 hab. = 4 établissem

Distribution physique

Coûts de distribution pour service de 24 h (en pourcentage des ventes)

Ventes (en millions de dollars)

Dimension géographique (4 ou 5 marchés-médias, soit de 20 à 30 établissements)

Système informatique de contrôle et de gestion intégré

Coûts d'information (en pourcentage des ventes totales)

Ventes (en milliards de dollars)

Dimension géographique (États-Unis et Canada : 698 établissements)

© Allaire et Firsirotu, 1993, 2004

Pour un fabricant de jouets, le test ultime de la valeur de son produit repose sur les millions d'acheteurs qui auront à faire un choix comparatif entre des produits concurrents. Cependant, la décision de Toys "R" Us d'acheter et d'appuyer son produit, d'en faire la promotion et de lui attribuer un espace favorable dans ses établissements fera souvent la différence entre le succès et l'échec d'un produit.

En tant qu'acheteur de jouets, la société Toys "R" Us définit le marché comme étant « mondial », c'est-à-dire qu'elle doit connaître, stimuler et évaluer les offres de fabricants situés dans différentes parties du monde, mais avec une forte concentration aux États-Unis et dans le Sud-Est asiatique.

Voilà donc comment le marché géographique pertinent peut varier selon les différentes composantes d'un même système stratégique. C'est ainsi que les firmes, dans leur quête d'efficacité et de rentabilité, cherchent à assembler plusieurs petits marchés géographiques, chacun étant pertinent pour un groupe d'acheteurs, en des marchés de plus en plus vastes. En effet, ce rassemblement est nécessaire pour tirer pleinement avantage des économies d'échelle et donner au système toute sa force économique.

11.3 L'envergure géographique du marché et le déploiement stratégique de la firme

Les considérations présentées aux sections 11.1 et 11.2 font clairement état de facteurs dynamiques qui peuvent modifier les frontières des marchés géographiques pertinents. Sous la pression des comportements des acheteurs et surtout à cause des changements techniques affectant les aspects économiques de la fabrication, du marketing et de la distribution, les firmes œuvrant dans des secteurs précis doivent déployer leurs activités de façon à englober une zone géographique de plus en plus vaste.

Ce déploiement géographique, propulsé par les effets bénéfiques des économies d'échelle et d'envergure, les impératifs de la croissance ainsi que le désir de rentabiliser les actifs tangibles et intangibles de la firme, peut prendre quatre formes :

1. Une simple exportation de biens d'un marché géographique vers un autre.

2. L'établissement d'unités pour l'assemblage final ainsi que la prestation de services de vente et de distribution dans un nouveau marché géographique encore principalement alimenté par les opérations dans le marché géographique d'origine.

3. Le déploiement programmé mais graduel de l'entreprise dans de multiples marchés géographiques. Si le développement géographique de la firme est opportuniste dans la première et la deuxième situation, la grande envergure géographique de l'entreprise est un objectif fixé dès le départ.

   Il a fallu plus de 10 ans à Toys "R" Us pour accomplir son déploiement progressif (*roll-out*) et couvrir tous les marchés urbains aux États-Unis et au Canada. Mais cet objectif faisait partie de la genèse même de l'entreprise. Cela est également vrai pour Wal-Mart, comme nous en avons déjà fait état.

   Tous les grands systèmes stratégiques dans le secteur du commerce de détail comptent sur un vaste déploiement géographique aussi rapidement que leur permettent leurs ressources financières et humaines. Leur performance économique dépend à un haut degré de cette couverture rapide des marchés géographiques afin de rentabiliser leur investissement initial et de protéger leur stratégie de premier entrant dans tout marché géographique.

   À cette fin, **ces systèmes stratégiques sont habituellement rodés, programmés et uniformisés dans leurs moindres détails de façon à faciliter la croissance rapide du nombre d'établissements.** Enfin, la méthode du franchisage ou des concessionnaires sert souvent à accélérer le rythme d'expansion d'un nouveau concept.

4. Dans certains cas, de nouvelles entreprises d'une envergure géographique inédite sont conçues pour tirer avantage de changements significatifs de nature technologique ou réglementaire. Un exemple récent de ce phénomène nous est fourni par le marché du commerce électronique, avec Amazon.com. En effet, il s'agit là d'un exemple édifiant auquel on a déjà fait référence pour démontrer comment la technologie Internet a changé le périmètre géographique

de certains marchés. Le marché de la bière aux États-Unis offre un exemple classique, mais encore pertinent d'une stratégie d'envergure géographique inédite, conçue par les producteurs de bière pour tirer avantage de changements de nature technologique dans leur secteur.

Le marché de la bière aux États-Unis et la redéfinition du marché pertinent

Le marché de la bière aux États-Unis représente bien ce phénomène de redéfinition du marché géographique pertinent. À l'origine, les États-Unis comptaient de nombreux marchés régionaux et locaux où s'affrontaient quelques firmes locales. Une multitude de brasseurs exploitaient des établissements d'envergure locale ou régionale, sans aucun lien avec d'autres firmes situées dans d'autres marchés géographiques.

Au cours des années 1960, de nouveaux procédés de fabrication ont été conçus afin de stabiliser le produit et en permettre la conservation prolongée, nécessitant des investissements importants et ne pouvant se justifier qu'avec des volumes de production beaucoup plus grands. Cependant, à de tels volumes, les coûts d'exploitation ont diminué de façon importante. En combinant la taille minimale pour rentabiliser ces systèmes de production, les coûts de transport de ce produit et le niveau de la demande par région, il a été établi que les États-Unis pouvaient être divisés en cinq ou six marchés régionaux. Pour rentabiliser un système de production optimal dans l'un ou l'autre de ces marchés régionaux, une entreprise devait gagner entre 20 et 30 % du marché régional (Scherer, 1978).

Par contre, à la même époque, trois chaînes de télévision (NBC, CBS et ABC) s'étaient constituées en réseaux nationaux et offraient aux publicitaires un important avantage de coût (par téléspectateur) pour toute publicité « nationale », comparativement aux coûts d'une publicité régionale ou locale. Évidemment, de gros budgets publicitaires apportent d'autres bénéfices comme une meilleure grille horaire pour les publicités, des rabais « discrets », l'accès au meilleur personnel de création, etc.

Certaines entreprises ont compris l'intérêt et les avantages économiques d'unir ces cinq ou six marchés régionaux en un seul marché pour l'image de marque et la publicité. En conséquence, trois ou quatre grandes entreprises ont émergé, proposant des marques nationales par le truchement d'intenses campagnes de publicité télévisée et continuant à produire au sein de chacun des cinq ou six marchés régionaux dans des établissements disposant d'équipements à la fine pointe de la technologie.

Ces systèmes stratégiques (Anheuser-Busch, Miller, Schlitz, etc.) visaient une forte part du marché national, ce qui se répercutait en un niveau optimal d'utilisation de leurs cinq ou six unités de fabrication situées en région.

En quelques années, d'un marché géographique restreint exploité par quelques firmes locales, le marché de la bière est devenu national sur le plan de la publicité et de la notoriété des marques, et suprarégional (cinq ou six grandes régions) en ce qui concerne la fabrication et la distribution. Cependant, du point de vue de l'acheteur, le marché est fait de milliers de micromarchés de très petites dimensions géographiques.

Cette redéfinition du marché a amené l'élimination d'un grand nombre de petites firmes locales, a provoqué nombre de fusions et d'acquisitions et a motivé certaines firmes régionales, plus stratégiques et disposant de meilleures assises financières, à se donner une envergure nationale.

Les avantages de coût et de compétitivité apportés par leur envergure nationale leur ont permis d'exercer des pressions sur toutes les autres firmes de moindre envergure. Celles qui n'ont pas su trouver un créneau leur assurant une relative imperméabilité aux attaques des systèmes stratégiques d'envergure nationale ont été rapidement éliminées du marché.

Cependant, cette recherche de tous les effets économiques positifs engendrés par l'envergure de marché a mené à une recherche de différenciation axée surtout sur l'image des produits ; mais, en fait, les produits de toutes les firmes sont devenus très semblables et de goût homogène.

C'est un fait, et parfois une vulnérabilité stratégique, que les bénéfices économiques de la taille et de l'envergure dans les systèmes de production et de distribution ne s'obtiennent qu'au prix d'une haute standardisation du produit et d'une variété limitée de marques vraiment différentes. Bien sûr, de nos jours les entreprises cherchent avec beaucoup d'énergie à concilier les avantages économiques du volume et les bénéfices marketing, à offrir une grande gamme de produits bien ajustés aux goûts et aux préférences des acheteurs. De grands progrès ont été accomplis en ce domaine, mais il existe des limites bien réelles à cette quadrature du cercle.

Dans le cas précis du marché de la bière aux États-Unis et au Canada, les acheteurs se tournent de plus en plus vers les bières étrangères, soit allemandes, belges, britanniques, mexicaines, etc. Plus récemment sont apparues de nouvelles entreprises locales et régionales offrant un produit de haute qualité au goût distinctif, par exemple : Samuel Adams en Nouvelle-Angleterre, Catamount au Vermont, Blanche de Chambly et autres produits de la firme Unibroue au Québec, Sleeman en Nouvelle-Écosse, etc. Ces bières sont vendues et distribuées de façon innovatrice, c'est-à-dire sans le bénéfice d'un soutien publicitaire de masse, mais plutôt par le truchement d'établissements choisis. Enfin, par un ironique retour des choses, la technologie de fabrication de la bière a évolué de telle façon qu'il est possible pour ces microbrasseries de fabriquer un produit de qualité à des coûts raisonnables, et ce, malgré un volume très limité.

Conclusion

Les caractéristiques géographiques tendent à définir les frontières de tout marché, tant du point de vue de l'offre que de celui de la demande. Nous avons relevé, dans les sections 11.2 et 11.3, un certain nombre de réalités à propos de la dynamique géographique des marchés qu'il importe de bien maîtriser :

1. Le caractère évolutif de la notion de commodité et de proximité pour l'acheteur : sous l'influence de changements d'ordre social et technologique, les « coûts de magasinage » ainsi que le calcul des coûts et des bénéfices se transforment et provoquent d'importants changements dans la façon de se procurer différents biens et services. Cette réalité est source de vulnérabilité et de possibilités pour l'entreprise.

2. Un examen attentif des marchés géographiques révèle l'existence de nombreux « monopoles locaux », soit des marchés géographiques qui n'ont pas la dimension nécessaire pour « faire vivre » plus d'un

établissement de taille efficiente. Une variante importante de cette situation provient de ces marchés géographiques caractérisés par une firme dominante de taille efficiente entourée de plus petites firmes dont le nombre augmente et diminue selon les phases du cycle économique.

3. Pour se gagner un volume d'affaires suffisant pour rentabiliser son système de production et de distribution, l'entreprise doit réunir un grand nombre de micromarchés au contour défini par les caractéristiques de la demande. L'architecture de l'entreprise doit être sensible à la dimension du marché géographique nécessaire pour optimiser chacune des différentes composantes du système. **L'innovation stratégique provient souvent de façons nouvelles de combiner des micromarchés en un marché unique.**

4. L'envergure géographique d'une entreprise résulte de l'un ou l'autre ou d'une combinaison des choix suivants : a) une simple exportation de biens d'un marché géographique vers un autre; b) des choix successifs visant à élargir sa couverture de marché de façon à mieux utiliser les actifs tangibles et intangibles nécessaires pour son marché d'origine; c) une grande envergure géographique comme objectif fixé dès le départ, mais réalisé selon un processus de déploiement graduel (*roll-out*) au cours des années et selon un rythme défini par les ressources financières et humaines de l'entreprise; d) dans certains cas, l'envergure géographique de l'entreprise est un choix fondamental, fondé sur de nouvelles réalités (technologiques et réglementaires), choix qui donne toute sa force, sa compétitivité et son unicité au nouveau système stratégique à mettre en place. Le déploiement géographique d'un tel système se fait rapidement puisque sa rentabilité dépend de sa pleine et entière exécution.

Chapitre 12

La différenciation et la segmentation : champs et groupes stratégiques

Introduction

Dans ce chapitre, nous allons approfondir certains aspects de la demande qui donnent à un marché son caractère distinctif et à la stratégie, sa pertinence. Deux aspects particuliers de la demande, soit la différenciation et la segmentation, parce qu'ils prennent racine dans le comportement des acheteurs, exigent que nous fassions une brève incursion dans le champ d'études des comportements des acheteurs et des consommateurs.

Ainsi, la section 12.1 vise à éclairer le processus d'achat d'un produit ainsi que les facteurs qui expliquent l'émergence d'une certaine loyauté à la marque, d'habitudes d'achat programmées et de différenciation entre les diverses marques d'un produit. Les concepts du risque perçu à l'achat d'un produit et de la confiance en soi de l'acheteur ainsi que les facteurs de réduction de risque pour l'acheteur jouent un rôle important dans tout processus d'achat. Quant à la section 12.2, elle propose une définition serrée des concepts essentiels que sont la différenciation et la segmentation ainsi que de multiples exemples concrets de ces phénomènes.

Puis, à la section 12.3, nous traitons de quelques aspects de l'offre de produits jouant un rôle essentiel dans la définition du marché pertinent à des fins stratégiques : des défis pour l'entreprise devant un marché à multiples segments, la relation entre les revenus et les coûts d'une firme selon le volume de sa production, les concepts de champs et de groupes stratégiques.

12.1 Le risque perçu, la confiance en soi de l'acheteur et la réduction du risque

Un produit n'est pas seulement une entité physique, mais un ensemble (ou « vecteur ») de bénéfices offerts à l'acheteur. En plus des propriétés intrinsèques du produit, ces bénéfices comprennent, entre autres, tous les facteurs contribuant à rassurer l'acheteur quant à son choix de produit.

En effet, comme le montre de façon schématique la figure 12.1, le processus d'achat d'un produit prend une allure très différente selon que le produit comporte ou non un fort risque inhérent (c'est-à-dire qu'une contre-performance du produit ferait assumer à l'acheteur des coûts importants), et selon le niveau d'expérience et d'expertise de l'acheteur relatif à ce type de produit.

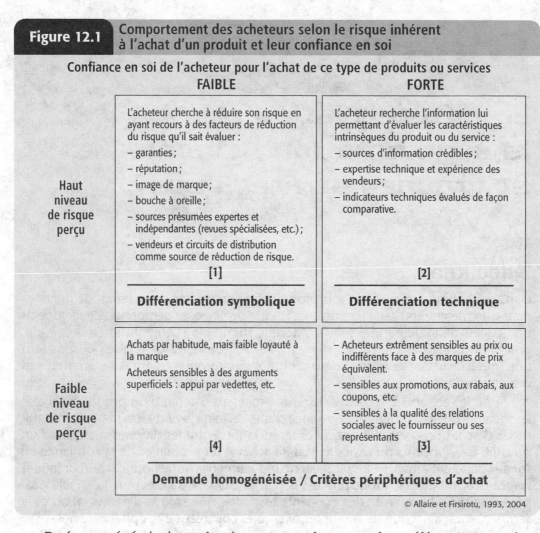

Figure 12.1 Comportement des acheteurs selon le risque inhérent à l'achat d'un produit et leur confiance en soi

Confiance en soi de l'acheteur pour l'achat de ce type de produits ou services

	FAIBLE	**FORTE**
Haut niveau de risque perçu	L'acheteur cherche à réduire son risque en ayant recours à des facteurs de réduction du risque qu'il sait évaluer : – garanties ; – réputation ; – image de marque ; – bouche à oreille ; – sources présumées expertes et indépendantes (revues spécialisées, etc.) ; – vendeurs et circuits de distribution comme source de réduction de risque. **[1]** **Différenciation symbolique**	L'acheteur recherche l'information lui permettant d'évaluer les caractéristiques intrinsèques du produit ou du service : – sources d'information crédibles ; – expertise technique et expérience des vendeurs ; – indicateurs techniques évalués de façon comparative. **[2]** **Différenciation technique**
Faible niveau de risque perçu	Achats par habitude, mais faible loyauté à la marque Acheteurs sensibles à des arguments superficiels : appui par vedettes, etc. **[4]**	– Acheteurs extrêmement sensibles au prix ou indifférents face à des marques de prix équivalent. – sensibles aux promotions, aux rabais, aux coupons, etc. – sensibles à la qualité des relations sociales avec le fournisseur ou ses représentants **[3]**

Demande homogénéisée / Critères périphériques d'achat

© Allaire et Firsirotu, 1993, 2004

De façon générale, les coûts de contre-performance font référence aux coûts financiers associés à une défaillance technique du produit. Cependant, il faut également tenir compte des coûts moins tangibles, mais tout aussi réels, engendrés par la contre-performance de certains produits comportant un haut risque social tels que la décoration de sa maison, une robe de soirée pour une sortie élégante, le choix d'un vin dans un restaurant chic en présence de convives œnophiles, un type d'automobile, un lieu de séjour pour les vacances.

Cette perception d'un haut niveau de risque signifie que les coûts d'erreur sont élevés. Pour plusieurs types de produits et de services, il est virtuellement impossible de déterminer *ex ante* la qualité du produit par une inspection préalable à l'achat, par exemple, les services d'une firme de conseil ou d'une agence de publicité. Sans une formation spéciale, il est difficile d'évaluer les qualités techniques du produit. C'est ici qu'intervient la confiance de l'acheteur.

Un acheteur estimant posséder une expérience et des compétences techniques en arrivera à une décision fondée sur les caractéristiques intrinsèques des produits et des services offerts, ou des entreprises qui les offrent.

Le quadrant 2 de la figure 12.1 (haut niveau de risque et forte confiance de l'acheteur) porte sur ce type de processus d'achat, qui est une caractéristique, non exclusive cependant, du processus d'achat de biens industriels. En effet, une catégorie d'acheteurs de biens de consommation durables, forts de leur expertise et de leur expérience, fondent leur décision d'achat sur les caractéristiques intrinsèques des produits qui leur sont offerts ainsi que sur des informations techniques et factuelles mises à leur disposition. Nous retrouvons ce type d'acheteur dans le marché des chaînes stéréophoniques, les lecteurs de cédéroms, les PC, etc.

Pour ces acheteurs du quadrant 2, la différenciation entre les marques est essentiellement technique ou s'appuie sur des éléments tangibles comme la fiabilité de livraison, les pièces de rechange promptement disponibles, la qualité de l'entretien, etc.

Par contre, la plupart des acheteurs de produits de consommation durables (des automobiles aux appareils de cuisine) ou non durables (produits cosmétiques ou pharmaceutiques, services professionnels offerts par des décorateurs, des avocats, des entrepreneurs en construction, etc.) comprennent bien qu'un choix erroné de produit ou de fournisseur comporte de graves conséquences. L'acheteur typique sait qu'il est incapable d'évaluer la qualité intrinsèque du produit ou du service qui lui est proposé.

Ces situations sont quasi universelles pour certains produits ou services (quadrant 1 de la figure 12.1 : haut niveau de risque et faible confiance en soi de l'acheteur). Elles font en sorte qu'aucune décision d'achat ne sera conclue tant que l'acheteur n'aura pas réussi, par quelque moyen, à diminuer le risque qu'il ressent relativement à cet achat en deçà d'un niveau tolérable pour lui. Ce niveau peut varier sensiblement d'un acheteur à l'autre. Dans tous les cas, la réduction du risque en deçà de ce seuil est une condition nécessaire mais non suffisante pour qu'un achat s'effectue.

Pour réduire son risque en deçà du niveau tolérable, l'acheteur pourrait bien sûr investir le temps et les efforts nécessaires pour acquérir des connaissances adéquates à propos de ce produit. Si l'acheteur porte un intérêt particulier au domaine, s'il est susceptible de devoir acheter ce type de produit à plusieurs reprises et si les enjeux économiques sont très importants, un tel investissement pourrait être justifié. Dans la plupart des circonstances, le calcul des coûts et des bénéfices que fera l'acheteur pourra l'inciter à faire appel à d'autres mécanismes, moins onéreux pour lui, pour réduire le risque qu'il ressent avant de procéder à l'achat d'un certain produit.

12.1.1 Les facteurs de réduction de risque

On peut distinguer trois catégories de facteurs de réduction de risque :

1. **Les facteurs tangibles de réduction de risque** comme des garanties, des promesses fiables de remboursement s'il y a insatisfaction, l'offre de périodes d'essai gratuit avant l'achat, un prix ferme de rachat à une date ultérieure, l'accès à une liste de clients satisfaits, un service après-vente impeccable, l'adhésion à une association accréditée ou à une corporation professionnelle reconnue, etc.

2. **Les facteurs intangibles** comme la réputation et la familiarité du fabricant, l'image de marque du produit et le sentiment de confort qu'elle procure (car on présume que le fabricant ne peut se permettre de mettre en péril les sommes qu'il a investies dans sa marque de

commerce en offrant un produit inférieur), la réputation de qualité associée aux fabricants de produits provenant de certains pays (les voitures japonaises, les appareils électroniques allemands, les vins français, etc.), la valeur symbolique du prix comme indicateur de qualité et, enfin, la capacité du vendeur ou du circuit de distribution d'assumer une fonction de réduction de risque.

3. **Les facteurs sociaux** comme le bouche à oreille, les références et les recommandations d'amis plus expérimentés ou d'acheteurs satisfaits, les revues spécialisées (domaines de la mode, de l'automobile, de la décoration, etc.), les rapports d'agences d'évaluation de produits (*Guide Michelin*, *Guide du consommateur canadien*, les émissions spécialisées, etc.).

Le rôle joué par ces trois catégories de facteurs de réduction de risque varie selon le type d'acheteurs et la nature du produit.

12.1.2 La différenciation symbolique : son rôle et son prix

Dans les situations de haut risque perçu, les facteurs tangibles et intangibles de réduction de risque deviennent des attributs ou des bénéfices associés au produit et servent à l'acheteur pour « différencier » les offres rivales. En particulier, les facteurs intangibles donnent lieu à une différenciation symbolique entre les différentes marques concurrentes de produits.

Dans sa démarche d'achat, l'acheteur décide plus ou moins consciemment quels facteurs de réduction de risque lui donnent une solide garantie au meilleur « coût ». C'est pourquoi, dans ces situations, la publicité des marques joue un rôle si essentiel dans le fait qu'elles deviennent connues, respectées et rassurantes. Ainsi, les facteurs intangibles de réduction de risque, et donc la différenciation symbolique, offrent à l'acheteur des bénéfices justifiant pleinement un prix supérieur à celui des produits concurrents n'offrant pas un « bénéfice » adéquat de réduction de risque. Afin de réduire son risque, l'acheteur devrait alors avoir recours à d'autres sources de réduction de risque qui lui feront assumer des « coûts » additionnels supérieurs à la différence de prix entre les marques rivales.

Évidemment, plus l'acheteur acquiert de l'expérience avec le produit et plus les facteurs sociaux de réduction de risque sont de haute qualité, facilement accessibles et de faibles coûts, moins la différenciation symbolique est efficace comme mécanisme de réduction de risque pour l'acheteur.

IBM : un exemple de différenciation symbolique

Au cours des années 1960 et au début des années 1970, les acheteurs de systèmes informatiques, lesquels étaient pourtant des biens industriels, se trouvaient en fait face à une situation semblable à celle représentée par le quadrant 1 de la figure 12.1. En effet, ils devaient faire un achat à haut risque au sujet duquel ils reconnaissaient ne pas avoir les connaissances nécessaires pour établir des comparaisons techniques entre les systèmes concurrents, puisqu'il s'agissait souvent pour l'entreprise d'un premier achat de tels systèmes.

Dans ces circonstances, la société IBM, en rappelant à l'acheteur les risques de se tromper avec, entre autres, sa fameuse campagne publicitaire des années 1960 (*What if...*), a aligné tous les facteurs de réduction de risque pour sécuriser l'acheteur, soit un service après-vente légendaire, une image de marque rassurante, une longue liste de clients satisfaits, des garanties de remplacement d'équipement au fur et à mesure de leur évolution technique, un haut niveau de fiabilité mis en évidence par des représentants-ingénieurs à l'habillement uniforme et conservateur, etc.

Tous ces bénéfices tangibles et intangibles s'ajoutaient aux caractéristiques techniques du produit, lesquelles étaient difficiles à évaluer et parfois inférieures à certains égards à celles des produits concurrents, pour donner une valeur telle aux produits IBM que cette société pouvait en obtenir un prix beaucoup plus élevé que ses concurrents et s'approprier durant cette période faste plus de 60 % du marché.

Cette situation de marché a dramatiquement changé lorsque, à la fin des années 1970, les achats de systèmes informatiques se sont taris, la plupart des entreprises s'étant à ce point équipées d'un système. Les acheteurs, désormais plus expérimentés, devaient plutôt ajouter de la capacité à des systèmes déjà en place. Brusquement, le marché s'est déplacé vers le quadrant 2 de la figure 12.1. Se sont alors manifestés les comportements d'achats caractéristiques d'un marché industriel, fait d'acheteurs expérimentés confiants en leur habileté à évaluer et à comparer les fiches techniques de produits à haut risque.

12.2 Une schématisation des phénomènes de différenciation et de segmentation

Donnons d'abord une définition précise de ces deux notions :

La **différenciation** d'un produit fait référence au phénomène selon lequel des acheteurs établissent une distinction durable et importante pour eux entre les marques rivales d'une même catégorie de produits ou de services. La différenciation suppose que tous les acheteurs s'entendent sur les propriétés du produit idéal mais diffèrent quant au choix de la marque qui s'en rapproche le plus.

La **segmentation** des marchés fait référence au phénomène selon lequel des acheteurs en arrivent à valoriser différemment les attributs ou les bénéfices associés à une même catégorie de produits. Chaque groupe ou segment d'acheteurs s'entend alors sur ce qu'est pour lui le produit idéal, lequel sera différent d'un segment à l'autre. Ainsi, ce n'est qu'au sein d'un même segment d'acheteurs que les marques peuvent être comparées les unes avec les autres et se différencier les unes des autres. Il est rare qu'une marque donnée puisse être la plus rapprochée du produit idéal pour plus d'un segment d'acheteurs.

La figure 12.2 représente ces définitions par un exemple simplifié où seulement deux attributs ou bénéfices seraient pertinents.

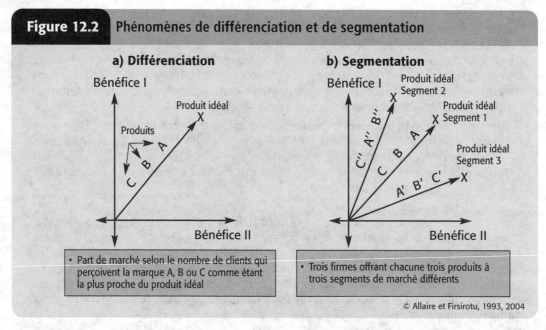

Figure 12.2 Phénomènes de différenciation et de segmentation

a) Différenciation

b) Segmentation

- Part de marché selon le nombre de clients qui perçoivent la marque A, B ou C comme étant la plus proche du produit idéal

- Trois firmes offrant chacune trois produits à trois segments de marché différents

© Allaire et Firsirotu, 1993, 2004

Dans cette illustration, la différenciation (partie a) mène à une définition unique du produit idéal, selon une combinaison optimale des deux bénéfices recherchés. Les variations de parts de marché détenues par les marques de produit A, B ou C résulteront des différences de perception ou d'évaluation des trois marques rivales, différences qui refléteront l'expérience variable des acheteurs et l'efficacité relative des marques à promouvoir leurs attributs.

La segmentation du marché (partie b) se manifeste par le fait que le même ensemble de bénéfices mène à des produits idéaux différents à cause d'une valorisation très différente des bénéfices sous-jacents par des groupes distincts d'acheteurs. Les marques A, B et C doivent alors être redéfinies en une gamme de produits (A', A'', B', B'', etc.), chaque marque cherchant à se rapprocher du produit idéal pour un segment d'acheteurs précis. En effet, aucun produit dans ce cas ne peut être conçu de façon à être le premier choix pour les trois segments. En situation de segmentation, la part du marché pertinent doit se mesurer au sein de chaque segment, puisque la concurrence s'exerce entre les marques particulières à chaque segment.

12.2.1 La segmentation et la concurrence : le marché des avions d'affaires

Le marché des avions d'affaires donne un sens concret au concept de segmentation et démontre pourquoi et comment un marché en vient à une forme d'hypersegmentation et à une forte prolifération de produits, phénomènes prévalant dans plusieurs marchés matures.

La figure 12.3 rend compte des critères fondamentaux sur la base desquels on peut distinguer entre segments d'acheteurs le prix demandé ainsi que la combinaison de rayon d'action, de vitesse de croisière et de dimension de la cabine.

Figure 12.3   Segmentation du marché des avions d'affaires (vers 2002)

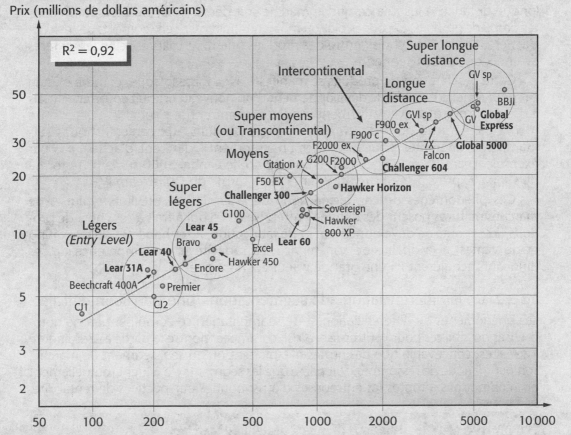

Prix (millions de dollars américains)

$R^2 = 0{,}92$

Rayon d'action (milles) × vitesse de croisière (nœuds) × dimension de la cabine (pieds cubes)

© Allaire et Firsirotu, 2004

À une époque pas très lointaine, le marché comprenait trois segments assez bien démarqués et distancés les uns des autres. Au sein de chaque segment, quelques produits rivalisaient en fonction de critères fondamentaux (prix, vitesse de croisière, dimension de la cabine) auxquels venaient s'ajouter d'autres critères de différenciation pour un segment d'acheteurs donné :

- distance requise pour le décollage et l'atterrissage ;
- altitude maximale ;
- qualité du service et image de l'entreprise, certaines marques comme Gulfstream et Learjet se méritant une forte loyauté.

Cependant, selon une véritable loi du marketing et de la stratégie, les entreprises, par le jeu de la concurrence, en sont venues à combler le « vide » entre segments – (Hotelling (1929) avait noté ce phénomène il y a longtemps). Au fur et à mesure que chacune des entreprises rivales, dans le cadre de sa stratégie de produits, cherche à placer un nouveau produit entre les produits de ses concurrents appartenant à des segments distincts, on constate que l'espace entre les segments devient occupé par de nouveaux segments («super légers», «super moyens», «super longue distance») jusqu'à ce que le marché soit desservi par un continuum ininterrompu de produits, découpés plus ou moins arbitrairement en segments de marché. L'acheteur peut donc choisir entre des produits finement calibrés selon les critères de choix qui lui conviennent.

Cette prolifération de produits se manifeste avec force lorsque, comme c'est le cas pour les jets d'affaires, le développement d'un nouveau produit coûte cher, mais à des coûts marginaux relativement modestes ; l'entreprise peut alors utiliser cette même plate-forme pour développer d'autres produits aux caractéristiques suffisamment différentes pour intéresser un «segment» différent d'acheteurs ; par exemple, Lear 40 sur la plate-forme du Lear 45, le Global 5000 sur la plate-forme du Global Express, le Gulfstream V sur la plate-forme du Gulfstream IV.

Ces phénomènes de complexification de la famille de produits typiques de marchés matures posent des défis à l'entreprise en ce qui a trait à ses choix de produits, à ses coûts de développement et de fabrication, à ses habiletés de marketing et de ventes, à la qualité de son service. La sagacité et la compétence de ses dirigeants acquièrent ici une grande valeur économique.

12.2.2. De la différenciation à la segmentation : une transition difficile

Les phénomènes de différenciation et de segmentation se combinent en de nombreuses possibilités pour l'entreprise. Ainsi, comme le montre la partie a) de la figure 12.4, il est concevable que des firmes n'exploitent qu'un seul segment de marché, soit par manque de ressources, soit parce que les segments s'excluent mutuellement ou n'offrent pas à toutes les entreprises d'aussi bonnes perspectives de rentabilité.

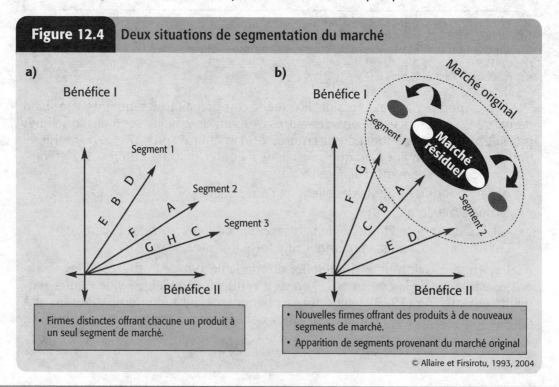

Figure 12.4   **Deux situations de segmentation du marché**

a)

Bénéfice I

Segment 1

Segment 2

Segment 3

Bénéfice II

• Firmes distinctes offrant chacune un produit à un seul segment de marché.

b)

Bénéfice I

Marché original

Marché résiduel

Segment 1

Segment 2

Bénéfice II

• Nouvelles firmes offrant des produits à de nouveaux segments de marché.
• Apparition de segments provenant du marché original

© Allaire et Firsirotu, 1993, 2004

Il ne faut pas confondre de telles situations avec la situation de différenciation représentée à la partie a) de la figure 12.2. Les produits B et C ou B et A de la partie a) de la figure 12.4, par exemple, sont différents parce qu'ils s'adressent à des segments de marché différents et sont donc conçus pour mettre en valeur des attributs ou des bénéfices différents.

La partie b) de la figure 12.4 représente un autre aspect important et mal compris de la transition entre la différenciation de produits et la segmentation de marchés. Sauf exception, un marché ne se fragmente pas subitement en segments étanches d'acheteurs, comme il est montré à la partie b) de la figure 12.2. Il est plus commun que les firmes qui se font concurrence par la différenciation de leur offre ne perçoivent pas ou même refusent d'accepter l'émergence de segments d'acheteurs aux attentes bien différentes.

En premier lieu, ces segments d'acheteurs sont souvent de petites dimensions comparativement au marché total. En outre, le système de production et de distribution des firmes bien établies dans ce marché donne d'excellents résultats économiques, à condition de ne pas le surcharger de diversité et de complexité. Enfin, dans un marché à faible croissance, le fait d'offrir de nouveaux produits peut aboutir à une « cannibalisation », toujours appréhendée, de son propre volume d'affaires, c'est-à-dire que le volume obtenu par un nouveau produit provient essentiellement du transfert du volume d'affaires des autres produits de l'entreprise.

C'est pourquoi la segmentation du marché, bien réelle selon les attentes des acheteurs, ne se réalise parfois que par l'arrivée de nouvelles firmes qui viennent exploiter ces segments émergents, ou encore par des firmes déjà en place mais détenant une faible part du marché et donc pour lesquelles la « cannibalisation » n'est pas un enjeu important.

Ainsi, le marché se transforme progressivement de façon telle que le grand marché unique, au sens d'un seul produit idéal pour tous les acheteurs, est fragmenté par l'émergence de segments d'acheteurs recherchant des produits idéaux différents. **Dans un tel contexte, le marché original devient un marché résiduel d'où se retirent graduellement des groupes d'acheteurs sensibles à des offres de produits plus en accord avec leurs goûts et leurs préférences.** Ce marché « résiduel », ce segment par défaut, continue toutefois pendant plus ou moins longtemps à représenter un volume d'affaires important quoique décroissant. En conséquence, les firmes en place ne peuvent abandonner subitement ce marché résiduel, surtout qu'une bonne part des investissements passés de la firme ont été effectués pour exploiter ce marché et ce type de clientèle. Néanmoins, pendant que se produit ce phénomène, l'entreprise ne procède pas au virage nécessaire qu'exige la mise en place d'une stratégie de segmentation.

Devenir un marché résiduel : le cas du marché de l'alimentation en Amérique du Nord

La figure 12.5 représente cette dynamique dans le secteur de l'alimentation au Canada et aux États-Unis. Ce grand marché de l'alimentation, naguère dominé par les supermarchés de type conventionnel (1970-1990), a vu sa taille globale diminuée et sa croissance freinée par des entreprises spécialisées comme les boucheries, les pâtisseries, les charcuteries, les dépanneurs, les pharmacies ainsi que par l'utilisation accrue des restaurants. Quant au marché résiduel des achats hebdomadaires d'épicerie, il s'est graduellement segmenté sous la pression de nouveaux systèmes stratégiques comme les magasins-entrepôts, les clubs d'achat (Costco), etc. Les supermarchés conventionnels en viennent ainsi à exploiter un marché résiduel en forte contraction, ce qui amène une surcapacité, une pression sur les marges bénéficiaires et la fermeture de nombreux établissements. Évidemment, les entreprises les plus perspicaces se sont empressées d'entreprendre une transformation, toujours complexe et périlleuse, de leur système stratégique pour en arriver à exploiter plusieurs segments de ce marché.

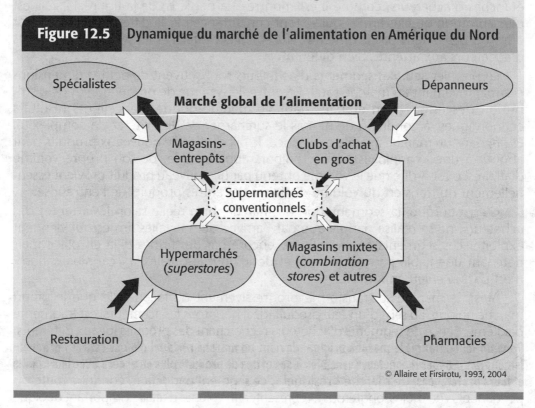

Figure 12.5 Dynamique du marché de l'alimentation en Amérique du Nord

© Allaire et Firsirotu, 1993, 2004

12.3 Certaines caractéristiques de l'offre : marché à multiples segments, revenus et coûts, champs et groupes stratégiques

Nous l'avons écrit plus tôt, toute définition d'un marché à but stratégique doit concilier le côté « demande » et le côté « offre ». Nous portons ici une attention particulière à trois aspects de l'offre de produits ou de services :

- les enjeux et les défis pour l'entreprise de desservir un marché à multiples segments ;
- la relation entre les revenus et les coûts selon le volume de production ;
- l'hétérogénéité de l'offre : champs et groupes stratégiques, ou comment des entreprises fort différentes par leur envergure et leur stratégie continuent néanmoins à se faire concurrence au sein d'un même marché largement défini.

12.3.1 Les enjeux et les défis pour l'entreprise de desservir un marché à multiples segments

La segmentation du marché propose à l'entreprise des défis nouveaux, mais aussi des occasions inédites. **C'est souvent au moment où un marché commence à se segmenter que le leadership du marché transite d'une entreprise à l'autre.** Cela a été le cas pour General Motors, qui a adopté une stratégie de segmentation au cours des années 1920 sous l'impulsion du clairvoyant Alfred P. Sloan (son PDG à l'époque), qui a proposé le slogan *A car for every purse and every purpose* (une auto pour toutes les bourses et toutes les occasions), une définition éloquente et succincte de la segmentation. Ford, leader historique attaché à son unique produit – le modèle T –, a perdu son leadership pour toujours.

L'entreprise qui ne veut pas péricliter et disparaître ou perdre sa part de marché au fur et à mesure que son marché de base se fragmente en multiples segments doit négocier un virage difficile mettant en cause ses façons de faire, ses valeurs de gestion, ses « recettes » stratégiques, ses compétences et son savoir-faire. Voyons certains tenants et aboutissants de ce virage stratégique.

1. La segmentation progressive des marchés force l'entreprise à examiner comment son système de production et de distribution doit être modifié pour soutenir le rythme d'innovation et la diversité de produits nécessaires en mode de segmentation, sans que cela provoque une hausse des coûts qui rende l'entreprise non concurrentielle. L'entreprise doit rechercher tous les effets positifs associés au volume d'affaires et au nombre de segments de marché exploités, tout en contrôlant les coûts de complexité engendrés par cette diversité des produits dans un même système de production. L'entreprise doit tenter par tous les moyens d'améliorer la capacité de son système de fournir une gamme variée de produits de façon efficiente et rentable.

2. L'ajout de bénéfices au produit, dans le but de le rapprocher des préférences d'un segment d'acheteurs, doit être sensible à la relation

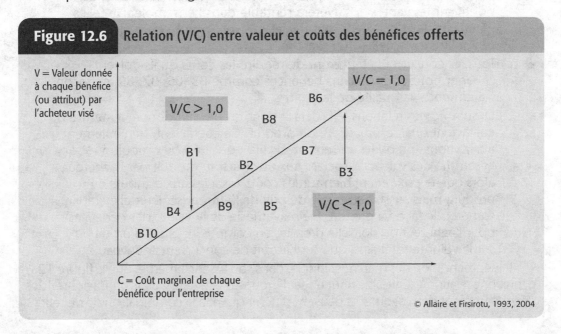

Figure 12.6 — Relation (V/C) entre valeur et coûts des bénéfices offerts

V = Valeur donnée à chaque bénéfice (ou attribut) par l'acheteur visé

V/C = 1,0

V/C > 1,0

V/C < 1,0

B1, B2, B3, B4, B5, B6, B7, B8, B9, B10

C = Coût marginal de chaque bénéfice pour l'entreprise

© Allaire et Firsirotu, 1993, 2004

représentée à la figure 12.6 entre la valeur marginale d'un bénéfice (ou attribut) supplémentaire pour l'acheteur et les coûts engagés par l'entreprise pour offrir un tel bénéfice.

Dans l'exemple hypothétique présenté par cette figure, le produit devrait comporter le vecteur de bénéfices suivants : [B1, B2, B4, B6, B8, B10], soit les bénéfices qui offrent à l'acheteur une valeur jugée supérieure aux coûts engagés par la firme, c'est-à-dire que l'acheteur serait prêt à payer plus qu'il n'en coûte à l'entreprise pour inclure un tel bénéfice dans le produit. Évidemment, le jeu de la concurrence aura tendance à se manifester de la façon suivante.

a) Au gré de la maturation du marché, les firmes rivales en arriveront toutes à offrir les mêmes bénéfices [1, 2, 4, 6, 8, 10]. Sous la pression de l'offre des firmes concurrentes, la valeur de ces bénéfices, ou plus exactement le prix que devra payer l'acheteur pour ces bénéfices, convergera de sorte que chaque bénéfice en arrive à se situer sur la courbe où $V/C = 1{,}0$. En d'autres mots, les firmes parviennent juste à couvrir les coûts associés à l'ensemble des bénéfices. Or, pour faire entrave à cette tendance forte qui amenuise graduellement les marges et la rentabilité, l'entreprise doit chercher à s'en protéger en offrant des bénéfices difficiles à imiter et en proposant un flux continu de nouveaux bénéfices aux caractéristiques $V/C > 1{,}0$. Il peut en être ainsi, par exemple, pour les avantages que confère une solide réputation de qualité et de service pour un produit à haut risque ou encore un emplacement unique offrant une grande facilité d'accès.

b) Sous la pression de la concurrence, les firmes rivales seront tentées de se distinguer en offrant une combinaison de bénéfices profitables dans l'ensemble, mais qui comprend des bénéfices pour lesquels $V/C < 1{,}0$; par exemple, une combinaison qui ajouterait le bénéfice 7 au produit. Même si la firme ne peut obtenir un prix équivalant à son coût pour ce bénéfice, elle peut estimer qu'une telle combinaison aura un effet positif sur les ventes et s'avérera rentable dans l'ensemble. De telles initiatives de la part de firmes rivales peuvent mettre en péril la rentabilité éventuelle d'un marché.

c) Tous les concurrents tenteront de réduire les coûts qu'ils doivent engager pour offrir certains bénéfices comme B3, B5, B7, B9, de façon à augmenter la qualité de leur offre.

d) La somme des relations V/C définit pour un produit donné la mesure du coefficient qualité/prix (Q/P) du produit. Ce coefficient, généralement assez vague, prend ici un sens précis : la « qualité » du produit n'est que la somme des valeurs associées aux attributs du produit par l'acheteur, alors que le prix reflète bien sûr les coûts associés aux attributs du produit, mais aussi la stratégie de prix de l'entreprise. Doit-elle établir son prix de façon à prendre plein avantage de la valeur des bénéfices pour l'acheteur ou doit-elle prendre en compte les effets d'un tel prix sur le volume total ainsi que sur l'attrait de concurrents nouveaux ?

La segmentation des marchés signifie, dans son essence même, que la figure 12.6 définit une relation V/C valable pour un seul groupe d'acheteurs, alors que la figure 12.7 décrit comment deux segments peuvent différer quant à la combinaison de bénéfices offrant la meilleure relation V/C. Pour le segment 1, le produit devrait comporter les bénéfices ou les attributs 1, 2, 4, 6, 8 et 10. Quant au segment 2, la meilleure combinaison de bénéfices serait 1, 2, 3, 5, 9 et 10. Si les bénéfices qui définissent le segment 1 et ceux qui définissent le segment 2 ne s'excluent pas mutuellement, une même entreprise peut fort bien offrir des produits ciblant chacun de ces segments. En fait, le phénomène d'économies d'envergure pourrait donner un net avantage concurrentiel à la firme qui offrirait des produits distincts ciblant chacun des deux segments du marché.

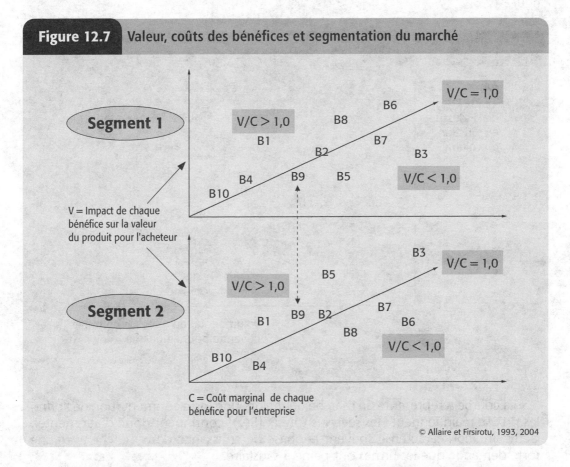

Figure 12.7 Valeur, coûts des bénéfices et segmentation du marché

© Allaire et Firsirotu, 1993, 2004

Les figures 12.6 et 12.7 soulignent pourquoi les firmes dans leur quête de croissance et de rentabilité en arrivent à une prolifération collective de produits et de segments de marché. Les firmes rivales se font concurrence à la fois par des produits qui offrent des attributs similaires et par des produits qu'elles souhaitent aussi différents que possible quant aux bénéfices qu'elles ont choisi d'y intégrer.

Enfin, la compétence et le savoir-faire qui sont nécessaires pour établir ces relations entre valeurs et coûts de bénéfices associés à un produit et pour déterminer les segments de marché constituent une compétence organisationnelle d'une haute valeur stratégique pour l'entreprise qui en est dotée. **L'entreprise qui souhaite prendre le virage stratégique de la segmentation doit au plus vite acquérir une telle compétence, sinon elle échouera lamentablement.**

12.3.2 La relation entre les revenus et les coûts selon le volume de production

Dans tout marché où l'on trouve un nombre restreint d'entreprises, chaque firme sait qu'une augmentation de son volume de production aura un certain effet sur les prix et les volumes, et donc sur la somme des revenus qu'elle pourra réaliser. Si toutes les firmes rivales augmentent leur capacité de production, l'impact collectif de ces décisions individuelles pourra prendre la forme de l'une ou l'autre des courbes de la figure 12.8.

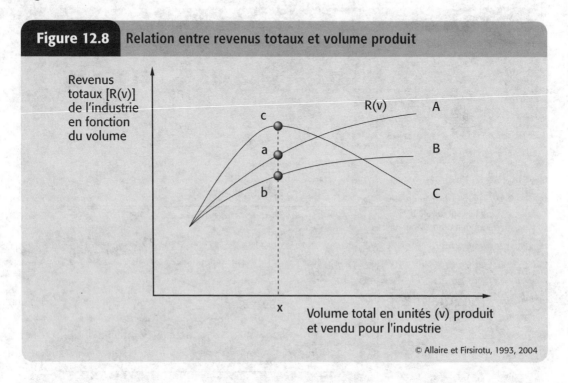

Figure 12.8 Relation entre revenus totaux et volume produit

© Allaire et Firsirotu, 1993, 2004

La courbe A représente un marché où malgré une forte augmentation de l'offre, les prix se maintiennent; les revenus totaux [R(v)] continuent donc d'augmenter. Cette situation caractérise souvent la phase de croissance d'un marché avec une forte demande que les firmes ont peine à satisfaire.

La courbe B montre une situation où l'augmentation du volume mène à une réduction du prix unitaire de telle sorte que les revenus totaux [R(v)] de l'industrie se stabilisent.

Enfin, la courbe C décrit les situations, fréquentes en pratique, où une augmentation du volume collectif de l'offre mène à une chute précipitée des prix et, ainsi, à des revenus totaux [R(v)] en forte diminution.

Sans connaître les paramètres précis de sa courbe R(v), une firme peut néanmoins apprécier: premièrement, les intentions des firmes concurrentes quant à leur volume de production; deuxièmement, le niveau de leurs coûts; troisièmement, la qualité relative des produits concurrents selon l'évaluation des acheteurs. Chaque entreprise doit être consciente du fait que ses décisions en matière de production et de prix ont un impact sur les comportements de ses concurrents. Il est tentant, mais toujours hasardeux, d'essayer de maximiser son intérêt en souhaitant que ses concurrents soient mal informés ou passifs. Toute décision d'augmenter le niveau de production ne passera pas inaperçue et pourra aisément mener aux situations représentées par les courbes B ou C.

La figure 12.8 nous rappelle que les effets bénéfiques sur les coûts des économies d'échelle, d'envergure et d'expérience, décrits au chapitre 7, doivent être appréciés à la lumière des phénomènes décrits ici, soit l'impact du volume de production sur les revenus globaux de la firme.

L'effet du volume de l'offre sur les revenus totaux de la firme [R(v)] doit être mis en relation avec les coûts de la firme et leur évolution en fonction du volume. Ainsi, si l'on définit C(v) comme la fonction reliant les coûts totaux au volume produit par une firme, tenant compte des économies d'échelle, d'envergure et d'expérience, on peut tracer, comme le démontre la figure 12.9, des courbes du coefficient R(v)/C(v) en fonction du volume, c'est-à-dire la relation entre les revenus et les coûts totaux selon le volume d'affaires de la firme.

Cette donnée est essentielle pour établir la stratégie de l'entreprise. Le numérateur R(v) reproduit la dynamique décrite à la figure 12.8. **Le dénominateur C(v) résume tout notre propos sur les coûts, l'impact des effets de volume sur les coûts, les investissements préalables à faire pour atteindre une haute efficience économique,** comme il est décrit à la partie III de cet ouvrage.

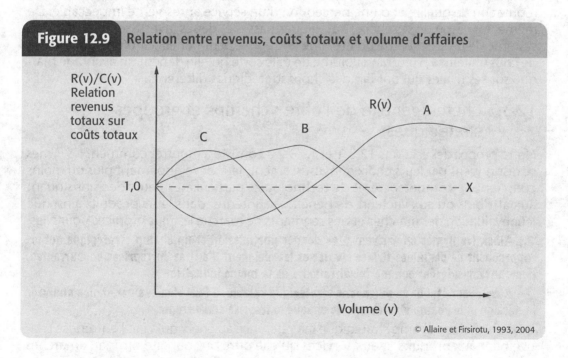

Figure 12.9 Relation entre revenus, coûts totaux et volume d'affaires

© Allaire et Firsirotu, 1993, 2004

La courbe A de cette figure indique que l'entreprise peut augmenter son volume de production sans devoir abaisser ses prix ou que ses coûts de fabrication chutent rapidement au fur et à mesure de l'augmentation de sa production. Ce type de configuration donne souvent lieu à une stratégie de domination d'un grand marché, comme nous le verrons à la partie V. IBM avec son système 360 ainsi que Microsoft avec son système d'exploitation et ses suites bureautiques sont des exemples de produits caractérisés par une courbe du type A.

La courbe B trace le profil d'un système qui fonctionne bien à volume modéré mais qui, au-delà d'un certain volume, voit son produit perdre de la valeur R(v) ou connaît une augmentation de coûts totaux plus que proportionnelle à ses revenus de sorte que sa performance se détériore rapidement.

La courbe C montre une situation où la perte de valeur R(v) avec l'augmentation du volume est beaucoup plus rapide que l'effet bénéfique du volume sur les coûts.

Nous pourrions ajouter beaucoup d'autres variantes aux situations décrites aux figures 12.8 et 12.9. Cependant, ces schémas suffisent pour montrer comment des marchés peuvent être différents selon, d'une part, l'abondance des bénéfices associés au produit qui ont une valeur *ex ante* supérieure à leur coût (B/D > 1,0) et, d'autre part, le niveau de volume au-delà duquel les revenus totaux chutent plus rapidement que les coûts totaux ou augmentent moins rapidement que les coûts totaux (R(v)/C(v) < 1,0).

Ces relations caractérisent les marchés et les industries pris dans leur ensemble. Cependant, au sein de tout marché, les relations R(v) et C(v) sont particulières à chaque firme et peuvent donc différer grandement d'une firme à l'autre.

Il peut fort bien arriver qu'une firme puisse offrir certains bénéfices qui ne sont pas à la portée de firmes rivales : par exemple, l'effet rassurant pour l'acheteur d'une réputation de qualité et d'une perception d'un service après-vente impeccable. De même, en raison de ses choix stratégiques passés et de ses investissements dans un système de production de pointe, une entreprise peut bénéficier d'une diminution de coût unitaire à plus grand volume de telle sorte qu'elle détient un avantage marqué sur ses rivales qui ont fait des choix stratégiques différents.

12.3.3 L'hétérogénéité de l'offre : champs et groupes stratégiques

Notre propos des sections 12.3.1 et 12.3.2 a consisté à montrer comment les firmes se distinguent par leurs choix d'investissement, leur développement plus ou moins conscient de compétences et de technologies particulières, leurs décisions quant aux attributs ou aux vecteurs de bénéfices à intégrer dans leurs produits ainsi que leur évaluation des marchés et des segments de marché les plus propices pour elles.

Ainsi, les firmes en arrivent à se donner une mission et un champ stratégique qui les rapprochent de certaines firmes rivales et les éloignent d'autres entreprises concurrentes, pourtant considérées comme faisant partie de la même industrie.

Aussi, pour établir un diagnostic stratégique valable, il faut bien évaluer et bien analyser la mission et le champ stratégique de chaque entreprise concurrente.

La notion de champ stratégique fait référence au choix qu'a fait l'entreprise relativement aux produits et aux services qu'elle offre ou souhaite offrir aux marchés géographiques, aux segments de marché et aux réseaux de distribution où ses produits et services seront offerts, et aux compétences et aux technologies qui lui sont propres, voire nécessaires pour réussir dans ces marchés. Nous traitons également de cette notion au chapitre 14, dans le cadre de notre description des « systèmes stratégiques ».

La mission et le champ stratégique de l'entreprise

Toute entreprise économique évolue dans un champ stratégique à trois dimensions interreliées, lesquelles donnent une substance à sa mission :

- la dimension « produits et services » ;
- la dimension « marchés » (segments et géographiques) ;
- la dimension « compétences, ressources et technologies ».

Le champ stratégique, tel qu'il est présenté à la figure 12.10, trace le contour ou les frontières de la firme selon ces trois dimensions.

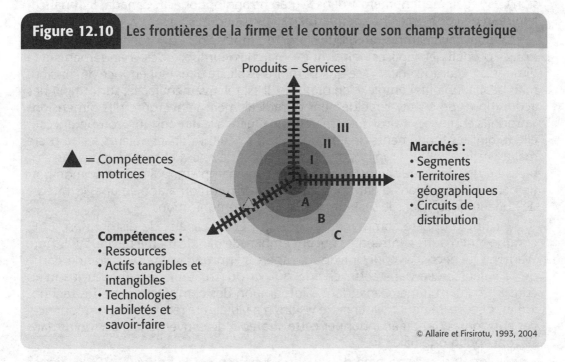

Figure 12.10 **Les frontières de la firme et le contour de son champ stratégique**

© Allaire et Firsirotu, 1993, 2004

Cette figure illustre deux situations distinctes :

1. Les trois champs stratégiques I, II et III, d'envergure croissante, ne sont que les étapes classiques du développement d'une entreprise : d'une firme monoproduit-monomarché-monocompétence à une firme multiproduits-multimarchés-multicompétences.

2. Trois firmes, A, B et C, « rivalisent » dans le « même secteur d'activités », mais sont caractérisées par des champs stratégiques différents en matière de produits, de marchés et de compétences. Ce type de situation mène directement à la notion de « groupes stratégiques ».

Afin de clarifier davantage la notion de « champ stratégique », attardons-nous d'abord à la première situation. Par ses choix quant à sa couverture des marchés, à l'envergure de produits et de services ainsi qu'aux compétences qu'il lui faut développer, l'entreprise se donne une définition opérationnelle de sa mission.

Par exemple, en 2001, la mission de la société Bell Canada Entreprise (BCE), telle qu'elle était énoncée dans son rapport annuel, indique clairement le champ stratégique que va désormais occuper l'entreprise jadis concentrée sur la téléphonie et ses équipements associés (Nortel) : « Être un groupe centré sur le client, construisant sur ses forces pour créer croissance et valeur par le truchement de services de communication, d'information et de divertissement de fine pointe. » Son but avéré est « de libérer la puissance de la connectivité par le contenu et le commerce pour le bénéfice des Canadiens ».

Pour atteindre ce but, BCE a rassemblé sous son « toit » les réseaux de téléphonie de Bell Canada, le système ExpressVu pour la diffusion de signaux de télévision par satellite, le réseau de téléphonie cellulaire de Bell Mobilité, le quotidien *Globe and Mail*, numéro 1 des quotidiens de langue anglaise au Canada, la chaîne de télévision CTV, également numéro 1 dans le marché anglophone au Canada, Sympatico, le réseau de connexion Internet, et bien d'autres entités encore.

Ce nouveau champ stratégique élargi, du moins en ce qui concerne les dimensions « produits et services » ainsi que « marchés », impose des changements à la dimension « compétences », ce qui est moins explicite dans leur énoncé de mission, mais beaucoup plus complexe en pratique. Il est relativement facile, surtout par des acquisitions, de changer rapidement et radicalement l'envergure des dimensions « produits et services » ainsi que « marchés ». Quant à la dimension « compétences », elle rejoint les fondements de l'organisation, sa culture et ses valeurs, et se prête mal à des intégrations rapides de nouvelles compétences et technologies rassemblées au gré des acquisitions. BCE a élargi son champ stratégique en grande partie par des acquisitions d'entreprises pour livrer ce qu'on a appelé une « stratégie de convergence » dans le secteur médias-télécommunications.

Par une propriété commune de contenus et de canaux de distribution, BCE, comme tant d'autres entreprises qui ont embarqué dans le même navire (AOL Time Warner, Quebecor, Vivendi Universal), espère s'approprier une plus grande partie de la valeur créée dans cette chaîne qui va du créateur de contenu jusqu'au consommateur ultime. Cependant, l'intégration des compétences et des technologies, nécessaire pour réaliser cette vision, n'a jamais été réalisée. En conséquence, ces entreprises ont dû abandonner cette stratégie de convergence, du moins dans sa conception originale.

Quant au deuxième type de situation représenté à la figure 12.10, les firmes « d'une même industrie » diffèrent souvent en matière d'envergure de leurs champs stratégiques. Le concept de groupe stratégique a été proposé pour tenir compte de cette diversité entre des firmes pourtant rivales à certains égards, et pour expliquer les différences systématiques et durables de rentabilité entre elles. Un groupe stratégique est défini par les firmes, dont le champ stratégique est très similaire, par leur envergure de produits, leur envergure de marchés, leurs compétences, leurs ressources et leurs technologies.

Ainsi, une industrie, au sens conventionnel du terme, peut abriter plusieurs groupes stratégiques, chacun étant peuplé de firmes semblables quant à leur champ stratégique et à leur façon de se faire concurrence sur un marché donné.

Plusieurs groupes stratégiques peuvent coexister au sein d'un marché largement défini. Le degré de concurrence entre ces différents groupes est moindre qu'entre des firmes œuvrant au sein d'un même groupe stratégique.

Le marché de la motoneige : groupes stratégiques

Nous avons mentionné, relativement à la segmentation du marché de la motoneige, l'existence d'un nombre de firmes qui exploitent ces segments, notamment Bombardier Produits récréatifs, Polaris, Yamaha et Artic Cat.

Comme le montre la figure 12.11, ces firmes, bien qu'en concurrence, montrent des champs stratégiques plus ou moins différents, ce qui nous permet de dire que ce secteur d'activités abrite plusieurs groupes stratégiques.

| **Figure 12.11** | Groupes stratégiques dans le marché des motoneiges | | | | | | | | | |

	G1 : Canada et États-Unis				G2 : Europe, Scandinavie		G3 : Europe de l'Est, Russie		Autres marchés ? Motomarines, VTT, motocyclettes		
	C1	C2	C3	C4	C1	C2	C3	C4			
S1 : Artic Cat	X	X	X	X							
S2 : Polaris, Bombardier	X	X	X	X	X	X	X	X	X	X	
S3 : Yamaha	X	X	X	X	X	X			X	X	X
S4 : Kawasaki									X	X	X

Segments :

C1 : Utilitaire   C3 : Sport
C2 : Randonnée   C4 : Haute performance

Le système d'Artic Cat (S1) forme à lui seul un groupe stratégique. Sur le plan géographique, il se concentre sur un seul marché : le marché nord-américain (G1). Il offre dans cette zone une gamme complète de motoneiges afin de joindre les quatre segments (C1, C2, C3, C4) pour des raisons d'économies liées à l'envergure de marché (même plate-forme de production, plus ou moins les mêmes composants, même réseau de distribution).

Quant à Bombardier et à Polaris (S2), elles ont des systèmes stratégiques presque similaires, dans le sens où leurs champs stratégiques couvrent tous les segments et toutes les zones géographiques du marché de la motoneige (C1, C2, C3, C4, G1, G2 et G3) pour des raisons d'économies liées à l'envergure de marché et à l'envergure géographique. En conséquence, elles forment un deuxième groupe stratégique. Leur seule différence provient du degré de couverture d'autres marchés, où Polaris a un champ stratégique encore plus large que celui de Bombardier en joignant également le marché de la motocyclette. Nous réitérons qu'il s'agit « d'autres marchés » (motomarines, VTT, motocyclettes), car le degré de substitution du coté de la demande est quasiment nul.

Quant à Yamaha (S3), elle couvre les zones géographiques G1 et G2 pour tous les segments ainsi que l'Europe de l'Est et la Russie. Pour les mêmes raisons, la compagnie japonaise s'est également diversifiée, tout comme Bombardier Produits récréatifs et Polaris, dans la fabrication et la vente de motomarines, de VTT et de motocyclettes. Cependant, en considérant les revenus provenant d'autres marchés que le marché de la motoneige, Kawasaki (S4), qui couvre les marchés de la motomarine, du VTT et de la motocyclette, et Yamaha forment un troisième groupe stratégique.

Ce phénomène de groupes stratégiques est représenté de façon schématique à la figure 12.12 (il s'agit d'une représentation statique d'un phénomène très dynamique).

Figure 12.12 Champs et groupes stratégiques : une coupe schématique

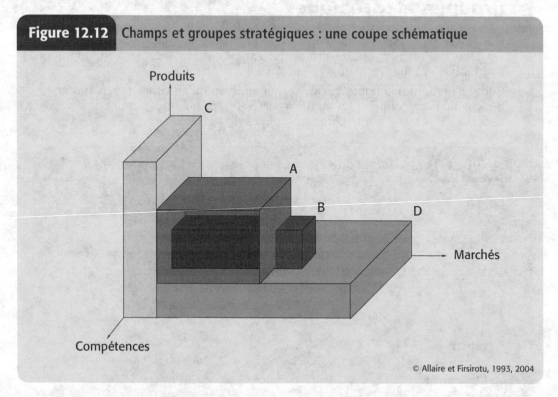

© Allaire et Firsirotu, 1993, 2004

Les firmes du groupe stratégique A se sont donné un champ stratégique qui les place en concurrence partielle mais significative avec les firmes du groupe stratégique B, mais en concurrence beaucoup moins forte, dans l'immédiat, avec les firmes du groupe C ou D. Le groupe C offre un ou des produits que les groupes A et B ne peuvent ou ne veulent pas offrir. Quant au groupe D, il limite ses activités à un segment d'acheteurs ou à un territoire géographique que les autres groupes ne veulent ou ne peuvent pas exploiter.

Évidemment, les choses n'en resteront pas ainsi; c'est pour cela que nous soulignons l'irrépressible dynamique de ces phénomènes. Les firmes faisant partie de l'un ou l'autre groupe stratégique examineront les coûts et les avantages stratégiques d'élargir leur champ stratégique pour englober totalement ou en partie celui d'un autre groupe; ou encore des firmes évalueront les entraves à leur migration vers un autre groupe au champ stratégique plus attrayant. Cette dynamique semble être en cours dans le secteur des technologies de l'information (TI), comme il en est question à la section suivante.

Les champs et les groupes stratégiques dans le secteur de l'informatique

Les sociétés IBM et Dell offrent un exemple saisissant de firmes rivales dans un marché ou concernant un produit tout en étant totalement différentes par leur envergure et leur champ stratégique. La figure 12.13 rend compte de ce phénomène courant.

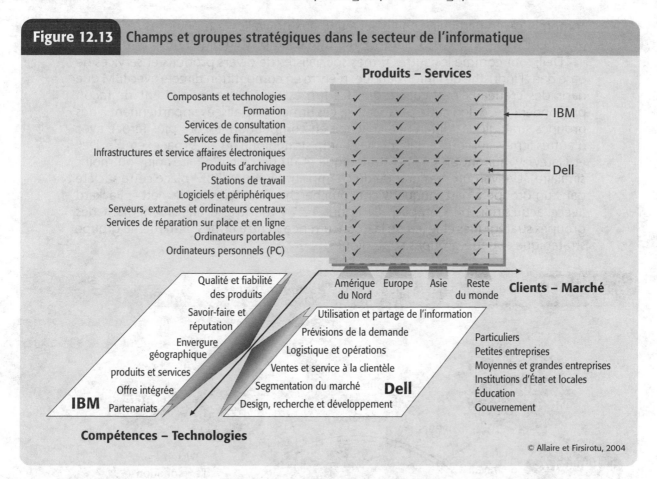

Figure 12.13 Champs et groupes stratégiques dans le secteur de l'informatique

© Allaire et Firsirotu, 2004

Le champ stratégique d'IBM recouvre un large éventail de produits et de services : ordinateurs centraux, serveurs, stations de travail, ordinateurs personnels, services de consultation, de financement, de formation en informatique, etc. En conséquence, les compétences nécessaires pour IBM sont nombreuses et variables selon leurs produits (recherche et développement, fiabilité, réputation, savoir-faire, partenariats).

Dell, pour sa part, est (du moins, était jusqu'en 2002) un spécialiste de l'ordinateur personnel. Contrairement à IBM, Dell a donc développé des habiletés particulières à ce marché, à savoir un système de vente, de distribution et de service après-vente efficace et personnalisé ; nous avons décrit le système de Dell dans l'introduction de la partie I de cet ouvrage. Cependant, comme le démontre la figure 12.13, Dell tend graduellement à élargir son champ stratégique au-delà des PC et des ordinateurs portables, comptant sur ses compétences distinctives pour lui donner un avantage stratégique dans des marchés présumés similaires. **Cette dynamique d'élargissement du champ stratégique est inévitable et fondamentale. L'entreprise veut continuer de croître et cherche à utiliser ses compétences propres sur des marchés réceptifs.** Cette forme de croissance organique est moins hasardeuse que les acquisitions. Cependant, elle n'en comporte pas moins certains risques qu'il faut bien comprendre, en particulier en ce qui a trait aux nouvelles compétences à développer, au fur et à mesure de l'élargissement du champ stratégique de la firme.

Dell, tout comme les autres firmes spécialistes de divers produits et services de base dans l'industrie de l'informatique, n'entre en compétition directe avec IBM que dans des créneaux particuliers que les firmes spécialistes exploitent de façon prépondérante. Selon cette perspective, ces firmes spécialisées appartiennent à des groupes stratégiques différents, chacune en compétition encore plus féroce avec d'autres firmes qui couvrent le même champ stratégique qu'elles (par exemple, Dell et Gateway, qui ont un champ stratégique et un modèle d'affaires plus ou moins similaire). L'envergure très grande du champ stratégique d'IBM place cette société dans un groupe à part, auquel vient (ou cherche à) se joindre Hewlett– Packard avec l'acquisition de Compaq. La figure 12.14 montre le chevauchement des groupes stratégiques et le jeu de la « concurrence » entre firmes d'un même groupe stratégique et entre groupes stratégiques.

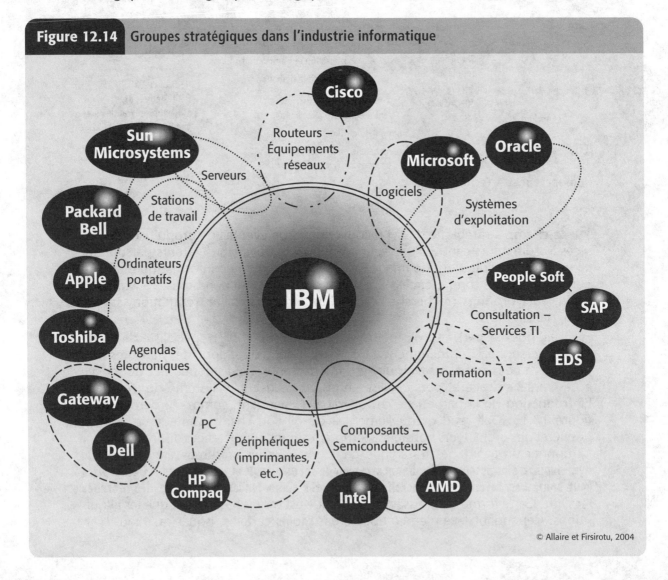

Figure 12.14 Groupes stratégiques dans l'industrie informatique

© Allaire et Firsirotu, 2004

Encore ici, cette « photo » de l'industrie ne vaut que pour un moment. La mouvance stratégique, sous l'impulsion des choix des différentes entreprises, est continuelle. Considérons, par exemple : Oracle et son OPA sur People Soft, Sun Microsystems, Hewlett–Packard et sa fusion avec Compaq. Ces sociétés cherchent à élargir leur champ stratégique dans la direction de celui d'IBM parce qu'elles jugent que la stratégie d'IBM est porteuse pour l'avenir.

Chapitre 13

La vision stratégique des marchés selon quatre perspectives

Introduction

Le « marché pertinent » selon la perspective stratégique prend un sens variable selon les fins diverses que ce concept doit servir.

Plusieurs « conceptions » du marché, toutes hautement pertinentes, doivent être prises en compte dans la démarche stratégique. Ces conceptions doivent inclure une vision du marché immédiat répondant à des besoins et à des critères d'achat précis et notoires dans un cadre de concurrence entre firmes bien identifiées ; mais elles doivent aussi inclure une vision large du marché en devenir et en évolution. Ainsi, selon une définition concrète ou élargie, focalisée ou hypothétique des bénéfices, des critères d'achat ou des besoins auxquels l'entreprise cherche à répondre, et selon une perspective ou un « horizon temporel » à court terme ou à plus long terme, nous pouvons définir quatre perspectives ou « visions stratégiques du marché ».

Les tableaux 13.1 et 13.2 schématisent ces quatre perspectives et présentent des enjeux stratégiques particuliers à chacune.

Tableau 13.1 Quatre visions, perspectives ou définitions du marché

GAMME DES BESOINS, DES BÉNÉFICES ET DES CRITÈRES D'ACHAT

DIMENSION TEMPORELLE	Focalisée et concrète	Élargie ou hypothétique
Court terme	• Marché couvert par des produits actuels • Peu de concurrents directs, mais beaucoup de produits substituts • Carte de positionnement perceptuel des produits • Définition privilégiée par les agences de surveillance de la concurrence • Enjeux : bataille de parts de marché, focalisation sur le client, segmentation du marché, évolution opportune des lignes de produits, recherche de rentabilité **[1]**	• Ajouts de bénéfices au produit de base • Réunion de produits et de services connexes dans une même offre • Marché et concurrence élargis • Définition de l'offre en matière de « services » plutôt que de « produits » • Enjeux : maîtriser l'économique complexe d'une offre « intégrée », assembler et harmoniser des compétences nouvelles, adopter une forme d'organisation appropriée à cet élargissement de mission, gérer le changement de « centre de gravité » de l'entreprise **[2]**
Long terme	• Évolution du marché de base sous la pression – de l'arrivée de firmes étrangères – de l'émergence de nouveaux marchés géographiques – de l'évolution du marché à la suite du changement des goûts et des attentes des acheteurs tant sur le plan du produit que sur celui du processus d'achat – de l'évolution de la technologie • Enjeux : veille technique et concurrentielle ainsi que qualité de l'information de marché sont essentielles au développement opportun de nouveaux produits ; recherche de nouveaux marchés géographiques, approche attentive et proactive aux changements dans les processus d'achat (commodité, nouveaux réseaux, segmentation plus fine) **[3]**	• Redéfinition du marché par les changements de valeurs et de besoins de la société • Création de nouveaux marchés par l'innovation et les discontinuités technologiques • Foisonnement de nouveaux produits et de marchés potentiels, surabondance de produits potentiels, ceux-ci excédant la capacité de développement de marchés par la firme. • Occasion d'acquérir une position dominante au sein de marchés en émergence • Enjeux : acheter des « options » sur les nouvelles technologies (participation minoritaire dans de nouvelles entreprises, etc.), surveillance serrée des « nouveaux » marchés pour en apprécier le vrai potentiel avant les autres, comprendre et simuler les comportements d'achat des clients, décision audacieuse (ou hasardeuse) de prendre des engagements massifs et irréversibles envers un nouveau marché jugé porteur. **[4]**

© Allaire et Firsirotu, 1993, 2004

Tableau 13.2 Quatre visions, perspectives ou définitions du marché

	GAMME DES BESOINS, DES BÉNÉFICES ET DES CRITÈRES D'ACHAT	
DIMENSION TEMPORELLE	**Focalisée et concrète**	**Élargie ou hypothétique**
Court terme	• Ce marché est défini par des produits bien déterminés en rivalité directe selon une gamme de bénéfices ou critères de choix connus. Exemples : – boissons colas – téléphones – transport ferroviaire – livraison de petits colis – services bancaires [1] **Risque de myopie**	• Cette définition du marché inclut une plus large gamme de bénéfices potentiels offerts par le produit ; elle inclut également des produits et des services substituts ou périphériques ; elle dénote une recherche de nouveaux besoins que l'entreprise peut ou veut satisfaire. Exemples : – boissons gazeuses, boissons non alcooliques – télécommunications – services intégrés de transport – logistique et gestion de la chaîne d'approvisionnement – services financiers intégrés [2]
Long terme	• Cette définition du marché comporte une vision à plus long terme de l'évolution technique, des nouvelles façons de satisfaire les mêmes besoins et des occasions d'affaires offertes par de nouveaux marchés géographiques. Exemples : – distribution de boissons par des multiples canaux – mise au point de nouveaux modèles d'avions – marchés de la Chine et de l'ex-URSS – guichets bancaires hors site – vidéoconférence – Internet et le commerce électronique [3]	• Cette définition du marché comporte autant de lubies que de visions réalistes ; elle est faite de paris sur la technologie et de sensibilité à l'évolution sociale ; elle propose une conception radicalement nouvelle du marché. Exemples : – *Factory of the Future* (GE) – *Office of the Future* (Xerox) – convergence du marché des médias-télécommunications (AOL Time Warner, Vivendi Universal) – train propulsé par lévitation magnétique (MAGLEV) – automobile électrique – maison intelligente (*smart house*) [4] **Risque de presbytie**

© Allaire et Firsirotu, 1993, 2004

13.1 Une définition focalisée et concrète du marché selon un horizon temporel à court terme (1-3 ans)

Les quadrants 1 des tableaux 13.1 et 13.2 représentent la définition usuelle d'un marché dans son sens premier et populaire. Le marché est ici défini par les produits concurrents, tous de très proches substituts. La somme des ventes de ces produits constitue le « marché » dont on peut calculer la part détenue par chaque entreprise.

C'est la définition du marché qui sous-tend le programme de recherche PIMS (*Profit Impact of Market Strategies*), dont les conclusions sur les relations entre la qualité des produits, les parts de marché et la rentabilité de l'entreprise font maintenant partie du folklore de la stratégie et du marketing (Buzzel et Gale, 1987).

Les agences de surveillance de la concurrence tendent également à définir le marché pertinent selon le quadrant 1. En effet, la part de marché détenue par chaque firme est alors souvent élevée, et toute fusion entre entreprises de ce quadrant sera assujettie à un examen serré pour déterminer si la transaction est contraire à l'intérêt public. Évidemment, les entreprises concernées par une fusion tentent de convaincre ces agences de réglementation que le marché pertinent se situe plutôt dans le quadrant 2 de ces mêmes tableaux. En effet, avec une telle définition, la part de marché détenue par toute entreprise est relativement faible, et l'impact d'une fusion ou d'une acquisition semblera bénin.

La société Coca-Cola offre un exemple historique : elle a voulu acquérir, dans les années 1980, l'entreprise Dr. Pepper dont le produit « cola » un peu particulier est très populaire dans le sud des États-Unis.

Coca-Cola et Dr. Pepper : le marché pertinent ?

Selon une définition focalisée du marché, c'est-à-dire les boissons colas vendues aux États-Unis, Coca-Cola détenait 56 % et Dr. Pepper, 7 % du marché. Selon les règles américaines en matière de fusion, Coca-Cola, avec une telle part de marché, n'aurait pas été autorisée à procéder à cette acquisition.

Selon une définition élargie (quadrants 2 des tableaux 13.1 et 13.2), c'est-à-dire toutes les boissons gazeuses non alcoolisées, la société Coca-Cola n'aurait détenu que 35 % du marché et Dr. Pepper, quelque 3 %. Or, même avec une telle définition du marché en matière de fusion et d'acquisition (à l'époque), l'acquisition n'aurait pas été autorisée.

La société Coca-Cola a offert une définition beaucoup plus large du marché. À moyen et à long terme, toutes les boissons non alcoolisées – y compris, selon Coca-Cola, l'eau du robinet – peuvent satisfaire le même besoin « générique » de se désaltérer. Dans un tel marché, où l'on trouve les jus de fruits, l'eau minérale, le lait ainsi que tous les types de boissons gazeuses, Coca-Cola ne détenait qu'une part de 7 %, abstraction faite de l'eau potable coulant des robinets. Son acquisition de Dr. Pepper devenait un événement insignifiant. La Federal Trade Commission (FTC), après que les experts eurent débattu la question devant son tribunal, a retenu la définition du quadrant 2, à savoir que le marché pertinent était celui des boissons gazeuses non alcoolisées. La FTC a alors débouté Coca-Cola de sa requête et lui a interdit l'acquisition en cause.

Aux fins de la stratégie de Coca-Cola, toutes ces définitions du marché sont cependant utiles et pertinentes.

Une définition précise et à court terme du marché sert à mobiliser les unités d'affaires concernées et à les inciter à augmenter leur part de marché au détriment de concurrents immédiats et tangibles, en l'occurrence Pepsi-Cola, par des innovations de produits telles que cola diététique, cola sans caféine, etc., de nouveaux formats, des promotions originales en magasin, une intense campagne auprès des réseaux de distribution (supermarchés, dépanneurs) et des grandes chaînes de restauration et une publicité performante. Ces unités d'affaires doivent donc se consacrer entièrement à la rude bataille que représente le maintien ou l'augmentation de leur part d'un marché bien défini.

Cependant, si l'entreprise Coca-Cola dans son ensemble n'était mobilisée que par une telle définition du marché, elle souffrirait d'une dangereuse myopie. Pour établir la stratégie globale de l'entreprise, ses dirigeants doivent évidemment se donner une vision plus large des marchés. C'est ce qu'a fait Coca-Cola, comme nous en faisons état plus loin.

La performance économique de l'entreprise, voire sa survie, passe par son habileté à rivaliser durement dans ses marchés immédiats et bien concrets. Le fait de se tailler une place profitable dans ces marchés, de comprendre et d'anticiper les besoins des clients, d'offrir le service attendu et de mener la guerre de tranchées dans les réseaux de distribution doit mobiliser toutes les énergies et les ressources d'unités d'affaires entièrement dédiées à ce marché. Par contre, **l'entreprise doit comporter des lieux et des moments où des dirigeants sont responsables d'établir une vision plus large du marché ;** elle doit surveiller l'évolution des besoins et des attentes des acheteurs, les développements de produits par les concurrents ainsi que les comportements de firmes œuvrant en périphérie de leur marché immédiat ; elle doit tenter d'anticiper les conséquences à plus long terme de changements encore embryonnaires dans les technologies, les styles et les modes de vie ainsi que les valeurs sociales. C'est ce que proposent les trois autres quadrants ou visions du marché.

13.2 Une définition focalisée et concrète du marché selon un horizon temporel à plus long terme (4-10 ans)

Selon cette perspective du marché (quadrants 3 des tableaux 13.1 et 13.2), **les décideurs doivent relever la tête et jeter un regard au-delà de leurs enjeux immédiats de part de marché et de rentabilité trimestrielle.** Quels nouveaux produits leur seront nécessaires pour maintenir et améliorer leur position de marché ? Quels sont les signes avant-coureurs, s'il y a lieu, de changements significatifs dans les habitudes d'achat et les humeurs des consommateurs ? Quelles occasions ou menaces créent les innovations technologiques ? Quels sont les marchés géographiques d'où l'entreprise est absente, mais qui peuvent offrir dans un avenir pas trop lointain des perspectives intéressantes à condition que l'entreprise s'y prépare dès maintenant ?

Il est également important d'élargir leur questionnement à l'impact des évolutions sociale, politique et économique, ainsi que de la maturité du marché.

L'évolution sociale et politique peut-elle susciter de nouveaux enjeux pour notre marché ? Par exemple : le recyclage obligatoire de bouteilles et de cannettes de boissons gazeuses ainsi que leur remplacement par des systèmes de distributrices dans les bureaux, dans les immeubles d'habitation et même dans les résidences privées; une rivalité plus énergique entre les modes de transport en commun et l'automobile pour le transport urbain, et entre l'avion et le train à haute vitesse pour le transport interurbain.

- La maturité du marché, lorsque celui-ci est défini de façon étroite et concrète, va-t-elle mener à une prolifération de nouveaux produits et à une hypersegmentation du marché? Comment l'entreprise se prépare-t-elle pour une telle éventualité? Nous avons vu, avec le marché des avions d'affaires, comment ce phénomène quasi inévitable pose des défis de taille à l'entreprise. Une « vision » telle du marché en devenir permet déjà d'assembler les compétences qui lui seront nécessaires (recherches de marché, habiletés renforcies en marketing, compétence et rythme de développement de nouveaux produits, gestion des coûts de production, stratégies d'approvisionnement et sous-traitance, etc.) Dans ce contexte de marché, l'entreprise doit décider des investissements stratégiques qui lui assureront succès et pérennité.

- Les phases de maturité et de saturation du marché, lorsque celui-ci est étroitement défini, susciteront-elles l'émergence de segments de marché à la portée de petites firmes focalisées sur ces segments? Par exemple : les microbrasseries qui offrent des bières locales de haute qualité.

- L'évolution technique pourrait-elle mener à une nouvelle définition de la commodité d'achat et à de nouveaux modes de distribution? Par exemple : les guichets automatiques hors site ou le commerce électronique qui ont radicalement changé la notion de commodité d'accès aux services bancaires essentiels et à tant d'autres produits.

- L'évolution technique pourrait-elle permettre l'émergence de nouvelles façons de satisfaire aux bénéfices particuliers associés au produit? Par exemple : la technologie du télécopieur ou du courriel comme substitut aux services de messagerie tels que Federal Express, DHL, etc.; les systèmes de vidéoconférence en remplacement des voyages d'affaires; les systèmes de câblodiffusion ou de satellites rivalisant entre eux; l'information sur l'Internet rivalisant avec les lieux physiques (bibliothèques) et les versions imprimées de journaux et de magazines; la vente en ligne (commerce électronique) rivalisant avec les canaux traditionnels de distribution pour la location d'automobiles et de chambres d'hôtel ainsi que les réservations de sièges d'avion; les jeux de hasard en ligne rivalisant avec les casinos. Bref, comment seront achetés et distribués les produits et les services à l'avenir?

13.3 Une définition élargie ou hypothétique du marché selon un horizon temporel relativement court

Cette définition élargie du marché (quadrants 2 des tableaux 13.1 et 13.2 repris au tableau 13.3) comprend des produits et des services connexes pour augmenter ou protéger son chiffre d'affaires, lesquels produits et services sont rendus possibles ou nécessaires en vertu de changements techniques ou réglementaires. Coca-Cola devait, tôt ou tard, s'interroger sur l'à-propos d'envahir tout le champ des boissons

Tableau 13.3 Quatre visions, perspectives ou définitions du marché

DIMENSION TEMPORELLE	GAMME DES BESOINS, DES BÉNÉFICES ET DES CRITÈRES D'ACHAT	
	Focalisée et concrète	**Élargie ou hypothétique**
Court terme	• Ce marché est défini par des produits bien déterminés en concurrence directe sur des critères de choix connus. Exemples : – vente d'avions d'affaires – vente de locomotives – vente d'avions commerciaux **Risque de myopie**	• Ce marché a un contour plus vague ; il inclut des produits et des services substituts ou périphériques ; il dénote une recherche pour élargir la gamme de besoins que l'entreprise peut ou veut satisfaire. Exemples : – services intégrés pour voyages VIP (Bombardier Flexjet) – énergie ferroviaire à l'heure (GE locomotives) – Location, financement et entretien d'avions commerciaux (GECAS)
Long terme		**Risque de presbytie**

gazeuses puis celui de toutes les boissons non alcoolisées (jus de fruits, eau minérale, etc.). Ses compétences à distribuer et à mettre en marché de tels produits sont évidentes ; sa présence massive dans les réseaux de distribution est un actif à la fois indispensable à ses produits et renforcé par eux.

De même, le passage de la téléphonie aux technologies de l'Internet et aux télécommunications allait de soi, une fois les marchés déréglementés. Par contre, cette vision du marché mène souvent à des stratégies qui, au premier abord semblent judicieuses mais s'avèrent souvent, en pratique, plutôt hasardeuses.

Dans l'évolution de presque tous les marchés arrive un moment où certaines entreprises en viennent à la conclusion que leurs acheteurs n'achètent pas vraiment un produit, une entité physique bien définie mais achètent plutôt, ou voudraient acheter, un ensemble de bénéfices connexes, incluant les services et autres produits reliés nécessaires à la satisfaction de leurs besoins.

Bien plus que la demande pressante des acheteurs, ce sont les impératifs de croissance des entreprises qui les mènent souvent à élargir leur champ stratégique et leur mission pour englober des produits et des services que ces entreprises estiment connexes et susceptibles d'être achetés simultanément. Il leur semble évident, indiscutable, qu'une offre « intégrée » procurera des bénéfices tangibles auxquels les acheteurs seront sensibles. Les exemples sont nombreux :

- Ajouter aux services bancaires des services d'assurance et de fiducie, de courtage en valeurs mobilières et de banques d'affaires.
  Les banques canadiennes et américaines, autorisées à le faire depuis la déréglementation récente des marchés financiers, ont procédé à une série d'acquisitions et d'alliances visant à leur donner la capacité d'offrir, de façon coordonnée, tous les services « souhaités » par le client. Ainsi, le client pourrait effectuer tous ses « achats » auprès d'un seul fournisseur, appréciant vraisemblablement la commodité et l'efficacité d'un tel système. Après plusieurs années d'efforts pour convaincre les consommateurs, les banques doivent constater que cette vision du marché ne se réalise que partiellement. Les acheteurs, insensibles aux bénéfices d'une source unique, s'accrochent obstinément à leurs anciennes habitudes où l'achat de chaque produit ou service est traité comme une décision distincte.

- Transformer le marché des services de transport aérien « en un marché élargi de services de voyages ». United Airlines, au cours des années 1980, a tenté une audacieuse stratégie consistant à rassembler par acquisitions, autour de son système de réservation (Apollo), des entreprises d'hôtellerie (Hilton, Westin) et de location d'automobiles (Hertz). Ainsi, un voyageur pourrait, par un seul contact avec l'entreprise Allegis (le nom donné à ce regroupement), se procurer tous les services essentiels à un voyage d'affaires. Contournant les agences de voyage, Allegis allait évidemment faire l'économie des commissions qu'on doit leur payer. Le concept a été un échec retentissant non seulement parce que les acheteurs y trouvaient peu de bénéfices tangibles, mais surtout à cause de la réaction des agences de voyages, lesquelles ont boycotté subrepticement les entreprises regroupées dans Allegis. Or, leur importance est (était, du moins à l'époque) telle que les conséquences économiques de leurs agissements ont eu vite raison d'Allegis.

- La stratégie de « convergences » notoire de Vivendi Universal, d'AOL Time Warner et d'autres. Cette stratégie s'appuyait également sur une vision du marché selon laquelle les acheteurs seraient hautement et immédiatement réceptifs à une offre de produits et de services provenant d'une seule source, combinant informations, divertissements, films, musique, etc. Or, cette nouvelle conception de marché paraît intéressante si nous la plaçons dans le quadrant 4 (c'est à dire qu'elle pourrait s'imposer selon un horizon de 4 à 10 ans), et non comme un élargissement à court terme du marché. Puis, comme c'est souvent le cas, ces nouvelles conceptions du marché donnent lieu à une série d'acquisitions pour équiper l'entreprise des compétences, des produits et des services ainsi que des technologies nécessaires pour servir ce « nouveau marché ». Quel que soit le bien-fondé de la « vision » qui alimente ce type de stratégie (et il arrive souvent que cette vision ne soit que lubie), sa réalisation achoppe souvent à cause des difficultés d'intégration et d'harmonisation des cultures et des compétences des différentes entreprises réunies subitement sous un même toit. Nous traitons de cet enjeu à la partie VI de cet ouvrage.

Nous avons cité quelques exemples problématiques pour bien démontrer le caractère complexe de ces changements de définition du marché pertinent. Mais cette mutation des marchés, conséquence de changements du côté des acheteurs ou de nouvelles façons de faire des entreprises, présente des possibilités stratégiques d'une grande importance. Les sociétés General Electric et Federal Express offrent deux exemples instructifs :

1. Constatant que les sommes dépensées en achat de services d'entretien, de pièces de rechange, etc., représentaient un montant plusieurs fois supérieur au prix de ses produits et cherchant de nouvelles voies de croissance, GE a pris au début des années 1990 le virage « services ». Jack Welch en a fait une initiative « corporative » et a demandé que toutes les entités redéfinissent leurs marchés pour inclure les services dans leur mission et leurs offres aux clients. Ainsi, GE Locomotives ne vendait plus qu'un produit physique, mais offrait des contrats selon lesquels, contre paiement pour de l'« énergie locomotive », une société de chemins de fer confiait à GE la gestion complète de ses locomotives, incluant leur financement, leur entretien, etc. La société GE Capital jouait un rôle important dans cette stratégie par son énorme capacité de financement. La filiale GE Engines, fabricant de moteurs d'avions, offrait aussi un produit et un service intégré : moteur, financement, entretien, pièces de rechange, tout cela à un prix établi pour la durée du contrat. Toujours fragiles financièrement, les sociétés aériennes (l'acheteur) ont été très sensibles à une telle offre. En fait, si elles le souhaitaient, la filiale GECAS (General Electric Capital Aviation Services) pouvait même leur offrir des avions en location-bail, avions équipés, bien sûr, de moteurs General Electric et dont GE assumait tous les services d'entretien. Cette intégration de services répondait à un besoin tangible des acheteurs,

à un élargissement bien réel du marché. À telle enseigne que cette réalité et le pouvoir de marché qu'en tirait GE ont soutenu la décision de la Commission européenne de la concurrence de refuser à GE l'autorisation d'acquérir la société Honeywell.

2. Federal Express, le grand spécialiste et concepteur du marché de transport de courrier express et de petits colis, dont nous traitons plus en détail au chapitre 17, a dû changer sa stratégie en fonction de mutations dans son marché. D'une part, les télécopieurs universellement disponibles et la diffusion massive de l'Internet ont rétréci son marché d'origine. Par contre, la profusion de nouveaux commerces en ligne a propulsé le volume d'expéditions de petits colis pour livrer les marchandises aux acheteurs. FedEx a aussi constaté que ces nouvelles entreprises issues du commerce électronique n'avaient ni les ressources ni les compétences pour rapidement mettre en place et gérer tous les aspects logistiques de ce type de commerce : approvisionnement, entrepôt, inventaires, différents modes de transport, etc.

Cette carence allait faire en sorte que plusieurs commerces électroniques périssent avant d'avoir pu s'équiper proprement et que d'autres ne voient jamais le jour. Il était clair pour FedEx que ces nouvelles entreprises avaient un urgent besoin non seulement d'expédier leurs marchandises à leurs acheteurs, mais d'un « service intégré de logistique » offert par une entreprise capable de gérer pour elles toutes les fonctions logistiques. Voilà donc une définition élargie du marché en réponse à des besoins réels d'acheteurs nouveaux, condition préalable au succès de cette stratégie. Reste à mettre en place le type d'organisation capable de mener cette stratégie. FedEx a dû procéder à certaines acquisitions pour se donner les compétences qui lui faisaient défaut. Son défi consiste maintenant à exécuter cette stratégie et à en prouver la valeur économique.

13.4 Une large vision à long terme du marché

Cette définition du marché (quadrants 4 des tableaux 13.1 et 13.2) est à la fois hautement stratégique et problématique. Le processus de gestion stratégique de toute entreprise doit inclure cette dimension, même si les conclusions qui en résultent sont souvent vagues, frustrantes et inopérantes.

Les questions auxquelles la direction doit tenter de répondre sont les suivantes : Comment les développements techniques ou sociopolitiques vont-ils changer la nature de nos marchés à plus long terme ? Quelles mesures devrions-nous prendre maintenant pour nous préparer à saisir les nouvelles occasions, nous protéger des développements défavorables à nos marchés ?

Un piège est tendu ici : les développements de la technologie ont séduit plus d'un dirigeant d'entreprise par leurs possibilités, par les nouveaux produits et services qu'ils pourraient engendrer. Par contre, **cette profusion technique et le rythme de développement de nouveaux produits sont souvent bien supérieurs à la capacité d'absorption des acheteurs et au rythme de développement de nouveaux marchés.**

On a souvent reproché aux dirigeants leur myopie, leur vision à court terme. Or, il leur arrive également de souffrir de presbytie en ce qu'ils voient un marché lointain avec une telle clarté qu'ils le croient plus proche qu'il ne l'est. On parlait d'imminence de la désuétude de la monnaie papier au cours des années 1960. On y est presque, mais 40 ans plus tard. Au début des années 1970, la société Xerox a proposé sa vision de l'avenir, *Office of the Future*, qui intégrait des systèmes interreliés d'ordinateurs, de traitements de texte, de photocopieurs, etc. Or, cette vision de l'avenir, que Xerox prévoyait pour le début des années 1980, a tardé à se matérialiser, engendrant ainsi des coûts importants pour la société. Lorsque cette vision a abouti à un marché concret au cours des années 1990, elle se fondait sur des produits tels que Internet, télécopieurs, téléphones cellulaires, etc., que Xerox n'avait pas inventés et, pour une bonne part, ne fabriquait même pas.

La société General Electric a connu une aventure similaire au début des années 1980 avec son projet *Factory of the Future*, lequel consistait à mettre au point des robots et des systèmes de fabrication par ordinateur qui élimineraient en pratique l'intervention humaine dans les procédés industriels. Cette vision de l'avenir a été ramenée à des proportions plus modestes après que GE y a englouti plusieurs centaines de millions de dollars.

D'autres exemples de « presbytie » nous sont offerts par les investissements de plusieurs firmes dans la mise au point de l'automobile électrique, pour lequel le marché tarde à se manifester. Le rapport qualité/prix insatisfaisant ainsi que les problèmes techniques non résolus à ce stade expliquent le manque d'intérêt des consommateurs pour ce produit. D'autres firmes ont investi dans l'élaboration d'un univers de résidences « intelligentes » (*smart houses*) et de villes « connectées » (*wired cities*), reliées à un réseau de communication interactive et de surveillance à distance ; cette vision de l'avenir, toute plausible qu'elle soit, risque de se réaliser selon un calendrier beaucoup plus long que celui prévu par les firmes « visionnaires ».

Que faire ?

Dans des domaines de haute turbulence technologique et d'incertitude stratégique, alors que les possibilités de nouveaux marchés sont nombreuses et qu'aucune d'elle, aussi grande soit-elle, ne peut toutes les évaluer et encore moins tenter de toutes les mener à terme, **l'entreprise devrait surveiller l'activité des entrepreneurs, faire des paris techniques ou acheter des options sur la survie d'entreprises en émergence.**

Ainsi, lorsque le contexte s'y prête, l'entreprise peut se limiter à surveiller l'activité des entrepreneurs qui tenteront leur chance tous azimuts et attendre que le marché donne concrètement sa caution à l'une ou l'autre initiative entrepreneuriale. Quand le marché aura « parlé » distinctement, bien que discrètement, elle pourra alors offrir d'acheter la firme entrepreneuriale et tenter, en y ajoutant ses capacités et ses ressources, de développer au maximum ce nouveau marché ainsi que d'y occuper une place dominante.

La société Johnson & Johnson, dont nous avons parlé sous la rubrique « Gestion de risque » du chapitre 5, procède essentiellement ainsi dans les secteurs des produits pharmaceutiques ainsi que des équipements médicaux et chirurgicaux, secteurs qui comportent un haut niveau de risque et affichent, du moins aux États-Unis, une forte activité entrepreneuriale.

L'entreprise peut aussi faire des « paris » techniques au moyen de projets de recherche et développement, de participations à des consortiums de recherche, de financement de projets universitaires ou d'une participation à des entreprises créées pour explorer le potentiel des nouvelles technologies.

En outre, elle peut acheter une « option » sur l'avenir en participant comme actionnaire minoritaire au capital de nouvelles entreprises de pointe, une entente lui permettant d'acquérir une participation plus importante au moment opportun.

Autre exemple (*voir chapitre 5*) : Microsoft pratique avec un art consommé ces méthodes pour composer avec les marchés incertains. Elle acquiert des entreprises dont elle veut s'approprier les produits et la technologie déjà démontrée. Elle prend des participations dans des secteurs de pointe au futur encore incertain, mais potentiellement attrayant. Pour la seule année 1999, Microsoft a pris 32 participations et acquis 12 entreprises, dont plusieurs dans des secteurs encore très incertains. Par exemple, elle a investi dans des entreprises comme Zoomit, Sendit, Omnibrowse, Web Md, Rythms, ThingWorld.com, Audible.com, CompareNet et Dialogic.

Enfin, dans le contexte de cette vision du marché, l'entreprise doit prendre une décision quant au moment propice pour engager les ressources nécessaires pour occuper une place importante, voire dominante, dans un marché émergent mais jugé prometteur. Quand un marché n'est-il plus qu'une vision hypothétique et incertaine, mais une réalité suffisamment plausible pour y investir massivement ? Trop tôt, les risques de déconvenue sont très élevés ; trop tard, d'autres firmes s'y seront installées de façon telle qu'il devient difficile de les déloger. La solution à ce dilemme passe par une intelligence fine et pointue de ce qui se passe sur ce nouveau marché, ainsi que par une compréhension des processus d'achat et de calculs économiques des acheteurs virtuels.

Afin d'illustrer ce cadre d'analyse et de diagnostic stratégique, nous allons démontrer comment les quatre perspectives de marché se manifestent dans trois secteurs d'activités concrets : le marché des avions d'affaires, le marché des services financiers, le marché du livre.

13.4.1 Quatre perspectives de marché – les avions d'affaires

Chaussons les souliers d'un dirigeant d'une entreprise fabriquant des jets d'affaires pour faire le tour des quatre « marchés » pertinents à cette catégorie de produits. Le tableau 13.4 résume les enjeux associés à ces quatre perspectives de marché.

Tableau 13.4 Le marché des avions d'affaires : quatre perspectives (vers 2002)		
	DÉFINITION DES BÉNÉFICES RECHERCHÉS	
	Étroite et précise	**Large et générique**
Court terme	• Plusieurs segments de marché, chacun couvert par trois ou quatre produits concurrents • Maturité du marché, caractère cyclique, pression sur les prix exercée par les produits « usagés » • Contexte social moins favorable au produit	• Gamme élargie d'options pour satisfaire les besoins : nolisement, achat fractionnaire, copropriété, etc. ; plusieurs tentatives de combiner ces options en une offre unique ajustée aux besoins variés de l'entreprise • Tentative, par de grandes sociétés aériennes perdant une clientèle de choix, de mettre sur pied des services d'avions d'affaires (vite abandonnée après le 11 septembre 2001)
DIMENSION TEMPORELLE	**[1]**	**[2]**
Long terme	• Prolifération de produits et recherche de nouveaux créneaux • Expansion sur les marchés européens et asiatiques encore très sous-développés par comparaison au marché américain • Risque de nouvelles réglementations limitant l'usage de ces appareils (pour des raisons de sécurité, de contrôle du bruit, d'engorgement de certains aéroports)	• Technologie supersonique à des coûts abordables • Systèmes de vidéoconférence de plus en plus performants et de moins en moins chers • Contexte sociopolitique plus ou moins favorable à l'utilisation de ce produit
	[3]	**[4]**

© Allaire et Firsirotu, 2004

Quadrant 1

Pour son marché bien concret et immédiat (le quadrant 1), l'entreprise rivalise sur certains ou tous les segments de marchés établis. Si elle ne participe pas à tous les segments, elle s'interroge sur l'à-propos, les moyens et les perspectives de rentabilité d'élargir sa gamme de produits.

Le contexte actuel est marqué par une baisse de l'activité économique (2002-2003) et donc de la demande pour le produit, phénomène usuel mais aggravé par une abondante offre d'appareils « usagés », lesquels exercent une poussée à la baisse sur le prix des appareils neufs.

Également à cause des excès et des abus des dirigeants de certaines entreprises, le jet d'affaires, qu'on avait réussi à repositionner comme un « outil de travail » contribuant à l'efficacité des gestionnaires, a repris, en partie du moins, son image d'antan : symbole d'un luxe débridé, symptôme d'un chef de direction aux goûts luxueux dont l'entreprise fait les frais.

Quadrant 2

Au cours des années 1990, plusieurs innovations ont modifié les paramètres de ce marché, en ont élargi le contour. Ainsi, selon une conception plus large du marché (quadrant 2), un nouveau concept comme le système de copropriété d'avions est entièrement géré par l'entreprise qui offre ce service et qui garantit sur préavis de quatre à six heures un avion identique (ou mieux) à celui dont l'acheteur est copropriétaire.

Ces systèmes hautement flexibles (on peut acheter 1/16, 1/8, 1/4 d'appareil et des fractions d'appareils de capacité différente, etc.) s'ajustent aux besoins précis de l'acheteur et réduisent au minimum les tracasseries associées à la propriété d'un tel produit.

En plus, des systèmes en ligne permettent aux voyageurs de s'informer du prix et de la disponibilité d'un avion pour un trajet précis à une date déterminée. Cette disponibilité résulte d'avions nolisés, ou même d'avions de propriété privée, devant faire un trajet sans passagers pour revenir à leur lieu d'origine.

Ainsi, cette combinaison de services mène à une nouvelle définition du marché, d'une définition axée sur le produit physique à une définition de type « service de transport aérien VIP pour dirigeants d'entreprise et personnes fortunées ». À telle enseigne qu'avant la catastrophe du 11 septembre 2001, deux grandes sociétés de transport aérien (Delta et United) ont tenté de mettre sur pied des filiales pour offrir des services de jets d'affaires en temps partagé afin de retenir leur clientèle haut de gamme.

Quadrant 3

Selon une perspective à plus long terme de l'évolution des produits (quadrant 3), le dirigeant doit évaluer les projets déjà en développement chez ses concurrents et l'impact de ces nouveaux produits sur sa propre gamme de produits (il faut de quatre à cinq ans pour mettre au point et homologuer un nouvel avion). Lesquels d'entre eux seront vulnérables à une attaque par les nouveaux produits des concurrents ? Quels développements sont déjà en cours ou devraient être entrepris pour protéger sa fraction de marché, viser de nouveaux créneaux ou attaquer les produits vulnérables des concurrents ? Quelles sont les plates-formes sur la base desquelles de nouveaux appareils peuvent être mis au point à des coûts moindres et en un temps plus court que pour un avion au design entièrement neuf ?

Le dirigeant doit également se préoccuper du développement de nouveaux marchés géographiques. Pour des raisons économiques mais aussi sociopolitiques, l'Asie et la Russie ainsi que les pays annexes n'offrent pas le potentiel de marché des États-Unis, mais ils recèlent d'intéressantes possibilités et un bon rythme de croissance. Cette perspective de marché doit alimenter les plans d'action de l'entreprise. Le dirigeant doit aussi se préoccuper des tendances sociales ou politiques ayant une incidence sur son marché. Toute entrave à l'usage des jets d'affaires diminue les avantages et l'attrait de ce mode de transport, et doit être combattue avec vigueur.

Quadrant 4

Enfin, quelles sont les perspectives de ce marché dans sa définition élargie et selon l'évolution technique et sociopolitique à long terme (quadrant 4) ? À leur tour, les Américains, les Russes et les Français ont jonglé avec l'idée de fabriquer un jet d'affaires supersonique. Chaque fois, les réalités économiques (les coûts astronomiques de mise au point et d'homologation) les ont forcés à abandonner le projet. Cependant, les développements techniques pourraient éventuellement rendre cette idée économiquement réalisable et vulnérabiliser tous les modèles haut de gamme actuellement offerts. Ce n'est pas demain la veille… mais il faut tout de même être vigilant. Une menace plus proche et probable provient de la technologie de plus en plus performante et de moins en moins coûteuse de la vidéoconférence. Cette évolution technique constitue une menace réelle pour le chiffre d'affaires des sociétés de transport aérien et, à un degré moindre, pour la vente de jets d'affaires. Le temps et l'argent économisés, de même que la fatigue et les décalages horaires évités, rendent ce produit substitut très attrayant, surtout s'il en vient à permettre une qualité d'échanges et de soutien technique équivalant presque à une présence physique.

Il est difficile de prévoir si les contextes social et politique évolueront de façon favorable ou non à ce produit et service. Par exemple, les mesures de sécurité dans les aéroports américains depuis le 11 septembre 2001 et les délais allongés qui en résultent pourraient favoriser l'utilisation de jets d'affaires. Prenant en compte le temps perdu par les dirigeants sur les vols commerciaux, la valeur économique du jet d'affaires s'en trouve améliorée, surtout si l'on recourt aux multiples options disponibles pour optimiser les coûts de ce service.

Toutefois, l'attitude soupçonneuse des investisseurs envers les dirigeants d'entreprise, depuis les affaires Enron, Worldcom et autres, crée un climat défavorable à l'utilisation d'un produit considéré par plusieurs comme un luxe inutile. Cette perception néfaste du produit et service « jet d'affaires » persistera-t-elle ou ne sera-t-elle qu'un épiphénomène d'une période trouble ? Les entreprises de ce secteur doivent se montrer proactives pour redonner à leur produit sa valeur comme instrument de travail contribuant à augmenter la productivité du personnel de direction.

13.4.2 Quatre perspectives de marché – les services financiers (vers 1990)

Le secteur des services bancaires et financiers fournit un exemple de la dynamique des marchés. Nous le traitons comme un exemple historique parce que les bouleversements redoutés ou souhaités, ainsi que les enjeux du marché à long terme du début des années 1990 se sont en grande partie réalisés. Historiquement, ce marché a été défini par le contexte juridique régissant les activités des firmes de ce secteur. Traditionnellement, celui-ci est partagé en quatre branches d'activité étanches et soumises à leur propre réglementation : les banques, les fiducies, les assurances et les valeurs mobilières.

Dans un tel univers, seuls les quadrants 1 et 3 du tableau 13.5 étaient pertinents pour l'une ou l'autre de ces branches. Les banques dont le marché était surtout limité aux services bancaires mesuraient leur part du marché de l'épargne des particuliers en divisant leurs dépôts des particuliers par la somme des dépôts des particuliers détenus par toutes les banques à charte et les caisses populaires, ainsi que par quelques autres institutions de moindre envergure comme les caisses de crédit ailleurs qu'au Québec.

Enjeux stratégiques pour les firmes

Pour ces institutions, le jeu de la concurrence consistait à se surveiller mutuellement à ajuster en conséquence leurs taux d'intérêt, leurs services et l'étendue de leur réseau de succursales et, à une époque désormais révolue, à coordonner les tarifs exigés pour différents types de services.

Les banques à charte, offrant en cela un bel exemple d'application des économies d'envergure, ont voulu exploiter des marchés différents, soit les particuliers, les commerces et les industries, avec un même bassin d'actifs communs et indivisibles, soit leur réseau de succursales et leur personnel.

Tableau 13.5 Le marché des services financiers : quatre perspectives

| | DÉFINITION DES BÉNÉFICES RECHERCHÉS | |
	Étroite et précise	**Large et générique**
DIMENSION TEMPORELLE **Court terme (1990-1993)**	• Services bancaires traditionnels (épargne, REER, chèques, prêts personnels et hypothécaires) • Guichets automatiques sur sites et hors sites • Cartes de crédit (Visa, Mastercard, etc.) • Concurrence : banques à charte fédérale, caisses populaires et l'équivalent, quelques banques étrangères	• Services financiers individuels et familiaux : services bancaires, courtage en valeurs mobilières, assurance-vie, assurance générale, fiducie (testaments, gestion de succession, etc.) • Services de conseillers financiers • Produits de placement (fonds mutuels de types variés, etc.) • Sociétés de crédit associées à un manufacturier (G.M.A.C., Ford Crédit, GE Capital, etc.)
Long terme (1994-2000)	• Gamme de points de service adaptés aux différents segments • Télé-banque (services bancaires par le truchement de l'ordinateur personnel) • Cartes de débit et de paiement • Cartes avec mémoire (*smart cards*) • Concurrence plus vive de la part des banques étrangères • Segmentation plus fine du marché et gamme de services mieux ciblés	• Décloisonnement juridique et pratique des marchés, chassé-croisé de produits concurrents • Croissance rapide de l'épargne • Habileté croissante des particuliers en matière de placements • Prolifération des cartes de crédit de sociétés non financières • Multiples services financiers offerts dans les mêmes circuits de distribution • Utilisation de la technologie en temps réel pour effectuer des placements et autres transactions

© Allaire et Firsirotu, 1993, 2004

Comme il arrive souvent dans ces circonstances, les banques ont dû faire des compromis entre ces différents marchés lorsqu'est venu le temps de décider des emplacements de leurs nouvelles succursales et des gammes de services offerts par ces mêmes succursales. À une certaine époque, ces choix étaient plutôt favorables aux marchés des commerçants et des industriels.

En conséquence, les caisses populaires, un réseau bancaire entièrement dédié au marché des particuliers, ont pu établir des emplacements et des services entièrement conçus pour les particuliers, ce qui, à l'époque, leur a conféré un avantage stratégique sur le réseau des banques à charte.

Avec des dépenses d'exploitation généralement plus élevées par 100 $ d'actif puisque, contrairement aux banques à charte, elles ne jouissaient pas des effets d'envergure. Les caisses populaires offraient cependant à leurs clients une telle valeur ajoutée grâce à leur proximité physique et psychologique que cela justifiait pleinement les coûts, parfois plus élevés, desdits services. De plus, au fur et à mesure que le volume d'affaires de chaque caisse populaire augmentait, ses coûts d'exploitation diminuaient sensiblement[5].

---

5. Même si les économies d'échelle dans ce secteur ne sont pas très fortes, elles s'avèrent significatives jusqu'à trois ou quatre mille clients par établissement.

Dans cet univers de marchés des services financiers départagés juridiquement, la rivalité entre institutions jouait selon les quadrants 1 et 3 du tableau 13.5.

Quadrants 1 et 3 : les enjeux

Comment les développements techniques, notamment le déploiement de guichets automatiques sur sites et hors sites, changent-ils les notions de commodité et de proximité ainsi que la dynamique économique de l'offre des services bancaires qui sous-tendaient les stratégies de réseau des différentes institutions? Comment une segmentation plus fine du marché des services bancaires pour les personnes se transforme-t-elle en une gamme de services et de points de services conçus pour s'ajuster aux besoins et aux attentes des différents segments? À ces questions, importantes en soi, s'ajoutent toute une série d'enjeux critiques au fur et à mesure que l'évolution de la réglementation et de la technologie force graduellement les institutions bancaires à examiner les quadrants 2 et 4 du tableau 13.5.

Quadrants 2 et 4 : les enjeux

Une fois libérés du joug structurant de la réglementation de la concurrence, comment se définiront les marchés des services financiers sous la seule pression de l'offre et de la demande? Ces marchés continueront-ils à être distincts dans l'esprit des acheteurs parce qu'ils répondent à des besoins très particuliers? Quels seront les impacts des technologies de l'information sur les modes et les coûts d'exploitation des banques, et comment ces phénomènes influeront-ils sur l'intensité et la nature de la concurrence? Dans quelles proportions les transactions courantes seront-elles traitées électroniquement? Quels seront les modes appropriés de distribution et de vente de produits financiers pour une clientèle mieux informée en matière de placements? Quelles seront les combinaisons de produits et de services qui offriront une valeur ajoutée importante pour les clients? Quels sont les liens, les synergies et les actifs communs qui, du point de vue de l'offre, pourraient donner un avantage économique à l'entreprise qui exploiterait ces différents marchés de façon intégrée? Comment diminuer la tendance à la fragmentation d'allégeance des clients et comment établir avec des clients choisis une relation continue couvrant une large gamme de services financiers? Quelle forme prendra la nouvelle concurrence suscitée par la forte croissance de certains segments de marché et la déréglementation graduelle de l'industrie?

Enfin, quant à l'institution bancaire dans son ensemble, comment coordonner et contrôler les activités de ses entités non bancaires? S'il y a lieu pour les banques d'ajouter de telles opérations à leurs activités régulières, comment le faire sans subir les effets des coûts de complexité, des coûts de mandat, etc.? Comment ne pas devenir vulnérables aux petites firmes bien focalisées sur des créneaux précis et lucratifs de ces vastes marchés?

Voilà les enjeux et les défis stratégiques que les cadres et les gestionnaires d'une banque auraient dû examiner au commencement des années 1990 selon une approche stratégique qui prend en considération les quatre perspectives de marché décrites dans ce chapitre.

13.4.3 Quatre perspectives de marché – le livre aux États-Unis

Le secteur de la vente au détail de livres aux États-Unis fournit un autre exemple de multiples perspectives d'un même marché.

Imaginons comment au milieu des années 1990 un grand réseau américain de librairies comme la société Barnes & Noble aurait pu définir son marché pertinent selon les quatre perspectives proposées dans ce chapitre. Le tableau 13.6 en résume les particularités et les enjeux stratégiques.

Tableau 13.6	Le marché du livre : quatre perspectives aux États-Unis en 1995

	DÉFINITION DES BÉNÉFICES RECHERCHÉS	
	Focalisée et concrète	**Élargie ou hypothétique**
Court terme (1995-1997)	• Bénéfices recherchés : lecture d'un livre • Un produit : le livre • Quelques grandes chaînes de librairies concurrentes (Barnes & Noble, Borders, Books-a-Million) • Acquisition de librairies indépendantes • Gamme de points de vente adaptés aux différents segments et concept relançant la croissance : les hypermarchés du livre (*superstores*) • Un libraire virtuel qui commence à faire parler de lui : Amazon.com • Effort de rentabilisation des investissements et d'optimisation de la chaîne d'approvisionnement à **[1]** **Risque de myopie**	• Bénéfices recherchés : information, divertissement ; substituts du livre : journaux, magazines, revues spécialisées, cédéroms, vidéos, jeux vidéo • Élargissement de la concurrence : magasins spécialisés, magasins-entrepôts, grands magasins, kiosque à journaux, etc. • Importance de plus en plus accrue du temps et de la commodité • Remise en question des propositions de valeur des entreprises, de leur positionnement • Ambiance et expérience d'achat rehaussées **[2]**
DIMENSION TEMPORELLE		
Long terme (1998-2004)	• Discontinuité technologique : l'Internet comme plate-forme commerciale et canal de distribution • Nouvelle définition de la commodité d'achat : émergence de nouveaux marchés • Diffusion et croissance du commerce électronique et des marchés en ligne • Augmentation du nombre de librairies virtuelles • Impact sur les ventes actuelles et stimulation de la demande par la nouvelle technologie **[3]**	• Nouvelle technologie, nouvelles valeurs • Démocratisation de l'accès à l'Internet et augmentation des vecteurs d'accès : agenda électronique, téléphone cellulaire, etc. ; diffusion de l'offre de cartes de crédit • Diffusion et généralisation du commerce électronique • Extensibilité des sites : augmentation des catégories de produits et de services offerts par les détaillants dans l'Internet • Rythme de développement et d'adoption du livre électronique ? Impacts sur les ventes de livres traditionnels, sur les marges économiques ? • Intégration virtuelle en amont ? **[4]** **Risque de presbytie**

Bénéfices particuliers et horizon à court terme : quadrant 1 (1994-1997)

Dans cette perspective étroite, particulière et à court terme du marché, le bénéfice recherché par le client d'une librairie est la lecture d'un livre. Ainsi, le marché est défini par la vente de livres et de produits qui sont de très proches substituts (exemple : les livres audio) par des chaînes de librairies, des librairies indépendantes et des établissements comme Costco qui ajoutent des livres à leurs nombreuses catégories de produits.

Ainsi, il est aisé de calculer les parts de marché des entreprises. Par exemple, malgré une consolidation de l'industrie de la vente de livres commencée au début des années 1990, les deux plus grandes chaînes – Barnes & Noble avec 4,8 milliards de dollars de revenus en 2002 et Borders avec 3,2 milliards de revenus la même année – ne représentent que 10,1 % du marché total. Les boutiques représentent 9,4 % du marché.

Dans cette définition étroite du marché, les deux grandes chaînes consacrent tous leurs efforts à la promotion, à l'augmentation de leur part de marché par l'acquisition de librairies indépendantes, à l'augmentation par tous les moyens de leurs ventes par pied carré, à l'optimisation de leurs chaînes d'approvisionnement par des pressions sur les maisons d'édition et les grossistes afin d'obtenir les meilleures conditions d'approvisionnement (par exemple, des remises supérieures, des délais plus longs pour leurs comptes à payer, des périodes plus courtes pour le retour des livres invendus, des participations plus vigoureuses des éditeurs à la promotion des livres).

Bref, leurs défis majeurs portent sur l'augmentation de leur part de marché et sur la rentabilisation de leurs investissements. Ce faisant, cependant, ces deux grandes chaînes ne perçoivent pas encore en 1995 un développement technologique qui aura une grande influence sur les comportements d'achat.

Définition étroite et horizon à long terme : quadrant 3 (1997-2004)

Jeff Bezos, l'entrepreneur qui a créé et développé le marché du livre en ligne, a bien compris le potentiel de l'Internet pour le commerce de détail. En 1995, il a lancé sa « librairie virtuelle » : Amazon.com. Malgré la petite taille du marché en ligne et l'incertitude quant au rythme de sa croissance, Amazon.com a attaqué ce créneau, bien déterminée à dominer ce nouveau marché. La stratégie de création et la domination de marché que Jeff Bezos exécute avec vigueur ainsi que le système qu'il a bâti derrière cette stratégie seront décrits en détail au chapitre 17.

Bezos a parié sur de nouveaux comportements d'achat. Il a vu en l'Internet la possibilité de définir de façon nouvelle la commodité d'achat et la notion de proximité, et d'offrir avec son nouveau canal de distribution – le Web ouvert 24 heures sur 24 et 365 jours par année – le confort de l'achat de livres sans déplacement, à la portée d'un clic de souris.

Dans un premier temps, l'entrée d'Amazon.com sur le marché de la vente au détail de livres n'a pas inquiété les libraires traditionnels, qui croyaient ce marché marginal limité aux personnes férues de l'Internet. Par peur de cannibaliser leurs ventes, ou par « myopie », les librairies traditionnelles comme Barnes & Noble et Borders ont tardé à riposter à l'offensive d'Amazon.com. Évidemment, les ventes en ligne ne représentaient alors qu'un faible pourcentage des ventes totales de livres. Les hypermarchés mis au point à la même époque par Barnes & Noble et Borders connaissaient un grand succès et contribuaient à la croissance de leurs chiffres d'affaires.

En effet, en 1999, bien que le marché en ligne ait commencé à se développer avec vigueur, les ventes en ligne ne totalisaient que 654 millions des 13,3 milliards de dollars de ventes de livres aux États-Unis.

Les grands réseaux de commerce de livres, en ligne et hors ligne, devaient relever nombre d'enjeux, parfois difficiles à percevoir à l'époque mais très pertinents pour leur avenir.

Par exemple :

- Le commerce électronique va-t-il créer une nouvelle demande ou transférer des ventes des librairies « réelles » vers les librairies « virtuelles » ?
- Des librairies étrangères vont-elles tenter de s'implanter aux États-Unis ou peuvent-elles s'accaparer des parts de marché par l'intermédiaire de leur site Internet ?
- Les nouvelles technologies peuvent-elles créer une nouvelle forme de compétition, par exemple en permettant le court-circuit des canaux de distribution habituels par les éditeurs ?
- Quels nouveaux attributs et bénéfices pourraient être proposés aux acheteurs afin de stimuler la demande ou servir de fondement à une segmentation plus fine du marché ? Par exemple, la technologie *one-click-shopping* mise au point et brevetée par Amazon.com permet de garder en mémoire les coordonnées des clients (adresse de livraison et mode de paiement choisi) et permet ainsi de régler un achat en un clic de souris. Autre exemple : la technologie d'avant-garde utilisée par Amazon.com, *collaborative filtering*, qui permet de personnaliser l'expérience d'achat pour chaque client, ainsi que de segmenter le marché de façon plus directe et faire une offre appropriée. Ainsi, Amazon.com est en mesure d'accueillir sur son site chacun de ses clients par son nom et de lui recommander des produits en fonction de ses achats passés, de sa profession ou de ses centres d'intérêts.
- L'évolution technologique pourrait-elle de nouveau mener à une autre définition de la commodité d'achat et à de nouveaux modes de distribution ? Par exemple : l'accès à l'Internet au moyen du téléphone cellulaire ou des agendas électroniques qui souffrent encore d'un manque d'autonomie, mais dont certains modèles permettent déjà de télécharger des livres électroniques ou de lire les nouvelles du *Wall Street Journal*.

De telles considérations poussent des entreprises établies comme Barnes & Noble et Borders à courir certains risques pour ne pas être prises au dépourvu par l'évolution du marché. Éventuellement, au risque de cannibaliser les ventes de leurs librairies, Barnes & Noble et Borders lancent, respectivement, des librairies virtuelles en 1997 et en 1998. Barnes & Noble propose un site Web calqué sur celui d'Amazon.com.

Définition élargie et horizon à court terme : quadrant 2 (1991-1995)

Considérons maintenant le marché de façon plus large à court terme. Le marché n'est plus seulement le marché du livre, mais celui du besoin « générique » auquel correspond le livre, et également beaucoup d'autres produits : l'information et le divertissement. Le marché élargi comprend donc tous les produits qui peuvent satis-faire le besoin « générique » de s'informer et de se divertir et englobe les journaux, les magazines, les disques compacts, les vidéos VHS et DVD.

Inspirés par cette division du marché, Barnes & Noble et Borders lancent le con-cept de « librairie hypermarché ». Avec leur vaste choix de produits (musique, ma-gazines et livres), leurs fauteuils confortables et leurs comptoirs à café, **les hypermarchés déclenchent une minirévolution dans le monde de la librairie, en transformant l'expérience d'achat de livres et autres produits reliés en une forme de divertissement et d'activité sociale.** D'ailleurs, entre 1991 et 1995, la vente de livres aux États-Unis a connu une crois-sance de 32 %, due en grande partie à ce nouveau concept d'établissement.

La concurrence commence à s'élargir également pour comprendre des kiosques à journaux, des détaillants de musique, etc. Dans ce nouveau contexte, les libraires doivent, bien sûr, s'interroger sur leur « proposition de valeur ». Quels segments pri-vilégient-elles ? Quels sont les concurrents directs et indirects dans ce marché large-ment défini ? Quelles sont les possibilités d'économies d'envergure ou d'échelle par l'exploitation de segments ou de marchés supplémentaires ? Quels produits peu-vent s'ajouter profitablement pour élargir l'offre des libraires ?

Pour comprendre les besoins et les attentes de divertissement de sa clientèle, Amazon.com alloue des ressources massives à l'analyse du comportement du consom-mateur. Grâce à sa technologie, elle récolte et stocke de nombreuses informations sur les comportements en ligne de ses clients et leurs achats. Avec le temps, Amazon.com en vient à se définir non plus comme une librairie virtuelle, mais comme un « centre commercial en ligne » ainsi que nous le verrons au chapitre 17.

Définition large et horizon à long terme : quadrant 4 (1998-2004)

Certains facteurs, tels que le développement de logiciels permettant de sécuriser les achats en ligne, l'augmentation du nombre d'ordinateurs personnels et des vecteurs d'accès à l'Internet (agenda électronique, téléphone cellulaire, etc.), mènent à une généralisation du commerce électronique et à l'émergence d'un grand nombre de commerces en ligne. Les possibilités offertes par les nouvelles technologies de l'in-formation en matière de produits et de services sont énormes. Comme il est rela-tivement facile d'étendre un site Web (extensibilité), plusieurs entreprises de vente au détail élargissent leurs gammes de produits et de services offerts pour amortir leurs frais et dans l'espoir de devenir le site de magasinage de prédilection.

Ainsi, Amazon.com, de sa position dominante dans le marché en ligne du livre, tente d'élargir cette domination à d'autres marchés. Elle offre désormais une mul-titude de produits et de services, tel que des produits électroniques et électroménagers, des accessoires maison et de jardinage, des articles pour enfants et bébés (jouets, jeux, etc.), et devient un véritable « centre commercial » en ligne. Barnes & Noble a également ajouté d'autres catégories de produits et de services dans sa librairie virtuelle comme des abonnements à des magazines, des logiciels, des DVD. Toutefois, l'entreprise demeure essentiellement un libraire répondant aux besoins d'informa-tion et de divertissement en ligne et hors ligne.

À plus long terme, les interrogations suivantes sont d'une haute pertinence pour les Barnes & Noble, Borders et Fnac de ce monde :

- L'édition électronique représente-t-elle un nouveau débouché ou une menace pour les librairies ? L'intégration virtuelle en amont deviendra-t-elle une option valable ? Déjà, l'éditeur X Libris (*voir l'encadré suivant*) allège considérablement le processus d'édition d'un livre en permettant à quiconque de publier un livre (impression sur demande et distribution par les librairies en ligne). Barnes & Noble s'oriente déjà vers l'édition de livres électroniques. Peut-on concevoir que, dans un avenir rapproché, le livre pourrait être téléchargé directement de l'éditeur au lecteur ? Et pourquoi pas, comme l'a expérimenté Stephen King, directement d'un auteur célèbre au lecteur (donc sans grand besoin de promotion) !

- Le marché du livre électronique atteindra-t-il une masse critique ou demeurera-t-il au stade de créneau ? Quelle sera l'incidence du développement de ce marché sur les maisons d'édition, les imprimeurs, les librairies ? Déjà, certaines maisons d'édition comme Pearson semblent anticiper un développement notable de ce marché et y investissent massivement.

X Libris – L'éditeur de livres électroniques par excellence

Fondée en 1997, X Libris est une entreprise Internet dont la vocation est de permettre à tout apprenti auteur d'être publié. Son modèle d'affaires, inspiré du révolutionnaire modèle de Dell, court-circuite les intermédiaires traditionnels et permet à quiconque ayant produit un manuscrit de le publier et de le commercialiser sans pour autant prendre en charge les risques liés aux inventaires, aux retours ou à la perte de contrôle sur la propriété intellectuelle.

Le processus est simple et peu coûteux : l'auteur envoie un manuscrit sous forme électronique : X Libris s'occupe de la mise en pages, du design de la couverture, de l'enregistrement du livre avec les canaux de distribution existants (librairies virtuelles) et de l'assignation d'un numéro international normalisé du livre (ISBN). La compagnie utilise une technologie d'impression sur demande et n'imprime donc que les livres commandés. Le même ouvrage peut être diffusé en version électronique. X Libris ne prend aucun risque puisqu'elle n'assume pas d'inventaires ni d'invendus. L'auteur touche des droits d'auteur sur chaque vente et conserve tous les droits sur son livre.

13.5 Quatre visions du marché et quelques enseignements

Nous proposons donc une approche multiple des marchés pertinents. Toute réflexion stratégique doit comprendre dans son périmètre l'évaluation des quatre perspectives décrites dans ce chapitre.

Une évaluation dynamique du marché et de la concurrence doit être attentive non seulement à leurs particularités actuelles, mais également à leur évolution probable au fur et à mesure que les forces inhérentes à l'offre et à la demande de produits ou de services propulsent le marché d'une phase à l'autre de son développement.

Dans l'entreprise d'une certaine taille, il est fort possible, voire souhaitable, que la responsabilité de pousser à fond cet examen et d'en tirer des conclusions ainsi que des propositions de démarches précises soit dévolue à des unités ou à des groupes de personnes différents.

En toute circonstance, cependant, l'examen systématique des quadrants des tableaux 13.1 et 13.2 fournira une première évaluation des choix et des options stratégiques pour la firme. Cette première coupe analytique doit être sensible aux développements sociopolitiques et techniques pouvant modifier le cours des marchés de l'entreprise.

Partie V
Les stratégies de marché et les systèmes stratégiques

Introduction

Cette partie rassemble les concepts et les enseignements des chapitres précédents portant sur les coûts et les marchés afin de définir une gamme de stratégies de marché, un véritable arsenal stratégique.

Nous proposons **10 stratégies de marché distinctes,** chacune se démarquant par des exigences précises correspondant à des circonstances économiques propres.

Deux stratégies « corporatives » s'ajoutent à cette liste :

- la stratégie de diversification non reliée, dont nous avons fait longuement état aux chapitres 5 et 6 ;
- des « entreprises » à caractère essentiellement financier, les holdings ou les firmes privées d'investissements, comme KKR, Blackstone Carlisle et autres[1].

La figure suivante fait état de ces stratégies ainsi que des chapitres où chacune est décrite et illustrée.

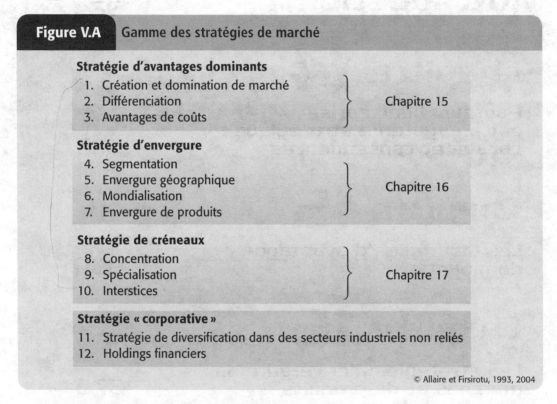

| **Figure V.A** | Gamme des stratégies de marché |

Stratégie d'avantages dominants

1. Création et domination de marché
2. Différenciation
3. Avantages de coûts

            Chapitre 15

Stratégie d'envergure

4. Segmentation
5. Envergure géographique
6. Mondialisation
7. Envergure de produits

            Chapitre 16

Stratégie de créneaux

8. Concentration
9. Spécialisation
10. Interstices

            Chapitre 17

Stratégie « corporative »

11. Stratégie de diversification dans des secteurs industriels non reliés
12. Holdings financiers

© Allaire et Firsirotu, 1993, 2004

Avant d'aborder la description de ces 10 stratégies de marché, nous consacrons tout le chapitre 14 au concept de « **système stratégique** ». À plusieurs reprises, nous avons déjà fait référence à ce concept essentiel pour bien comprendre la stratégie et son exécution. **Toute entreprise est un système stratégique. Lorsqu'elle devient grande, elle est parfois composée de plusieurs « systèmes stratégiques » aux contours plus ou moins clairs.**

---

1. Ces dernières firmes, connues sous le terme anglais *Private Equity Fund*, adoptent un *modus operandi* qui consiste essentiellement à acheter des entreprises, à leur imposer une rigoureuse gestion de la trésorerie, puis à les revendre (ou à les remettre sur le marché par le biais d'une offre publique) afin de réaliser un profit important en un laps de temps relativement court. Nous ne traitons pas expressément de ce type d'« entreprises » dans cet ouvrage.

La qualité de la pensée et de l'action en matière de stratégie est tributaire de dirigeants qui comprennent leur entreprise (et celles de leur rivaux) de façon systémique.

La gamme de stratégies que nous proposons éclaire les comportements des entreprises de deux façons :

1. En montrant et en expliquant la dynamique stratégique dans tout marché.
2. En proposant la notion de faisceau de stratégies imbriquées et interreliées.

La dynamique de la stratégie

Ces 10 stratégies de marché couvrent bien l'éventail des comportements stratégiques observables à tout moment ainsi que la mouvance stratégique dans le temps au fur et à mesure de l'évolution des marchés et de la concurrence. Ainsi, les différentes phases d'évolution d'un marché, décrites au chapitre 10, suscitent des comportements stratégiques variés et prévisibles selon cette évolution.

La figure suivante démontre bien ce caractère dynamique des stratégies de marché. Le mouvement stratégique évolue considérablement en fonction des changements dans les comportements des acheteurs et des efforts continus de repositionnement stratégique des firmes rivales.

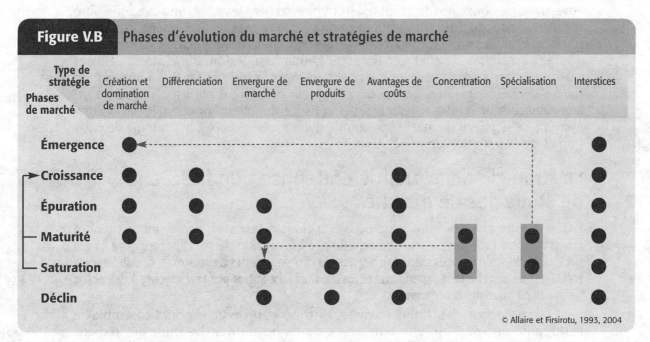

Figure V.B — Phases d'évolution du marché et stratégies de marché

© Allaire et Firsirotu, 1993, 2004

Non seulement le marché change-t-il de nature au fur et à mesure de l'évolution des acheteurs, mais les entreprises rivales apparaissent, disparaissent et y rivalisent selon des stratégies différentes.

Ainsi, la firme qui, la première, crée un nouveau marché peut réussir à imposer une structure de marché où elle jouit d'une position dominante. Les autres firmes tenteront alors de s'en démarquer dans des aspects importants pour l'acheteur et de bénéficier ainsi des avantages d'une certaine différenciation technique ou symbolique.

Tôt ou tard, le marché entrera en **phase de maturité.** Les firmes en place, ou de nouvelles firmes, voudront répondre à une demande de plus en plus segmentée selon l'importance relative qu'accordent différents groupes d'acheteurs aux divers bénéfices qu'offre le produit. Certaines firmes en place, du moins celles qui en ont la capacité, tenteront d'offrir une gamme de produits pour satisfaire les attentes différentes de segments d'acheteurs. Certaines autres, poussées par des phénomènes de coûts, par la recherche de croissance et de rentabilité, voudront étendre leur envergure à de nouveaux marchés géographiques.

Selon que certains des facteurs de coûts jouent un rôle important, des entreprises pourront étendre leur envergure à plusieurs marchés-produits, c'est-à-dire qu'elles offriront des produits sur plus d'un marché. Enfin, en certaines circonstances industrielles, les firmes devront nécessairement exécuter une stratégie d'avantages de coûts.

Devant l'envergure croissante des firmes en place, de nouvelles entreprises en arriveront à s'immiscer dans le marché par une **stratégie de concentration** sur des segments d'acheteurs ou des territoires géographiques mal exploités ou mal défendus par les firmes en place. Dans un deuxième temps, ces nouvelles entreprises tenteront de prendre de l'envergure en lançant une attaque de front sur les segments et les territoires que privilégient les firmes en place.

D'autre part, ayant compris certaines vulnérabilités des systèmes à grande envergure, de nouvelles firmes attaqueront directement les anciennes avec une offre spécialisée conçue pour un segment particulier d'acheteurs. Ce faisant, ces entreprises spécialisées arriveront à donner à un segment de marché une dynamique de nouveaux marchés. En effet, ces systèmes hautement performants forcent souvent les firmes de grande envergure à leur abandonner le segment visé. La focalisation de ces dernières sur un segment donné et leur capacité d'offrir leurs produits ou leurs services à un ratio qualité/prix supérieur accentuent et propulsent le développement de ce segment de marché selon une dynamique propre à la stratégie de création et de domination de marché.

La stratégie de la grande entreprise : un faisceau de stratégies de marché

La petite entreprise devient « grande » dans la plupart des cas en déployant un nombre croissant de stratégies de marché adaptées à l'évolution de ses différents marchés-produits, de ses marchés géographiques ou des segments de marché. **Ces différentes stratégies de marché sont cependant reliées les unes aux autres par leur recours à des actifs tangibles ou intangibles communs.**

Comme le montre la figure suivante, la stratégie de marché pour l'ensemble de l'entreprise en vient à réunir différentes stratégies de marché pour des régions distinctes et, au sein de la région A, différentes stratégies de marché pour chaque segment. Ces stratégies sont imbriquées ou hiérarchisées en un faisceau de stratégies, qui ont toutes recours à certains actifs communs. La croissance, voire la survie de l'entreprise, commande souvent cette addition de stratégies de marché.

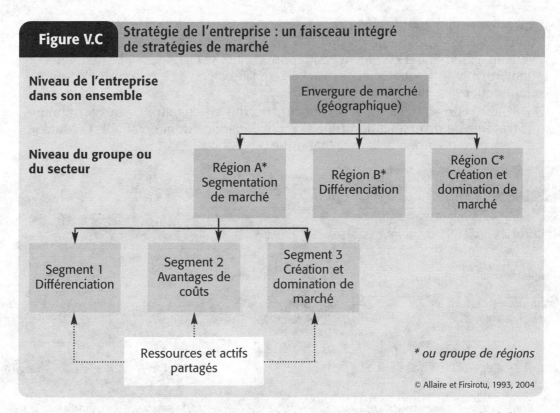

Figure V.C — Stratégie de l'entreprise : un faisceau intégré de stratégies de marché

Niveau de l'entreprise dans son ensemble

Envergure de marché (géographique)

Niveau du groupe ou du secteur

Région A*
Segmentation de marché

Région B*
Différenciation

Région C*
Création et domination de marché

Segment 1
Différenciation

Segment 2
Avantages de coûts

Segment 3
Création et domination de marché

Ressources et actifs partagés

* ou groupe de régions

© Allaire et Firsirotu, 1993, 2004

La situation décrite dans cette figure résulte souvent d'un processus graduel d'expansion géographique. La firme a été créée dans la région A selon, à l'époque, une stratégie de création et de domination de marché ou de différenciation. Quand le marché de cette région a atteint sa phase de maturité, l'entreprise a dû évoluer vers une stratégie de segmentation et, à la même époque, a cherché à offrir son produit dans un nouveau marché géographique (région B). Le marché de la région B, de par sa croissance, a stimulé l'entrée des firmes rivales, ce qui exige un effort de différenciation de son offre. Enfin, l'entreprise a récemment entrepris de développer un nouveau marché (région C) où son produit est encore unique. La firme tente de s'y implanter par une stratégie de création et de domination de marché afin d'entraver la venue de concurrents éventuels.

Cette stratégie d'envergure de marché tire sa logique économique et stratégique du fait qu'elle offre des possibilités réelles de croissance des revenus et de rentabilité supérieure par une utilisation optimale de ses investissements passés, du savoir-faire accumulé dans l'entreprise, de ses marques de commerce, de ses ressources de recherche et de développement, et autres actifs tangibles ou intangibles.

Or, il arrive fréquemment que l'entreprise estime ne pas tirer le plein avantage de ses ressources stratégiques, si elle se limite à un seul marché-produit.

En fait, l'entreprise ne pourra atteindre sa pleine force économique et son plein potentiel de création de valeur qu'en exécutant des stratégies de marché dans plusieurs marchés-produits distincts, mais faisant toutes appel à certains actifs communs.

La figure V.D présente ces situations où une grande entreprise exécute une stratégie d'envergure de produits qui englobe plusieurs stratégies de marché, chacune étant adaptée à un marché-produit particulier et toutes étant hiérarchisées et intégrées en une stratégie d'envergure de produits. D'ailleurs, la partie de la figure portant sur le « Groupe de produits C » ne fait que reproduire la figure V.C. Nous voulons ainsi montrer comment l'entreprise croît et se façonne par l'extension d'un nombre croissant de stratégies de marché, sous l'impulsion des économies d'envergure dont nous avons discuté au chapitre 7.

C'est cette stratégie que nous avons décrite au chapitre 5 sous la rubrique **« Stratégie de diversification reliée »**, nom générique dont on affuble la stratégie d'envergure de produits dans la littérature de gestion.

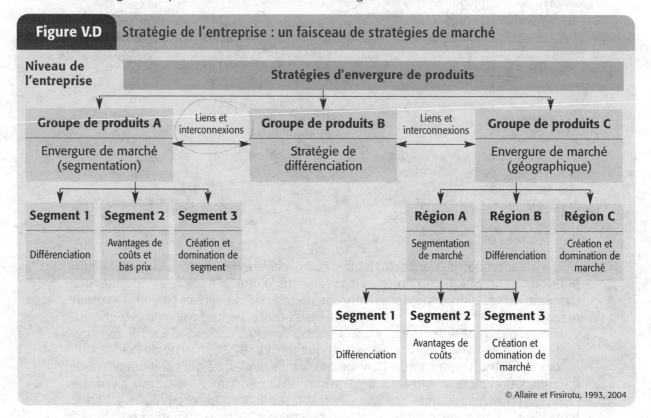

Figure V.D Stratégie de l'entreprise : un faisceau de stratégies de marché

© Allaire et Firsirotu, 1993, 2004

Des exemples

Voyons deux exemples concrets de cette réalité stratégique : McDonald's et Bombardier.

McDonald's et sa stratégie de mondialisation

La figure suivante présente l'éventail de stratégies distinctes regroupées en une stratégie de mondialisation chez McDonald's. Cette entreprise fournit un exemple historique d'un spécialiste qui a créé un nouveau concept et dominé le vaste marché rassemblé autour de ce concept[2]. À cette époque, et pour plusieurs années par la suite, l'entreprise McDonald's n'était constituée que du premier quadrant de gauche de cette figure.

2. Au chapitre 15, nous faisons état des tenants et des aboutissants de cette stratégie, tel qu'elle est exécutée par McDonald's.

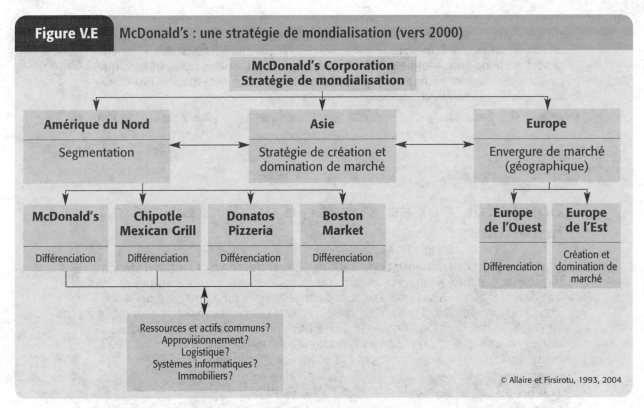

Figure V.E McDonald's : une stratégie de mondialisation (vers 2000)

© Allaire et Firsirotu, 1993, 2004

1960 – 1980

McDonald's était un spécialiste dominant le marché nord-américain du hamburger, marché exploité par un nombre croissant de ses établissements (« franchisés » ou « corporatifs »).

Avec le temps, des concurrents compétents (Wendy's, Burger King) ont réussi à se tailler une place malgré la domination de McDonald's. La stratégie de McDonald's a donc dû évoluer vers la différenciation tout en conservant, tant que faire se peut, les avantages durables de sa stratégie de création et de domination de marché (par exemple, les meilleurs sites pour ses établissements, la notoriété de sa marque, etc.).

1980 – 2000

Au cours des années 1980 et, surtout, des années 1990, en quête de croissance alors que le marché américain du hamburger ralentissait, consciente que sa notoriété transcendait les frontières américaines et convaincue du vaste potentiel des marchés nouvellement accessibles (Chine, ex-URSS, Europe de l'Est), Mc Donald's a déployé son système stratégique à l'échelle internationale et mondiale avec grand succès. Dans chaque région, comme premier entrant, McDonald's voulait s'approprier une position de marché dominante et durable. Cependant, ses rivaux américains, qui imitaient la démarche de McDonald's, et, dans certains cas, des firmes locales (comme Quick en France et en Belgique) faisaient en sorte que McDonald's devait engager dans ce marché une bataille de différenciation.

2000 – ...

Plus récemment, face à la saturation du marché du hamburger en Amérique du Nord, McDonald's s'est donné une stratégie de segmentation par l'acquisition de chaînes d'établissements dans les marchés du poulet grillé, de la pizza, etc. Or, cette stratégie suppose que certains actifs partagés et certaines ressources communes donneront une plus grande force économique à chacune de ces nouvelles entités dans leur marché propre. Cela ne nous semble pas évident dans ce cas-ci, et il se pourrait bien que ce qui se veut une stratégie de segmentation ne s'avère en réalité que des investissements sans grande valeur stratégique.

Bombardier et sa stratégie de diversification non reliée

Pour des raisons de croissance et de stabilité, l'entreprise en vient parfois à étendre son champ d'activité à plusieurs secteurs ou catégories de produits, sans prétendre que des actifs communs unissent ou sont partagés par ses différents secteurs d'activité. Cependant, au sein de chaque groupe d'activité se trouve le même phénomène de stratégies de marché imbriquées en une arborescence de stratégies. La figure suivante présente la configuration des groupes d'activité chez Bombardier en 2002, ainsi que la stratégie d'ensemble pour chacun de ces groupes.

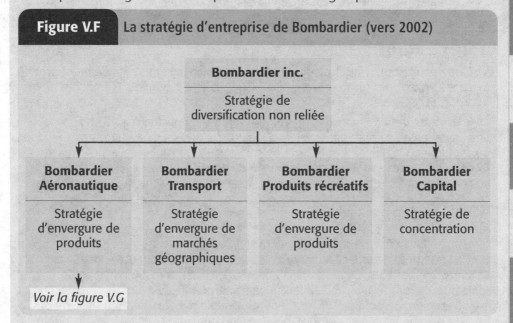

Figure V.F   La stratégie d'entreprise de Bombardier (vers 2002)

Quant à la figure V.G, elle présente une coupe partielle de la stratégie d'envergure de produits de Bombardier Aéronautique, laquelle se répartit en stratégie de segmentation (jets d'affaires), en stratégie de création et de domination de marché, puis de différenciation (jets régionaux), en stratégie d'avantages de coûts (avions turbopropulsés) et en stratégie de spécialisation (avions amphibies) avec son appareil unique pour combattre les feux de forêt.

La stratégie d'envergure de produits trouve sa force (et tire son nom) du fait que d'importants actifs et ressources servent, de façon conjointe, aux différentes unités couvrant pourtant des marchés distincts. Pour que cette stratégie soit justifiée, il faut que les unités bénéficient de coûts d'exploitation inférieurs à ceux qu'elles devraient assumer si elles devaient se doter individuellement des mêmes actifs et ressources ; ces bénéfices doivent donc être supérieurs aux coûts de complexité (*voir le chapitre 9*) inévitables avec ces arrangements de partage et de mise en commun d'actifs et de ressources.

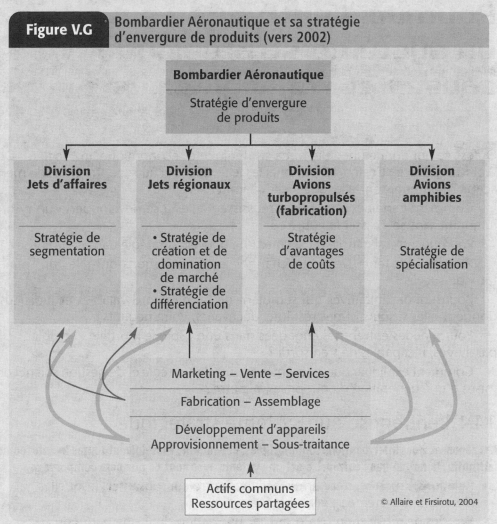

Figure V.G Bombardier Aéronautique et sa stratégie d'envergure de produits (vers 2002)

© Allaire et Firsirotu, 2004

Dans le cas de Bombardier Aéronautique, plusieurs ressources sont en fait communes ou partagées entre les divisions :

- fabrication et assemblage ;
- ingénierie de développement ;
- approvisionnement et sous-traitance, etc.

On peut supposer que des économies tangibles et substantielles réalisées grâce à cet arrangement compensent largement la complexité de gestion d'un tel ensemble. Cependant, c'est une hypothèse qu'il faut éprouver de façon régulière à la lumière des nouvelles réalités de marché, des volumes d'affaires, des compétences et du climat de gestion dans le groupe.

Chapitre 14

Pourquoi l'entreprise est un système stratégique : causes et conséquences

Qu'est-ce qui donne une telle force stratégique et économique aux sociétés Dell, Wal-Mart, Oracle, Costco, les pharmacies Jean Coutu et autres entreprises du même acabit ? Pourquoi sont-elles si difficiles à imiter ?

Comment certaines entreprises réussissent-elles à se développer à un rythme fulgurant sans se « casser la figure » ?

Pourquoi est-il si difficile d'exécuter une nouvelle stratégie dans l'entreprise ?

Pourquoi les tentatives pour changer les organisations ont-elles un si faible taux de succès ?

Pourquoi des initiatives qui semblent de prime abord valables et judicieuses donnent-elles si souvent des résultats décevants, voire négatifs ?

Pourquoi des entreprises engagées dans une « spirale mortelle » semblent-elles paralysées, incapables de s'en sortir ?

Comment expliquer que les mêmes erreurs de stratégie et de gestion soient commises d'une génération d'entreprises à l'autre ?

14.1 L'entreprise : un système stratégique

Les réponses à ces interrogations sont multiples. Cependant, elles doivent toutes inclure, comme leitmotiv, la notion que l'entreprise est un système avec tout ce que cela comporte :

- Relations structurées et parfois occultes entre composantes, lesquelles donnent au système sa véritable force.
- Boucles de rétroaction par lesquelles une action dans une partie du système provoque une réaction, positive ou négative, dans une autre partie du système, parfois de façon imprévue et surprenante.
- Difficulté pour quiconque œuvre dans un système d'en comprendre le fonctionnement global, un peu comme il serait difficile pour un poisson de décrire le lac dans lequel il nage. C'est pourquoi la pensée stratégique doit être systémique, c'est-à-dire capable d'embrasser l'entreprise dans toutes ses relations internes et externes, sensible aux boucles de rétroaction et à leurs conséquences pour tout programme de changement, et attentive aux possibles effets pervers et contre-intuitifs d'une intervention.

La notion de système stratégique est utile, voire essentielle, parce qu'elle :

- concilie tout naturellement les visions *hard* et *soft*, structure et culture, de l'entreprise ;
- prend en compte les interactions entre toutes les dimensions de l'entreprise, ainsi qu'entre l'entreprise et ses « partenaires » externes ;
- aide à comprendre :
  - ♦ les arbitrages stratégiques (*trade-offs*) et les choix économiques pour optimiser l'entreprise,
  - ♦ les effets inattendus résultant d'actions pourtant logiques et appropriées de prime abord,
  - ♦ l'inertie organisationnelle et la difficulté d'effectuer des changements importants,
  - ♦ la force de la continuité même lorsque l'entreprise va mal,
  - ♦ les limites des recettes unidimensionnelles à la mode du jour.

Au fil des ans, de nombreux auteurs ont proposé, argumenté, démontré qu'une démarche systémique est nécessaire pour comprendre le fonctionnement de toute organisation sociale. La notion de système est manifeste dans plusieurs domaines sous des étiquettes variées : cybernétique et théorie du chaos en mathématiques, Gestalt en psychologie, dynamique industrielle en gestion.

Dans le monde industriel, Jay Forrester du M.I.T. a mis le concept de l'avant en 1961 dans un ouvrage remarquable intitulé *Industrial Dynamics*. Joël de Rosnay l'a popularisé dans son ouvrage *Le Macroscope* (1971). Beaucoup d'autres s'en sont inspirés, dont Peter Senge, un étudiant de Forrester, pour la réalisation de son ouvrage immensément populaire *The Fifth Discipline* (1990).

Ainsi, **en raison de ses origines, de ses compétences et de ses savoir-faire particuliers, de ses valeurs, de ses recettes stratégiques et de ses choix passés, toute firme en vient à constituer un système, c'est-à-dire un réseau dynamique d'interrelations et d'échanges récurrents entre ses parties constituantes.**

Lorsqu'il est bien conçu et bien exécuté, ce système représente l'aboutissement de choix économiques et organisationnels judicieux. Il est caractérisé par des relations stables et harmonieuses entre ses différentes composantes, relations établies et ajustées au fil du temps. Un tel système est doté des compétences essentielles, parfois uniques, et est animé de valeurs largement partagées par ses membres. Il est conçu pour « livrer » une stratégie appropriée garante de haute performance économique.

Par contre, l'entreprise n'ayant pas réussi à se constituer en système stratégique capable de bien livrer une stratégie de marché pertinente est appelée à disparaître à plus ou moins brève échéance. En fait, la rivalité économique se joue toujours entre des systèmes stratégiques aux propriétés différentes. La force de l'un par rapport à l'autre provient d'une meilleure combinaison de variables ainsi que d'une plus grande harmonie et d'une meilleure cohérence entre ses différentes parties constituantes.

Parce qu'un système stratégique performant est le résultat d'arrangements organisationnels complexes ainsi que de choix astucieux quant à ses grands paramètres économiques, on ne peut comprendre les raisons véritables de son succès en se fondant sur un examen superficiel de son fonctionnement. En fait, **un système stratégique ressemble à un iceberg, car sa partie visible n'est pas la plus importante. Le stratège doit pratiquer** la « plongée sous-marine » s'il veut saisir les facteurs et les relations qui donnent à un système stratégique sa force économique et concurrentielle.

Les figures 14.1 et 14.2 rappellent certains aspects essentiels d'un système stratégique, aspects qui sont présentés aux parties III et IV de cet ouvrage.

Ainsi, à la figure 14.1, le quadrant A montre qu'un système stratégique se définit premièrement par le choix plus ou moins net et explicite d'une envergure de produits et de marchés. Ce choix se fonde sur la dynamique des coûts pour chacune de ses activités (quadrant C) ainsi que sur l'influence qu'exercent sur ses coûts les différentes dimensions géographiques de ses opérations (quadrant D).

Le quadrant A montre également qu'un système stratégique est constitué d'un ensemble de compétences, de savoir-faire, de ressources et de technologies, lesquels sont un produit de l'organisation (avec ses structures et sa culture) mise en place pour donner une substance à ces choix économiques et pour les appuyer. Cette capacité organisationnelle du système stratégique déterminera en grande partie son aptitude à tirer tous les avantages économiques que peuvent procurer les effets de volume et d'envergure, sans souffrir indûment ou précocement des effets nocifs des coûts de complexité (quadrant B).

La figure 14.2 nous permet de constater comment certains phénomènes associés à la demande ont aussi un impact important sur la nature et la dimension d'un système stratégique. Ainsi, le comportement des revenus totaux [R(v)] et des coûts totaux [C(v)] en fonction du volume de production (quadrant A) joue un rôle déterminant dans l'établissement des paramètres d'un système stratégique. Un marché caractérisé par une relation comme celle représentée par la courbe C dans ce quadrant ne sera exploité que par des systèmes de petites dimensions et de faible envergure. À l'opposé, une relation du type A permet de prévoir qu'au moins un système puissant et de grande taille pourrait occuper une position dominante dans ce marché. Il est évidemment plausible que, pour un certain temps, des systèmes stratégiques aux propriétés A, B ou C coexistent dans un même marché.

Bien entendu, en raison de changements technologiques du côté de l'offre ou de changements de valeurs de consommation du côté de la demande, un marché peut voir ses caractéristiques fondamentales se modifier de telle sorte qu'une courbe de type A vienne remplacer les courbes de type B ou C qui, jusque-là, dominaient dans ce marché. Le processus inverse est aussi plausible.

La figure 14.2 rappelle également le caractère dynamique des différentes phases du marché et comment des systèmes stratégiques bien conçus peuvent contribuer à la création du marché et à l'atteinte d'un taux maximal de participation (quadrant B).

Selon les phases et les conditions du marché, un système stratégique doit être conçu de façon à livrer à des acheteurs ciblés une combinaison optimale et, si possible, unique de bénéfices donnant à son produit une valeur supérieure à son coût (quadrant D).

Enfin, dans presque tous les marchés en phase de maturité et de saturation, des systèmes stratégiques d'envergure différente (quadrant E) se livrent une concurrence plus ou moins directe et plus ou moins féroce. La mise en place d'un système de grande envergure, tant par les segments d'acheteurs que par les zones géographiques qu'il exploite, contribue à unifier en un seul grand marché ce qui, sans lui, ne serait qu'un ensemble de multiples petits marchés.

Figure 14.1 Quelques relations définissant le champ et la dimension d'un système stratégique

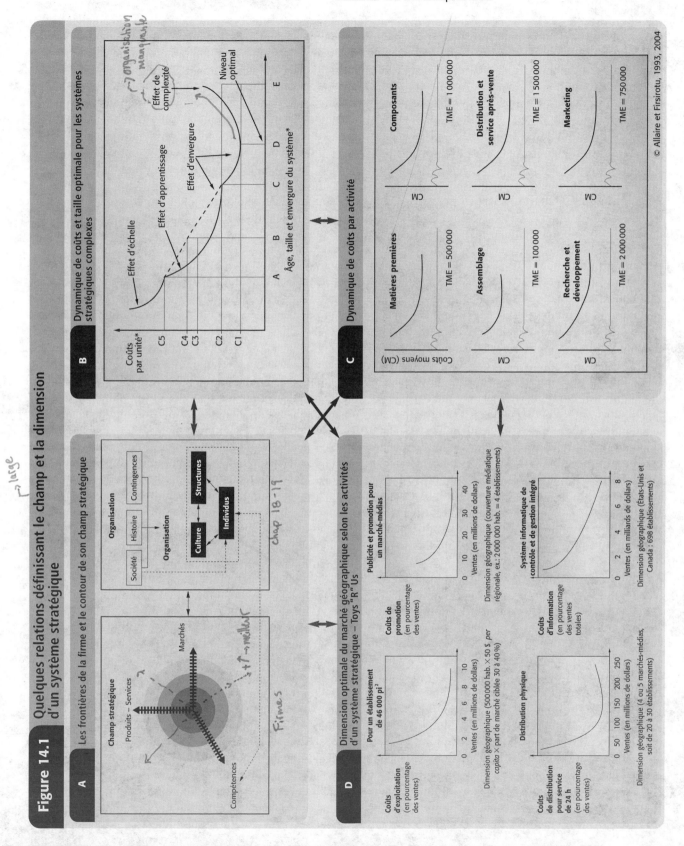

A Les frontières de la firme et le contour de son champ stratégique

B Dynamique de coûts et taille optimale pour les systèmes stratégiques complexes

C Dynamique de coûts par activité

D Dimension optimale du marché géographique selon les activités d'un système stratégique – Toys "R" Us

© Allaire et Firsirotu, 1993, 2004

Figure 14.2 Quelques relations définissant le champ et la dimension d'un système stratégique

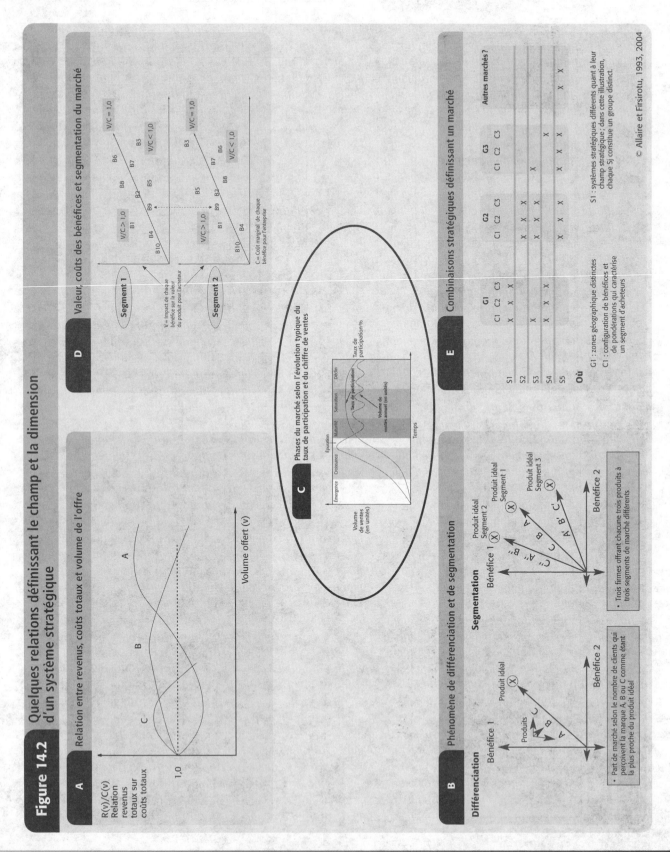

A Relation entre revenus, coûts totaux et volume de l'offre

B Phénomène de différenciation et de segmentation

C Phases du marché selon l'évolution typique du taux de participation et du chiffre de ventes

D Valeur, coûts des bénéfices et segmentation du marché

E Combinaisons stratégiques définissant un marché

© Allaire et Firsirotu, 1993, 2004

En raison de leur taille ou de leur envergure, certains systèmes, bien conçus et bien exécutés, sont capables d'offrir un meilleur ratio qualité/prix que des concurrents de plus petite taille ou de moindre envergure. Par contre, les choix et les arbitrages qu'il a fallu faire pour tendre vers une certaine uniformisation et homogénéité de l'offre, et pour bénéficier ainsi de tous les avantages économiques du grand volume, peuvent avoir pour conséquence que des créneaux précis de marché soient mal exploités et mal défendus par les systèmes de grande envergure. Ces créneaux fourniront un point d'entrée facile pour les firmes de moindre envergure, qui ont choisi de se spécialiser ou de se concentrer sur les façons de mieux servir des segments d'acheteurs ciblés.

Par exemple, les spécialistes de petits colis, comme les sociétés Purolator, UPS et FedEx, ont mis en difficulté au début des années 1970 les généralistes qu'étaient les divisions de service express des sociétés de transport ferroviaire ou les sociétés de poste américaine et canadienne. En ciblant un segment précis (courrier urgent, petits colis) mal exploité par ces généralistes et en concevant un nouveau système stratégique entièrement dédié à ce segment, ces sociétés ont réussi à offrir un meilleur service et un meilleur prix à ces catégories d'acheteurs.

Par ailleurs, un système comme celui de la société Costco a été entièrement et singulièrement conçu pour offrir un grand nombre de produits alimentaires et non alimentaires à très bas prix, tout en réalisant une haute performance économique, comme nous en avons fait état au chapitre 4. Le système Costco n'est pas le fruit du hasard ; il résulte de choix clairs et précis ainsi que d'une exécution implacable, presque brutale. La figure 14.3 aide à comprendre ces choix.

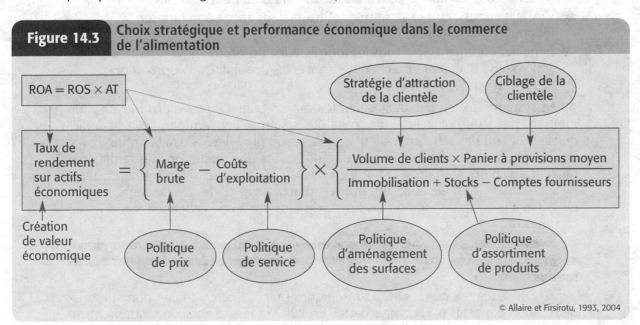

Figure 14.3 **Choix stratégique et performance économique dans le commerce de l'alimentation**

© Allaire et Firsirotu, 1993, 2004

Les supermarchés alimentaires traditionnels exploitent plusieurs segments de marché : allant des ménages à une seule personne cherchant les petits formats aux familles avec plusieurs enfants ; des acheteurs sensibles aux multiples variations d'un même produit à ceux très sensibles au prix qui vont d'un établissement à l'autre n'y achetant que les soldes de la semaine.

Cette collection d'acheteurs aux motifs variés a comme conséquence un encombrement de clients, un panier à provisions moyen par client relativement faible et de grands inventaires pour satisfaire à la demande (et l'offre) variée de marques, de formats, de saveurs, de couleurs, etc.

Or, au sein de cette vaste clientèle se trouvait un segment mal défini et mal exploité, lequel « subventionnait » les autres segments d'acheteurs. Les sociétés Price Club (à l'époque), Costco, Sam's Stores et, dans une certaine mesure, les hypermarchés français ont vu là une occasion pour qui saurait concevoir une entreprise pour exploiter ce segment. Celui-ci est fait d'acheteurs au grand volume (familles nombreuses, petites entreprises, souvent des dépanneurs) hypersensibles aux prix.

Pour attirer et satisfaire cette clientèle, il fallait un design nouveau de système de distribution. Le système devait être conçu pour être rentable avec des marges économiques très faibles de sorte que ses prix soient imbattables. C'est ainsi, comme nous en avons fait état au chapitre 4, que Costco a réalisé en 2002 une marge économique (ROS) n'atteignant que 1,8 % pour tous les produits (pas seulement les produits alimentaires).

Les principaux paramètres du système sont les suivants :

- pour offrir des prix très bas sur une gamme de produits étendue, il faut restreindre la variété au sein de chaque catégorie et limiter l'offre aux grands formats ;
- choisir ses clients en instituant le concept de clients membres devant payer une cotisation annuelle (cette initiative donne l'assurance que le système ne sera pas encombré d'acheteurs occasionnels au petit volume) ;
- s'installer dans des locaux simples et frugaux de façon à minimiser les coûts d'exploitation ;
- négocier durement avec tous les fournisseurs, tirer tous les avantages de son volume d'affaires et rechercher toutes les possibilités d'approvisionnement de par le monde.

Le système Costco réussit ainsi à atteindre un panier à provisions moyen d'un montant beaucoup plus élevé que celui des systèmes conventionnels, c'est-à-dire que le montant des achats par client est beaucoup plus élevé. Ce fait combiné avec des aménagements dépouillés entraîne des coûts d'exploitation très faibles par rapport au chiffre d'affaires. Enfin, à cause de sa judicieuse diversité de produits, de son type de clientèle et de son pouvoir d'achat auprès des fournisseurs, Costco en arrive à une rapide rotation de ses stocks ainsi qu'à une échéance étendue des comptes fournisseurs.

Cette combinaison fait en sorte d'abaisser le niveau de ses actifs économiques et fait bénéficier Costco de rentrées de fonds avant même d'avoir à payer pour les produits vendus.

En conséquence de ses choix stratégiques précis, Costco affiche donc un taux de rotation des actifs (AT) de près de 5,5 en 2002 et réalise aussi un rendement sur actifs économiques (ROA) de près de 10 % !

Costco choisit d'offrir seulement les catégories de produits pour lesquelles les systèmes conventionnels affichent un fort niveau de ventes et un haut taux de rotation des stocks. Or, ces mêmes systèmes conventionnels (Metro, IGA, Loblaws, etc.)

sont accessibles à tous les types de clients et sont donc encombrés de clients « occasionnels », de chercheurs d'aubaines au faible volume d'achat.

Tous bénéficient cependant des mêmes prix que les acheteurs à grand volume, ce qui signifie que les acheteurs à fort volume contribuent de façon disproportionnée à la rentabilité de l'établissement.

Pour atteindre un rendement acceptable sur leurs actifs économiques, les systèmes conventionnels doivent obtenir des marges brutes plus fortes et établir des prix qui comportent une « subvention » cachée par certains produits et clients très rentables envers d'autres produits et clients moins rentables.

Voilà un enseignement important qu'une approche systémique de la stratégie met en lumière. Dans cet exemple, des entrepreneurs ont su reconnaître la vulnérabilité des entreprises en place, vulnérabilité qui découle du fait que leur offre de produits, leur service et, surtout, leurs prix comportent un important phénomène de subvention croisée, phénomène souvent occulte et incompris jusqu'à ce qu'un entrepreneur conçoive un système spécialisé pour en faire la démonstration.

En général, les systèmes complexes conçus pour la recherche de volume grâce à la grande envergure de leur offre de produits, de leurs segments de clientèle et de leurs marchés géographiques sont soumis à ce risque de « subvention croisée ». **Ignorant leurs véritables coûts d'exploitation par produit et, surtout, par type de client, incapables de discriminer entre types de clients, ces systèmes sont terriblement vulnérables à l'attaque de systèmes spécialisés dédiés à un segment de clientèle.**

Les dirigeants, les stratèges, doivent établir un système d'information qui leur donne une bonne mesure de la valeur et des coûts afférents aux différents produits et services, ainsi qu'aux différents types de clients que leur système cherche à servir. Il peut s'avérer nécessaire à cette fin de « désintégrer » l'entreprise, c'est-à-dire de reconstituer l'entreprise en unités autonomes, chacune entièrement dédiée à un groupe de clients et à la mise en marché de produits particuliers lorsque, et dès que, le volume le justifie.

14.2 Le champ stratégique ou les frontières d'un système stratégique

La société Costco illustre un aspect important du fonctionnement des entreprises, trop mal compris en pratique.

C'est le choix d'un champ stratégique, c'est-à-dire de la configuration de produits et de services, de marchés et de compétences ciblés par l'entreprise, qui détermine en bonne partie les coûts du système mis en place. Pour réduire les frais d'exploitation d'un système, il vaut mieux changer sa configuration de produits, de services et de marchés, son champ stratégique. Ce sont souvent de mauvais choix dans ce domaine qui rendent l'entreprise non compétitive et non rentable. Cette notion est représentée à la partie *a*) de la figure 14.4.

Figure 14.4 Représentation de la « firme » et de « l'organisation »

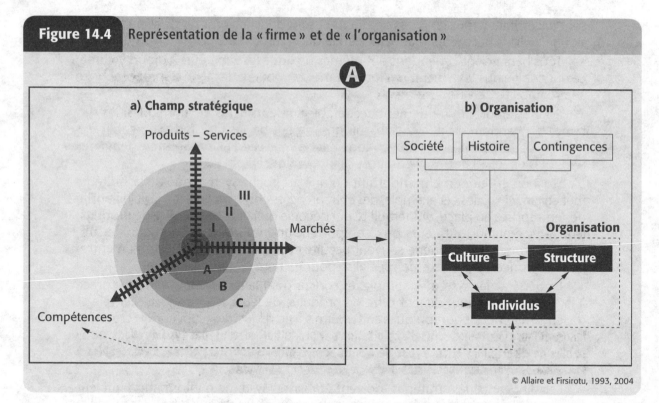

© Allaire et Firsirotu, 1993, 2004

En fait, ce choix de configuration constitue une définition opérationnelle de la mission d'une firme (d'une division ou d'un groupe de divisions). Ce choix de configuration d'un système stratégique soulève plusieurs interrogations :

- Est-il économiquement préférable que l'entreprise reste concentrée sur un seul marché et un seul produit, évitant ainsi les coûts de complexité et leurs effets pernicieux sur sa performance économique ?
- Les compétences présentes de l'entreprise – ses ressources, ses actifs tangibles et intangibles, ses technologies et ses savoir-faire – peuvent-elles contribuer au succès de l'entité économique dans d'autres marchés ?
- En combien de systèmes stratégiques les activités d'une grande entreprise devraient-elles être réparties et quelle configuration donner à chacun ?
- Pourquoi certaines entreprises sont-elles victimes d'une « spirale mortelle » sans pouvoir s'en échapper ?

1. L'entreprise doit-elle se concentrer sur un seul marché et un seul produit ?

Ce choix doit se fonder sur ce que les dirigeants perçoivent comme un équilibre optimal entre : d'une part, la variété et la diversité de leur offre de produits, l'étendue géographique de leurs activités et la couverture des groupes d'acheteurs ; et d'autre part, l'impact des phénomènes de taille, de diversité et de complexité sur les coûts du système. Autrement dit, pour le gestionnaire, la question est la suivante : est-il économiquement préférable de rester plus petit, de croître moins rapidement mais d'éviter ainsi les coûts de complexité inévitablement liés aux grandes organisations (coûts de coordination, de négociation, de gestion des conflits entre les divisions,

ou concernant le prix de transfert et autres coûts communs)? Tout notre propos
sur les économies d'envergure et les coûts d'architecture aux chapitres 7 et 9 , de
même que celui sur les formes d'organisation au chapitre 21, est d'une grande pertinence pour répondre à cette question.

2. Quelles compétences de l'entreprise sont porteuses de succès dans d'autres marchés?

Le choix d'un champ stratégique pour la firme, choix qui est arrêté plus ou moins
consciemment au moment de sa création, en marquera profondément le potentiel de développement futur. En effet, l'envergure qu'une entreprise prend dans la
tête de ses concepteurs conditionnera puissamment non seulement le type et le
niveau des investissements à engager aux premiers stades de son développement,
mais aussi et surtout les mentalités, les compétences ainsi que les styles de gestion
de sa direction et de son personnel. C'est de cette façon que le concept galvaudé
de «vision stratégique» prend un sens concret d'une grande importance.

Ainsi, la conception d'une entreprise de distribution, par exemple Toys "R" Us
ou Wal-Mart, devant ultimement exploiter les marchés américain et canadien suppose la volonté de s'équiper, dès les premières phases de son développement, de
systèmes de gestion, de personnel compétent et des appuis financiers nécessaires
pour réaliser cette vision, même si l'objectif ne sera atteint qu'au prix de 10, de
15 ou de 20 ans d'efforts.

Cela est bien différent de la situation où une entreprise conçue selon une dimension locale est poussée par les événements à élargir l'envergure de son champ
stratégique. Dans ce cas-ci, la direction devra soit chercher à acquérir des compétences nouvelles, soit modifier les compétences actuelles, les mentalités et les façons
de faire, y compris les siennes, qui sont déjà incrustées dans l'organisation et qui
contraignent son déploiement ainsi que sa stature.

L'ouverture des frontières au commerce international, tant en Amérique qu'en
Europe, invite les entreprises à concevoir leur champ stratégique de façon beaucoup plus hardie. **Évidemment, la démarcation entre une vision et une lubie n'est pas toujours claire, ni même étanche d'ailleurs.** Cette distinction tient essentiellement à ce que
la première s'appuie sur des hypothèses économiques et stratégiques valables,
même si elles sont audacieuses ou encore incomprises par la plupart des gens, alors
que la seconde s'abreuve surtout à une conviction personnelle sans fondement
économique, parfois teintée de mégalomanie.

3. Comment décider du nombre et de la configuration des systèmes stratégiques au sein de la grande entreprise?

Dans l'entreprise complexe au large champ stratégique comprenant une variété
de produits et de services, une vaste couverture géographique et de multiples groupes
d'acheteurs, les dirigeants doivent décider du nombre et de la démarcation des
systèmes stratégiques au sein de leur entreprise. L'enjeu consiste à d'abord établir
si l'entreprise n'est constituée que d'un seul système stratégique, même si celui-ci
se manifeste en plusieurs unités ou divisions. Dans ce cas, toutes ses unités seraient
soit fortement reliées entre elles, soit intégrées verticalement ou horizontalement,
soit caractérisées par une importante mise en commun de ressources et d'actifs
tangibles ou intangibles.

Peut-être l'entreprise a-t-elle atteint un niveau de diversité tel qu'il devient préférable de considérer qu'elle est constituée de plus d'un système stratégique, chacun ayant son champ stratégique propre et bien distinct, et entretenant des relations limitées et souples avec les autres systèmes de l'entreprise.

Ce choix de démarcation de systèmes représente une première étape dans toute démarche stratégique. Le groupe des produits récréatifs de Bombardier offre un bon exemple des enjeux associés à ce choix.

Bombardier – Groupe des produits récréatifs : frontières du champ stratégique et défis organisationnels

Comme le montre la figure 14.5, le groupe Bombardier Produits récréatifs fabrique et met en marché de nombreux produits : motoneiges (Ski-Doo), motomarines (Sea-Doo), bateaux sport, véhicules tout-terrain, moteurs Rotax, moteurs hors-bord et véhicules utilitaires (équipement de damage de pistes de ski alpin, équipement de déneigement urbain).

Ce groupe devrait-il être constitué d'un seul système stratégique ou, à l'autre extrême, chaque produit devrait-il être pris en charge par un système stratégique autonome, doté de son outil de fabrication personnel, de ses réseaux de distribution et d'une direction générale particulière ? Cette seconde option a l'avantage de proposer une structure simple où chaque système se consacre entièrement à un seul marché et où la mesure de la performance y est facile, et le sentiment de responsabilité, entier et tangible.

Figure 14.5	La démarcation des systèmes stratégiques du groupe des produits récréatifs de Bombardier (vers 2002)

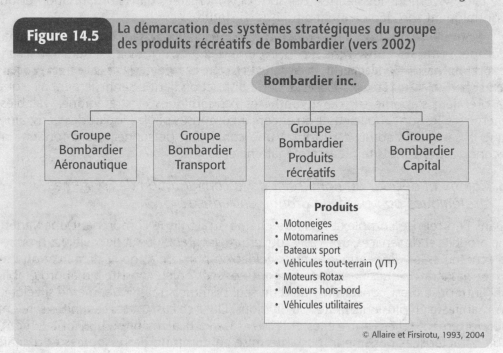

© Allaire et Firsirotu, 1993, 2004

Évidemment, la solution se situe quelque part entre ces deux extrêmes. Ce « quelque part » doit, tant que faire se peut, maximiser les avantages économiques d'une certaine intégration et minimiser les coûts d'une complexité accrue.

Par exemple, les produits motoneiges, motomarines et moteurs Rotax pourraient être intégrés en un seul système stratégique pour des raisons économiques fort convaincantes : une meilleure utilisation des actifs de production, puisque les deux produits (Ski-Doo et Sea-Doo) sont soumis à des cycles de fabrication saisonniers et complémentaires ; une efficience accrue en servant de façon combinée les nombreux concessionnaires vendant à la fois les deux produits ; les avantages dans la mise au point de nouveaux produits puisque ceux-ci font appel aux mêmes ressources d'ingénierie ainsi qu'à une même maîtrise des technologies de moteurs, une compétence essentielle à la mise au point de nouveaux produits pour l'un et l'autre marché.

Cependant, il faut reconnaître qu'un système stratégique réunissant Sea-Doo, Ski-Doo et Rotax devra assumer des frais additionnels de coordination. Par exemple, le responsable des ventes du produit Sea-Doo et celui du produit Ski-Doo seront-ils chapeautés par un responsable général des ventes pour coordonner leurs activités, et ainsi de suite, pour le marketing, le service après-vente, la production et certaines autres fonctions ? En outre, la relation entre les efforts de chacun et la performance économique d'ensemble, directe et mobilisatrice dans un système simple, risque d'être moins tangible dans un système plus complexe. De multiples autres options de structuration en système stratégique peuvent être soumises au dur test des réalités économiques et stratégiques. Devrait-on :

- regrouper les moteurs hors-bord et les moteurs Rotax en un seul système ?
- ajouter le produit véhicule tout-terrain aux motoneiges et aux motomarines pour former une seule unité ?
- combiner plutôt motomarines et bateaux sport en une même unité ?

Au moment d'écrire ces lignes[3], le groupe des produits récréatifs avait choisi de se structurer en quatre « systèmes stratégiques » ainsi que le montre la figure 14.6. Ce type d'arrangement doit être revu fréquemment selon les circonstances nouvelles afin de répondre à deux questions essentielles : les avantages économiques associés à une structure différente sont-ils importants et tangibles ? l'entreprise a-t-elle la compétence et les valeurs de gestion pour minimiser les coûts de complexité ainsi que les effets négatifs sur le sentiment de responsabilité et d'imputabilité si l'on adoptait une structure faite de systèmes de plus grande envergure ?

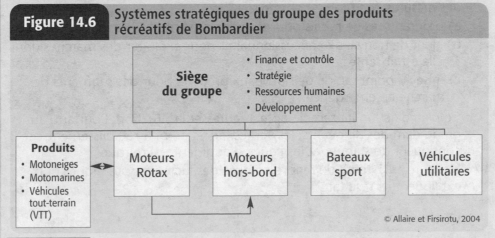

Figure 14.6   **Systèmes stratégiques du groupe des produits récréatifs de Bombardier**

© Allaire et Firsirotu, 2004

3. Au printemps 2003, Bombardier, pour des raisons de trésorerie, a mis en vente le groupe des produits récréatifs.

4. Pourquoi les entreprises sont-elles victimes d'une «spirale mortelle»?

Le fait de concevoir l'entreprise sous la forme d'un ou de plusieurs systèmes stratégiques aide grandement à comprendre la difficulté d'y insérer de nouvelles méthodes de gestion et d'exploitation ou d'en changer les orientations fondamentales. Le concept même de système fait appel à un assemblage d'éléments imbriqués et de relations d'influence mutuelle entre ses diverses composantes.

Le système stratégique est aussi un produit à caractère historique, c'est-à-dire que, tout au cours de son existence, les sédiments de son expérience ont façonné des arrangements équilibrés et durables de valeurs et de croyances, de compétences motrices et de structures, de styles de gestion et de modes de fonctionnement. La partie b) de la figure 14.4 décrit schématiquement cette réalité.

Les tentatives pour changer ces arrangements peuvent provoquer des effets contre-intuitifs, c'est-à-dire qu'un changement apporté à l'une ou l'autre des composantes du système produit une séquence de réactions complexes dont l'aboutissement, imprévisible au départ, est très différent, voire à l'opposé de l'intention ou l'objectif recherché.

Ce phénomène de cercles vicieux ou de «spirales mortelles» peut se manifester de plusieurs façons dans l'entreprise. En voici trois exemples:

1. La configuration de produits et de services offerts par l'entreprise, parce que vaste et complexe, pousse à la hausse les coûts d'exploitation. Or, convaincue de la justesse de son approche du marché, la direction entreprend un vaste programme de coupures de coûts pour rétablir la rentabilité. Toutes les parties de l'entreprise doivent participer par une réduction générale de $x\%$ de leurs coûts. Or, plus on coupe, plus la performance se détériore. En effet, ces coupures générales vont handicaper des unités de l'entreprise qui ont déjà peine à satisfaire aux exigences de gérer à peu près correctement la complexité de produits, de marchés et de services de l'entreprise. Le redressement de l'entreprise passe par une modification de sa configuration produits-services-marchés, avant qu'il soit trop tard.

2. Dans un secteur de biens durables, une entreprise constate que ses ventes stagnent et que ses coûts augmentent. Voulant à tout prix protéger ou augmenter le niveau de vente, la direction prend des mesures énergiques comme suit:

   a) programmes de rabais pour stimuler les ventes;

   b) ajout de nouveaux concessionnaires pour exploiter des marchés dont elle est absente;

   c) mise au point rapide de nouveaux produits pour des segments de marché en émergence.

   Ce plan d'action lui semble apte à redresser la situation. Pourtant, au grand dam des dirigeants, les ventes, après un bref rétablissement, continuent de stagner et les coûts, d'augmenter. Pourquoi?

   La figure 14.7 tente de rendre compte des facteurs systémiques qui expliquent ce résultat.

Figure 14.7 Système stratégique et « spirale mortelle » dans le marché des biens durables

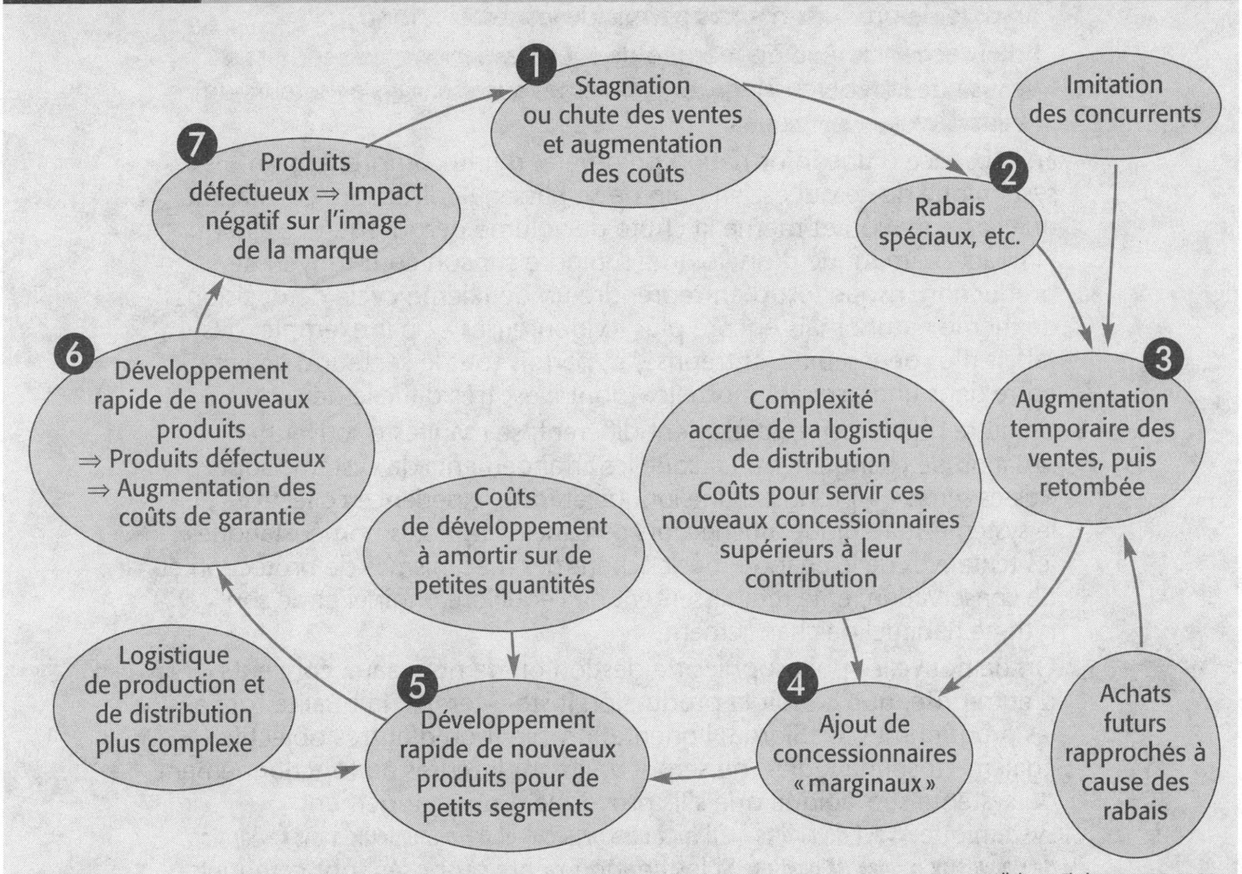

© Allaire et Firsirotu, 1993, 2004

Ces initiatives, à première vue valables, ont des effets pervers :

- Les programmes de rabais sont rapidement imités par les concurrents. Les acheteurs saisissent l'occasion pour effectuer maintenant un achat planifié pour plus tard ; ils en viennent à attendre les programmes de rabais pour faire leur achat.

- Les « nouveaux » concessionnaires sont situés dans des marchés « marginaux » (c'est pourquoi on ne les avait pas inclus jusqu'ici). Leur ajout indispose les meilleurs concessionnaires lorsque les « nouveaux » cannibalisent un tant soit peu leur volume de ventes. Ces nouveaux concessionnaires produisent de petits volumes de ventes, mais ils ajoutent beaucoup de complexité à la logistique de distribution et de service, ce qui risque de réduire l'efficacité du système et d'en augmenter les coûts.

- Les nouveaux produits, que l'entreprise a voulu mettre au point rapidement, ont comme conséquence :
  - de complexifier la logistique de production et de distribution : gamme plus étendue, risque de surproduction de certains modèles, etc. ;

◆ d'augmenter les coûts de développement de produits ;

◆ d'augmenter les coûts de garantie parce que le développement rapide de produits n'a pas permis de les tester à fond ;

◆ d'entacher l'image de marque de toute la gamme de produits à cause de la répercussion des problèmes subis par les acheteurs de ces nouveaux produits.

En l'absence d'une information pointue et d'une compréhension systémique de ce qui est en train de se passer, la direction, constatant que la stagnation et même la chute de volume perdurent, et sachant l'impact dramatique d'un volume moindre sur son coût moyen de production, risque fort d'entreprendre un deuxième cycle de décisions de même nature mais encore plus «vigoureuses» : par exemple, des rabais plus généreux. L'entreprise, et parfois tout le secteur d'activité, entre dans une «spirale mortelle» dont il est très difficile de sortir.

3. Un autre phénomène, totalement différent, se manifeste souvent en situation de changement. Lorsque les arrangements du système sont «tissés serrés» – produit d'une longue et forte expérience collective –, le système stratégique affiche alors certaines propriétés homéostatiques : les tentatives de le changer déclenchent des mécanismes de protection et de conservation, et le rétablissement de l'équilibre originel et de son rythme habituel de changement.

Or, de nouvelles philosophies de gestion ou de nouveaux concepts d'entreprise, que ce soit la production juste-à-temps, la qualité totale, les programmes Six Sigma, l'orientation client ou d'autres objectifs également souhaitables, ne seront vraiment intégrés au fonctionnement du système stratégique que s'ils provoquent un changement systémique. **C'est donc dire qu'il faut être prudent et parcimonieux dans l'adoption de nouveaux modes de gestion.** Si les changements proposés sont essentiels au succès de l'entreprise, ils méritent d'être implantés selon une stratégie de changement radicale, *(voir la partie VI de cet ouvrage).* Par contre, si ces nouveaux objectifs ne sont pas essentiels, ils risquent de provoquer inutilement un déséquilibre du système, ainsi que des effets contre-intuitifs nocifs.

Quelle que soit leur importance, si les changements proposés ne sont pas appuyés par une stratégie organisationnelle appropriée (architecture, valeurs, système de gestion), ils seront banalisés et transformés en changements mineurs et inoffensifs, comme autant de verrues sur un corps sain. Or, non seulement l'entreprise aura alors engagé futilement des coûts importants, mais ses dirigeants auront ainsi dilapidé un précieux capital de crédibilité lorsque viendra le temps d'effectuer des changements nécessaires au système. Tout ce branle-bas, tout ce verbiage grandiloquent pour aboutir à une verrue !

Il est étonnant, par exemple, de constater comment, après de nombreuses années d'efforts apparents pour mettre le client au centre des préoccupations de la firme, cet objectif n'est encore atteint que très partiellement. **Cela tient souvent au fait que les compétences motrices du système et les valeurs de gestion qui les appuient n'intègrent toujours pas le** marketing et l'importance du client, malgré toutes les exhortations de la direction et les douzaines de séminaires de gestion organisés pour promouvoir ces orientations.

14.3 Le système stratégique en son sens restreint et en son sens large

Notre propos sur les systèmes stratégiques s'est limité jusqu'ici aux arrangements et aux relations établis au sein d'une même entité juridique ou d'une institution particulière. Nous ferons désormais référence aux systèmes stratégiques logés au sein des frontières d'une entreprise en disant qu'il s'agit du concept pris dans son sens restreint.

Dans son sens large (*voir la figure 14.8*), le concept de système stratégique doit embrasser les relations stratégiques établies avec d'autres entités juridiques. Son contour doit alors être tracé de façon à inclure toutes les entités essentielles aux fins stratégiques de l'entreprise.

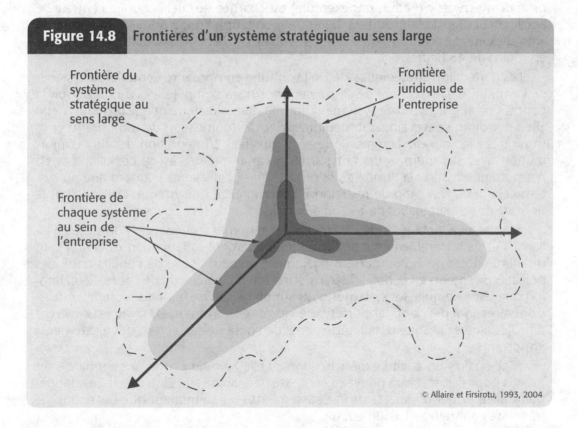

Figure 14.8	Frontières d'un système stratégique au sens large

Frontière du système stratégique au sens large

Frontière juridique de l'entreprise

Frontière de chaque système au sein de l'entreprise

© Allaire et Firsirotu, 1993, 2004

Cette définition vise évidemment les alliances de toute nature : les entreprises en participation (*joint ventures*), les consortiums de recherche et développement ainsi que les programmes à risques partagés. Elle cherche également à tenir compte des systèmes de franchise et de concessionnaires exclusifs, des réseaux de sous-traitants attitrés, de licences pour la fabrication ou la distribution de produits, et ainsi de suite. De toute évidence, les relations stratégiques doivent être intégrées à la définition du système pour bien comprendre comment il fonctionne et d'où provient sa force ou sa vulnérabilité.

On ne peut comprendre les systèmes des différents constructeurs automobiles (GM, Ford, Daimler-Chrysler, Volkswagen, Renault), de Cisco (dont le système stratégique pris dans son sens large emploie plus de 20 000 partenaires aux États-Unis) ou de Dell, sans y incorporer leurs «familles» de fournisseurs et de sous-traitants ainsi que leur réseau de concessionnaires. Il en va de même pour McDonald's, dont le succès est en partie attribuable à ses milliers de concessionnaires indépendants.

Examinons de nouveau la société Dell dont nous avons parlé en introduction à la partie I. Cette entreprise s'est développée en bâtissant un système stratégique élargi de taille mondiale. Fondée en 1984 sur un concept simple, soit éliminer les intermédiaires et vendre directement au consommateur des ordinateurs conçus sur mesure et sur demande, Dell a misé sur un système stratégique «largement défini» pour mener à bien ses activités : lorsqu'un client passe une commande, l'information est directement transmise aux fournisseurs et aux manufacturiers. Une entreprise de messagerie (FedEx, par exemple) est chargée de cueillir l'unité centrale de l'ordinateur chez le fabricant au Texas, le moniteur à l'usine Sony au Mexique, et ainsi de suite. Les composantes sont assemblées à Dell et le produit, livré au client en moins de 48 heures.

Les partenaires stratégiques de Dell sont une composante centrale du système de l'entreprise. Dell a choisi de se concentrer sur ses compétences motrices, soit la conception et la livraison de systèmes informatiques directement au consommateur. Elle a donc forgé des alliances stratégiques avec des fournisseurs de composants électroniques avec qui elle communique en temps réel. L'intégration des flux d'information avec ses fournisseurs fait partie intégrale du succès de ces alliances en permettant d'assurer la flexibilité, la proactivité et l'efficience économique du système élargi de Dell. Afin de restreindre la complexité du système, Dell a réduit le nombre de ses partenaires de 140 au début de ses activités à environ 40 aujourd'hui.

Malgré les avantages indubitables de ces systèmes stratégiques composés d'alliances et de rassemblements de firmes juridiquement indépendantes, il faut tout de même noter qu'ils comportent également un haut risque de conflits entre des objectifs divergents en période de transformation du marché ou du contexte technologique. Par exemple, les systèmes bâtis sur un réseau de franchisés ou de concessionnaires indépendants apportent de nombreux avantages, mais ils s'avèrent difficiles à gérer lorsque des changements de contexte requièrent des ajustements importants.

McDonald's en a fait l'expérience lorsqu'elle a voulu élargir la gamme de ses menus pour s'ajuster à un nouveau contexte de marché aux États-Unis. Ce changement allait exiger d'importants investissements en équipement que beaucoup de franchisés ont refusé d'assumer.

Conclusion

Qu'il soit pris dans un sens large ou restreint, le concept de système stratégique invite le stratège à pénétrer dans les relations complexes entre les composantes d'un système. Il le presse d'être explicite quant aux arrangements souhaités et aux équilibres à maintenir entre les différentes parties du système.

Le concept de système stratégique met en relief l'importance de l'architecture du système et fait comprendre que l'innovation stratégique réside souvent dans de nouvelles formes de relations, de nouveaux arrangements entre ses parties constituantes, ou encore dans une nouvelle définition de son champ stratégique, laquelle pourrait lui procurer des avantages économiques inaperçus jusque-là.

De toute évidence, notre concept de système stratégique rejoint la notion populaire de nos jours de « modèle d'affaires », car les deux concepts partagent la même préoccupation d'origine : établir le bien-fondé économique d'une proposition originale de produits et de services ou de concepts d'affaires ainsi que les relations essentielles à son exécution réussie.

Imprégné de ce concept, le dirigeant comprend que la construction d'un système stratégique requiert de sa part une vision claire de l'aboutissement d'un tel système et un engagement indéfectible envers sa réalisation. Il est incité à faire preuve d'une grande sensibilité aux décisions ou aux interventions qui peuvent dérégler un système performant et pernicieusement mener au développement involontaire d'un système autodestructeur.

Le dirigeant doit comprendre quelles sont les compétences, les savoir-faire, les technologies et les valeurs qui donnent un caractère distinctif au système et le dotent de nets avantages dans des contextes de marché précis.

Par contre, ces mêmes phénomènes qui font la force du système peuvent en ralentir dangereusement le rythme d'adaptation à de nouvelles réalités de marché. IBM, Xerox, Sears Roebuck et Eastman Kodak fournissent des exemples, parmi tant d'autres, d'entreprises qui ont péniblement vécu cette réalité.

Le dirigeant est également amené à s'interroger sur la façon de protéger les savoir-faire et les technologies qui donnent une grande valeur au système, et sur les moyens à prendre pour que l'apprentissage soit une propriété du système plutôt qu'un phénomène individuel.

Enfin, le concept de système stratégique pousse le dirigeant à adopter une approche mesurée et globale relative aux changements systémiques. Conscient des effets contre-intuitifs, des forces homéostatiques et des risques de dérégler le système, le dirigeant doit choisir avec soin et parcimonie les objectifs du changement et les stratégies pour y arriver.

Chapitre 15

Les stratégies d'avantages dominants

Introduction

Dans l'éventail des 10 stratégies de marché proposé en introduction à cette partie, 3 d'entre elles misent sur un ou plusieurs avantages pouvant donner à l'entreprise une position dominante dans un marché bien délimité :

- une stratégie de création et de domination de marché, par laquelle une entreprise s'évertue à créer un nouveau marché et y occuper une place inattaquable ;
- une stratégie de différenciation où l'entreprise mise sur un avantage précis pour s'attirer les faveurs des acheteurs ;
- une stratégie d'avantages de coûts dans des industries aux produits homogènes.

15.1 La stratégie de création et de domination de marché

Connu en anglais sous l'expression *first mover strategy,* ce type de comportement stratégique a reçu au cours des 20 dernières années une attention toute spéciale dans la littérature en sciences économiques. Chandler (1990, 1992), le célèbre chroniqueur de l'histoire économique des grandes entreprises industrielles, en arrive à la conclusion que la domination de grandes entreprises dans certains secteurs industriels est souvent attribuable à une stratégie de création et de domination de marché, mise en place il y a parfois plus d'un siècle.

Ainsi, selon Chandler, la domination des firmes allemandes et américaines dans les industries de produits chimiques (Bayer, BASF, Hoechst, DuPont), d'équipements de propulsion électrique (General Electric, Westinghouse, Siemens, AEG) et autres serait le résultat de leurs investissements massifs à la fin du XIXe siècle et au début du XXe pour mettre en place des appareils de production de grande capacité, ériger de puissants systèmes de vente et de marketing ainsi que pour former les gestionnaires et mettre au point les systèmes de gestion nécessaires à la gouvernance d'entreprises de grande envergure.

À titre d'exemple, Chandler décrit comment les entreprises allemandes ont réussi à dominer l'industrie des produits de teintures pour textile au détriment des firmes britanniques. À la fin du XIXe siècle, les firmes britanniques, pourtant arrivées les premières sur ce marché, exploitaient encore ce dernier par des unités de production offrant une gamme limitée de produits, lesquels étaient distribués par des agents manufacturiers (*jobbers*) autonomes.

Or, des firmes allemandes ont établi des systèmes de production de grande envergure comprenant de 300 à 400 colorants différents, contre 30 à 40 pour les firmes britanniques, ainsi qu'un réseau de distribution intégré formé de leurs propres vendeurs chimistes. Les avantages économiques que leur ont donnés l'envergure et la taille de leurs activités étaient tels que ces firmes allemandes (Bayer, BASF, Hoechst) dominent ces marchés depuis lors. Voilà une autre illustration très concrète des choix, décrits au début du chapitre 7, entre une approche gradualiste et une approche de domination des marchés.

Si cette stratégie fait habituellement référence aux avantages que peut tirer la firme qui, la première, propose un nouveau produit ou service et, ce faisant, crée un nouveau marché, il arrive souvent que le premier entrant n'ait pas pu ou su exécuter une stratégie qui lui fasse bénéficier de ces avantages virtuels. Alors, une firme venue plus tard sur ce marché pourra faire jouer à son avantage les facteurs dynamiques qui auraient pu donner au premier entrant une position de marché dominante. C'est ce qui s'est passé avec les firmes britanniques dans l'industrie des produits chimiques.

Un autre exemple nous est donné par British Satellite Broadcasting (BSB), le premier entrant en Grande-Bretagne dans le marché de la télédiffusion par satellite. L'entreprise a gaspillé un avantage de 18 mois sur le deuxième entrant, Sky Television, permettant ainsi à cette dernière entreprise de dominer le marché et de forcer BSB à fusionner avec elle en novembre 1990 pour éviter la déconfiture. Trop lente à développer sa clientèle, trop entichée de nouvelles technologies aux avantages imprécis et aléatoires, trop peu soucieuse de ses coûts d'exploitation et trop imprécise dans le ciblage des segments du marché, la société BSB a été facilement rattrapée et doublée par Sky Television, pourtant le deuxième entrant sur ce marché.

Plus récemment, cela a été le cas de Books Stacks Unlimited, le réel pionnier de la librairie en ligne, qui n'a pas déployé les ressources nécessaires à la domination de ce marché et a laissé ainsi Amazon.com en devenir le leader incontesté. En 1992, alors que le World Wide Web n'existait pas encore, Books Stacks Unlimited, une librairie de Cleveland, a proposé un catalogue de livres en ligne par l'entremise de Hytelnet. En 1994, Books Stacks Unlimited, devenue propriété de l'entreprise de marketing direct CUC International, a ouvert un site Web offrant une sélection de 500 000 titres. Cela n'a pas empêché Amazon.com de lancer sa propre librairie en ligne en 1995, et de s'approprier le marché en proposant un concept d'achat bien supérieur et en investissant de façon massive pour verrouiller ce marché. Books Stacks Unlimited n'existe plus aujourd'hui, et Amazon.com avait déjà en 2002 une clientèle de plus de 30 millions de personnes dans 160 pays.

Aussi, ce que nous décrivons ici caractérise **le premier concurrent qui exécute une stratégie de création et de domination du marché.** Par ses comportements mêmes, une telle firme crée ou bâtit le marché, en élargit les dimensions et se taille une position de domination au sein de ce nouveau marché. Cet objectif pourra être atteint par des innovations de différentes natures :

- le développement d'un nouveau produit ou service ;

- la mise en place d'un nouveau concept d'entreprise répondant plus efficacement à un besoin mal comblé par les firmes déjà actives sur ce marché;
- l'implantation d'un nouveau mode de fonctionnement ou d'une nouvelle configuration technique donnant un net avantage de coûts et de qualité à la firme innovatrice qui a su reconnaître la vulnérabilité et les effets pervers de subventions entre produits ou clients au sein des firmes en place.

McDonald's dans le marché des hamburgers, Procter & Gamble dans celui des couches jetables, Boeing et son appareil 747, IBM et son système 360, Bombardier et son jet régional, Wal-Mart qui est le grand spécialiste du commerce au détail, Honda et les scooters, Federal Express dans les services de courrier, Microsoft dans le marché des logiciels d'exploitation pour micro-ordinateurs, Amazon.com, ainsi que les entreprises citées plus haut et décrites par Chandler (1992), offrent toutes d'excellents exemples de firmes qui ont exécuté une stratégie de création et de domination de marché, acquérant ainsi une position dominante et rentable[4] dans un vaste marché.

15.1.1 Les aspects essentiels de cette stratégie

Une stratégie de création et de domination de marché comporte deux aspects essentiels :

1. Une nouvelle conception du produit ou du service qui peut satisfaire certains besoins ciblés de façon supérieure aux produits et aux services en place ou une nouvelle façon de faire qui soit nettement supérieure quant au ratio qualité/prix à tout ce que les firmes en place peuvent offrir. Dans les cas les plus réussis, le nouveau produit, service ou concept est supérieur, selon tous les critères importants pour l'acheteur ciblé, aux autres produits ou services mis à la disposition de l'acheteur pour combler les mêmes besoins.

2. La conviction que le nouveau produit, service ou concept ne pourra dominer et remplacer les autres moyens de satisfaire le besoin pour lequel il a été conçu que si des investissements importants sont consentis dès le départ pour susciter le niveau de demande nécessaire à une forte rentabilité future à des prix concurrentiels.

Cette stratégie suppose donc un engagement de longue durée envers le marché ainsi qu'une volonté et une capacité financière d'investir dans quatre types d'activité :

1. Dans des équipements et des installations d'une dimension et d'un niveau technique qui sont de nature à engendrer les coûts les plus bas lorsque le marché aura atteint son plein volume.

2. Dans des systèmes de distribution, dans la promotion et la publicité ainsi que dans une politique de « prix de pénétration », c'est-à-dire des prix inférieurs aux coûts de démarrage, mais supérieurs quant aux coûts qu'il sera possible de réaliser lorsqu'un plus grand volume sera atteint et que les effets de volume et d'apprentissage auront pleinement joué.

---

4. Amazon.com ne fait toujours pas de profits : les raisons de cette situation sont données au chapitre 17 où nous nous penchons sur la stratégie d'Amazon.com.

3. Dans le développement au sein de l'organisation des compétences, des capacités, des valeurs et des savoir-faire essentiels au succès dans ce nouveau marché.

4. Dans des investissements stratégiques pour la mise au point accélérée de produits afin d'étendre sa gamme et d'occuper tout l'espace de marché, même au risque de «cannibaliser» ses produits actuels.

5. Dans la modernisation de sa technologie afin de ne pas se faire doubler par de nouveaux entrants à la fine pointe de la technologie.

La figure 15.1 présente, de façon synthétique, les tenants et les aboutissants de cette stratégie. Il est clair que les investissements de démarrage (*up-front*) et les risques associés à cette stratégie n'ont de sens que lorsque les caractéristiques de coûts ainsi que d'autres facteurs de marché confèrent un avantage stratégique important et durable. De puissantes économies d'échelle et d'envergure, la présence d'importants effets d'apprentissage ainsi qu'un savoir-faire essentiel que l'entreprise peut s'approprier en exclusivité donnent un fondement économique à ce type de stratégie.

| **Figure 15.1** | **Dynamique de la stratégie de création et domination de marché** |

Innovation
Nouveau produit, nouveau concept, nouveau service, nouvelle forme d'entreprise

Courbe d'apprentissage à pente prononcée et contrôle possible sur la diffusion de ce «savoir-faire» hors de l'entreprise, économies d'échelle et d'envergure importantes si la firme atteint un grand volume

Dès le départ, investissements (*up-front*) importants pour :

- mettre en place un système générateur d'avantages économiques importants lorsqu'un fort volume sera atteint
- développer le marché par l'intensité de la publicité et de promotion ainsi que par un prix de pénétration par rapport aux produits substituts
- chercher résolument les réductions de coûts associés aux effets de volume et d'apprentissage
- développer et protéger les compétences ainsi que les savoir-faire critiques dans ce marché
- occuper rapidement les meilleurs sites géographiques
- occuper l'espace mental des consommateurs réservé à cette catégorie de produits et de services
- innover une gamme de produits pour occuper tout l'espace disponible

Autres facteurs pouvant donner un avantage décisif à un premier entrant efficace :

- risque perçu par l'acheteur et son incapacité d'évaluer la qualité intrinsèque du produit ou du service
- marchés définis par la géographie, l'économie ou la politique ne pouvant admettre plus d'une firme de taille minimale efficiente (TME)
- réglementation limitant la concurrence
- présence de coûts de substitution (*switching costs*) importants assurant la fidélité des clients
- efficacité des brevets pour protéger les produits ou les procédés
- marché de nature contractuelle limitant l'entrée des concurrents

Conséquences stratégiques

- une configuration de coûts supérieure à celle des rivaux
- un produit, un service ou un concept nouveau qui, pour des acheteurs ciblés, domine l'offre de tout concurrent direct ou indirect ainsi que tout produit substitut selon le ratio qualité/prix
- de meilleurs sites géographiques et de meilleurs réseaux de distribution, y compris la possibilité de bénéficier de multiples «monopoles géographiques naturels»
- un niveau de notoriété et des habitudes d'achat conférant à la firme de précieux bénéfices de réduction de risque et les avantages d'une certaine programmation de l'acte d'achat
- le grand nombre de produits en place (*installed base*) chez les clients, qui diminue également le risque perçu pour les nouveaux acheteurs, encourage les achats de remplacement, favorise la vente souvent fort lucrative de pièces de rechange ou de service après-vente
- la gamme de produits offerts, qui laisse peu de portes d'entrée pour les concurrents potentiels

Établissement d'une position stratégique favorable ou même dominante dans une structure de marché stable lorsque :

- les coûts irrécupérables (*sunk costs*) et de croissance sont élevés pour les nouveaux entrants et que ceux-ci éprouvent de la difficulté à se doter des compétences et du savoir-faire essentiels
- la firme dominante est prête à défendre sa position de marché par des innovations de produits et l'élargissement de sa gamme, même au risque de «cannibalisation» et d'investissements financièrement «non rentables»

© Allaire et Firsirotu, 1993, 2004

Le choix d'exécuter une stratégie de création et de domination de marché suppose d'importants investissements dès l'entrée sur le marché. L'instigateur de cette stratégie cherchera non seulement à accélérer le développement de son marché, mais également à occuper dès la phase d'émergence tout l'espace disponible, tant dans les circuits de distribution et les sites où est acheté ce type de produits que dans la tête des consommateurs.

Il faut bien noter que cette stratégie ne vise pas à exclure toute concurrence. Un tel objectif, souvent illusoire et toujours hasardeux d'un point de vue réglementaire, peut même ne pas être souhaitable lorsque l'arrivée de concurrents contribue à élargir le marché et à en développer tout le potentiel.

L'objectif de cette stratégie est d'assurer à la firme une place dominante dans ce marché, cette position devant s'avérer rentable et difficile à modifier par les concurrents éventuels. La firme qui exécute cette stratégie veut imposer une structure de marché que les concurrents devront accepter.

Comme le montre la figure 15.1, plusieurs facteurs autres que les coûts peuvent donner un avantage décisif à une firme qui, la première, acquiert une position dominante dans un nouveau marché. Par exemple : la taille des marchés géographiques pertinents ne peut faire « vivre » qu'une seule firme de taille efficiente dans chaque marché ; des contraintes réglementaires ou contractuelles (baux avec exclusivité, permis et licences, etc.) peuvent lui assurer un avantage de marché incontournable ; des coûts de substitution importants (*switching costs*) pour l'acheteur ou la détention de brevets pourront favoriser de façon durable la firme qui saura faire jouer ces phénomènes à son avantage.

La firme qui assume les risques d'un niveau élevé d'investissements de démarrage, mais qui, en revanche, s'assure un ou plusieurs des bénéfices que nous venons de décrire, peut bénéficier d'avantages concurrentiels durables.

15.1.2 Les fondements conceptuels d'une stratégie de création et de domination de marché

Cette stratégie trouve son bien-fondé dans une réponse affirmative à deux séries de questions fondamentales :

1. Les caractéristiques techniques et économiques du nouveau produit, service ou concept sont-elles propices à de fortes économies d'échelle et d'envergure ? Les phénomènes d'apprentissage y jouent-ils un rôle important ? Les savoir-faire et les compétences que la firme aura acquis peuvent-ils demeurer sa propriété entière ? En d'autres mots, en suscitant un fort volume de ventes pour le nouveau produit, l'entreprise acquiert-elle des avantages de coûts tangibles et difficilement réversibles ? À quel rythme et jusqu'à quel niveau les coûts vont-ils chuter selon le volume de production et l'accumulation du savoir-faire ? Comment l'augmentation de l'offre influera-t-elle sur la valeur du produit pour l'acheteur et donc sur le prix qu'il sera prêt à payer pour ledit produit ?

   La figure 15.2 reprend deux figures utilisées aux chapitres 10 et 12 pour bien montrer l'hypothèse économique fondamentale sous-jacente à cette stratégie. La première partie présente différents types de relations entre les revenus et les coûts totaux en fonction du volume. La stratégie de création et de domination de marché se fonde sur une relation anticipée du type de la courbe A.

De plus, cette stratégie suppose l'émergence d'une structure de marché où une firme peut réaliser le niveau de performance décrit à la seconde partie. Dans ce scénario, une forte rentabilité éventuelle n'attire pas de nouveaux entrants capables de s'approprier ce surplus ou d'en diminuer l'ampleur par une rivalité de prix efficace. Ainsi, les investissements de démarrage ainsi que les risques assumés dans le cadre d'une stratégie de création et de domination de marché reçoivent leur pleine récompense grâce à une structure de marché comme celle décrite à la seconde partie de la figure 15.2, avec tous les avantages qu'elle comporte pour la firme qui y évolue.

Figure 15.2	Hypothèses économiques fondamentales sous-jacentes à la stratégie de création et de domination de marché

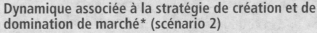

Relation entre revenus, coûts totaux et volume d'affaires

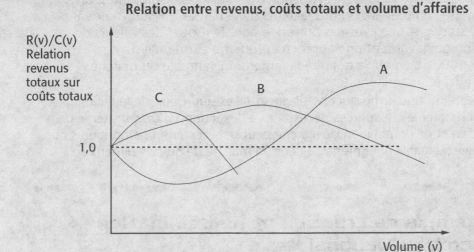

Dynamique associée à la stratégie de création et de domination de marché* (scénario 2)

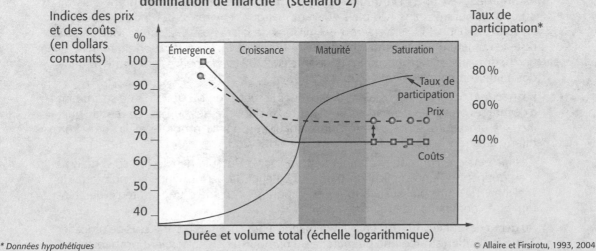

* Données hypothétiques

© Allaire et Firsirotu, 1993, 2004

2. La firme est-elle capable d'effectuer des investissements importants afin de créer et de développer le marché, et de s'assurer une position dominante dans un tel marché en croissance ? Est-elle prête à considérer les budgets publicitaires comme des investissements dont l'objet est d'éveiller et de créer la demande pour son produit et d'occuper l'espace mental réservé à cette catégorie de produits par les consommateurs acheteurs ? De la même façon, la firme est-elle prête à établir son prix à un niveau inférieur à ses coûts de démarrage, mais à un niveau compatible avec les coûts pouvant être atteints éventuellement lorsque les effets de volume et d'apprentissage auront pleinement joué ? Enfin, est-elle prête, s'il y a lieu, à investir massivement dans la création d'un réseau de distribution qui lui permettra d'occuper rapidement l'espace géographique et, ainsi, de lui assurer une position dominante sur le marché ?

Plusieurs firmes innovatrices sont incapables de tels engagements pour un ensemble de raisons : des ressources financières insuffisantes, une mauvaise compréhension des facteurs dynamiques qui sous-tendent cette stratégie, une aversion profonde pour le risque, des valeurs de gestion qui favorisent une approche prudente et gradualiste ou l'incertitude bien réelle quant à la dimension véritable du marché potentiel et à sa pérennité.

Cependant, une firme qui choisit, lorsqu'il est judicieux de le faire, de consacrer les ressources nécessaires à l'exécution d'une stratégie de création et de domination de marché peut se tailler ainsi une position stratégique favorable et imprenable dans un marché de grande dimension.

Un exemple de création et de domination de marché : McDonald's

McDonald's, la fameuse chaîne mondiale de restauration rapide spécialisée dans les hamburgers, est une institution qui se passe de présentation. Comptant plus de 30 000 restaurants dans 120 pays et ayant inauguré environ 2 000 nouvelles unités en 2002, McDonald's sert environ 46 millions de clients tous les jours. McDonald's reste le numéro un dans le marché du hamburger, malgré la saturation du marché et une performance financière moins reluisante en 2002 (ses bénéfices ont chuté presque de moitié comparativement à 2001).

Beaucoup d'observateurs essaient d'expliquer le succès de McDonald's en se limitant à décrire ses prouesses de marketing, son intense publicité, ses normes élevées de qualité, ses procédures strictes, sa passion fanatique pour la propreté et la formation offerte aux franchisés à l'« Université McDonald's ».

Ces facteurs ont contribué certainement au succès durable de McDonald's, mais ils n'en donnent qu'une explication partielle. En effet, la performance économique de McDonald's tient pour beaucoup à l'exécution impeccable d'une stratégie de création et de domination de marché.

Au début des années 1960, si on avait demandé à des analystes compétents de procéder à une évaluation stratégique du marché du hamburger, ils en seraient probablement arrivés à la conclusion suivante : il s'agit d'un marché caractérisé par un niveau élevé de fragmentation où des milliers de petits établissements rivalisent en offrant un produit indifférencié de fabrication « artisanale » à une clientèle locale. Certainement pas, aurait-on conclu avec assurance, le type de marché offrant un potentiel permettant de construire une firme de grande envergure et de forte rentabilité. Quelle serait la cause d'une telle erreur d'évaluation stratégique ? Après coup, il est facile de voir à quel point une telle analyse se serait montrée insensible aux véritables facteurs de fragmentation et à la réelle possibilité d'éliminer ces facteurs par une approche tout à fait innovatrice et adaptée au contexte de marché en mutation de l'époque.

Ray Kroc, ce vendeur itinérant d'appareils à fouetter le lait (*milk shake*) a su reconnaître une perspective d'avenir dans la façon dont les frères McDonald géraient leur établissement californien de hamburgers. Qu'est-ce que Kroc a vu qui a échappé à tant d'autres ?

Durant les années 1950 et 1960, l'Amérique s'est motorisée, s'est déplacée vers les banlieues et s'est équipée d'infrastructures routières de haute qualité. Les grands centres commerciaux ont commencé à apparaître en périphérie des centres urbains. Les périodes de vacances plus nombreuses sont souvent l'occasion pour les familles d'entreprendre de longs voyages en automobile. Dans ce contexte, le couple américain voyageant avec des enfants en bas âge est souvent amené à se restaurer dans des lieux inconnus et éloignés du domicile familial. En conséquence, un concept de restaurant dont la forte notoriété s'appuie sur sa qualité, ses bas prix, son attrait pour les enfants et son service rapide offre un ensemble de bénéfices importants, dont celui de la réduction du risque associé à la consommation de produits alimentaires en milieux étrangers dans un pays sans grande tradition culinaire !

Consciemment ou non, Ray Kroc, le grand architecte de l'entreprise McDonald's, a été influencé par deux concepts empruntés à l'époque au secteur de l'automobile :

- Un système de production ayant un haut niveau de standardisation et de spécialisation des tâches : pour livrer rapidement et à faible prix un produit de qualité, il ne fallait offrir que quelques produits standard, préparés par une main-d'œuvre spécialisée dans quelques opérations simples, donc facile à former et peu coûteuse.

- Un système de distribution s'inspirant largement des principes du système de concessionnaires automobiles : un entrepreneur indépendant qui met en jeu son propre capital pour acquérir et gérer un établissement fortement intégré à un vaste système de production et de mise en marché. McDonald's assume la responsabilité et le contrôle de la qualité des produits offerts, de l'architecture et du mode de fonctionnement de l'établissement ainsi que des promotions et de la publicité à l'échelle nationale.

À l'époque, la réunion des facteurs mentionnés plus haut pour créer un type d'entreprise inédit a transformé McDonald's en un phénomène remarquable comportant des avantages précis associés à ce nouveau système de production et de distribution. Voici quelques-uns de ces avantages :

- La croissance du nombre de restaurants a été sans commune mesure avec le rythme qu'aurait pu soutenir McDonald's si l'entreprise avait dû financer son expansion et établir les systèmes de gestion, de motivation et de contrôle pour des gérants d'établissements. Si McDonald's avait emprunté la voie habituelle à l'époque, c'est-à-dire celle des restaurants à succursales, son rythme d'expansion aurait été beaucoup plus lent et sa gestion, plus complexe. Cela aurait permis à des entreprises rivales d'imiter le système de McDonald's dans plusieurs marchés géographiques avant même que la société ne puisse s'y établir.

- Un autre avantage de cette expansion rapide a été que McDonald's a pu s'approprier des marchés qui, à cause de leur géographie, sont de véritables monopoles naturels. Ainsi, comme nous l'avons souligné au chapitre 11, plusieurs petites villes américaines constituent un marché potentiel intéressant pour un seul établissement du type de McDonald's. Étant la première, la société McDonald's s'est installée dans tous ces endroits, laissant ses rivaux devant un choix difficile : reconnaître la réalité économique de ces marchés et laisser à McDonald's son monopole ou installer tout de même un établissement non rentable. La première option leur paraît souvent la plus rationnelle, ce qui confère un net avantage au premier arrivé.

  Il en va de même évidemment pour le choix des meilleurs sites en milieu urbain ou en bordure des autoroutes. Certains sites sont souvent supérieurs à d'autres sites pourtant très rapprochés sur les plans de la visibilité, de l'accessibilité et de l'achalandage. Une firme qui exécute une stratégie de domination de marché sera particulièrement sensible à l'importance de reconnaître et de s'assurer ces sites avant même l'arrivée de toute concurrence sérieuse.

- Une stratégie d'expansion rapide par concessions (franchises) et leur déploiement dans différentes zones géographiques ont permis à McDonald's un effort publicitaire important dont le coût est réparti entre plusieurs établissements dans un même marché-médias. Enfin, McDonald's, ayant réussi la première à s'établir solidement dans tous les marchés géographiques aux États-Unis, peut bénéficier depuis lors de campagnes de publicité à l'échelle nationale, lesquelles s'avèrent beaucoup plus efficientes quant au coût par client potentiel, comme nous l'avons décrit au chapitre 8. Ces programmes intenses de publicité et de promotion avaient pour objet, au départ, d'informer le public sur les bas prix de McDonald's et de le rassurer par la familiarité du nom et l'engagement de la société envers la salubrité des lieux et la qualité de ses produits. En fait, le système mis au point par McDonald's a fourni un exemple de phénomène décrit au chapitre 11, selon lequel des milliers de micromarchés géographiques sont réunis pour former un seul grand marché national sous l'influence d'une entreprise innovatrice.

Le système McDonald's domine encore le marché de la restauration rapide et des produits connexes, marché qui est maintenant fortement concentré aux États-Unis puisque trois firmes détiennent 77 % du marché. McDonald's jouit d'un niveau de notoriété sans pareil dans ce secteur et maintient, bon an mal an, sa part de marché autour de 43 % (suivi de Burger King à 21 % et de Wendy's à 13 %).

Comme nous l'avons démontré au chapitre 8 pour illustrer le phénomène des coûts de croissance, la position dominante de McDonald's dans un marché en maturité place ses rivaux devant une situation difficile : soit ils acceptent leur position vulnérable dans la structure actuelle du secteur et tentent d'en tirer la meilleure rentabilité possible dans les circonstances, soit ils essaient de changer la situation et d'augmenter leurs parts de marché aux dépens de McDonald's.

Or, pour modifier la structure de ce marché, Burger King et Wendy's devront ajouter rapidement des milliers de nouveaux concessionnaires, accroître leurs budgets publicitaires afin de les porter à un niveau équivalent à celui de McDonald's et, surtout, espérer, contre toute vraisemblance, que McDonald's ne ripostera pas à ces assauts directs sur sa part d'un marché ayant maintenant atteint sa phase de maturité et même de saturation.

Il est probable qu'un sage calcul stratégique persuadera, tôt ou tard, les rivaux de McDonald's qu'à moins de mettre au point une nouvelle stratégie et une nouvelle façon d'exploiter ce marché, il vaut mieux s'imposer une certaine retenue en choisissant de rivaliser vigoureusement à l'intérieur des paramètres établis par McDonald's. En d'autres mots, il est plus sage de rechercher un niveau acceptable de rentabilité sans entreprendre de démarches qui pourraient provoquer une réplique massive de la firme dominante.

Burger King s'est fait servir une cuisante leçon lorsque, vers 1987, elle tenta de modifier sa position en augmentant ses budgets de publicité et son rythme d'implantation de nouveaux établissements. La riposte de McDonald's, par le truchement de promotions spéciales, de budgets publicitaires encore plus massifs et d'augmentation du rythme d'ouverture de nouveaux établissements, s'est soldée par une augmentation de deux points de la part de marché de cette société. Quant à Burger King, sa performance a été telle que toute sa direction a été changée, et Pillsbury (à qui appartenait Burger King) a fait l'objet d'une offre publique d'achat (OPA).

La position dominante de McDonald's comme chef de file dans le marché du hamburger depuis plus de 40 ans aux États-Unis offre un témoignage éloquent de la force ainsi que des avantages durables d'une stratégie de création et de domination de marché bien exécutée.

Cependant, le niveau de maturité avancée du marché américain exploité par McDonald's lui impose l'ajout de mets nouveaux, une recherche d'envergure de marché et d'envergure géographique, et ce, afin de :

a) s'adapter aux goûts et aux valeurs actuels des consommateurs, et ainsi retenir sa clientèle et même augmenter si possible ses revenus ;

b) se donner une couverture géographique encore plus étendue (par exemple, s'installer au rez-de-chaussée de grands immeubles à bureaux, dans les centres commerciaux et dans diverses régions géographiques du monde) ;

c) s'adapter, dans la mesure où cela est possible pour un système monolithique, aux différents segments d'acheteurs en leur offrant des établissements d'une architecture et d'une conception variées.

Ainsi, la McDonald's Corporation, une entité qui transcende McDonald's (États-Unis), exécute depuis plus de 10 ans une stratégie d'envergure géographique de marchés au parfum de mondialisation. Selon le marché géographique, McDonald's exécute : des stratégies de différenciation en Europe de l'Ouest, au Japon et ailleurs en Asie du Sud-Est, où Burger King ainsi que certains concurrents locaux (Quick en France et en Belgique, etc.) lui font concurrence ; une stratégie de création et de domination de marché en Russie et dans les pays d'Europe centrale et de l'Est, et ainsi de suite. Le marché hors États-Unis compte maintenant plus d'établissements qu'aux États-Unis (17 000 contre 13 000). Aux États-Unis, le défi de McDonald's est de s'adapter au phénomène de segmentation d'un marché en phase de saturation.

McDonald's cherche ainsi une nouvelle croissance par le truchement de deux initiatives. D'abord, elle tente une difficile adaptation de ses établissements aux nouveaux besoins des consommateurs ; par exemple, avec un programme *made for you*, qui a pour objet d'offrir des plats frais sur commande, et avec les McCafés. Cette initiative coûte cher à l'entreprise et à ses concessionnaires ; ceux-ci hésitent à engager des frais pour une initiative dont ils ne sont pas convaincus du bien-fondé. Puis, McDonald's a effectué une série d'acquisitions depuis 1998 pour prendre pied dans d'autres segments de marché. Ainsi, McDonald's a acheté ou a pris une participation dans les entreprises suivantes : Donatos Pizza, Chipotle Mexican Grill, Boston

Market (cuisine maison rapide) aux États-Unis ; British Aroma Grill et « prêts à manger » au Royaume-Uni.

Ce puissant système stratégique qu'est McDonald's doit maintenant trouver sa place dans un marché en mutation et composer avec des événements comme le problème et les séquelles de la « maladie de la vache folle » en Europe et aux États-Unis ; les mouvements d'altermondialisation qui ont fait de McDonald's un symbole à abattre ; une sensibilisation accrue des consommateurs aux effets nocifs des antibiotiques et des hormones servant à accélérer la croissance des animaux de ferme de même qu'aux conditions jugées cruelles imposées à ces animaux. La société McDonald's semble vouloir jouer un rôle de leadership dans ces domaines et adapter son offre de produits au contexte plus exigeant de notre époque. McDonald's, plus que toute autre entreprise, dispose des moyens et du pouvoir d'achat pour imposer aux fournisseurs des normes et des conditions à respecter, pour le plus grand bien des consommateurs.

La société Amazon.com, dont nous traitons longuement au chapitre 17, offre un autre excellent exemple des tenants et des aboutissants d'une stratégie de création et de domination de marché.

15.1.3 Quelques enseignements en guise de conclusion

Dans tout nouveau marché à grand potentiel, il est un moment, une période plus ou moins courte, où se joue le destin des firmes ou de la firme en place et se décide la structure éventuelle de ce marché pour une période relativement longue. L'exécution efficace, énergique et opportune d'une stratégie de création et de domination de marché constitue un événement d'une portée considérable.

Les grandes entreprises de notre époque sont souvent nées de l'exécution d'une stratégie de création et de domination de marché à une époque antérieure. L'audace, la vision et la vigueur concurrentielle qui animent les bâtisseurs de ces grands systèmes stratégiques semblent se manifester à certaines époques et dans certaines régions du monde, s'étioler dans un lieu pour apparaître dans un autre, selon une combinaison de facteurs économiques, culturels et sociaux encore mal compris.

Il nous semble parfois que les phases de marché, sujet dont nous avons abondamment traité au chapitre 10, ont en quelque sorte leur équivalence nationale. Certaines économies nationales arrivées à maturité ou en phase de saturation suscitent surtout des stratégies de segmentation, d'envergure géographique ou de créneaux. D'autres économies nationales en phase d'émergence ou de croissance à la même époque provoqueront l'apparition de nombreuses firmes voulant dominer leurs marchés respectifs. Elles se feront une vive concurrence entre elles et s'attaqueront à des marchés nationaux plus « matures » avec un dynamisme et une détermination inusités qui mettront en difficulté les firmes en place.

Il faut rappeler que ce type de stratégie résulte de la mise au point d'un système stratégique hautement performant constitué d'arrangements économiques et organisationnels auxquels les concepteurs et les dirigeants du système croient avec une ferveur proprement idéologique.

La vulnérabilité de tels systèmes provient souvent de cette foi inébranlable dans le bien-fondé de leur stratégie, et ce, malgré les profondes mutations du marché qui devraient mener à de nouvelles stratégies et façons de faire. Puis, **l'architecture de ces systèmes, conçue pour leur efficacité dans des conditions précises de fonctionnement,** fait souvent en sorte que le système est incapable de livrer autre chose que ce pour quoi il a été si bien bâti.

La haute direction peut être très réticente à engager les investissements stratégiques nécessaires au maintien de sa position dominante lorsque ces investissements ne satisfont pas pleinement aux exigences de rendement selon une évaluation financière orthodoxe et peuvent même comporter un effet de «cannibalisation» des revenus associés aux produits actuels de la firme.

Ainsi, **une erreur stratégique fréquemment commise en pratique consiste pour les systèmes dominants à négliger ou à traiter avec indifférence certains segments du marché ou certains territoires géographiques où, faute de justification économique, ils ne s'engagent pas.** Ces segments ou ces territoires servent alors de portes d'entrée par lesquelles de nouveaux joueurs, fragiles au départ, viennent petit à petit faire leur apprentissage du marché, puis deviennent éventuellement des concurrents directs et efficaces des grandes firmes en place.

15.2 La stratégie de différenciation

Cette stratégie se manifeste à un moment particulier, souvent de courte durée, du développement d'un marché lorsque certaines caractéristiques essentielles y sont présentes. Deux situations typiques captent bien la dynamique de cette stratégie de différenciation.

1. **Le marché est relativement jeune.** Les acheteurs, pour la plupart à leur première expérience d'achat du produit, recherchent tous les mêmes bénéfices et attributs du produit. Aucune firme ne détient encore de position dominante sur le marché ; aucune firme ne dispose des ressources économiques ou manifeste la volonté stratégique pour exécuter une stratégie de domination. Le produit est d'une nature telle que des avantages de coûts importants sont associés à une augmentation du volume d'unités vendues.

2. **Le marché s'est développé grâce aux efforts d'une firme qui y occupe une place dominante.** Cependant, ce marché s'est structuré autour de quelques attributs dominants du produit. Les firmes rivales, pour réussir dans ce marché, doivent offrir un produit supérieur quant à l'un ou l'autre de ces attributs ou, à tout le moins, persuader une partie des acheteurs que leur produit est effectivement supérieur.

15.2.1 Le scénario classique

Dans le premier cas, la phase de différenciation aura une durée qui variera en fonction du nombre des attributs ou des bénéfices essentiels servant à définir le produit ainsi qu'en fonction de l'importance et de la pérennité des facteurs intangibles de réduction de risque (*voir le chapitre 12*). Durant cette phase, chaque firme tentera de rassembler autour de son produit le plus grand nombre d'acheteurs. Pour ce faire, elle voudra rassurer l'acheteur et lui démontrer la supériorité de son produit selon les attributs qu'il valorise. La firme veut ainsi établir une relation durable entre l'acheteur et son produit en suscitant une certaine loyauté à sa marque ou un automatisme d'achat, processus qui rassure l'acheteur et simplifie sa démarche d'achat. La figure 15.3 schématise les relations typiques de cette situation de différenciation.

La différenciation du produit ou du service d'une firme requiert des investissements appréciables en recherche et en développement de produits, en publicité et en promotion ainsi qu'en opérations de vente. Lorsque cet effort de différenciation est judicieux, il mène à une perception favorable du produit par les acheteurs. Ceux-ci seront prêts à payer le prix demandé pour une marque qui se rapproche le plus de celle qu'ils perçoivent comme idéale, c'est-à-dire dont le ratio qualité/prix tel qu'il est estimé par l'acheteur s'avère supérieur à celui des autres marques. Dans la mesure où de nombreux acheteurs font une telle évaluation de ratio qualité/prix de sa marque, la firme obtient une forte part de marché et atteint donc un volume élevé de production.

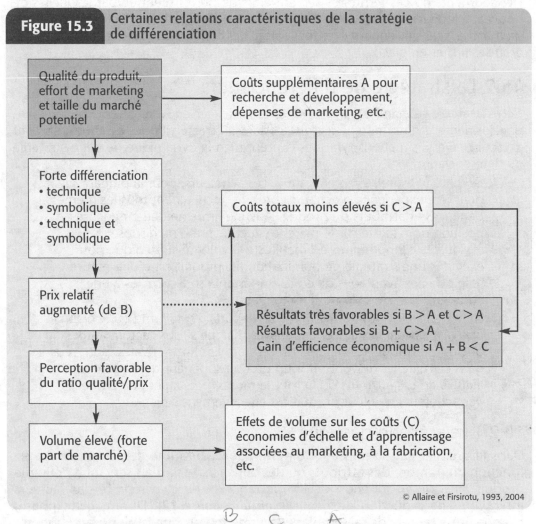

Figure 15.3   Certaines relations caractéristiques de la stratégie de différenciation

© Allaire et Firsirotu, 1993, 2004

Les relations suivantes entre prix, volume et coûts, souvent mal comprises en pratique, donnent un sens précis à la notion de différenciation :

- Si les effets de volume sur les coûts (C) sont faibles, le prix devra comprendre tous les coûts nécessaires pour le développement, la fabrication et le soutien d'un produit de qualité. Le prix élevé de ce dernier en diminuera le marché potentiel et en fera un produit haut de gamme. Il s'agira alors d'une stratégie de concentration ou de spécialisation et non de différenciation, une confusion que continuent d'entretenir les ouvrages de Porter (1980, 1985).

- Si l'effet bénéfique du volume sur les coûts est supérieur aux coûts supplémentaires inhérents à cette stratégie, la firme pourra être rentable même avec un prix inférieur au prix qu'elle aurait dû demander si elle n'avait pas investi les fonds nécessaires pour exécuter une stratégie de différenciation. Dans ces cas, cette stratégie produit un gain net d'efficience pour l'ensemble de l'économie.

- Cependant, la firme qui offre un produit différencié en établira le prix selon la courbe de demande pour sa marque, et non selon ses coûts. En effet, une des caractéristiques essentielles de la stratégie de différenciation est d'établir une relation entre la demande et le prix pour une marque de produit comme s'il s'agissait d'une catégorie de produits. Il peut arriver alors que le prix et la rentabilité de la firme soient tels qu'il y ait perte nette d'efficience économique. Une telle situation constitue un puissant incitatif pour des concurrents éventuels qui tenteront de s'approprier une partie de cette rentabilité.

Éventuellement, dans le cadre de l'évolution naturelle du marché, les acheteurs, de plus en plus expérimentés avec le produit, se démarqueront les uns des autres quant aux attributs importants pour eux. Ce phénomène sera particulièrement sensible si ces attributs ou ces bénéfices sont de plus en plus nombreux et qu'aucune marque ne peut combler toutes les attentes des acheteurs quant aux bénéfices recherchés ou être supérieure à toutes les autres marques rivales selon tous ces bénéfices.

Le marché se fragmente alors en segments, et ce n'est qu'au sein de ces segments que la stratégie de différenciation redevient possible. En effet, puisque chaque segment de marché résulte d'une valorisation plus poussée de certains attributs ou bénéfices du produit, on retrouve le phénomène de rivalité entre marques quant à leur position relative sur ces attributs ou ces bénéfices précis.

Cependant, une stratégie de différenciation se fonde sur les avantages économiques associés au grand volume de ventes suscité par une telle stratégie. C'est ce qui justifie les investissements et les coûts supplémentaires inhérents à cette stratégie. Or, certains segments de marché sont si petits que, même avec une position de monopole, le volume total de ventes ne pourrait justifier un grand effort de différenciation. C'est pourquoi, dans le cas de certains segments d'un marché et de certains marchés pris dans leur ensemble, la stratégie de différenciation, quoique appropriée, n'est pas exécutée avec tous les efforts de mise au point de produits ainsi que de soutien publicitaire et promotionnel que l'on peut déployer pour un grand marché.

Pour ces mêmes raisons, la stratégie de segmentation, pour être vraiment efficace, doit s'appuyer dans toute la mesure du possible sur des ressources partagées et des actifs communs, particulièrement lorsque les segments du marché sont de petites dimensions. Alors, une image de marque attrayante et une forte réputation d'entreprise qui chapeautent et appuient toutes les marques de ses produits peuvent procurer un avantage stratégique considérable à l'entreprise qui jouit de ces caractéristiques.

Par exemple, L'Oréal, dans le marché des cosmétiques, jouit d'une forte image « corporative » grâce à d'importants investissements continus dans la publicité et la promotion d'une marque précise de produit, et à la promotion de son nom (associé initialement à la marque de produits différenciés). Ce nom chapeaute et appuie de nombreuses catégories de produits (crèmes, shampoings, rouges à lèvres, shampoings colorants, mascaras, etc.) ainsi que de multiples segments au sein de chaque catégorie.

Le même phénomène se manifeste avec d'autres entreprises : Kellogg's et Quaker Oats dans les céréales ; Coca-Cola et Pepsi-Cola dans les boissons ; Bombardier Ski-Doo, Yamaha, Polaris et Arctic Cat dans la motoneige ; Honda pour ses multiples produits avec moteur à essence, des automobiles aux équipements de jardinage.

Une dynamique similaire est propre à toutes ces situations : la différenciation massive d'une marque de produit, mise en marché sous le nom de l'entreprise associée au produit, résulte avec le temps en une forte différenciation de l'entreprise elle-même. Cette image « corporative » devient un actif stratégique précieux qui lui servira à étendre son champ d'action dans d'autres marchés ou segments de marché. La croissance, la rentabilité et le volume d'affaires contribuent à amortir les investissements considérables consentis pour exécuter la stratégie de différenciation.

15.2.2 Le scénario de marché dominé

Dans ce deuxième cas, la rivalité pourra se jouer pendant un certain temps entre une firme dominante tentant d'imposer une structure de marché qui lui est favorable et de nouveaux entrants qui, attirés par la croissance du marché, tentent de s'assurer les faveurs d'acheteurs en leur proposant un produit supérieur quant à certains attributs dominants.

Il y a lieu de dissiper la confusion qui entoure le concept de différenciation dans une partie de la littérature en sciences économiques. Il ne s'agit pas ici d'une situation où des firmes s'attaquent à un marché en proposant un produit de moindre qualité à un prix inférieur. En effet, de telles situations constituent des cas de segmentation, puisque, par définition, on y reconnaît qu'un certain groupe d'acheteurs manifeste une valorisation des attributs « qualité » et « prix » différente de celle exprimée par d'autres acheteurs.

Il ne s'agit pas non plus de ces situations où de nouveaux entrants proposent de nouveaux attributs ou des bénéfices autres que ceux qu'affichent de façon supérieure les produits de la firme dominante. Dans de tels cas, ces nouvelles firmes tentent plutôt de provoquer une segmentation ou une fragmentation du marché pour s'attirer les faveurs d'un groupe d'acheteurs sensibles à ces nouveaux attributs ou bénéfices du produit.

La situation schématisée à la figure 15.4 a plutôt trait à de nouveaux entrants qui reconnaissent que, pour réussir à ce stade de développement du marché, ils doivent rivaliser avec la firme dominante quant aux quelques attributs ou bénéfices qui déterminent le choix des acheteurs. Ces attributs ou ces bénéfices ont un caractère déterminant soit parce qu'ils revêtent une importance intrinsèque telle qu'ils s'avèrent incontournables, soit parce que la firme dominante a réussi à structurer le processus de choix des acheteurs autour de ces attributs ou de ces bénéfices du produit.

L'entreprise McDonald's, dont nous avons décrit plus haut la stratégie de création et de domination de marché, offre un bon exemple de ce type de comportement de marché. Les firmes concurrentes que sont Burger King et Wendy's cherchent à se différencier de McDonald's selon les quelques attributs et bénéfices qui sont fondamentaux pour les acheteurs de ces produits. En effet, Burger King souligne le goût de ses hamburgers grillés sur charbon de bois : « Burger King a meilleur goût. » Quant à Wendy's, elle met l'accent sur la fraîcheur de ses ingrédients, l'aspect familial de ses établissements et son service personnalisé : « Notre bœuf pur à 100 % est frais, jamais congelé. » McDonald's cherche plutôt à maintenir sa supériorité quant à certains attributs et à promouvoir l'importance de ces attributs particuliers. Sa stratégie n'est une stratégie de différenciation que dans la mesure où, en affirmant sa supériorité, McDonald's cherche à maintenir une différence entre son produit et celui de ses concurrents.

Un bon exemple de stratégies de différenciation nous est offert par les entreprises Home Depot et Lowe's dans le marché de la rénovation domiciliaire.

Exemple de stratégie de différenciation dans un marché dominé : Lowe's vs Home Depot

La société Lowe's, deuxième chaîne de magasins de rénovation domiciliaire derrière le géant Home Depot, réussit fort bien à se faire une place au soleil dans ce marché dominé par son principal concurrent. Comme le montre la figure 15.4 (*voir page suivante*), la performance boursière de Lowe's est même supérieure à celle de Home Depot au cours de la période de cinq ans se terminant le 31 décembre 2002.

Relativement au chiffre d'affaires, Lowe's ne fait que la moitié de la taille de son concurrent Home Depot (26,5 milliards de dollars versus 58,2 milliards), mais elle connaît une croissance très supérieure. De 2000 à 2002, les revenus de Lowe's ont crû de 43 % contre 27 % pour Home Depot. Les deux sociétés considèrent qu'elles jouissent d'un grand potentiel de croissance future, puisque leur marché reste encore largement fragmenté avec près de 80 % des ventes encore réalisées par des établissements indépendants (d'après le rapport annuel 2000 de Lowe's).

La stratégie de Lowe's était jusqu'à récemment sensiblement la même que celle de Home Depot :

- Répondre de façon supérieure aux trois attentes de la clientèle :
  - la qualité (à la fois le produit, le service et le conseil);
  - le vaste choix de produits;
  - les prix compétitifs.

- Concevoir des établissements dont la taille et la localisation correspondent à leurs objectifs stratégiques. Home Depot et Lowe's proposent des établissements de même superficie (111 000 pi^2 pour Lowe's contre 108 000 pi^2 pour Home Depot). Les deux entreprises se concentrent sur les zones urbaines densément peuplées.

- Établir une politique de prix sensible au fait que Home Depot et Lowe's rivalisent dans chaque marché avec des entreprises locales, et non pas (ou rarement) l'un contre l'autre. Ainsi, Home Depot et Lowe's évitent de se livrer une guerre de prix ruineuse pour l'une et l'autre. Leur marché est en fait constitué d'un ensemble

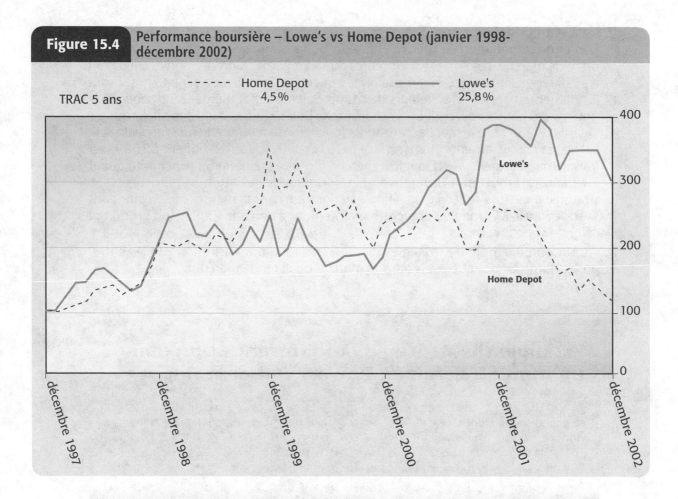

Figure 15.4 Performance boursière – Lowe's vs Home Depot (janvier 1998-décembre 2002)

de micromarchés. Dans chacun de ces micromarchés, il suffit que Home Depot ou Lowe's soit supérieur aux concurrents locaux quant aux prix et au choix de produits. Ni Home Depot ni Lowe's ne veut une « confrontation directe », mais cherche plutôt à faire aussi bien que l'autre de telle sorte que le consommateur soit relativement indifférent, choisissant Home Depot ou Lowe's selon la commodité d'accès.

Or, depuis peu, Lowe's semble vouloir bouleverser cet « ordre établi » par Home Depot. Lowe's réalise qu'accepter ces conditions de rivalité la condamne à une position de seconde place et que sa croissance future va la forcer à rivaliser avec Home Depot directement dans ses marchés. En conséquence, Lowe's a commencé à attaquer directement Home Depot en se présentant comme différent et supérieur à cette dernière par son service et son ambiance de magasinage.

Lowe's redéfinit son concept d'établissement afin de le rendre plus attrayant et ludique pour le consommateur, en particulier pour la clientèle féminine. En effet, selon des études de marché, celle-ci est responsable de 80 % des décisions d'achat dans le secteur de la rénovation. Donc, Lowe's tente d'offrir un environnement mieux éclairé, des informations plus abondantes et un agencement des rayons plus logique. Ces démarches semblent donner des résultats probants en matière de positionnement stratégique et de différenciation dans l'esprit du consommateur.

Le système stratégique de Lowe's diffère de celui de Home Depot de façon imperceptible pour le consommateur, mais il pourrait lui donner un avantage significatif dans la bataille, inévitable et prochaine, pour une part accrue de ce marché. En effet, contrairement à Home Depot dont les établissements sont approvisionnés directement par ses fournisseurs, Lowe's dispose de véritables centres de distribution, chacun servant plusieurs établissements dans une aire géographique donnée. Cet arrangement se traduit par des économies de réseau du type *hub and spokes*, dont nous avons traité au chapitre 7.

Ainsi, malgré un chiffre d'affaires de moitié moindre que celui de Home Depot, Lowe's montre déjà un niveau de dépenses d'exploitation inférieur à celui de Home Depot (20,0 % contre 20,9 %). Dans un âpre face-à-face, cet avantage pourrait être décisif.

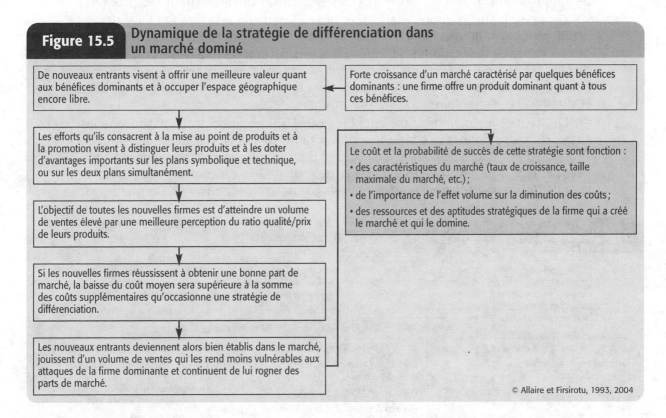

Figure 15.5   **Dynamique de la stratégie de différenciation dans un marché dominé**

De nouveaux entrants visent à offrir une meilleure valeur quant aux bénéfices dominants et à occuper l'espace géographique encore libre.

Les efforts qu'ils consacrent à la mise au point de produits et à la promotion visent à distinguer leurs produits et à les doter d'avantages importants sur les plans symbolique et technique, ou sur les deux plans simultanément.

L'objectif de toutes les nouvelles firmes est d'atteindre un volume de ventes élevé par une meilleure perception du ratio qualité/prix de leurs produits.

Si les nouvelles firmes réussissent à obtenir une bonne part de marché, la baisse du coût moyen sera supérieure à la somme des coûts supplémentaires qu'occasionne une stratégie de différenciation.

Les nouveaux entrants deviennent alors bien établis dans le marché, jouissent d'un volume de ventes qui les rend moins vulnérables aux attaques de la firme dominante et continuent de lui rogner des parts de marché.

Forte croissance d'un marché caractérisé par quelques bénéfices dominants : une firme offre un produit dominant quant à tous ces bénéfices.

Le coût et la probabilité de succès de cette stratégie sont fonction :
- des caractéristiques du marché (taux de croissance, taille maximale du marché, etc.) ;
- de l'importance de l'effet volume sur la diminution des coûts ;
- des ressources et des aptitudes stratégiques de la firme qui a créé le marché et qui le domine.

© Allaire et Firsirotu, 1993, 2004

En certaines circonstances de marché, les nouveaux entrants peuvent donc jouir d'avantages stratégiques non négligeables, dont les suivants :

- La possibilité d'étudier et de s'approprier l'expérience acquise par le premier entrant sur le marché et d'imiter ce dernier à moindre coût.

- La possibilité d'étudier les besoins et les préférences des acheteurs du produit ainsi que les faiblesses et la vulnérabilité du premier entrant. En conséquence, il est possible de concevoir un produit et un positionnement stratégique qui tirent avantage de cette évaluation.

- La possibilité d'avoir recours à une technologie plus performante que celle employée par le premier entrant (*leap-frogging*). Celui-ci, devant ou voulant amortir ses investissements passés avant de se doter de la meilleure technologie, se verra contraint d'accepter un certain retard technique comparativement aux nouveaux entrants.

15.3 La stratégie d'avantages de coûts

Cette stratégie, beaucoup moins fréquente en pratique que ne le laisse entendre Porter (1980), consiste à rechercher et à faire entrer en jeu des avantages de coûts dans un marché où les acheteurs sont très sensibles aux moindres variations de prix.

Pour l'enthousiaste du marketing, les produits vraiment homogènes et non différenciés sont rarissimes, et le fait que plusieurs produits affichent des caractéristiques d'homogénéité n'est que la conséquence du manque d'imagination et de sens de marketing chez les dirigeants des entreprises qui fabriquent ces produits.

Cela ne fait aucun doute, mais il faut bien admettre que le rôle et l'intensité de la différenciation du produit varient grandement. La vente par téléphone du bois de charpente de dimensions uniformes à des grossistes répartis à travers l'Amérique du Nord offre moins de possibilités de différenciation et de segmentation, bien que celles-ci ne soient pas inexistantes, que la mise en marché de bières, d'automobiles et de produits alimentaires ou pharmaceutiques.

De même, les marchés aux enchères ou d'adjudication forcent souvent les entreprises à se donner une stratégie d'avantages de coûts. De façon générale, la stratégie d'avantages de coûts est associée à des produits très homogènes, presque des denrées, pour lesquels les acheteurs ne font pas ou en sont arrivés à ne plus faire de distinction entre les produits offerts par différents fabricants. De même, on

Figure 15.6 Dynamique de la stratégie d'avantages de coûts

Catégories de produits comportant peu de segments d'acheteurs et peu de possibilités de différenciation : processus d'adjudication ; matières premières ; équipement standard ; phénomène de convergence technologique ou concurrentielle et donc prépondérance du prix comme critère de sélection ; faible potentiel (ou manque d'imagination marketing) pour augmenter la valeur du produit ou ajouter au produit de base des attributs de service, etc.

Marché aux enchères
- Grand nombre d'acheteurs et de vendeurs anonymes
- Prix critère de choix dominant, voire l'unique facteur

Marché d'adjudication
- Gestion par l'acheteur du processus d'adjudication des contrats
- Prix comme facteur critique
- Assurance et garantie de performance
- Appartenance au groupe de firmes mises en concurrence

Marché oligopolistique (non différencié)
- Pratiques et stratégies complexes d'établissement des prix ; leadership de prix, signalement, imitation délibérée, prix pour bloquer l'entrée, etc.
- Interventions politiques pour protéger les marchés et garantir les approvisionnements de matières premières

Atteindre le meilleur niveau de coûts devient une condition de survie pour la firme

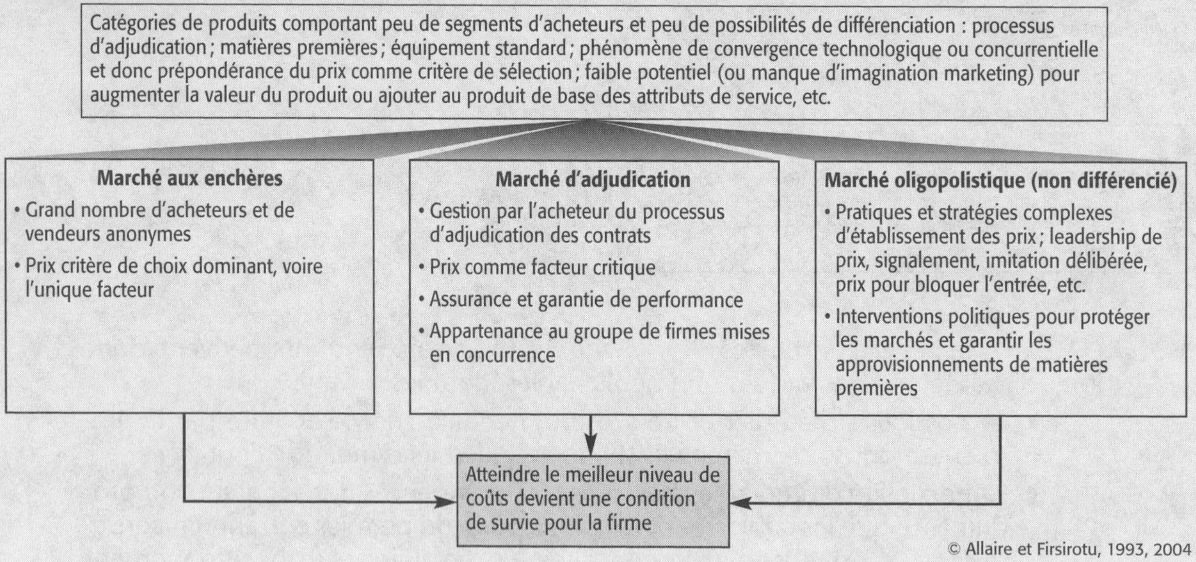

© Allaire et Firsirotu, 1993, 2004

présume dans ce cas-ci que la firme ne peut influer sur les prix demandés par des interventions individuelles ou concertées avec d'autres producteurs[5]. La figure 15.6 décrit les aspects essentiels de cette stratégie.

Que ce soit par manque de créativité en marketing ou à cause de facteurs intrinsèques et inéluctables, la firme considère que sa survie dépend essentiellement du niveau de ses coûts, lesquels doivent à tout le moins être égaux à ceux du plus efficient de ses concurrents.

Évidemment, dans de telles situations, la firme recherche toutes les économies associées au volume d'affaires. Mais bien plus encore, toute la démarche stratégique de la firme consiste à découvrir des moyens et des façons de faire qui pourraient se traduire en un net avantage de coûts.

Dans sa forme pure et complète, la stratégie d'avantages de coûts n'est pas très fréquente. En effet, il faut noter que, pour toutes les stratégies décrites jusqu'ici, la recherche d'avantages de coûts joue un rôle important. Cette préoccupation n'est donc pas limitée aux circonstances particulières associées à la stratégie d'avantages de coûts. Par ailleurs, une direction d'entreprise avec un minimum de sens stratégique n'acceptera pas comme immuables les facteurs qui rendent la stratégie d'avantages de coûts nécessaire.

Les dirigeants tenteront de différencier le produit de l'entreprise, celui-ci étant compris dans un sens large et embrassant des attributs importants comme le service, la fiabilité, le soutien aux acheteurs, etc. Ils chercheront à exercer dans toute la mesure du possible une plus grande influence sur le prix de vente du produit par des stratégies politiques : leadership de prix, coordination tacite, acquisitions et fusions, revendications contre les importations, etc.

Néanmoins, pour certains produits et marchés (acier, aluminium, pâtes et papiers, etc.), il n'est pas inexact de décrire la stratégie générale de l'entreprise comme une stratégie de recherche d'avantages de coûts, même si cette stratégie est assortie de nombreuses interventions politiques et de multiples tactiques pour s'assurer la loyauté du client de façon durable et ainsi réduire l'importance du facteur prix comme unique critère de décision.

Enfin, une recherche d'avantages de coûts pour s'approprier un segment d'acheteurs précis caractérise souvent les stratégies de concentration et de spécialisation, dont nous traitons plus loin au chapitre 17. Dans ces cas, cependant, la firme vise un seul segment d'acheteurs, alors que la stratégie d'avantages de coûts suppose que tout un marché d'acheteurs est caractérisé par un processus d'achat axé sur une seule dimension, à savoir le prix.

---

5. Dans le cas contraire, il s'agit de stratégies politiques plutôt que de stratégies de marché.

Un exemple de stratégie d'avantages de coûts : Alcan

Prenons le cas de la société Alcan, deuxième producteur mondial d'aluminium derrière Alcoa. Ainsi que le montre la figure 15.7, la performance boursière d'Alcan est fortement liée à l'indice de prix mondial de l'aluminium. Si le prix de l'aluminium monte, alors la valeur du titre Alcan monte également, et vice-versa.

Figure 15.7	Comparaison entre l'indice de prix du titre Alcan et l'indice de prix mondial de l'aluminium (prix fin de mois, avril 2001-janvier 2003)

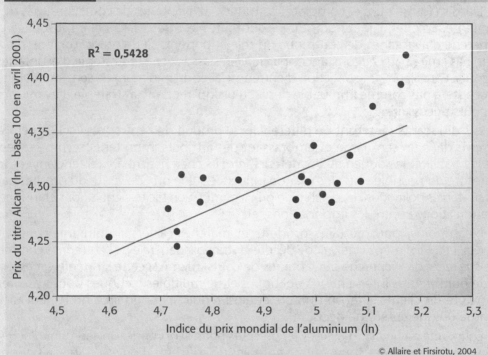

© Allaire et Firsirotu, 2004

N'ayant que peu d'influence sur le prix international de l'aluminium, une entreprise comme Alcan doit miser gros sur une stratégie d'avantages de coûts.

Une telle stratégie implique la nécessité de rechercher toutes les économies associées aux effets du volume d'affaires. Celles-ci sont en partie réalisées par des expansions ou des agrandissements d'usines (par exemple, la nouvelle usine d'Alma ou l'agrandissement des usines du Brésil), ou par la voie des fusions et des acquisitions. Ainsi, au cours des cinq dernières années, Alcan a tenté de fusionner avec Pechiney (une aluminerie française) et avec Algroup. L'opération a été réussie dans le cas d'Algroup, mais la transaction avec Pechiney a été bloquée par la Commission européenne. En 2003, Alcan a lancé une offre publique d'achat (OPA) sur Péchiney. Elle a réussi cette fois-ci à en faire l'acquisition et a obtenu l'aval de la Commission européenne. Ces acquisitions et ces fusions visaient également à augmenter le pouvoir des producteurs sur l'établissement des prix.

Quoi qu'il en soit, la fusion/acquisition avec Pechiney et Algroup, selon les prévisions, devrait apporter des réductions annuelles de coûts de plus de 600 millions de dollars américains pour l'entreprise dans les 24 mois suivant la réalisation de la fusion/acquisition. Les principaux gains résulteraient d'une réduction des frais commerciaux et administratifs, des frais généraux et des achats, de l'optimisation des frais de recherche et développement, ainsi que de la rationalisation de l'exploitation des usines. Environ 80 % des économies anticipées devraient être réalisées dans les activités de production d'aluminium, le reste étant effectué dans le secteur des emballages.

Toute la démarche stratégique d'un producteur d'aluminium doit se focaliser sur la découverte de moyens et de façons de faire qui pourraient se traduire en un avantage absolu de coûts. À cet effet, Alcan mise beaucoup sur des investissements majeurs dans la production d'énergie électrique, ainsi que sur l'obtention de conditions favorables d'achat d'électricité à Hydro-Québec. On connaît bien la métaphore selon laquelle un lingot d'aluminium est « de l'énergie électrique sous forme solide ».

Aussi, la pierre angulaire de la stratégie d'Alcan est sans nul doute l'hydroélectricité ; Alcan est le plus grand producteur privé d'électricité et le plus grand utilisateur industriel d'électricité au Québec. Sa performance et sa rentabilité reposent sur les coûts très favorables de l'énergie électrique au Québec. La société américaine Alcoa, rendant témoignage à ce précieux atout stratégique, veut s'installer au Québec depuis peu.

Cette dernière société, sous la direction de son PDG à l'époque, Paul O'Neill, a réussi à obtenir des autorités américaines l'autorisation de créer, en 1993, un cartel des producteurs américains, canadiens et européens d'aluminium afin de relever leur profitabilité et se protéger contre les producteurs russes. Les producteurs se sont entendus pour réduire leur production (de 20 % pour les producteurs nord-américains et 25 % pour les européens). Les autorités gouvernementales américaines ont forcé la Russie à diminuer sa production de 500 000 tonnes, en échange des garanties d'investissements de 250 millions de dollars. Ainsi, la profitabilité des entreprises occidentales s'est améliorée grandement.

Voilà un exemple de stratégie politique venant se greffer à une stratégie économique d'avantages de coûts, un phénomène assez usité dans ce type d'industries.

Chapitre 16

Les stratégies d'envergure de marchés et de produits

Introduction

Au fur et à mesure de l'évolution de leur marché d'origine, les entreprises doivent composer avec un certain nombre d'enjeux nouveaux, lesquels commandent souvent des changements de stratégie de marché :

- Avec le temps, l'entreprise constate une fragmentation de la demande en plusieurs catégories d'acheteurs et son incapacité à satisfaire toutes leurs attentes avec une seule version de son produit. Une stratégie de segmentation s'impose alors à l'entreprise, stratégie dont l'exécution exigera de nouvelles compétences, comme nous en parlons plus loin.

- L'entreprise constate la maturité de son marché géographique d'origine. Sa croissance, de même que l'utilisation maximale de ses ressources et de ses compétences, passe par l'expansion vers d'autres marchés géographiques. Elle passe donc par une stratégie d'envergure géographique et, à la limite, par une stratégie de mondialisation.

- Enfin, l'entreprise prend conscience que certaines de ses compétences et certains de ses actifs, comme sa maîtrise des technologies « génériques » ou son accès privilégié à des réseaux de distribution à large spectre, ont une valeur stratégique qui dépasse largement le cadre de son produit et de son marché d'origine. Elle doit alors évaluer l'à-propos d'une stratégie d'envergure de produits, avec son cortège d'enjeux, d'occasions et de défis.

Toutes ces stratégies découlent de la recherche d'économies d'échelle et d'économies d'envergure, c'est-à-dire des effets de volume sur les coûts, par la mise en commun ainsi que le partage des coûts et des bénéfices associés à certaines ressources et compétences, aux actifs tangibles et intangibles de l'entreprise.

Sous le vocable « stratégies d'envergure », nous proposons donc dans ce chapitre une description de quatre stratégies de marché :

- la stratégie de segmentation ;
- la stratégie d'envergure géographique ;
- la stratégie de mondialisation ;
- la stratégie d'envergure de produits.

16.1 La stratégie de segmentation

L'entreprise prend conscience plus ou moins tardivement du fait que les acheteurs d'un même produit ont développé des préférences et des critères de choix systématiquement différents, de telle sorte qu'aucune marque ne peut être vue comme acceptable et certainement pas comme la meilleure par tous les acheteurs. Dorénavant, aucune marque unique ne peut satisfaire tous les acheteurs, maintenant regroupés en « segments » distincts les uns des autres quant à leurs attentes, à leurs préférences et à leur valorisation des différents bénéfices rattachés à un produit.

Dans le but de respecter ces critères d'achat différents, parfois mutuellement exclusifs, l'entreprise adopte souvent une stratégie de segmentation qui consiste à offrir une gamme de marques, chacune visant un segment précis d'acheteurs. Ainsi, la société Coca-Cola qui, jusqu'à la fin des années 1970, offrait un exemple remarquable de stratégie de différenciation vis-à-vis de son principal concurrent, Pepsi-Cola, a depuis adopté et exécuté avec une intensité croissante une stratégie de segmentation. La société Coca-Cola commercialise maintenant toute une gamme de produits visant des segments d'acheteurs particuliers : deux colas réguliers (Coca-Cola et Coca-Cola Classique), un cola diététique, un cola décaféiné, un cola à la fois diététique et décaféiné, ainsi qu'une multitude de boissons autres que les colas, comme Fanta, Sprite, Powerade, Fruitopia, Minute Maid, Aquarius, etc. Dans plusieurs pays, son offre de produits inclut les boissons Schweppes, Canada Dry, Dr. Pepper, Crush, etc. Coca-Cola propose maintenant 239 marques de boissons gazeuses et non gazeuses, presque partout dans le monde.

Les constructeurs automobiles ont également adopté, pour la plupart, une stratégie de segmentation, General Motors agissant comme pionnier de cette stratégie dans les années 1920. Ils proposent de nombreux modèles visant différents segments d'utilisateurs : voiture sport, berline, véhicule utilitaire, véhicule de luxe, cabriolet, fourgonnette, etc. Daimler Chrysler, par exemple, exploite la plupart des segments en offrant une multitude de modèles sous diverses marques de commerce : Mercedes Benz, Smart, Dodge, Plymouth, Chrysler, Jeep. Les constructeurs des jets d'affaires, eux aussi, sont engagés dans une segmentation poussée de leur marché en offrant une gamme élargie de produits, comme nous en avons fait état au chapitre 12.

La stratégie de segmentation, lorsqu'elle est bien exécutée, s'avère très exigeante. Elle requiert des investissements considérables pour la recherche de marchés ainsi que la mise au point et la mise en marché de nouveaux produits. Chaque produit de la gamme doit correspondre aux attentes particulières d'un segment donné d'acheteurs. Les ventes cumulées provenant des différents segments du marché exploités par la firme doivent lui procurer des effets de volume sur les coûts, qui compensent pour les dépenses élevées en recherche et en développement de nouveaux produits, en recherche commerciale et en publicité, etc., nécessaires à la réalisation de sa stratégie de segmentation. La figure 16.1 rend compte de ces phénomènes.

Une vraie stratégie de segmentation – il faut insister sur ce point – ne se limite pas à offrir plusieurs marques d'un même produit. Elle doit également s'appuyer sur le fait que les ventes totales engendrées par cet éventail de marques lui confèrent, par le jeu des économies

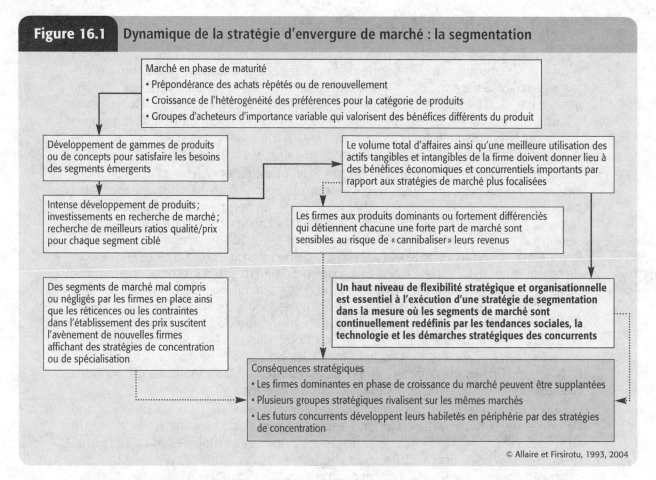

Figure 16.1 Dynamique de la stratégie d'envergure de marché : la segmentation

Marché en phase de maturité
• Prépondérance des achats répétés ou de renouvellement
• Croissance de l'hétérogénéité des préférences pour la catégorie de produits
• Groupes d'acheteurs d'importance variable qui valorisent des bénéfices différents du produit

Développement de gammes de produits ou de concepts pour satisfaire les besoins des segments émergents

Le volume total d'affaires ainsi qu'une meilleure utilisation des actifs tangibles et intangibles de la firme doivent donner lieu à des bénéfices économiques et concurrentiels importants par rapport aux stratégies de marché plus focalisées

Intense développement de produits ; investissements en recherche de marché ; recherche de meilleurs ratios qualité/prix pour chaque segment ciblé

Les firmes aux produits dominants ou fortement différenciés qui détiennent chacune une forte part de marché sont sensibles au risque de « cannibaliser » leurs revenus

Des segments de marché mal compris ou négligés par les firmes en place ainsi que les réticences ou les contraintes dans l'établissement des prix suscitent l'avènement de nouvelles firmes affichant des stratégies de concentration ou de spécialisation

Un haut niveau de flexibilité stratégique et organisationnelle est essentiel à l'exécution d'une stratégie de segmentation dans la mesure où les segments de marché sont continuellement redéfinis par les tendances sociales, la technologie et les démarches stratégiques des concurrents

Conséquences stratégiques
• Les firmes dominantes en phase de croissance du marché peuvent être supplantées
• Plusieurs groupes stratégiques rivalisent sur les mêmes marchés
• Les futurs concurrents développent leurs habiletés en périphérie par des stratégies de concentration

© Allaire et Firsirotu, 1993, 2004

d'échelle et d'envergure, un avantage de coûts et d'efficacité sur les firmes rivales ayant choisi une autre stratégie ou ayant mal exécuté leur stratégie de segmentation.

La stratégie de segmentation prend sa force, c'est son essence même, dans la standardisation de certains composants pour toutes les marques, dans des procédés communs de fabrication, une distribution intégrée, une utilisation maximale de la réputation, de l'attrait et de l'image de l'entreprise, et tous les facteurs qui peuvent donner à la firme une position concurrentielle avantageuse.

Ainsi, le fabricant de téléphones cellulaires Nokia, leader mondial, détenant 35 %[6] du marché en 2001, exécute une stratégie de segmentation très développée avec une abondance de modèles visant respectivement les femmes, les hommes d'affaires, les représentants commerciaux, les étudiants, les travailleurs manuels, etc.

Nokia a imité la pratique, maintenant bien établie dans l'industrie automobile, de la plate-forme commune[7]. Ses différents modèles ont en commun jusqu'à 80 % des quelque 400 composants[8] qu'ils contiennent.

---

6. Source : Gartner Group.

7. Pour une bonne discussion sur la planification par plate-forme dans l'industrie automobile, voir D. Robertson et K. Ulrich, 1998.

8. Morais, Richard C., 2001.

Trop souvent, les entreprises ne retiennent de la stratégie de segmentation que la partie visible et superficielle, soit une gamme de marques. Toutefois, le manque d'intégration et de coordination entre ces marques peut faire en sorte que l'entreprise ne soit pas plus efficiente, et même parfois moins efficiente qu'une plus petite entreprise concentrée sur un seul segment de marché.

Ainsi, nous avons eu l'occasion d'observer à plusieurs reprises comment le jeu des rivalités internes – un mode de fonctionnement par centres de profit, chacun jaloux de son autonomie, et par gérants de produit à l'autorité exclusive – peut faire en sorte qu'une entreprise offrant sept marques d'un produit de consommation et réalisant des ventes totales de quelque 200 000 unités, ne soit en fait guère plus efficace que sept petites entreprises ayant chacune des ventes de 20 000 à 35 000 unités.

Comme le montre la figure 16.2, une stratégie de segmentation dépend non seulement d'un concept de produit adapté à chacun des segments ciblés, mais elle doit s'appuyer sur des actifs communs à tous les produits, sources d'avantages économiques et stratégiques dans tous les segments de marché. La société hôtelière Marriott International compte sur un système de réservation commun ainsi que sur son réseau partagé de centres de distribution. Elle se donne ainsi des avantages stratégiques et économiques dans tous les segments de marché où elle exploite des unités adaptées aux exigences de chaque segment.

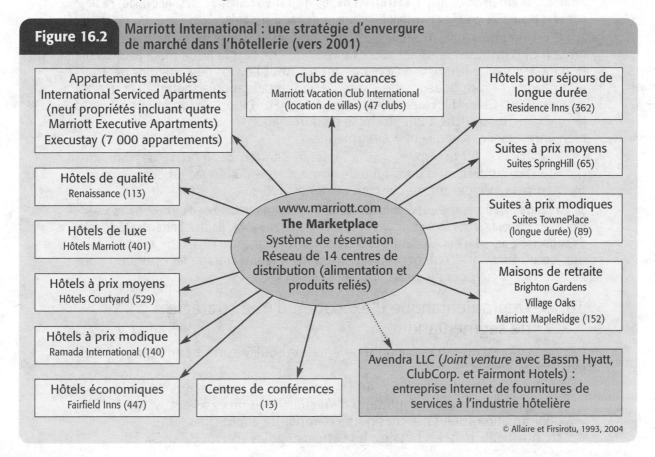

Figure 16.2 Marriott International : une stratégie d'envergure de marché dans l'hôtellerie (vers 2001)

Appartements meublés International Serviced Apartments (neuf propriétés incluant quatre Marriott Executive Apartments) Execustay (7 000 appartements)

Clubs de vacances Marriott Vacation Club International (location de villas) (47 clubs)

Hôtels pour séjours de longue durée Residence Inns (362)

Hôtels de qualité Renaissance (113)

Suites à prix moyens Suites SpringHill (65)

www.marriott.com **The Marketplace** Système de réservation Réseau de 14 centres de distribution (alimentation et produits reliés)

Suites à prix modiques Suites TownePlace (longue durée) (89)

Hôtels de luxe Hôtels Marriott (401)

Hôtels à prix moyens Hôtels Courtyard (529)

Maisons de retraite Brighton Gardens Village Oaks Marriott MapleRidge (152)

Hôtels à prix modique Ramada International (140)

Hôtels économiques Fairfield Inns (447)

Centres de conférences (13)

Avendra LLC (*Joint venture* avec Bassm Hyatt, ClubCorp. et Fairmont Hotels) : entreprise Internet de fournitures de services à l'industrie hôtelière

© Allaire et Firsirotu, 1993, 2004

Cependant, la mise en place d'une telle stratégie soulève des enjeux qu'il faut bien comprendre et apprivoiser.

16.1.1 Le passage difficile (mais obligé) d'une stratégie de domination de marché ou de différenciation à une stratégie de segmentation

Lorsqu'elle est rendue nécessaire par l'évolution des marchés, la transition entre une stratégie de différenciation et une stratégie de segmentation présente un grand défi pour toute entreprise. Cette transition est souvent pénible à effectuer, particulièrement pour la firme innovatrice qui a créé le marché et qui le domine encore. Cette résistance devant une évidence de plus en plus pressante s'explique en partie par des facteurs économiques, comme la « cannibalisation » possible des ventes et de la part de marché de son produit dominant, la crainte de semer la confusion dans l'esprit des acheteurs, les investissements pour modifier les modes de production et de distribution, ainsi que les coûts d'acquisition de connaissances et d'habiletés nouvelles.

Cependant, en dernière analyse, cette réticence provient surtout des schémas mentaux des dirigeants, de leur façon de percevoir et de comprendre le marché, des compétences motrices qui ont fait leur succès jusque-là. En fait, **le passage d'une stratégie de différenciation à une stratégie de segmentation constitue un changement radical dans les modes de pensée et de fonctionnement de ces dirigeants.**

C'est pourquoi une stratégie de segmentation sera souvent exécutée par une firme moins prisonnière de ses succès passés que ne l'est la firme qui a jusqu'alors dominé le marché. La société General Motors, nous l'avons déjà mentionné, fournit un exemple historique avec la stratégie de segmentation adoptée au cours des années 1920. Celle-ci lui a permis de supplanter Ford, dont le fondateur est resté farouchement accroché à une stratégie de domination avec un seul produit, et ce, bien après que le marché eut été segmenté.

Coca-Cola a longtemps résisté à la segmentation du marché des boissons gazeuses, se contentant d'introduire de nouveaux produits avec réticence pour ne pas perdre la face devant ses concurrents innovateurs.

À l'entreprise innovatrice et dominante durant la phase de croissance d'un marché, la maturité de ce même marché fera subir un rude test de clairvoyance, de flexibilité stratégique et de capacité d'adaptation. Aux entreprises concurrentes, cette phase de marché offre une occasion unique, une occasion de modifier à leur avantage leur position dans ce marché, et ce, pour plusieurs années à venir.

16.1.2 La problématique d'exécution d'une stratégie de segmentation

L'implantation d'une stratégie de segmentation soulève un certain nombre d'enjeux stratégiques :

- La démarcation des segments est souvent floue et changeante. Il faut donc une bonne dose d'aptitudes de recherche et un excellent système d'information sur les marchés pour comprendre et anticiper les changements dans les besoins, les bénéfices et les critères de choix qui définissent les différents segments d'acheteurs (*voir à ce sujet notre traitement de la segmentation au chapitre 12*).

- Certains segments offrent une rentabilité moins intéressante ou s'excluent les uns les autres, du moins pour des produits ou des services associés à la même entreprise.

Ces deux situations mènent souvent à des stratégies de segmentation qui sont incomplètes, manquant de vigueur et laissant donc entrer sur le marché de nouveaux concurrents dédiés à des segments particuliers d'acheteurs.

Ainsi, le segment d'acheteurs de petites autos a été systématiquement négligé par les constructeurs automobiles américains. Ce segment leur semblait marginal en importance et beaucoup moins rentable que les autres segments tant pour les fabricants que pour les concessionnaires. C'est évidemment cette porte d'entrée mal protégée que les firmes japonaises et Volkswagen ont utilisée pour percer sur le marché américain sans que cela ne suscite de réactions très vives des entreprises américaines. Celles-ci ont très longtemps fait preuve d'une condescendance amusée envers ces intrus qu'elles jugeaient insignifiants.

Un comportement semblable des firmes américaines a également contribué aux premiers succès des firmes japonaises dans le secteur des téléviseurs couleur et d'autres produits électroniques, entièrement concentrées sur le segment des « marques maison » pour les grands réseaux (Sears, etc.). Ce segment était négligé, voire ignoré par les fabricants de produits différenciés qui craignaient de contaminer leur image de marque.

Par contre, certaines situations de marché, et elles sont fréquentes, rendent difficile la couverture par une même firme de tous les segments d'acheteurs. Revenons sur l'exemple des firmes de location d'automobiles brièvement traité au chapitre 10.

Une stratégie de segmentation mitigée : Hertz, Avis et Budget (vers 1993)

Au début des années 1990, les grandes firmes de location d'automobiles (Hertz, Avis, Budget) tentaient de différencier leur offre dans un marché constitué surtout de gens d'affaires à la recherche de commodité (service à l'aéroport, système de réservation, etc.), de service rapide (personnel abondant, systèmes informatisés, etc.) et de fiabilité (voitures récentes, en bon état, etc.). Leurs systèmes d'exploitation répondaient bien à ce type d'acheteur, par ailleurs relativement insensible au prix ou, plus exactement, refusant tout compromis entre la commodité, le service et la fiabilité, d'une part, et le prix, d'autre part.

Or, comme c'est souvent le cas, ce marché comptait d'autres segments d'acheteurs sensibles au prix, donc prêts à échanger un peu de commodité ou de service contre un meilleur prix. De nombreuses entreprises ont été créées pour exploiter ces segments.

- Des firmes se sont établies en périphérie des aéroports, évitant ainsi les coûts élevés de location d'espace dans les aéroports, en offrant un service de navette entre leur établissement et l'aéroport. Elles ont cherché tous les moyens de réduire leurs coûts. Elles ne pouvaient cependant pas offrir la commodité et la rapidité de service des sociétés Hertz et Avis. Toutefois, en échange, elles demandaient des prix inférieurs. Ainsi, des firmes comme Alamo Rent-A-Car, Dollar Rent-A-Car, Thrifty-Rent-A-Car ont connu un grand succès grâce au segment des voyageurs moins pressés, souvent des touristes en famille, qui ne peuvent refiler la note à leur employeur.

- Des firmes comme Agency Rent-A-Car et Action Rent-A-Car se sont entièrement concentrées sur le segment de location d'automobiles dont le coût est pris en charge par les sociétés d'assurance dans le cadre de leurs engagements envers les clients privés de leur véhicule à la suite d'une collision.

Selon un scénario classique, après s'être fait la main avec le segment négligé des touristes sensibles au prix, ces firmes se sont ensuite attaquées au segment des sociétés et des firmes sensibles au prix ou réceptives à l'argument de prix, c'est-à-dire au segment de marché des géants de la location. Pour des entreprises comme Hertz et Avis, ces nouveaux entrants présentaient un défi difficile à relever. En effet, même si ces sociétés pouvaient rivaliser en matière de prix avec les nouvelles firmes grâce à leurs structures de coûts, elles ne pourraient le faire sans perdre des revenus importants. Ne pouvant choisir parmi les types de clients, elles se verraient contraintes d'appliquer toute baisse de prix à leur énorme base de clients actuels, qui sont pourtant tout disposés à payer le prix actuel pour le service qu'ils obtiennent.

Les options des sociétés Hertz, Avis et Budget étaient limitées :

1. Elles ont tenté de répondre aux attentes de prix du segment de touristes en structurant leur gamme de prix de façon à ne pas « cannibaliser » les revenus provenant du segment des gens d'affaires. Ainsi, elles ont offert une gamme de prix spéciaux pour les week-ends (alors que les véhicules sont sous-utilisés) ou pour toute période incluant au moins un week-end. Elles espéraient ainsi s'attacher une partie de la clientèle touristique sans « endommager » les revenus provenant de sa clientèle principale de gens d'affaires. Ces tactiques de prix ont donné de bons résultats, mais n'étaient qu'une parade incomplète. En effet, les réductions de prix offertes à cette clientèle touristique ne devaient pas être importantes au point d'alerter leur clientèle principale et les amener à demander également des réductions de prix.

2. Elles auraient pu établir, ou acquérir, une entreprise dédiée à ce segment de marché, éventuellement sous une marque de commerce différente. Toutefois, il leur aurait fallu répondre à la question fondamentale sous-jacente à toute stratégie de segmentation : quels sont les avantages économiques (c'est-à-dire les économies d'envergure et d'échelle, et autres effets sur les coûts et la concurrence) qui pourraient découler d'interconnexions entre cette nouvelle entité et l'entité de base ? Si ces avantages sont minces, Hertz, Avis ou Budget, après une telle démarche, ne seraient pas plus en mesure de rendre la vie difficile aux firmes concentrées sur le segment d'acheteurs sensibles au prix. En outre, l'acquisition de l'une ou l'autre de ces nouvelles firmes par Hertz et Avis ne ferait que susciter l'entrée de nouvelles entreprises du même type. Cependant, si ces avantages sont considérables (au point de compenser les pertes de revenus dues à la « cannibalisation »), particulièrement en ce qui a trait aux systèmes de réservation, au prix d'achat des voitures, aux systèmes d'entretien mis en commun, etc., Hertz et Avis devraient alors ou auraient dû déjà s'orienter vers une stratégie de segmentation.

3. Hertz, Avis et Budget pouvaient tenter de diminuer les avantages de coûts de ces concurrents en utilisant de façon concertée leur poids politique et leur importance auprès d'un « fournisseur » : les aéroports. C'est d'ailleurs la parade choisie par les grands de la location : amener les aéroports pour lesquels Hertz, Avis et Budget représentaient une importante source de revenus à imposer aux autres entreprises de location des tarifs élevés pour leur service de navette entre leurs établissements et les aéroports.

Avec le temps, cependant, tous les locateurs d'auto ont été expédiés en périphérie des aéroports avec service de navette. Quant aux sociétés Hertz, Avis et Budget, elles ont été acquises par GM, Ford et Chrysler (Daimler-Chrysler) afin de s'assurer du volume d'achat que représentent ces grands locateurs d'automobiles ! Puis, constatant l'intense concurrence dans ce secteur en provenance de nouvelles entreprises (Alamo, Dollar, etc.) et ne voulant pas indisposer ces clients potentiels en leur faisant concurrence, les constructeurs automobiles ont tous revendu leurs entreprises de location.

Beaucoup d'autres démarches et tactiques auraient pu être envisagées. Cependant, le dilemme fondamental que nous voulions illustrer demeure. À cause des caractéristiques intrinsèques d'un marché, il arrive souvent qu'une même firme ne puisse exploiter avec efficacité tous les segments d'acheteurs. Des firmes sont alors créées pour se concentrer sur ces segments qui ne sont pas ou qui sont mal exploités par les firmes en place. Évidemment, ces nouvelles firmes, après avoir acquis de l'expérience, voudront souvent étendre leur champ stratégique aux segments les plus lucratifs du marché, c'est-à-dire se positionner comme des concurrents directs des firmes établies.

16.2 La stratégie d'envergure géographique

L'entreprise prend racine dans un marché géographique donné et tend à occuper un territoire défini par les facteurs politiques (économies nationales avec leurs barrières tarifaires, culturelles et psychologiques), réglementaires (limitations imposées aux entreprises quant aux marchés géographiques qu'elles peuvent exploiter) ou économiques (facteurs techniques, coûts de transport et valeurs des monnaies qui délimitent les marchés géographiques). Avec le temps et l'expérience, ou à la suite de changements importants dans la configuration politique, économique, réglementaire ou technologique, l'entreprise voudra élargir la dimension géographique de ses activités, agrandir le champ stratégique qui avait servi jusque-là à délimiter le périmètre de l'entreprise.

Dans la mesure où de nouveaux marchés géographiques sont accessibles et que l'on y trouve, actuellement ou à terme, des acheteurs exprimant des besoins et des goûts semblables à ceux du marché d'origine, l'entreprise dynamique voudra y prendre sa place, surtout lorsque son marché d'origine arrive en phase de maturité ou de saturation. Une telle augmentation de l'envergure géographique de la firme n'engendre souvent que de faibles coûts supplémentaires pour l'adaptation des produits et le rodage des systèmes ; elle contribue donc à une meilleure utilisation des actifs tangibles et intangibles.

La figure 16.3 décrit de façon schématique les principaux facteurs qui alimentent cette stratégie. L'adoption d'une stratégie d'envergure géographique suppose que la firme doit apprendre les règles de fonctionnement dans de nouveaux marchés géographiques. Dans un premier temps, l'entreprise peut procéder par une simple exportation de ses produits, ou encore, se limiter à l'installation de quelques activités, comme l'assemblage final, dans ces nouveaux marchés. Son défi principal porte alors sur le marketing, la vente et la distribution dans un nouveau contexte social et économique.

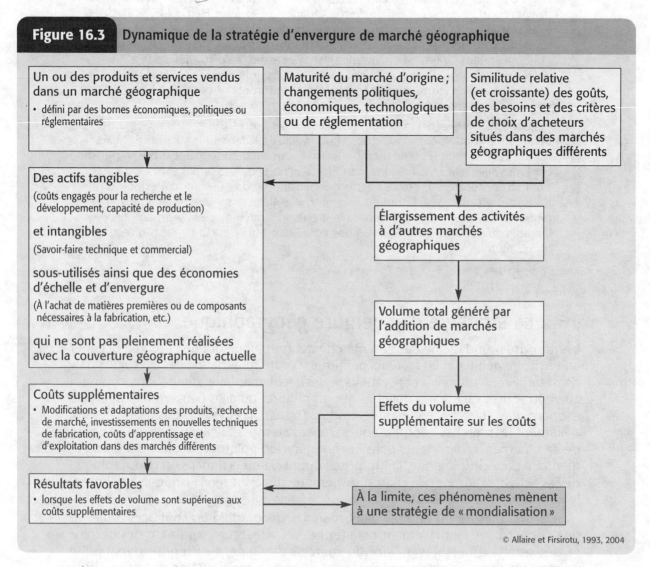

Figure 16.3 Dynamique de la stratégie d'envergure de marché géographique

Un ou des produits et services vendus dans un marché géographique
• défini par des bornes économiques, politiques ou réglementaires

Maturité du marché d'origine ; changements politiques, économiques, technologiques ou de réglementation

Similitude relative (et croissante) des goûts, des besoins et des critères de choix d'acheteurs situés dans des marchés géographiques différents

Des actifs tangibles
(coûts engagés pour la recherche et le développement, capacité de production)
et intangibles
(Savoir-faire technique et commercial)
sous-utilisés ainsi que des économies d'échelle et d'envergure
(À l'achat de matières premières ou de composants nécessaires à la fabrication, etc.)
qui ne sont pas pleinement réalisées avec la couverture géographique actuelle

Élargissement des activités à d'autres marchés géographiques

Volume total généré par l'addition de marchés géographiques

Coûts supplémentaires
• Modifications et adaptations des produits, recherche de marché, investissements en nouvelles techniques de fabrication, coûts d'apprentissage et d'exploitation dans des marchés différents

Effets du volume supplémentaire sur les coûts

Résultats favorables
• lorsque les effets de volume sont supérieurs aux coûts supplémentaires

À la limite, ces phénomènes mènent à une stratégie de « mondialisation »

© Allaire et Firsirotu, 1993, 2004

Ce nouveau marché pourrait se trouver en phase d'émergence ou de croissance. Une stratégie d'envergure géographique dans l'ensemble de l'entreprise pourra donc aboutir à une stratégie de segmentation dans le marché d'origine en phase de maturité, combinée avec une stratégie de création et de domination dans un nouveau marché en phase d'émergence, ou avec une stratégie de différenciation dans un marché en croissance.

Enfin, il arrive fréquemment que l'on tente d'exécuter une stratégie d'envergure géographique par des acquisitions. Il s'agit évidemment d'un moyen plus rapide d'arriver à ses fins, qui évite les difficultés associées à une approche plus graduelle de développement autonome. Cependant, à moins que la firme n'ait déjà acquis de solides compétences en gestion plurinationale, elle pourra trouver la transition difficile. En effet, non seulement lui faudra-t-il apprivoiser un nouveau marché, mais encore devra-t-elle rapidement gouverner, contrôler et motiver une entreprise dans un contexte politique et culturel nouveau.

16.3 La stratégie de mondialisation

La stratégie d'envergure de marché géographique suppose des systèmes d'exploitation et des modes de fonctionnement dont l'envergure dépasse les bornes d'un seul pays. Toutefois, l'entreprise peut rester identifiée à son pays d'origine et sa direction, composée surtout de ressortissants de son pays d'origine. Les nouveaux produits y sont mis au point d'abord pour son marché principal, puis modifiés au besoin pour les autres marchés géographiques. C'est là le cheminement traditionnel de presque toutes les entreprises à la recherche de croissance. Les sociétés canadiennes jettent un œil intéressé du côté américain. Les sociétés françaises regardent du côté allemand, italien et espagnol. Graduellement, après une période de rodage et d'apprentissage, l'entreprise étend son champ d'action à un nombre croissant de pays.

Zara, la firme espagnole d'établissements de vêtements pour femmes, filiale du groupe Inditex, fournit un bon exemple d'entreprise effectuant une stratégie d'envergure géographique. Devant la convergence des goûts en matière de mode et la maturité du marché du vêtement pour femmes, l'entreprise a dû étendre son envergure géographique. En 2001, Zara exploitait un réseau de 450 magasins répartis dans 30 pays. L'entreprise minimise ses coûts de développement de marché en limitant ses dépenses en marketing (seuls les magasins sont utilisés à titre d'espaces publicitaires) en offrant les mêmes gammes de vêtements dans toutes ses boutiques (en tenant compte néanmoins de l'inversion des saisons entre les hémisphères nord et sud). Cependant, près de la moitié de tous les vêtements vendus dans les établissements Zara sont fabriqués en Espagne, et un seul centre de distribution, aussi situé en Espagne, approvisionne les établissements Zara dans les 30 pays.

Or, la stratégie de mondialisation se démarque par sa façon même de concevoir l'entreprise et ses marchés.

De façon évolutive, en raison de sa stratégie d'envergure de marché, l'entreprise en vient à changer sa conception de ses marchés, de son système d'exploitation et de sa gestion même. Elle fait le constat de la plurinationalité de ses marchés et doit se donner une stratégie en conséquence. L'entreprise devra rompre avec le passé et concevoir l'ensemble de ses activités comme un seul système stratégique tout en se donnant les moyens et les structures pour gérer un tel système plurinational. On dira alors, avec quelque exagération, que l'entreprise est devenue « mondiale » et que sa stratégie en est une de « mondialisation ».

Cette transformation, comme nous le démontrons plus loin, n'a de sens que si les impératifs économiques et concurrentiels l'imposent et l'appuient. Dans des industries et des marchés bien particuliers, les impératifs économiques et la pression des systèmes des concurrents rendent nécessaires les transferts de technologie et de savoir-faire entre divisions nationales, la spécialisation des opérations nationales, l'adjudication de mandats à portée internationale à des divisions nationales, le développement des produits en fonction de marchés de dimension transnationale.

Pour bien saisir la portée du concept de «mondialisation», il importe de distinguer trois aspects du phénomène, à savoir la mondialisation du système de production, du produit et du marché.

1. Les avantages de coûts que l'on peut retirer en établissant un réseau international d'approvisionnement et de fabrication constituent un puissant motif de mondialisation de la production, que ce soit directement ou par un réseau d'alliances entre firmes. Une entreprise peut donc se doter d'un réseau «mondial» de production tout en demeurant «nationale» quant aux autres dimensions de son fonctionnement. Par exemple, la société The Limited – nous en avons fait état au chapitre 7 – exploite un réseau de 140 fabricants de vêtements situés dans le Sud-Est asiatique, réseau qui lui sert à approvisionner quelque 5 000 établissements qui sont tous situés aux États-Unis. Cette société a donc procédé à une «mondialisation» de sa production, sans pour autant «mondialiser» ses produits ou ses marchés.

2. La mondialisation du produit résulte souvent de la combinaison de deux facteurs : a) l'augmentation importante des coûts de développement de nouveaux produits, b) la réduction sensible de la vie utile des produits. Par mondialisation du produit, on entend ce phénomène qui consiste à mettre au point des produits ou des composants simultanément pour de multiples marchés géographiques. Cependant, des firmes de dimensions strictement nationales peuvent, par ailleurs, assurer la mise en marché de ces produits dans leur zone géographique. Ainsi, un produit peut garder une identité et une personnalité «nationales» particulières, alors que ses composants et sa technologie sont en fait le résultat d'une opération plurinationale. Le chassé-croisé des alliances et des accords de licence pour la mise au point de produits dans les secteurs de l'automobile, de l'électronique, de la biotechnologie, de l'aéronautique et des télécommunications fait en sorte que le produit offert par une firme «X» dans un pays «Y» est très semblable dans sa définition même à des produits offerts par d'autres firmes dans d'autres pays. Ainsi, tout un réseau international de sous-traitants assume des mandats à la fois pour Boeing et pour Airbus, deux entreprises pourtant rivales et possédant une identité nationale bien démarquée.

3. La diffusion rapide et transnationale des modes, de l'innovation et des styles de vie ainsi qu'une réduction des barrières politiques au commerce international ont donné lieu à une certaine mondialisation du marché pour des catégories de produits sensibles à ces particularités. Comme le montre la figure 16.4, l'homogénéisation des goûts et des critères de décision des acheteurs ainsi qu'une plus grande liberté du commerce et de l'investissement permettent et encouragent la diffusion simultanée de produits à une échelle plurinationale. Les colas, les cosmétiques, les vêtements de couturiers, les appareils électroniques, les ordinateurs, les équipements de télécommunications et les avions fournissent de bons exemples de marchés mondiaux, du point de vue de l'offre de ces biens.

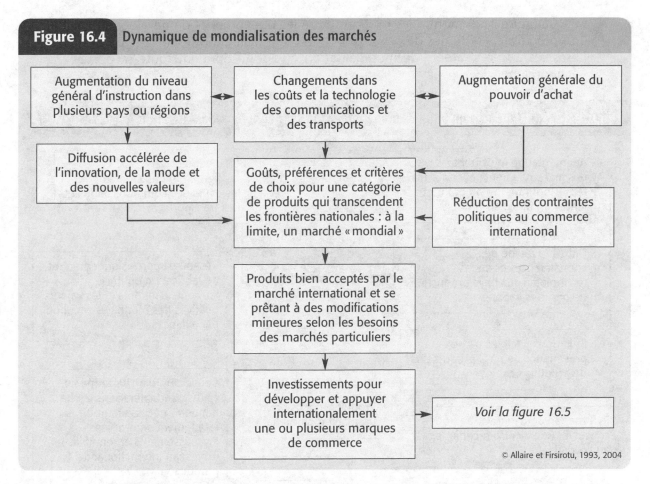

Figure 16.4   Dynamique de mondialisation des marchés

Augmentation du niveau général d'instruction dans plusieurs pays ou régions

Changements dans les coûts et la technologie des communications et des transports

Augmentation générale du pouvoir d'achat

Diffusion accélérée de l'innovation, de la mode et des nouvelles valeurs

Goûts, préférences et critères de choix pour une catégorie de produits qui transcendent les frontières nationales : à la limite, un marché « mondial »

Réduction des contraintes politiques au commerce international

Produits bien acceptés par le marché international et se prêtant à des modifications mineures selon les besoins des marchés particuliers

Investissements pour développer et appuyer internationalement une ou plusieurs marques de commerce

Voir la figure 16.5

© Allaire et Firsirotu, 1993, 2004

Par contre, ce phénomène de mondialisation serait demeuré latent s'il n'avait pas été accompagné d'une massive redéfinition politique des marchés au cours des dernières années. Le vent de libéralisation des échanges et de déréglementation qui a soufflé au cours des années 1980, et qui continue à notre époque, bien que soumis à une contestation de plus en plus vive, a favorisé l'abaissement des barrières protectionnistes et a ouvert les portes de nouveaux marchés. **Les traités et les pratiques de libre-échange, que ce soit en Europe ou en Amérique du Nord, provoquent de profondes mutations dans l'environnement des entreprises, les obligeant à une redéfinition de leur marché, de leur stratégie et de leur mission.** L'expansion transnationale devient alors non seulement une source d'avantages concurrentiels, mais encore une nécessité stratégique pour la survie de la firme.

Ainsi, le degré de « mondialisation » de l'entreprise peut varier, allant de l'établissement d'un réseau de production dans plusieurs pays à faibles coûts de main-d'œuvre pour appuyer une stratégie de marché purement nationale (The Limited, Wal-Mart ou Costco, par exemple) à une gestion transnationale de la conception et du développement des produits, de leur fabrication, de leur distribution et de leur mise en marché (GM, Ford, Honda dans l'automobile ; Airbus et Boeing dans l'aérospatiale ; L'Oréal, Revlon, Procter & Gamble dans l'industrie de la beauté).

Le concept de stratégie de « mondialisation » devrait être réservé pour ces situations où l'on trouve de façon simultanée et à un fort degré une mondialisation des marchés, de la production et des produits, ou tout au moins une présence marquée de deux de ces trois aspects.

La figure 16.5 montre les relations entre les phénomènes de développement de produit, de systèmes de production et de mondialisation de marché qui sont associés à une stratégie de mondialisation et qui lui donnent toute sa portée économique.

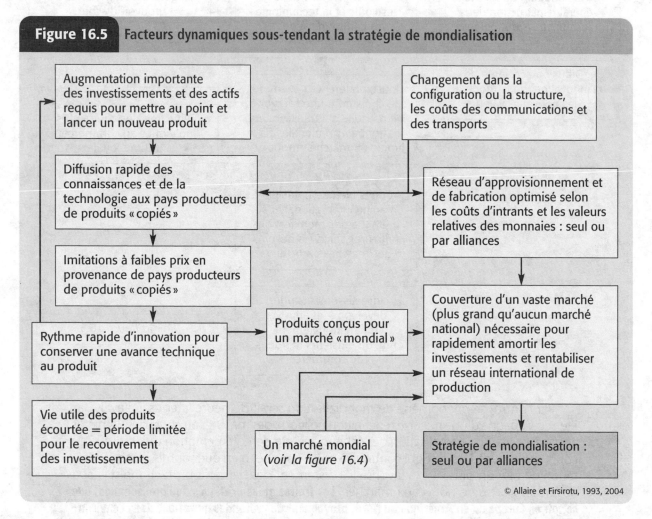

Figure 16.5   Facteurs dynamiques sous-tendant la stratégie de mondialisation

© Allaire et Firsirotu, 1993, 2004

Ainsi, dans le contexte de cette stratégie, le produit est souvent conçu et mis au point pour un marché dont les frontières sont établies selon des impératifs économiques, et non selon les accidents de l'histoire et de la politique. Il peut être utile d'illustrer ce phénomène de coût de développement de produits qui pousse la firme à concevoir le produit aux fins d'un marché aux dimensions sans commune mesure avec les démarcations des États-nations.

Par exemple, le coût pour développer un nouveau type d'avion pour le transport des passagers atteint des sommes colossales. Le développement des modèles A330 et A340 a coûté à Airbus environ 4 milliards d'euros. À titre indicatif, le nouvel appareil A380, le plus gros avion de passagers (550 places) jamais conçu dont la sortie officielle est prévue en 2006, coûtera entre 10 et 12 milliards d'euros pour sa mise au point. Le seuil de rentabilité devrait être atteint, dans le meilleur des scénarios, en 2012, soit six ans après sa sortie commerciale.

Ces investissements massifs et coûteux font en sorte qu'Airbus doit mettre à contribution tous ses « partenaires » et leurs gouvernements respectifs. L'Allemagne, la France, la Grande-Bretagne et l'Espagne fourniront une bonne partie des sommes requises pour le développement de cet appareil. Toutefois, malgré cette contribution des gouvernements, le projet reste hasardeux pour la société Airbus puisque sa rentabilité dépend de la justesse de ses prévisions de marché et de son habileté à s'accaparer une forte part de marché aux dépens de Boeing.

Une stratégie de « mondialisation » implique souvent que le réseau des fournisseurs et des sous-traitants ainsi que les installations de fabrication et d'assemblage sont conçus de façon à livrer les produits aux meilleurs coûts dans tous les marchés géographiques. Ce système de production et d'assemblage doit être également conçu pour pallier les pressions politiques, augmenter la valeur ajoutée dans chacun des pays et diminuer sa vulnérabilité aux variations des taux de change.

Enfin, d'un point de vue de marketing, la stratégie de « mondialisation » comporte le développement et la promotion d'une image de marque et d'une réputation à l'échelle transnationale.

Une telle stratégie, lorsqu'elle est appuyée ou rendue essentielle par les facteurs économiques dont nous avons traité plus tôt, fait bénéficier de nombreux avantages stratégiques la firme qui sait l'exécuter : système économique efficient, accès aux ressources technologiques internationales, diversification géographique et donc stabilité des revenus de l'entreprise, utilisation stratégique du savoir-faire et des technologies de la firme, avantages possibles en ce qui touche le coût de capital, c'est-à-dire la capacité de se financer dans des pays à faible taux d'intérêt sans augmentation du risque de change, etc.

Cependant, l'exécution d'une telle stratégie exige des systèmes de gestion à la hauteur des enjeux et des défis de l'entreprise transnationale. **Tous les bénéfices théoriques que nous avons décrits ici peuvent s'avérer illusoires et être annulés par les coûts de coordination, de suivi et de contrôle ainsi que par les conflits entre des unités dispersées géographiquement et disparates culturellement.**

C'est pourquoi les exemples les plus réussis de stratégie de « mondialisation » proviennent souvent de firmes qui ont bâti un tel système sur une période de temps relativement longue et avec une détermination patiente mais farouche.

Il existe peu d'exemples d'une stratégie mondiale qui a été rapidement exécutée. Lorsqu'on procède par acquisitions, celles-ci doivent servir à renforcer un système déjà bien établi, mais auquel on veut ajouter une autre dimension géographique. Autrement dit, l'entreprise peut se mondialiser par acquisitions si son système est déjà puissant, bien rodé et riche de savoir-faire, de technologies et de systèmes d'exploitation que l'on peut facilement et avec crédibilité transmettre à toute entreprise acquise pour l'intégrer dans le système stratégique global.

16.4 La stratégie d'envergure de produits

La stratégie d'envergure de produits, souvent affublée du nom ambigu de « stratégie de diversification reliée », consiste à réunir au sein d'un même système stratégique la mise au point, la production et la distribution de produits ou de services destinés à des catégories distinctes de produits.

Cette stratégie se fonde sur les avantages économiques ou commerciaux provenant des économies d'envergure et des interconnexions entre ces produits ou ces services à quelque stade que ce soit : l'approvisionnement, la recherche et le développement, la fabrication, les composants, la distribution, le marketing, le service après-vente, etc. Elle cherche à utiliser pleinement tous les actifs intangibles de la firme, comme sa maîtrise de technologies en propriété exclusive, sa domination de circuits de distribution, sa connaissance de types d'acheteurs, sa réputation, son image, etc. (*voir la figure 16.6*).

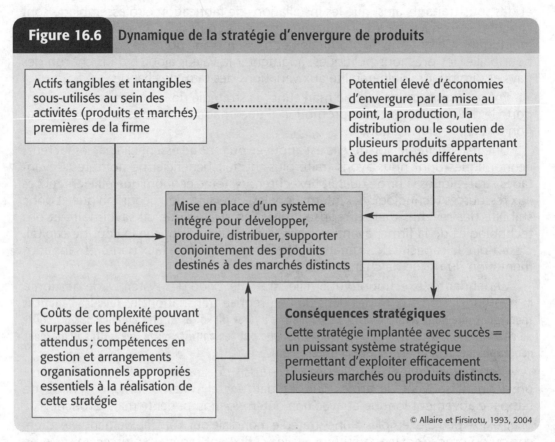

Figure 16.6   **Dynamique de la stratégie d'envergure de produits**

Actifs tangibles et intangibles sous-utilisés au sein des activités (produits et marchés) premières de la firme

Potentiel élevé d'économies d'envergure par la mise au point, la production, la distribution ou le soutien de plusieurs produits appartenant à des marchés différents

Mise en place d'un système intégré pour développer, produire, distribuer, supporter conjointement des produits destinés à des marchés distincts

Coûts de complexité pouvant surpasser les bénéfices attendus ; compétences en gestion et arrangements organisationnels appropriés essentiels à la réalisation de cette stratégie

Conséquences stratégiques
Cette stratégie implantée avec succès = un puissant système stratégique permettant d'exploiter efficacement plusieurs marchés ou produits distincts.

© Allaire et Firsirotu, 1993, 2004

Dans les cas les plus réussis, une stratégie d'envergure de produits émerge et se façonne organiquement sur une longue période de temps. Certaines entreprises japonaises comme Honda et Sony en sont arrivées à mettre au point et à produire une gamme impressionnante de produits pour des marchés bien différents, même si tous leurs produits sont reliés par une même technologie de base et sont souvent distribués au moyen des mêmes réseaux. À partir de l'acquisition en 1957 d'une petite entreprise fabriquant le papier hygiénique Charmin, l'entreprise Procter & Gamble a patiemment établi un puissant système stratégique offrant une gamme étendue de produits de papier (sous les marques Bounty, Puffs et Charmin). Le même processus a caractérisé la construction par Procter & Gamble d'un système stratégique offrant toute une gamme de produits alimentaires (les boissons Sunny Delight, les croustilles Pringles, le café Folgers, etc.), ou encore de produits cosmétiques (Olay, CoverGirl, Max Factor), etc.

Au chapitre 14, nous avons montré comment Bombardier Groupe Aéronautique exécute également une stratégie d'envergure de produits (jets d'affaires, jets régionaux, avions turbopropulsés et avions amphibies). Plusieurs ressources sont mises en commun ou partagées entre les différents produits : fabrication et assemblage, approvisionnement, sous-traitance et ingénierie de développement de façon à bénéficier des effets du volume total sur les coûts, ou ce que nous avons appelé « économies d'envergure ».

La dynamique des coûts et des marchés rend souvent attrayante, voire inévitable, une stratégie d'envergure de produits. C'est ce que American Express tente de réaliser, dans le secteur des services financiers, avec des services liés au voyage (cartes, chèques de voyage, etc.), des services bancaires pour divers types de clientèle (des particuliers aux grands groupes en passant par les petites et moyennes entreprises) ainsi que Citigroup (services bancaires et financiers, banque d'investissement, services d'assurances, etc.) aux États-Unis. Plusieurs autres entreprises font de même : Black and Decker dans le marché des petits appareils électriques ; Electrolux dans celui des gros appareils ménagers ; Amazon.com dans la vente au détail en ligne (livres, DVD, vidéos, jouets, appareils de jardin, etc.) ; AOL Time Warner, Vivendi Universal et toutes les compagnies qui ont opté pour une stratégie de convergence dans l'industrie des médias ; LVMH, en Europe, dans le marché des produits de luxe (parfum, couture, champagne, maroquinerie, etc.).

Dans plusieurs situations de marchés, la véritable rivalité oppose des systèmes stratégiques fort semblables. Ainsi, le système stratégique de Procter & Gamble dans le domaine des produits de papier fait face à une concurrence efficace du système de Kimberley-Clark, dont le degré d'intégration et l'envergure de produits sont comparables à ceux de Procter & Gamble, tandis que dans le domaine des produits alimentaires, son système stratégique dédié à ces produits concurrence le système stratégique d'Unilever, fort semblable à celui de Procter & Gamble. Par contre, à des moments charnières, des innovateurs pourront mettre en difficulté ces puissants systèmes par une conception d'entreprise radicalement différente et mieux adaptée à de nouveaux contextes économiques et technologiques.

16.4.1 Une mise en garde à propos de la stratégie d'envergure de produits

Il y a lieu ici de faire une mise en garde à propos d'un aspect important de cette stratégie. Son exécution intégrale passe par des formes d'organisation et de gestion qui sont souvent inusitées et difficiles à rendre opérationnelles. Elle s'accommode mal d'une structuration de l'entreprise en multiples centres de profit autonomes dont les dirigeants seraient évalués et récompensés entièrement selon la performance de leur unité propre. Elle commande des mécanismes de coordination, des prix de transfert ainsi que des valeurs d'entreprise et des formes de récompense qui incitent à la coopération entre unités, qui relient les activités en un système puissant et qui visent à optimiser le système plutôt que chacune de ses composantes.

Les coûts de complexité engendrés par des niveaux hiérarchiques supplémentaires, une perte du sentiment d'autonomie et de responsabilité des cadres opérationnels, et la bureaucratisation du fonctionnement risquent d'annuler tous les bénéfices prévus et même de conduire à une firme globalement moins efficace.

Ce risque est particulièrement sensible lorsqu'on tente de regrouper et d'intégrer des entités jusque-là autonomes. Pourtant, au cours des dernières années, plusieurs entreprises ont fait le pari téméraire d'exécuter une stratégie d'envergure de produits par l'acquisition rapide et l'intégration totale ou partielle de plusieurs entreprises importantes, chacune ayant sa propre culture, ses propres valeurs et ses propres façons de faire. Les aventures de Vivendi Universal, d'AOL Time Warner, de Quebecor et de BCE fournissent des exemples flagrants de ce phénomène, que nous avons décrit au chapitre 6.

Un autre exemple malheureux, plus ancien celui-là, des dangers d'une stratégie d'envergure de produits inappropriée nous est donné par la tentative de United Airlines de devenir une entreprise intégrée de services de voyage : « Allegis Corporation ». Nous avons présenté ce cas au chapitre 13. L'idée était peut-être valable, mais le concept s'est heurté à l'hostilité des syndicats, au scepticisme des marchés financiers et à des problèmes épineux d'exécution, ce qui a rapidement abouti à une situation intenable, en Amérique du Nord du moins, où la valeur marchande d'Allegis Corp. est devenue bien inférieure à la valeur marchande totale de ses composantes. L'entreprise a été vite la cible d'une OPA. Le chef de la direction, architecte de cette stratégie, a été congédié, et Allegis a été démembrée.

16.4.2 L'envergure de produits et la mondialisation

Parfois, les phénomènes de coûts et les autres avantages reliés à la taille ainsi qu'à l'envergure géographique et de produit exercent une pression irrésistible sur le développement de la firme et lui offrent de superbes occasions de croissance et de rentabilité. **L'entreprise doit savoir exécuter des stratégies d'entreprise progressivement plus englobantes, faites de multiples stratégies de marché, chacune contribuant à la force du système et elle-même plus performante parce que tributaire du système.** Dans l'introduction de cette partie, nous avons décrit ce phénomène d'imbrication de stratégies de marché en une stratégie concurrentielle globale pour l'entreprise.

La grande entreprise diversifiée dans les secteurs reliés ne doit pas être qu'un ramassis hétéroclite de produits et d'unités de production visant à se donner les avantages financiers d'une large diversification. Elle doit être le produit d'une patiente édification d'un ou de plusieurs systèmes stratégiques.

En conséquence, la très grande entreprise est souvent le résultat de forces économiques qui favorisent à la fois une grande envergure de produits et une grande envergure de marchés géographiques. À la limite du phénomène, l'entreprise exécute à la fois une stratégie d'envergure de produits et de « mondialisation », comme dans le cas de la société Honda.

La description de tels systèmes devient immensément complexe. Comme nous l'avons déjà mentionné, ces systèmes sont un peu comme des icebergs dont la partie visible est trop facile à décrire, mais dont la véritable force stratégique réside dans ce qui est invisible, dans ce qui demeure « submergé », dans une culture faite des valeurs et des traditions requises pour animer le fonctionnement d'arrangements structurels très complexes.

16.4.3 La stratégie d'envergure de produits et de mondialisation : Honda

Voici comment les dirigeants de Honda décrivent leur entreprise dans leur rapport annuel aux actionnaires :

> *L'entreprise est reconnue internationalement pour son expertise et son leadership dans le développement et la fabrication d'une grande variété de produits, du petit moteur à usage général aux voitures de sport de haute performance, grâce à son excellente technologie du moteur à combustion interne.*

Une coupe schématique du système Honda, présentée à la figure 16.7, démontre bien la complexité et l'envergure de tels systèmes, et souligne un certain nombre d'aspects essentiels à ce type de stratégie.

Figure 16.7 Stratégie d'envergure de produits avec mondialisation : le système de Honda (vers 2002)

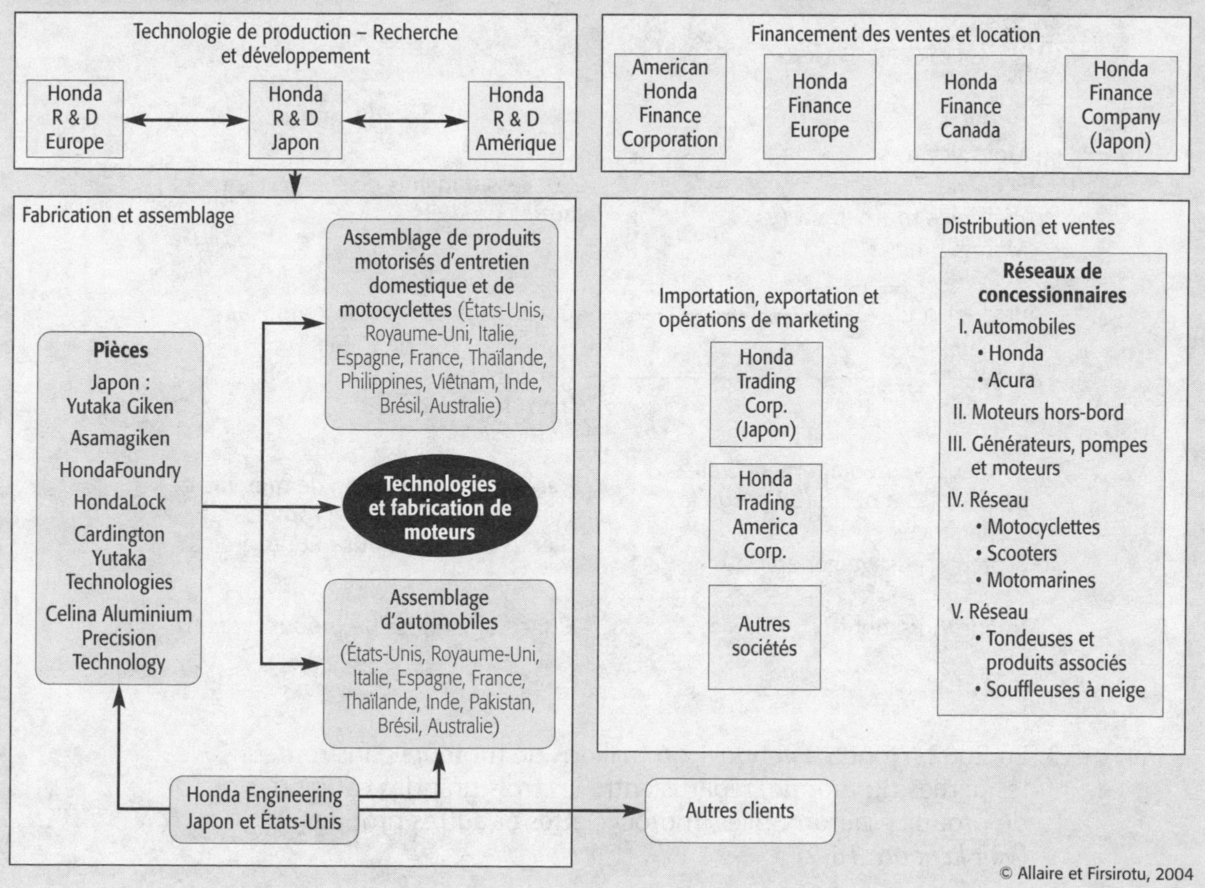

© Allaire et Firsirotu, 2004

1. Il est évident que le cœur de l'entreprise, ses compétences motrices, se trouve dans la technologie des moteurs ainsi que l'abondance de savoir-faire et d'expertise en matière de conception et de mise au point de produits motorisés. Tout produit qui dépend de façon importante de la qualité et du coût du moteur à essence est un candidat à l'innovation.

2. Depuis la création de l'entreprise en 1948 pour commercialiser un petit moteur auxiliaire pour propulser une bicyclette, la société Honda a développé une maîtrise exceptionnelle de la technologie des moteurs et graduellement une haute compétence en développement de produits motorisés. La croissance de l'entreprise s'est faite de façon organique, sans aucune acquisition. Cela lui a permis de façonner une culture d'entreprise à la mesure des exigences croissantes de coordination et de coopération pour livrer avec profit une telle diversité de produits. La figure 16.8 présente la gamme de produits et les circuits de distribution de Honda en 2002.

Figure 16.8	Gamme de produits et circuits de distribution (vers 2002)
Produits	**Réseaux de distribution**
• Motocyclettes • Scooters • Véhicules tout-terrain (VTT) • Motomarines (2002)	Concessionnaires de motocyclettes et autres produits
Autos – Honda ⟶	Concessionnaires d'automobiles
Autos – Acura ⟶	Concessionnaires d'automobiles haut de gamme
• Tondeuses et équipements reliés, souffleuses à neige (38 produits) • Génératrices • Moteurs à usage général	Réseau de distribution de moteurs et concessionnaires de « produits d'entretien de pelouse et de jardins »
Moteurs hors-bord	Concessionnaires de produits marins

© Allaire et Firsirotu, 1993, 2004

3. En 2002, Honda a vendu 12,6 millions de moteurs dans toutes les parties du monde, répartis entre les trois grandes catégories de produits (automobiles, motocyclettes et autres produits) (*voir la figure 16.9*).

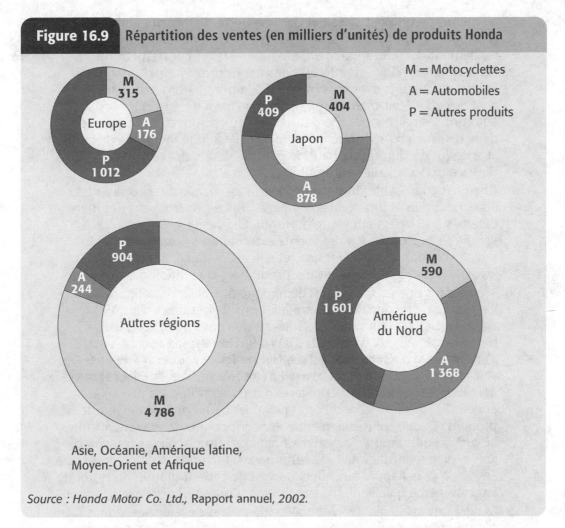

Figure 16.9   Répartition des ventes (en milliers d'unités) de produits Honda

M = Motocyclettes
A = Automobiles
P = Autres produits

Europe
M 315
A 176
P 1 012

Japon
P 409
M 404
A 878

Autres régions
P 904
A 244
M 4 786

Amérique du Nord
M 590
P 1 601
A 1 368

Asie, Océanie, Amérique latine, Moyen-Orient et Afrique

Source : Honda Motor Co. Ltd., Rapport annuel, *2002.*

4. Pour protéger l'entreprise contre deux vulnérabilités, les coûts élevés au Japon et les variations du cours des monnaies (yen versus dollar américain, etc.), Honda a construit un réseau d'usines et de sous-traitance dans :

   a) des pays en voie de développement pour prendre avantage de leurs faibles coûts de main-d'œuvre ;

   b) des pays développés (Europe, États-Unis, Canada) pour équilibrer, tant que faire se peut, les coûts et les revenus provenant de ces pays ; c'est pourquoi le système de fabrication de Honda consiste en un réseau impressionnant de 109 usines dans 29 pays autres que le Japon.

5. Un réseau de recherche et de développement est constitué d'unités au Japon, en Californie et en Allemagne, trois lieux qui fourmillent de talent en ingénierie ainsi qu'en design d'automobiles et de véhicules motorisés.

6. Le phénomène d'économies d'envergure pousse évidemment à élargir la gamme des produits distribués dans les mêmes circuits. Cependant, il faut savoir reconnaître les limites du phénomène. Ajouter des produits

au même circuit peut se solder par une perte d'efficacité : les actifs de distribution sont surutilisés, les circuits deviennent encombrés et leur rendement décroît rapidement. De même, le comportement du consommateur doit être pris en compte. L'entreprise peut gagner à utiliser des circuits différents même si elle perd ainsi quelque bénéfice économique. Pour cette raison, Honda a choisi de distribuer ses automobiles par l'entremise de trois réseaux distincts au Japon et de deux réseaux en Amérique du Nord, où elle a jugé inefficace de confier la distribution du produit haut de gamme Acura aux concessionnaires de ses autres véhicules automobiles.

7. Chaque composante du système Honda est incitée à rentabiliser les actifs tangibles et intangibles dont elle dispose en trouvant des marchés externes à Honda. Par exemple, Honda Engineering Co. cherche à vendre ses « produits » à des clients externes au système Honda. La seule exception à cette pratique, et elle est de taille, a trait à Honda R & D où se créent les nouveaux produits et la technologie de pointe.

8. Même dans une coupe aussi schématique que celle de la figure 16.8, il est facile de reconnaître de multiples possibilités de conflits, de choix individuels contraires aux intérêts de l'ensemble, de calculs bureaucratiques, etc. **La réussite d'un tel système dépend en grande partie d'une culture organisationnelle qui contient ces forces nocives et donne une âme ainsi qu'une substance à ce qui pourrait n'être qu'une vision théorique et utopique des choses.** Les entreprises japonaises ont pu compter, jusqu'à la fin des années 1980, sur des conditions favorables à une grande envergure de produits. Depuis, plusieurs d'entre elles ont connu de graves difficultés au fur et à mesure que le système financier et social japonais favorable à leur déploiement s'effritait et se transformait. Honda, tout comme Toyota, a su échapper aux effets pervers de cette mutation du système japonais parce qu'elle n'en a jamais été un grand bénéficiaire.

9. Malgré une stratégie de « mondialisation » très développée, il faut bien constater que la société Honda n'a pas encore franchi l'étape, jugée essentielle par certains, pour devenir une véritable entreprise « mondiale ». Sa direction reste entièrement japonaise (et masculine !) (*voir l'encadré 16.1*). De plus, bien que Honda soit inscrite à la Bourse de New York depuis 25 ans, son conseil d'administration est formé exclusivement de dirigeants de Honda, une stratégie inacceptable selon les règles de gouvernance nord-américaines.

Encadré 16.1	Conseil d'administration de Honda

- Katsuro Suzuki
  Directeur principal

- Takeo Fukui
  Directeur principal

- Michioyoshi Hagino
  Directeur principal

- Yoshihide Munekuni
  Président du conseil

- Hiroyuki Yoshino
  Président et PDG

- Koichi Amemiya
  Vice-président exécutif

- Minoru Harada
  Directeur principal

- Motoatsu Shiraishi
  Directeur principal

- Satoshi Aoki
  Directeur principal

Source : Honda Motor Co. Ltd., Rapport annuel, *2002.*

De même, la stratégie de mondialisation de Honda n'a pas un égal succès dans toutes les parties du monde. Ainsi, la figure 16.9 montre que Honda n'a réussi à vendre que 176 000 automobiles en Europe (incluant la Grande-Bretagne) contre 1 368 000 aux États-Unis, et y a subi des pertes de quelque 500 millions d'euros (800 millions de dollars canadiens en 2002). Une des raisons de cette difficulté provient justement de la dévotion aux moteurs à essence chez Honda alors qu'une bonne part du marché européen réclame des moteurs diesel, au grand dam des dirigeants et des ingénieurs de Honda.

Grâce aux prouesses des ingénieurs de Honda, leur moteur à essence est plus performant, moins polluant et aussi économique qu'un moteur diesel ; pourtant les acheteurs européens insistent ! Bien sûr, pendant un long moment, les constructeurs européens ont également réussi à entraver le développement de Honda en Europe par toutes sortes de restrictions imposées par les autorités politiques.

Conclusion

Nous avons démontré dans ce chapitre comment l'évolution des marchés, l'impérieuse nécessité pour les entreprises publiques de continuer à croître, la recherche des effets bénéfiques de volume sur les coûts ainsi que l'utilisation maximale de leurs ressources et de leurs compétences poussent les entreprises à opter pour des stratégies d'envergure de marché, d'envergure géographique et d'envergure de produits. Nous avons souligné avec force comment l'exécution de telles stratégies requiert des habiletés de gestion de haut niveau, des formes d'organisation plus complexes, des valeurs de coopération et un engagement du personnel envers le succès de l'entreprise dans son ensemble. Nous revenons sur ces thèmes dans la partie VI de cet ouvrage.

Chapitre 17
Les stratégies de créneaux

Introduction

Les textes sur la stratégie font souvent référence au fait qu'une firme s'est « concentrée sur un créneau », exploite une « niche » de marché. Ainsi exprimée, cette notion habille du même terme des situations très différentes. Aussi, proposons-nous dans ce chapitre trois stratégies de marché bien distinctes, qui ont pourtant en commun le fait de s'appuyer sur un créneau de marché :

- la stratégie de concentration ;
- la stratégie de spécialisation ;
- la stratégie d'interstices.

17.1 La stratégie de concentration

Nous avons démontré, aux chapitres 15 et 16, comment de nouvelles firmes peuvent réussir à s'immiscer dans un marché par des portes ou des créneaux mal défendus ou impossibles à défendre par les firmes en place. Une entreprise qui prend de l'envergure et recherche les avantages économiques d'une couverture simultanée de plusieurs segments et marchés géographiques différents crée souvent des ouvertures par lesquelles de nouveaux entrants peuvent se glisser. Ce phénomène se manifeste particulièrement lorsque les effets d'échelle et d'envergure ne sont pas démesurés et que les coûts irrécupérables pour une nouvelle firme voulant exploiter un segment sont relativement faibles.

La nouvelle firme cible souvent un groupe d'acheteurs qu'elle estime mal servi par les généralistes, c'est-à-dire les firmes exécutant des stratégies de grande envergure. La nouvelle firme ne prétend pas détenir un avantage stratégique important sur les généralistes en place, sauf celui d'être prête à se concentrer sur un groupe d'acheteurs de moindre intérêt pour ces derniers. **La stratégie de concentration se fonde soit sur la négligence et l'indifférence des firmes en place à l'égard de certains groupes d'acheteurs jugés « moins rentables », soit sur le fait que des contraintes opérationnelles ou stratégiques empêchent les généralistes de bien servir certains segments d'acheteurs ou d'exploiter certains territoires géographiques.**

Aux chapitres précédents, nous avons décrit : comment les grandes entreprises négligent certains segments d'acheteurs parce qu'ils sont moins attrayants (les sociétés GM, Ford et Chrysler versus les petites automobiles japonaises dans les années 1960 et 1970) ; comment elles sont opérationnellement incapables d'exploiter certains segments de marchés (les grands locateurs d'autos Hertz, Avis et Budget quant au segment de touristes servis par Alamo, Dollar, etc.) ; comment la fabrication de «marques privées» (ou marques de distributeurs) rivalise avec les marques nationales des sociétés Procter & Gamble, Kraft, Unilever, Kellogg's; comment les grandes firmes sont parfois inattentives à une concurrence future venant de firmes œuvrant actuellement à la périphérie de leur marché (les sous-traitants et les firmes de remise à neuf, par exemple).

Évidemment, les généralistes font souvent preuve de «myopie stratégique» en laissant ainsi de nouvelles firmes apprendre tranquillement leur métier en marge de leur marché. Celles-ci seront demain les concurrents directs avec lesquels il faudra composer.

La figure 17.1 décrit les principaux aspects de la stratégie de concentration.

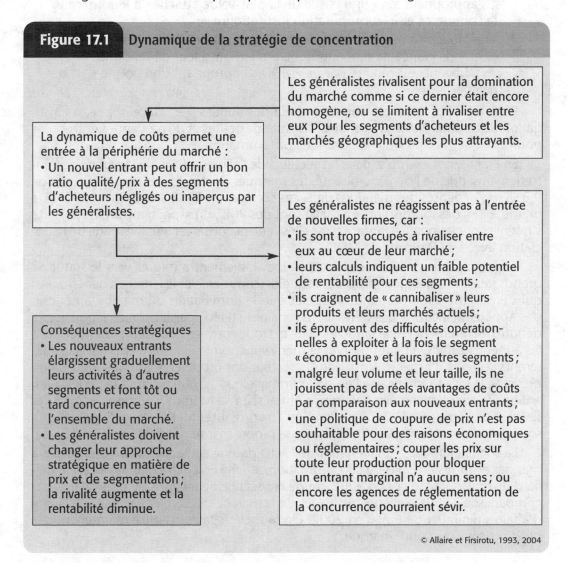

Figure 17.1 — Dynamique de la stratégie de concentration

Les généralistes rivalisent pour la domination du marché comme si ce dernier était encore homogène, ou se limitent à rivaliser entre eux pour les segments d'acheteurs et les marchés géographiques les plus attrayants.

La dynamique de coûts permet une entrée à la périphérie du marché :
• Un nouvel entrant peut offrir un bon ratio qualité/prix à des segments d'acheteurs négligés ou inaperçus par les généralistes.

Les généralistes ne réagissent pas à l'entrée de nouvelles firmes, car :
• ils sont trop occupés à rivaliser entre eux au cœur de leur marché ;
• leurs calculs indiquent un faible potentiel de rentabilité pour ces segments ;
• ils craignent de «cannibaliser» leurs produits et leurs marchés actuels ;
• ils éprouvent des difficultés opérationnelles à exploiter à la fois le segment «économique» et leurs autres segments ;
• malgré leur volume et leur taille, ils ne jouissent pas de réels avantages de coûts par comparaison aux nouveaux entrants ;
• une politique de coupure de prix n'est pas souhaitable pour des raisons économiques ou réglementaires ; couper les prix sur toute leur production pour bloquer un entrant marginal n'a aucun sens ; ou encore les agences de réglementation de la concurrence pourraient sévir.

Conséquences stratégiques
• Les nouveaux entrants élargissent graduellement leurs activités à d'autres segments et font tôt ou tard concurrence sur l'ensemble du marché.
• Les généralistes doivent changer leur approche stratégique en matière de prix et de segmentation ; la rivalité augmente et la rentabilité diminue.

© Allaire et Firsirotu, 1993, 2004

Deux exemples de stratégie de concentration, fréquents en pratique, sont fournis par les fabricants de marques de distributeurs (MDD) et les fabricants de médicaments génériques.

17.1.1 Les fabricants de marques privées, de « marques maison » ou de marques de distributeurs (MDD)

Il est caractéristique de l'évolution des marchés que les distributeurs, les grandes surfaces, les grands magasins, les Carrefour et les Wal-Mart de ce monde en viennent à deux constats stratégiques :

1. Leur marque de commerce et leur réputation offrant de bonnes garanties de qualité rassurent les acheteurs tout autant que les marques de commerce des fabricants. Cette valeur économique ne peut être réalisée que si les distributeurs offrent leur propre marque de produits et s'approprient ainsi une partie de la plus-value attachée à leur marque de commerce et à leur réputation institutionnelle.

2. Leur capacité à négocier des prix et des conditions avantageuses avec les grands fabricants sera augmentée d'autant si leur dépendance à ces fabricants est réduite par des MDD s'appropriant une bonne part de marché.

Pour donner suite à ces constats, au fil des années s'est développée, à l'instigation des grands distributeurs, une industrie de petites et de moyennes entreprises pour fabriquer des produits de grande consommation.

En France, par exemple, dans les secteurs de l'alimentation, du lavage et de l'entretien ainsi que de l'hygiène-beauté, les marques de distributeurs sont passées de 9,3 % des dépenses des ménages dans ces secteurs en 1988 à 20,0 % en 2001. De même, 63 % des fournisseurs de MDD sont des PME, un aspect important de cette stratégie pour les grandes surfaces, car elles veulent conserver leur avantage de négociation avec les fabricants de MDD.

Cependant, ces fabricants cherchent inévitablement à migrer vers le statut de grands fabricants avec leur propre marque de commerce et les marges bénéficiaires qui s'ensuivent. Est-il besoin de rappeler que la domination du marché américain des appareils électroniques (télévisions, chaînes stéréo) par les firmes japonaises a débuté discrètement par la fabrication de marques privées pour Sears Roebuck dans les années 1960 ? On peut observer le même phénomène à notre époque dans différents secteurs d'activité. Ainsi, dans le secteur des produits pharmaceutiques non brevetés, la société américaine Perrigo fournit quelque 12 000 produits (analgésiques, antitussifs, suppléments alimentaires, vitamines) à Wal-Mart (qui représente 25 % des revenus de Perrigo), à CVS Target ainsi qu'aux grossistes McKesson et Supervalu. La société Perrigo met en marché depuis peu sa propre marque de produits, Good Sense.

La société Ralcorps, un fabricant de MDD dans le secteur des céréales prêtes à manger et autres produits de consommation, affiche un chiffre d'affaires de 1,8 milliard de dollars canadiens en 2002 et une croissance de revenus de près de 9 % par comparaison à 2001. Kellogg's, le leader sur le marché des céréales, voyait son chiffre d'affaires diminuer de 6,2 % en 2002. Or, la société Ralcorps offre maintenant des produits sous sa propre marque.

17.1.2 Les fabricants de médicaments génériques

Le cadre juridique régissant la vie des brevets varie d'un pays à l'autre. Toutefois, celle-ci comporte toujours une date limite (15, 17, 20 ans) à compter de laquelle on peut copier les produits sans encourir de risques de poursuites judiciaires.

Toute une industrie s'est développée pour offrir des médicaments « génériques », imitation chimique conforme au produit breveté. Ces produits « génériques » sont vendus à bas prix, puisque les fabricants n'ont pas à assumer les coûts et les risques de mise au point de ces produits. Au Canada, en 2002, les médicaments génériques représentent quelque 40,0 % de toutes les prescriptions et 14,2 % des dépenses pour l'achat de médicaments.

Dans un scénario classique, certaines de ces sociétés comme Teva Pharmaceuticals et Mylan Laboratoires ont commencé à mettre au point leurs propres médicaments brevetés !

Pourquoi les grands fabricants n'offrent-ils pas aux grands distributeurs de fabriquer leurs marques privées, évitant ainsi de donner naissance à des firmes qui pourront devenir leurs concurrents éventuels ? Pourquoi les fabricants de médicaments brevetés n'abaissent-ils pas leurs prix, au terme de leurs brevets, de façon à rendre non rentable la fabrication de médicaments génériques ?

Dans le premier cas, les grands distributeurs préfèrent traiter avec d'autres firmes, car laisser les grands fabricants leur fournir aussi les marques privées augmenterait leur dépendance et leur vulnérabilité. D'autre part, les grands fabricants craignent que, tôt ou tard, les consommateurs soient informés que le même produit peut être obtenu à bien meilleur prix en l'achetant sous marque privée. Un tel résultat serait catastrophique pour leur rentabilité et détruirait la valeur économique de leur marque, résultat d'investissements publicitaires énormes au fil des ans.

Les fabricants de médicaments brevetés constatent que même lorsqu'un produit générique apparemment identique à leur produit breveté (mais dont le brevet est venu à échéance) apparaît, les patients et les médecins continuent d'acheter et de prescrire le produit breveté pourtant beaucoup plus cher. Ce phénomène est dû à l'inertie et à l'habitude qui caractérisent le comportement des médecins (parfois entretenu par des incitatifs de toute nature offerts par les compagnies pharmaceutiques). Cela reflète aussi le caractère rassurant (réducteur de risque, dont nous avons traité à la partie IV) des marques connues pour un acheteur inquiet quant à un produit à haut risque.

Pour des raisons évidentes, les fabricants de produits brevetés ne peuvent fabriquer une version « générique » de leur produit et le vendre à prix très inférieur à leur produit en version brevetée !

17.2 La stratégie de spécialisation

Contrairement à la stratégie de concentration qui cherche à éviter une confrontation directe avec les grands fabricants, **la stratégie de spécialisation consiste en une attaque frontale de la part d'une nouvelle firme spécialisée qui veut expulser les généralistes d'un segment de marché en concevant une façon nouvelle d'exploiter ce segment.** Les généralistes, prisonniers de la logique économique de leur propre système, sont incapables de trouver une parade efficace à cette attaque. La figure 17.2 rend compte des principaux aspects de la stratégie de spécialisation.

| **Figure 17.2** | Dynamique de la stratégie de spécialisation |

Le généraliste essaie de servir l'ensemble des segments de marché avec un même système d'exploitation :
• Ses prix sont établis selon les coûts moyens comportant des subventions croisées implicites, passant souvent inaperçues.
• De nombreux compromis sont faits sur le service, la localisation, etc., entre les segments de clients et les catégories de produits.
• Il est difficile de déterminer et de satisfaire les nouveaux besoins ou les nouveaux segments de marché.

• Des segments à fort potentiel restent sous-développés par les généralistes.
• Des segments d'acheteurs paient leurs produits plus cher parce que les prix des généralistes ne reflètent pas ce qu'il en coûte réellement pour servir chaque segment.

Une nouvelle firme conçoit une façon innovatrice de servir un segment d'acheteurs et de lui offrir un ratio qualité/prix supérieur à celui des généralistes :
• Ce segment est conçu par l'innovateur comme un nouveau marché, et celui-ci y déploie une stratégie de création et de domination de marché.

• Les généralistes peuvent décider d'abandonner le segment aux spécialistes s'ils ne trouvent pas de moyens rentables de rivaliser avec eux sans affaiblir leur système ou mettre en danger leur stratégie, par ailleurs encore valable pour les autres segments de marché.

Conséquences stratégiques
• Ce qui n'était qu'un segment de marché devient un nouveau marché avec sa propre dynamique.
• La concurrence efficace dans ce nouveau marché proviendra de nouveaux entrants imitant le système de la firme innovatrice.
• Seuls les généralistes capables de mettre sur pied une entité autonome copiant les caractéristiques du spécialiste pourront se tailler une place dans ce nouveau marché.

© Allaire et Firsirotu, 1993, 2004

Pour le segment ciblé, la stratégie de spécialisation vise l'exclusion ou la marginalisation des généralistes, ces entreprises de grande envergure qui exécutent des stratégies de différenciation, de segmentation ou d'envergure de produits.

C'est souvent par la conception même de leur système, leur façon innovatrice d'aborder un marché, que les spécialistes gagnent un avantage stratégique indiscutable sur les firmes en place, du moins auprès d'un segment d'acheteurs bien ciblé.

La stratégie de concentration et la stratégie de spécialisation diffèrent en ce que, dans le premier cas, les firmes souhaitent ultérieurement devenir des généralistes même si, pendant un certain temps, elles doivent se limiter à un segment de marché. Dans le cas des spécialistes, au contraire, leur système est conçu pour leur conférer un net avantage sur les généralistes auprès d'un segment précis du marché. Cela fait en sorte qu'ils ne peuvent pas facilement étendre leurs activités aux autres segments, et donc devenir des généralistes, sans perdre leurs avantages de spécialistes.

Les exemples de stratégie de spécialisation sont nombreux.

1. Au cours des années 1960 à 1980, les caisses populaires Desjardins, ces institutions financières québécoises spécialisées dans l'épargne et

le crédit entièrement consacrées aux particuliers, ont bénéficié des avantages du spécialiste en concurrence avec des généralistes dont le système est conçu pour tirer avantage des économies d'envergure. Les banques à charte canadiennes, à la recherche des économies d'envergure associées au fait de servir plusieurs clientèles – soit les particuliers, les commerçants et les entreprises – dans un même réseau d'établissements, ont dû en conséquence faire certains compromis dans le choix des sites de leurs succursales et du service aux clients. À une certaine époque, ces choix étaient pleinement justifiés par l'étroitesse du marché des services financiers pour les particuliers. Or, et c'est là un phénomène bien commun, la croissance d'un marché ou d'un segment de marché en vient à susciter, brusquement et sans avertissement, l'apparition de firmes consacrées entièrement à ce marché ou à ce segment de marché. Cependant, les firmes en place éprouvent souvent beaucoup de difficultés à ajuster leur stratégie à cette nouvelle réalité. Bien sûr, avec le temps, l'évolution technologique (la profusion de guichets automatiques, les services en ligne) et les nouvelles orientations du Mouvement Desjardins ont changé le caractère de leur stratégie pour en faire des généralistes du marché des services financiers.

2. La société Dell, dont nous avons décrit les principaux rouages en introduction à la partie I, démontre comment une nouvelle conception du marché et une façon innovatrice de le servir lui ont donné un puissant avantage stratégique sur les firmes en place, faisant en sorte que Dell devienne en quelques années le numéro un mondial dans la vente de PC. La seule entreprise qui lui donne du fil à retordre est Gateway, car celle-ci a essentiellement copié le système de Dell.

3. Les entreprises spécialisées dans les produits haut de gamme jouissent non seulement des avantages provenant de cette spécialisation, mais aussi de bénéfices externes importants. Souvent, les consommateurs jugent, à tort ou à raison, qu'un généraliste associé aux produits de consommation de masse ne peut fabriquer un produit de très grande qualité. Les firmes spécialisées Porsche, Ferrari et, à un moindre degré, BMW et Mercedes-Benz offrent des produits avec lesquels Toyota, GM et Ford pouvaient difficilement rivaliser, du moins dans l'esprit du consommateur de produits haut de gamme. Évidemment, Toyota, Honda et Nissan ont maintenant démontré que cela est possible, mais elles le font avec des produits très démarqués (Lexus, Acura, Infiniti) tant par leur nom et leur conception que par les circuits de distribution utilisés. En fait, ces trois firmes japonaises ont reconnu que pour exploiter le segment haut de gamme, il leur fallait mettre en place un système spécialisé entièrement consacré à ce segment. De même, ces firmes spécialisées dans le haut de gamme doivent prendre garde de ne pas élargir leur offre à d'autres segments de marché, car elles perdraient ainsi leur image distinctive. (Des Mercedes à 20 000 $ peuvent détruire la mystique « Mercedes ».)

4. Les entreprises spécialisées en transport de petits colis fournissent un autre exemple de la façon dont les spécialistes ont pu tirer avantage de la vulnérabilité d'un généraliste comme le service des postes. En effet,

jadis, ces institutions servaient selon une approche homogène une vaste gamme de clients ayant des besoins très variés. En particulier, cette façon de faire dissimulait le fait que certains segments de clients ou certains types d'envois représentaient un volume d'affaires suffisant pour justifier qu'une entreprise leur soit entièrement consacrée. En outre, les prix demandés par les généralistes (les postes) ainsi que la qualité du service offert à ces clients comportaient souvent un élément de subvention cachée favorisant d'autres clients de l'entreprise. Les sociétés Purolator et Federal Express offrent de bons exemples de spécialistes dans ce domaine, comme nous en traitons plus loin dans ce chapitre.

5. Le système de Costco, décrit au chapitre 14, a su reconnaître la vulnérabilité des entreprises en place (les supermarchés alimentaires et les grands magasins) qui découle du fait que l'offre de produits de ces entreprises, leurs services et surtout leurs prix comportent un important phénomène de subvention croisée, phénomène souvent occulte et incompris tant qu'un nouveau système spécialisé n'en fait pas la démonstration.

6. Les spécialistes de la commodité, comme la société Aliments Couche-Tard, rassemblent des produits de dépannage qu'ils offrent 24 heures par jour, 7 jours par semaine.

7. Les grands magasins (*department stores*) offrent un exemple typique de ce phénomène en vertu de leur stratégie d'envergure de produits. L'envergure de leurs activités leur procure de nombreux avantages. Cependant, elle les rend aussi, du moins en Amérique du Nord, vulnérables à une attaque par des spécialistes. Ceux-ci peuvent en effet concevoir de nouvelles configurations d'entreprises pour offrir à des segments d'acheteurs une gamme de produits et de services ainsi que des prix qui leur conviennent mieux que ce que peuvent offrir les généralistes. La société Toys "R" Us, décrite au chapitre 11, offre un exemple saisissant de ce phénomène.

Nous présentons ci-dessous deux exemples éloquents de stratégie de spécialiste :

- Purolator et FedEx;
- Amazon.com.

17.2.1 Purolator et FedEx : les spécialistes du courrier et des petits colis

L'industrie du transport de colis fournit un riche exemple de la façon dont les phénomènes de coûts et la dynamique des marchés se conjuguent pour créer des occasions d'affaires pour des firmes spécialisées.

Le marché du transport de colis est en fait constitué de plusieurs sous-marchés, voire de marchés distincts. Chacun de ces marchés se distingue par la nature des expéditions ainsi que par le type de service attendu par la clientèle.

Trois marchés (ou sous-marchés) se démarquent clairement de par la nature des services offerts :

- le marché des messageries interurbaines (courrier) et des petits colis (moins de 50 kg, ou moins de 70 kg dans certains cas);

- le marché des expéditions de toute taille, chaque envoi représentant une charge partielle de camion ; en anglais, ce marché est appelé LTL (*Less Than Truckload*) ;
- le marché des pleines charges de camion, c'est-à-dire où l'expéditeur dispose d'envois représentant une pleine charge de camion (environ 10 000 kg) pour un même destinataire ; en anglais, ce marché est appelé TL (*Truck Load*).

Chacun de ces trois marchés comporte des segments d'acheteurs distincts, lesquels doivent être clairement déterminés pour établir une stratégie appropriée.

Les configurations de clients et de services ou les segments du marché

Les deux tableaux suivants présentent les choix critiques sur lesquels reposent les stratégies des entreprises dans ce secteur. Le tableau 17.1 classe les expéditeurs et les destinataires selon qu'ils résident dans un grand centre urbain, une zone périphérique ou des petites villes et des villages comme il y en a tant au Canada et aux États-Unis.

Tableau 17.1 Expéditeurs et destinataires			
	Emplacement du destinataire		
Emplacement de l'expéditeur	Grands centres urbains (G)	Zones périphériques aux grands centres (P)	Petites villes et villages (V)
Grands centres urbains (G)	GG	GP	GV
Zones périphériques aux grands centres (P)	PG	PP	PV
Petites villes et villages (V)	VG	VP	VV

© Allaire et Firsirotu, 1993, 2004

Quant au tableau 17.2, il classe la clientèle selon le volume et la fréquence des expéditions, d'une part, et le type d'expédition, d'autre part.

Ainsi, en fonction du type d'expédition, les expéditeurs sont classés de la façon suivante :

T1 : seulement des services de messagerie interurbains (0-10 kg)

T2 : petits colis seulement (0-50 kg pour Purolator ou 0-70 kg pour FedEx)

T3 : petits colis et autres expéditions de moins d'un plein chargement de camion

T4 : expéditions de toutes dimensions, mais représentant moins d'un plein chargement de camion

T5 : à la fois plein chargement et chargement partiel de camion

Selon leur fréquence d'expéditions, les clients sont classés de la façon suivante :

L1 : tous les jours

L2 : au moins une fois par semaine

L3 : occasionnellement

Tableau 17.2	Fréquence et types d'envois

Fréquence des envois	Types d'envois				
	T1	T2	T3	T4	T5
L1	L1T1	L1T2	L1T3	L1T4	L1T5
L2	L2T1	L2T2	L2T3	L2T4	L2T5
L3	L3T1	L3T2	L3T3	L3T4	L3T5

© Allaire et Firsirotu, 1993, 2004

Ces deux tableaux définissent le contour de nombreux segments de clientèle, chaque segment manifestant des besoins et des attentes particulières. Nous sommes à la case de départ de la stratégie. Le choix de clientèle et la mise en place des systèmes requis pour satisfaire cette clientèle au meilleur prix sont au cœur de la stratégie dans ce secteur.

Ainsi, au cours des années 1970, des entrepreneurs ont compris que, en se spécialisant sur certains types d'envois (comme T1 et T2) pour des expéditeurs à haute fréquence (comme L1 et L2) et en limitant leur grille de cueillette et de livraison aux grands centres urbains et à leur périphérie (GG, GP, PG, PP), leur entreprise pourrait offrir un service incomparable et à meilleurs prix que les généralistes en place, lesquels tentaient de servir tous les types de clientèle.

Cette naissance des « spécialistes du petit colis » a rapidement éliminé les « généralistes » (les entreprises offrant tous les services pour toute destination à toute clientèle, même occasionnelle) de ce secteur d'activité : CNExpress, CPExpress, les postes canadiennes. Ce phénomène est fréquent en stratégie.

Le généraliste recherche le volume, croyant que celui-ci signifie toujours de meilleurs coûts. Il encombre ainsi son système, ne peut offrir le service attendu des clients à grand volume d'expéditions et cherche à établir ses prix sur la base de ses coûts moyens, lesquels reflètent justement le coût de servir des clients de faible fréquence ou exigeant une vaste couverture géographique dont il perçoit mal l'effet sur ses coûts totaux.

La seule parade efficace, nous le verrons plus loin, est de constituer des entités particulières dédiées à chaque segment de marché. C'est ce que les postes canadiennes ont décidé de faire éventuellement en achetant le spécialiste Purolator.

L'irrépressible dynamisme des marchés fait que le spécialiste d'hier devient souvent le généraliste d'un autre entrepreneur. C'est ainsi que, au sein de ce marché fait de messageries interurbaines et de petits colis, Fred Smith, le créateur de FedEx, a décelé un segment d'acheteurs très sensibles au temps requis pour amener leurs envois à destination. En concevant une entreprise entièrement dédiée à ce segment, il a pu garantir aux expéditeurs une livraison « avant 10 h le jour suivant ». Ce spécialiste a ainsi créé un nouveau marché dont il a éliminé tous les « spécialistes du petit colis » incapables de rivaliser avec son système sans abandonner leur immense clientèle qui ne requiert pas un tel service.

Sous la pression de la concurrence et pour s'ajuster aux besoins des clients, particulièrement des nouveaux (et anciens) expéditeurs offrant maintenant leurs produits en ligne, les spécialistes ont dû étendre leur couverture géographique (surtout pour la livraison) aux petites villes et aux villages. Cependant, connaissant bien leurs coûts, ces entreprises ont pu établir des grilles de prix calibrées pour conserver leur rentabilité.

Ces spécialistes restent cependant réticents à élargir leur grille de cueillette pour inclure les petites villes et les villages. Ils reconnaissent que les coûts de telles activités rendraient leurs prix non compétitifs avec le service postal. Ils ont donc recours à différents stratagèmes comme les boîtes ou les lieux de dépôt des envois, etc.

Pour bien comprendre ces choix, il faut comprendre comment les variables présentées aux tableaux 17.1 et 17.2 sous-tendent et propulsent les coûts d'une entreprise.

La dynamique des coûts dans l'industrie du transport de colis

Le choix de servir, ou non, l'un ou l'autre des types de clientèle décrits aux tableaux 17.1 et 17.2 comporte d'importantes conséquences en matière de coûts et de systèmes à mettre en place. La stratégie en ce secteur d'activité consiste d'abord en un choix judicieux des segments de clientèle qu'une firme peut servir de façon efficace et rentable au sein d'un même système.

Ce choix doit se fonder sur une bonne intelligence des composantes de coûts et des facteurs qui en influencent le niveau. La figure 17.3 présente une schématisation des principales activités et des composantes de coûts dans ce secteur économique ainsi que les facteurs particuliers « propulsant » chaque composante.

Les activités de tout transporteur de colis comportent quatre éléments majeurs de coûts :

1. la cueillette et la livraison ;
2. les terminaux ;
3. le transport interurbain (terrestre ou par avion) ;
4. les frais de gestion et de financement.

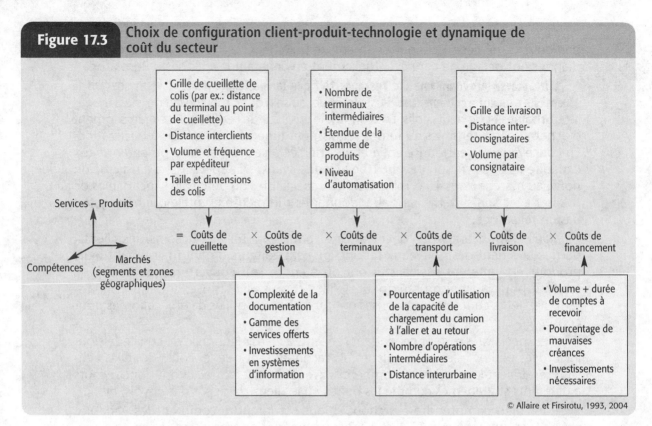

Figure 17.3 Choix de configuration client-produit-technologie et dynamique de coût du secteur

© Allaire et Firsirotu, 1993, 2004

Pour donner un caractère plus concret encore à ces propos, nous présentons, comme nous l'avons souligné plus tôt, deux exemples d'entreprises du secteur : la société Purolator, un spécialiste canadien du petit colis, et FedEx, le géant du secteur. Au départ, FedEx était un spécialiste de la messagerie express, mais elle est devenue depuis une société diversifiée capable de servir tous les segments de marché. De plus, FedEx fournit maintenant des services « logistiques », c'est-à-dire qu'elle offre aux entreprises de prendre en charge leur gestion des inventaires, du transport des marchandises et des comptes clients.

Purolator : le spécialiste canadien des petits colis

Purolator, société détenue à 94 % par Postes Canada depuis 1994, livre chaque jour 1,1 million de petits colis par voie terrestre et par avion au Canada, dans 20 États américains et dans 220 pays dans le monde. À partir du centre-ville de Toronto et de Montréal, l'entreprise offre un service de livraison en 24 heures à destination de Mexico, de Guadalajara, de Londres, de Paris et de Francfort.

Le poids des colis ne doit pas dépasser 35 kg, et les dimensions totales (hauteur × longueur × largeur) des colis ne doivent pas dépasser 480 cm pour le transport aérien et 920 cm pour le transport par camion. Parce que la standardisation des envois est essentielle, Purolator distribue ses propres boîtes de livraison. Cela permet un degré élevé d'automatisation dans les terminaux en facilitant le tri, le rangement ainsi que l'optimisation de l'espace dans les avions et les camions de livraison.

La tarification se fait d'abord en fonction de zones géographiques, pour refléter les différences de volume, puis en fonction du poids, de la distance et des autres caractéristiques du service comme la livraison le lendemain.

L'envergure géographique du système Purolator a été établie de façon à préserver un équilibre optimal entre les coûts d'une couverture géographique donnée, la nécessité de bien servir les clients et le prix que les clients sont prêts à payer pour un service donné. Se fondant sur une évaluation analytique des coûts associés à différentes grilles de cueillette et de livraison, Purolator a décidé de limiter son envergure géographique aux combinaisons (GG, GP, PG, PP) présentées au tableau 17.1. Cette couverture géographique correspond à plus de 80 % du volume d'affaires total et protège Purolator contre l'augmentation exponentielle des coûts associés à la couverture géographique du dernier 20 %.

Prenons l'exemple d'envois entre Montréal et Toronto, et entre Montréal et Fredericton au Nouveau-Brunswick pour comprendre la tarification de ces spécialistes des petits colis (*voir le tableau 17.3*).

Tableau 17.3	Exemple de tarification par zone géographique de Purolator : colis de 500 g	
	Pour un envoi de Montréal à Toronto en un jour (colis de 500 g ou moins)	Pour un envoi de Montréal à une province maritime (Nouveau-Brunswick) en un jour (colis de 500 g ou moins)
Prix de base	14,55 $	23,50 $
Carburant	0,44 $	1,70 $
Taxes	1,05 $	3,78 $
Total	16,04 $	28,98 $

Comme le montre ce tableau, le prix total est composé d'un prix de base, lequel est établi selon les points de départ et d'arrivée, en fonction du découpage en zones géographiques. Ainsi, l'envoi d'un colis de 500 g de Montréal vers le Nouveau-Brunswick coûte à la base 23,50 $ (sans aucune notion de kilométrage). Vers l'Ontario, ce coût est de 14,55 $, et ce, bien que le Nouveau-Brunswick soit, tout comme l'Ontario, limitrophe au Québec. Bien entendu, le prix de base varie en fonction du poids : de 14,55 $ (500 g et moins) à 50,92 $ (colis de 35 kg) pour une livraison Montréal-Toronto et de 23,50 $ pour 500 g à 76,98 $ (colis de 35 kg) de Montréal au Nouveau-Brunswick.

Par contre, on peut constater que, en raison des frais fixes importants, le prix demandé par envoi diminue avec le poids de l'envoi. Par exemple, entre Montréal et Toronto, le prix par kilogramme chute de 29,10 $ pour un envoi de 0,50 kg à 1,45 $ pour un envoi de 35 kg.

En plus de ce service de base, Purolator offre des services supplémentaires : le service de livraison le lendemain avant 9 h (pour 10 $ de plus) et avant 10 h 30 (pour 5 $ de plus) ainsi que le service le samedi (pour 17 $ par envoi). Ces services supplémentaires sont réservés aux clients des centres urbains canadiens, offrant un volume d'affaires suffisant (*voir le tableau 17.4*).

Tableau 17.4	Nombre de centres urbains desservis avant 9 h et 10 h 30	
Pour les livraisons en :	**Avant 9 h**	**Avant 10 h 30**
Colombie-Britannique	10	22
Alberta	4	7
Saskatchewan	2	5
Manitoba	8	13
Ontario	84	130
Québec	67	132
Nouveau-Brunswick	5	5
Nouvelle-Écosse	2	6
Île-du-Prince-Édouard	1	2
Terre-Neuve	0	1

De la même façon, les services de livraison en deçà de 24 heures sont limités à certaines zones géographiques. En fait, Purolator fait un arbitrage permanent entre ce que coûte la livraison de colis à une destination (en tenant compte des effets liés au volume et à la densité) et le prix que le client est prêt à consentir pour une livraison rapide.

Le système de Purolator est le résultat de choix stratégiques explicites et précis fondés sur une solide compréhension de la dynamique de coûts et des marchés dans ce secteur d'activité.

FedEx : choix stratégiques et transformation de l'entreprise

Au cours des années 1980 et 1990, deux tendances lourdes ont amené des changements profonds dans les stratégies des firmes spécialisées de l'industrie du transport de petits colis :

1. Dans leur quête d'efficacité et de flexibilité, les entreprises de toute nature ont graduellement adopté une stratégie d'impartition de certaines activités non stratégiques pour elles et pouvant être assumées par des firmes spécialisées. Une de ces activités ciblées consiste justement en la gestion des opérations reliées à l'expédition des marchandises. Cependant, pour espérer prendre en charge une telle activité, un transporteur de marchandises doit offrir à l'entreprise qui souhaite en faire l'impartition un service complet de transport de marchandises. C'est pourquoi les firmes naguère spécialisées en transport de petits colis ou en services de messagerie ont graduellement élargi le champ de leurs activités pour y inclure une gamme plus large de services. Ainsi, FedEx et DHL, spécialistes de messagerie express, ont progressivement ajouté à leur offre des activités de transport de petits colis et même de LTL (*Less Than Truckload* ou charge partielle). UPS quant à elle, à l'origine un transporteur de petits colis, a connu l'évolution inverse par l'ajout de services de messagerie.

2. L'arrivée fulgurante du commerce électronique a bien sûr suscité une demande accrue pour des services de livraison, mais elle a de plus créé une demande pour des services intégrés de logistique. En effet, ces nouvelles entreprises de commerce de détail en ligne avaient un criant besoin de confier toute la responsabilité de gestion des inventaires et des entrepôts, de traitement des commandes, de gestion des expéditions, etc., à une entreprise aux compétences et aux ressources nécessaires, incluant des systèmes d'information performants.

Dans ce contexte, et pour répondre aux exigences de leur clientèle traditionnelle, les firmes de transport de colis ont massivement investi dans le développement de systèmes d'information. La gestion et l'utilisation de l'information reliée à la livraison physique des marchandises assument un rôle stratégique de premier plan.

Les firmes de transport express, FedEx en tête, se sont rendu compte que leur croissance et leur pérennité passaient avant tout par des investissements massifs dans une infrastructure informatique afin d'offrir des services de gestion pour la chaîne entière d'approvisionnement de leurs clients.

FedEx, dont les revenus s'établissaient à 18 milliards de dollars américains en 2002, a ainsi investi annuellement, depuis plusieurs années, 1 milliard de dollars dans des systèmes d'information, et des dizaines de millions en infrastructure technologique, ce qui a entraîné des conséquences majeures pour toute l'économie de ce marché et de cette industrie. En effet FedEx, comme ses concurrents, devient de plus en plus une entreprise où sont réunies deux fonctions distinctes : la livraison physique des colis et la gestion des flux d'information reliés à la livraison physique.

Cette gestion de l'information comprend le traitement des commandes, les opérations de distribution, le contrôle des inventaires, la logistique des services d'achat et des entrepôts, la gestion des comptes clients, etc.

Par exemple, comme nous l'expliquions plus tôt, FedEx fournit à Dell un système complet de gestion des interfaces entre l'entreprise et ses fournisseurs, et entre l'entreprise et ses clients. FedEx est ainsi devenue un partenaire essentiel du modèle d'intégration virtuelle de Dell. Ce partenariat stratégique permet à Dell d'assembler un produit sur demande et de le livrer dans les quatre ou cinq jours suivant la commande du client.

Pour Cisco, FedEx a créé un système unique de sélection automatique des itinéraires de transport et d'entreposage ainsi que l'option lui offrant ces services au meilleur prix. De plus, FedEx fournit une information en temps réel sur le cheminement des composants provenant de multiples fournisseurs et de plusieurs sites de production de Cisco, de façon que ceux-ci arrivent en même temps au site de ses clients pour y être assemblés. Bien sûr, un tel système élimine les opérations et les coûts d'entreposage, et accélère l'arrivée du produit dans le marché (*time to market*).

Les concurrents ont évidemment imité FedEx. La concurrence s'intensifie, mais une entreprise peut gagner un avantage de marché décisif en étant la première à offrir un tel service. Les clients qui auront choisi d'impartir une fonction aussi critique à un fournisseur externe donné ne pourront en changer facilement. Ces coûts de substitution constituent une formidable barrière à l'entrée et un frein à la concurrence.

Face à ces occasions de marché et devant agir rapidement, la société FedEx, qui jusque-là s'était développée strictement de façon interne et par une croissance organique, opte pour un programme d'acquisitions. En 1998, elle acquiert Caliber

Systems Inc., en 1999, The Caribbean Transportation Services, et en 2000, American Federated (LTL).

L'acquisition de Caliber Systems lui apporte une architecture technologique puissante pour servir les entreprises de commerce en ligne et fait de FedEx le premier fournisseur de services de transport, de logistique, de commerce électronique et de gestion de chaîne d'approvisionnement.

En raison des défis à relever et des occasions qu'elle a voulu saisir, cette société s'est transformée d'une entreprise simple, spécialisée pour un seul segment de marché, en une entreprise complexe constituée de six divisions, dont une entité de services communs responsable du marketing, des ventes aux grands clients, du développement et de la gestion des systèmes d'information. Cette unité de services assume également la responsabilité pour la mise en marché et la gestion des activités reliées à la prise en charge complète des opérations de distribution des entreprises clientes.

L'architecture actuelle de l'entreprise FedEx est présentée schématiquement à la figure 17.4.

Figure 17.4   Architecture de FedEx (vers 2002)

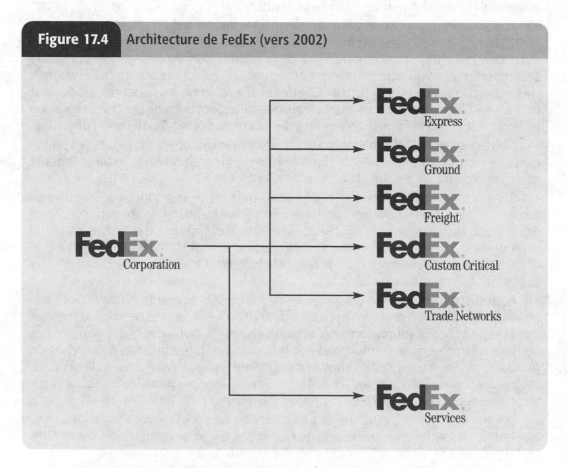

---

1. FedEx Express : livraison express de petits colis en temps défini (24 à 48 heures) partout dans le monde. En fait, cette division représente la genèse de l'entreprise ; pour une longue période, elle a constitué toute l'entreprise. Dans le nouveau FedEx, ce n'est plus qu'une division.

2. FedEx Ground : (anciennement RPS, une division de Caliber) services de livraison par voie routière de petits colis (service aux entreprises) incluant, depuis 2001, FedEx Home Delivery (service aux particuliers).

3. FedEx Freight : services (LTL) de fret par camion (anciennement American Federated et Viking Transport de Caliber).

4. FedEx Custom Critical : livraison porte à porte, service haut de gamme et exclusif pour livraison urgente de colis fragiles ou exigeant une attention spéciale.

5. FedEx Trade Networks : services de courtage international et de gestion des exigences douanières.

6. Fedex Services : division de services communs regroupant les ventes et le marketing pour les grands clients, les technologies de l'information et les services de logistique.

Cette nouvelle architecture de FedEx a été conçue pour tirer profit de tous les avantages économiques et opérationnels d'une vaste couverture de marché, tout en évitant l'erreur des généralistes de naguère qui tentaient d'exploiter tous les segments de marché sur la base d'un seul système d'exploitation. En spécialisant les divisions par segment, tout en recherchant les bénéfices des économies d'envergure résultant de la mise en commun de certaines fonctions et ressources, FedEx veut se donner un avantage décisif de coûts et de services.

Cependant, nul doute que cet arrangement structurel ajoute une grande complexité de gestion à cause des occasions de conflits entre divisions offrant des services très semblables (par exemple, la division FedEx Express et la division FedEx Custom Critical), mais surtout entre la division Services et les divisions opérationnelles. Celles-ci doivent compter sur les efforts et la performance de la division Services pour une bonne partie de leurs revenus.

L'habileté des gestionnaires et la qualité du leadership, durement mises à l'épreuve dans ce type d'architecture, auront une influence déterminante sur la performance de l'entreprise. **C'est presque une loi de la vie des entreprises. Elles ne peuvent grandir ni étendre leur champ d'activité sans susciter une complexité de gestion qui, trop souvent, dépasse les capacités de gestion et de leadership des dirigeants en place. L'entreprise s'étiole, et sa performance décline alors qu'elle n'avait connu que succès et croissance jusque-là.**

Le dirigeant qui veut bâtir une grande entreprise doit détester la complexité, mais ne pas la craindre ni la fuir. Il lui faut l'apprivoiser.

17.2.2 Amazon.com : du libraire spécialiste en ligne au centre commercial virtuel

En 1995, Jeff Bezos a fondé Amazon.com, une des premières librairies virtuelles. Convaincu que l'Internet était sur le point de révolutionner le commerce de détail, Amazon.com a proposé une façon inédite et pratique d'acheter des livres :

1. Par le site Web d'Amazon.com 24 heures sur 24, 365 jours par année, à partir du domicile du client ; les livres sont livrés en quelques jours à l'adresse désirée, n'importe où dans le monde.

2. Offrant un éventail inégalé de livres (1 million de titres initialement contre 150 000 dans la plus grande librairie américaine) et des prix comportant des rabais allant jusqu'à 40 %, du moins au départ.

Amazon.com se donne une stratégie de domination du segment en émergence des acheteurs de livres recherchant les bénéfices de commodité, de vaste choix et de rapidité de livraison qu'offre un service en ligne.

Nous distinguons trois phases dans l'évolution de l'entreprise Amazon.com.

Phase 1 : un libraire virtuel (1995-1997)

Le modèle d'affaires initial d'Amazon.com était simple : vendre des livres en ligne, imposer son nom et sa domination à un segment d'acheteurs en croissance, laisser à d'autres le soin d'entreposer et d'expédier les livres. Cette façon de faire permettait à Amazon.com de consacrer toutes ses ressources aux aspects stratégiques essentiels de son système : informatique, publicité, alliances stratégiques.

En vertu du paiement immédiat par les consommateurs de leurs achats et du délai accordé à Amazon.com pour régler les comptes de ses fournisseurs, l'entreprise bénéficiait d'un cycle d'exploitation négatif (*negative operating cycle*) et donc de capitaux gratuits (*voir le calcul de cet effet au chapitre 3*).

À cette époque, Amazon.com avait recours au grossiste, Ingram, qui tenait un grand inventaire de livres et se chargeait d'expédier les livres aux clients d'Amazon.com. Ses coûts d'exploitation sont donc peu élevés : par exemple, les frais de loyer et de dépréciation représentent moins de 4 % de ses ventes, contre 13 % pour un libraire traditionnel. Son niveau d'inventaires est également minimal, puisque Ingram assume cette responsabilité.

Dès cette époque, Bezos réalise l'importance d'établir de bonnes relations avec les investisseurs et les analystes financiers pour obtenir les capitaux dont son entreprise aura besoin.

Phase 2 : domination du segment du livre en ligne et élargissement de la mission (1998-1999)

Amazon.com connaît un franc succès dans le marché du livre en ligne. Au début de 1999, elle détient environ 90 % du marché de la vente de livres en ligne. En 2000, elle devient la troisième librairie aux États-Unis, marchés en ligne et traditionnel confondus. Cependant, la croissance phénoménale d'Amazon.com durant la période 1995-1997 a tôt fait de rendre Ingram incapable de suffire à la demande. Amazon.com n'a pas le choix : elle doit investir dans ses propres infrastructures de distribution (entrepôts, etc.) soit quelque 300 millions de dollars et continuer à investir dans les autres facettes de l'entreprise. Afin d'exécuter sa stratégie de domination du segment d'acheteurs, Amazon.com doit investir massivement dans les secteurs suivants :

1. Technologie – Amazon.com doit se doter des infrastructures technologiques de pointe indispensables au fonctionnement optimal de son site Web, ainsi que dans des applications informatiques lui permettant d'offrir un service rapide et personnalisé aux clients et, ainsi, de les fidéliser : banques de données, moteurs de recherche, logiciels de paiement en ligne, logiciel de recommandations d'achat en fonction du profil du client, etc.

2. Marketing et publicité – Pour rentabiliser ce système informatique et soutenir sa politique de bas prix, les investissements en publicité et en promotion sont massifs, l'objectif étant d'atteindre rapidement un fort

volume de ventes. Dès 1997, Amazon.com veut assurer son omniprésence sur le Web par l'entremise d'accords promotionnels. Son statut de « premier entrant » (ou plus exactement de « premier à exécuter une stratégie de domination d'un segment de marché ») lui permet de signer des accords avec des moteurs de recherche et des portails majeurs tels que Yahoo!, Netscape, AOL, Altavista, et autres. Dès les premiers mois d'activités, Amazon.com investit dans le développement de compétences, de valeurs et de savoir-faire qui sont essentiels au succès dans ce nouveau marché, tels qu'une image de marque inspirant la confiance, un excellent service à la clientèle, une approche proactive des besoins des clients, etc. Amazon.com cherche à occuper l'espace mental des consommateurs et à leur faire substituer leurs achats en magasin par des achats en ligne.

3. **Systèmes de distribution** – À la suite de certaines pressions concurrentielles (projet de rachat d'Ingram par Barnes & Noble, intensification de la concurrence en ligne), de l'incapacité d'Ingram de répondre aux besoins d'Amazon.com et de l'élargissement de son offre de produits, Amazon.com décide d'intégrer verticalement ses opérations d'entreposage et de distribution ; elle investit dans la construction de sept centres de distribution aux États-Unis. Au moment d'écrire ces lignes, ces centres sont encore sous-utilisés, car ils ont été construits en prévision du volume futur.

Durant cette phase, la croissance de l'entreprise provient aussi d'acquisitions et d'alliances stratégiques. Entre 1997 et 2000, Amazon.com procède à une vingtaine d'alliances et acquiert une dizaine d'entreprises. Certaines de ses alliances sont conçues pour être une source de financement supplémentaire, par exemple l'alliance faite avec Living.com qui prévoyait la création d'un « magasin » Home Living sur le site d'Amazon.com contre 145 millions de dollars sur cinq ans versés à Amazon.com. (Cependant, Living.com allait rapidement faire faillite.)

Les besoins en capitaux sont énormes durant cette phase ; la recherche d'investisseurs est un enjeu stratégique de première importance. Jeff Bezos, président fondateur de l'entreprise est un précieux actif dans l'attrait des capitaux. Visionnaire et charismatique, Bezos est admiré par la plupart des analystes financiers. Il sait aussi profiter du phénomène de forte mobilité interfirmes des dirigeants américains. Il s'entoure de personnes expérimentées et crédibles auxquelles les marchés financiers font confiance : par exemple, Joe Galli (Black & Decker) et Warren Jenson (Delta, General Electric).

Amazon.com doit sacrifier sa rentabilité à court terme en pratiquant des « prix de pénétration », ce qui produit des ROS fortement négatifs, en investissant massivement, comme le témoigne son niveau d'endettement (de 2,3 milliards de dollars en 2002), ainsi qu'en construisant d'immenses et coûteux centres de distribution.

Amazon.com ajoute à son offre plusieurs produits (DVD, musique et vidéos). L'entreprise fait cependant l'erreur d'ajouter d'autres produits de nature différente qu'elle connaît moins bien (jouets, produits électroniques). En 1999, elle devra radier pour 40 millions de dollars d'inventaires invendus.

Tous ces investissements dans le concept d'un commerce virtuel enthousiasment les marchés financiers de l'époque. En 1998, la valeur du titre d'Amazon.com connaît une croissance phénoménale de 966%. **En décembre 1999, après seulement quatre ans d'existence, le titre d'Amazon.com atteint un sommet de 106,69 dollars américains, ce qui donne à l'entreprise une valeur boursière de 30 milliards de dollars, soit plus que la valeur marchande combinée de toutes les librairies américaines.**

Pour expliquer une telle valeur boursière attribuée à une société aussi jeune qu'Amazon.com, il faut comprendre le contexte économique des années 1990. En effet, les années 1995-2000 sont marquées par un engouement sans précédent pour les entreprises dites «point-com», engouement qui influe sur l'évaluation de ces entreprises par les marchés financiers.

Cette appréciation des marchés financiers ne peut s'expliquer que par le modèle simpliste qui avait cours à l'époque. Cette surévaluation des entreprises «point-com» était le résultat de trois croyances largement répandues :

1. L'importance démesurée attribuée au fait d'être le premier entrant (*first mover advantage*) dans un secteur donné. Au chapitre 15, nous avons présenté les tenants et les aboutissants du phénomène (*voir « Stratégie de création et de domination de marché »*). Sans nul doute, plusieurs grandes entreprises doivent leur succès continu au fait d'avoir bénéficié pleinement des avantages dévolus au premier entrant (McDonald's, Microsoft, IBM avec son système 360, etc.). Cependant, les avantages dont peut bénéficier un premier entrant sont tributaires d'une dynamique de coûts bien précise et de comportements d'achat qui ne se manifestent pas dans tous les secteurs d'activité. En de nombreuses circonstances, l'avantage du premier entrant est mince et de courte durée.

2. Une surestimation du rythme de changement des habitudes d'achat et de consommation et donc de la croissance potentielle des revenus. Un enseignement vétuste mais encore pertinent du marketing porte sur le phénomène de diffusion de l'innovation et sur la catégorisation des acheteurs selon leur propension à adopter une innovation. Une première catégorie, celle des innovateurs, de taille relativement petite, quelque 5% de la population visée, est composée d'acheteurs vite intéressés par les nouveaux concepts et produits. Les achats de ces innovateurs laissent présager un grand succès pour qui ne se méfie pas du phénomène. Les autres catégories (des acheteurs précoces [*early adopters*] aux traînards [*laggards*]) sont composées d'acheteurs beaucoup plus réticents, plus lents à changer d'habitude et requérant temps et efforts pour les convaincre. Enfin, les innovateurs sont souvent considérés comme atypiques par les autres catégories d'acheteurs et n'exercent donc que peu d'effet d'entraînement sur eux. Après une flambée de popularité et un taux de croissance très élevé amené par le phénomène d'adoption par les innovateurs, le rythme de croissance ralentit; et bien que vigoureux, il déçoit les attentes irréalistes. Ainsi, la croissance des ventes d'Amazon.com passe de 838% en 1997, à 313% en 1998, pour atteindre 168% en 1999, 68% en 2000, 13% en 2001 et 26% en 2002. Malgré les efforts considérables d'Amazon.com, il reste que le marché du livre en ligne ne représentait toujours que

3,8 % du marché total du livre aux États-Unis en 1998, 4 % en 1999 et 6 % en 2000.

3. Un rejet naïf des modèles traditionnels d'analyse économique. Dans cet univers enchanté, le profit, les marges bénéficiaires, etc., étaient des notions périmées, reliques d'un autre âge. Le rythme auquel l'entreprise dépensait son argent (le *burn rate*) était même devenu une mesure de succès ! Le nombre de clients et d'accès au site Internet ainsi que leur croissance sont devenus les indicateurs premiers de la valeur de l'entreprise. Les profits viendraient un jour ; ils seraient astronomiques si l'on projetait le taux de croissance des premières années sur 10 ou 15 ans et si l'on présumait que l'entreprise, dominante dans son marché, jouirait alors de marges bénéficiaires propres à cette situation de domination.

Considérant que la clientèle d'Amazon.com est passée de 1,5 million en 1997 à plus de 30 millions en 2002, on peut comprendre les espoirs et les attentes que cela générait chez les investisseurs.

Dans ce contexte, le modèle d'affaires d'Amazon.com correspondait merveilleusement aux moteurs de « création de valeur » du moment. Son succès a été fulgurant. Malheureusement, cet engouement a donné à Amazon.com une valeur boursière démesurée que sa performance économique ne pouvait soutenir.

Par contre, Amazon.com présente un exemple intéressant de création de valeur par l'exécution vigoureuse d'une stratégie dynamique. Cette stratégie peut donner une grande valeur à Amazon.com, mais certes pas la valeur astronomique qu'on lui a attribuée pendant un temps. Il est ironique qu'un succès réel soit finalement perçu comme un échec à cause de circonstances très particulières.

Phase 3 : le centre commercial virtuel (2000-?)

Avec le dégonflement de la bulle technologique en fin d'année 2000 et au début de 2001, Amazon.com a dû surmonter un fort scepticisme quant à la valeur de sa stratégie. Bezos a fait prendre un virage décisif à son entreprise.

Il a compris les risques pour Amazon.com d'élargir sa gamme de produits. Cela exigeait une connaissance fine de plusieurs nouveaux secteurs de vente au détail, augmentait la complexité logistique de gestion d'inventaires et d'expédition, et risquait de diminuer la qualité du service. Bezos a compris que le principal actif stratégique était la notoriété d'Amazon.com, le nombre de visiteurs sur son portail et la qualité technique de son site.

Pour dominer le nouveau marché du commerce en ligne, Amazon.com devait mettre son portail, sa notoriété, ses systèmes informatiques et sa logistique au service d'autres grands distributeurs qui verraient ainsi un moyen d'affirmer leur présence sur ce segment de marché sans risquer les échecs et commettre les bévues qui ont marqué les tentatives de commerce virtuel de plusieurs grands distributeurs.

Amazon.com doit devenir un véritable centre commercial virtuel où les Office Depot, Toys "R" Us, Target, Borders, Marshall Fields, Nordstrom, Lands'End, Circuit City et autres louent un « espace » et bénéficient de la clientèle du site Amazon.com. Ce sont là très précisément les paramètres du fonctionnement des centres commerciaux traditionnels.

Ainsi, en 2003, on peut trouver sur le site d'Amazon.com un vaste choix de produits dans une quinzaine de catégories de produits allant du livre, bien sûr, aux produits électroniques de toutes natures (DVD, ordinateur personnel et équipements afférents), aux jouets, aux jeux vidéo, aux vêtements, aux outils, aux équipements de sport, etc., comme lorsqu'on déambule dans un centre commercial traditionnel.

Amazon.com reçoit un pourcentage sur les ventes de ses partenaires réalisés par le truchement de son site. Ceux-ci sont responsables des inventaires et de l'expédition.

Menée par un leader charismatique, icône de la nouvelle économie, la société Amazon.com a atteint un niveau de notoriété impressionnant pour une entreprise aussi jeune. Elle a su susciter un sentiment de confiance de la part des consommateurs, anticiper et satisfaire de façon impeccable leurs besoins. Amazon.com a ainsi reçu la meilleure note jamais donnée à une entreprise de service (88 %) par l'*American Customer Satisfaction Index* (ACSI), une des études les plus sérieuses de satisfaction des consommateurs aux États-Unis.

Néanmoins, il faut bien souligner les risques inhérents à cette stratégie. Les grands distributeurs sont très exigeants, vont tenter de réduire le pourcentage prélevé par Amazon.com sur leurs ventes, chercheront à augmenter leur pouvoir de négociation en favorisant l'émergence d'autres sites ou en menaçant de créer leur propre site. Par ailleurs, si ces partenaires ne donnent pas un service de haute qualité, c'est la réputation d'Amazon.com qui souffrira. Enfin, les investissements qu'a dû consentir Amazon.com pour exécuter sa stratégie de domination ont laissé l'entreprise financièrement fragile.

Sept ans après sa fondation, l'entreprise ne fait toujours pas de profits. Après l'éclatement de la bulle spéculative sur les valeurs Internet, Amazon.com a été contrainte de financer ses investissements massifs par une dette de plus en plus lourde et coûteuse. En 2002, la dette de la société atteignait 2,28 milliards de dollars et ses charges d'intérêt, quelque 140 millions de dollars annuellement, pour un chiffre d'affaires de 3,9 milliards. Les pertes cumulées sont telles que ses capitaux propres sont

Tableau 17.5	Amazon.com – Sommaire de la performance économique en 1998-2002				
	2002	**2001**	**2000**	**1999**	**1998**
Revenus (Chiffre d'affaires)	3 932	3 122	2 762	1 640	610
Bénéfice net	− 149	− 526	− 1 411	− 644	− 112
Bénéfice économique	− 6	− 387	− 1 280	− 559	− 85
Bénéfice par action (EPS)	− 0,39	− 1,44	− 4,02	− 1,94	− 0,47
ROS	− 0,2 %	− 12,4 %	− 46,3 %	− 34,1 %	− 14,0 %
AT	4,81	3,34	1,91	1,48	1,46
ROA	− 0,7 %	− 41,4 %	− 88,5 %	− 50,4 %	− 20,4 %
CPCM (WACC)	16,8 %	17,6 %	17,1 %	13,4 %	20,0 %
VCI (actifs)	− 0,04	− 2,36	− 5,17	− 3,76	− 1,02
Ke	20,1 %	23,7 %	21,4 %	13,8 %	20,2 %
VM/VL	10,38	8,74	6,62	16,01	35,70
EVA	− 143	− 551	− 1 528	− 708	− 169

Source : www.sec.gov, 10-k filings

© Allaire et Firsirotu, 2004

négatifs depuis 2000. En 2002, Amazon.com restait donc une entreprise risquée pour les investisseurs, comme en témoigne son coût moyen pondéré du capital (CPCM) de 16,8 % et son coût de capitaux propres (ROE) de 20,1 % (*voir le tableau 17.5*).

Le pari audacieux de Jeff Bezos est encore loin d'être gagné.

17.3 La stratégie d'interstices

Plusieurs marchés ne comportent pas de fortes entraves à l'entrée, et la taille minimale d'efficacité (TME) n'y représente qu'une faible proportion du marché total. Ces marchés sont habituellement exploités par de nombreuses firmes qui y entrent et en sortent au gré des conditions économiques et des aptitudes entrepreneuriales de leurs propriétaires. On dit alors que l'industrie est fragmentée et qu'aucune firme ne peut s'approprier une forte part d'un tel marché.

Dans d'autres cas plus intrigants, un marché est servi par quelques petites firmes rentables et d'une grande pérennité, chacune détenant une forte part d'un marché souvent d'envergure mondiale. Nous utilisons la notion d'interstice pour décrire ces situations.

Schématisés à la figure 17.6, les facteurs suivants expliquent ce phénomène d'interstices :

1. Un marché global trop petit et une croissance du marché trop faible pour intéresser les grandes firmes. Pour des raisons de coûts de mandat et de coûts de complexité, les grandes firmes tendent à se tenir à l'écart des marchés dont la taille actuelle ou potentielle se situe en deçà d'un certain seuil de chiffre d'affaires.

2. Des entraves à l'entrée, telles que l'expertise, les savoir-faire et les technologies particulières et non transférables, les coûts irrécupérables, les liens privilégiés avec les circuits de distribution et une TME qui représente une fraction importante du marché total, servent à dissuader les entrepreneurs individuels qui seraient tentés par ce marché rentable. Ces entraves seraient insuffisantes pour bloquer l'entrée aux grandes entreprises, mais celles-ci, à cause de la taille limitée et de la faible croissance du marché, ne montrent pas d'intérêt pour ce secteur.

3. Enfin, une information imparfaite à propos des occasions de marché et une grande discrétion de la part des propriétaires de ces entreprises quant à leur rentabilité réelle servent aussi à protéger ces marchés contre la venue de nouveaux entrants.

Une étude portant sur 500 entreprises typiques de cette stratégie, effectuée par Simon (1996), démontre que ces entreprises, petites ou moyennes de taille (médiane : 735 employés ; chiffre d'affaires médian : 130 millions d'euros) occupaient tout de même le premier ou le deuxième rang mondial dans leur marché. Parce que leur marché est en phase de maturité et généralement de taille limitée dans leur pays d'origine, ces entreprises tendent à exporter leurs produits partout dans le monde.

En fait, plusieurs des stratégies de marché décrites auparavant comme celles de création et de domination du marché, de différenciation, de segmentation, d'envergure géographique et d'avantages de coûts sont pertinentes à ces petits marchés. Cependant, en vertu de leur petite taille, on a tendance à considérer ces marchés comme des créneaux ; cela est, *stricto sensu*, inexact puisque ce sont des marchés de plein titre où se manifeste toute la gamme des stratégies de marché.

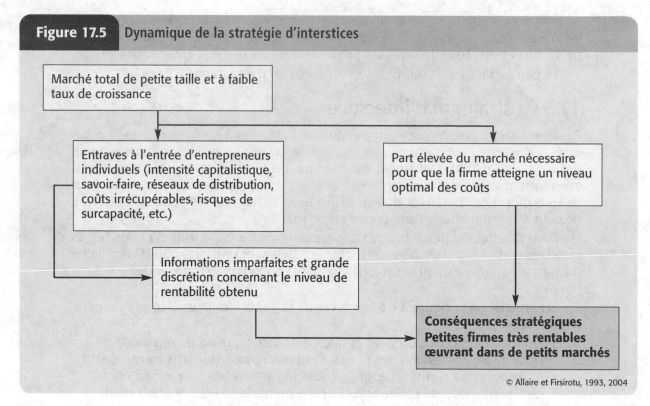

Figure 17.5   Dynamique de la stratégie d'interstices

Marché total de petite taille et à faible taux de croissance

Entraves à l'entrée d'entrepreneurs individuels (intensité capitalistique, savoir-faire, réseaux de distribution, coûts irrécupérables, risques de surcapacité, etc.)

Part élevée du marché nécessaire pour que la firme atteigne un niveau optimal des coûts

Informations imparfaites et grande discrétion concernant le niveau de rentabilité obtenu

Conséquences stratégiques
Petites firmes très rentables
œuvrant dans de petits marchés

© Allaire et Firsirotu, 1993, 2004

Nous proposons la notion de stratégie d'interstices justement pour établir une distinction nécessaire entre cette situation et celles propres aux véritables stratégies de créneaux comme la concentration et la spécialisation.

Cette expression veut donc illustrer une réalité évidente du fonctionnement des marchés. Contrairement aux situations décrites par les stratégies de concentration et de spécialisation, plusieurs marchés sont caractérisés par l'absence de grandes firmes. Les petites entreprises qui s'y trouvent se concurrencent entre elles sans avoir à attaquer un segment mal servi par les généralistes.

L'économie allemande, par exemple, comporte de nombreuses firmes de taille moyenne (les *Mittelstand*) fabriquant un produit spécialisé de haute qualité pour le marché mondial. Ces entreprises allemandes ont souvent un caractère familial, presque artisanal. Elles sont jalousement privées, et leur propriété se transmet d'une génération à l'autre.

La structure économique de tout pays ayant adopté une économie de marché abrite un grand nombre de ces marchés d'interstices. Cependant, leur caractère et leur fréquence varient d'un pays à l'autre en raison d'un ensemble de facteurs :

- des valeurs sociales favorisant l'entreprise familiale et sa pérennité ;
- un système d'éducation à fort contenu technique ;
- le caractère du système financier.

Ce dernier facteur joue un rôle important. Plus il est facile pour une entreprise de financer ses investissements par sa propre trésorerie ou par des emprunts à des conditions favorables ne mettant pas en jeu le contrôle de l'entreprise, plus il lui est facile de retarder ou même d'éviter le recours aux marchés des capitaux propres et donc son inscription en Bourse.

Dans le système financier nord-américain, l'inscription en Bourse est souvent un objectif à court terme et constitue une source prédominante de nouveaux capitaux.

Dès le moment où l'entreprise devient publique (c'est-à-dire cotée en Bourse), sa nature et son caractère sont profondément transformés :

- Les marchés financiers demandent et récompensent une croissance continue du chiffre d'affaires et du bénéfice. Or, les marchés d'interstices sont généralement des marchés à faible croissance. L'entreprise en vient donc à rechercher la croissance par le truchement d'acquisitions de sociétés connexes, parfois œuvrant dans le même marché. Toutefois, celles-ci ne sont pas très habiles avec ces opérations, et les acquisitions perdent souvent leur valeur lorsque leurs fondateurs, dépositaires des savoir-faire, quittent l'entreprise.

- Les marchés financiers s'attendent à ce que l'entreprise réduise son effectif durant les périodes creuses du cycle économique. Obtempérant à cette volonté, l'entreprise spolie sa relation de durée et de loyauté réciproque avec son personnel.

- Les marchés financiers tolèrent avec de plus en plus de difficultés les arrangements par lesquels les fondateurs et leurs descendants conservent le contrôle de l'entreprise par l'intermédiaire, par exemple, d'une catégorie d'actions à vote multiple.

- Les marchés financiers estiment que toute mesure visant à assurer à un membre de la famille du fondateur le poste de PDG de la société est une forme exécrable de népotisme.

Dans ces conditions, les entreprises sont créées, croissent, deviennent publiques, procèdent à des acquisitions pour soutenir leur croissance ou sont elles-mêmes acquises par d'autres. De toute façon, elles perdent leur caractère original dans une recherche de croissance et par l'adoption d'une gestion professionnelle différente de celle des fondateurs.

Dans le contexte nord-américain, et de plus en plus dans les pays européens, les entreprises dominantes dans leur marché d'interstices deviennent la cible d'entreprises publiques à la recherche de croissance, surtout si des changements contextuels propulsent soudainement la croissance du marché d'interstices.

La société canadienne Exeltor fournit un exemple éloquent de ce phénomène. La société a été fondée en 1884 par un entrepreneur de Bedford, petite ville du Québec, pour fabriquer des aiguilles de machines à coudre. En 1913, alors que son marché connaissait une forte croissance, la société a été acquise par la société Torrington, elle-même acquise en 1968 par le géant américain Ingersoll-Rand. Puis, en 1980, le marché s'étant rétréci et n'offrant pas de perspectives de croissance, Ingersoll-Rand a perdu de l'intérêt et vendu la filiale qu'était devenue Exeltor à ses dirigeants. Depuis plusieurs années, la société détient plus de 20 % du marché mondial des aiguilles à coudre industrielles.

La société allemande Brita, qui détient entre 65 et 75 % du marché mondial des systèmes de filtration d'eau pour les résidences privées, offre un autre excellent exemple. Fondée en 1966, la société était très discrète quant à son chiffre d'affaires et à sa profitabilité, mais très attentive à protéger sa propriété intellectuelle. Ainsi, en 1997, elle a intenté un procès pour vol de brevet à la société américaine fabriquant le produit PUR, lequel s'avérait un sérieux rival (Brita sera déboutée en 1999, la cour rejetant ses allégations).

L'anxiété croissante des consommateurs quant à la qualité et au goût de l'eau du robinet un peu partout dans le monde a eu pour effet de produire une forte demande pour l'eau de source vendue en bouteille (augmentation de 85 % de 1987 à 1997) et pour les filtres et système de purification comme ceux de Brita.

Cette forte croissance a suscité une abondante concurrence provenant de grandes firmes bien établies (Electrolux, Sunbeam, Melita, Rubbermaid) ainsi que de petites entreprises innovatrices (par exemple PUR de Recovery Engineering). Brita a vite su se rendre compte qu'elle n'aurait pas les ressources pour s'imposer rapidement sur le vaste marché américain et ainsi verrouiller tant que faire se peut son marché. Elle a donc conclu en 1998 une entente exclusive avec la société Clorox, lui transférant contre paiement de redevances le droit de distribuer ses produits. Clorox a connu un tel succès avec la gamme de produits Brita qu'elle a formé, en 1995, une société à risque et à propriété partagés avec Brita. Enfin, en novembre 2000, elle a acheté les droits sur tous les produits Brita pour l'Amérique du Nord et du Sud ; elle a pris le contrôle exclusif sur la société Brita pour les Amériques.

Les entreprises caractérisées par ce que nous appelons une stratégie d'interstices sont nombreuses. En plus de celles déjà mentionnées, en voici un échantillon représentatif :
- La société allemande Faber-Castell, fondée en 1761, occupe une place dominante dans le marché des crayons à mine et de couleur ; l'entreprise privée est dirigée par la huitième génération de Faber-Castell.
- La société espagnole Chuppa Chups détient 34 % du marché mondial de la sucette (Lollypops).
- La société allemande Knorr-Bremse, fondée en 1907, fait 2,1 milliards d'euros de chiffre d'affaires essentiellement avec ses systèmes de freinage pour matériel roulant sur rail, un marché mondial dont elle a gagné 42 %.
- La société malaise Top Glove, fondée en 1991, compte 2 000 employés, fait un chiffre d'affaires de 70 millions de dollars américains et détient 8 % du marché mondial de gants industriels et chirurgicaux.
- La société allemande Tetra, fondée il y a quelque 50 ans, détient 80 % du marché mondial d'aliments pour poissons tropicaux en aquarium !
- La société américaine de robinetterie Moën, fondée en 1956, a gagné une place dominante dans le marché haut de gamme. Dans un scénario classique, elle a été achetée en 1988 par la firme de LBO Forstman-Little, puis revendue en 1990 au conglomérat American Brands (qui porte maintenant le nom de Fortune Brands).
- La société américaine Totes, fondée en 1923 pour fabriquer des bottes pour la pluie, invente et brevète en 1969 son fameux parapluie pliable, un marché mondial que la société a créé et domine depuis.
- Les guitares Godin, une société québécoise, détient une part importante du marché mondial de guitares haut de gamme.

Conclusion

Les chapitres 14, 15, 16 et 17 – s'appuyant sur les concepts de coûts présentés aux chapitres 7, 8 et 9 ainsi que sur le concept protéen de marché aux chapitres 10, 11, 12 et 13 – ont brossé le tableau des différents types de comportements stratégiques en matière de concurrence et de rivalité entre firmes. Le choix judicieux et l'exécution compétente de stratégies de marché sont les principaux moteurs de création de valeur économique pour la firme, comme nous en avons fait état à la partie II de cet ouvrage.

La stratégie de marché de l'entreprise donne sa substance concrète au champ stratégique de la firme et se manifeste sous forme d'un système conçu pour livrer la stratégie choisie. Cette présentation des différentes stratégies de marché mène à quelques observations générales en guise de conclusion.

L'influence des choix stratégiques passés – **L'entreprise doit se concevoir comme un assemblage de talents, de compétences et de savoir-faire, inséré dans un arrangement systémique de croyances, de valeurs, de normes, de politiques et de pratiques.** Cette entreprise, produit de ses choix passés, porte en elle de grandes attentes de continuité ainsi qu'une capacité variable de changement. Elle s'accommode mal du changement qui rendrait caduques certaines de ses valeurs, de ses pratiques et de ses compétences. **Plus l'entreprise s'est montrée compétente et efficace dans l'exécution d'une stratégie de marché donnée, plus il lui est difficile de changer son orientation lorsque les circonstances l'exigent.**

La mouvance stratégique – L'évolution des attentes des acheteurs, la redéfinition des frontières géographiques des marchés, la pression de l'innovation technologique, la rivalité entre firmes, l'arrivée de nouveaux entrants sur le marché constituent tous ces phénomènes donnant un caractère « temporaire » aux stratégies de marché. Cependant, selon la nature de ses avantages stratégiques, le degré d'effervescence technologique et le rythme d'évolution des goûts et des préférences des acheteurs, l'entreprise peut conserver avec bonheur une même stratégie pendant un temps plus ou moins long. **On note à notre époque une tendance certaine à l'accélération du « temps stratégique », ce qui suppose une plus grande plasticité ou une polyvalence des systèmes stratégiques.** Cela exige que l'architecture même de l'entreprise soit conçue de façon à accommoder des stratégies différentes au fur et à mesure du développement de ses marchés. Au cours de périodes plus stables, l'entreprise a tendance à construire des systèmes monostratégiques, c'est-à-dire des arrangements organisationnels efficaces pour « livrer » un seul type de stratégie.

La nature variable de la concurrence – Selon les phases d'évolution du marché, le rythme de diffusion des technologies et du savoir-faire d'une entreprise à l'autre et d'un pays à l'autre, et selon l'ouverture des marchés géographiques, la rivalité entre firmes prend des formes différentes :

- une confrontation directe entre concurrents de force à peu près égale, tous issus d'une même région et limitant leurs activités à cette région ;
- une rivalité entre des systèmes très différents quant à leur envergure géographique ou à leur envergure de produits ;
- une rivalité mesurée entre une firme dominante et des entreprises de moindre force ;

- une concurrence mitigée ou indirecte entre des entreprises généralistes et des firmes concentrées sur un seul segment d'acheteurs ou une seule zone géographique habituellement périphérique ;
- une attaque frontale par des spécialistes portant sur un segment particulier d'acheteurs ;
- une rivalité entre quelques grands systèmes stratégiques semblables par leur architecture, leur envergure géographique et leur envergure de produits.

La stratégie de l'entreprise complexe est un faisceau de stratégies de marché imbriquées et interreliées – Lorsque son marché original arrive à maturité, l'entreprise ne peut continuer de croître qu'en élargissant son champ stratégique, tant sur le plan des segments d'acheteurs que de celui des zones géographiques. Dans plusieurs cas, cet élargissement de sa mission amènera l'entreprise dans de nouvelles catégories de produits. Or, la croissance rentable de l'entreprise passe, du moins à ce stade, par la maximisation des bénéfices provenant d'actifs partagés, de ressources mises en commun, du transfert de savoir-faire et de technologie d'un secteur à l'autre. Par contre, chaque catégorie de produits, chaque segment de marchés et chaque marché géographique doivent faire l'objet d'une stratégie propre à leur situation. **La création de valeur économique passe par l'exécution de multiples stratégies de marché reliées entre elles par des actifs communs et des ressources partagées.**

Ce sont ces liens entre stratégies, ce partage de ressources et d'actifs, qui donnent une grande valeur économique à toute entreprise qui sait bénéficier de ces phénomènes tout en évitant d'assumer de trop grands coûts de complexité.

Partie VI
L'exécution de la stratégie

Introduction

Cette sixième partie de l'ouvrage est entièrement consacrée à l'exécution de la stratégie. Toutes les stratégies décrites aux chapitres précédents resteront lettre morte, vœux pieux et bonnes intentions tant que l'organisation n'aura pas fait sienne les tenants de la stratégie, tant que les arrangements structurels, les valeurs et les mentalités qui doivent donner à la stratégie sa substance n'auront pas été implantés dans la vie collective de l'entreprise. Le leader stratégique doit être éminemment sensible au fonctionnement des organisations, c'est-à-dire comprendre finement ces lieux d'émotion, de pouvoir et de passion où se manifestent l'âme et l'esprit de l'entreprise.

Cette partie propose d'abord un **modèle original de l'organisation,** fruit de nos recherches, de notre enseignement et de nos activités de consultation menés depuis plus de 20 ans. Notre concept de l'organisation fait une intégration et une synthèse de nombreuses théories et écoles de pensée sur la vie et le fonctionnement des organisations, un préalable essentiel pour se comprendre dans le fouillis conceptuel en ce domaine. Puis, nous proposons une démarche pour effectuer un changement important dans toute organisation. Cette démarche fournit aux gestionnaires et aux leaders un **cadre pratique de réflexion sur les organisations et le changement organisationnel.** Enfin, nous traitons des différentes formes d'organisations pertinentes aux stratégies particulières d'une entreprise qui ont été déterminées à la partie V) et nous présentons une démarche de planification stratégique. Ces sujets sont traités selon la séquence suivante.

Le chapitre 18 porte sur l'organisation et ses aspects psychosociologiques. Il est consacré à la présentation des trois composantes essentielles de toute organisation, soit la **structure,** la **culture** et son **personnel,** ainsi qu'à une description des **facteurs** et des **forces** qui façonnent le développement, l'architecture et les valeurs de toute organisation, à savoir la **société ambiante,** l'**histoire de l'organisation** et les nombreuses **contingences** auxquelles cette dernière a dû s'adapter pour survivre et se développer. Nous y traitons également du « **cadre mental** » de l'organisation, c'est-à-dire du fonctionnement cognitif typique des personnes en un milieu organisationnel donné.

Le chapitre 19 porte sur les enjeux du changement stratégique. Nous y proposons différentes hypothèses quant au degré d'adaptation de l'organisation à ses contextes **présents** ou **futurs.** Nous démontrons combien il est essentiel pour le leadership d'une entreprise d'évaluer la capacité de son organisation à composer avec les changements et les discontinuités dans ses contextes. De toute évidence, le diagnostic formulé par les dirigeants d'une entreprise, s'il s'avère non judicieux, peut mettre en péril la survie de cette dernière. Nous y décrivons **quatre situations de changement « radical »** distinctes pouvant découler d'un tel diagnostic, **réorientation, revitalisation, redressement** ou **transformation,** chacune associée à un train particulier de mesures et de démarches.

Le chapitre 20 traite d'un modèle pour l'implantation de changements. Prenant, à titre d'exemple, le redressement d'IBM au cours des années 1992-1997, ce chapitre propose une démarche pour effectuer avec succès des changements importants dans une organisation complexe. Cette démarche est concrète, explicite, ancrée à la fois dans de solides théories du changement et une pratique pertinente.

Enfin, le chapitre 21 porte sur les formes d'organisation et la planification stratégique. Nous y présentons d'abord une description des différentes formes d'organisation que peut adopter une entreprise au fur et à mesure qu'elle évolue en taille, en diversité de produits et de marchés ainsi qu'en complexité. Nous y traitons de forme fonctionnelle (forme F), de forme multidivisionnelle (forme M), de forme multidivisionnelle avec liens et connexions entre divisions (forme L), de forme groupée pour gouverner la diversification non reliée (forme G) et, brièvement, de la forme de conglomérat ou holding (forme H).

Puis, nous terminons cette partie par un propos sur la planification stratégique. Nous y traitons des démarches de planification, de préparation et de format de plans stratégiques qui donnent de bons résultats, ainsi que de l'importance d'un dialogue suivi, positif et fructueux entre les leaders des unités opérationnelles (divisions, groupes, filiales, centres de profit) et les leaders au centre (ou siège social).

Chapitre 18

L'organisation et ses aspects psychosociologiques

Introduction

À cause de leur importance pour le fonctionnement de toute société, les organisations ont fait l'objet d'examen avec les différentes lentilles qu'offrent les sciences humaines. **Située à l'intersection de la sociologie, de la psychologie, de l'anthropologie culturelle, de la science politique et de l'économie, l'étude des organisations a peut-être souffert d'une surabondance de métaphores.** Cette richesse de concepts a conduit à une fragmentation des connaissances et a empêché l'émergence de paradigmes unificateurs.

Machines cybernétiques pour les uns, les organisations ne sont pour d'autres que des arènes politiques, des lieux de confrontation et de luttes de pouvoir. Pour certains chercheurs, ce sont des lieux fortuits de coordination entre acteurs calculateurs et opportunistes, limités dans leur rationalité et cherchant à atteindre par tâtonnement une combinaison d'objectifs personnels et organisationnels.

Ailleurs, les organisations deviennent des constructions de l'esprit, des artefacts de l'expérience commune d'un groupe social. Elles abritent des cultures exotiques avec leurs rituels complexes et leurs cérémonies particulières. Elles sont dotées de systèmes de symboles et de langages particuliers faits d'acronymes, d'expressions cryptiques et elliptiques.

Enfin, les chercheurs du domaine des organisations sont facilement séduits par les courants et les modes scientifiques ou pseudo-scientifiques venus d'autres disciplines. Du « structuralisme » au « déconstructionnisme » en passant par la théorie des catastrophes de René Thom ou la théorie du chaos de Prigogine, le lecteur un peu assidu trouvera facilement des auteurs publiés dans des revues sérieuses qui ont proposé l'une ou l'autre de ces « nouvelles » lentilles, toutes supérieures il va sans dire, comme façon d'étudier et de comprendre la dynamique des organisations.

Nous proposons une métaphore à la fois simple et innovatrice pour l'étude des organisations : l'organisation comme une société en miniature. Cette métaphore sert de trame de fond pour l'élaboration d'un puissant modèle conceptuel permettant de comprendre pourquoi et comment une organisation se développe, se façonne, stagne, décline, se revitalise ou meurt.

18.1 Les trois composantes de l'organisation et les facteurs sous-jacents

L'organisation peut être décrite utilement comme une entité faite de trois composantes interreliées (culture, structure et individus) soumise aux influences provenant de son histoire, de la société ambiante et des contingences particulières de l'organisation. Notre modèle pour l'étude des organisations est présenté schématiquement à la figure suivante.

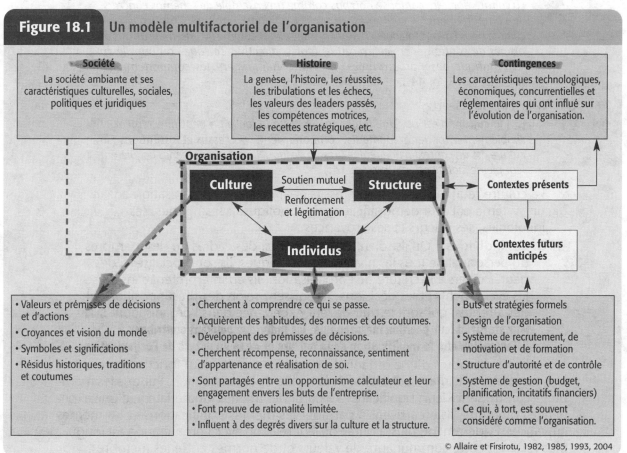

Figure 18.1 Un modèle multifactoriel de l'organisation

Société
La société ambiante et ses caractéristiques culturelles, sociales, politiques et juridiques

Histoire
La genèse, l'histoire, les réussites, les tribulations et les échecs, les valeurs des leaders passés, les compétences motrices, les recettes stratégiques, etc.

Contingences
Les caractéristiques technologiques, économiques, concurrentielles et réglementaires qui ont influé sur l'évolution de l'organisation.

Organisation

Culture — Soutien mutuel / Renforcement et légitimation — Structure

Individus

Contextes présents

Contextes futurs anticipés

- Valeurs et prémisses de décisions et d'actions
- Croyances et vision du monde
- Symboles et significations
- Résidus historiques, traditions et coutumes

- Cherchent à comprendre ce qui se passe.
- Acquièrent des habitudes, des normes et des coutumes.
- Développent des prémisses de décisions.
- Cherchent récompense, reconnaissance, sentiment d'appartenance et réalisation de soi.
- Sont partagés entre un opportunisme calculateur et leur engagement envers les buts de l'entreprise.
- Font preuve de rationalité limitée.
- Influent à des degrés divers sur la culture et la structure.

- Buts et stratégies formels
- Design de l'organisation
- Système de recrutement, de motivation et de formation
- Structure d'autorité et de contrôle
- Système de gestion (budget, planification, incitatifs financiers)
- Ce qui, à tort, est souvent considéré comme l'organisation.

© Allaire et Firsirotu, 1982, 1985, 1993, 2004

Les trois composantes de l'organisation peuvent être décrites ainsi :

1. **Sa structure** – Ce terme est pris ici dans un sens large (il ne s'agit pas de l'organigramme classique) puisqu'il fait référence à toutes les dimensions formelles et tangibles de l'organisation : les objectifs et les stratégies explicites ; les systèmes de gestion, de contrôle et de rémunération ; les actifs physiques et leur déploiement ; les politiques ; les règles de fonctionnement. La « structure » réfère également aux relations hiérarchiques et aux formes explicites de direction et d'exercice du pouvoir. **En fait, la « structure » est constituée de tout ce que l'on prend souvent à tort pour l'ensemble de l'organisation.**

2. **Sa culture** – Ce terme désigne tous les aspects expressifs et affectifs de la vie organisationnelle : le système collectif de significations et

de symboles, les mythes, les idéologies, les valeurs, les croyances, les attentes, les présupposés et les postulats. Elle comprend les artefacts culturels comme : les rites, les cérémonies et les coutumes ; les métaphores, les acronymes, les lexiques et les slogans ; les contes, les légendes et le folklore organisationnel. La culture exerce une influence considérable sur les fondements mêmes de la prise de décisions. Clifford Geertz (1973) définit la culture comme le « logiciel » (*software*) qui fait fonctionner la « machine » (*hardware*) d'une société :

> *La culture doit être comprise non pas comme un ensemble de schémas concrets, de comportements – coutumes, usages, traditions, habitudes particulières – comme nous l'avons toujours envisagée, mais plutôt comme un ensemble de mécanismes de contrôle – projets, recettes, règles, directives (ce que l'on appelle en informatique des « programmes ») – qui conditionnent les comportements.* (Geertz, 1973, p. 44.)

Mais, insiste Geertz,

> *[...] la culture n'est pas une force, une entité à laquelle on peut directement et simplement attribuer événements, comportements, processus et institutions : la culture est un contexte, une réalité au sein de laquelle ces phénomènes acquièrent leur pleine signification.* (Ibid, p. 14.)

La culture réunit les aspects expressifs et affectifs de l'organisation en un système collectif de significations symboliques : ses mythes, ses idéologies, ses valeurs et ses croyances.

3. **Les individus** – Qu'ils soient des dirigeants, des cadres ou des membres du personnel de tous les niveaux hiérarchiques, ils sont socialisés à des degrés divers à la culture de l'organisation. Ils en interprètent sans cesse les événements et les décisions ; ils agissent selon des présuppositions et des attentes, qui sont le fruit de leur expérience dans l'organisation. **Selon leur statut et leur position hiérarchique, les individus peuvent contribuer à l'élaboration et à la modification de la culture et de la structure de l'organisation.**

Tous les membres d'une organisation, quelle que soit leur fonction, cherchent à se construire une image cohérente de la réalité de l'organisation. Puisque les membres « construisent » leurs significations à partir des mêmes « matériaux », d'une expérience commune, ils en arrivent à partager les mêmes significations et les mêmes croyances. Évidemment, plus la durée de leur relation avec l'organisation est longue, plus forte est cette communauté de valeurs et de normes entre les membres.

Selon les époques et les sociétés, cette relation sera typiquement de plus ou moins longue durée, commençant à un âge plus ou moins jeune, et menant donc à une culture plus ou moins forte et généralisée dans l'entreprise. Nous avons longuement décrit au chapitre 1 comment les entreprises tendent à migrer « d'un modèle de loyauté réciproque » à « un modèle dominé par les exigences de trois marchés », d'une conception « humaniste » à une conception « économiste » de l'organisation.

Comme le montre la figure 18.1, ces trois composantes internes de l'organisation prennent un caractère particulier en raison de **trois facteurs** qui façonnent leur nature et leur caractère :

- **La société ambiante** – Toute entreprise prend naissance dans une société précise. Les valeurs sociales, la culture de ce lieu de naissance de l'entreprise, auront une influence durable sur le caractère de l'organisation. Dans la mesure où le fondateur de l'entreprise est un produit de cette société, il aura tendance à imprégner l'organisation de ses valeurs propres, elles-mêmes façonnées par les valeurs de la société ambiante. Puis, dans un premier temps, l'entreprise recrutera son personnel parmi la population de cette société ; ces personnes apporteront dans l'organisation les valeurs que la société ambiante leur aura imparties. Cette dernière définit également le contexte juridique et socioéconomique auquel devra s'ajuster l'organisation. Par exemple, elle établit le rôle et l'influence qu'auront les trois « marchés » auxquels l'entreprise doit s'ajuster (produits, capitaux et talent).

- **L'histoire de l'organisation** – La culture et la structure de l'organisation porteront l'empreinte des conditions qui prévalaient au moment de sa création ainsi que des motifs qui ont mené à sa création (sa genèse). L'organisation sera influencée à des degrés divers par les valeurs des fondateurs et des leaders successifs qui l'ont dirigée. Elle valorisera les habiletés et les compétences qui ont été essentielles à son succès. Elle tirera des leçons de ses échecs et de ses triomphes, les transformera en épopée, en déduira des recettes stratégiques et des modes de décisions qui, l'ayant bien servie, deviendront des normes difficilement évitables. Tous ces éléments et ces facteurs sédimentent dans l'organisation des croyances, des attentes ainsi que des façons d'être et de faire, et influent fortement sur la texture de sa culture de même que sur son architecture structurelle.

- **Les contingences particulières** – L'organisation a dû s'adapter pour croître et survivre aux aspects critiques de son contexte. Cette adaptation historique tend à influer profondément sur le caractère de sa culture et de sa structure. Voici des exemples de contextes qui tendent à marquer profondément le développement d'une organisation : le type de propriété (entreprise privée, entreprise cotée en Bourse, société d'État, filiale de société étrangère, etc.) ; la nature des relations de travail au fil des années ; l'intensité de la concurrence et le niveau de vulnérabilité de l'entreprise aux pressions du marché ; le rythme d'évolution technologique ; l'importance des capitaux nécessaires et l'horizon d'investissements ; le caractère de la réglementation gouvernementale.

Ces trois groupes de facteurs jouent un rôle important dans la définition des propriétés culturelles et structurelles de toute organisation. **Bâtir une organisation performante consiste justement à orienter ces processus de façon à forger un alliage de culture et de structure qui soit hautement motivant pour les membres de l'organisation, et porteur de haute performance économique dans ses contextes de marché.**

18.2 La dynamique organisationnelle : les relations entre les facteurs sous-jacents et les composantes de l'organisation

La description, même sommaire, des éléments de la figure 18.1 fait apparaître un grand nombre de relations qui contribuent de façon critique au façonnement et à l'évolution de toute organisation. Le succès d'une entreprise repose sur l'harmonie entre les dimensions internes de l'organisation, d'une part, et son adaptation à ses contextes de marché et de concurrence, d'autre part. Ainsi, une nouvelle stratégie rendue nécessaire et souhaitable par l'évolution des marchés (un exemple parmi tant d'autres, la transition d'une stratégie de différenciation à une stratégie de segmentation) ne sera exécutée avec succès que si les arrangements culturels et structurels de l'organisation sont rapidement modifiés pour appuyer cette nouvelle stratégie (par exemple, de nouvelles compétences, une nouvelle forme d'organisation, de nouvelles valeurs de gestion, de nouveaux systèmes de rémunération, de contrôle, etc.).

À cet effet, la figure 18.2 présente 11 relations (1 à 11) importantes qui, prises ensemble, mènent à une puissante compréhension systémique de toute organisation ainsi qu'à une intelligence des enjeux du changement radical dans l'organisation.

Nous allons faire l'examen dans ce chapitre de toutes ces relations, à l'exception des relations entre l'organisation et ses contextes présents et futurs (4, 5, 6 et 7) qui font l'objet d'un examen précis au chapitre suivant.

Figure 18.2	**Un modèle dynamique de l'organisation et de ses relations cruciales**

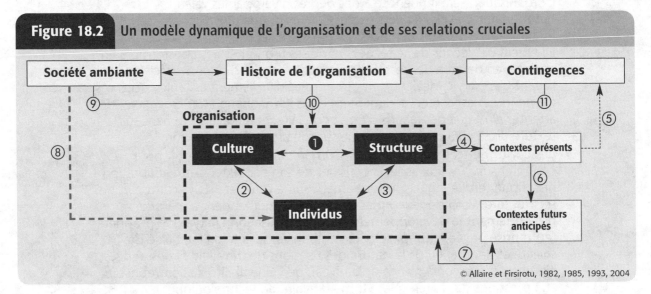

© Allaire et Firsirotu, 1982, 1985, 1993, 2004

18.2.1 La relation entre la structure et la culture (relation 1)

Cette relation pose la question du soutien mutuel entre les dimensions symboliques et les aspects tangibles de l'organisation. Ce soutien et ce renforcement mutuels entre la culture et la structure se développent naturellement au fur et à mesure de l'évolution et de la croissance de l'organisation à tel point que, en temps normal, ces deux dimensions (culture et structure) sont fortement intégrées et ne font qu'une pour les membres. **Le membre d'une organisation ne fait jamais de distinction entre ce qui est « culturel » et ce qui est « structurel ».**

Or, comme nous en faisons état au chapitre 19, il arrive souvent que la direction tente de mettre en place des changements importants pour ajuster l'entreprise à de nouvelles réalités de marché et de concurrence ou pour améliorer une performance jugée insatisfaisante. De tels changements de stratégie, de systèmes de gestion ou des innovations de gestion ayant la faveur du moment pourront s'avérer inefficaces, voire nuisibles, s'ils ne reçoivent pas la caution de la culture de l'organisation.

Les changements « structurels » proposés sont alors vus comme illégitimes et contraires aux valeurs, aux croyances et aux attentes qui ont fait le succès de l'organisation. Cette situation pourra provoquer une forte tension et un haut niveau de stress chez les membres ainsi qu'une dégradation de leur performance alors qu'ils tentent de s'ajuster à des changements dont ils ne comprennent pas la raison et qu'ils estiment mal avisés. Ou, ce qui est fréquent, les changements proposés déclencheront une série de manœuvres et de stratagèmes pour banaliser le changement, le faire achopper ou dévier de son objet. L'encadré suivant, tiré de la saga IBM au cours des années 1987-1992, offre un exemple éloquent d'une telle situation.

IBM (1987-1992) – Quand la culture de l'entreprise fait obstacle au changement

Au cours des années 1980, John Akers, le PDG de la société IBM et son équipe de direction ont porté un jugement assez juste sur les nouvelles conditions de réussite et les défis stratégiques de l'entreprise.

> *Au milieu des années 1980, affirme Akers, nous nous sommes demandé si nous étions bien positionnés. Notre réponse : pas trop bien à vrai dire. Notre force sur le marché était dans les grands équipements, alors que la croissance était du côté des logiciels et des équipements plus petits (ordinateurs personnels et stations de travail). En outre, nous avions une structure par groupements de produits plutôt que par marchés ou groupements de clients. Donc, nous n'étions pas en mesure de bien répondre aux attentes des clients. Il était clair que nous avions besoin de changer IBM et de prendre tous les moyens pour réussir cette transformation.* («IBM Transformation», *HBR case*, 1991)

Pourquoi ce diagnostic, somme toute assez juste, n'a-t-il pas conduit aux changements requis? Pendant que John Akers cherchait à implanter un plan d'action puis un autre, la situation d'IBM continuait à se détériorer de telle sorte que, en 1992, elle enregistrait la première perte de son histoire, quelque 4,7 milliards de dollars, et perdait près des trois quarts de sa valeur boursière (quelque 67 milliards de dollars).

Pourtant, sur la base de ce diagnostic quant au besoin et à l'urgence de transformer IBM, Akers a proposé en 1987 un ambitieux programme de changement structurel. IBM restera intégrée verticalement, mais devra redevenir cette formidable entreprise de marketing et de vente qu'elle était naguère, la société la plus admirée de toute la période 1975-1985, le modèle à émuler de tant de firmes américaines et de presque toutes les grandes entreprises japonaises.

IBM devait rationaliser ses effectifs, réduire sa taille, diminuer ses coûts et se doter d'une plus grande habileté à offrir des «solutions complètes». À ces fins, Akers a réorganisé la société en six divisions, chacune responsable d'une catégorie de produits dans un cadre de décentralisation poussé. Il a réduit de 75 % l'effectif du siège social, déclaré l'année 1987 «l'année du client», réduit les effectifs par des programmes de retraite anticipée, proposé de nouveaux programmes de rémunération variable et adopté le programme de qualité totale appelé «Six Sigma», parmi un ensemble d'initiatives et de programmes.

Au premier abord, sa stratégie semble, en tout et pour tout, conforme à celle qu'adoptera quelques années plus tard son successeur, Lou Gerstner. Pourquoi Akers n'a-t-il pu implanter cette stratégie pourtant hautement souhaitable? Pourquoi toutes ses initiatives n'arrivaient-elles pas à stopper ou même à ralentir la détérioration de la performance d'IBM?

La réponse à cette question se trouve, selon nous, dans le dilemme fondamental du changement stratégique :

1. Tout changement structurel qui n'est pas légitime et validé par la culture de l'organisation demeure inopérant, sans prise véritable sur le fonctionnement d'une entreprise.

2. Tout changement structurel, aussi souhaitable soit-il, doit être exécuté selon un programme visant à changer de façon concomitante la culture de l'organisation dans ce qu'elle contient de réfractaire au changement structurel proposé.

Toutes les initiatives prises par Akers n'ont réussi qu'à briser la relation de support et de légitimation entre la culture et la structure d'IBM. Cette situation a créé une forte dissonance dans l'organisation et une grande confusion chez les membres qui n'avaient pas de repère pour interpréter ces agissements.

Comment expliquer qu'un leader célébré comme Akers n'ait pu réussir l'opération de changement chez IBM ?

En fait, Akers et son équipe de direction, produits du système IBM et façonnés par sa puissante culture, n'ont pas vraiment compris l'urgence d'agir et l'envergure des changements à effectuer. Ils n'ont pas compris que le rythme d'évolution des technologies, de la concurrence et des marchés était bien supérieur à celui que pouvait soutenir la culture d'IBM.

Akers a déclaré un état d'urgence et de crise, mais se plaisait à affirmer à tout venant qu'il ne travaillait que de 9 h à 17 h, et jamais les fins de semaine. Il a déclaré publiquement qu'IBM était toujours le leader incontesté sur ses marchés, contredisant ainsi ses propos internes sur la gravité de la situation. Il a maintenu la politique d'« emploi à vie », ne réduisant la masse salariale que grâce à un programme de « retraite volontaire ».

Cette dernière mesure a produit le fâcheux résultat d'inciter les meilleurs cadres à se prévaloir des offres généreuses pour quitter IBM et se trouver un emploi immédiatement chez des firmes parfois en concurrence directe ou indirecte avec IBM. Akers a également maintenu la politique de promotion interne exclusive, alors que de nouvelles compétences et habiletés devenaient indispensables. Il a même affirmé que la société IBM possédait tout ce dont elle avait besoin et le meilleur personnel du monde.

Il a continué, comme c'était la coutume chez IBM, de diriger l'entreprise selon un style collégial. Ce style de leadership, enraciné dans la culture d'IBM, était certes approprié pour une entreprise dominante dans ses marchés et dans un contexte de continuité. Cependant, ce style, tolérant pour les débats et les discussions à la recherche de consensus, ne peut que paralyser la prise de décisions et aboutir à des compromis insatisfaisants lorsque les circonstances demandent des changements majeurs et rapides.

Akers a échoué parce que, lui-même prisonnier des façons de penser et de gérer que lui avait inculquées la culture d'IBM, il a sous-estimé la résistance engendrée par toutes ces années de succès et la difficulté de faire des changements fondamentaux en l'absence de crise tangible, ressentie par l'ensemble du personnel. Akers a été démis de ses fonctions lorsque la crise, inévitable mais seulement appréhendée jusque-là, est survenue en 1992. Son successeur, Gerstner, a su utiliser cet état de chose pour exécuter la même stratégie qu'avait dû abandonner Akers lorsqu'il a été confronté à la résistance de l'organisation et à son manque de leadership.

Cet exemple nous enseigne que certaines options stratégiques ne sont pas réalisables en un court laps de temps parce qu'elles passent nécessairement par des changements radicaux apportés aux valeurs et aux façons de faire dans l'entreprise. Un changement de cette ampleur ne peut réussir sans un leadership compétent et sensible aux défis que pose l'implantation d'une nouvelle culture organisationnelle à la mesure de la nouvelle stratégie. Ce type de leadership fait souvent défaut aux entreprises.

C'est maintenant un lieu commun que d'exhorter les dirigeants à une grande sensibilité aux traditions, aux façons de faire et de penser, aux attentes et aux présupposés qui ont cours dans l'organisation, ce que l'on appelle communément la « culture organisationnelle ». Cette culture peut être compatible ou non avec certains choix stratégiques et peut faciliter ou gêner considérablement la réalisation d'une stratégie.

La relation 1 de la figure 18.2 est porteuse d'un important message : **Tout changement dans la « structure » de l'organisation devient un changement radical si son exécution exige une remise en question et le remplacement de certaines valeurs, mentalités et attentes qui font partie de la culture présente de l'organisation.**

Un grand nombre d'échecs associés aux tentatives de changement en milieu organisationnel tient à cette erreur de ne considérer que les aspects « structurels » et de sous-estimer les mécanismes de rejet, puissants mais occultes, mis en branle par des mesures en porte-à-faux avec la culture de l'organisation.

Ainsi, les difficultés et les déceptions associées aux tentatives d'implanter de nouveaux modes de gestion pourtant hautement souhaitables – que ce soit l'orientation client, la qualité totale, le programme Six Sigma, la production en juste-à-temps, les structures matricielles, une stratégie de segmentation de marché ou d'envergure de produits – sont souvent attribuables à ce que ces initiatives ne sont pas accompagnées d'une stratégie organisationnelle de changement culturel.

18.2.2 Les relations entre les membres de l'organisation et ses dimensions culturelle et structurelle (relations 2 et 3)

Ces relations (*voir la figure 18.3*) soulèvent tout un ensemble d'enjeux, dont plusieurs ont été traités au chapitre 1.

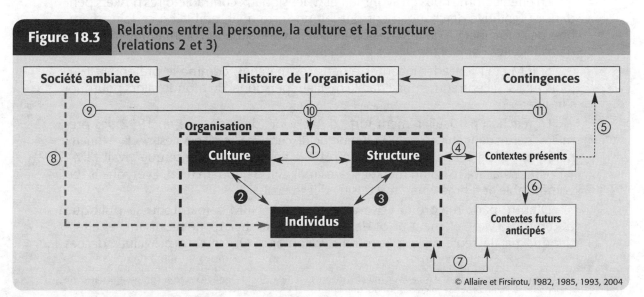

Figure 18.3 Relations entre la personne, la culture et la structure (relations 2 et 3)

© Allaire et Firsirotu, 1982, 1985, 1993, 2004

Les membres d'une organisation entretiennent avec celle-ci des rapports économiques et contractuels, et réagissent aux incitations inhérentes à son système structurel. Cependant, ils sont aussi sensibles, à des degrés variables, aux valeurs, aux traditions et aux croyances de l'organisation. Ils apprennent et assimilent ses matériaux symboliques, en adoptant graduellement les présuppositions. Il se crée des attentes et une vision du monde qui influent sur leurs décisions et leurs comportements, et façonnent leurs structures mentales.

Ces relations comportent **deux messages importants** à propos du fonctionnement des organisations.

Premièrement, les membres d'une organisation ne peuvent évidemment faire la distinction entre ce qui est culturel et ce qui est structurel. Leur expérience au sein de l'organisation est « **holistique** », forme un tout indivisible. Par conséquent, lorsque surviennent des contradictions entre les « messages culturels » et les « incitations structurelles » – comme nous en avons traité dans les discussions précédentes sur la société IBM –, la personne s'en trouve confuse. Elle tentera de réconcilier ces divergences et d'atténuer les tensions ainsi que les dissonances que cela produit chez elle. Lorsque ces divergences ou ces contradictions portent sur des aspects secondaires du fonctionnement de l'entreprise, les membres de l'organisation auront vite fait de rétablir l'harmonie interne en ayant recours aux mécanismes habituels d'ajustement : **réinterprétation de l'information, perception sélective ou banalisation.**

Par contre, lorsque les aspects culturels et les éléments structurels sont en forte opposition sur des dimensions fondamentales, les membres ressentent alors confusion, stress et anxiété, sans pouvoir recourir à des mécanismes simples pour atténuer ces sentiments. Si cette situation perdure et est mal gérée, les membres en viendront à manifester des comportements d'hostilité, de résistance passive, d'opposition active, ou ils quitteront tout simplement l'entreprise.

Ces deux types de réaction peuvent d'ailleurs coexister au sein d'une même entreprise. Certains membres adoptent le mode de la banalisation et de la réinterprétation, alors que d'autres exhibent un haut niveau de stress. Cela semble s'être produit chez IBM sous le leadership de John Akers.

En effet, comme nous en avons fait état, les signaux contradictoires d'Akers pendant sa tentative de changement ont fait en sorte qu'il semblait à certains membres de l'organisation qu'IBM ne connaissait pas une situation dramatique mais bien des difficultés conjoncturelles et passagères.

Si IBM était le leader incontesté dans ses marchés, comme le prétendait toujours Akers, si l'entreprise possédait le meilleur personnel du monde, alors pourquoi s'inquiéter ?

La réaction particulièrement forte d'Akers lors de l'annonce en 1992 des premières pertes dans l'histoire d'IBM témoigne de cette réalité. Akers s'est déclaré furieux parce que le personnel était trop confortable en dépit de la crise que vivait IBM : « The fact that we're losing market shares makes me goddam mad. Everyone is too comfortable at a time when the business is in crisis[1]. »

D'autre part, malgré la crise alors palpable, IBM a maintenu sa politique d'« emploi à vie », élément pivot de la culture de la société, ne réduisant ses effectifs que par la seule mise à la retraite volontaire. Or, se sont prévalues de ces

---

1. « Le fait que nous perdions des parts de marché me met en furie. Tout le monde est trop confortable dans une période où l'entreprise est en crise. » (traduction libre)

programmes les personnes les plus clairvoyantes, ou les plus anxieuses à propos de l'avenir d'IBM, et celles qui pouvaient compter sur une embauche rapide ailleurs, incluant chez les concurrents.

Celles qui sont restées ont été confrontées à la réalité, naguère niée mais alors tangible, d'une crise profonde, ce qui a provoqué chez elles un niveau élevé de stress et de confusion, des comportements dysfonctionnels et une agitation fébrile.

Le deuxième message porte sur le fait que les membres d'une organisation exercent de toute évidence un niveau variable d'influence sur le caractère et l'évolution de la « culture » et de la « structure », comme l'indique le flux bidirectionnel des relations 2 et 3. Pour les membres moins influents, au moment où ils sont reçus dans l'organisation, la culture et la structure forment une réalité à laquelle ils doivent s'adapter et qui ne change que graduellement sous l'effet de pressions internes ou externes.

Les membres d'une organisation occupant des postes d'autorité exercent une influence considérable et immédiate sur les dimensions structurelles de l'organisation. Leur influence sur la culture, bien que sensible et parfois déterminante, s'exerce de façon plus subtile et plus lente.

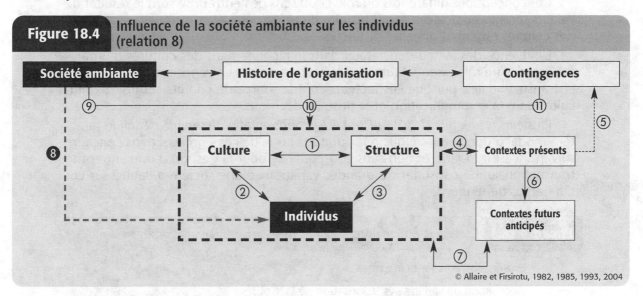

Figure 18.4   Influence de la société ambiante sur les individus (relation 8)

© Allaire et Firsirotu, 1982, 1985, 1993, 2004

18.2.3 L'influence de la société ambiante sur les membres de l'organisation (relation 8)

La société ambiante exerce une double influence sur l'organisation (*voir la figure 18.4*) :

1. Plus la société ambiante est homogène dans sa composition ethnique et religieuse, et plus le système de valeurs qu'inculquent le milieu familial et l'appareil scolaire est similaire, plus il est facile de façonner un milieu organisationnel fondé sur des valeurs communes, qui reflètent en partie celles de la société ambiante. Dans une société hétérogène, cependant, l'organisation doit déployer des efforts considérables pour recruter et sélectionner des personnes aux orientations compatibles avec les siennes ainsi que pour créer un milieu à la fois respectueux de la diversité de ses

membres, de même que suffisamment intégré et uniforme pour sauvegarder son efficacité. Il s'agit là d'un enjeu d'une portée critique.

2. Lorsque le périmètre de l'entreprise s'étend à plusieurs sociétés ambiantes, plusieurs cultures nationales se retrouvent au sein de l'organisation et lui fournissent des membres aux socialisations très différentes. Ce phénomène a fait l'objet d'une abondante littérature et constitue un champ de recherche en soi. Ainsi, Amado, Faucheux et Laurent (1990) proposent un exemple intéressant des différences entre la relation société-individu-organisation aux États-Unis et celle qui prévalait en France (du moins en 1990!) :

> *Alors que les Américains conçoivent en premier lieu l'entreprise comme un système de rôles organisé selon une hiérarchisation fonctionnelle des tâches à accomplir dont la responsabilité sera assignée à des agents en fonction de leurs compétences, les Français voient d'abord l'entreprise comme un système de personnes organisé hiérarchiquement selon un principe de distribution verticale de l'autorité, qui devrait amener chaque acteur à fournir les contributions requises.*
> (p. 648)

Ces conceptions différentes du rôle et du sens de l'entreprise sont le résultat de valeurs sociales enracinées dans l'histoire de ces sociétés et contribuent à façonner des cultures organisationnelles distinctes.

L'influence des facteurs sociétaux dans le façonnement des cultures d'organisations joue un rôle essentiel surtout pour la gestion des entreprises multinationales et transnationales, puisque ces facteurs sont la source de conflits subtils, de difficultés dans la communication et la prise de décisions.

Plusieurs typologies de valeurs ont été proposées afin de servir à définir le caractère modal d'une nation. Nous reproduisons l'une de ces «grilles» dans l'encadré suivant. Il est intrigant, et non sans conséquence pour la gestion d'une entreprise transnationale, de constater de grandes variations d'une société à l'autre sur ces différentes dimensions.

Encadré 18.1 Certaines dimensions sous-jacentes aux valeurs sociétales

- Universalisme vs Particularisme

- Valorisation de l'analyse vs Valorisation de la synthèse

- Droits individuels vs Droits collectifs

- Contrôle externe vs Contrôle interne sur sa destinée

- Le temps séquentiel et précieux vs Le temps comme flux continu et circulaire

- Méritocratie vs Statut provenant de situation héritée ou de relations sociales

- Relations égalitaires vs Relations hiérarchisées

Source : Turner et Trompenaars, 1993.

Par exemple, pour illustrer ce phénomène, nous reproduisons un court texte présenté par un de ces deux auteurs (Trompenaars, 1994) à un échantillon de citoyens d'une trentaine de pays, visant à les situer sur la dimension «Universalisme vs Particularisme», c'est-à-dire à quel point des règles et des lois de portée universelle doivent régir de façon inflexible nos comportements, ou à quel point on doit adapter ces règles aux circonstances particulières et les assujettir à d'autres considérations, comme les liens d'amitié, de famille, etc.

Encadré 18.2 Universalisme vs Particularisme

Information d'initié

• Vous revenez d'une réunion confidentielle du conseil d'administration d'une entreprise. Un de vos amis proches pourrait être ruiné s'il ne sort pas du marché avant qu'une décision ne devienne publique. Il se trouve que vous êtes invité chez votre ami ce soir.

• Quel droit a votre ami de s'attendre à ce que vous l'avertissiez?

a) tous les droits
b) certains droits
c) aucun droit

• Compte tenu de vos obligations envers l'entreprise et envers votre ami, l'avertiriez-vous?

d) Oui
e) Non

Source : Trompenaars, 1994.

Le texte proposé est conçu pour mesurer si le répondant valorise davantage ses obligations et ses devoirs envers un ami (Particularisme) ou se sent obligé de respecter des règles générales de conduite (Universalisme), malgré leurs effets négatifs sur le bien-être d'un ami. (Évidemment, l'auteur de cet exercice présume que les deux amis n'ont pas à craindre les foudres des commissions des valeurs mobilières!)

La figure 18.5 présente les grandes variations entre les répondants de différents pays. Quelles que soient les causes des résultats obtenus (et leur validité statistique!), de telles différences peuvent certes se traduire en des conséquences particulières au sein d'une organisation.

Revenons au modèle multifactoriel : les relations 9, 10 et 11 exercent une forte influence combinée sur la nature ainsi que l'évolution des propriétés culturelles et structurelles de l'organisation (*voir la figure 18.6*). Ces trois facteurs sous-jacents (société, histoire et contingences) ont sans doute des liens entre eux. Les valeurs générales d'une société ambiante exercent une certaine emprise sur les entrepreneurs et les leaders qui en sont issus, et dont les valeurs marquent profondément l'histoire et le caractère de leur organisation. (Toutefois, il arrive souvent que des entrepreneurs soient plutôt en rupture de valeurs avec la société ambiante, comme cela a été le cas pour M. Honda au Japon.)

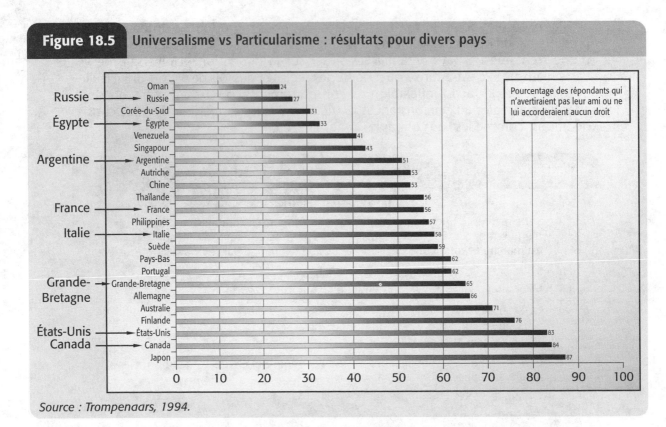

Figure 18.5 Universalisme vs Particularisme : résultats pour divers pays

Source : Trompenaars, 1994.

De même, les compétences historiques de l'organisation et ses recettes stratégiques – ce que l'on a appelé son « centre de gravité » – ne sont pas le fruit du hasard mais le résultat de ce qui a fait la force de l'entreprise à une certaine époque et qui en a assuré le succès devant des contingences précises.

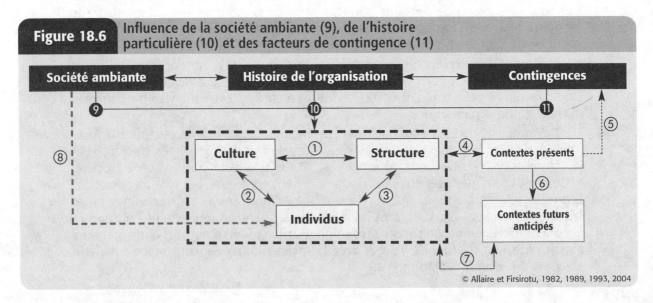

Figure 18.6 Influence de la société ambiante (9), de l'histoire particulière (10) et des facteurs de contingence (11)

© Allaire et Firsirotu, 1982, 1989, 1993, 2004

La société ambiante socialise ses citoyens à des valeurs plus ou moins partagées, par le truchement de l'école et de ses institutions, ce dont nous avons traité plus tôt (*voir la relation 8*). Cependant, la société ambiante exerce aussi une influence directe sur les organisations qui œuvrent en son sein par l'agencement particulier de ses institutions juridiques et politiques, ainsi que par la philosophie économique qui anime ses gouvernements (*voir la relation 9*).

Ainsi, selon les termes de notre propos au chapitre 1, il est bien évident que, dans la plupart des pays européens, les gouvernements assument un rôle plus affirmé dans les affaires économiques, de même que les travailleurs et les syndicats pèsent plus lourdement sur les décisions de l'État, que ce n'est le cas aux États-Unis, par exemple. Le libre arbitre y est asservi à plus de contraintes politiques et d'entraves réglementaires. La grande entreprise européenne ne peut placer (du moins pas encore) l'actionnaire au centre de toutes ses décisions, faire de la maximisation de son enrichissement l'objectif premier de l'entreprise. Aussi, le **modèle** *stakeholders* (**multiples parties prenantes**) de l'entreprise occupe-t-il encore une place importante en Europe, bien que soumis à l'assaut des forces favorables à la « libéralisation » des marchés et à l'extension du modèle « primauté des actionnaires » partout dans le monde. Évidemment, selon que l'un et l'autre modèle (*stakeholders* **vs** *shareholders*) domine dans une société, cela impartit des valeurs de gestion très différentes et influe sur le caractère fondamental de l'organisation, les styles et les valeurs de gestion, les objectifs, les stratégies, les systèmes de rémunération, l'horizon temporel des preneurs de décisions, leurs calculs économiques et financiers, et ainsi de suite.

Par exemple, les enjeux (et les scandales !) entourant la rémunération des dirigeants d'entreprise aux États-Unis, en Grande-Bretagne et, dans quelques cas, en Europe continentale, proviennent directement de cette conception selon laquelle l'objectif premier (et, malheureusement dans trop de cas, exclusif) des dirigeants est de maximiser la valeur immédiate pour les actionnaires. Dans un tel contexte, les dirigeants veulent recevoir une partie de la richesse créée pour ces actionnaires âpres au gain, calculateurs, impitoyables mais volages. En fait, dans ce modèle, les systèmes de rémunération des dirigeants ont été conçus pour inciter (certains critiques diraient « soudoyer ») les dirigeants à ne poursuivre qu'un seul objectif : la maximisation de la valeur boursière de l'entreprise.

18.2.4 L'influence sur l'organisation de son histoire particulière (relation 10)

La genèse et le parcours historique laissent des traces significatives sur le développement de toute organisation. Cette influence provient d'abord du leader fondateur qui imprègne toutes les parties de son entreprise de ses valeurs et de ses styles de gestion. Éventuellement, ces valeurs et ces façons de faire deviennent institutionnalisées dans la culture de l'organisation et continuent d'influer sur son fonctionnement bien après le départ du fondateur pour des cieux plus cléments.

L'histoire de l'organisation est également faite des « explications » de ses succès et de ses tribulations, des recettes et des leçons du passé, des compétences et des habiletés valorisées pour leur contribution au succès de l'entreprise (son « centre de gravité »).

Dans la mesure où ces produits historiques sont pertinents au succès présent et futur de l'entreprise, celle-ci en fera la promotion, s'assurera que tous les membres de l'organisation en sont imprégnés. Cependant, ce phénomène devient problématique en période de changement puisqu'il faut souvent larguer aujourd'hui ce qui était essentiel, voire sacré, hier encore.

Ces phénomènes ont joué un rôle important dans la société IBM, dont la très forte culture était enracinée dans son histoire et a été façonnée par deux leaders charismatiques, Watson père et Watson fils.

Influence de l'histoire de l'organisation sur la culture d'IBM (relation 10)

Thomas Watson père a créé IBM en 1914 et dirigé l'entreprise jusqu'en 1951. Son fils, Thomas Watson, le bâtisseur de la grande multinationale IBM et l'architecte de sa croissance spectaculaire, en a été le PDG de 1951 à 1971.

Ces deux leaders ont dirigé IBM pendant 56 années consécutives et ont fortement imprégné l'organisation de leurs valeurs et de leur philosophie de gestion.

La philosophie personnelle et les valeurs de Watson père – « travailler dur, assurer de bonnes conditions, loyauté, honnêteté, respect, fournir un service impeccable aux clients et un emploi à vie aux salariés » – ont été institutionnalisées par Watson fils dans la culture et la structure de l'entreprise. IBM, au début des années 1960, a codifié ses valeurs et sa philosophie de gestion en sept principes fondamentaux qui devaient guider tous les gestionnaires et imprégner toutes les décisions de l'entreprise.

Les sept principes de gestion IBM

1. Le respect pour la personne

Le respect pour ses droits et sa dignité. Il découle de ce principe que la société IBM doit :

- aider chaque employé à développer son plein potentiel et à faire plein usage de ses habiletés ;
- payer et promouvoir au mérite ;
- maintenir une communication ouverte et facile entre les gestionnaires et les employés, offrir l'occasion d'en appeler de décisions que l'employé juge injustes à son égard, chercher des solutions équitables lorsqu'il y a désaccord.

2. Le service au client

IBM doit offrir à ses clients le meilleur service possible ; les produits et les services ne sont profitables que s'ils satisfont les besoins des clients.

Cela signifie qu'IBM doit :

- connaître ses clients et les aider à anticiper leurs besoins futurs ;
- aider les clients à utiliser les produits et les services de la manière la plus efficace ;
- fournir des produits et des services supérieurs.

3. L'excellence : un mode de vie

IBM est reconnue pour son excellence. Chaque tâche, à chaque niveau de l'entreprise, doit être accomplie d'une manière supérieure. Rien ne doit être laissé au hasard dans la poursuite de l'excellence. En conséquence, IBM doit :

- être le leader dans la mise au point de nouveaux produits et services ;
- être consciente des progrès faits par les autres, les améliorer si possible et être prête à les adopter, si cela répond aux besoins d'IBM ;
- offrir des produits de qualité à des coûts les plus bas possible.

4. Les gestionnaires doivent diriger (*managers must lead*)

Le succès de la société IBM dépend d'un management intelligent et dynamique sensible à la nécessité de faire de chaque membre de l'organisation un partenaire enthousiaste.

Cela exige des gestionnaires qu'ils :

- adoptent un style de management suscitant l'adhésion et le dépassement ;
- rencontrent fréquemment leurs employés ;
- aient le courage de s'objecter à des décisions et des politiques qui ne semblent pas appropriées ;
- s'efforcent de prévoir les besoins de la compagnie et de leur division ;
- gardent un esprit ouvert aux nouvelles idées, quelle que soit leur source.

5. Les obligations envers les actionnaires

IBM a des obligations envers ses actionnaires. La société doit :

- prendre soin des capitaux que ses actionnaires lui ont confiés ;
- réaliser un rendement attrayant sur le capital investi ;
- rechercher toutes les occasions pour continuer à croître de manière profitable.

6. Traiter les fournisseurs de façon équitable

IBM veut faire des affaires équitables avec les fournisseurs de biens et de services. La société doit :

- sélectionner les fournisseurs en fonction de la qualité de leurs biens et de leurs services, de leur habileté à travailler avec IBM et de leurs prix ;
- reconnaître l'intérêt légitime des deux parties – IBM et ses fournisseurs – lors de la négociation d'un contrat et gérer équitablement ces contrats ;
- éviter que les fournisseurs deviennent trop dépendants d'IBM.

7. IBM doit être un bon citoyen corporatif

- IBM doit assumer ses responsabilités de citoyen corporatif dans toutes les communautés où elle œuvre, à l'échelle nationale ou internationale. IBM croit que ses intérêts sont bien servis lorsqu'elle sert les intérêts publics ;
- IBM croit que l'intérêt public à court et long terme est mieux servi par un système de libre concurrence entre les entreprises ;
- IBM croit donc qu'elle doit faire une concurrence vigoureuse aux autres entreprises, mais dans un esprit de bonne foi en respectant ses concurrents et en respectant la loi.

Bien sûr, on constate l'ordre des priorités de ce modèle de gestion : **la personne au premier rang, le client en deuxième, et l'actionnaire au cinquième rang seulement.** Selon cette philosophie, un employé bien motivé fait un bon travail, lequel satisfait le client, ce qui mène à une bonne rentabilité pour l'actionnaire. Ainsi, sa réussite économique le permettant, IBM a mis au point au fil des années le système le plus généreux de l'époque pour ses salariés : fonds de retraite accrus après 30 années de service, plans médicaux sans frais, clubs de vacances pour les employés, cadeaux à l'occasion de mariages, de naissances, etc.

En conformité avec ses principes ainsi que pour respecter l'engagement de l'entreprise envers la sécurité d'emploi pour tous ses employés (dirigeants, cadres et personnel de production), la société IBM a adopté des principes de rémunération appropriés à son époque et à son contexte.

Les principes de rémunération chez IBM avant 1993

1. Rémunération uniforme

- Des augmentations annuelles sont accordées à tous les employés.
- Peu de variations entre les augmentations de salaire accordées aux salariés bien classés (*top-ranked*) et les moins bien classés (*low-ranked*).

2. Rémunération fixe

- La partie variable de la rémunération, sous forme de primes annuelles ou autres incitatifs, ne constitue qu'une faible partie de la rémunération totale.

3. Base de rémunération établie à l'interne

- Tous les salariés, quelle que soit leur fonction (finance, vendeurs, ingénieurs, développeurs de logiciels) sont payés selon la même échelle, même si certaines compétences sont plus en demande sur les marchés externes.

4. Rémunération en fonction du poste hiérarchique

- L'augmentation de la rémunération provient des promotions hiérarchiques ; celles-ci sont accordées strictement au mérite, et tous les postes sont comblés par du personnel d'IBM.

Watson fils avait bien compris que de trop grandes inégalités salariales au sein de l'entreprise contribueraient à la zizanie et feraient obstacle au sentiment de solidarité et de partage qu'il voulait susciter.

Les Watson offrent un exemple édifiant du rôle du leader dans la création ainsi que dans l'institutionnalisation des principes de gestion et des valeurs fondamentales d'une organisation. Ainsi, le fondateur (Watson père) et le bâtisseur (Watson fils) de cette grande entreprise (qui ont créé ensemble une immense valeur économique pour les actionnaires) se sont volontairement assujettis aux principes qu'ils ont proposés pour toute l'entreprise.

En effet, Thomas Watson père n'a jamais détenu plus de 5 % des capitaux propres de la compagnie et a refusé d'offrir des options à ses dirigeants, y compris à lui-même.

Quant à Watson fils, il a mis en place un modeste programme d'options sur les actions de la société en 1956, mais le limita à un nombre restreint de dirigeants. Constatant qu'il détenait deux millions d'options, il a déclaré que cela suffisait (c'était en 1958 !)

et n'a jamais plus accepté d'options additionnelles jusqu'à son départ en 1971 ! Par de tels gestes concrets et symboliques, ces leaders ont imprégné l'organisation de leurs valeurs et de celles qu'ils considéraient nécessaires au succès de l'entreprise. C'est ainsi que ces valeurs ont vraiment été partagées et respectées par les membres de l'entreprise. C'était une autre époque !

Les résultats d'IBM durant la période de 1956 à 1985 ont été excellents. L'entreprise la plus admirée au monde pendant plusieurs années a affiché entre 1956 et 1985 une croissance annuelle composée des revenus de 14 % et une marge bénéficiaire avoisinant les 60 % !

Sa part de marché s'est maintenue durant toute cette période à plus de 60 %, et sa rentabilité a été exceptionnelle. « Le succès engendre l'échec » a écrit un auteur pessimiste. Ce succès d'IBM a suscité plusieurs réactions tant au sein de l'entreprise qu'autour d'elle. Une première réaction, prévisible mais pernicieuse, a été un lent glissement dans les relations entre l'entreprise, ses marchés et ses clients, une spoliation graduelle de certaines valeurs pourtant sacrées naguère, comme la recherche continuelle de l'excellence, l'écoute attentive des clients, et ainsi de suite. Assuré d'une franchise quasi-monopolistique, le personnel d'IBM a adopté certaines attitudes et certains comportements typiques de monopoles : investissements importants et dépenses somptuaires dans le mieux-être du personnel, indifférence aux nouveaux produits lancés par les concurrents marginaux, bureaucratisation du fonctionnement de l'entreprise, politisation des relations entre groupes et des fonctions au sein de l'entreprise.

Comme nous en avons fait état au chapitre 1, la culture d'IBM a graduellement été modifiée par son succès ! Lou Gerstner, son PDG de 1992 à 2001, a bien décrit ce phénomène :

> *Ce qu'IBM a oublié, c'est que tous les attributs de sa culture – depuis les comportements que l'entreprise encourageait et récompensait, à l'enchaînement des succès, au luxe de créer des avantages et des programmes sociaux sans égaux pour le personnel – résultaient de la position dominante de marché gagnée grâce au Système 360. La position dominante d'IBM avait créé son propre monde pour l'entreprise.* (Gerstner, 2003, p. 118)

Le succès d'IBM et les comportements qui en ont résulté ont eu deux autres conséquences d'une grande importance pour l'avenir de la société. Bien au fait des marges bénéficiaires et souvent irrités par les attitudes arrogantes de l'entreprise, les clients ont développé une animosité parfois larvée, parfois affichée, envers IBM. Cela a eu comme conséquence une énorme réceptivité chez ces clients lorsque des entreprises concurrentes leur ont offert des produits.

Enfin, ce contexte de marché a créé une situation favorisant la mise en branle des procédures antitrust contre IBM. D'abord, des concurrents ont cherché à lui bloquer le chemin en ayant recours aux tribunaux en matière de concurrence. Puis, le département de la Justice américain s'est attaqué au « monopole » d'IBM au début des années 1970, cherchant à fragmenter l'entreprise en trois sociétés distinctes. Cette « cause célèbre » a duré plus de 10 ans et s'est terminée au début des années 1980 lorsque le département de la Justice a été débouté et que l'administration Reagan a décidé d'abandonner la poursuite. Cependant, cette bataille juridique a eu de profondes conséquences sur la gestion et la psychologie même des dirigeants d'IBM, comme nous en traitons plus loin.

Le contexte juridique est devenu un puissant facteur de contingence aux ramifications multiples dans la culture d'IBM.

18.2.5 Les facteurs de contingence ainsi que leur influence sur le cours et la vie des organisations (relation 11)

Ces facteurs dits de « contingence » façonnent avec une telle force et une telle durée les cultures ainsi que les mentalités des organisations que des entreprises issues de différentes sociétés ambiantes, marquées par un passé historique très distinct, en viennent à se ressembler dans leur mode de fonctionnement parce qu'elles sont soumises aux mêmes facteurs de contingence.

Il en est ainsi pour les entreprises œuvrant dans de grands secteurs industriels, comme les chemins de fer, les banques, la fabrication aéronautique, les transporteurs aériens, les télécommunications, les assurances, ou encore, dans le secteur public, les ministères des Finances et des Affaires étrangères. Toutes ces organisations comportent des exigences similaires en matière de compétences et de technologie, et doivent composer avec des contingences presque identiques, peu importe où elles sont situées géographiquement et quelles que soient leurs particularités historiques. Par exemple, une entreprise de chemin de fer en France ou au Canada devra composer avec des caractéristiques industrielles plus ou moins similaires. Un cadre peut, avec assez d'aisance, passer d'une entreprise de chemin de fer à une autre, parce que, soumises aux mêmes contingences, ces entreprises auront adopté des valeurs et des modes de gestion fort semblables. En effet, **les contingences associées à la technologie, au type de propriété (public, privé, etc.), aux pressions des marchés, aux cycles d'investissements et à la réglementation** (*voir l'encadré suivant*) **façonnent les stratégies de l'entreprise, les façons de penser, les modes de gestion et les comportements de ses membres.**

Encadré 18.3 Certains facteurs de contingence

La technologie
- Le niveau d'investissements et de capitaux requis
- Le cycle de planification et l'horizon temporel des investissements
- La nature des actifs stratégiques : tangibles et intangibles
- Le rôle de la recherche et du développement
- Le rythme d'innovation de produits

La nature des marchés et de la concurrence
- Degré de concentration du marché et niveau de concurrence internationale
- Rôle et exigences des marchés financiers
- Offre, demande et mobilité du talent

Le caractère des relations de travail dans l'industrie

La forme de propriété
- Privée/publique
- Détenue ou contrôlée par l'État
- Détenue ou contrôlée par des intérêts étrangers

Le type de réglementation des entreprises en général et particulière à l'industrie

Source : Firsirotu (1984)

Ces facteurs exercent une puissante influence sur les structures mentales du personnel, influence tacite et implicite, mais omniprésente, alimentée par les succès passés de l'entreprise. Ces structures mentales contribuent fortement à structurer la perception des réalités présentes.

Tout notre propos présenté au chapitre 1 sur la vulnérabilité de l'entreprise aux pressions des marchés financiers et commerciaux ainsi que sur le plan de la « mobilité interfirmes » du talent servait à démontrer comment **ces deux facteurs précis de contingence jouent un rôle déterminant pour le mode de gestion de l'entreprise et les conditions de son succès.**

Les facteurs de contingence peuvent même jouer un rôle insidieux, en ce qu'ils persuadent souvent les dirigeants et les cadres issus d'un secteur industriel donné que les habiletés et les compétences qui ont fait leur succès dans ce secteur industriel ont une portée universelle. Cette présomption a induit en erreur plus d'un dirigeant ayant acquis une entreprise dans un autre secteur industriel, mais estimant que les mêmes recettes stratégiques, les mêmes façons de gérer éprouvées dans son secteur, allaient donner les mêmes résultats dans un autre secteur.

Ce phénomène semble s'être produit aux Messageries du Canadien National (CNX) durant la période suivant l'établissement de cette division semi-autonome au sein de la société ferroviaire CN (1976-1978) et la soudaine réalisation que cette division faisait des pertes importantes (Firsirotu, 1984). L'urgence de la situation (des pertes de 34 millions pour des revenus de 112 millions en 1986) et la nécessité d'effectuer un redressement s'imposaient fortement à la direction de CNX.

Malheureusement, la recherche de solutions durant cette période s'est avérée structurée et limitée par un ensemble de postulats et de croyances tacites que les cadres et les dirigeants du CNX, formés à l'industrie ferroviaire, avaient apporté avec eux au CNX.

Leur cadre mental était le produit de leur expérience de travail dans une société d'État œuvrant dans l'industrie duopolistique canadienne du transport ferroviaire, secteur caractérisé par de forts investissements en capital, des coûts fixes élevés, un horizon temporel et un cycle de planification s'étalant sur une dizaine d'années ainsi qu'une préoccupation judicieuse dans le secteur du transport ferroviaire d'augmenter à tout prix le volume d'affaires, seule garantie de couverture des frais fixes.

Or, la division CNX œuvrait dans le marché des petits colis et des expéditions de toute taille, chaque envoi ne représentant qu'une charge partielle de camion (LTL ou *less than truck load*). Il s'agit d'un secteur industriel hautement concurrentiel et entrepreneurial, caractérisé par la flexibilité des coûts, la sélection rigoureuse des clients et des marchés, l'importance du service avant le prix, comme nous en avons fait état au chapitre 17 avec les exemples de Purolator et de FedEx.

Il serait remarquable, et donc rare, que des dirigeants dont toute l'expérience de gestion a été acquise dans un secteur industriel donné puissent débarrasser leur esprit des structures typiques de leur industrie et aborder un nouveau secteur avec un esprit vierge et pleinement attentif aux particularités de celui-ci. **En management, comme en philosophie, « l'immaculée perception » n'existe pas.**

Ainsi, malgré des mesures énergiques prises par la direction de CNX, mais toutes en porte-à-faux avec les exigences du marché du camionnage et des petits colis, la situation a continué à se détériorer. En 1979, les pertes atteignaient 47 millions pour des revenus de 123 millions de dollars.

IBM et l'antitrust : un exemple de l'effet durable des facteurs de contingence sur la culture organisationnelle (relation 11)

En 1969, le département américain de la Justice, incité par les concurrents d'IBM et certains clients, a intenté une poursuite contre l'entreprise pour comportements nuisibles à la libre concurrence et pouvoir indu de marché. Au départ, IBM, puissante entreprise disposant d'énormes ressources financières, n'a vu en cette démarche qu'un problème parmi tant d'autres auxquels toute grande entreprise doit faire face. On a confié la défense d'IBM à la meilleure firme de juristes spécialisés en ce domaine et la promotion de ses intérêts aux meilleurs lobbyistes à Washington.

Il semblait évident qu'un règlement à l'amiable surviendrait sur la base de concessions significatives, mais pas trop onéreuses.

Cela n'a pas été le cas ! IBM, prise dans le chassé-croisé des querelles idéologiques caractérisant les années 1970, est devenue le symbole des puissances maléfiques des grandes multinationales. En outre, les concurrents d'IBM ont su habilement alimenter les médias et les politiciens réceptifs aux informations et insinuations invisibles pour IBM.

Cette saga juridique, qui a duré 13 ans, a eu des effets très nocifs sur l'entreprise. Elle a freiné l'esprit de compétition, transformé les cadres et les dirigeants en quasi-fonctionnaires, craintifs et prudents, terrorisés à l'idée qu'ils pourraient fournir des munitions à leurs adversaires présents et à venir.

Dans son ouvrage sur le redressement d'IBM, Gerstner raconte comment la continuelle menace d'un démantèlement forcé a profondément marqué les esprits. Des sujets et des mots deviennent tabous, bannis du langage d'IBM :

> *Des termes tels que « marché », « parts de marché », « concurrence », « concurrents », « dominer », « mener », « gagner », « battre » étaient systématiquement retirés des écrits et bannis lors des réunions internes. Imaginez l'effet que cela a eu sur le personnel qui ne pouvait même pas parler de sujets tels que « sélectionner un marché » ou « prendre une part de marché au concurrent ». Après un certain temps, on a fini par croire à ce qui, au départ, n'était que propos pour consommation publique.* (Gerstner, 2003, p. 118)

18.2.6 Les contextes présents et les contingences (contextes passés) (relation 5)

L'entreprise fonctionne dans des contextes bien précis qui donnent une caution positive ou négative à sa stratégie. Or, la culture et les modes de gestion de l'entreprise, et parfois sa stratégie, reflètent en bonne partie ses contextes passés, ce que nous avons appelé ses contingences (*voir la figure 18.7*). Cela ne pose pas de problème lorsque les contextes présents s'inscrivent dans la continuité des contextes

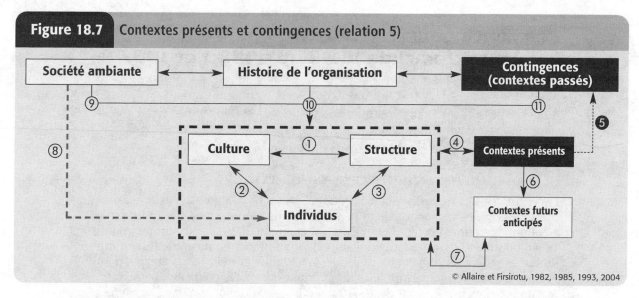

Figure 18.7 Contextes présents et contingences (relation 5)

© Allaire et Firsirotu, 1982, 1985, 1993, 2004

passés (ou « contingences »). Cependant, lorsque les contextes auxquels l'entreprise doit s'adapter sont en discontinuité avec les « contingences », l'entreprise est confrontée à un enjeu de taille.

En effet, les cadres et les dirigeants, parce qu'ils sont conditionnés par les schémas mentaux qui ont cours dans l'organisation, pourront ne pas percevoir cette nouvelle réalité, cette « discontinuité ». Le contexte tel qu'il est « construit » ou interprété sélectivement par eux paraîtra en continuité avec le passé et la stratégie de l'entreprise, encore tout à fait appropriée.

Évidemment, si l'organisation est soumise à une forte concurrence et aux pressions des marchés, ses résultats financiers feront en sorte qu'elle ne puisse longtemps ignorer les nouvelles réalités contextuelles auxquelles elle doit s'ajuster. Cependant, pour les entreprises détenant un pouvoir de marché considérable ou protégées des aléas des marchés par la réglementation ou toute autre contrainte à la concurrence, ce phénomène de distorsion entre un contexte profondément modifié et la perception que s'en font les dirigeants de l'entreprise est un phénomène fort commun qui perdure parfois pendant plusieurs années.

Même lorsque ces nouvelles réalités contextuelles auront finalement été perçues et comprises, elles n'exerceront une influence véritable sur l'organisation que si elles deviennent les nouveaux facteurs de contingence contribuant à façonner un nouvel arrangement de culture et de structure. Ce processus de substitution est habituellement pénible et s'effectue sur une période assez longue puisqu'il lui faut non pas façonner mais refaçonner la culture, transformer les mentalités et acquérir de nouvelles compétences, souvent absentes dans l'organisation ou mal maîtrisées par le personnel.

Les contingences (contextes passés) et les contextes chez IBM entre 1980 et 1987 (relation 5)

Au début des années 1980, l'industrie informatique s'est transformée sous l'impulsion de trois événements majeurs, lesquels ont changé graduellement mais fondamentalement les règles du jeu dans ce marché.

1. L'évolution des processus d'achat

Les entreprises, maintenant équipées de systèmes d'ordinateur, achètent des produits particuliers pour améliorer la performance de ces systèmes. Il est plus facile alors pour certaines entreprises de faire concurrence à IBM sur un produit particulier, puisque le risque pour l'acheteur est moins grand. En parallèle, les responsables des services informatiques deviennent plus expérimentés, mieux équipés pour évaluer la relation prix/performance des produits offerts. Du coup, IBM perdait son avantage « d'assurance tout risque » qui a été sa grande force durant les années 1970.

Réalisant que le marché avait changé, IBM, au début des années 1980, a coupé les prix de tous ses produits de 30 % du jour au lendemain. Elle venait de laisser choir sa prime de différenciation, sa valeur comme « réducteur de risque ».

2. Le développement et la popularité d'UNIX

UNIX est un système d'exploitation ouvert qui a d'abord été conçu par Bell Labs d'AT&T (en 1969), puis affiné par l'Université de Californie, à Berkeley. Toutes les entreprises informatiques créées après 1985 ont adopté UNIX comme système d'exploitation. Il offre la première solution de rechange viable et concurrentielle au système fermé d'IBM. Dans le monde « ouvert » d'UNIX, plusieurs compagnies peuvent offrir des composantes distinctes, lesquelles, une fois réunies, constituent une solution globale brisant ainsi la mainmise d'IBM sur le marché des systèmes. IBM s'est trouvée ainsi attaquée par une armée de firmes monoproduit (*pure play*), telles que Sun, HP, SCI, Digital ainsi que tous les autres fabricants de produits périphériques et de logiciels. L'« horizontalisation » de l'industrie, désormais coordonnée par des standards techniques ouverts à tous (clients, fournisseurs ou concurrents), rendait l'intégration verticale de la firme inutile, voire nuisible.

3. L'émergence et le développement du marché des PC et la stratégie surprenante d'IBM dans ce marché

IBM a estimé que les PC n'auraient d'autre marché que celui des étudiants et des passionnés d'informatique. Jamais les PC ne pourraient remplacer dans les entreprises les terminaux reliés à un puissant ordinateur central. Or, le rythme de croissance de la capacité en mémoire et de la vitesse d'exécution des PC a été une surprise pour IBM.

Voulant rattraper le temps perdu et capitaliser sur ses actifs stratégiques comme sa marque de commerce et son réseau de distribution, IBM a adopté une stratégie d'assembleurs de composantes dont elle a laissé le contrôle aux sous-traitants. **Estimant, comme c'était la mode à l'époque, qu'il lui suffisait de contrôler l'accès au marché pour conserver son pouvoir sur les sous-traitants, IBM a commis une erreur stratégique historique.** Elle a laissé le contrôle du système d'exploitation à Microsoft et du microprocesseur à Intel, leur permettant (les incitant même) de vendre ces mêmes composantes à tout autre fabricant de PC, pourvu qu'IBM bénéficiât amplement des réductions de coûts reliées au volume d'affaires de ses deux « sous-traitants ». Microsoft et Intel ont eu vite fait d'établir leur propre marque de commerce comme véritable garantie de performance et de qualité. Ainsi, tous les ordinateurs équipés de « Wintel » (le nom donné à cette quasi-norme faite de Windows de Microsoft et d'Intel) ont été perçus comme des équivalents en qualité. Le nom IBM sur un PC a perdu sa valeur, et le prix est devenu le principal critère de choix entre ordinateurs « Wintel ».

Cependant, le péril pour l'entreprise riche en ressources et exerçant une forte emprise sur ses marchés était que sa performance économique continue d'être bonne malgré de nombreux signes avant-coureurs de problèmes à venir. Il était facile pour la direction de l'entreprise, rassurée par la bonne performance financière, d'ignorer ces signaux, de les banaliser ou, mieux encore, de mettre en marche des groupes de travail et des comités *ad hoc* pour « étudier la situation et faire des recommandations » sans véritable sentiment d'urgence. En 1986, IBM a réalisé un chiffre d'affaires record de 51,3 milliards de dollars et des profits de 6,5 milliards, ce qui représentait 70 % de tous les profits de l'industrie informatique à l'époque. Tous « les problèmes, les enjeux et les vulnérabilités » de l'entreprise étaient vus par la lorgnette d'une performance exceptionnelle. Il a donc fallu la crise de 1992, pourtant appréhendée par Akers depuis 1987, pour que la société IBM entreprenne des changements radicaux dans sa culture et dans sa structure afin de s'ajuster à de nouveaux contextes, maintenant incontournables et menaçant la survie de l'entreprise.

Le prochain chapitre continue cet examen des relations essentielles à une bonne compréhension de la façon dont les organisations se font et se changent, s'adaptent ou disparaissent.

Chapitre 19

Quatre diagnostics : les enjeux du changement stratégique

Introduction

Ce chapitre décrit les modes d'adaptation de l'organisation à ses contextes présents et futurs, soit les relations 4, 6 et 7 de notre modèle multifactoriel, schématisé de nouveau à la figure 19.1.

Cet aspect du fonctionnement des organisations devrait être la première étape de toute démarche stratégique. En effet, les dirigeants engagés dans une réflexion sur le devenir de leur entreprise doivent de toute évidence s'interroger sans complaisance sur la performance de l'entreprise tant dans le présent que dans un avenir prévisible. Sa performance actuelle est-elle bonne, médiocre ou dangereusement mauvaise ? Ses marchés, la concurrence, les contextes réglementaire et sociopolitique sont-ils en train de changer de façon plus ou moins radicale ? L'entreprise, performante aujourd'hui, sera-t-elle capable de le rester dans ces nouveaux contextes ?

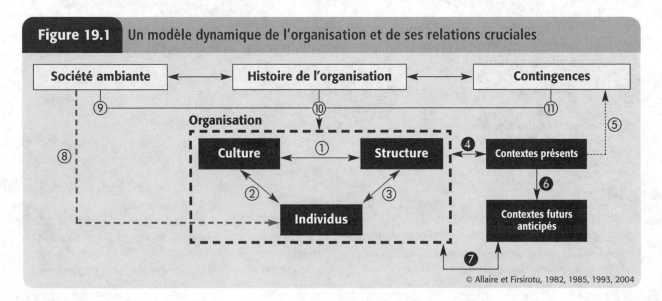

Figure 19.1 Un modèle dynamique de l'organisation et de ses relations cruciales

© Allaire et Firsirotu, 1982, 1985, 1993, 2004

Les réponses que la direction d'une entreprise apporte à ces questions sont lourdes de conséquences. Elles prennent la mesure de la clairvoyance de ses dirigeants, de leur capacité à juger froidement la situation et à établir la nature des défis que l'entreprise devra affronter. Ce diagnostic global peut mener à remettre en question toute la stratégie de la firme.

Nous décrivons en détail dans ce chapitre les tenants et les aboutissants de **quatre diagnostics (ou cas)** auxquels peut aboutir cette double interrogation quant à : 1) la performance actuelle ; 2) la performance anticipée avec la stratégie présentement en cours dans l'entreprise.

19.1 Quatre diagnostics quant à l'adaptation de l'entreprise à ses contextes

La figure 19.2 présente la gamme des diagnostics auxquels peut aboutir la direction d'une entreprise lorsqu'elle s'interroge sur le niveau d'adaptation de celle-ci aux contextes présents et futurs.

Figure 19.2   Diagnostics sur l'entreprise et ses contextes : quatre cas

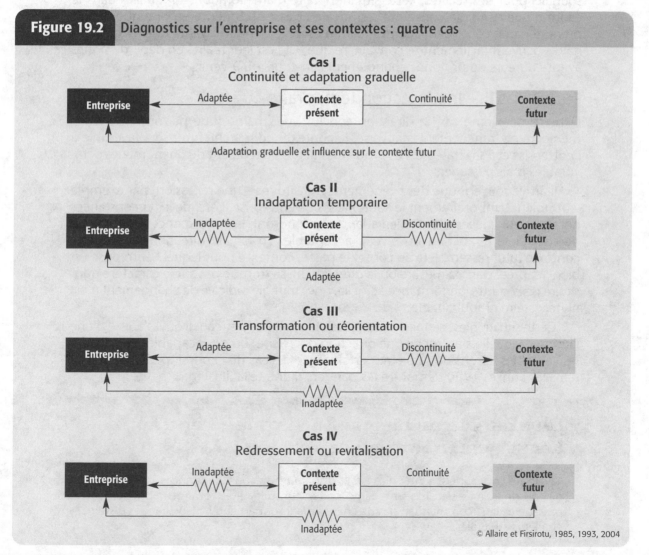

© Allaire et Firsirotu, 1985, 1993, 2004

19.1.1 Cas I – Continuité et adaptation graduelle

Dans ce premier cas, la direction juge que la performance de l'entreprise mesurée par ses scores internes (ROA, ROE, EVA, VCI) et ses scores externes (VMA, P/E, M/B, VM/VL, etc.) est bonne et continuera d'être bonne parce que les marchés et les contextes dans lesquels elle devra évoluer à l'avenir seront semblables aux contextes actuels. Il en est ainsi soit parce que la direction estime peu probable que des événements nouveaux viennent perturber le contexte actuel, soit parce que l'entreprise estime qu'elle compte suffisamment de ressources et d'influence pour façonner le type de contexte dans lequel elle souhaite évoluer. Bien sûr, elle cherchera à améliorer son rendement par de vigoureux programmes pour diminuer ses coûts et augmenter ses parts de marché, mais elle le fera dans un cadre de continuité stratégique et d'évolution graduelle.

La stratégie en cours et les modes d'exploitation de l'entreprise, bien que faisant toujours l'objet d'améliorations soutenues, donnent et continueront de donner de bons résultats. Dans la mesure où les dirigeants ont raison, ne prennent pas leurs souhaits pour des réalités, cette situation, faite d'améliorations graduelles dans le cadre d'une stratégie constante, est idéale et assez fréquente en pratique. Il faut prendre garde cependant ; cette situation est tellement attrayante que les gestionnaires peuvent facilement se convaincre que telle est leur réalité en dépit de signes avant-coureurs de profonds changements en cours ou à venir.

19.1.2 Cas II – Inadaptation temporaire

Dans ce deuxième cas, la direction conclut que, malgré une performance assez médiocre ou franchement mauvaise, le contexte de marché futur sera favorable à l'entreprise et à sa stratégie. Les problèmes actuels découlent de phénomènes défavorables mais passagers.

Il arrive souvent que des événements transitoires – une récession, par exemple – troublent temporairement le contexte d'une entreprise. Lorsque les circonstances normales auxquelles elle est bien adaptée reviendront, la performance économique de celle-ci se rétablira à un niveau acceptable. En fait, la direction juge que le contexte futur ressemblera au contexte passé, contexte pour lequel l'entreprise est bien adaptée. Dans la mesure où la direction ne se trompe pas sur le caractère transitoire de la contre-performance actuelle, une stratégie radicale de changement n'est ni nécessaire ni souhaitable.

Cette situation est certainement plausible, mais il se peut aussi qu'il s'agisse d'une illusion à laquelle s'accroche une direction qui refuse, ou est incapable, de décoder les véritables raisons de sa piètre performance. Le cas de l'Encyclopedia Britannica dans les années 1990 démontre les dangers d'une telle illusion.

Un exemple de diagnostic erroné : l'entreprise Encyclopedia Britannica

La société Encyclopedia Britannica a failli disparaître au cours des années 1990 à cause de l'obstination de ses dirigeants à interpréter leurs difficultés comme un phénomène passager qui ne commandait pas de changement fondamental à leurs façons de faire et à leurs stratégies.

Encyclopedia Britannica a fourni un cas d'école pour illustrer les deux points suivants :

1. Comment de nouvelles technologies peuvent rendre caduques des stratégies qui donnaient d'excellents résultats jusque-là.

2. À quel point il est difficile pour la direction d'une entreprise frappée par ces changements de s'ajuster rapidement à ces nouvelles réalités.

Au cours des années 1990, la société Encyclopedia Britannica a frôlé la déconfiture en raison de l'arrivée des cédéroms et, en conséquence, de la décision de Microsoft d'ajouter à son offre le produit **Encarta**, une version électronique d'une encyclopédie, certes de qualité inférieure, mais à un prix très modique (50 $US). Ces événements ont eu un impact désastreux sur la société, ses ventes chutant de quelque 50 % en peu de temps.

Comme il arrive souvent dans de telles situations, les dirigeants de Encyclopedia Britannica ont d'abord nié la possibilité qu'Encarta, perçu par eux comme nettement inférieur, puisse être un substitut à leur propre produit. La direction de la société était convaincue que les acheteurs auraient tôt fait de reconnaître la supériorité de leur produit, ce qui allait rétablir les ventes et la profitabilité de l'entreprise. Cependant, les dirigeants ont tout de même créé leur propre version cédérom et l'ont offerte gratuitement avec l'achat d'une version imprimée de leur encyclopédie.

Leur « solution » a donc consisté à distribuer une version électronique de l'encyclopédie comme prime à l'achat de l'édition traditionnelle. Cela semblait répondre à un souhait des clients tout en protégeant leur seul et précieux canal de distribution, leur effectif de vendeurs en direct. Or, la situation de l'entreprise a continué de se détériorer jusqu'à ce que le propriétaire décide de vendre.

La direction a compris tardivement que son véritable concurrent, le produit substitut, n'était pas Encarta, mais bien l'ordinateur avec ses dizaines de cédéroms éducatifs, dont certains se sont révélés des substituts importants pour leur produit.

Il lui fallait comprendre que l'achat de son produit était motivé d'abord par le désir des parents d'offrir à leurs enfants tout le support éducatif possible. Cette motivation a été vite canalisée vers l'achat d'ordinateurs et de logiciels éducatifs. Cette nouvelle réalité, cette discontinuité technologique, a échappé pendant un bon moment aux membres de la direction.

Les nouvelles technologies de l'information avec leurs immenses possibilités et leurs faibles coûts (produire un cédérom coûte en moyenne 1,50 $US, contre 200 à 300 $US pour imprimer, relier et distribuer une encyclopédie complète) bouleversent les règles de la concurrence et rendent désuètes les sources traditionnelles d'avantage compétitif de Encyclopedia Britannica, son réseau de vendeurs, la renommée de sa marque et la haute qualité de son produit.

Ce cas offre un exemple saisissant de discontinuité technologique ainsi que de la difficulté d'en bien saisir l'importance dans un premier temps et suffisamment tôt pour éviter la faillite. Fort heureusement pour elle, le nouveau propriétaire de l'entreprise a réussi à mettre en place une stratégie arrimée à ses forces et correspondant au nouveau contexte technologique. En 1994, la firme a développé Britannica Online. Puis, en 1999, elle a offert avec grand succès la première version du site à forfait Britannica.com.

Ce **diagnostic d'«inadaptation temporaire»** s'applique également à ces situations où des entreprises avant-gardistes proposent des produits tout à fait nouveaux à des marchés en émergence et encore sous-développés. Pourvu que ces entreprises persistent et qu'elles disposent de fonds suffisants, elles verront peut-être leur audace pleinement récompensée. Cependant, il se peut aussi que leurs projets soient prématurés et qu'elles connaissent la déconfiture avant que le marché sur lequel elles comptaient se soit manifesté.

L'incursion précoce de Genentech dans le domaine de la biotechnologie constitue un exemple frappant de succès après plusieurs années de performance économique négative, comme d'ailleurs, au moment de leur création, les sociétés Apple, Microsoft et Intel dans d'autres secteurs. Il en va de même pour Amazon.com qui, après cinq années de pertes, a commencé en 2003 à montrer de minces profits (avant les charges spéciales). Ce sont là des cas où les entreprises ont reçu éventuellement un jugement favorable du marché. Par contre, cette même situation mène parfois à d'amères déceptions. Le taux d'échec des nouvelles entreprises est là pour en témoigner.

19.1.3 Cas III – Transformation ou réorientation

La direction estime que son entreprise est bien adaptée à ses marchés et aux contextes actuels, et qu'elle affiche un bon niveau de performance économique. Cependant, elle prévoit que l'entreprise devra dans un avenir prochain évoluer dans des contextes très différents du contexte actuel. Ce nouveau contexte appréhendé est soit le résultat de changements anticipés dans les marchés, les technologies, la réglementation ou la concurrence (**transformation**), soit la conséquence des démarches mêmes de la direction visant à donner une nouvelle orientation à l'entreprise, la déplacer et la diversifier dans de nouveaux champs d'activité, plus prometteurs que les secteurs dans lesquels elle œuvre présentement (**réorientation**).

La stratégie de transformation

La société IBM fournit un bon exemple d'une entreprise qui, n'ayant pas réussi à se transformer à temps, a dû, sous une nouvelle direction, procéder à un redressement. De 1987 à 1992, son PDG John Akers semble comprendre que, malgré sa bonne performance (en 1987), IBM est mal préparée pour le contexte du marché et la concurrence qu'elle devra affronter dans les années suivantes. Cependant, comme nous l'avons décrit au chapitre 18, Akers ne réussit pas son opération de transformation; il a été remplacé par Gerstner. IBM était alors en situation de crise, et Gerstner a dû exécuter une stratégie de redressement. C'est là un phénomène fréquent. Faute de transformer à temps son organisation et sa stratégie, l'entreprise subit une grave crise de performance qui menace sa survie. C'est alors que la direction (souvent nouvelle) et tout le personnel acceptent et mettent à exécution les dures mesures nécessaires.

Au cours des années 1980 et 1990, la déréglementation de plusieurs industries a imposé aux entreprises un vaste défi de transformation. Que ce soit dans les secteurs des télécommunications, des banques et des services financiers, du transport aérien, des postes ou de l'énergie, l'ouverture à une nouvelle concurrence et l'éclatement du cadre juridique restreignant les activités des entreprises ont forcé celles-ci à revoir en profondeur leurs stratégies, leurs modes de fonctionnement et leurs valeurs de gestion. Cela s'est révélé pour plusieurs un exercice pénible et périlleux. Par exemple, AT&T aux États-Unis, Bell Canada et France Telecom sont maintenant des entreprises plus diversifiées et soumises à une intense concurrence, conséquences de la déréglementation plus ou moins rapide et radicale du secteur des télécommunications.

General Electric et le changement radical

La société **General Electric (GE)**, sous l'impulsion de Jack Welch, son PDG de 1981 à 2001, a d'abord réalisé une réorientation de ses activités en se délestant d'unités dans des secteurs moins attrayants et en achetant des entreprises offrant de meilleures perspectives de croissance et de rentabilité (appareils médicaux, NBC, etc.). Puis, Welch a procédé à une transformation des façons de faire et de gérer de General Electric pour en faire une entreprise diversifiée à haut rendement L'encadré qui suit décrit brièvement la démarche de transformation chez GE.

La transformation de General Electric

Lorsqu'il est devenu PDG de GE en 1981, Welch était convaincu que l'entreprise, bien que profitable à l'époque, ferait bientôt face à de nouveaux concurrents (surtout japonais) et à de nouvelles exigences de marché pour lesquelles elle n'était pas prête. Welch était particulièrement inquiet de la lenteur du changement chez GE. Il était convaincu qu'il lui fallait en accélérer le rythme. Au cours des 20 ans de son leadership, il a transformé General Electric d'un conglomérat rentable, à la gestion lourde et bureaucratique, en un leader mondial en matière de produits et de services ainsi que de la qualité de sa gestion. Dès 1981, Welch a proposé, ou plutôt imposé, la vision suivante : *Nous devons devenir numéro un ou numéro deux dans chaque marché que nous servons et transformer GE pour combiner la force d'une grande entreprise avec l'agilité d'une petite organisation.*

Toutes les initiatives et les décisions de Welch ont été inspirées par cette vision. Celle-ci avait le double mérite de donner un objectif précis à tous les membres de l'organisation et de leur fournir un cadre de référence pour interpréter les décisions de la direction.

Rapidement après son accession au poste de PDG, Welch a réorienté l'entreprise en vendant un grand nombre d'entités qui lui semblaient incapables d'atteindre son objectif global. Puis, il a procédé à une série d'acquisitions ciblées qui ont servi à renforcer la présence de GE dans des secteurs choisis. Elle est ainsi devenue un leader dans 14 secteurs d'activité.

Dans un deuxième temps, il a mis en branle une vaste stratégie de transformation pour doter GE des forces et des avantages d'une grande entreprise, mais avec l'agilité d'une petite organisation.

Welch a déclenché des initiatives d'une grande portée symbolique. Par exemple, il a éliminé toutes les fonctions de planification au siège social de l'entreprise, alléguant que les plans stratégiques devaient se préparer dans les unités stratégiques et non au siège social de l'entreprise. Il a investi son temps et son énergie dans quelques grandes initiatives stratégiques (pas plus de 5 ou 6 durant les 20 ans de son leadership) dont il s'est fait l'ardent défenseur, le prêcheur inlassable. D'abord, une « organisation sans frontières » (*boundaryless*) et une démarche de partage d'expérience et d'amélioration radicale *(work-out)*, ensuite un important programme d'amélioration de la qualité et des coûts (Six Sigma), puis la mondialisation de l'entreprise et l'initiative « services », enfin l'initiative d'affaires électroniques (*e-business*).

Welch a mis en place un système de gouvernance stratégique (qu'il appelle son *operating system*) d'une grande efficacité. Ce système comporte de nombreux échanges structurés avec les responsables des unités opérationnelles, ce qui lui permet d'imprimer une orientation à toute l'entreprise, d'entendre les divers leaders défendre en direct leurs plans et leur performance.

Welch a pratiqué ce qu'il appelle des *deep dives*. Il entend par cette expression intraduisible l'intervention de sa part dans des dossiers chauds, mettant à contribution quiconque peut ajouter de la valeur à la recherche de solutions, sans égard au rang, à la fonction ou à la hiérarchie !

Les dirigeants de GE devaient identifier 10 % de leurs effectifs comme inefficaces et faire en sorte qu'ils soient réformés ou congédiés. Les évaluations annuelles de performance sont candides, presque brutales. Les cadres et les dirigeants doivent montrer qu'ils possèdent à un haut niveau quatre qualités essentielles chez GE : une grande énergie physique et mentale ; la capacité d'« énergiser » les autres ; la compétence à exécuter, à mener à bien les choses ; la volonté de trancher (*edge*), de prendre des décisions difficiles. Ces quatre « E » forment les piliers d'une évaluation continue du personnel.

GE a donc mené **une séquence de deux stratégies radicales de changement**. D'abord, une **réorientation** pour se doter d'un portefeuille d'activités profitables, gages de croissance pour les années à venir, puis une **transformation** pour mobiliser cette immense entreprise derrière une vision claire de ce qu'elle devait être. Sous la direction de Welch, GE est devenue l'entreprise ayant la plus grande valeur boursière au monde. Son rendement annuel composé aux actionnaires de quelque 12 % pour la période 1997-2002 (30 avril) est excellent, surtout si l'on tient compte de l'effet dramatique des événements du 11 septembre 2001 ainsi que du climat de morosité et de suspicion qui a résulté de la débâcle d'Enron. GE a alors fait l'objet d'un examen de ses résultats financiers sous Jack Welch, mais rien à ce jour ne semble entacher sa brillante conduite comme leader de GE. Des choix personnels douteux, après son départ à la retraite en 2001, ont cependant fait pâlir l'étoile de Welch comme dirigeant exemplaire.

Un autre exemple d'une stratégie de transformation nous est offert par le Groupe Transport de Bombardier.

Bombardier Transport : un cas de transformation (2001-...)

Une stratégie de transformation devient parfois nécessaire en raison d'une fusion ou de l'acquisition d'entreprises. Bombardier Transport offre un exemple d'une telle situation à la suite de l'acquisition d'Adtranz, la division de matériel de transport de Daimler-Chrysler. Son président de décembre 2000 à novembre 2003, Pierre Lortie, est responsable de la mise en commun de toutes les activités de transport de Bombardier et de celles acquises formellement en mai 2001 de Daimler-Chrysler. Ensemble, ces deux entités, au moment de l'acquisition, comptaient quelque 36 000 employés répartis dans 23 pays, environ 50 unités de fabrication et d'assemblage, une vaste gamme de produits et de technologies, incluant, ce qui était nouveau pour Bombardier, les locomotives électriques, les technologies de propulsion et de signalisation.

Lortie a dû agir avec célérité et sur plusieurs fronts ; il lui a fallu :

1. **régler un assortiment de problèmes** immédiats de toute nature, de problèmes avec certains contrats d'Adtranz aux différends entre partenaires ;

2. **mettre au point l'architecture organisationnelle** de la nouvelle entité combinée et choisir les personnes, provenant de l'une ou l'autre organisation, pour en assumer les postes-clés ;

3. **donner une vision d'ensemble,** proposer des valeurs communes et définir des objectifs collectifs pour cimenter les différents morceaux en un tout cohérent ;

4. réaliser les économies et les bénéfices que devaient **produire les synergies de cette acquisition,** tant en matière de coûts qu'en matière d'efficacité dans l'approvisionnement et la mise en marché, etc. ;

5. **mettre en place des processus communs** pour les activités d'une importance critique comme la préparation des soumissions pour les nouveaux contrats, la gestion des risques de contrat, les systèmes de contrôle financier, les procédures pour les achats et la sous-traitance, etc. ;

6. **établir un plan de rationalisation** des usines et gérer les opérations éminemment délicates de fermeture d'usines en Europe ;

7. **équiper Bombardier Transport d'une image publique** d'entreprise intégrée et la communiquer efficacement aux clients, aux employés et aux investisseurs ;

8. **mettre en place les systèmes de gouvernance** requis pour orienter et contrôler toutes les entités de cette vaste entreprise, diverse par sa géographie, les langues parlées et ses produits.

9. selon un échéancier serré mais à la mesure du défi, **revoir en profondeur tous les aspects de l'approvisionnement et des relations avec les fournisseurs,** lesquels représentent plus de 60 % des coûts dans ce secteur d'activité.

Il est facile de se méprendre sur la véritable nature de Bombardier Transport. Le grand nombre d'usines laisse penser qu'il s'agit d'une entreprise essentiellement manufacturière. Nul doute que cet aspect de son fonctionnement est important, mais il ne représente qu'une faible partie des coûts totaux. Bombardier Transport gère de façon concomitante environ 850 projets différents, plusieurs d'une complexité qui rivalise avec ce qui prévaut dans le secteur aéronautique ou de la défense, par exemple. Une autre caractéristique du secteur est le fait que les quantités commandées sont faibles – les commandes supérieures à 50 trains sont l'exception – ce qui signifie que les coûts pour la conception et l'homologation des véhicules doivent être amortis sur de courtes séries. Enfin, l'organisation est décentralisée en raison des nombreux marchés nationaux et d'un éventail de produits visant des marchés distincts. Voyons un certain nombre d'initiatives prises par Lortie et Bombardier pour atteindre ces objectifs.

La structure organisationnelle et la sélection des leaders

Bombardier avait des vues très précises quant à la structure organisationnelle du secteur du transport susceptible de favoriser la meilleure performance du groupe à la suite de l'acquisition d'Adtranz. Ces vues avaient été forgées par l'expérience. Elles différaient de la structure organisationnelle adoptée par Adtranz sur des dimensions importantes. Cette question avait d'ailleurs fait l'objet de vifs débats entre les dirigeants des deux sociétés lors des consultations qui avaient précédé l'accord avec Daimler-Chrysler. Le nouveau groupe Bombardier Transport serait donc structuré de façon différente d'Adtranz.

À l'époque, Bombardier Transport était structuré en **quatre divisions géographiques** – Amérique du Nord, Atlantique Europe, Continental Europe, Mexique – et en une **division fonctionnelle** – Systèmes de transport – la division responsable du segment de marché des projets clé en main. Cette structure organisationnelle était incompatible avec celle d'Adtranz, particulièrement en Europe. Les principaux dirigeants de Bombardier étaient d'avis que l'acquisition d'Adtranz rendait cette structure inappropriée en Europe, car l'augmentation substantielle des activités sur ce continent commandait un arrimage serré avec les divers segments de marché à l'échelle européenne.

Ces conclusions étaient lourdes de conséquences. D'abord, cela signifiait qu'il faudrait concevoir de toute pièce un design organisationnel dès l'acquisition formalisée. Une telle opération est toujours propice à l'accentuation des jeux politiques, des conflits entre groupes et personnes ; bref, un « champ miné ». Ensuite, la période de transition donne lieu à un climat d'incertitude. C'est le moment où l'organisation est la plus vulnérable à un effort bien ciblé par d'autres entreprises, y compris ses concurrents directs, pour recruter ses meilleurs talents. Enfin, elle court le danger que les énergies du personnel soient gaspillées en querelles fratricides plutôt que d'être harnachées pour augmenter l'efficacité de l'exploitation et de s'occuper des clients.

Lortie était préoccupé par ces risques importants. Le problème était rendu encore plus difficile par le fait que Daimler-Chrysler avait imposé en décembre 2000 un embargo sur toutes les activités conjointes visant à préparer l'intégration. Privée de la contribution essentielle de l'équipe de gestion d'Adtranz, la planification détaillée des actions à prendre à la suite de l'acquisition formelle devenait un exercice futile dans presque tous les domaines. Une autre conséquence de cette décision de Daimler-Chrysler a été d'empêcher Lortie de rencontrer les dirigeants d'Adtranz susceptibles d'occuper les principaux postes au sein de la nouvelle organisation. Ce diktat a causé beaucoup de frustrations de part et d'autre.

À la suite de discussions visant à bien cerner les actions prioritaires pour assurer une intégration réussie, Lortie avait conclu que la nomination des membres de la direction supérieure dès le premier jour suivant l'acquisition formelle constituerait un message fort, à l'interne comme à l'externe, et faciliterait l'engagement des leaders de l'organisation envers la tâche difficile consistant à réaliser l'intégration. Il était d'avis que les bénéfices d'une action décisive à ce chapitre justifiaient de prendre quelques risques.

Lortie s'est attelé à la tâche. Les principaux dirigeants de Bombardier avaient effectué une certaine évaluation des principaux gestionnaires d'Adtranz lors des consultations préliminaires, et un consensus prévalait quant aux meilleurs éléments. Armé de cette information, Lortie les a personnellement contactés pour les inviter à une rencontre confidentielle « en dehors des heures et des lieux de travail », leur présenter la structure organisationnelle envisagée et discuter du rôle qu'il entrevoyait pour eux dans la nouvelle organisation. La même démarche a été menée de façon confidentielle avec les principaux dirigeants de Bombardier Transport. Les candidats étaient invités à réfléchir à la proposition qui leur était faite et à signifier leur décision dans un délai maximal d'une semaine. Plusieurs étaient étonnés de la démarche et du mandat qui leur était proposé, mais tous étaient emballés par ce défi.

Le 1er mai 2001, soit le jour suivant la conclusion de la transaction faisant de Bombardier le propriétaire d'Adtranz, Bombardier Transport a rendu publique la structure organisationnelle qui allait être implantée et a annoncé la nomination de 27 des 33 principaux dirigeants. Comme cela avait été anticipé, cette initiative a donné le ton et a créé une forte impression. Une démarche bien planifiée n'est pas synonyme de tergiversations ! Mais le plus difficile restait à faire.

Au cours de la première semaine de mai, Lortie a réuni les leaders qu'il venait de nommer et leur a communiqué ses directives sur la façon dont la nouvelle structure organisationnelle serait implantée dans les divisions et les fonctions du groupe. Lortie avait déjà réfléchi aux principales fonctions qu'il envisageait au sein des divisions, et cette information a également été communiquée. Mais ce qui comptait le plus était d'établir les règles du jeu et de bien faire comprendre qu'elles étaient non négociables. Toute la crédibilité de l'effort en dépendait. Les règles de fonctionnement établies par Lortie étaient les suivantes :

1. Aucune nomination ou promesse ne devait être communiquée à quiconque avant que le design de la structure organisationnelle du groupe n'ait été complété et approuvé.

2. Le design organisationnel devait découler d'une analyse rigoureuse des tâches à accomplir et des besoins à satisfaire. Cela impliquait la participation de l'équipe élargie de gestion dans le secteur concerné. De 50 à 120 personnes par division ont participé activement à l'effort. Les présidents étaient autorisés à retenir l'aide de consultants à la condition expresse qu'il n'y en ait pas plus d'un par division et que cette personne soit un associé senior d'une firme reconnue. Le travail de préparation, d'appui et d'animation des discussions devait être effectué par des agents-maîtres ou agents Six Sigma de Bombardier Transport. (Cette dernière mesure a eu des effets très bénéfiques, car elle a permis de démystifier le travail des agents Six Sigma et de démontrer l'efficacité de l'approche à un grand nombre de gestionnaires. Dès la conclusion de cette première phase de l'intégration, le concept Six Sigma était bien accepté.)

3. Les présidents et les vice-présidents du groupe avaient jusqu'à la fin de juin 2001 pour compléter le travail et obtenir l'autorisation de procéder à l'étape de sélection des dirigeants du premier niveau.

4. Un véritable travail d'équipe devait animer les efforts visant à définir les interfaces entre divisions et avec les fonctions du groupe.

Cette démarche a produit un effet puissant de participation à l'effort de résolution des problèmes pratiques tenant compte des réalités quotidiennes de chaque unité d'affaires. Cette opération a également fourni une preuve tangible que l'objectif était vraiment d'adopter tout ce qui était dans l'intérêt de Bombardier Transport, quelle qu'en soit l'origine. La structure organisationnelle qui en est résultée était leur choix – donc, plus facile à défendre auprès de leurs employés –, non pas imposée d'en haut. Selon Lortie, certains cadres de Bombardier Transport n'étaient pas très enthousiastes. En effet, ceux-ci étaient d'avis que, étant donné que Bombardier avait acquis Adtranz, il leur appartenait de définir l'organisation et d'en choisir les cadres. C'est un piège qu'il fallait éviter.

Lortie était très conscient du fait que l'élaboration d'un design organisationnel d'une telle envergure allait susciter bien des questions auxquelles il faudrait répondre très rapidement. Cela allait aussi nécessiter une bonne coordination afin d'assurer la cohérence dans les solutions retenues par les différentes divisions au sein du groupe. Enfin, l'opération allait exiger de nombreux arbitrages entre points de vue divergents. Lortie a nommé comme responsable de l'intégration un cadre de Bombardier Transport, lequel était respecté dans l'organisation, jouissait de la confiance de Lortie et avait travaillé pour lui auparavant. Cette personne était responsable de coordonner toutes les initiatives d'intégration et d'éliminer promptement les embûches.

La démarche d'intégration et de changement adoptée par Lortie comptait cinq étapes :

1. **Une vision claire et bien articulée** de la direction à prendre et des objectifs à atteindre.

2. **Un cadre général établissant les règles à suivre,** mais qui laissait amplement de place à l'initiative et à une bonne latitude pour définir les solutions appropriées.

3. Une approche qui mariait **une méthodologie rigoureuse** (Six Sigma) à une large participation des personnes qui seraient touchées par les solutions retenues.

4. **Un échéancier serré** mais raisonnable avec des « livrables » bien définis.

5. **Une structure légère de support à l'intégration et au changement** pour coordonner l'effort ainsi qu'éliminer promptement les embûches et les contraintes, réelles ou présumées.

Le travail de design de la nouvelle organisation a été effectivement complété selon l'échéancier. La structure organisationnelle de toutes les divisions et fonctions du groupe a été communiquée à l'ensemble de Bombardier Transport en juin 2001. Une approche analogue a été suivie pour la phase II, qui visait le choix des personnes devant occuper les postes dans cette nouvelle structure. Des directives précises ont été données pour la sélection des employés : a) l'occasion devait être offerte à tous de postuler ; b) la sélection devait être effectuée par le président, appuyé par un responsable senior des ressources humaines ; c) l'équipe de direction devait refléter les diverses nationalités des employés (Lortie ne voulait pas imposer des quotas, mais inciter à un effort maximal pour reconnaître les meilleurs talents où qu'ils soient) ; d) la sélection devait se faire sans discussion de rémunération, ce sujet faisant l'objet d'une démarche parallèle et globale afin d'assurer un régime équitable ; e) il fallait agir de façon à induire le sentiment que le processus avait été ouvert, équitable et transparent.

Cette deuxième phase a également été complétée selon l'échéancier. Au début de septembre, Lortie a procédé à la nomination officielle de près de 350 cadres et dirigeants. **La nouvelle organisation était en place quatre mois seulement après la prise de contrôle d'Adtranz.**

Communications

Outre les moyens usuels déployés par les grandes sociétés pour diffuser l'information (par exemple : journal interne, site Web, bulletin électronique, etc.), plusieurs initiatives ont été prises pour favoriser une meilleure compréhension des objectifs visés, des changements demandés et de la contribution attendue de chacun.

- En avril 2001, dans les jours précédant l'acquisition formelle d'Adtranz, quelque 250 dirigeants des deux sociétés ont été réunis à Berlin afin de discuter des *modus operandi*, des mécanismes de gouvernance et des objectifs de Bombardier ainsi que de l'approche suggérée pour effectuer l'intégration des deux composantes en une organisation performante. L'importance de Bombardier Transport pour l'avenir de Bombardier a constitué un élément central du message avec, en filigrane, les responsabilités que cela entraînait pour l'équipe de direction.

- Le message de bienvenue du président à tous les employés d'Adtranz qui se joignaient formellement à Bombardier le 1er mai 2001 ne s'est pas limité aux platitudes habituelles. En effet, il a été utilisé comme un moment privilégié pour énoncer les valeurs qui devaient définir la nouvelle organisation. En fait, ce message a été communiqué à tous les employés, nouveaux comme anciens, afin de bien indiquer que tous seraient considérés sur un même pied et jugés également. Bombardier, nous en avons fait état au chapitre 6, est un acquéreur qui respecte profondément les différences culturelles, l'histoire ainsi que le sens d'appartenance et de fierté envers leur propre organisation chez les personnes qui se joignent à Bombardier après l'acquisition. Bombardier s'attend cependant à ce que ses valeurs et ses processus communs soient adoptés et respectés, tant dans la forme que dans l'esprit. Ce message a très bien été reçu, surtout en Europe, et a rendu l'adhésion plus facile.

- Le lendemain, le 2 mai 2001, des réunions avec tous les employés ont été tenues à travers le monde. L'agenda prévoyait un message du président (une bande vidéo traduite en 13 langues), une présentation sur le « nouveau » Bombardier Transport et les implications pour l'unité où se tenait la réunion, ainsi qu'une période de questions. Environ 25 000 employés ont participé à ces rencontres. L'engagement a été pris de tenir une autre séance d'information en décembre 2001 afin de faire le point sur les premiers six mois. Cette approche a laissé une bonne impression et a eu pour effet de réduire les tensions et les inquiétudes qui germent rapidement dans les climats d'incertitude « post-acquisition ».

- Durant cette même semaine a débuté la mise en place du programme *Talk with the President,* un moyen confidentiel et facile d'accès donné à chaque employé pour communiquer directement avec le président sur tout sujet qui le préoccupe. Reconnaissant le fait que les employés d'usine ne disposent pas d'un ordinateur, des stations accessibles à tous ont été installées dans chaque usine. Une panoplie de moyens a servi à promouvoir ce programme. Il a vite donné des résultats : les premiers messages d'employés ont été reçus le 2 mai 2003. Le premier, qui provenait d'un employé de l'usine de Baroda en Inde, contenait une suggestion fort pertinente.

- En septembre 2001, Bombardier Transport a procédé à un sondage auprès de tous les employés afin de déterminer leurs aspirations et leurs préoccupations, et d'établir un diagnostic sur le climat d'entreprise : 76 % des employés de l'ancien Bombardier Transport et 79 % des anciens employés d'Adtranz ont participé à l'enquête. Les résultats ont été rendus publics, communiqués et discutés lors des assemblées d'information de décembre 2001. Les résultats par unité d'affaires ainsi que les résultats d'ensemble ont été communiqués aux responsables avec mandat de mettre en place des programmes pour corriger les faiblesses décelées.

- En novembre 2001, la direction a réuni à Bruxelles quelque 350 dirigeants de Bombardier Transport pour : faire le point sur les progrès réalisés dans le processus d'intégration ; cerner les problèmes, les contraintes et les embûches ; tracer la direction à suivre pour Bombardier Transport. Cette rencontre a été précédée d'un sondage auprès de tous les participants afin de connaître leur évaluation des dimensions critiques au succès.

- L'« **opération communication** » s'est poursuivie. Des assemblées d'information pour tous les employés ont été tenues en décembre 2001, en juin 2002 et en décembre 2002, et étaient en voie d'organisation pour décembre 2003. De 25 000 à 29 000 employés ont participé à ces rencontres. Le sondage auprès des principaux dirigeants (directeurs, vice-présidents, présidents) a été repris sur une base trimestrielle, permettant ainsi d'obtenir une appréciation longitudinale de l'évolution du climat. Des rencontres d'orientation avec les quelque 350 principaux dirigeants ont été tenues en juin 2002 à Paris et en juin 2003 à Berlin. *Talk with the President* a continué jusqu'au départ de Lortie en novembre 2003, donnant lieu à une dizaine de messages par semaine. Toutes ces initiatives étaient renforcées par un programme systématique et continu de visites d'usines et de rencontres avec les gestionnaires de chaque site dans le cadre des revues mensuelles des activités.

Gouvernance

Dès son arrivée à Bombardier Transport, Lortie a constaté que la gestion de projets s'était atrophiée tant chez Bombardier Transport que chez Adtranz. Les difficultés rencontrées sur plusieurs projets ne laissaient pas de doute sur l'urgence de développer des processus communs, de former un personnel de grande compétence en gestion de projets, d'établir les pratiques appropriées et de s'assurer que la fonction « gestion de projets » serait bien acceptée et appuyée par le personnel. Bref, Bombardier Transport devait développer rapidement cette nouvelle compétence et gérer le **changement de culture** amené par la nouvelle répartition des rôles et l'attribution des responsabilités qui en découlait.

Un changement de cette nature ne pouvait réussir que si la direction appuyait pleinement et activement cette nouvelle approche. Deux moyens ont été utilisés à cet effet.

D'abord, Lortie a institué la pratique des revues mensuelles des activités pour toutes les divisions. Ces revues mensuelles, d'une durée d'une journée complète et que Lortie présidait, rassemblaient les principaux membres de l'état-major du groupe et l'équipe de direction de chaque division. Ces réunions étaient l'occasion d'une revue des résultats financiers de la division, mais au moins la moitié du temps était consacrée à une revue du portefeuille de projets en cours, suivie d'une revue détaillée et approfondie des projets les plus importants ainsi que de ceux dont la performance se détériorait.

L'objectif de ces revues n'était pas de cibler des coupables et d'attribuer des blâmes, mais bien de comprendre les sources de difficultés actuelles ou potentielles, et les problèmes susceptibles de surgir durant la réalisation du projet. Un tel exercice ne donne de bons résultats que si la revue est franche et si la discussion est animée par le désir de tous, quelle que soit leur fonction, d'aider l'équipe à réussir. Pour accomplir cela, **il faut maintenir un fragile équilibre entre les exigences de contrôle et de discipline, d'une part, et l'objectif de créer un climat de confiance entre collègues, d'autre part.** Ces revues mensuelles, auxquelles participaient les équipes élargies de gestion, incluant les gestionnaires des projets, revêtaient un aspect pédagogique dont l'importance ne doit pas être sous-estimée.

Ces revues mensuelles avec 11 divisions constituaient pour Lortie un mécanisme privilégié pour apprécier le déploiement des diverses initiatives, discuter des orientations à court et à moyen terme, revoir les campagnes de vente et les tactiques à utiliser. Ce dialogue intense, suivi et régulier, a eu un effet positif dans toute l'organisation, d'autant plus que ces réunions se tenaient dans les diverses usines et non au siège social du Groupe à Berlin. Ce mécanisme de gouvernance exigeait chez Lortie une remarquable discipline et une indomptable énergie, car cela occupait la moitié de son temps ainsi qu'une large part du temps de l'équipe de direction. Lortie estimait que les bénéfices de ces revues d'activité mesurées par l'amélioration de la performance et par la cohésion du groupe de gestionnaires justifiaient pleinement l'investissement.

Un deuxième mécanisme pour souligner l'importance de la gestion de contrats a été l'adoption d'une procédure et d'un format uniques pour suivre le déroulement des projets. L'objectif était de faire en sorte que les informations et la documenta-tion utilisées pour revoir un projet en ce qui a trait à la division seraient les mêmes que celles utilisées par le groupe pour les revues trimestrielles avec le siège social. Dès septembre 2001, toute l'organisation a adopté le nouveau format qui est devenu la seule méthode acceptable. Certains dirigeants, vétérans d'autres fusions, ont fait part à Lortie de leur étonnement quant à la vitesse avec laquelle la méthode avait été implantée dans toute l'organisation et était devenue la norme ainsi que la façon de faire chez Bombardier Transport.

Une gestion volontaire et participative

Le changement dans l'organisation et dans le style de gestion que Lortie voulait imprimer à Bombardier Transport a été brillamment démontré dans le marché bri-tannique. Lorsque, au début de 2001, il a mené des consultations auprès de quelques clients britanniques très importants, ceux-ci avaient été virulents dans leurs cri-tiques de la performance d'Adtranz et avaient exprimé leur intention non seulement de refuser de prendre livraison de tout nouveau train des séries Electrostar et Turbostar, mais menaçaient de retourner ceux déjà en service.

Cette situation revêtait un caractère d'urgence, car au-delà des considérations finan-cières, l'insuccès de ces programmes allait rendre illusoire toute possibilité de ventes futures au Royaume-Uni. Par contre, un revirement de la situation donnerait la mesure de Bombardier, tant à l'externe qu'à l'interne, et permettrait à Bombardier Transport de prendre le leadership sur le marché britannique.

Dès le lendemain de l'acquisition formelle d'Adtranz, Lortie a demandé au respon-sable du Royaume-Uni à Adtranz de convoquer une réunion de tous les gestionnaires associés aux programmes Electrostar et Turbostar pour le samedi 6 mai 2001 à Derby. Lortie était accompagné de quelques cadres familiers avec les processus d'homo-logation au Royaume-Uni.

Cette réunion a servi à déterminer les éléments d'un plan de redressement et à attribuer les responsabilités pour son exécution. Les rapports quotidiens de fiabilité des trains étaient remis à tous les dirigeants concernés, y compris Lortie qui n'hésitait pas à communiquer directement avec les gens responsables « sur le terrain » pour obtenir les explications et leur évaluation de la source ou de la nature des problèmes afin de faire en sorte que les meilleures ressources soient immédiatement affectées à leur résolution. Dès la fin de 2001, les trains Electrostar étaient en service avec un niveau de fiabilité supérieur aux autres trains de nouvelle génération, une solution tech-nique avait été trouvée pour les Turbostars et les sept sociétés clientes avaient entériné le programme. Le pari de redresser la situation a été gagné à un coût net considérablement inférieur à ce qui avait été anticipé.

En 2002, Bombardier Transport est devenu le leader mondial de l'industrie ; ses employés étaient fiers d'afficher leur appartenance, selon les sondages effectués de façon régulière.

En novembre 2003, soit trois ans après l'arrivée de Lortie, les résultats étaient probants : une augmentation des parts de marché ; un rétablissement spectaculaire de la réputation du Groupe auprès des clients britanniques d'Adtranz ; un sentiment d'appartenance au nouveau Groupe chez le personnel d'Adtranz ; une rentabilité qui, bien qu'encore insuffisante, devrait s'améliorer. Bombardier annonçait le 25 novembre 2003 le départ de Pierre Lortie. Il semble qu'un différend profond soit survenu entre lui et le PDG de Bombardier quant aux priorités pour Bombardier Transport. Dans sa lettre d'adieu aux employés de Bombardier Transport, Lortie a écrit : «Même lorsqu'on s'accorde sur la route à suivre, il ne doit pas y avoir plus de deux mains sur le volant!»

En mars 2004, Bombardier annonçait un plan de rationalisation des usines et de l'effectif en Europe.

Deux enjeux reliés à la stratégie de transformation

1. La stratégie de transformation doit souvent composer avec le fait indéniable que la performance actuelle de l'entreprise est satisfaisante, voire excellente, et est perçue comme telle par ses membres.

   Pourquoi procéder à des changements importants? Pourquoi initier tout ce branle-bas qui risque de perturber une entreprise qui va bien? Les dirigeants doivent faire comprendre les raisons de leur démarche de transformation s'ils veulent mobiliser tous les niveaux de l'organisation derrière leur vision. La direction doit rendre concrets et pressants les risques prochains et la vulnérabilité de l'entreprise dans un avenir rapproché.

2. Une autre source de difficulté provient de ce que les membres de la direction, tout en étant tous d'accord que des changements importants s'imposent, sont profondément divisés quant à la nature de ces changements.

   L'entreprise, nous l'avons souvent observé, peut devenir un lieu de débats interminables et parfois acrimonieux, sans que quiconque ne puisse ou ne veuille trancher dans un sens ou dans l'autre. En effet, puisque le diagnostic porte sur les contextes futurs, il est possible de différer honnêtement d'opinion quant aux actions à prendre et au rythme de changement sans que l'on puisse facilement établir qui a raison.

   La société **IBM**, au début des années 1990, offrait un bon exemple de la façon dont deux dirigeants intelligents et expérimentés pouvaient concevoir de façon radicalement différente les enjeux de l'entreprise et la stratégie qu'elle aurait dû adopter.

La société IBM : deux leaders, deux stratégies radicales

Reportons-nous à la société IBM au début des années 1990. À l'époque, cette société aurait pu adopter l'une ou l'autre de deux stratégies radicales de changement, chacune ayant ses défenseurs. L'une d'elles a été proposée par John Akers, le PDG de l'époque, et l'autre, par son successeur Louis Gerstner lorsque Akers a pris sa retraite (à la demande du conseil d'administration) en 1993.

Akers, qui devait composer depuis 1987 avec le déclin graduel de la performance d'IBM malgré de nombreuses initiatives pour arrêter cette détérioration, a décidé en 1992 que la voie à suivre était de **reconstituer IBM en une fédération de 13 unités d'affaires autonomes, chacune capable de s'adapter rapidement aux besoins**

changeants de ses marchés particuliers.

Cette nouvelle orientation aurait, entre autres bénéfices, le mérite de circonscrire le pouvoir et le contrôle exercés par le tout-puissant comité exécutif d'IBM. Cette proposition était d'ailleurs conforme aux courants de pensée du temps : l'horizontalisation de l'industrie, désormais coordonnée par des standards techniques ouverts à tous (clients, fournisseurs ou concurrents) rendait inutile, voire nuisible, l'intégration verticale de la firme.

Avec cette nouvelle architecture, la société IBM se donnait la flexibilité et la capacité d'adaptation nécessaires pour survivre dans un contexte d'évolution rapide des technologies et des marchés.

Akers n'a pu mettre en branle l'exécution de son plan, puisque, ayant perdu la confiance du conseil d'administration, il a été remplacé par Louis Gerstner au début de 1993. Malgré l'important support, tant au sein d'IBM qu'autour, que s'était gagné cette stratégie proposée *in extremis* par Akers, Gerstner s'est déclaré dès le départ en désaccord avec cette orientation.

Selon Gerstner, IBM devait se présenter au marché comme une **entité unique et intégrée** (*going to the market as one IBM*), capitalisant sur sa capacité « de créer, d'intégrer et de livrer des solutions globales ». **L'offre « intégrée » d'IBM devait en fait être élargie pour inclure les services, comprenant la gestion de l'impartition des services informatiques pour les entreprises.** Cette orientation stratégique prenait sa source, selon Gerstner, dans les attentes et les besoins exprimés par les clients eux-mêmes :

> Nous n'avons pas besoin d'une énième compagnie de base de données, ni d'une autre firme de serveurs Unix. La seule chose que vous faites et que personne d'autre ne peut faire, c'est de nous aider à intégrer nos systèmes et de nous proposer des solutions globales.

Un actif stratégique précieux d'IBM serait mis en valeur par cette stratégie : sa présence internationale, sa capacité d'apporter des solutions uniformes et d'offrir des services intégrés pour toutes les activités d'une société transnationale. *Je me sers de vous, les gars, dans le monde entier.* (citation d'un client, IBM Turnaround, *HBR case*, 2000, p. 9)

Dès lors, cette stratégie « d'aller au marché comme un seul IBM » a été la force motrice sous-jacente à toutes les décisions de Gerstner portant sur l'organisation, les structures, les processus et les systèmes de gestion de l'entreprise.

Le succès de la société IBM depuis 1993 et son redressement financier spectaculaire semblent donner raison à Gerstner. Le chapitre 20 présente en détail les étapes du changement radical entrepris par Gerstner. Signe des temps, cette stratégie de « services intégrés » est maintenant imitée par une cohorte d'entreprises : Oracle, Sun Microsystems, Hewlett-Packard/Compaq.

Or, à l'arrivée de Gerstner chez IBM en 1993, beaucoup d'observateurs étaient sceptiques et croyaient qu'il faisait fausse route. **Ce sont en ces moments de l'histoire d'une entreprise que la qualité du leadership joue un rôle critique.**

IBM aurait-elle aussi bien ou mieux fait avec la stratégie de John Akers ? Voilà une question oiseuse à laquelle personne ne pourra jamais répondre de façon décisive.

La stratégie de réorientation

Alors qu'une stratégie de transformation vise à mieux préparer l'entreprise aux défis futurs dans son industrie et ses marchés, une stratégie de réorientation consiste à éviter la stagnation appréhendée de la rentabilité et de la croissance en redéployant ses actifs ainsi que ses ressources stratégiques vers des secteurs d'activité et des marchés plus attrayants. Une réorientation peut signifier l'abandon pur et simple d'un secteur d'activité et son remplacement par un autre, ou encore, cela peut signifier une opération de diversification non reliée de la firme. Les exemples d'entreprises qui ont exécuté une vaste opération de réorientation sont nombreux :

- La société **General Electric**, au début des années 1980, a complètement changé son profil industriel par une série de ventes d'actifs et d'acquisitions d'entreprises (*voir la figure 19.3*).

Figure 19.3 La réorientation du portefeuille d'activités de General Electric – 1981-2001

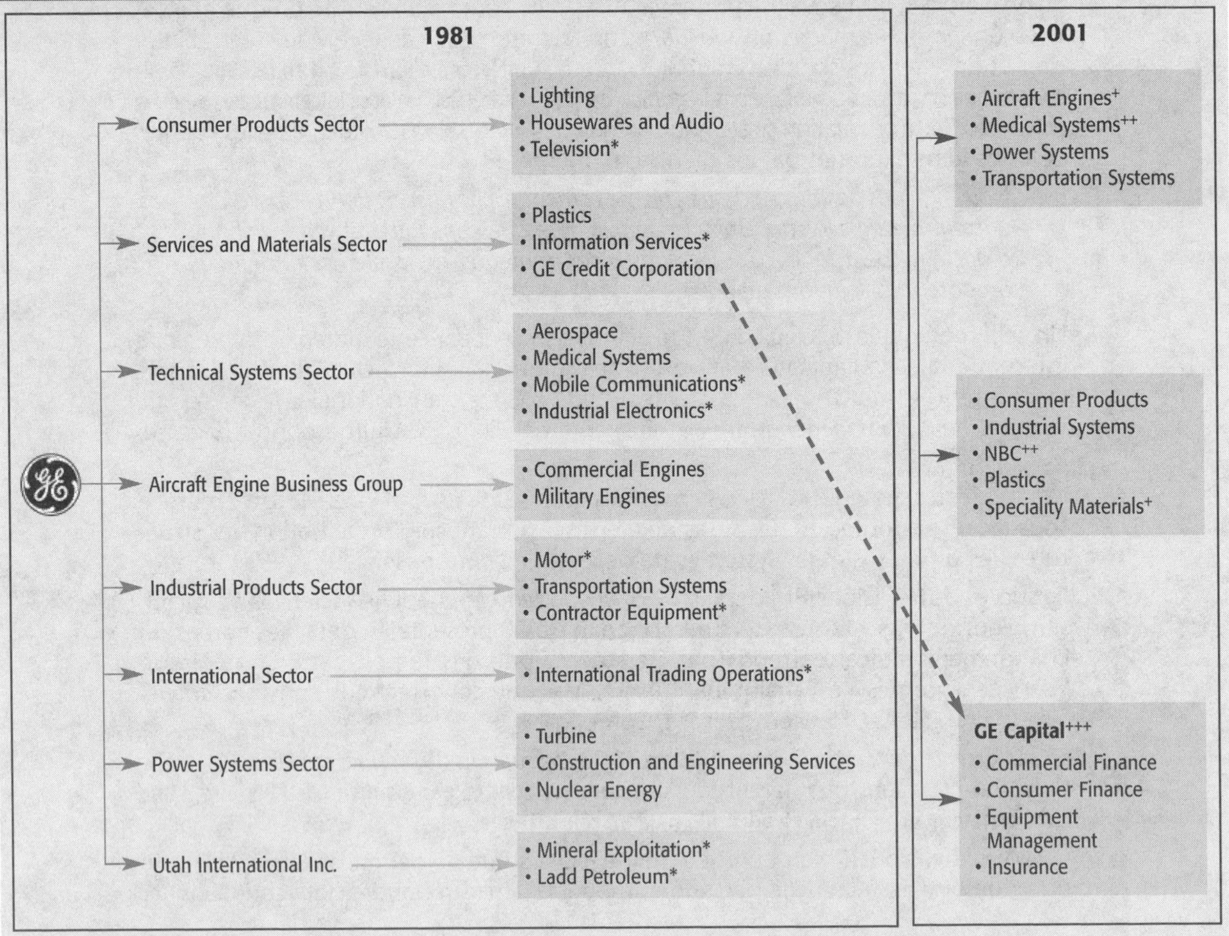

1981		2001
Consumer Products Sector	• Lighting • Housewares and Audio • Television*	• Aircraft Engines+ • Medical Systems++ • Power Systems • Transportation Systems
Services and Materials Sector	• Plastics • Information Services* • GE Credit Corporation	
Technical Systems Sector	• Aerospace • Medical Systems • Mobile Communications* • Industrial Electronics*	• Consumer Products • Industrial Systems • NBC++ • Plastics • Speciality Materials+
Aircraft Engine Business Group	• Commercial Engines • Military Engines	
Industrial Products Sector	• Motor* • Transportation Systems • Contractor Equipment*	
International Sector	• International Trading Operations*	
Power Systems Sector	• Turbine • Construction and Engineering Services • Nuclear Energy	**GE Capital**+++ • Commercial Finance • Consumer Finance • Equipment Management • Insurance
Utah International Inc.	• Mineral Exploitation* • Ladd Petroleum*	

* Retiré du secteur

+ Investissements accrus

Source : GE, rapports annuels.

- La réorientation de la société française **Compagnie générale des eaux** dans les secteurs des médias et des communications sous le nom **Vivendi,** puis **Vivendi Universal** par l'acquisition de **Seagram** ; cette dernière société avait également tenté de se réorienter hors du secteur des boissons alcoolisées vers le secteur de la production de films et de musique.

- La stratégie de diversification non reliée de **Bombardier** par laquelle l'entreprise se réoriente vers les secteurs du transport et de l'aéronautique au cours des années 1980.

- La réorientation de **Nokia** va dans le sens contraire ; d'un conglomérat diversifié œuvrant dans les industries du caoutchouc, du câble téléphonique et de la production d'électricité, l'entreprise se recentre exclusivement sur les téléphones cellulaires et les produits connexes.

- **Tnl ag** (Preussag jusqu'en 2002), maintenant une grande société de services de voyage, est le résultat de la réorientation entre 1997 et 2002 d'une entreprise œuvrant dans les métaux et les matériaux primaires.

- **Mannesmann**, une société allemande de fabrication de tubes en acier, de machinerie de construction, etc., « subit » une réorientation vers le secteur de la téléphonie après l'obtention, en 1990, de la première licence allemande pour les téléphones « mobiles ». À la suite d'acquisitions (Omnitel en Italie, Orange en Angleterre, Tele-Ring en Autriche) et d'alliances (Cegetel en France), Mannesmann devient le leader parmi les entreprises privées de services de télécommunications en Europe. En 2000, Vodafone (la société de télécommunications britannique) réussit, par une OPA « hostile », à acquérir Mannesmann.

Dans tous ces cas, la discontinuité stratégique a été provoquée par des dirigeants qui ont pris la décision de diversifier ou de recentrer leur entreprise dans des domaines plus attrayants.

Cependant, la stratégie organisationnelle de réorientation n'est pas sans comporter **certains pièges** :

- La propension naturelle des gestionnaires à **surévaluer leur capacité à gérer des activités dans des domaines très différents** de ceux où ils ont acquis leur expérience et leur savoir-faire. La tentation est forte, le succès aidant, de croire que ce qui a contribué à la réussite dans un domaine industriel donné s'avérera efficace dans un autre. Cette tentation est parfois renforcée par la tendance à souligner surtout les similarités entre l'ancien et le nouveau domaine.

- **L'attrait des bénéfices économiques et des synergies présumées devant provenir de l'intégration d'activités distinctes.** Or, ce faisant, on risque de laisser pénétrer les valeurs et les mentalités de l'ancien domaine d'activité dans le nouveau secteur, entravant ainsi l'adaptation de ce dernier à son milieu concurrentiel propre. Il est donc essentiel de protéger la culture et la structure de la nouvelle entité de l'influence des secteurs traditionnels de l'entreprise, sauf en ce qui a trait aux valeurs que l'on estime utiles et essentielles au succès des nouvelles entités.

19.1.4 Cas IV – Redressement ou revitalisation

Le diagnostic de redressement ou de revitalisation (cas IV) décrit une réalité précise. L'entreprise est mal ajustée à son contexte actuel et affiche, au vu et au su de tous, des performances médiocres (**revitalisation**) ou désastreuses (**redressement**). Elle est également mal préparée pour faire face à ses contextes futurs.

À une liste qui compte bien sûr Chrysler et Massey-Ferguson, on peut ajouter des dizaines de noms d'entreprises, certaines maintenant défuntes faute d'avoir pu effectuer à temps le redressement qui s'imposait : International Harvester, American Motors, Montgomery Ward, AM International, Geico, Clark Equipment, A&P, Braniff, Pan-Am, Boise Cascade, Allis-Charmers, Dome Petroleum, Eastern Airlines, Steinberg, Zenith, Polaroid, Kmart, Eaton's, etc.

La presse d'affaires contient de multiples comptes rendus de tentatives de revitalisation ou de redressement de grandes entreprises : IBM, Intel, Sears Roebuck & Co., British Aerospace, Nissan, Usinor (maintenant connue sous le nom Arcelor), Ford (Europe), Jaguar, Harley-Davidson, JC Penney.

La stratégie de redressement

Dans les cas de redressement, la survie même de l'entreprise est en jeu. Il est donc urgent d'instaurer des mesures énergiques afin de gagner le temps nécessaire pour exécuter le redressement en profondeur de l'entreprise. **Pour le leader qui doit effectuer un redressement (ou tout changement radical), un état évident de crise constitue un outil précieux.** Il n'y a rien de tel qu'une crise pour ouvrir les esprits et donner au changement un rythme ainsi qu'une ampleur qu'il ne saurait acquérir autrement.

Ainsi, dans l'exemple de la société IBM cité plus haut, Akers dirigeait une entreprise dont les membres et les dirigeants croyaient encore en 1986 qu'elle était forte, prospère et capable de s'ajuster graduellement aux changements dans ses marchés. Gerstner est nommé PDG en 1993, justement en raison du fait que l'entreprise est alors en pleine crise et que sa déconfiture devient une réelle possibilité. Akers voulait exécuter une stratégie de transformation, mais il n'a pas su. Gerstner a dû exécuter, ce qu'il a fait avec brio, une stratégie de redressement. **Sans rien enlever au mérite de Gerstner, il faut bien admettre qu'une transformation est beaucoup plus difficile à réussir qu'un redressement.** Toutefois, l'un comme l'autre exigent une qualité de leadership hors du commun. Nous expliquons au chapitre 20, dans le cadre de la présentation d'une méthodologie pour réussir une opération de changement radical, comment Gerstner s'y est pris pour redresser IBM.

La stratégie de revitalisation

Une stratégie de revitalisation fait référence à ces situations d'entreprises aux performances médiocres, mais sans état de crise ni risque imminent de faillite. Plusieurs entreprises, au cours des dernières années, ont dû procéder, avec un succès mitigé, à des opérations de revitalisation : Compaq, Hewlett-Packard, Daimler-Chrysler, Motorola, Xerox, McDonald's (2003), Ford USA (2003). Il faut noter que l'entreprise qui ne réussit pas à se revitaliser à temps fera face, tôt ou tard, à la déconfiture et devra alors adopter une stratégie de redressement.

Pour réussir une stratégie de revitalisation, la direction de l'entreprise doit rendre réelle et tangible la possibilité d'une crise prochaine, rendre concrets et imminents les dangers qui découlent de la stratégie actuelle, des modes de gestion et de fonctionnement en cours dans l'organisation.

Souvent dans ces situations de revitalisation, les faibles performances de l'entreprise sont attribuées trop facilement à des facteurs externes sur lesquels les membres du personnel estiment ne pas avoir de prise. Le leader doit susciter une prise de conscience de la responsabilité incombant aux gestionnaires et mousser leur sentiment de contrôle sur la destinée de l'entreprise. Heureusement, dans ces situations de revitalisation, les dirigeants disposent d'une certaine marge de manœuvre pour exécuter une stratégie appropriée.

Conclusion

Des quatre types de diagnostics présentés à la figure 19.2, les situations de transformation et de réorientation ainsi que les situations de redressement et de revitalisation mènent à des interventions stratégiques sans précédent dans l'entreprise. Bien sûr, tout changement entraîne des modifications dans les habitudes, les coutumes et les façons de faire. Ces changements, lorsqu'ils ne perturbent pas les arrangements culturels qui ont cours dans l'organisation, sont fréquents et relativement faciles à implanter.

Le défi est tout autre lorsque les changements que la direction se propose d'apporter aux objectifs, à la stratégie ainsi qu'aux modes de gestion et d'exploitation de l'entreprise exigent aussi des changements dans ce qui est tenu pour acquis, dans les normes de comportement, dans les valeurs et les croyances communes, dans les habiletés et le savoir-faire valorisés, dans ce qui constitue les racines, l'âme et l'esprit de l'organisation.

Le changement est radical lorsqu'il vise non seulement les caractéristiques tangibles de l'entreprise comme sa stratégie de marché, sa structure organisationnelle et ses systèmes de gestion, mais également et inévitablement certaines valeurs fondamentales, certaines croyances et certains présupposés, c'est-à-dire des aspects de la culture de l'entreprise.

En guise de conclusion, la figure 19.4 met en relief les enjeux sur lesquels trébuchent plusieurs entreprises dans l'établissement d'un diagnostic judicieux.

1. **Cas I versus Cas III ?** « Notre bonne performance actuelle est durable ; rien ne la menace véritablement. Nous avons une bonne stratégie dont nous devons continuer d'améliorer l'exécution. Nous sommes dans le Cas I (*voir la figure 19.2*). » Cette affirmation est souvent le réflexe premier des dirigeants d'une entreprise qui réussit bien. Ce diagnostic est possiblement juste et bien fondé, mais on ne le saura véritablement que si cette appréciation est soumise à une analyse critique, à un débat franc et ouvert avec ceux qui estiment que les contextes de l'entreprise vont changer à tel point qu'il faut mettre en branle immédiatement des démarches pour préparer l'organisation aux défis qui l'attendent ; ces personnes estiment que l'entreprise doit se transformer, qu'elle est entrée dans le Cas III.

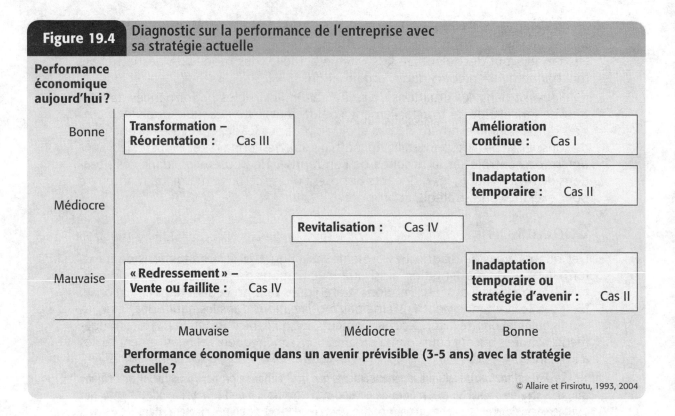

Figure 19.4 Diagnostic sur la performance de l'entreprise avec sa stratégie actuelle

Performance économique aujourd'hui ?

Bonne — Transformation – Réorientation : Cas III | Amélioration continue : Cas I

Inadaptation temporaire : Cas II

Médiocre

Revitalisation : Cas IV

Inadaptation temporaire ou stratégie d'avenir : Cas II

Mauvaise — « Redressement » – Vente ou faillite : Cas IV

Mauvaise — Médiocre — Bonne

Performance économique dans un avenir prévisible (3-5 ans) avec la stratégie actuelle ?

© Allaire et Firsirotu, 1993, 2004

Il est tellement plus confortable de croire en la continuité des choses ainsi qu'en sa capacité à surmonter toute difficulté et à s'adapter rapidement aux changements lorsque cela sera devenu nécessaire. **Le cimetière des entreprises est un reposoir pour les illusions trompeuses de cette nature.** À défaut d'entreprendre à temps et efficacement la transformation nécessaire de ses valeurs, de ses modes de gestion et de fonctionnement, l'entreprise sera confrontée tôt ou tard à une situation de crise exigeant un redressement rapide et brutal pour être sauvée.

2. **Cas II versus Cas IV ?** « Notre performance n'est pas très bonne, mais elle s'améliorera bientôt. Nul besoin de changer de stratégie puisque nos problèmes sont temporaires et conjoncturels. Nous sommes dans le Cas II. » Peut-être en est-il ainsi, mais se peut-il que la direction joue à l'autruche, évite de faire face à sa véritable situation ? L'entreprise est-elle un Cas IV qui s'ignore, destinée à connaître une déconfiture à plus ou moins brève échéance sans un coup de barre énergique, sans une nouvelle stratégie ?

3. **Cas III converti en Cas I ?** « Notre entreprise affiche de bonnes performances, mais des changements anticipés menacent ses résultats futurs. Cette perspective impose un changement fondamental de stratégie, une transformation ou une réorientation. » Ce diagnostic est pénible et hasardeux pour les dirigeants puisqu'il commande de mettre en branle un vaste programme de changement dans une entreprise qui

va bien ! Il est tentant, mais dangereux pour la survie de celle-ci, que les dirigeants actuels se persuadent que de grands changements ne sont pas vraiment nécessaires, surtout lorsque les problèmes risquent de ne survenir qu'après leur départ planifié (pour la retraite ou des cieux plus cléments avant que l'entreprise ne soit confrontée aux problèmes rendus incontournables et pressants qui la mettent en péril).

Le chapitre 20, qui traite à fond des tenants et des aboutissants des stratégies radicales de changement, propose une méthodologie pour réussir ces opérations complexes.

Chapitre 20

Un modèle pour l'implantation de changement radical

Introduction

Dans ce chapitre, nous tentons de répondre en filigrane à la question suivante : **Pourquoi est-il si difficile d'exécuter à temps une opération de changement radical pour sauver l'entreprise de la stagnation ou de la déconfiture ?** Comme le montre l'encadré suivant, nous apportons trois réponses à cette question, auxquelles nous consacrons ce chapitre, en proposant **un modèle en cinq étapes du changement radical**[2] ainsi qu'un exemple de son application au cas IBM.

Encadré 20.1	Les trois facteurs d'échec du changement radical

1. La direction ne perçoit pas à temps la nécessité de changer ou l'envergure du changement qu'elle doit effectuer ; les filtres de l'information, les biais cognitifs et leur acculturation par rapport à l'organisation trompent les dirigeants sur l'état réel de leur entreprise.

2. La direction sait qu'il faut changer, mais elle fait un mauvais diagnostic quant à la stratégie qu'il lui faut adopter ; les dirigeants mènent leur entreprise dans la mauvaise direction.

3. La direction ne sait pas comment exécuter une opération de changement radical.

© Allaire et Firsirotu, 1985, 1993, 2004

Une nouvelle stratégie comporte toujours des modifications majeures dans la structure et les systèmes de gestion d'une organisation. Cependant, si elle commande également des changements dans les valeurs, les façons de faire et de penser ainsi que dans la culture de l'organisation, le changement devient alors « radical ».

---

2. Ce modèle prend sa source dans plusieurs travaux publiés antérieurement, en particulier dans la thèse de doctorat de M. Firsirotu, *Strategic Turnaround as Cultural Revolution : The Case of Canadian National Express* (1984) et dans l'article de Y. Allaire et M. Firsirotu, « How to Implement Radical Strategies in Organizations », publié dans *Sloan Management Review* (printemps 1985).

L'enjeu de toute stratégie de changement radical consiste à transformer la culture de l'organisation, à faire évoluer les mentalités de ses membres, de façon à rendre possible le déploiement d'une nouvelle orientation stratégique. Malheureusement, ces transformations culturelles ne se produisent pas automatiquement. Celles-ci doivent être initiées, orientées et façonnées par les dirigeants.

Pendant ces périodes de transition et d'intense changement, plus qu'à tout autre moment, les membres de l'organisation, désorientés et anxieux, seront à l'affût de signaux et de rumeurs, essaieront de deviner les intentions et les motivations des dirigeants. Toute contradiction entre les paroles et les actes de la direction sera vite remarquée. Les signaux équivoques et contradictoires pourront faire dévier ou ralentir le processus de changement.

S'il est une aptitude que doit posséder le leader d'une telle opération de changement radical, c'est bien la capacité de cerner, d'atténuer, voire d'éliminer les oppositions et les résistances au changement. Nous avons observé dans nombre d'organisations comment le concept galvaudé de « résistance au changement » cache des phénomènes subtils et complexes d'**opposition au changement.** Nul doute que les peurs et les réticences quant à ce qui est nouveau et dérangeant jouent un rôle nocif dans ces démarches. Toutefois, nous croyons que la notion de résistance au changement a été utilisée à mauvais escient pour peindre d'une même couleur des réalités très différentes.

Nous proposons **quatre formes de « résistance au changement » : cognitive, idéologique, politique** et **psychologique.** En fait, les trois premières ne sont pas vraiment de la résistance mais plutôt une opposition au changement proposé ; la quatrième forme, la résistance psychologique, se rapproche de ce que l'on entend communément par cette expression. Selon le type de changement (transformation, redressement, etc.), ces quatre formes se manifesteront de manière plus ou moins vive à différentes phases de l'opération de changement.

20.1 Les cinq étapes d'une stratégie radicale

La formulation et la mise en place d'une stratégie radicale devraient comprendre cinq étapes distinctes et successives, bien que comportant inévitablement un certain chevauchement entre elles. Le cas concret du redressement d'IBM effectué entre 1993 et 1998 par Lou Gerstner, son PDG jusqu'en 2001, nous servira à illustrer les cinq étapes de notre modèle.

Nous avons choisi le redressement d'IBM, car cette entreprise offre un rare exemple de phénix dans le milieu industriel. Rappelons qu'elle a été l'entreprise la plus admirée au monde de toute la période 1975-1985. Elle a ensuite subi une grave crise de performance (*voir la figure 20.1*). Toutefois, 10 ans plus tard, en 2002, IBM revenait au palmarès du *Fortune 500* en dixième position et affichait une performance boursière excellente (*voir la figure 20.2*). Elle est l'exemple d'un redressement exceptionnel offrant nombre de leçons utiles pour quiconque doit mener à bien une opération de changement radical.

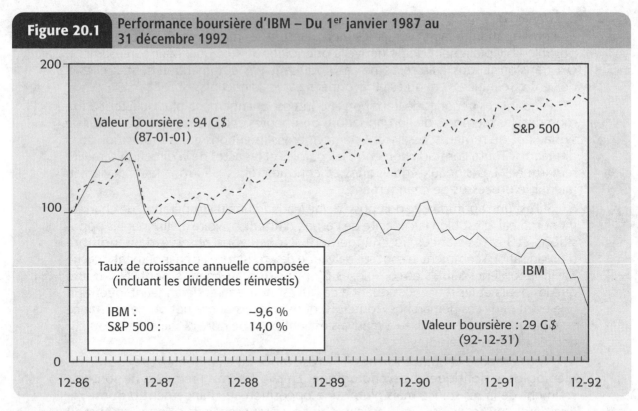

Figure 20.1 Performance boursière d'IBM – Du 1er janvier 1987 au 31 décembre 1992

Valeur boursière : 94 G$
(87-01-01)

S&P 500

Taux de croissance annuelle composée
(incluant les dividendes réinvestis)

IBM : −9,6 %
S&P 500 : 14,0 %

IBM

Valeur boursière : 29 G$
(92-12-31)

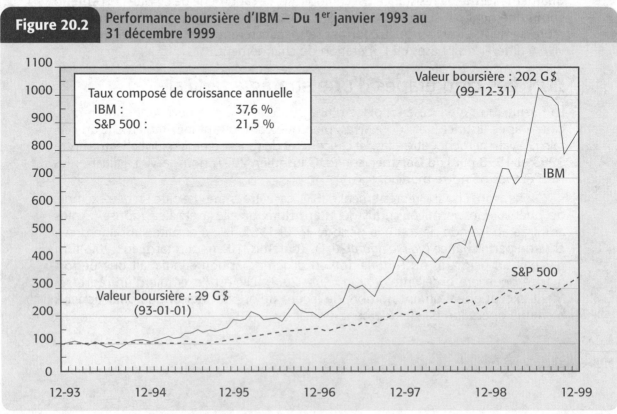

Figure 20.2 Performance boursière d'IBM – Du 1er janvier 1993 au 31 décembre 1999

Valeur boursière : 202 G$
(99-12-31)

Taux composé de croissance annuelle
IBM : 37,6 %
S&P 500 : 21,5 %

IBM

Valeur boursière : 29 G$
(93-01-01)

S&P 500

Les cinq étapes du changement radical, présentées à l'encadré 20.2, font l'objet d'un examen détaillé dans la suite de ce chapitre.

Encadré 20.2 Les cinq étapes du changement radical

1. Poser un diagnostic et un pronostic.

ou

Où en sommes-nous, où allons-nous avec la stratégie actuelle ?

2. Définir la structure et la culture cibles pour l'organisation.

ou

Que désirons-nous devenir et que faut-il changer pour y arriver ?

3. Définir et exécuter une métastratégie.

ou

Comment faire partager par l'organisation la nécessité de changer et les objectifs de changement ?

4. Exécuter et contrôler le programme de changement.

ou

Comment faire bouger les choses ?

5. Conserver l'esprit et la capacité de changement.

ou

Comment garder l'organisation sur le qui-vive ?

© Allaire et Firsirotu, 1985, 1993, 2004

20.1.1 Première étape – Poser un diagnostic et un pronostic

Où en sommes-nous, où allons-nous avec la stratégie actuelle ?

La direction doit évaluer la performance actuelle de l'entreprise et ses perspectives d'avenir si elle perpétue la même stratégie. Un tel diagnostic doit mener à l'une ou l'autre des situations décrites au chapitre 19. La direction juge-t-elle que son entreprise est en **situation de continuité ou de discontinuité ?** Doit-elle mettre en œuvre une opération de redressement, de revitalisation, de transformation ou de réorientation ?

Un premier enjeu pour l'exécution d'une stratégie radicale tient évidemment à la qualité de ce jugement. Les dirigeants portent-ils un jugement informé et sans complaisance sur la situation de l'organisation et son habileté à bien réussir dans ses contextes actuels et futurs.

Les dirigeants qui doivent porter ce jugement sont des « produits » de l'organisation, et leurs perceptions sont structurées par le cadre mental dominant dans l'entreprise avec ses préjugés, ses croyances et ses prédispositions. Il leur est donc souvent difficile de prendre le recul mental nécessaire pour procéder à une juste appréciation de la situation, de remettre en question des principes de fonctionnement qui leur semblent inviolables et d'envisager des démarches proprement « hérétiques ».

Cela se révèle particulièrement vrai pour les stratégies de transformation et de revitalisation, alors que les faits et les événements se prêtent tout aussi bien à un diagnostic de continuité, Cas I versus Cas III. En effet, projeter ce qui est susceptible de se produire dans un avenir plus ou moins lointain est toujours un exercice qui prête à des divergences de vue légitimes. **L'avenir se présente plutôt comme un test de Rorschach, chacun pouvant y projeter ses propres perceptions et anxiétés.** Les dirigeants peuvent aisément conclure que l'organisation telle qu'elle est présentement constituée – avec ses valeurs, ses traditions, ses façons de gérer, ses systèmes et ses structures – est tout à fait adaptée à ses contextes présents et futurs, et est bien capable de changer progressivement ses façons de faire, si cela devenait nécessaire.

Le cercle vicieux qui consiste à ne décoder les faits, l'information et les événements qu'en fonction de ces *a priori,* pour ainsi en confirmer leur bien-fondé, est malheureusement endémique à la nature humaine. Le phénomène peut se manifester dans toutes les organisations, même les mieux gérées. La figure 20.3 décrit ce cercle vicieux de filtrage et d'interprétation aboutissant à la confirmation et à la validation des *a priori* et des préjugés.

Le cadre mental d'une organisation consiste en cette forme de pensée particulière qui caractérise les personnes ayant longtemps vécu et travaillé dans un même milieu. Ce cadre mental, résultat de la culture et de la structure particulières de l'organisation, tend à façonner, certains diraient à emprisonner, les facultés mentales des personnes et à délimiter leur champ de vision. Sans qu'ils en soient pleinement conscients, leur cadre mental définit le réel et le possible, c'est-à-dire les perceptions qu'ont les membres d'une organisation de leur propre situation, de leurs options et de leur marge de manœuvre.

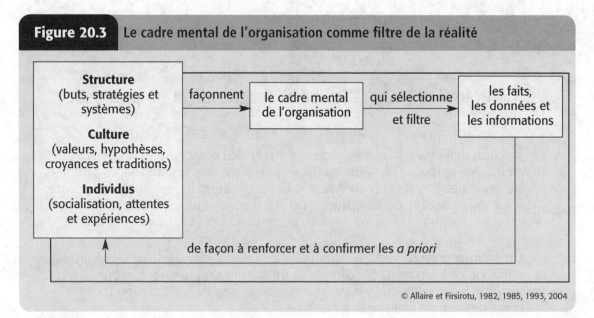

Figure 20.3 Le cadre mental de l'organisation comme filtre de la réalité

© Allaire et Firsirotu, 1982, 1985, 1993, 2004

Bien sûr, un état de crise, comme c'est le cas pour un redressement, tend à imposer le diagnostic approprié, bien qu'il soit étonnant, même dans ces cas, de constater à quel point les membres d'une organisation, y compris les dirigeants, peuvent continuer à nier une évidence criante et à refuser d'accepter le caractère périlleux de leur situation.

Une fois le diagnostic posé, même si celui-ci est juste, clair et partagé, le cadre mental intervient de nouveau lorsque les dirigeants tentent de définir les mesures à prendre pour rétablir la performance de l'organisation ou pour préparer celle-ci en vue d'un environnement futur très différent du contexte actuel.

Cette situation semble s'être produite chez IBM sous la direction de John Akers. En effet, Akers, PDG d'IBM jusqu'en 1993, a échoué non pas parce qu'il n'avait pas vu la nécessité d'un changement, ni parce qu'il avait fait un mauvais diagnostic (Gerstner, son successeur, a déclaré plus tard qu'il était en accord avec 75 % du diagnostic initial d'Akers). Il a échoué parce que, produit et prisonnier de la culture IBM, structuré par le puissant cadre mental de l'entreprise, il a sous-estimé l'envergure et la nature du changement ; il a sous-estimé la façon dont cette culture, produit de toutes ces années de succès et de domination de son marché, rendrait difficile, voire impossible, la réalisation d'un changement fondamental en l'absence d'une crise tangible ressentie par l'ensemble du personnel.

Première étape – Poser un diagnostic et un pronostic chez IBM (1993)

Où en sommes-nous ?
Où allons-nous avec la stratégie actuelle ?

Malheureusement pour Akers, lorsque la crise est survenue, il a été évincé de son poste et remplacé par Lou Gerstner. Il ne s'agissait plus de transformer IBM mais bien de redresser l'entreprise.

Lorsque Gerstner est arrivé, il avait l'avantage d'être « **extraculturel** », c'est-à-dire libre des carcans de l'esprit qui résultent d'une forte socialisation envers une culture particulière comme celle d'IBM. Il a donc pu évaluer lucidement la situation, les changements qui s'imposaient ainsi que les moyens nécessaires pour les mener à bien. Il comptait aussi de nombreux désavantages : au départ, le personnel d'IBM estimait qu'il n'avait ni la crédibilité ni la légitimité nécessaires pour diriger l'entreprise.

Son manque de crédibilité venait du fait qu'il n'appartenait pas au monde de l'informatique et que son expérience passée comme PDG de RJR-Nabisco et d'American Express était considérée comme non pertinente :

> *Je savais que c'était là ma plus grande vulnérabilité à court terme. Est-ce que les chercheurs allaient me rejeter comme un leader inacceptable ? Certains dans la compagnie m'appelaient « Cookie Monster » à cause de mes antécédents chez Nabisco.* (Gerstner, 2002, p. 38.)

Gerstner manquait aussi de légitimité aux yeux des cadres et du personnel d'IBM parce qu'il venait de l'extérieur, une première et grave infraction à l'endroit des valeurs, de la tradition et des attentes longuement sédimentées dans l'entreprise.

Il savait qu'il devait connaître rapidement et en profondeur la société et sa culture. Il devait devenir « **métaculturel** », c'est-à-dire comprendre la culture de l'entreprise et ses subtiles règles, sans en devenir prisonnier, sans se laisser structurer par elle. Gerstner pouvait heureusement compter sur deux facteurs dans cette quête :

1. IBM ayant fait l'objet de plusieurs ouvrages décrivant sa culture et ses modes de fonctionnement (incluant l'autobiographie de Thomas Watson fils), Gerstner s'était empressé de consulter cette riche source d'information avant même de débuter au sein de l'entreprise.

2. Gerstner avait été un client important d'IBM lorsqu'il était à American Express et à RJR-Nabisco. En cette qualité, il avait des perceptions précises quant aux forces et aux faiblesses de la culture d'IBM.

Dès son arrivée, il a rencontré des clients, des experts de l'industrie, des concurrents, des cadres et des employés. Il a visité les sites d'IBM aux États-Unis et en Europe pour mieux comprendre l'organisation. Après quelques mois d'intense dialogue, d'étude et de réflexion, il en est arrivé au diagnostic que nous présentons à l'encadré suivant.

Encadré 20.3	**Le diagnostic porté sur IBM en 1993 par Gerstner**

1. La situation financière d'IBM est catastrophique.
2. Son positionnement de marché est mauvais.
3. IBM est trop bureaucratique.
4. Les décisions prises par Akers n'ont réussi qu'à troubler, à perturber et à insécuriser le personnel.
5. La volonté d'exceller paralyse IBM.
6. IBM n'est plus une société manufacturière.
7. Le programme de rémunération, fixe, uniforme et hiérarchique, est périmé.
8. IBM a assumé certaines caractéristiques d'une entreprise monopolistique.
9. La technologie constitue maintenant le centre de gravité de l'organisation.
10. IBM souffre du syndrome « Ce qui n'est pas inventé chez nous n'est pas bon » *(not invented here)*.
11. Les dirigeants manifestent une forte aversion au risque.
12. Les employés ne sont pas conscients de la situation dans laquelle se trouve IBM.

Source : Gerstner (2002)

Ce diagnostic comporte les éléments suivants :

1. La situation financière d'IBM est catastrophique. – Les ventes, les marges et les profits ont chuté. IBM a enregistré la première perte de son histoire en 1992 (4,7 milliards de dollars) et a vu fondre les trois quarts de sa valeur boursière (67 milliards de dollars).

2. Son positionnement de marché est mauvais. – Les ventes d'ordinateurs à grande capacité (*mainframe*) chutent rapidement. Les prix d'IBM sont supérieurs à ceux des concurrents. Elle n'a qu'une faible présence dans le segment en croissance des ordinateurs à puissance moyenne (*work stations*). L'image de la société auprès des clients se dégrade dangereusement.

3. IBM est trop bureaucratique. – La prise de décisions est considérablement allongée par les conflits politiques et structurels entre les services de soutien (*staff*) et les unités opérationnelles (*line*). Les deux groupes sont puissants au sein d'IBM, se neutralisent l'un et l'autre, en invoquant la tradition de prise de décisions par consensus.

Avec le temps, tout chez IBM est devenu codifié et programmé. Les procédures et les descriptions de tâches sont détaillées et précises. Par exemple, Gerstner a été stupéfié le jour où il a découvert un document de 60 pages intitulé *Les tâches de l'assistant administratif de W.E. Burdick, vice-président, personnel, planification et programmes*. Ce document contenait des stipulations d'une précision absurde, par exemple : « Toujours avoir quelques pièces de monnaie sur soi. WEB (Burdick) peut avoir à faire des appels téléphoniques hors du bureau. » ou encore « WEB adore la gomme à mâcher sans sucre. Lorsque la boîte sur son bureau est presque vide, elle doit être remplacée par la boîte de réserve, et une nouvelle boîte de réserve doit être achetée. »

L'autorité première chez IBM logeait au Management Committee (MC). Le MC était une instance collégiale de six personnes (en 1993) qui se réunissaient chaque semaine pour débattre de toutes les décisions majeures de l'entreprise et établir des consensus. Le MC était le « site ultime du pouvoir » ; y être nommé représentait la consécration professionnelle pour les cadres d'IBM.

4. **Les décisions prises par Akers n'ont réussi qu'à troubler, à perturber et à insécuriser le personnel d'IBM.** – Le personnel ressent un décalage, une dissonance entre les changements structurels apportés par Akers et les tenants culturels qu'il prétendait immuables et inchangés :

> *Nos employés devaient percevoir ce qui se passait depuis un an comme un discours contradictoire. En fait, depuis 1990, presque 120 000 employés d'IBM avaient quitté la compagnie – certains volontairement, certains involontairement –, mais la compagnie continuait de s'accrocher à la fiction qu'elle offrait la sécurité d'emploi et ne procédait jamais à des licenciements.* (Gerstner, p. 23)

5. **La volonté d'exceller paralyse IBM.** – Les décisions et les plans d'action sont revus et raffinés jusqu'à ce que les dirigeants d'IBM soient convaincus de leur perfection. Le temps de réaction de l'entreprise est très long. Une plaisanterie interne veut que :

> *Chez IBM, les nouveaux produits ne sont pas lancés, ils s'échappent !* (Gerstner, p. 186)

6. **IBM n'est plus une société manufacturière.** – L'immense majorité de son personnel est composée d'ingénieurs, de programmeurs, de techniciens, d'agents commerciaux, de cadres, de chercheurs, etc. Ce type de personnel est plus difficile à gérer et, chez IBM, a acquis les privilèges et les prérogatives de « professionnels ». Chacun a un avis et discute les ordres de la direction. Gerstner décrit ce phénomène comme la « culture du NON » (Gerstner, p. 192). Ainsi, certains cadres refusent d'exécuter les tâches assignées par Gerstner, en lui répondant simplement : « Cela me semblait plus une suggestion qu'une directive » ou encore : « Je n'étais pas d'accord avec vous » (Gerstner, p. 194).

7. **Le mode de rémunération est fixe, uniforme et hiérarchique.** – Si important à l'époque de son développement, le mode de rémunération contribue maintenant à l'appauvrissement du capital humain d'IBM. Dans l'univers du marché du « talent » décrit au chapitre 1, cette façon de faire, cette valeur de l'entreprise, aboutit à la perte de personnes-clés qui quittent IBM pour se joindre à des entreprises concurrentes où elles seront bien mieux rémunérées.

8. **IBM a assumé certaines caractéristiques d'une entreprise monopolistique.** – Des dépenses somptuaires sont engagées pour le mieux-être des employés.

Par exemple, les programmes sociaux pour le personnel (retraite, maladie, clubs, etc.) sont de loin les meilleurs à cette époque de toutes les entreprises nord-américaines, mais aussi les plus coûteux. IBM se montre insouciante devant l'émergence de concurrents, qu'elle juge toujours « marginaux », et de leurs nouveaux produits ; toute l'énergie de l'entreprise est investie dans son fonctionnement interne, l'amélioration des processus, la négociation de prix de transfert entre les divisions, etc.

9. La technologie constitue maintenant le centre de gravité de l'organisation. – Les ingénieurs sont dominants. Ils cernent mieux que quiconque le produit qu'il convient de mettre au point ; la tâche des agents commerciaux est de vendre ces excellents produits. Malgré son histoire et une culture qui, au départ, avait fait du service au client une valeur essentielle, IBM offre au début des années 1990 un service de piètre qualité. Peu à peu, ses succès, son indéniable pouvoir de marché et sa supériorité technologique ont rendu les membres imperméables aux signaux du marché.

Signe révélateur : il n'y a pas de service d'étude du marché chez IBM en 1993. IBM n'étudie pas ses clients, ne détermine pas quels sont les segments d'acheteurs et leurs besoins, etc. Selon Gerstner, à l'époque, « marketing » et « ventes » étaient des synonymes.

IBM devait chercher la nouvelle idée géniale, le produit « transformateur » (comme le IBM 360), le nouveau *strategic leap* qui lui redonnerait un quasi-monopole.

10. IBM souffre du syndrome *not invented here*. – Elle s'intéresse peu aux développements technologiques amenés par des firmes comme Intel et Microsoft. Elle ne se compare pas aux autres ; IBM est « l'étalon » auquel toutes les autres compagnies informatiques doivent se comparer.

11. Les dirigeants manifestent une forte aversion au risque. – Cela résulte des longues années de litiges avec les autorités antitrust américaines. Cette saga judiciaire a sapé la volonté des dirigeants de « battre la concurrence » et de « gagner des parts de marché ».

12. Les employés ne sont pas conscients de la situation dans laquelle se trouve IBM. – À l'arrivée de Lou Gerstner en 1993, les employés ne semblaient pas prêts à faire les efforts que nécessitait le redressement de l'entreprise.

Le diagnostic stratégique de Lou Gerstner dans ces aspects formels n'est pas fondamentalement différent de celui de son prédécesseur, John Akers.

> *Je pense que je devais être d'accord avec 75 % de ses évaluations. Ce qui me contrariait, c'était le fait qu'il pouvait être si critique envers la compagnie et pourtant laisser tous ses dirigeants en place.* (Gerstner, p. 27)

À son arrivée, Lou Gerstner a compris d'emblée que le problème principal d'IBM était d'ordre organisationnel et culturel. S'il voulait redresser l'entreprise, il lui fallait non seulement faire évoluer sa structure, ce qu'avait commencé à faire Akers, mais aussi et surtout transformer les mentalités, changer ses valeurs.

Cependant, Lou Gerstner s'est refusé à critiquer les erreurs du passé et à chercher des responsables :

> *Nous avions peu de temps pour définir les problèmes. Nous devions nous concentrer sur les solutions et les actions à entreprendre. [...] Chacun part avec une ardoise vierge. Ni vos succès ni vos échecs passés ne comptent pour moi.* (Gerstner, p. 23)

Durant les 30 premiers jours de son mandat, il a demandé à tous les dirigeants des unités d'affaires un rapport de 10 pages sur les besoins de leurs clients, sur les concurrents, la technologie, la dynamique économique, leurs défis à court et à long terme, ainsi que les perspectives pour leur unité au cours de l'année suivante (1993-1994). Il a demandé à chacun de proposer des stratégies pour améliorer la performance de leur unité d'affaires.

20.1.2 Deuxième étape – Définir la structure et la culture cibles pour l'organisation

Que désirons-nous devenir et que faut-il changer?

Le leader doit définir la vision stratégique ainsi que la vision de l'organisation à mettre en place pour y arriver. L'architecte du changement doit faire en sorte que des membres de la direction contribuent à définir les objectifs, les stratégies, les modes et les systèmes d'exploitation qui doivent être mis en place, de même que les valeurs, les attitudes et les mentalités qu'il faut susciter pour atteindre ces objectifs et exécuter ces stratégies.

Les stratégies proposées doivent répondre aux exigences de l'environnement dans lequel l'entreprise œuvre ou est susceptible d'œuvrer. Les changements doivent être perçus comme nécessaires et essentiels au succès de l'entreprise par tous ceux qui exercent une influence sur l'organisation.

Cette étape comporte des défis importants surtout lorsque plusieurs groupes aux intérêts divergents doivent collaborer à une nouvelle direction stratégique. Sans un leadership habile, capable de mobiliser suffisamment de ressources derrière une nouvelle orientation, l'organisation dépérit sans qu'on arrive à trancher le nœud gordien qui la paralyse.

La formulation d'une stratégie externe (une stratégie de marché dans le cas de l'entreprise) qui réponde aux exigences de survie de l'organisation est essentielle à ce stade. Claire et irrésistible, cette stratégie doit receler un grand potentiel symbolique. Elle doit à la fois expliquer les déboires et les insuccès de l'organisation et donner une assurance de réussite pour l'avenir. En un sens, une telle stratégie assume le caractère d'une nouvelle idéologie pour les membres de l'organisation.

Les dirigeants doivent également offrir une définition claire et tangible du type d'organisation qu'il faut mettre en place pour exécuter cette stratégie externe. Ils doivent définir la « culture et la structure cibles », ce qu'on appelle parfois dans le langage courant en gestion la « vision » de l'entreprise et de son développement.

Cette « vision » de l'entreprise et de l'organisation doit posséder certaines caractéristiques que nous présentons à la figure 20.4. Pour être efficace et lui donner quelque espoir de succès, la stratégie proposée, le type d'organisation que l'on veut bâtir doit apporter une réponse persuasive aux problèmes actuels et mobiliser le personnel.

Figure 20.4	Les caractéristiques d'une bonne vision stratégique

Persuasive sur le plan intellectuel

- Conforme aux défis de l'entreprise
- Plausible
- Tangible et précise
- Appuyée sur des faits mémorables et des analyses compétentes
- Dynamique
- Réalisable
- Facile à comprendre

Sensible aux intérêts des membres

- Tient compte des calculs éclairés des membres (*enlightened self-interest*) ;
- Comporte des avantages provenant de la nouvelle orientation ;
- Crée de nombreux « gagnants » avec la nouvelle orientation.

Attrayante sur le plan émotif

- Offrant des défis
- Rassurante, sécurisante pour l'avenir
- Centrée sur des valeurs stimulantes
- Enthousiasmante et emballante
- Partagée
- Rompant avec le passé mais ancrée dans les valeurs historiques et la tradition de l'entreprise

© Allaire et Firsirotu, 2000, 2004

Deuxième étape – Définir la structure et la culture cibles chez IBM

Que désirons-nous devenir et que faut-il changer ?

Au départ, Gerstner était hésitant sur la stratégie à adopter. À son arrivée, un débat interne divisait les dirigeants : devait-on découper IBM en entités autonomes ou pas ? On se rappelle qu'Akers, en désespoir de cause, avait décidé en 1992 que la voie à suivre consistait à briser IBM en une fédération de 13 unités d'affaires autonomes, chacune capable de s'adapter rapidement aux besoins changeants de marchés particuliers. Mais Gerstner s'est laissé le temps de la réflexion : *Peut-être est-ce la chose à faire, peut-être pas.* (Gerstner, p. 23) Il chercha à trouver un équilibre entre le besoin de décentralisation (alléger la structure, la rendre plus simple) et les avantages d'une société IBM unifiée : *Nous devons équilibrer le besoin de décentralisation des décisions avec une stratégie centralisée et une attention globale envers le client.* (Gerstner, p. 22)

Dans un premier temps, même avant d'arrêter sa stratégie externe, il a commencé à simplifier la structure :

> *Si IBM est aussi bureaucratique que les gens le disent, alors éliminons rapidement la bureaucratie. Décentralisons le processus de décision partout où cela*

> *est possible. [...] Si nous avons trop d'employés, ramenons alors l'entreprise*
> *à une taille plus appropriée ; faisons-le avant la fin du troisième trimestre.*
> (Gerstner, p. 22)

Le 27 juillet 1993, trois mois après son arrivée, il a déclaré à une conférence tenue avec les investisseurs et les analystes financiers qui attendaient de connaître sa vision à long terme :

> *Il y a beaucoup de spéculations à propos de ce que je vais présenter comme*
> *vision pour IBM, et je voudrais dire à tous que la dernière chose dont elle a*
> *besoin maintenant, c'est d'une vision.* (Gerstner, p. 68)

Il a ajouté qu'IBM avait besoin avant tout de stratégies très concrètes, bien arrimées au marché, pour chacune de ses unités d'affaires. Clairement, Gerstner ne croyait pas aux énoncés ronflants, aux rodomontades qui avaient cours à l'époque sous cette étiquette de « vision ». Par contre, il a pris rapidement une série de décisions qui, collectivement, donnaient une nouvelle vision à l'entreprise, au sens où nous l'entendons ici.

En fait, il a pris **trois décisions stratégiques importantes**, qui traduisaient bien le type de culture et de structure qu'il voulait implanter :

1. **Ne pas diviser la compagnie.** – IBM doit rester une entreprise unifiée, indivise pour agir comme fournisseur unique de solutions globales pour le client.

2. **Changer le modèle économique d'IBM.** – La compagnie doit dépenser moins : atteindre un ratio dépenses/revenus comparable à ses concurrents. Chez IBM, ce ratio doit passer de 42 % à 31 % comme chez ses concurrents ; l'atteinte de cet objectif lui ferait économiser 7 milliards de dollars américains.

3. **Transformer les façons de faire.** – Gerstner a mis en branle une opération de reconfiguration dans tous les secteurs d'activité afin de rationaliser, de simplifier, d'éliminer.

La première décision représentait un choix stratégique capital pour les années à venir. Gerstner a proposé une stratégie de marché principalement tournée vers les « services » afin d'éviter les conséquences pénibles de l'homogénéisation progressive du matériel informatique. Selon Gerstner, IBM doit se présenter sur le marché comme une entité unique et intégrée (*going to the market as one IBM*), capitalisant sur sa capacité « de créer, d'intégrer et de livrer des solutions globales ». Cette orientation stratégique a pris sa source, selon Gerstner, dans les attentes exprimées par les clients eux-mêmes :

> *Nous n'avons pas besoin d'une énième compagnie de base de données ni d'une*
> *autre firme de serveur UNIX. La seule chose que vous faites et que personne*
> *d'autre ne peut faire, c'est de nous aider à intégrer nos systèmes et nous pro-*
> *poser des solutions globales.* (IBM, *HBS case*, 2000)

IBM disposait également d'un actif précieux que cette stratégie mettait en valeur : sa présence internationale, sa capacité d'apporter des solutions intégrées pour toute les opérations d'une société transnationale. *Je me sers de vous, les gars, dans le monde entier*, déclare un autre client. (IBM Turnaround, *HBS case*, 2000, p. 9)

Dès lors, cette stratégie a été la force motrice sous-jacente à toutes les décisions portant sur l'organisation, les structures et les systèmes de gestion de l'entreprise.

Toutefois, pour mettre en place cette stratégie, un changement radical s'imposait : *Pour offrir un service intégré à nos clients, je devais d'abord intégrer IBM !*

Gerstner a défini la nouvelle culture, qu'il voulait implanter chez IBM, en proclamant huit principes de gestion (*voir l'encadré 20.4*) et en déterminant les changements de comportement nécessaires pour réussir dans la nouvelle société IBM (*voir le tableau 20.1*).

Encadré 20.4 **Les huit principes de gestion proposés par Gerstner**

1. Le marché est la force motrice derrière toutes nos actions.
2. Fondamentalement, nous sommes une compagnie de technologie avec un fort engagement envers la qualité.
3. Les mesures critiques de notre succès sont la satisfaction de nos clients et la création de valeur pour nos actionnaires.
4. Nous voulons une organisation entrepreneuriale avec un minimum de bureaucratie et une recherche constante de haute productivité.
5. Nous ne perdons jamais de vue notre vision stratégique.
6. Nous pensons et agissons avec un sens aigu d'urgence.
7. Un personnel dédié et bien motivé peut tout accomplir, surtout si ce personnel travaille bien en équipe.
8. Nous sommes sensibles aux besoins de nos employés et des communautés dans lesquelles nous œuvrons.

Source : adapté de Gerstner, (2002, p. 201-203)

Ces principes de gestion sont radicalement différents de ceux qui avaient cours dans l'organisation à l'arrivée de Gerstner. Ils sont également fort différents des principes historiques, promulgués par Watson père et fils, et qui ont servi d'assises à la culture d'IBM au cours des années 1960 et 1970. Les principes proposés par Gerstner reflètent le contexte des entreprises américaines des années 1990, qui est marqué par une forte vulnérabilité aux aléas des marchés et par une mobilité accrue du talent migrant facilement d'une entreprise à l'autre. Nous avons décrit au chapitre 1 les conséquences du déplacement des entreprises d'un contexte à l'autre. Les différences entre les principes de gestion de Watson fils et ceux proposés par Gerstner sont saisissantes. Le premier principe de gestion proposé par Gerstner est : *Le marché est la force motrice derrière toutes nos actions*. Watson affirme d'abord « le respect pour la personne ». Pour Gerstner, le client et l'actionnaire sont d'égale importance. Pour les Watson, l'intérêt de l'actionnaire vient derrière celui de la personne et du client. **Nouveau contexte, nouvelles stratégies obligent ; les valeurs et les principes de gestion doivent s'adapter à ces nouvelles réalités.**

Dans ce nouveau contexte, plusieurs aspects de la culture historique d'IBM se révèlent nuisibles ou caducs. Par exemple, sa philosophie de rémunération ne comporte qu'une faible composante variable et peu de différenciation selon la performance et la valeur marchande des talents particuliers. Cette politique conduit des ingénieurs et des gestionnaires de talent vers des entreprises concurrentes. De plus, les excellents mais coûteux programmes de formation du personnel deviennent non rentables dans la mesure où les employés quittent l'entreprise après quelques années de service seulement et sont même recherchés par les concurrents précisément à cause de cette formation reçue chez IBM. Enfin, la tradition du consensus à tout prix ralentit considérablement la prise de décisions, un sérieux handicap dans un secteur informatique en pleine mutation.

Gerstner a donc déclaré qu'une nouvelle façon de gérer s'imposait et serait désormais la norme au sein d'IBM. En plus des huit principes de gestion déjà décrits, il a rendu explicites les changements de comportement qu'il voulait imposer (*voir le tableau suivant*).

Tableau 20.1	**Les changements de comportement visés par Gerstner**

Comportement	
Avant	**Dorénavant**
Je sais ce qui est bon pour le client. (*Product out*)	Enfiler les chaussures du client. (*Customer in*)
Je le fais à ma façon.	Je le fais de la façon dont le veut le client.
Gérer pour l'aspect « moral ».	Gérer pour le succès.
Les décisions sont basées sur des anecdotes et des mythes.	Les décisions sont basées sur des faits et des données.
La gestion est axée sur les relations. (*Relationship driven*)	La gestion est axée sur des performances mesurables. (*Performance-Driven and Measured*)
Donner priorité à la conformité (politiquement correct).	Donner priorité à la diversité des opinions et des idées.
Blâmer les personnes.	Blâmer les processus (demander pourquoi, pas qui).
Gérer son image.	Assumer ses responsabilités.
Protéger la domination américaine (Armonk).	Opter pour le partage international de l'autorité.
Gérer selon des règles.	Gérer selon des principes.
Valoriser le « moi ».	Valoriser le « nous ».
Être paralysé par l'analyse.	Décider et agir avec urgence.
Ce qui n'est pas inventé chez nous n'est pas bon. (*Not invented here*)	Favoriser l'apprentissage organisationnel continu. (*Learning Organization*)
Être prêt à tout financer.	Établir des priorités.

Source : adapté de Gerstner, 2002.

20.1.3 Troisième étape – Définir et exécuter une métastratégie

Comment faire partager par l'organisation la nécessité de changer et ce qu'il faut changer ?

C'est à cette troisième étape que le leadership est soumis à rude épreuve dans ces opérations de changement. Mobiliser toute une organisation vers de nouveaux objectifs et de nouvelles façons de faire, lui inculquer de nouvelles valeurs, constitue un énorme défi. Pour réaliser cela, le dirigeant doit procéder avec doigté et compétence. N'ayons pas peur des mots. Ce à quoi nous faisons référence ici est la théorie du changement qui anime et guide le leader dans l'exécution de la stratégie radicale.

Paraphrasant John Maynard Keynes, nous mettons en garde les gens pratiques qui prétendent ne subir l'influence d'aucune théorie et ne fonder leurs actions ainsi que leurs décisions que sur leur seule expérience et leur bon jugement. Ces personnes pourraient bien être les esclaves inconscients de quelque psychologue industriel défunt ou à la retraite! **Tous les dirigeants fondent leurs démarches sur des schémas théoriques, plus ou moins articulés, plus ou moins explicites, plus ou moins valides.**

L'établissement d'une **métastratégie** (*voir l'encadré 20.5*) reflète la compréhension des rouages du changement radical par le dirigeant responsable. Cette métastratégie est faite des mesures à prendre et des processus à mettre en marche pour faire partager par les différentes parties prenantes le diagnostic que le leader a fait de la situation, ainsi que les stratégies et le type d'organisation qui lui semblent essentiels au succès futur de l'entreprise.

Encadré 20.5 Qu'est-ce qu'une métastratégie?

- C'est la stratégie du leader pour mobiliser l'entreprise vers une nouvelle direction, lorsque cela s'impose.

- Elle est non écrite, partagée par peu de personnes. Elle est faite de processus, de démarches séquentielles et de tactiques pour aiguiller l'organisation vers de nouveaux objectifs au moment nécessaire. Elle reflète la «théorie personnelle» du leader sur la manière de mener à bien une opération de changement.

- Elle est la quintessence du leadership: l'avenir de toute entreprise dépend de la qualité de la métastratégie de ses dirigeants actuels.

© Allaire et Firsirotu, 1985, 1993, 2004

La métastratégie du leader doit apporter des réponses aux interrogations suivantes:

1. Quelle théorie du changement inspire le responsable de la stratégie radicale? Quelle est la valeur empirique de cette théorie? Est-elle appropriée au type de changement envisagé? (Firsirotu, 1984; Allaire et Firsirotu, 1985, 1999; Leifer et White, 1986; Gerson, 1991.)

2. Quels sont les liens, les relations ou les connexions que l'on peut établir entre les arrangements structurels et culturels tels qu'ils existent présentement, et ceux visés par la stratégie radicale? Peut-on accomplir une bonne partie du changement par l'affirmation de certaines valeurs et traditions qui ont cours dans l'entreprise, et par la destruction systématique d'autres valeurs ou croyances devenues nocives pour le fonctionnement de l'organisation? L'objectif du changement radical peut-il être conçu d'une certaine façon comme un retour aux valeurs et aux modes de gestion d'antan, lesquels ont malheureusement été délaissés pour le plus grand mal de l'entreprise?

3. Doit-on se donner comme objectifs immédiats le type d'organisation que l'on souhaite atteindre ou doit-on plutôt proposer d'abord des

arrangements intermédiaires et transitoires ? Il arrive souvent qu'il ne soit ni possible ni habile de tenter d'aller directement à la culture et à la structure cibles. L'atteinte des objectifs est alors fonction d'arrangements structurels et culturels qui ne sont pas optimaux et qui peuvent même imposer des coûts additionnels de fonctionnement. Cependant, ces arrangements intermédiaires sont souvent nécessaires pour amorcer un mouvement de changement au sein de l'organisation en lui fournissant des objectifs plus faciles à comprendre et à atteindre.

4. Comment les différents processus et systèmes de gestion de l'organisation peuvent-ils être mis à contribution pour appuyer la stratégie de changement et les nouveaux comportements visés ? La démarche de planification stratégique ainsi que les systèmes de budgétisation et de rémunération, par exemple, peuvent devenir d'excellents moyens pour appuyer un mouvement de changement des comportements.

5. Quels rôles devront jouer la gestion des symboles et des significations ainsi que la gestion des coalitions et des factions dans l'exécution de la métastratégie ? Quels sont les groupes qui devront se ranger derrière le changement proposé pour en assurer le succès ? Quels sont les symboles qu'il faudra proposer ou attaquer pour communiquer efficacement la volonté et la direction du changement ? La figure 20.5 présente trois formes d'habiletés de gestion importantes à des degrés divers selon les enjeux et les défis que doit relever l'entreprise.

Figure 20.5 | **Trois habiletés de gestion et leur rôle dans une opération de changement**

Gestion technique
Maîtriser les aspects formels de la gestion, les modèles stratégiques et les concepts analytiques qui servent de fondements rationnels pour la gestion des organisations.

Nécessaire mais non suffisante

Gestion politique
Comprendre et gérer les coalitions essentielles au succès de l'organisation. Comprendre et gérer les sources de pouvoir formel et informel. Comprendre et gérer les attentes des différentes parties prenantes.

Essentielle dans la plupart des situations de changement

Gestion symbolique
Gérer, canaliser le processus de création de symboles, de significations, de normes et de valeurs partagées.

Indispensable pour changer la culture d'une organisation

© Allaire et Firsirotu, 1985, 1993, 2004

La stratégie de changement radical que nous proposons s'appuie sur un programme de mesures coordonnées et synchronisées conçu afin d'imprimer un changement à la fois aux dimensions culturelles et structurelles de l'organisation.

Ce programme doit être éminemment conséquent et cohérent. Le leader doit pratiquer ce qu'il prêche et ne pas souffrir de contradictions flagrantes entre le noble propos et les gestes concrets, entre les phrases ronflantes et les réalités quotidiennes du fonctionnement de l'organisation. En ces périodes de transition, le risque d'incohérence est grand ; toute contradiction peut facilement susciter chez les membres un cynisme nuisible !

C'est au cours de cette période que la notion de « stratégie radicale » prend tout son sens. Il s'agit en effet d'une étape intense durant laquelle les dirigeants doivent projeter une nouvelle image de l'entreprise, de sa stratégie externe, de ses nouvelles valeurs et de ses nouveaux modes de fonctionnement.

Dans un premier temps, la direction doit faire partager aux membres son diagnostic quant à la situation et aux défis auxquels est confrontée l'organisation. Ce n'est pas tellement la « résistance au changement » qui fait obstacle à l'implantation d'une stratégie radicale, mais plus souvent les efforts insuffisants pour faire partager les conclusions et les diagnostics auxquels les dirigeants sont arrivés. **Pour les membres de l'organisation qui ne font pas partie de la haute direction, le changement survient trop souvent sous forme de décisions et de décrets venus d'en haut et sans fondements évidents.**

Les dirigeants devraient donc communiquer clairement et à profusion les informations qui leur ont servi à tirer leurs conclusions sur le devenir de l'organisation. Ils doivent également montrer comment ils comptent relever les défis auxquels est confrontée l'organisation. Il est souvent utile à ce stade de cibler partout dans l'organisation des personnes qui sont favorables à la nouvelle orientation, de les former et de les informer de façon qu'elles puissent agir comme **agents de changement.**

Le leader devient l'incarnation de l'entreprise, de ses valeurs et de ses nouvelles orientations. Il est ou doit devenir l'agent le plus puissant du changement, le modèle des nouvelles valeurs et des normes de comportement qui sont devenues essentielles à la survie et à la réussite de l'entreprise.

S'il est un moment où la gestion des symboles et des significations prend une importance démesurée, c'est bien lors de cette étape. Ce type de gestion se fonde sur une fine compréhension des mécanismes sociaux qui sous-tendent la création de symboles et de signification dans un milieu social ainsi que sur une solide compétence dans l'utilisation de la rhétorique de persuasion. La gestion symbolique consiste à donner à ces mécanismes un contenu utile au changement souhaité.

Troisième étape – Définir et exécuter une métastratégie chez IBM

Comment faire partager par l'organisation la nécessité de changer et ce qu'il faut changer ?

La gestion symbolique de Gerstner a été remarquable dans la mesure où il a réussi à incarner le changement. Ainsi, il a multiplié les actes, tranchant singulièrement avec les habitudes de leadership chez IBM. Tout d'abord, il a visité un grand nombre de sites de la compagnie et a discuté avec leurs employés. Il a aussi communiqué le plus possible par voie directe. Par exemple, il a annoncé la fin de la politique d'« emploi à vie » et les réductions d'effectifs en envoyant un courriel à tous les salariés. Cette communication directe était nouvelle pour les employés qui s'étaient progressivement habitués à la structure très hiérarchique d'IBM.

Gerstner s'est soumis aux règles qu'il voulait imposer à tous les dirigeants. Ainsi, pour montrer sa volonté de redonner au client une place importante, il a lui-même participé à des réunions avec les meilleurs clients de l'entreprise – ce que n'avaient jamais fait ses prédécesseurs, y compris Akers.

De même, il s'est débarrassé des signes extérieurs d'opulence, notamment certains biens immobiliers comme le somptueux gratte-ciel de New York et les collections d'art de la compagnie. Le nouveau siège social installé à Armonk se veut plus modeste, plus ouvert, avec davantage de salles pour y rencontrer les clients. La nouvelle société IBM sera plus humble, plus proche des réalités de son marché et plus ouverte aux clients.

Enfin, il n'est de meilleur exemple de ce que signifie « gestion symbolique » que l'anecdote racontée plus tôt selon laquelle, dès sa première réunion de travail avec les dirigeants de l'entreprise qui s'apprêtaient à lui faire une présentation à l'aide d'un rétroprojecteur, instrument omniprésent dans la culture d'IBM, Gerstner s'est levé et a actionné l'interrupteur en disant : « Parlez-moi simplement de vos enjeux. » Des centaines de courriels ont été échangés le même jour avec le message « Les choses sont en train de changer chez IBM. »

L'**habileté de gestion politique,** indispensable au dirigeant de toute grande organisation, revêt une importance plus grande en période de changement radical. En effet, il est rare qu'une telle démarche ne suscite pas des oppositions et une résistance, active et passive. Sous cette étiquette de « résistance au changement », on trouve quatre types de comportements très différents, susceptibles de se manifester en période de bouleversement et de transition :

1. La résistance cognitive
2. La résistance idéologique
3. La résistance politique
4. La résistance psychologique

1. La résistance cognitive

Par « résistance cognitive », nous entendons ces situations où les membres de l'organisation sont intimement convaincus, selon les informations dont ils disposent et selon leurs connaissances et leur expérience, que le diagnostic fait par le leader est erroné et mal avisé. Par conséquent, les actions proposées sont inappropriées, néfastes même pour l'entreprise. **Ces personnes sont de bonne foi ; il ne s'agit pas chez elles d'une peur de la nouveauté et du changement, mais d'une démarche intellectuelle et rationnelle qui aboutit à des conclusions différentes de celles du leader.** Il n'est pas dit que ces gens ont tort. Il faut bien les écouter et engager le débat avec eux. Bien sûr, il arrive aussi que, influencés par le cadre mental de leur organisation, ils tamisent et biaisent inconsciemment l'information, puis aboutissent à un mauvais diagnostic. Un leader venu de l'extérieur (**leader extraculturel**) peut jeter un regard neuf, libre de l'influence des valeurs et des croyances qui ont cours dans l'organisation.

Comment composer avec la résistance cognitive ?

Le leader se doit avant tout de partager son diagnostic avec les membres de l'organisation. Il doit communiquer abondamment, expliquer point par point les raisons de ses choix afin d'obtenir l'acceptation de tous. La liberté d'expression est importante dans ces moments cruciaux. Le dirigeant ne doit pas empêcher les opinions divergentes de s'exprimer. Au contraire, il lui faut les écouter, en souligner les points justes et compatibles avec son diagnostic, les incorporer à son analyse et expliquer où sont les divergences.

Le leader dispose de multiples moyens pour faire accepter rationnellement son diagnostic par tous. Il peut : enrôler comme agents de changement des personnes intellectuellement crédibles dans l'entreprise pour appuyer ses idées ; organiser des forums et des tables rondes ; demander l'avis de consultants externes intègres et crédibles ; comparer l'entreprise avec ses concurrents mieux positionnés. Selon Andy Grove, PDG de la société Intel :

> [...] Partager une image commune de l'industrie et de son évolution est un outil essentiel pour rendre votre organisation capable de s'adapter. Car si les cadres supérieurs, les gestionnaires et le personnel technique partagent une vision commune, leur propension à reconnaître les changements de l'environnement et à y répondre de manière appropriée s'accroît grandement. (Grove, 1999)

Cependant, il ne faut pas conclure que l'entreprise doit devenir un « club pour débats intellectuels ». Il vient un moment où les opposants rationnels ayant été entendus, leurs suggestions retenues dans toute la mesure du possible, il faut passer à l'action : *Le temps n'est plus à l'écoute des Cassandre. Il n'est plus à l'expérimentation non plus. Le temps de passer à l'action est venu.* (Grove, 1999) Le leader doit compter sur des collaborateurs qui partagent sa vision des choses et qui s'en font les porte-parole enthousiastes, non pas parce que le PDG l'a décrété, mais parce qu'ils sont convaincus que le succès et la survie de l'entreprise en dépendent.

Rappelons que, au moment de l'arrivée de Gerstner chez IBM en 1993, un débat interne secouait la compagnie : de nombreuses voix s'élevaient, y compris celle de John Akers, pour réclamer une division de la compagnie en 13 entités autonomes. Résignés à cette idée à laquelle ils s'étaient habitués (même si elle ne leur plaisait sans doute pas), mais qui était présentée par l'ancienne direction comme le seul salut possible, certains membres de l'organisation n'ont pas compris le revirement de Gerstner. Ce dernier était conscient qu'il devait créer un sentiment d'urgence, rendre tangible l'imminence de la déconfiture de l'organisation en l'absence de mesures proprement révolutionnaires : *La condition* sine qua non *d'une transformation réussie d'entreprise est la reconnaissance publique de l'existence d'une crise.* (Gerstner, p. 77) Selon lui, le rôle du PDG est de communiquer abondamment cet état de crise, son ampleur, son impact ainsi que la nouvelle stratégie, le nouveau modèle d'organisation et la nouvelle culture pour mettre fin à la crise :

> Aucune transformation institutionnelle ne peut se faire, selon moi, sans un engagement du PDG, sur plusieurs années, à parler directement aux employés dans un langage simple, clair et persuasif qui mobilise toute l'organisation. (Gerstner, p. 77)

Gerstner a communiqué directement avec les employés, visité de nombreuses usines, recruté, formé et disséminé 5 000 agents de changement et mis en place un système de rémunération conforme aux nouveaux comportements souhaités.

Il a réellement incarné le changement (*walk the talk*) en pratiquant ce qu'il exigeait des autres membres d'IBM.

Il a cherché à utiliser les clients comme agents du changement souhaité. Il a même exigé que les cadres d'IBM rencontrent des clients afin de prendre connaissance de leurs attentes. IBM devait se positionner comme un fournisseur de solutions globales pour ses clients.

Gerstner tenait des propos de plus en plus vigoureux pour amener les cadres à partager son diagnostic.

> *C'est simple, ce que nous faisons ne marche pas. Nous avons perdu 16 milliards en trois ans. Depuis 1985, 175 000 salariés ont perdu leur emploi. Les médias et les concurrents nous traitent de « dinosaure ». Nos clients sont mécontents et en colère. Nous ne croissons pas au rythme de nos concurrents. Êtes-vous d'accord pour dire que quelque chose ne va pas, que nous devons essayer autre chose ?* (Gerstner, p. 78)

Il était conscient de la difficulté liée à l'implantation du changement culturel :

> *Vous ne pouvez pas diriger une révolution dans la tour d'ivoire du siège social. Il ne suffit pas de prononcer quelques discours ou d'écrire le nouveau credo de l'entreprise et de déclarer qu'une nouvelle culture a été mise en place.* (Gerstner, p. 187)

2. La résistance idéologique

En situation de changement important, certains membres de l'organisation pourraient estimer que les changements proposés violent les valeurs fondamentales de l'entreprise, font injure à ce qu'elle a de plus sacré, ternissent ses succès antérieurs. Cette attitude se manifeste particulièrement dans les entreprises au passé glorieux, imbues d'une longue tradition et d'une forte culture. Il n'est pas étonnant qu'une importante **résistance idéologique** se soit manifestée dans une société comme IBM, compte tenu de son histoire et de sa culture. Évidemment, les personnes aux longs états de service sont davantage enclines à une telle forme de résistance.

À proprement parler, la résistance idéologique n'est pas réellement une « résistance », mais plutôt un conflit entre les valeurs et les croyances de deux factions : les partisans du changement contre les défenseurs de l'ancien régime qui leur semble toujours valable, précieux et irremplaçable.

Chez IBM, les manifestations de résistance idéologique ont été multiples. Par exemple, le changement de style de direction, avec un Lou Gerstner plus agressif que ne le veut la tradition (il emploie dans ses discours des expressions comme « botter les fesses de nos concurrents »), fait douter de nombreux « IBMistes » de la capacité de cet « étranger » de comprendre et de changer la compagnie.

De même, l'utilisation massive des options sur le titre d'IBM comme forme de rémunération incitative va à l'encontre de la tradition ; selon certains, elle annonce une ère de cupidité et de calculs mesquins dans l'entreprise. Ainsi, en 1991, seulement 1 300 cadres détenaient des options sur le titre ; en 2001, ils étaient 72 500 !

IBM a adopté des mesures de performance uniques pour toute l'entreprise afin de faire comprendre aux employés qu'ils appartenaient à une seule compagnie, non pas à un « fief » autonome et séparé du reste. Gerstner a néanmoins craint les comportements opportunistes. Aussi, a-t-il obligé les gestionnaires à investir un certain multiple de leur salaire (de une à quatre fois leur salaire selon leur rang) pour avoir droit à des options.

Ces options visaient à retenir les dirigeants ainsi que le personnel technique et scientifique de talent. Les employés étaient payés en fonction de la performance de leur unité et de la performance d'ensemble d'IBM. Aux niveaux hiérarchiques supérieurs, la rémunération était basée entièrement sur la performance d'ensemble afin d'éviter les conflits entre unités et de favoriser la coopération.

La résistance idéologique se manifestait aussi par le refus de donner la priorité aux intérêts des actionnaires plutôt qu'à ceux des employés travaillant pour l'entreprise. Ce changement constituait un écart important par rapport à l'esprit original d'IBM institué par les Watson. D'autant plus que ce changement de priorités menait à des mesures visant à réduire fortement les avantages accordés aux employés (retraite, maladie, vacances, etc.).

Même le concept de rivaliser âprement avec les autres entreprises du secteur informatique pour leur prendre des parts de marché n'a pas été facilement accepté. Il semblait que, pour de nombreux « IBMistes », plutôt que de lutter bêtement pour gagner quelques points de parts de marché, l'entreprise devait chercher la nouvelle idée géniale, le produit « transformateur » (comme le IBM 360), le nouveau *strategic leap* qui lui redonnerait un quasi-monopole.

Enfin, d'autres membres de l'organisation sont demeurés convaincus de la grandeur et de la supériorité d'IBM ; il suffirait de quelques ajustements mineurs pour corriger les problèmes et donner un nouveau souffle à l'entreprise.

Que faire pour lutter contre la résistance idéologique ?

Dans la mesure du possible, une opération de changement doit s'appuyer sur certaines valeurs traditionnelles que l'on souhaite conserver ou, dans certains cas, restaurer. Il faut tenter de reformuler, d'interpréter de façon nouvelle les valeurs fondamentales de l'organisation qui l'ont bien servie dans le passé. Les valeurs proposées doivent trouver appui dans les fondements idéologiques de l'organisation.

S'il est une chose à éviter lorsque ce type de résistance se produit, c'est de faire table rase du passé. Renier en bloc les fondements culturels et idéologiques de l'organisation, lesquels ont assuré son succès passé et sa domination de marché, ne peut que susciter la résistance idéologique, le désir de défendre l'ordre ancien. Toutefois, si rien ne peut être fait pour supprimer ou atténuer cette résistance, le leader doit alors envisager le départ des personnes les plus compromises dans cette guérilla idéologique, comme l'a fait Gerstner avec un certain nombre de dirigeants d'IBM, notamment en Europe.

Gerstner s'est servi de la philosophie des fondateurs, les Watson père et fils, pour faire accepter le changement culturel au plus grand nombre. Il a souvent utilisé des phrases comme « Revenons aux racines d'IBM », « Nous allons bâtir sur la tradition d'IBM, mais nous n'hésiterons pas à faire les changements qui s'imposent » ou « Le destin d'IBM passe par beaucoup de choses qui ont toujours fait partie de l'histoire de l'entreprise ».

Il a notamment proposé un retour à la valeur originale d'IBM de « service irréprochable au client », valeur qui s'était progressivement érodée. Il a également proposé une « réinterprétation » de la valeur de « respect envers les personnes », en alléguant que le nouveau système de rémunération plus conforme au marché du travail (c'est-à-dire aligné sur ce que les gens de talent pourraient obtenir chez les concurrents d'IBM) ainsi que mieux arrimé à leur performance individuelle et collective allait dans le sens d'un véritable respect de la personne et de sa contribution à l'entreprise.

3. La résistance politique

Cette forme de résistance, fréquente dans les périodes de changement, est pernicieuse et périlleuse pour le succès de l'opération. Certaines personnes perçoivent bien que le changement proposé risque d'entraîner une certaine perte de leur pouvoir et de leur statut. Elles risquent de jouir de moins d'autorité et d'influence dans l'entreprise. Les résistances politiques sont éminemment rationnelles et prévisibles. Il est naturel pour toute personne de voir d'un mauvais œil la perte ou la réduction de son pouvoir et de son influence.

Cependant, parce que cette forme de résistance est souvent menée par des cadres et des dirigeants habiles aux jeux de pouvoir et férus de manœuvres politiques, ces derniers représentent un danger mortel pour une opération de changement.

Bien souvent, la résistance politique se cache sous le couvert de la résistance cognitive ou idéologique. Ces gestionnaires annoncent rarement qu'ils refusent purement et simplement un changement parce que celui-ci réduit leur pouvoir. Parfois, les « résistants » déclareront publiquement leur accord avec les changements proposés et leurs objectifs, mais ils lutteront subrepticement contre leur implantation. Ils prendront des mesures dilatoires, placeront des embûches sur la voie du changement. Ils en marginaliseront l'importance, formeront des coalitions avec les résistants cognitifs et idéologiques.

À GE, Welch n'a compris que très tard l'énorme coût d'avoir toléré les « résistants »

> [...] Leur comportement passif-agressif a été au moins aussi nuisible que l'opposition ouverte pouvait l'être. Ces résistants présentent le changement proposé sans enthousiasme, l'appuient du bout des lèvres et défendent l'ancienne façon de faire tout en feignant une allégeance au changement. (Tichy et Sherman, 1993, p. 153)

Chez IBM, cette résistance politique a été particulièrement manifeste chez les dirigeants des entités nationales et géographiques, lesquelles ont perdu beaucoup de leur influence dans la nouvelle organisation. Ceux-ci sont même allés jusqu'à intercepter les courriels de Gerstner afin que ses messages ne soient pas communiqués à « leurs » employés.

Les membres du puissant MC (Management Committee) ont également été une source active de résistance politique. Cette résistance était maquillée en résistance cognitive avec des discours de mise en garde du genre « cela ne marchera jamais » ou encore « vous allez détruire la compagnie » (menaces entendues par Gerstner lors de son voyage en Europe).

Que faire pour lutter contre la résistance politique ?

On peut distinguer quatre mesures pour atténuer et éliminer cette forme de résistance :

1. La participation
2. La négociation
3. L'isolement
4. Les mises à pied

Une approche de participation consiste à faire tous les efforts honnêtes pour coopter ces résistants, leur donner un rôle à leur mesure dans la nouvelle organisation, leur montrer que leur intérêt est d'investir dans le nouvel ordre des choses. Enfin, le leader peut susciter la participation de ces « résistants » par l'entremise d'une rémunération qui récompense les changements de comportement.

Par exemple, Gerstner a mis en place en 1995 un groupe de leadership formé par des cadres supérieurs (SLG), dont le but officiel était de s'attaquer aux enjeux du leadership et du changement. C'était une façon de fournir une occasion et un forum pour légitimer les changements de comportement chez ces « résistants politiques ». Gerstner estimait que les gens qu'il avait choisis pour ces SLG « étaient des bolcheviks qui avaient la nostalgie de l'ancien régime ».

Le leader devra aussi négocier avec des groupes ou des parties prenantes (*stakeholders*), comme les syndicats lorsque ceux-ci forment une opposition forte et collective. Il faut trouver des terrains d'entente, établir les marges de négociation et de compromis dont il dispose sans nuire à l'opération de changement.

Si les tentatives de participation et de négociation échouent, le leader peut choisir d'isoler les personnes qui résistent, en leur attribuant des tâches périphériques pendant la phase de changement.

Enfin, l'entreprise devra parfois se séparer des « résistants ». Dans de nombreux cas de changement majeur, les hauts dirigeants en place au départ ont été en grande partie remplacés.

Une source formidable de résistance politique aurait pu venir du MC. Le MC était en 1993 une instance collégiale de six personnes qui se réunissaient chaque semaine pour débattre toutes les décisions majeures de l'entreprise. Le MC était le « lieu ultime du pouvoir » au sein d'IBM. Gerstner a supprimé, de manière progressive au cours des cinq premiers mois, cette instance collégiale qui, selon lui, *contribuait à diffuser la responsabilité et le leadership, à alimenter les relations conflictuelles entre les puissantes unités opérationnelles (line units) et les services fonctionnels (staff) tout aussi puissants.* (Gerstner, p. 51)

Il a remplacé le MC par le Corporate Executive Committee (CEC) : une instance composée de 11 membres, incluant Gerstner. Le CEC est différent du MC de trois façons :

1. Il n'accepte pas qu'on lui délègue la résolution de problèmes devant être réglés ailleurs.
2. Il ne prend pas de décisions à la place des unités d'affaires.
3. Il intervient seulement pour régler des problèmes qui impliquent plus d'une division.

Le CEC a vite remplacé le MC dans l'esprit des « IBMistes » comme « l'instance ultime de direction et de consécration professionnelle ». (Gerstner, p. 74)

Gerstner a également créé le WMC (Worldwide Management Council), lequel compte 35 membres qui se rencontrent 5 fois par année, pour encourager les échanges de vues et d'expériences d'affaires.

Gerstner cherchait à convertir le plus grand nombre de gestionnaires en « agents de changement », grâce notamment à l'opération *Bear Hug* lancée en avril 1993 (un mois après son arrivée). Pour remettre le client au cœur des préoccupations et reconnecter IBM à son marché, il a demandé aux 50 membres de la haute direction de rencontrer au moins 5 de leurs plus importants clients et de prendre connaissance de leurs attentes. Il a demandé aux 200 gestionnaires qui relevaient directement de ses hauts dirigeants d'en faire autant. (Gerstner, p. 50)

En quelques mois, Gerstner a recruté plus de 5 000 «agents de changement» volontaires aux quatre coins de l'organisation. Ces personnes servaient de relais pour expliquer les décisions prises par la direction et pour procéder à leur implantation.

Enfin, Gerstner a engagé son plus gros combat politique chez IBM : l'abandon de la structure par zones géographiques pour la remplacer par une structure par industrie. Il a comparé chaque zone géographique d'IBM à un «fief» dominé par les responsables de pays. Ceux-ci ont vivement résisté à ce changement. Il a fallu au moins trois ans et le départ de plusieurs dirigeants pour que cette nouvelle répartition du pouvoir soit pleinement réalisée.

Gerstner a décrit ce changement organisationnel comme «douloureux et tumultueux» (Gerstner, p. 86) dont l'implantation n'a pu vraiment débuter qu'en juin 1995, soit plus de deux ans après son arrivée. Toutefois, dès 1993, il a centralisé dans une seule agence les budgets de publicité de toute l'entreprise et donné à cette agence le mandat de créer une campagne de publicité unique pour le monde entier. Les responsables des entités régionales se sont furieusement objectés, mais sans succès.

4. La résistance psychologique

Cette forme de résistance se manifeste surtout chez ceux qui n'ont pas un poste d'autorité et d'influence dans l'organisation. **Elle représente ce qu'on entend dans le langage courant par «résistance au changement»** ; il s'agit d'un phénomène usuel mais délicat à gérer. Cette résistance prend racine dans certains comportements universels de l'être humain. Celui-ci est généralement attaché au *statu quo*, caractérisé par une aversion envers le risque, les incertitudes et les ambiguïtés.

Le coût psychologique associé aux changements de «routines» et d'habitudes leur paraît toujours supérieur aux bénéfices promis, plus vagues et différés dans le temps. La résistance psychologique peut mener à une négation de l'évidence d'une crise ou à mettre en doute la capacité du leader à changer l'organisation. Les symptômes de tels comportements sont nombreux : une focalisation sur les problèmes et les obstacles au changement ; une attitude défaitiste («Ça ne marchera jamais!») ; une tendance à créer et à propager des rumeurs ainsi que des scénarios alimentant la peur et l'incertitude au sein de l'organisation, la frustration, le scepticisme généralisé, l'anxiété, les comportements dysfonctionnels.

Que faire pour lutter contre la résistance psychologique ?

Le leader doit faire comprendre clairement le risque et les coûts que courent l'entreprise et son personnel si elle ne change pas ses façons de faire. La situation présente doit devenir intolérable et inacceptable pour quiconque veut assurer son emploi et l'avenir de son entreprise.

Le leader doit communiquer abondamment par tous les moyens et tous les médias à sa disposition les raisons ainsi que la logique de la nouvelle stratégie et des nouvelles orientations. Tout comme dans le cas des résistances politiques, il lui faut montrer aux personnes les avantages et les possibilités que la nouvelle organisation leur apporte, leur faire comprendre le diagnostic, récompenser les comportements favorables au changement.

Enfin, il est primordial que le leader soit le premier agent de changement. Celui-ci doit adopter un comportement en accord avec ses discours et sa volonté de changement (*walk the talk*) s'il souhaite que les membres de l'organisation l'imitent.

20.1.4 Quatrième étape – Exécuter et contrôler le changement

Comment faire bouger les choses ?

Le leadership du dirigeant qui a mis en branle une stratégie radicale est mis à rude épreuve dans l'exécution. Tous les dirigeants qui ont mené à bien de telles opérations ne cessent de répéter que l'enjeu, le vrai test est « exécution, exécution... ».

Ayant engagé des efforts énormes pour élaborer une vision et des orientations stratégiques nouvelles, certaines entreprises s'essoufflent vite lorsque arrive le temps d'implanter ces changements.

L'exécution repose sur des programmes d'action précis et détaillés dont les résultats sont suivis et mesurés. C'est la partie la moins glorieuse de ces opérations, car elle demande un travail patient, minutieux, quotidien et assidu.

L'exécution d'une stratégie de changement passe par l'élaboration de tableaux de bord, avec des cibles et des objectifs mesurables, des indicateurs du progrès accompli, des mesures de satisfaction des clients, des perceptions et des attitudes des employés, et ainsi de suite. L'imputabilité des cadres et des dirigeants doit être clairement établie quant à des objectifs précis et doit être bien arrimée à l'opération de changement. Le leader doit suivre dans les détails les opérations, faire un examen fiable des acquis ; sinon, il pourra se persuader (et se faire convaincre) que les choses bougent, alors que rien ne change vraiment.

Selon Gerstner, les personnes ne font pas nécessairement ce qu'on attend d'elles, mais assurément ce sur quoi on mesure leur performance. Il est éloquent à ce sujet :

> *L'exécution, c'est le dur labeur quotidien pour faire en sorte que la machine avance mètre par mètre, kilomètre par kilomètre, étape par étape. On doit exiger de tous l'imputabilité des résultats ; si nos attentes ne sont pas respectées, des changements doivent survenir rapidement. Les gestionnaires doivent faire rapport de leurs succès et de leurs échecs. [...] Je crois qu'une exécution efficace se construit sur trois attributs d'une institution : des processus de classe mondiale, la clarté stratégique et une culture de haute performance.* (Gerstner, 2002, p. 187)

L'exécution de la stratégie de changement passe souvent par la mise en place d'une nouvelle forme d'organisation. Ces opérations représentent la partie la plus tangible du changement et doivent être gérées avec beaucoup d'habileté et de tact. Les opposants « politiques » trouveront leur *casus belli* dans toute proposition de changement structurel.

20.1.5 Cinquième étape – Conserver l'esprit et la capacité de changement

Comment garder l'organisation sur le qui-vive ?

Les principaux objectifs du changement radical sont atteints. L'organisation exécute avec efficacité la nouvelle stratégie de l'entreprise. Les résultats financiers sont bons et continuent de s'améliorer. L'entreprise court maintenant le risque de s'assoupir, de « faire une pause » après le travail ardu qu'a demandé l'opération de changement.

Un leader sagace doit craindre et combattre cette réaction bien naturelle, car l'entreprise pourrait vite se trouver de nouveau dans une situation difficile la mettant en péril.

Les leaders et les entreprises qui ont survécu à ces expériences « proches de la mort » cherchent à maintenir un esprit de changement et un rythme d'adaptation qui les protègent contre le risque de la complaisance et de l'inertie.

À compter de 1995, Gerstner a estimé que l'opération de changement allait bon train et donnait déjà des résultats. Il voulait à tout prix éviter qu'IBM perde le sens d'urgence qu'il lui avait imprimé. Il craignait que, estimant le danger passé, elle revienne aux habitudes et aux façons de faire de naguère.

Gerstner a décidé qu'il lui fallait proposer un projet d'avenir mobilisateur. Même si l'entreprise n'était plus à l'agonie, elle devait se préparer pour l'avenir. Il a annoncé l'initiative des affaires électroniques (*e-business*), l'équivalent pour IBM, dit-il, du projet de Kennedy de faire marcher un homme sur la Lune, un véritable projet « IBM 360 » pour la nouvelle ère.

> *Nous avons lancé ce projet, cette conception de ce que nous voulions devenir, de ce que nous voulions faire, dans toutes nos communications, dans la façon de mesurer notre progrès. Cette initiative donne un contexte et une texture à toutes nos entités d'affaires.* (Gerstner, 2002, p. 213)

Conclusion

L'exécution de la stratégie, surtout lorsqu'elle commande des changements dans les valeurs, les croyances et les mentalités du personnel, représente le test par excellence du leadership. Le dirigeant doit aborder ces opérations muni d'un guide conceptuel qui éclaire sa démarche, donne une cohérence à son action dans le tumulte et le désordre de ces opérations.

Nous avons proposé une démarche en cinq étapes dans lesquelles nous avons rapproché les initiatives et les décisions de Lou Gerstner tout au cours de la mise en place de son plan de redressement pour IBM. Les raccordements entre son action et les étapes proposées sont si harmonieux qu'il ne fait aucun doute que Gerstner a été inspiré et guidé par un modèle ou une « théorie » du changement semblable à ce qui est proposé dans ce chapitre.

Chapitre **21**

Les formes d'organisation et la planification stratégique

Introduction

Toute stratégie commande une forme particulière d'organisation afin de lui donner une substance concrète. C'est en ce sens que le vieil adage de Chandler (1962) voulant que « la structure découle de la stratégie » garde sa pertinence. Toutefois, en raison des jeux et des luttes de pouvoir, des filtres et des biais de l'information auxquels toute forme d'organisation peut donner prise, il arrive dans les faits que « la stratégie découle de la forme d'organisation » parce que les stratégies proposées sont le produit de ces phénomènes endémiques au sein des organisations.

Le deuxième aspect traité dans ce chapitre porte sur la démarche de planification stratégique dans l'entreprise. Pour un ensemble de raisons, la planification stratégique est parfois conspuée, facilement tournée en ridicule dans sa version caricaturale (Mintzberg, 1994), trop souvent transformée en un exercice bureaucratique stérile. Pourtant, **une démarche de planification stratégique peut, et doit, devenir un puissant instrument de réflexion et de dialogue stratégiques, ainsi qu'un support essentiel à l'exécution de la stratégie.**

21.1 Les formes d'organisation

L'exécution d'une stratégie dans l'entreprise passe par la mise en place d'une architecture d'organisation propre à cette stratégie. Par architecture, nous entendons la combinaison :

   a) d'une culture (ou des cultures), des valeurs de gestion et d'un mode de leadership qui donnent à la stratégie un sens et un dynamisme porteurs de résultats ;

   b) d'une forme d'organisation comprenant les arrangements structurels ainsi que les systèmes de gestion et de gouvernance nécessaires pour soutenir l'exécution de la stratégie.

Les chapitres 18, 19 et 20 ont porté sur ce premier élément de l'architecture, soit la culture et les valeurs de l'entreprise, ainsi que les démarches de changement dans une organisation. Au chapitre 2, nous avons tracé l'évolution des modes de leadership selon le développement de l'entreprise.

Notre propos dans cette section porte sur l'aspect de la forme de l'organisation en relation avec les stratégies de marché présentées aux chapitres 15, 16 et 17, ainsi qu'en relation avec la stratégie de diversification non reliée traitée au chapitre 6.

Cette section fait également un rappel des coûts d'architecture, dont nous avons traité au chapitre 9. La figure 21.1 présente de façon schématique cinq formes d'organisation dont nous traitons dans ce chapitre, chacune ayant ses particularités et son à-propos.

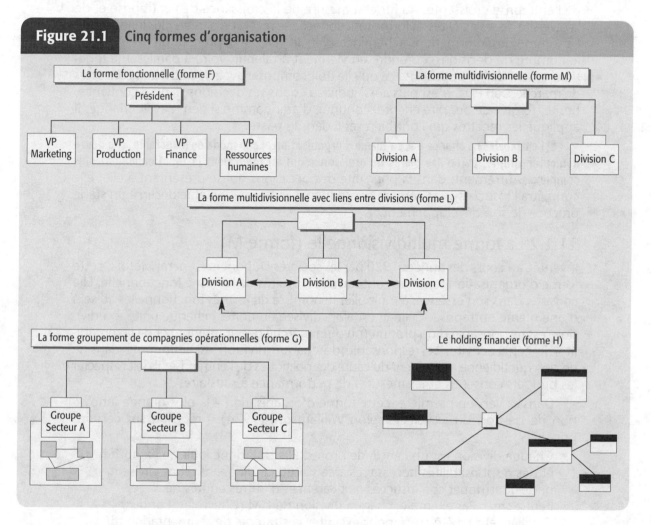

Figure 21.1   Cinq formes d'organisation

La forme fonctionnelle (forme F)
- Président
  - VP Marketing
  - VP Production
  - VP Finance
  - VP Ressources humaines

La forme multidivisionnelle (forme M)
- Division A
- Division B
- Division C

La forme multidivisionnelle avec liens entre divisions (forme L)
- Division A ↔ Division B ↔ Division C

La forme groupement de compagnies opérationnelles (forme G)
- Groupe Secteur A
- Groupe Secteur B
- Groupe Secteur C

Le holding financier (forme H)

21.1.1 La forme fonctionnelle (forme F)

Presque toutes les entreprises ont débuté avec cette forme d'organisation ou l'ont adoptée tôt dans leur développement. La forme fonctionnelle comporte un président, souvent l'entrepreneur fondateur, entouré de cadres responsables de fonctions particulières (production, ventes, personnel, finances). Les décisions d'ensemble sont prises par le PDG, et leur exécution passe par les différentes fonctions. On trouve cette forme d'organisation dans les entreprises durant les phases d'émergence et de croissance d'un nouveau marché. Entièrement consacrée à un seul marché-produit, se confinant à un seul marché géographique, l'entreprise est relativement simple et s'accommode bien de cette forme d'organisation.

Tant qu'elle reste simple et qu'elle est dirigée par une personne qui connaît à fond tous les aspects de son fonctionnement (par exemple, l'entrepreneur fondateur), l'entreprise peut atteindre une taille considérable avec cette forme d'organisation et un mode de leadership axé sur un seul preneur de décisions.

Cependant, comme nous en avons fait état au chapitre 2, ce mode de leadership et cette forme d'organisation sont inadéquats pour faire face à la complexité de l'entreprise croissante. Au fur et à mesure de la croissance de l'entreprise et de la diversité de ses activités, la forme fonctionnelle se révèle de plus en plus inadéquate. La somme des informations acheminées vers le PDG, seul preneur de décisions, et le nombre de décisions à prendre en viennent à ralentir, voire à paralyser le fonctionnement de l'entreprise. Parce qu'elle doit composer avec de nouveaux contextes de marché, son PDG n'est plus aussi judicieux dans ses décisions ; il perd confiance, hésite, tergiverse ou, pire encore, continue d'agir comme si rien n'avait changé. Il applique les recettes qui l'ont bien servi dans le passé.

Si l'entreprise ne change pas sa forme d'organisation et son mode de leadership, elle devra demeurer simple, éviter les pistes de croissance qui en rendraient le fonctionnement plus complexe. Autrement, dans la poursuite des occasions qui se présentent à elle, elle connaîtra l'insuccès avec comme conséquence la stagnation et le déclin à un stade précoce de son développement.

21.1.2 La forme multidivisionnelle (forme M)

Inventée au cours des années 1920 par les sociétés Dupont et General Motors, cette forme d'organisation tente de contourner les limites de la forme fonctionnelle. Elle consiste, dans son essence, à multiplier le nombre de formes fonctionnelles au sein d'une même entreprise. Celle-ci est alors divisée en unités ; chaque unité, ou division, est responsable d'un produit (ou d'un marché géographique) et de la rentabilité de cette activité. Le responsable de chaque division est autonome dans sa gestion quotidienne à l'intérieur du cadre des politiques de l'entreprise ; il doit respecter les budgets consentis et les mesures de performance à satisfaire.

Dans sa version première, cette forme d'organisation – la plus grande innovation de gestion du xxe siècle selon Williamson, (1974) – reposait sur certains principes :

- Chaque division est un centre de profits. Elle doit donc jouir de l'autorité et des responsabilités nécessaires à ce statut. Le dirigeant d'une division ne peut attribuer son insuccès aux carences d'autres entités de l'entreprise. Par exemple, chaque division de GM (Chevrolet, Pontiac, Cadillac, etc.) a été créée pour exécuter la stratégie de segmentation qui allait permettre à GM de supplanter Ford comme leader de ce marché au cours des années 1930 et 1940. À l'époque, chaque division de GM était responsable de la fabrication, de l'approvisionnement, du développement des nouveaux modèles et de la mise en marché de son produit.

- L'entreprise limite son envergure de produits à un seul secteur d'activité, par exemple : Dupont, dans l'industrie chimique ; General Motors, dans l'industrie automobile. Ce caractère essentiel de la forme multidivisionnelle a été mal compris en pratique et souvent oublié dans les textes sur les structures d'entreprise. L'entreprise ayant adopté la forme M et limitant ses activités à un seul secteur industriel, ses dirigeants issus de ce secteur en connaissaient bien toutes les subtilités. Par conséquent, les dirigeants étaient « crédibles et légitimes », pour reprendre les termes employés aux chapitres 6 et 9, aux yeux des responsables des divisions. Ce caractère « crédible et légitime » de la relation entre cadres opérationnels et dirigeants constitue une condition *sine qua non* pour atténuer l'effet pervers des « coûts de mandat » inhérents à ce type de relation. Les dirigeants de GM, par exemple, sont (ou du moins étaient à l'époque) des experts de l'industrie automobile, ayant eux-mêmes dirigé au cours de leur carrière l'une ou l'autre des divisions qui relève maintenant de leur autorité.

- La qualité de l'information disponible pour les dirigeants du siège social représente l'autre volet essentiel au contrôle des coûts de mandat. C'est pourquoi, dès la mise en place de cette forme d'organisation chez Dupont et GM, des mesures de performance financière, inédites à l'époque, et des systèmes comptables raffinés (pour l'époque) ont été mis en place. On porte au crédit de Donaldson Brown, d'abord trésorier de Dupont puis directeur des finances chez GM (à l'époque de Sloan), l'élaboration de ces systèmes remarquablement efficaces. En fait, les chapitres 3 et 4 de cet ouvrage présentent des mesures de performance qui ne sont qu'une extension et une modernisation des mesures élaborées par Brown au cours des années 1930 !

La forme d'organisation M a donné des résultats remarquables et a été vite adoptée par toutes les entreprises voulant croître et se développer au-delà du cadre étroit de leurs origines. Cette forme d'organisation, lorsqu'on en respectait les conditions et les modes de fonctionnement, réglait les deux problèmes créés par la diversité des activités :

1. Elle compensait pour les « limites cognitives », la surcharge d'informations et de décisions incombant au dirigeant unique dans la forme F, en multipliant le nombre de dirigeants, chacun ayant à gérer une entité à la mesure de ce qu'un être humain peut raisonnablement assumer.

2. Elle protégeait l'entreprise contre les comportements opportunistes des cadres et des gestionnaires des divisions grâce à une autorité centrale crédible, capable d'évaluer les vraies performances des divisions sur la base d'informations comptables, stratégiques et financières de bonne qualité.

Les stratégies de segmentation et d'envergure de marché géographique passent souvent par la mise en place d'une forme d'organisation M.

Selon cette forme d'organisation, certains actifs communs, comme le nom et la réputation de l'entreprise ainsi que son accès aux réseaux de distribution, peuvent servir à toutes les divisions. Certaines fonctions sont parfois centralisées au siège social, à la condition toutefois que cela ne nuise en rien à l'autonomie et à la pleine responsabilité des divisions comme centres de profits.

Avec le temps et l'évolution des stratégies et des marchés, les entreprises de forme M, cherchant à améliorer leur performance économique, ont remis en question le principe d'autonomie pleine et entière des divisions. Ne serait-il pas souhaitable, par exemple, de centraliser les achats de certaines denrées et composantes pour bénéficier pleinement des pouvoirs d'achat de l'entreprise dans les négociations avec les fournisseurs ? Pourquoi chaque division de GM devrait-elle acheter l'aluminium et les pneus dont elle a besoin, alors que toutes les divisions de GM ont les mêmes besoins ? Il est clair qu'un acheteur unique pour l'ensemble de GM serait capable d'obtenir de meilleurs prix sans que cela n'affecte vraiment le rôle des divisions comme centres de profits.

L'argument est péremptoire, mais il ouvre aussi la porte à une recherche continue de telles économies de centralisation. Si GM décide que le volume total d'une certaine composante requise par toutes les divisions le justifie, pourquoi GM ne produirait-elle pas cette composante pour les autres divisions ?

Une nouvelle division (sera-t-elle un centre de profits ou un centre de coûts ?) sera alors créée pour fournir une composante aux autres divisions. Éventuellement, celles-ci pourront se plaindre des coûts et de la qualité des produits de cette division sœur, alléguant que celle-ci se comporte comme un monopole et qu'elles pourraient faire mieux si elles étaient libres d'acheter la composante où bon leur semble. Au chapitre 9, nous avons décrit comment cette intégration verticale suscite des coûts de complexité, alors que l'approvisionnement par le marché comporte des coûts de transaction.

Dans un premier temps, l'entreprise cherchera à bénéficier des avantages économiques découlant de la coordination et de la coopération entre divisions sans enfreindre le principe de l'autonomie. Elle aura recours à un éventail de démarches (comités de coordination, groupes de travail, projets spéciaux, centres d'excellence, etc.) pour obtenir l'adhésion volontaire des divisions à des initiatives d'ensemble. Celles-ci, n'ayant pas été forcées de participer contre leur gré et à l'encontre de leur jugement, ne peuvent invoquer que leur performance a souffert en conséquence de ces initiatives.

Toutefois, l'argument des économies d'envergure devient souvent irrésistible à tel point que l'entreprise est prête à se donner une architecture comportant de multiples liens et connexions entre divisions, sachant bien qu'elle pèche ainsi contre le principe fondamental de la forme M, soit des divisions autonomes agissant comme centres de profits.

21.1.3 La forme multidivisionnelle avec liens entre divisions (forme L)

Le dirigeant un tantinet réfléchi comprend bien les avantages d'une forme d'organisation simple où chaque entité est responsable d'un seul produit et contrôle toutes les dimensions de son fonctionnement, et dont la direction et le personnel sont pleinement imputables de ses revenus, de ses coûts et de ses bénéfices.

Toutefois, une entreprise dont chaque division est jalouse de son autonomie et se préoccupe strictement et farouchement de la maximisation de ses profits propres peut se couper des avantages stratégiques et économiques provenant de l'intégration de certaines fonctions, de la mise en commun de certaines ressources ainsi que de l'utilisation maximale des technologies et des expériences de la société. **Les réalités économiques imposent souvent leur loi aux entreprises.**

Le Groupe Bombardier Produits récréatifs devrait-il constituer trois divisions autonomes, chacune ayant le contrôle de sa production, de ses achats, de sa distribution pour ses trois produits – motoneiges, motomarines et véhicules tout-terrain ?

Au chapitre 14, nous avons démontré pourquoi une telle forme d'organisation ne serait pas optimale et nous avons décrit les raisons évoquées pour « découper le groupe » en divisions reliées et interdépendantes.

Le groupe Bombardier Aéronautique devrait-il structurer ses activités « jets d'affaires » et « avions régionaux » en deux divisions autonomes, chacune exerçant un plein contrôle sur toutes les fonctions (ingénierie, développement, approvisionnement, mise en marché, service après-vente) ? Nous avons démontré, en introduction à la partie V, pourquoi des choix différents ont été faits par cette entreprise, laquelle a en fait adopté une forme L d'organisation.

Le défi pour la grande entreprise consiste à extraire les avantages économiques provenant des liens et des connexions entre divisions, du partage de ressources, de la mise en commun d'actifs, tout en minimisant les coûts de complexité inévitables et inhérents à ces arrangements structurels.

Le leadership, les habiletés de gestion et les valeurs de l'organisation jouent un rôle critique dans la mise en place et le fonctionnement réussi d'une telle forme d'organisation.

Nous appelons « forme L d'organisation » tous les arrangements visant à atteindre ce double objectif :

- maximiser les avantages économiques de la taille et de l'envergure de l'entreprise;
- minimiser les coûts de complexité suscités par cette quête de maximisation.

Par différents mécanismes de gestion et arrangements structurels, parfois inusités et astucieux, l'entreprise cherche à concilier les avantages de la structure multidivisionnelle classique (découpage de l'entreprise en entités logiques et de taille gouvernable, autonomie, autorité et responsabilité, mesure facile des performances) et les bénéfices d'une intégration de fonctions ou de liens entre divisions.

Dans le chapitre 9, portant sur les coûts d'architecture, nous avons largement décrit cette dimension de la gestion stratégique.

La grande entreprise, dont le champ stratégique recouvre plusieurs produits et services, destinés aux mêmes clients et dont l'envergure englobe plusieurs marchés géographiques, doit résoudre le dilemme suivant :

- Les impératifs économiques lui commandent d'établir des relations étroites, formelles et continues entre les fonctions et entre les divisions pour livrer sa stratégie de façon efficiente.
- Les réalités psychosociologiques de toute organisation tendent à la fragmentation, favorisent l'imputabilité simple et directe, suscitent des conflits d'intérêts entre groupes, en un mot produisent des « coûts de complexité » dès que l'on s'éloigne d'une forme simple d'organisation. Ces coûts peuvent facilement éliminer tous les effets positifs devant provenir de la taille et de l'envergure de l'entreprise.

En conséquence, les dirigeants, les cadres et le personnel de ces grands ensembles économiques en sont souvent les critiques les plus amers, décriant la lenteur dans la prise de décisions, les conflits récurrents qui en paralysent le fonctionnement, l'absence d'imputabilité, les idioties bureaucratiques. Ils en viennent à contester la valeur de ces arrangements et à proposer un retour à des formes d'organisation plus simples.

Cependant, **il faut toujours se rappeler qu'une entreprise n'a pas à être parfaite, mais seulement supérieure à ses rivales !**

Toutefois, dans la mise en place de ces formes complexes d'organisation comme la forme L, l'entreprise augmente ses chances de succès si elle satisfait aux quatre conditions suivantes :

1. La croissance de l'entreprise a été graduelle, organique, marquée à l'occasion d'acquisitions de firmes de taille relativement petite.

2. La culture et les valeurs de gestion auxquelles le personnel adhère fortement ont maintenu tout au cours de son développement et de sa croissance un sens d'appartenance à l'entreprise plutôt qu'à une unité ou à une fonction particulières.

3. Les systèmes de gestion ont soutenu ce sens d'appartenance élargi par un recrutement du personnel à la fin des études, par des promotions internes quasi exclusives ainsi que par la mobilité du personnel entre les différentes divisions et fonctions de l'entreprise tout au long de leur carrière. Enfin, les systèmes de rémunération intéressent le personnel à la performance globale de l'entreprise.

4. Les avantages économiques d'une forme d'organisation plus complexe sont tangibles et indiscutables, et ils font consensus au sein de l'entreprise.

La société IBM a été l'une des premières entreprises à exécuter, au cours des années 1970, une stratégie de mondialisation par le truchement d'une forme L (Allaire, Côté, Miller, 1976). Les raisons économiques de cette décision étaient péremptoires.

- Aucun marché national, pas même le marché américain, n'atteignait la taille minimale d'efficacité pour la production de tous les composants pour son système 360.

- D'un point de vue politique, il n'était pas sage pour IBM d'exporter des États-Unis tous les produits destinés à un marché national donné. IBM aurait ainsi contribué de façon significative au déficit de la balance des paiements de ce pays. Elle a donc cherché à maintenir un certain équilibre entre le montant total de ce qui était vendu dans ce pays (donc importé) et le montant de ce qui était fabriqué dans ce pays (donc exporté).

IBM a alors adopté une forme « matricielle » d'organisation, un cas particulier de la forme L :

- un réseau d'usines réparties dans les principaux marchés d'IBM, chacune consacrée à la fabrication de quelques composants pour l'ensemble du marché mondial;

- un réseau de laboratoires de recherche répartis dans plusieurs pays, chacun dédié à un sous-ensemble de produits;

- des divisions nationales responsables des ventes et du marketing de tous les produits IBM dans leur marché ainsi que des usines et des laboratoires de recherche installés dans leur pays.

L'importance de l'activité de fabrication et de recherche dans un pays donné était largement tributaire du succès de la division à vendre les produits IBM dans son pays. En effet, l'équilibre entre importations et exportations constituait un critère important dans l'attribution des « missions » de fabrication et de recherche à une division nationale.

Évidemment, selon ce système, les divisions nationales sont considérées comme des centres de profits, bien qu'elles pourraient facilement alléguer que leur imputabilité pour les résultats est très partielle puisqu'elles ne contrôlent ni les prix, ni la mise au point de produits, ni le coût et la qualité de leur fabrication.

Or, parce qu'IBM se conformait aux quatre conditions énoncées plus haut, elle a obtenu un grand succès avec cette forme d'organisation.

Cependant, beaucoup d'autres entreprises, ignorant les conditions essentielles au succès de cette forme complexe, ont tenté d'imiter IBM. Elles ont connu des résultats allant de médiocres à désastreux, à tel point que la forme « matricielle » est devenue honnie dans le milieu des entreprises.

Même chez IBM, cet arrangement structurel a été remis en question avec le temps, comme nous en avons fait état au chapitre 20, lorsque John Akers, le PDG à l'époque, a proposé en 1992 de créer 13 divisions autonomes (un retour à une forme M, en fait).

Devenu PDG en 1993, Gerstner a plutôt adopté une stratégie d'intégration des services et donc conservé la forme matricielle. Mais il a dû en défendre le bien-fondé. Ainsi, en septembre 1998, il a écrit aux membres de la direction générale à ce sujet :

> *IBM est effectivement complexe et le sera toujours. Il n'y a pas d'entreprises qui soient à la fois grandes et simples. [...] Il est certain qu'une organisation matricielle rend notre tâche beaucoup plus délicate mais motivante. [...] Lorsque [nos cadres] regardent notre matrice, ils ne voient pas un enchevêtrement inextricable de lignes hiérarchiques. Ils y voient une entreprise riche d'innombrables actifs. [...] N'oubliez jamais : en dernière analyse, la matrice est en réalité l'équipe d'IBM. Adoptez-la plutôt que de la combattre.* (Gerstner, 2003, p. 310-312)

La société Honda, dont nous avons décrit la stratégie au chapitre 16, offre un bon exemple d'une entreprise à la croissance organique qui a patiemment mis en place une forme d'organisation complexe pour livrer une stratégie audacieuse faite d'une grande envergure de produits et d'une mondialisation de ses marchés. Nous avons aussi démontré, au chapitre 9, les difficultés qu'a connues Procter & Gamble avec une forme d'organisation très complexe.

Une chose est sûre : **il est hasardeux au plus haut degré de tenter de mettre en place une forme L pour livrer une stratégie d'envergure de produits ou de mondialisation si cette stratégie est l'aboutissement d'acquisitions en succession rapide de quelques grandes entreprises.** De façon récurrente d'une époque à l'autre, les entreprises tentent cette aventure, ignorantes ou indifférentes aux échecs antérieurs, ou poussées par les impératifs incontournables de leurs marchés.

La stratégie de « convergence » des sociétés Vivendi Universal, AOL Time Warner, Quebecor, BCE et autres offre un exemple du premier type. Nous avons décrit, au chapitre 6, les raisons pour lesquelles cette initiative à l'apparence si séduisante a connu l'insuccès.

Le monde de la publicité et des communications offre un exemple du deuxième type, comme nous le verrons dans le cas de la société Publicis.

La société Publicis et sa stratégie mondiale

Les grands annonceurs, ces entreprises dont les produits sont vendus dans plusieurs pays, en sont venus à la conclusion qu'ils devaient mettre de l'ordre dans le fouillis d'agences à leur service afin de bien contrôler leurs ressources de marketing et promouvoir de façon conséquente, d'un marché à l'autre, leurs marques et leur image.

En quelques années, de 1983 à 1987, plus d'une centaine de sociétés d'envergure internationale ont consolidé leurs activités de publicité dans quelques agences. Ainsi, Colgate-Palmolive a réduit, en 1983, son nombre d'agences de 13 à 3 ; Nestlé, en 1991, fait de même en retenant 5 agences parmi les 90 à son service. Plus tard, en 1993, dans un geste très significatif étant donné l'importance et le prestige de l'entreprise, IBM a consolidé toute sa publicité en une seule agence, remplaçant les 70 agences régionales utilisées à cette époque.

Devant cette volonté des clients (*Nous sommes un dérivé de nos clients,* a dit Maurice Lévy, PDG de Publicis), les agences n'avaient pas d'autre choix : ou elles se cantonnaient dans un rôle d'agence régionale, rivalisant avec tant d'autres pour s'attirer les faveurs de clients « régionaux », ou elles prenaient des mesures rapides et draconiennes pour convaincre les grands annonceurs qu'elles avaient acquis les ressources et les réseaux pour servir ces clients partout dans le monde.

Évidemment, cette volonté, cette nécessité, s'est traduite par une activité frénétique de fusions, d'acquisitions et d'alliances pour mettre sur pied des entreprises de publicité/communications/marketing à la hauteur des besoins et des attentes des grands clients. Du chassé-croisé d'acquisitions ont émergé au cours des années 1990 trois grands groupes : Omnicom, Interpublic et WPP.

Le groupe français Publicis a fait quelques acquisitions d'agences de taille moyenne. Toutefois, en 1988, il a choisi, pour le marché américain, de sceller une alliance avec le groupe Foote, Cone and Belding (FCB) qui occupe une place importante sur ce marché. L'alliance est de nature formelle. FCB entre au capital de Publicis à la hauteur de 26 % et Publicis au capital de FCB à hauteur de 20 %.

Publicis comptait ainsi satisfaire aux attentes de ses grands clients comme L'Oréal et Renault, et faire la chasse à d'autres grands annonceurs. Or, les conflits de clients, de modes de gouvernance et de culture d'organisation ont eu raison de cette alliance qui prenait fin en 1995 dans un climat hostile et litigieux.

Cette expérience pénible mais éducative (*Nous avons appris l'Amérique,* a dit Maurice Lévy en interview avec les auteurs) est concluante. Publicis ne pourra devenir rapidement une agence de rang mondial par des alliances. À compter de 1996, elle a procédé à l'acquisition d'agences dans chaque région du monde, agences qui devront s'intégrer de façon plus ou moins formelle au réseau Publicis :

- 1996 : BCP (Canada), Romero (Mexique), Norton (Brésil)
- 1997 : Mojo (Australie, Nouvelle-Zélande)
- 1998 : Agences Publicis au Cambodge, Laos, Thaïlande et Viêtnam, Hal Riney (États-Unis)
- 1999 : Welcomm (Corée-du-Sud), Gramercy (États-Unis), Lobsenz/ Stevens (États-Unis), Burrell Communications (États-Unis)
- 2000 : Frankel (États-Unis), Fallon McElligott (États-Unis), Dewitt Media (États-Unis), Winner & Associates (États-Unis), Nelson Communications (États-Unis)

Ces initiatives ajoutent certes à la présence internationale de Publicis, compensent aux États-Unis pour la brisure avec FCB, mais ne font que déplacer Publicis au classement des agences selon leurs revenus, du treizième rang en 1997 au neuvième rang en 2000, loin derrière les trois grands réseaux Omnicom, Interpublic et WPP.

De plus, les agences « nationales » regroupées dans Publicis, comme Hal Riney aux États-Unis, sont souvent dirigées par des entrepreneurs/créateurs jaloux de leur autonomie et difficiles à intégrer au mode de fonctionnement harmonisé et coordonné d'une grande agence dont ont besoin les annonceurs.

Maurice Lévy courait le risque de présider un Publicis bloqué dans le second peloton d'agences, vulnérable devant ses grands clients et offrant une cible attrayante pour des consolidations futures (bien que les héritiers du fondateur Marcel Bleustein-Blanchet détiennent une part suffisante du capital pour bloquer une OPA qu'ils ne souhaitent pas).

Les années 2000 à 2002 allaient être décisives. Maurice Lévy devait frapper de grands coups.

C'est ce qu'il a réussi à faire par l'acquisition de deux grands réseaux, Saatchi & Saatchi, en 2000, et Bcom3 (Léo Burnett *et alia*) en 2002. Ces deux entreprises sont en fait constituées de plusieurs agences et unités de services rassemblées par acquisitions au fur et à mesure que celles-ci tentaient, elles aussi, de se donner une envergure mondiale sous la pression de leurs propres clients.

Propulsée par ces deux acquisitions, Publicis s'est hissée au quatrième rang mondial avec quelque 4 milliards d'euros en revenus pour 2002 (base *proforma*). En comparaison, Omnicom a affiché un chiffre d'affaires de 8 milliards d'euros en 2002, Interpublic, 6 milliards environ et WPP, 5,5 milliards.

Ces gestes audacieux ont mené au développement d'une entreprise d'une grande complexité comme le montre la figure 21.2. Voyons les gains espérés de cette stratégie et les défis que pose son exécution.

Les gains et les bénéfices recherchés

- Offrir aux clients trois grands réseaux distincts, séparés par des « murailles de Chine », de sorte que des firmes rivales peuvent se trouver, sans problème, dans l'un ou l'autre de ces réseaux. Le Groupe Publicis, comme les trois autres grandes firmes du secteur, n'est plus limité dans sa croissance par le fait qu'en servant un client dans un secteur donné, il ne peut chercher à s'attacher une autre grande firme dans le même secteur.

- Être en mesure de servir les grands clients dans tous leurs marchés géographiques. Sinon, l'agence principale du client conçoit la création pour l'ensemble de ses marchés mais doit impartir à des firmes « locales », là où l'agence n'a pas de bureau, la responsabilité de l'exécution dans la langue du pays, ainsi que l'achat du temps et de l'espace dans les médias pour véhiculer le message. Les revenus réalisés sur ces deux opérations échappaient auparavant à l'agence principale ; celle-ci, en s'établissant sur la plupart des marchés, accapare maintenant ces revenus.

- Ajouter le poids de sa réputation et de ses champs d'expertise ainsi que la puissance de ses réseaux d'achats de médias pour transformer, après son acquisition, une agence locale en une agence de premier plan, lui donner une plus grande force d'attraction auprès des clients locaux et lui apporter un volume d'affaires rentable provenant des clients internationaux du groupe.

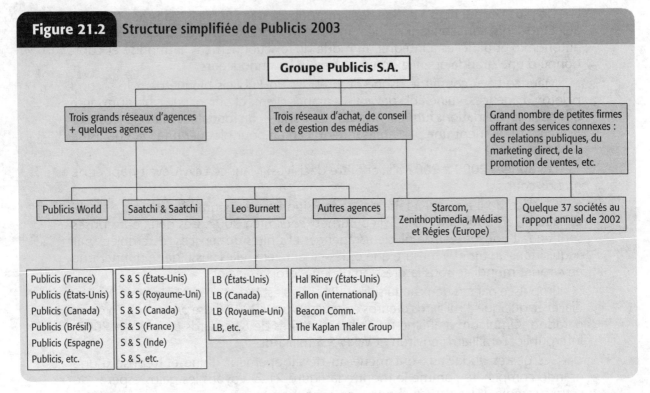

Figure 21.2 Structure simplifiée de Publicis 2003

- Dans les marchés de moindre taille, surtout dans les pays émergents, rationaliser et regrouper les agences du groupe de façon à créer une agence de plus grande taille, plus performante et plus rentable.
- Dans les grands marchés (12 dans un premier temps), créer des unités de services communs, responsables des opérations de bureau et des services spécialisés pour les trois réseaux. Par exemple, les services comptables, les systèmes d'information, les achats, les services juridiques, le service des ressources humaines. La création de ces unités doit produire à terme des économies significatives.
- Rationaliser les fonctions centrales en éliminant les « sièges sociaux » ainsi que les équipes *corporate* de Saatchi & Saatchi et Bcom3 pour concentrer les fonctions centrales à Paris.
- Enfin, investir dans les nouvelles technologies de la communication, de la recherche marketing, de la mesure d'efficacité publicitaire, de gestion de banques de données, de publicité en ligne, etc. Les ressources que peuvent dégager les grands groupes publicitaires pour se tenir à la fine pointe dans ces secteurs et pour acquérir de petites entreprises prometteuses, pourraient les doter d'un avantage stratégique, sinon sur les autres grands groupes, à tout le moins vis-à-vis des agences nationales et locales qui n'ont pas les moyens d'en faire autant. Cet avantage potentiel est intangible et difficile à quantifier, mais pourrait s'avérer décisif pour un groupe qui saurait jouer le jeu des options et des paris technologiques que nous avons décrit au chapitre 13 (« Quatre visions du marché »).

Voyons cependant les défis de cette stratégie et les enjeux de son exécution :

1. Faire mieux que les autres grands groupes

Les défis que pose cette stratégie sont certes nombreux et complexes, mais les autres grands groupes (Omnicom, Interpublic et WPP) font face aux mêmes embûches et traquenards. **Le véritable enjeu pour Publicis consiste à relever avec plus de succès et d'habileté que ses trois grandes rivales les défis et les enjeux que nous présentons dans la suite du texte.**

2. Conserver et mobiliser le talent

Le monde de la publicité est peuplé d'entrepreneurs et de « créatifs » souvent difficiles et hautement mobiles. C'est un univers dans lequel le personnel de talent est en mouvance d'une entreprise à l'autre, parfois tenté par les sirènes d'une agence bien à soi, toujours habile à tirer le meilleur compte d'une situation. Cette réalité très pressante aux États-Unis, au Canada et au Royaume-Uni, se manifeste encore aujourd'hui en Europe occidentale, mais de façon plus modérée. À bien des égards, les entreprises de ce secteur sont à l'avant-garde des entreprises des autres secteurs qui commencent à peine à connaître ces phénomènes et les enjeux de la gestion d'un talent mobile (ainsi que nous en avons fait état au chapitre 1).

Les mouvements de personnel d'une agence à l'autre et la création de nouvelles firmes par l'ancien personnel d'une agence établie, sont des phénomènes endémiques avec lesquels les firmes de cette industrie ont appris à composer. Toutefois, dans un contexte d'acquisitions, le phénomène s'accentue pour un ensemble de raisons : l'insatisfaction en ce qui a trait aux nouveaux rôles et statuts, la perte, réelle ou appréhendée, d'autonomie, les offres d'agences rivales profitant de l'insécurité du moment pour tenter de débaucher les bons éléments et, sans sombrer dans un cynisme de mauvais aloi, l'attrait des arrangements de départ très généreux pouvant être négociés au lendemain d'une acquisition.

Les départs, les mutations, les changements de rôle et de responsabilités ont en effet été nombreux depuis la conclusion des deux acquisitions majeures de Publicis. Or, la valeur d'une firme de publicité/communications tient à sa brochette de clients, eux-mêmes tributaires du service et du talent de la firme. Une fuite trop abondante de ce talent peut réduire la valeur économique de l'entreprise acquise. Aussi, le défi pour les grands groupes du domaine consiste à s'assurer que leurs clients importants sont attachés soit au groupe plutôt qu'à quelques personnes de talent, soit à quelques personnes, mais celles-ci étant **inamovibles** en raison de leurs modes d'intéressement ou de leur engagement indéfectible envers leur entreprise. En Amérique du Nord, cependant, les freins à la mobilité sont plutôt usés et inefficaces.

3. Gouverner ce grand ensemble aux nombreuses entités autonomes se déployant sur une vaste aire géographique

La haute direction de Publicis passe graduellement à un **mode de gouvernance stratégique.** Cette transition est subtile, car elle se manifeste dans le style de direction et de leadership, la qualité du dialogue entre le siège social et les entités du groupe, la nature de l'information échangée ainsi que les modes de suivi et de contrôle.

Publicis devra continuer de concilier l'autonomie des unités d'affaires et l'esprit d'entreprise de leurs dirigeants avec les responsabilités stratégiques et fiduciaires de la direction générale du Groupe. C'est exactement le but que cherche à atteindre une bonne gouvernance stratégique. Au chapitre 6, nous avons décrit ce que nous appelons les « quatre piliers » de cette gouvernance. Voyons- en les défis pour l'entreprise Publicis.

1ᵉʳ pilier : L'architecture et le leadership

Le leadership de Publicis doit être reconnu comme **légitime** et **crédible** pour toutes les entités qui relèvent directement de son autorité, tout particulièrement auprès des deux grands réseaux dont Publicis a récemment fait l'acquisition. Il ne fait aucun doute que Maurice Lévy, par son expérience et ses accomplissements, par son intelligence de l'industrie et ses années de service, par son énergie vive et sa passion pour le domaine satisfait pleinement à cette condition.

Toutefois, il doit s'entourer à la haute direction de personnes qui, aux yeux des dirigeants des groupes opérationnels, jouissent également de légitimité et de crédibilité dans leur domaine de responsabilités. Autrement, étant le seul mandant crédible, tous ces dirigeants ne voudront relever que de lui et ne discuter de leurs enjeux qu'avec lui. Certains en feront même une condition préalable pour consentir à l'acquisition de leur entreprise ou pour demeurer avec le Groupe par la suite.

Un tel résultat pourrait aboutir à une surabondance de questions à trancher, de décisions à prendre, de personnes à rassurer et à motiver et ainsi occasionner un certain ralentissement dans la résolution des problèmes.

Enfin, le mode et le style de leadership doivent faciliter la transition au sommet de la société, au moment jugé opportun. Le leader qui a construit une entreprise pierre par pierre en connaît tous les recoins et tous les secrets. Celle-ci est souvent façonnée à son image, ce qui rend sa succession difficile et périlleuse. Le fondateur de Publicis, Marcel Bleustein-Blanchet, ayant choisi Maurice Lévy comme successeur plusieurs années avant son départ, a pu ainsi préparer sa relève. Maurice Lévy est un vigoureux PDG de 62 ans qui réfléchit certes à cet enjeu.

L'**architecture** qui sera ultimement adoptée pour la grande entreprise qu'est devenue Publicis, jouera un rôle critique dans sa réussite. Ainsi que nous l'avons écrit plus haut, nous entendons par architecture la ou les cultures de l'entreprise, ses valeurs de gestion ainsi que sa forme d'organisation et ses systèmes de gestion.

Publicis est maintenant un ensemble hétérogène, fait de multiples cultures nationales et de plusieurs cultures d'entreprises. Par exemple, les entités Saatchi & Saatchi, Fallon, Publicis Conseil (France), Starcom et Frankel, pour ne nommer que celles-là, ont toutes leur culture d'entreprise propre qui reflète leur genèse, leurs contextes de marché, leur histoire, leurs technologies et leurs habiletés motrices.

Il n'est pas souhaitable qu'une culture cherche à l'emporter sur les autres et à s'imposer à toute l'entreprise. De même, il serait illusoire de présumer que dans le creuset de la nouvelle entreprise, toutes ces cultures se fondront pour produire une nouvelle culture unique.

La vision de Maurice Lévy à cet égard est judicieuse. L'homme est de nationalité française par choix et cosmopolite par goût. Ayant étudié aux États-Unis, il est un observateur sympathique et critique de la mentalité et du modèle américains (l'alliance avortée avec FCB lui a apporté un complément d'expérience pertinente). Maurice Lévy ne compte pas changer fondamentalement la culture des entreprises acquises, mais leur «donner une impulsion autre qu'américaine, multinationale», «apporter un regard neuf… sans hégémonie française ni, *a fortiori*, américaine».

Dans cet univers du talent, peuplé de «divas», il propose une valeur importante pour toute l'entreprise : «L'homme est supérieur aux systèmes […] moins de systèmes, moins de problèmes.» Il reconnaît l'importance d'unités autonomes, mais enchâssées dans un cadre cohérent de direction et de stratégies communes : «Publicis est une fédération de PME.» «Publicis est un groupe familial… et mondial.» L'entreprise compte plusieurs cultures, mais cherche à rassembler toutes ces entités autour de valeurs communes :

- Esprit d'entreprise, attitude de «challenger»
- Humanisme
- Rigueur et honnêteté
- Vision multiculturelle

Publicis, dit Maurice Lévy, *est une somme de paradoxes, de tensions créatrices.* Ce qui fait sa valeur, ce sont ses intangibles, *mais il est difficile d'expliquer l'intangible.*

L'enjeu pour Publicis ne consiste pas vraiment à inculquer des valeurs communes à toutes les entités du Groupe, mais bien d'en arriver par des initiatives formelles et informelles à ce que :

- les différentes filiales agissent de façon à promouvoir l'intérêt collectif du Groupe, par exemple en recommandant d'autres sociétés du Groupe à leurs clients, en informant les autres entités (les SAM par exemple) des occasions d'affaires chez leurs clients, et ainsi de suite. Selon Maurice Lévy, les initiatives de ce type n'apportent pas seulement un supplément de chiffre d'affaires ; elles apportent surtout un nouvel esprit de collaboration au sein du Groupe, lequel tranche avec les rivalités que l'on observe ailleurs ;
- les différentes entités apprennent et cherchent à se combiner, et à se coordonner pour présenter des offres de service unifiées et persuasives aux clients potentiels ; les enjeux de partage des coûts de ces propositions conjointes ainsi que des revenus, le cas échéant, soient réglés à la satisfaction de tous ;
- les meilleures pratiques et les façons de faire les plus efficaces, mises au point par l'une ou l'autre entité du Groupe, soient rapidement connues et adoptées par toutes les autres entités pertinentes.

Avec le temps, et à l'usage, ce type de comportement pourra devenir une valeur d'entreprise, presque un réflexe. Mais au départ, ces comportements ne se manifesteront que sous la poussée de puissants incitatifs, comme un intéressement des dirigeants et des principaux cadres à la performance d'autres unités de l'entreprise, la mise en place d'occasions multiples d'échanges d'informations sur les compétences, les produits et les services qu'offrent les autres entités, etc.

L'architecture d'une entreprise comporte également le **choix d'une forme d'organisation**; ce choix est critique dans le cas d'entreprises complexes comme Publicis.

Une première option dans ce cas-ci serait de structurer Publicis selon le modèle de la forme multidivisionnelle (forme M) pure et simple comme nous l'avons décrit plus haut.

Puisque toutes les entreprises du groupe sont du secteur de la publicité, de la communication et du marketing, et parce que les dirigeants de Publicis, Maurice Lévy en tête, connaissent à fond les enjeux et les subtilités de cette industrie, Publicis pourrait se concevoir comme « une fédération de PME », un ensemble de divisions autonomes, de centres de profits, relevant de la haute direction du Groupe.

Le nombre d'unités relevant du PDG pourra alors sembler trop considérable pour un seul homme. En fait, le bâtisseur d'une entreprise ressemble beaucoup à un grand maître au jeu d'échecs pouvant jouer, avec aisance et rapidité, et sans grande fatigue mentale, plusieurs parties simultanées contre de très bons joueurs.

De l'expérience, de l'intelligence analytique et de l'investissement passionné dans son objet, émerge une forme de pensée configurale et holistique, une habileté à reconnaître instantanément, avant même l'analyse, les tenants et les aboutissants d'une situation. La simple donnée devient alors riche d'informations; les moindres anomalies crèvent les yeux; une configuration de faits épars devient pronostic. Pascal, il y a longtemps, avait constaté la différence entre « un esprit de géométrie et un esprit de finesse », ce dernier lui semblant bien supérieur au premier.

Une expérience effectuée auprès de grands maîtres aux échecs montre bien la différence entre un mode de pensée analytique et le mode configural que nous décrivons ici. On leur a présenté des échiquiers où les pièces occupaient des places pouvant résulter d'une partie entre joueurs compétents. On leur a laissé observer la disposition des pièces pendant cinq secondes puis, ayant dissimulé les échiquiers, on leur a demandé de replacer les pièces aux positions observées. Leur taux de succès a dépassé les 90 %. Puis, on a répété l'expérience en plaçant les pièces au hasard. Leur taux de succès a chuté de façon dramatique et s'est établi au même niveau que celui obtenu avec des non-joueurs d'échecs.

La pensée configurale, supérieure à la pensée analytique (bien qu'elle en soit la fille), est souvent prise à tort pour de l'intuition, du flair, du moins dans le sens commun de ces expressions.

Le dirigeant, le bâtisseur d'une entreprise, qui jouit de cet extraordinaire avantage cognitif doit comprendre deux choses.

1. Cette habileté ne se lègue pas : son successeur devra l'acquérir à sa façon et à son heure. Le dirigeant bâtisseur doit s'assurer que son entreprise compte en son sein des personnes de cette trempe qui font ce type d'apprentissage de l'entreprise et de l'industrie ;

2. **Un grand joueur d'échecs est rarement un grand joueur de bridge.**
Cette habileté hors du commun qui donne au bâtisseur d'entreprise une telle aisance n'est valable que pour le secteur et le marché où elle s'est si bien développée. Il doit prendre garde aux diversifications qui mèneraient l'entreprise dans des secteurs moins familiers ou des territoires aux cultures inconnues. Il pourrait perdre pied et commettre des erreurs coûteuses.

Donc, Publicis pourrait adopter une forme M d'organisation. Celle-ci suppose un ensemble de divisions pleinement autonomes, agissant en centres de profits, dans le cadre des politiques de l'entreprise et de budgets approuvés par la haute direction. La recherche des bénéfices de coordination entre les entités prend la forme d'encouragements à la coopération et au soutien mutuel, de même que de certains incitatifs économiques, mais dans un cadre qui protège l'autonomie ainsi que l'imputabilité des divisions et des entités du Groupe.

Le hic, c'est que le prix payé pour l'acquisition d'une entreprise comporte toujours une prime par rapport à la valeur au marché de l'entreprise avant l'annonce de la transaction.

Lorsque l'entreprise est publique (c'est-à-dire cotée en Bourse), comme c'était le cas pour Saatchi & Saatchi, on peut facilement établir le quantum de cette prime. Saatchi & Saatchi affichait une valeur boursière d'environ 790 millions d'euros dans les jours précédant l'annonce de son acquisition par Publicis. Le prix payé a été de 1,2 milliard d'euros, soit une prime de 51 % ou 410 millions d'euros.

Dans le cas de Bcom3, l'entreprise étant de propriété privée, il est plus difficile d'établir le quantum de la prime payée, le cas échéant. Toutefois, pour cette acquisition, Publicis a enregistré dans ses livres comptables un écart d'acquisition de quelque 2 milliards d'euros. Le nouveau Groupe Publicis doit donc produire des résultats financiers qui donnent une pleine justification à la prime de 410 millions d'euros payés pour Saatchi & Saatchi et à l'écart enregistré pour l'acquisition de Bcom3.

À court terme, les bénéfices additionnels de ces acquisitions devront provenir de deux sources.

1. La rationalisation des fonctions centrales et leur concentration à Paris. Il est difficile d'estimer l'effet net de l'élimination des sièges sociaux de Saatchi & Saatchi et de Bcom3 ainsi que de l'ajout de personnel et de ressources au siège à Paris ; toutefois, dans la mesure où chacun de ces trois grands réseaux se considère comme une entreprise pleinement autonome, la centralisation de certaines fonctions pourra être contestée ou rétablie subrepticement au sein de chaque entreprise. Hormis la finance « corporative », les services juridiques (et encore) et quelques responsabilités de haut niveau dans la gestion des ressources humaines (politique salariale, programme d'intéressement, plans de succession des dirigeants), il sera difficile d'effectuer une concentration trop poussée à Paris dans les autres domaines et fonctions nécessaires au quotidien d'une grande entreprise.

2. L'établissement d'unités de services communs pour les 3 réseaux dans 12 grands marchés. Cette initiative pourrait assez rapidement résulter en des économies importantes. Toutefois, il s'agit d'une entorse aux principes de la forme M qui ajoute un élément de complexité à l'organisation de Publicis. En établissant ces unités, Publicis se déplace un peu vers une forme L d'organisation. En effet, une composante importante des coûts des divisions passe alors sous le contrôle d'une « division » indépendante. Dans le meilleur des mondes, cette nouvelle unité fournit un service impeccable à des coûts significativement plus bas que lorsque les divisions assumaient elles-mêmes ces coûts.

Dans un monde plus probable, les unités de service ne produisent pas les réductions de coûts attendues aussi rapidement que prévu. Les trois réseaux, par ailleurs en forte rivalité les uns avec les autres sur leurs marchés, contestent les bases d'allocation des coûts de l'unité de service, se plaignent du service et invoquent l'impact négatif sur leurs clients de tel ou tel impair, de telle ou telle politique de l'unité de service. La haute direction de Publicis doit consacrer un temps précieux à régler les différends, à établir les règles et les principes d'allocation des coûts, et ainsi de suite.

Fort heureusement pour Publicis, l'entreprise jouit d'un actionnariat qui lui accorde le temps d'extraire les bénéfices à long terme des actions entreprises par Maurice Lévy. En effet, les héritiers du fondateur de Publicis et la société japonaise de publicité Dentsu représentent un bloc important d'actions et de votes (plus de 30 %) et ont conclu un pacte valable pour 12 ans.

Ce caractère de son actionnariat donne à Publicis une grande stabilité permettant à Maurice Lévy de créer ce grand groupe mondial dont les avantages stratégiques et économiques à long terme vont bien au-delà des économies de fonctionnement réalisables à court terme. Cela pourrait s'avérer un avantage stratégique important sur ses principaux rivaux soumis aux pressions constantes et aux attentes de résultats immédiats des marchés financiers américains et britanniques.

2ᵉ pilier : Une démarche efficace de planification stratégique

La très grande entreprise qu'est devenue Publicis en si peu de temps voudra se doter d'une démarche pour favoriser et encadrer le dialogue stratégique entre le « centre » (le siège social à Paris) et les responsables des principales unités d'affaires. Cette démarche comporte des moments forts pour un dialogue serré entre les dirigeants du centre et l'équipe de direction de chaque grande unité d'affaires autour de leurs enjeux stratégiques, leurs objectifs et leurs plans stratégiques.

Nous élaborons sur cette dimension de la gestion stratégique dans la seconde partie de ce chapitre.

3ᵉ pilier : La qualité et la pertinence de l'information financière et stratégique

La grande entreprise, diverse par ses activités et par son envergure géographique, doit prendre bien soin d'avoir accès à une information juste, produite en temps opportun et provenant de sources intègres. Les divisions, tout autonomes qu'elles soient dans leur fonctionnement, doivent s'enchâsser dans un réseau d'informations sur lequel elles n'exercent pas un contrôle absolu. De façon particulière, le service des finances du centre doit s'assurer que les cadres financiers dans les différentes unités et divisions lui soient imputables et que, tant que faire se peut, proviennent du sérail financier de l'acquéreur.

4ᵉ pilier : Des systèmes performants de motivation et de rémunération

C'est à ce sujet que les clivages les plus profonds se manifestent entre l'Amérique du Nord et le Royaume-Uni, d'une part, et l'Europe continentale (et le Japon) d'autre part. Nous avons fait état de cette divergence de vues et de philosophie tout au long de cet ouvrage, en particulier aux chapitres 1, 3, 4, 9 et 18.

D'une part se trouve une vision de l'entreprise au service quasi exclusif des actionnaires, voulant en maximiser le rendement et cherchant à aligner la rémunération des dirigeants sur la valeur créée pour les actionnaires. Ce modèle, qui prend sa source au début des années 1980, en est venu graduellement à assumer un rôle dominant aux États-Unis et dans les pays anglo-saxons. Cette vision des choses a bien sûr subi les contrecoups des abus dans la rémunération des dirigeants ainsi que les fiascos financiers d'Enron à Worldcom.

Toutefois, les tenants de ce modèle ne sont pas vraiment remis en question. On cherche plutôt à en raffiner les modalités de fonctionnement, à mieux calibrer la relation entre la rémunération des dirigeants et la performance de l'entreprise, à resserrer les règles de gouvernance pour mieux protéger les intérêts des actionnaires.

D'autre part se trouve une vision de l'entreprise responsable devant plusieurs parties prenantes, dont les actionnaires, cherchant à établir une relation de loyauté et d'engagement réciproque à long terme avec son personnel. Ce modèle, jadis la norme partout, même en Amérique, est caduc en certains lieux et chancelant là où les investisseurs institutionnels et autres commencent à revendiquer une préséance dans les décisions et les objectifs de l'entreprise.

Maurice Lévy affiche les couleurs de l'école européenne en cette matière. Les dirigeants doivent servir l'entreprise et ses parties prenantes, *donner une dimension morale à leur action, une responsabilité sociale à leur entreprise.* Il dit, sans le regretter vraiment, *qu'il ne passe pas assez de temps avec les investisseurs et les analystes [...] on me le reproche. Ils me parlent de ratios; il est difficile d'expliquer l'intangible [...] et c'est ce qui a le plus de valeur.*

Il est réservé à propos de ces rémunérations « excessives » qui sont versées aux dirigeants américains. Il se déclare de l'ancienne école selon laquelle *un chef d'entreprise ne devenait pas riche [...] ne faisait pas fortune par l'entreprise qu'il dirigeait.* Certes, le dirigeant doit être bien payé, mais que ce soit selon la performance, sur la base de résultats démontrés.

Homme pratique toutefois, il reconnaît que la mobilité du talent aux États-Unis donne une grande flexibilité aux entreprises et que cela constitue un avantage sur l'Europe. Cependant, cet avantage met l'entreprise « à la merci du talent » et place leur rétention ainsi que leur rémunération au cœur des enjeux.

Comment refléter dans les programmes de rémunération les différences de mobilité et de valeur marchande des talents ? Plus l'information sur la rémunération est répandue dans l'entreprise, plus elle suscite « la jalousie et l'envie ». Par exemple, pour l'année 2002, le rapport annuel de Publicis nous informe que la rémunération de Kevin Roberts, le président de Saatchi & Saatchi a été de 2,3 millions d'euros, dont 1,2 million en prime. Cette rémunération est supérieure de 30 % à celle de Maurice Lévy ! Il est raisonnable de penser que les dirigeants des autres unités de l'entreprise évalueront l'équité de leur propre rémunération à la lumière de cette information.

Il faut régler ces questions, Maurice Lévy le sait bien, avec un extrême doigté ainsi qu'une grande sensibilité aux valeurs et aux contextes variés d'une entreprise multinationale.

Ces quatre piliers de la « gouvernance » d'une entreprise complexe comme Publicis fournissent un cadre de réflexion au leader de toute entreprise dont le destin et les choix stratégiques la mènent à jouer un rôle de grande envergure sur la scène mondiale.

21.1.4 La forme par groupes (forme G)

La diversification non reliée a donné de cruelles leçons d'humilité à plusieurs dirigeants de grandes entreprises. Les raisons de ces difficultés sont multiples.

D'abord, l'acquéreur s'illusionne souvent quant aux similarités entre son entreprise et l'entreprise cible. Il lui semble que les modes et les systèmes de gestion qui lui ont réussi dans son domaine devraient également s'appliquer au domaine « connexe » dans lequel œuvre l'entreprise que l'on veut acquérir. Donc, une intégration poussée des deux entreprises est présumée possible et devrait susciter des synergies importantes, synergies qui ont d'ailleurs servi de justification au prix d'achat.

Avec l'expérience, il s'avère cependant que la nouvelle entreprise exige des habiletés et des modes de fonctionnement fort différents, difficiles à acquérir et à maintenir au sein de l'entreprise propriétaire. À contrecœur, mais devant l'évidence d'une détérioration de sa performance, celle-ci en vient à traiter la nouvelle entreprise comme une diversification non reliée ou faiblement liée. Ainsi, une diversification conçue à l'origine comme liée au domaine principal d'activité de l'entreprise aboutit par défaut, sans plan d'ensemble ni gouvernance appropriée, à une diversification non reliée.

Au cours des 10 dernières années, des entreprises ont souvent cherché par l'intermédiaire d'acquisitions en succession rapide d'entreprises de grande taille à exécuter une stratégie d'envergure de produits et à mettre en place une forme d'organisation L. Or, la démarche butant sur des difficultés d'exécution insurmontables, ces entreprises se rabattent alors sur une forme G et une stratégie de diversification non reliée.

Dans d'autres cas, la diversification non reliée prend la forme d'acquisitions d'entreprises dans de multiples secteurs d'activité sans regroupement important dans aucun secteur. La direction générale de l'entreprise est vite débordée par les événements et handicapée par sa connaissance superficielle de plusieurs de ces secteurs. Les conglomérats des années 1960 ont périclité essentiellement pour ces raisons.

Ces excès sont moins fréquents aujourd'hui. Toutefois, deux formes de structure sont apparues au fil des années, qui partagent cette même vision voulant qu'il est possible de créer de la richesse strictement par des activités d'investissements financiers :

- La forme holding, que l'on trouve par exemple chez des sociétés comme Berkshire Hathaway aux États-Unis, Onex Corp. et Power Corp. au Canada ou Pargesa Holding S.A. en Europe. Ce type de société détient des participations (totales, majoritaires ou minoritaires) dans de multiples entreprises. Nous traitons de cette forme dans la prochaine section.

- Les acquisitions par emprunt (LBO) ou les fonds de capitaux propres (*private equity funds*), comme les Blackstone, KKR, Carlisle et tant d'autres, rassemblent d'énormes capitaux pour acheter des entreprises (ou des divisions ou des filiales d'entreprise), leur imposent une rude discipline financière pour en améliorer la performance et pour les revendre (ou les remettre sur les marchés boursiers) à forts profits. Ces formes d'organisation tiennent plus de l'intermédiation financière que de l'activité économique véritable à laquelle on associe habituellement la notion d'entreprise.

La forme d'organisation que nous appelons la forme G a émergé progressivement des tâtonnements, des erreurs et des bévues de gestionnaires qui se sont évertués à trouver une façon efficace de gérer la diversité au sein d'une même entreprise.

L'entreprise qui veut mettre en place une structure de ce type doit adopter un ensemble de principes de fonctionnement et s'y tenir rigoureusement, principes que nous avons longuement décrits et étayés dans le cas Bombardier au chapitre 6.

Rappelons certains de ces principes :

- des activités concentrées sur trois, quatre ou cinq secteurs industriels en équilibre relatif quant à leur contribution aux revenus globaux ;
- une présence importante, voire dominante, dans chaque secteur, souvent par le truchement de plusieurs entreprises acquises dans ce même secteur ;
- une propriété totale des entités rassemblées dans l'entreprise afin d'imprimer une gouvernance efficace et identique dans tous les secteurs d'activité et d'avoir accès à tous les flux de trésorerie des entités pour investir de façon à en tirer tous les rendements possibles ; la crédibilité des mandants corporatifs est une condition *sine qua non* ;
- un président de groupe pour chaque secteur d'activité, expérimenté dans ce dernier, qui agit comme chef de la direction pour le groupe ;
- une structure « corporative » légère (le « centre ») et de faible coût en proportion des revenus de l'entreprise.

Des entreprises de forme G, comme United Technologies, Emerson, General Electric, Bombardier à une époque, peuvent en arriver à créer une valeur économique au-delà de la somme des valeurs attachées aux entités sectorielles rassemblées dans l'entreprise.

21.1.5 La forme de holding financier (forme H)

Dans ce cas, l'entreprise n'est constituée que d'un petit noyau de dirigeants et de cadres financiers responsables de surveiller la performance des investissements de la société, de mettre au point des transactions avantageuses et de concevoir des montages financiers astucieux dans le but de créer plus de valeur pour l'entreprise.

Ce noyau dur est habituellement dirigé par un investisseur jouissant d'un riche réseau de contacts, d'informations et d'influences. **Les marchés financiers donnent une bonne valeur à ce type d'entreprise tant qu'ils font confiance à cet investisseur, tant que celui-ci démontre de façon régulière, par de bons coups, qu'il possède encore l'art et le talent de la transaction et du montage.** L'exemple le plus célèbre nous est donné par Warren Buffet de Berkshire Hathaway. Les investisseurs manifestent une confiance quasi aveugle à l'« oracle d'Omaha », en sa sagacité hors du commun quand il s'agit d'investissements et de placements.

La société canadienne Onex, dont nous présentons le portefeuille des investissements à la figure 21.3, offre un bon exemple de cette forme d'organisation.

Onex est l'instrument de travail de Gerald W. Schwartz. Celui-ci utilise l'entreprise pour faire jouer l'effet de levier financier et ainsi maximiser le rendement sur ses investissements. Par le jeu des actions à vote multiple, Schwartz contrôle les deux tiers des votes d'Onex et nomme 60 % des administrateurs de l'entreprise. Onex est donc l'affaire d'un homme, d'un financier. Ce type d'entreprise est très vulnérable au départ de cette personne, habituellement involontaire, ou à la perte de son doigté.

Il est souhaitable qu'en temps opportun cet investisseur, ce maestro de la haute finance, fasse évoluer son entreprise vers une forme G en adoptant les principes d'une diversification non reliée.

Figure 21.3 | **Le portefeuille d'investissements de la société Onex (2003)**

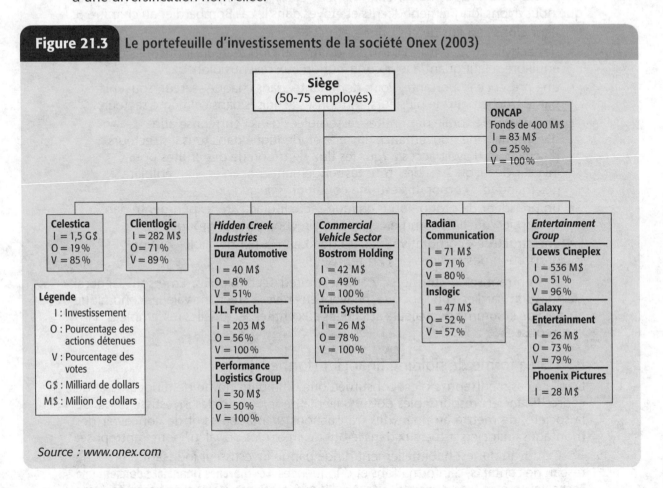

Source : www.onex.com

Le tableau 21.1 offre une vue synoptique de ces cinq formes d'organisation selon leur pertinence stratégique, leurs caractéristiques de fonctionnement, leurs limites, leurs enjeux et leurs défis.

Tableau 21.1	Les formes d'organisation – tenants et aboutissants

	FORME F	
Pertinence stratégique	**Caractéristiques de fonctionnement**	**Limites, enjeux et défis**
Pour l'exécution d'une stratégie de marché simple ou à une phase première du développement de l'entreprise : • création de marché • différenciation • créneaux	• Le PDG est entouré de cadres fonctionnels. • La gamme de produits et de services est limitée. • La couverture de marchés géographiques est limitée à ceux de l'environnement immédiat. • L'entreprise est dirigée par un entrepreneur fondateur et seul preneur de décisions d'ensemble.	• Croître et se développer sans ajouter de nouveaux produits destinés à des marchés différents, sans faire d'acquisitions importantes et sans ajouter de marchés géographiques lointains et culturellement différents. • Pour composer avec la complexité croissante de l'entreprise, effectuer à temps la transition vers d'autres formes d'organisation (la forme M en particulier).

	FORME M	
Pertinence stratégique	**Caractéristiques de fonctionnement**	**Limites, enjeux et défis**
Pour l'exécution d'une stratégie plus complexe, par exemple : • stratégie de segmentation • stratégie d'envergure de marchés géographiques	• Chaque division est autonome et agit comme un centre de profits. • L'entreprise confine ses activités à un seul marché (ou à un seul secteur) largement défini. • Les hauts dirigeants, parce qu'ils connaissent bien toutes les activités de l'entreprise et sont souvent issus de ses rangs, sont légitimes et crédibles. • Le « centre » se dote de systèmes d'information, de surveillance et de contrôle de haute qualité. • Les divisions adoptent souvent la forme d'organisation F.	• Trouver des mécanismes informels pour faire bénéficier l'entreprise des avantages de la coordination entre divisions sans que celles-ci perdent leur autonomie et leur obligation de résultats (comités de coordination, groupes de travail, projets spéciaux, etc.). • Éviter toute diversification dans des secteurs autres que celui que l'entreprise connaît bien. • Maintenir cette précieuse relation de légitimité et de crédibilité entre les dirigeants et les cadres opérationnels. • Bien gérer la transition à la forme L lorsque les forces économiques l'imposent ou lorsque l'envergure de l'entreprise l'exige.

Tableau 21.1 Les formes d'organisation – tenants et aboutissants (*suite*)

	FORME L	
Pertinence stratégique	**Caractéristiques de fonctionnement**	**Limites, enjeux et défis**
Pour exécuter une stratégie d'entreprise exigeant à la fois une certaine imputabilité des divisions ainsi que des relations formelles de coordination et de dépendance entre les divisions, par exemple : • une stratégie de mondialisation • une stratégie d'envergure de produits	• La performance d'une division dépend de l'apport d'autres divisions; donc autonomie et responsabilité partielles de chaque division. • Cet arrangement cherche à optimiser la performance du tout plutôt que celle de chaque division. • Les valeurs de gestion ainsi que les systèmes de motivation et d'incitation financière suscitent chez les gestionnaires de chaque division un sentiment d'appartenance à un ensemble plus grand que leur division ou leur fonction. • La croissance est en grande partie organique, et les acquisitions sont limitées à de petites entreprises; tout cela pour conserver l'esprit de corps et les valeurs de l'entreprise. • Les liens et les connexions entre divisions sont une source de puissants avantages économiques et stratégiques, reconnus de tous.	• Trouver des arrangements ingénieux de structures et de systèmes de gestion pour limiter les coûts de complexité. • La forme matricielle, un cas particulier de la forme L, pose d'énormes défis pratiques que peu d'entreprises ont réussi à relever; une très forte culture imprégnant l'ensemble de l'entreprise semble une condition préalable. • Mettre en place rapidement une organisation de forme L pour livrer les bénéfices d'acquisitions de grande envergure s'avère un défi quasi insurmontable. • La réussite d'une forme L passe par une qualité exceptionnelle du leadership, des valeurs partagées et d'excellents systèmes de gestion. • Ne pas surestimer l'importance des liens entre divisions; ne pas sous-estimer les coûts de complexité; ne pas traiter une diversification non reliée comme s'il s'agissait d'une diversification reliée.

© Allaire et Firsirotu, 1985, 1993, 2004

Tableau 21.1	Les formes d'organisation – tenants et aboutissants (*suite*)

	FORME G	
Pertinence stratégique	**Caractéristiques de fonctionnement**	**Limites, enjeux et défis**
Pour l'exécution d'une stratégie de diversification non reliée	• L'entreprise est diversifiée dans trois, quatre ou cinq secteurs non reliés. • Dans chaque secteur, l'entreprise compte une « compagnie opérationnelle ». • Aucun secteur ne représente plus de 30 à 40 % des revenus et des bénéfices. • Le centre (le siège social, le « corporatif ») doit compter sur un mandant crédible pour chaque secteur d'activité. • Le centre met en place et gère avec discipline un système de « gouvernance stratégique » créateur de valeur. • L'entreprise doit être propriétaire unique de toutes ses unités d'affaires pour des raisons d'accès aux flux de trésorerie et d'uniformité dans la gouvernance. • Le coût du centre doit être modeste, minime par rapport aux bénéfices totaux de l'entreprise.	• Maintenir une diversification équilibrée de sorte qu'aucun secteur ne devienne dominant tant pour les revenus que pour les bénéfices. • Établir une configuration de revenus et de bénéfices qui soit relativement insensible à la conjoncture économique. • Diversifier les sources de revenus selon leur provenance géographique. • Diversifier l'entreprise dans des secteurs non reliés mais qui partagent certaines particularités communes; par exemple, tous du secteur manufacturier. • La combinaison entre des secteurs industriels et un secteur des services financiers, fréquente en pratique, s'avère souvent une pratique hasardeuse.

	FORME H	
Pertinence stratégique	**Caractéristiques de fonctionnement**	**Limites, enjeux et défis**
Cette forme sert de véhicule pour un investisseur sagace dans l'art d'acheter et de vendre des entreprises, habile aux montages financiers qui serviront de levier pour étendre son contrôle.	• Participer à différents niveaux dans des entreprises publiques (cotées en Bourse). • Rechercher le contrôle *de facto* ou *de jure* par des actions à vote multiple. • Puisque la valeur au marché des investissements du holding peut être établie en tout temps, le holding doit encourir de modestes coûts d'exploitation, relativement à ses bénéfices, pour justifier son existence. • Le holding crée de la valeur, au-delà de ses coûts, grâce à l'habileté du dirigeant comme investisseur et négociateur ainsi qu'à la qualité de son information et de ses réseaux d'affaires.	• Le holding tend à être l'affaire d'une personne aux habiletés très particulières; la transition du leadership est pénible et souvent mortelle pour le holding financier. • Dans un univers de marchés financiers efficients, il devient difficile pour cette forme d'entreprise de créer une réelle valeur économique; l'avantage d'information et de réseaux est vite dissipé. • Contrôler le niveau de dépenses du holding, souvent peuplé de personnes aux goûts somptuaires.

© Allaire et Firsirotu, 1985, 1993, 2004

21.2 La démarche de planification stratégique

La planification stratégique a mauvaise presse ; elle a attiré, à juste titre hélas, la dérision et la critique.

Les reproches qu'on lui adresse sont nombreux et variés :

- Conçue pour aider l'entreprise à maîtriser son destin, à composer avec les incertitudes et les risques qui pèsent sur son avenir, la planification stratégique a failli à la tâche en favorisant un mode technocratique de planification, un assemblage de prévisions et de scénarios, vite caducs et dépassés par les événements. La démarche n'a pas su incorporer les deux autres modes de gestion des risques, décrits au chapitre 5, soit le mode politique et le mode structurel.

- Trop souvent, la démarche de planification stratégique ne débusque pas les vrais enjeux et les vrais défis ; **les décisions importantes sont prises en marge de « l'exercice de planification » et sans rapport avec lui.**

- La démarche s'est transformée graduellement en un processus bureaucratique répétitif et *proforma* dont l'échéancier et la forme ont préséance sur le contenu et la substance. Elle sert d'occasion pour des présentations tape-à-l'œil, pour des professions d'assurance frelatée. Elle a comme but premier de donner le change et de satisfaire aux exigences de la direction supérieure de l'entreprise.

- La planification stratégique devient un rituel symbolique pour atténuer les anxiétés des dirigeants devant un avenir incertain et inconnaissable.

Les raisons de ce détournement et de ces échecs sont nombreuses ; mais, au bout du compte, elles révèlent toute une carence de leadership. Et pourtant, une démarche de planification stratégique devrait apporter des réponses à des questions simples mais essentielles comme celles-ci :

- Pourrions-nous faire mieux avec une autre stratégie, créer plus de valeur, diminuer notre vulnérabilité, croître plus vite, mieux utiliser nos ressources, nos actifs, notre talent et notre savoir-faire ?

- Quelle mouvance observons-nous chez les acheteurs et les concurrents ? Commande-t-elle des changements de stratégie de notre part ?

- Nos marchés sont-ils en train de changer de façon telle qu'il faut revoir et changer notre stratégie ? Si oui, quelle forme d'organisation, quels systèmes de gestion devrons-nous mettre en place ? Devrons-nous changer certaines valeurs, croyances et attentes, certaines dimensions culturelles de l'entreprise ? Comment fait-on cela ? A-t-on la qualité de leadership pour mener à bien une telle opération ?

- Quels sont les investissements stratégiques (nouveaux produits, recherche et développement, publicité, équipements de pointe) qu'il nous faut envisager pour améliorer, consolider ou défendre notre position dans le marché ?

- Nos marchés sont-il porteurs de rentabilité à long terme ? L'évolution de la concurrence et du comportement des acheteurs mène-t-elle rapidement à une situation de rendement marginal à peine égal au coût du capital ?

Le leader, habituellement un homme ou une femme pratique et de bon jugement, doit s'assurer que la démarche de planification stratégique reste bien ancrée dans le concret, colle aux vrais problèmes, vise les véritables enjeux.

Le but de l'opération de planification est de stimuler et de structurer un dialogue productif entre dirigeants sur les enjeux, les occasions, les défis et les perspectives de l'entreprise ou de chacune de ses unités ou divisions.

L'échéancier de l'opération doit servir à prévoir les moments forts de ce dialogue. Le format proposé pour la préparation d'un plan doit servir uniquement de guide pour que les sujets pertinents soient abordés et pour assurer une certaine uniformité de présentation lorsque l'entreprise abrite plusieurs unités, divisions ou filiales, chacune devant préparer son plan stratégique.

Le lecteur trouvera à l'annexe A un prototype de plan stratégique à cette fin.

Tout le propos de cet ouvrage est pertinent à la démarche de planification stratégique. La figure 21.4 présente comment les principales étapes de cette démarche sont associées à différentes parties de l'ouvrage :

1. Le diagnostic externe, soit le jugement, étayé de données et de faits, que porte la direction de la division, l'unité ou la filiale sur l'évolution de ses marchés, du contexte politique et juridique, de la technologie ; comment les facteurs de coûts, décrits à la partie III, et les dynamiques

de marché, décrites à la partie IV, se conjuguent-ils pour définir des « options stratégiques », des « stratégies souhaitables » du strict point de vue de l'évaluation des facteurs externes à l'entreprise (*voir la partie V*) ; quelle mission (ou champ stratégique) et quelle architecture d'organisation seraient associées à chacune de ces options stratégiques (ou stratégies souhaitables).

Figure 21.4 Le processus stratégique

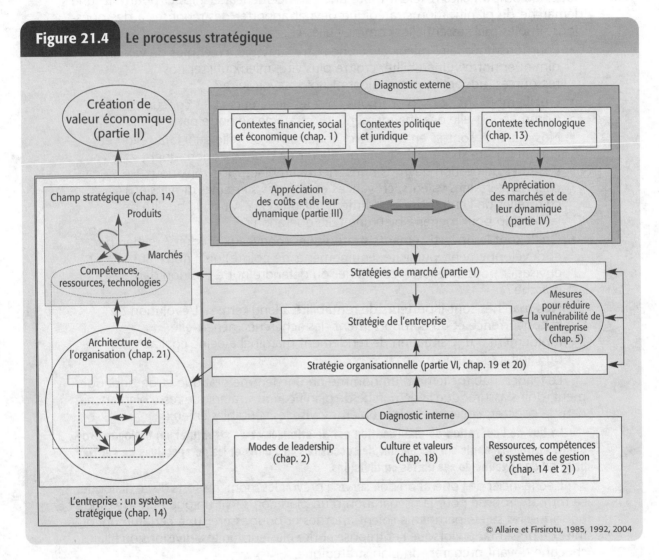

© Allaire et Firsirotu, 1985, 1992, 2004

2. Le diagnostic interne, soit le mode de leadership (chapitre 2) de l'entreprise (de la division, de la filiale, de l'unité), ses valeurs et sa culture, ses ressources et ses compétences sont-ils plus propices à certaines options stratégiques (ou stratégies souhaitables) ? Quels changements seraient nécessaires pour rendre réalisables certaines de ces stratégies souhaitables ? L'entreprise (ou la division) est-elle capable, a-t-elle les ressources et le leadership pour mener à bien une telle opération de changement ? Laquelle des stratégies souhaitables offre les meilleures perspectives de création de valeur économique ? Laquelle présente les plus grands risques d'exécution ?

De cette confrontation du souhaitable et du réalisable, du rapprochement entre les diagnostics externe et interne, devraient émerger le choix d'une stratégie de marché et celui de la stratégie « organisationnelle » nécessaire pour l'exécuter. La combinaison de la stratégie de marché et de la stratégie organisationnelle définit la stratégie de l'entreprise (de la division, de la filiale).

L'examen des aspects économiques du marché et de la concurrence peut être fait à partir de la figure 21.5.

Le succès de toute démarche de planification stratégique est fortement tributaire de quatre attributs essentiels :

1. **Le plan stratégique doit être l'affaire des gestionnaires opérationnels,** c'est-à-dire des dirigeants qui seront responsables de son exécution ; ceux-ci doivent en diriger la préparation, en assumer la propriété et mener le dialogue avec la haute direction sur son contenu.

Figure 21.5 Cadre d'analyse stratégique proposé par Allaire et Firsirotu

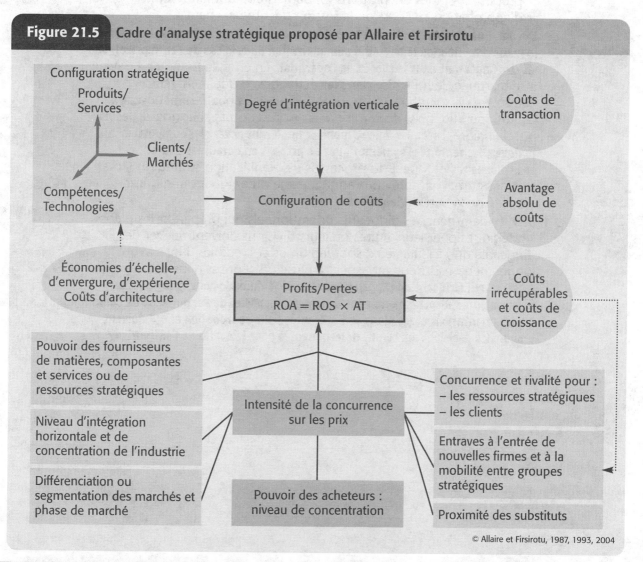

© Allaire et Firsirotu, 1987, 1993, 2004

2. La démarche de planification stratégique doit comporter au moins deux moments forts :

- Un premier moment est consacré à un dialogue sur les orientations, les enjeux et les occasions d'affaires de la division ou de la filiale. Cette étape est critique, car on y discute des options, des stratégies souhaitables, des investissements que chacune requiert, des propositions de la division ou de l'unité. C'est le moment des choix et des décisions ; la haute direction doit donner son aval à une orientation précise. La division, l'unité ou la filiale pourra alors préparer un plan d'action et son budget sur cette base. Il faut donc tenir ce dialogue sur les orientations à un moment qui laisse suffisamment de temps par la suite pour la préparation du plan d'action et du budget selon l'échéancier opportun.

- Un deuxième moment fort porte sur l'examen du plan d'action, des investissements détaillés, du budget et de la rentabilité du plan proposé, dont les orientations fondamentales ont fait l'objet d'approbation au cours de la session décrite plus haut.

3. **Le climat dans lequel se déroule le dialogue entre les dirigeants opérationnels et la haute direction (ou le conseil d'administration dans le cas de l'entreprise) joue un rôle important dans le succès de l'opération.** En effet, la démarche devrait être marquée de franchise dans les échanges, d'une recherche commune de solutions, d'un support loyal de la haute direction aux cadres opérationnels, de la mise à l'écart des esprits chagrins et des pisse-vinaigre. **Le leader doit se montrer intolérant envers les comportements toxiques, les tentatives systématiques de prendre en défaut les cadres opérationnels.** Cet aspect du processus de planification stratégique, mal compris et mal exécuté en pratique, exige du doigté et une grande subtilité de la part du leader de l'entreprise.

4. Bien évidemment, les dirigeants opérationnels qui préparent les plans stratégiques pour leurs unités ou leurs divisions doivent relever des dirigeants qui, à leurs yeux, sont légitimes et crédibles. Nous avons longuement insisté sur cet aspect à plusieurs reprises dans cet ouvrage. Aussi, **est-il suffisant de rappeler que la qualité du dialogue stratégique, sa valeur ajoutée, dépend hautement de la compétence et de l'expérience de ceux à qui les orientations et les plans son présentés pour approbation et qui doivent prendre les décisions qui seront déterminantes pour le destin de l'entreprise ?**

Conclusion

Nous arrivons au terme d'un long voyage au pays de la stratégie d'entreprise. Si la stratégie est « un art simple », comme l'affirmait Napoléon, le stratège appuie toutefois sa réflexion et ses décisions sur un bagage considérable de connaissances et d'expériences qu'il prend souvent pour acquis, sur une sorte de « conscience tacite », diraient certains philosophes.

Le but de cet ouvrage est de court-circuiter en partie le long apprentissage par tâtonnement, par erreurs successives, qui se nomme « expérience ». Il est faux de prétendre qu'il n'y a pas de substitut à l'expérience; toute l'histoire de l'humanité témoigne de nos efforts pour apprendre de l'expérience de ceux qui nous ont précédés afin d'aller plus loin et plus vite qu'eux en codifiant les leçons de leurs succès, de leurs échecs, de leurs tribulations. Fort heureusement, chaque génération n'a pas à réapprendre à faire du feu, à réinventer la roue et les boutons à quatre trous!

Cet ouvrage se veut une codification de ce que nous a appris l'expérience des dirigeants passés et présents sur la gestion stratégique et sur la gouvernance des entreprises. Nous avons la conviction que le lecteur attentif sera bien récompensé pour l'effort investi.

Annexe A

Format d'un plan stratégique pour une entreprise simple ou pour une division, une unité ou une filiale d'une société complexe

Éléments de contenu

1. Changements depuis le dernier plan stratégique
2. Marchés et concurrence
3. Mission
4. Enjeux stratégiques
5. Objectifs et stratégies
6. Performance

Partie I – Changements depuis le dernier plan stratégique

1.1 La société ou la division doit :
- relever les changements importants survenus depuis le dernier plan stratégique dans le contexte sociopolitique, dans ses marchés et chez les concurrents, puis évaluer leur impact probable sur l'entreprise ;
- analyser sa performance de la dernière année par rapport à ses objectifs de rentabilité, de croissance, de part de marché et autres ; expliquer les écarts positifs et négatifs ainsi que leurs conséquences pour les années à venir.

Partie II – Marchés et concurrence

2.1 Définition et évolution du marché

• Définir le contour du marché total pertinent et les différents segments de marché (s'il y a lieu) exploités par la société ou la division.

• Analyser et évaluer les grandes tendances du marché total et des différents segments qui le composent. Quelles données supportent cette vision du marché? Quels programmes de développement de produits devraient découler de ces tendances du marché?

• Présenter les quatre perspectives du marché (*voir le chapitre 13*) et leurs conséquences pour la société ou la division.

2.2 Évaluation de la concurrence

• Dresser la liste des principaux concurrents ainsi que des produits concurrents (ou substituts).

• Ces concurrents jouissent-ils d'avantages particuliers? Que font-ils de différent?

2.3 Déterminer et classer par ordre d'importance les facteurs critiques de succès dans le marché ou les segments visés du marché.

• Sur la base de données recueillies auprès des acheteurs, fournir une évaluation de la société ou de la division et des firmes concurrentes au regard de ces facteurs critiques de succès, comme ils sont perçus par les clients.

2.4. Comment les avantages et les désavantages relevés se traduisent-ils en mesures, en enjeux et en plans d'action pour la société ou la division?

2.5. Décrire les changements anticipés dans la structure du marché (nouveaux produits, nouveaux entrants, intégration horizontale) et dans les stratégies des concurrents (évolution des stratégies de marché, changement de propriété, alliance, intégration verticale, etc.).

• Quels seraient les impacts de tels changements sur la performance de la société ou de la division?

Partie III – Mission

3.1 Mission : rappeler, ou proposer, la raison d'être de la société ou de la division, l'envergure de son champ stratégique en matière de produits, de marchés, de technologies et de compétences. Relier cette proposition de mission aux occasions d'affaires et aux enjeux dégagés aux parties I et II.

a) Quelle est la gamme de produits et de services ? Quel est l'éventail des besoins des clients qui tombent dans le périmètre d'action de la société ou de la division ? Le périmètre proposé est-il différent, élargi ou réduit par rapport à celui adopté précédemment ?

b) Quelle est l'envergure maximale que se donne la société ou la division quant aux marchés géographiques, aux segments de marché exploités et aux types de canaux de distribution utilisés ? Cette envergure proposée pour le champ stratégique est-elle différente de ce qui prévalait ?

c) Quelles sont les technologies, les habiletés, les ressources et les compétences qui sont critiques pour réaliser cette mission ? L'éventail de produits et de services ainsi que l'envergure de marché proposés en a) et en b) commandent-ils des compétences nouvelles et des ressources additionnelles pour « livrer la marchandise » ? Quelles sont-elles ?

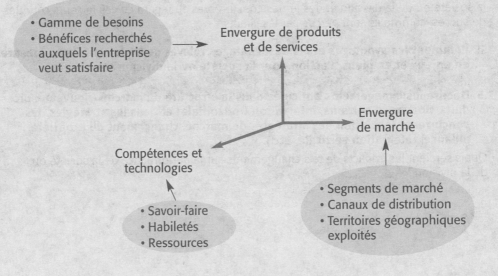

- Gamme de besoins
- Bénéfices recherchés auxquels l'entreprise veut satisfaire

Envergure de produits et de services

Envergure de marché

Compétences et technologies

- Savoir-faire
- Habiletés
- Ressources

- Segments de marché
- Canaux de distribution
- Territoires géographiques exploités

Partie IV – Enjeux stratégiques

4.1 Enjeux stratégiques, sources de vulnérabilité et principales hypothèses de planification

• Choisir les quatre ou cinq enjeux stratégiques qui découlent de l'évaluation faite aux parties I, II et III. Ces enjeux devraient être reliés à l'analyse du marché et de la concurrence ainsi qu'aux facteurs critiques de succès. Si la mission de la société ou de la division est modifiée, les questions de compétences à ajouter, de changements à apporter dans l'organisation, de valeur économique à créer doivent alors être traitées explicitement.

• Déterminer les autres sources de vulnérabilité de la société ou de la division qui pourraient influer sur sa performance.

• Les «hypothèses de planification» font référence aux sources de vulnérabilité ou d'incertitude qui ne sont pas directement traitées comme enjeux stratégiques soit parce qu'elles sont peu probables, soit parce que l'entreprise estime qu'elle ne peut exercer aucune influence sur ces facteurs et ne peut prendre de mesures pour se protéger de leurs effets négatifs. Il faut être explicite à cet égard afin de susciter un examen de ces hypothèses.

(Le premier moment fort de dialogue décrit plus haut devrait porter sur l'information contenue aux parties I à IV; les parties V et VI feront l'objet de discussion au second moment fort décrit plus haut.)

Partie V – Objectifs et stratégies

5.1 Objectifs

Établir les objectifs et les engagements de la société ou de la division. Démontrer comment ces objectifs ou ces engagements correspondent aux occasions et aux enjeux stratégiques définis à la section 4.1.

5.2 Définir les parts du marché cible et les objectifs de croissance des revenus de la société ou de la division en démontrant bien et distinctement l'effet de l'augmentation des prix (s'il y a lieu), des gains de parts de marché, des nouveaux produits.

5.3 Stratégies

• Stratégie : fournir une description de la stratégie de marché de la société ou de la division pour réaliser ses objectifs (*voir les chapitres 15, 16 et 17*).

• Présenter les principales actions stratégiques dans les domaines suivants, s'il y a lieu :
  – qualité des produits et des services ;
  – recherche et développement de produits ;
  – compétitivité et flexibilité de la structure des coûts ;
  – amélioration de la productivité ;
  – développement et protection des technologies, savoir-faire et habiletés stratégiques ;
  – intelligence de marché et surveillance de la concurrence ;
  – forme d'organisation, valeurs de gestion, systèmes de gestion requis pour exécuter la stratégie de marché.

Partie V – Objectifs et stratégies (*suite*)

5.4 Liens et interconnexions de la division avec les autres divisions ou filiales de la société.

• Quelles sont les occasions de coopération et de coordination qui devraient être évaluées en collaboration avec ces autres unités ?

• Quels actifs, ressources ou savoir-faire serait-il souhaitable de partager avec d'autres divisions afin d'augmenter la performance de la société dans son ensemble ?

5.5 Spécifier les jalons stratégiques dans l'implantation des actions stratégiques.

• Ces jalons devraient être définis de façon à faciliter le suivi de l'implantation et le contrôle de la performance en mettant un accent particulier sur les réalisations à atteindre au cours de la première année du plan.

Partie VI – Performance

6.1 Définition des objectifs économiques

• Objectifs de ventes pour les cinq prochaines années selon le scénario de référence de l'évolution du marché exploité ainsi que des parts de marché de la société ou de la division

• Évolution ciblée des ratios critiques : ROS, AT

• Flux financiers

• Coût moyen pondéré du capital (CPCM ou WACC)

• Rendement cible sur les actifs économiques pour la société ou la division : ROA, VCI (actifs), EVA[MC]

• Valeur économique créée par le plan proposé (VPFF) (*voir les chapitres 3 et 4*)

6.2 Analyse de sensibilité

• Pour la première année du plan, effectuer une analyse de sensibilité du rendement sur les actifs de la société ou de la division, selon les scénarios de pression à la hausse et à la baisse sur les revenus :

– le niveau des revenus selon les scénarios de hausse et de baisse devrait refléter le meilleur jugement de la direction quant à l'amplitude de la variation des ventes autour du scénario de référence ;

– si la flexibilité des coûts est insatisfaisante, indiquer comment il est possible de l'améliorer et préciser les nouveaux objectifs appropriés.

Partie VI – Performance (*suite*)

	Estimé de fin d'année	Année 1 Budget	Année 2 Plan	Année 3 Plan	Année 4 Vision	Année 5 Vision
Scénario de référence : • Marché total ($) • Cibles de parts de marché (%) • Cibles de revenus totaux ($) • Cibles de bénéfices économiques ($) • Cibles d'actifs économiques ($) • ROS • AT • Coût du capital (CPCM) • Cibles de rendement sur les actifs (ROA) • VCI (actifs) • EVA^{MC} • Flux financiers • VPFF						

Bibliographie

Partie I

Albert, Michel. *Capitalisme contre capitalisme,* Paris, Éditions du Seuil, 1991.

Allaire, Yvan. « CEOs and the vicious circle », *National Post,* 22 août 2002.

Allaire, Yvan. « Corporate chill », *National Post,* 23 août 2002.

Allaire, Yvan. « Jack Welch : Business Jock », *Ivey Business Journal,* 2001.

Allaire, Yvan. « La passion de Jack Welch », *La Presse,* 17 novembre 2001.

Allaire, Yvan, et Mihaela E. Firsirotu. *L'Entreprise stratégique : penser la stratégie,* Montréal, Gaëtan Morin Éditeur, 1993.

Allaire, Yvan, et Mihaela E. Firsirotu. « Strategic Plans as Contracts », *Long Range Planning,* vol. 23, n°1, 1990.

Allaire, Yvan, et Mihaela E. Firsirotu. « La nature contractuelle de la planification stratégique », *Gestion,* mai 1988 (a).

Allaire, Yvan, et Mihaela E. Firsirotu. « Les racines de l'innovation : le système japonais et l'expérience américaine », *Revue internationale de gestion,* novembre 1988 (b).

Axelrod, Robert. *The Evolution of Cooperation,* New York, Basic Books, 1984.

Baghai, Merhrad, Stephen Coley et David White. *The Alchemy of Growth : Practical Insight for Building the Enduring Enterprise,* Massachusetts, Reading, Perseus Books, 1999.

Barnard, Chester I. *The Functions of the Executive,* Cambridge, Massachusetts, Harvard University Press, 1938.

Bartlett, Christopher A., Yves L. Doz et Gunnar Hedlund. *Managing the Global Firm,* Londres, Routledge, 1990.

Bennis, Warren, et Burt Nanus. *Leaders : The Strategies for Taking Charge,* New York, Harper & Row Publishers, 1985.

Berle, Adolf A. Jr., et Gardiner C. Means. *The Modern Corporation and Private Property,* New York, MacMillan, 1932.

Berstein, Aaron, Joseph Blasi et Douglas Kruse. *In The Company of Owners : The Truth about Stock Options (and Why Every Employee Should Have Them),* Massachusetts, Reading, Basic Books, 2003.

Buckingham, Marcus, et Curt Coffman. *First, Break all the Rules,* New York, Simon & Schuster, 1999.

Burgelman, Robert A. *Strategy is Destiny : How Strategy-Making Shapes a Company's Future,* New York, The Free Press, 2002.

Cohen, Don, et Laurence Prusak. *In Good Company : How Social Capital Makes Organizations Work,* Boston, Harvard Business School Press, 2001.

Collins, Jim. *Good to Great : Why Some Companies Make the Leap and Others Don't,* New York, Harper Business, 2001.

Collins, Jim. « Level 5 Leadership : The Triumph of Humility and Fierce Resolve », *Harvard Business Review,* 2001.

Collins, Jim, et Jerry I. Porras. *Built to Last : Successful Habits of Visionary Companies,* New York, Harper Business, 1994.

Crystal, Graef S. *In Search of Excess : The Overcompensation of American Executives,* New York, W. W. Norton and Company, 1991.

De Geus, Arie. *The Living Company,* Boston : Harvard Business School Press, 1997.

Bibliographie

Dixit, Avinash, et Barry Nalebuff. *Thinking Strategically : The Competitive Edge in Business, Politics and Every Day Life*, New York, W. W. Norton & Co., 1991.

Donaldson, Gordon, et Jay W. Lorsch. *Decision Making at the Top : The Shaping of Strategic Direction*, New York, Basic Books, 1983.

Dotlich, David L., et Peter C. Cairo. *Why CEOs Fail : The 11 Behaviors That Can Derail Your Climb to the Top and How to Manage Them*, New York, Jossey-Bass, 2003.

Drucker, Peter F. « The Coming of the New Organization », *Harvard Business Review*, janvier-février 1988.

Drucker, Peter F. *Concept of the Corporation*, New York, John Day Company, 1946, édition révisée, 1972.

Drucker, Peter F. *The Practice of Management*, New York, Harper & Row Publishers, 1954.

Eccles, Robert G., et Nitin Nohria. *Beyond the Hype : Rediscovering the Essence of Management*, Boston, Massachusetts, Harvard Business School Press, 1992.

Edelmann, Gerald M. *Bright Air, Brilliant Fire : On the Matter of the Mind*, New York, Basic Books, 1991.

Etzioni, Amitai. *The Moral Dimension : Toward a New Economics*, New York, The Free Press, 1988.

Finkelstein, Sydney. *Why Smart Executives Fail : and What You Can Learn from their Mistakes*, New York, Penguin Group, 2003.

Galbraith, John Kenneth. *The New Industrial State*, New American Library, 1967.

Geneen, H., et Alvin Moscow. *Managing*, New York, Avon Books, 1985.

Goleman, D. « Leadership That Gets Results », *Harvard Business Review*, mars-avril 2000.

Gurley, W. J. « A Dell for Every Industry », *Fortune*, 12 octobre 1998.

Hamel, G. *Leading the Revolution*, Boston, Harvard Business School Press, 2000.

Hax, Arnoldo C., et Nicolas S. Majluf. *Strategic Management; An Integrative Perspective*, Englewood Cliffs, New Jersey, Prentice-Hall, 1984.

Hobbes, Thomas. *Leviathan*, Oxford, Oxford University Press, Michael Oakes-Hott [1651], 1957.

Hofer, Charles W., et Dan Schendel. *Strategy Formulation : Analytical Concepts*, Saint-Paul, Minnesota, West Publishing Co., 1978.

Joffre, Patrick, et Gérard Koenig. *Stratégie d'entreprise : antimanuel*, Paris, Economica, 1985.

Johnson, Gerry, Hevan Scholes et Frédéric Fréry. *Stratégique*, Paris, Publi-Union, 2000.

Kay, John. *L'art de la stratégie*, Paris, Village mondial, 2000.

Kelly, Marjorie. *The Divine Right of Capital : Dethroning the Corporate Aristocracy*, San Francisco, Berrett-Koehler Publisher Inc., 2001.

Khurana, Rakesh. *Searching for a Corporate Savior : The Irrational Quest for Charismatic CEOs*, Princeton, Princeton University Press, 2002.

Koesler, Arthur. *Le zéro et l'infini*, Paris, Livre de poche, 1983.

Levicki, Cyril. *Stratégie en action*, Paris, Les Échos, 2000.

Lorsch, Jay. W., et Elizabeth MacIver. *Pawns or Potentates : The Reality of America's Corporate Boards*, Boston, Harvard Business School Press, 1989.

Maccoby, Michael. *The Gamesmen : The New Corporate Leaders*, New York, Simon and Shuster, 1976.

Maslow, Abraham H. *Toward a Psychology of Being*, D. Van Nostrand Company, 1968.

McGregor, Douglas, et Warren G. Bennis. *The Human Side of Enterprise*, McGraw Hill/ Irwin, 1960.

McGuire, Joseph W. *Theories of Business Behavior,* Englewood Cliffs, New Jersey, Prentice-Hall, 1964.

Mitchell, Russel. « Jack Welch : How Good a Manager ? », *Business Week*, décembre 1987, p. 92.

Nolan, Peter, Dylan Sutherland et Jin Zhang. « The Challenge of the Global Business Revolution », *Contributions to Political Economy*, 21, 2002.

Petre, Peter. « What Welch Has Wrought at GE », *Fortune*, vol. 114, juillet 1986, p. 42.

Porter, Michael E. « Toward a Dynamic Theory of Strategy », *Strategic Management Journal*, 1991, vol. 12, p. 95-117.

Quinn, James B., Henry Mintzberg et Robert M. James. *The Strategy Process*, Englewood Cliffs, New Jersey, Prentice-Hall, 1988.

Reichheld, Frederick. *Loyalty Rules ! How Today's Leaders Build Lasting Relationship,* Boston, Harvard Business School Press, 2001.

Scott, Morton, et S. Michael. *The Corporation of the 1990s,* New York, Oxford University Press, 1991.

Sull, Donald. « Why Good Companies Go Bad », *Harvard Business Review,* juillet-août 1999.

Tedlow, S. Richard. « Giants of Enterprise : Seven Business Innovators and the Empires They Built », *Harpers Business,* 2001.

Thiétart, Raymond-Alain. *La stratégie d'entreprise*, Paris, Ediscience International, 2000.

Thorelli, Hans B. *Strategy + Structure = Performance : The Strategic Planning Imperative,* Bloomington, Indiana, Indiana University Press, 1977.

Tichy, Noel M., et Stratford Sherman. *Control Your Destiny or Someone Else Will,* New York, Doubleday, 1993.

Williamson, Oliver E. *The Economic Institutions of Capitalism,* New York, The Free Press, 1985.

Wilson, James Q. *The Moral Sense,* New York, The Free Press, 1993.

Yates, Brock. *The Decline and Fall of the American Automobile Industry,* New York, Empire Books, 1983.

Partie II

Allaire, Yvan. « The Roots of Corporate Malfeasance », document de travail, Chaire Bombardier, Université du Québec à Montréal, août 2002.

Allaire, Yvan. « Jour noir pour la convergence », *La Presse*, Montréal, 25 avril 2002.

Allaire, Yvan. « Learning from Enron », *National Post*, 28 mars 2002.

Allaire, Yvan. « Rethinking Enron », *National Post*, 27 mars 2002.

Allaire, Yvan. « Sense and Non-Sense of Enron Debacle », document de travail, Chaire Bombardier, Université du Québec à Montréal, mars 2002.

Allaire, Yvan. « Fair Wages for an Honest Day's Work », document de travail, Chaire Bombardier, Université du Québec à Montréal, janvier 2002.

Allaire, Yvan, et Mihaela E. Firsirotu. « La gouvernance en question : il faut repenser au complet la façon dont les administrateurs d'entreprises sont choisis », *La Presse*, 17 octobre 2002.

Allaire Yvan, et Firsirotu, Mihaela E. « The Magic of Corporate Governance », document de travail, Chaire Bombardier, Université du Québec à Montréal, octobre 2002.

Allaire, Yvan, et Mihaela E. Firsirotu. « What Is the M&A Game all about Anyway ? Lessons from the 1990's », document de travail, Chaire Bombardier, Université du Québec à Montréal, octobre 2001.

Bibliographie

Allaire, Yvan, et Mihaela E. Firsirotu. « L'entreprise et la création de valeur économique » dans *La gestion des organisations : une anthologie québécoise,* sous la direction de Marcel Coté et Taieb Hafsi, Québec Presses de l'Université de Laval, 2000.

Allaire, Yvan, et Mihaela E. Firsirotu. « Coping with Strategic Uncertainty », *Sloan Management Review,* vol. 30, n° 3, printemps 1989.

Allaire, Y., L. Parent et C. Mongeau. *Building and Preserving the Economic Value of Public Corporations : a Value-Creating Strategic Management Framework*, document de travail, Université du Québec à Montréal, novembre 1990.

Amihud, Vakov. *Leveraged Management Buyouts : Causes and Consequences,* Homewood, Illinois, Dow Jones-Irwin, 1989.

Auerbach, Alan J. *Mergers and Acquisitions,* Chicago, Illinois, The University of Chicago Press, 1988.

Baldwin, Carliss Y., et K. B. Clark. « Capabilities and Capital Investment : New Perspectives of Capital Budgeting », *Journal of Applied Corporate Finance,* été 1992.

Bruce, Harry. *The Pig that Flew : The Battle to Privatize Canadian National*, Toronto, Douglas & McIntyre, 1997.

Carter, Collin B., et Jay W. Lorsch. *Back to the Drawing Board,* Boston, Massachusetts, Harvard Business School Press, 2004.

Chan, Su H., Kensinger, J. et John D. Martin. « The Market Rewards Promising R&D and Punishes the Rest », *Journal of Applied Corporate Finance,* été 1992.

Chatterjee, Sayan. « Sources of Value in Takeovers : Synergy of Restructuring-Implication for Targets and Bidder Firms », *Strategic Management Journal,* vol. 13, 1992.

Copeland, Tom, Tim Koller et Jack Murrin. *Valuation : Measuring and Managing the Value of Companies,* New York, John Wiley & Sons, 1990.

Eccles, Robert G. « The Quasifirm in the Construction Industry », *Journal of Economic Behavior and Organization,* vol. 2, 1981.

Eccles, Robert G., et autres. *The Value Reporting Revolution : Moving Beyond the Earnings Game,* New York, John Wiley & Sons, 2001.

Elliott, Larry A., et Richard J. Schroth. *How Companies Lie : Why Enron Is Just the Tip of the Iceberg,* New York, Crown Business, 2002.

Fama, E. F., et K. R. French. « The Cross-Section of Expected Stock Returns », document de recherche n° 333, Graduate School of Business, The University of Chicago, mai 1991.

Firsirotu, Mihaela. « Mergers and acquisitions : Lesssons from the Best », *Décision,* 2001.

Fisher, Joseph, et Vijay Govindarajan. « Profit. Center Manager Compensation : An Examination of Market, Political and Human Capital Factors », *Strategic Management Journal,* vol. 13, 1992.

Fruhan, William E. Jr. *Financial Strategy : Studies in the Creation, Transfer and Destruction of Shareholder Value,* Homewood, Illinois, Richard D. Irwin Inc., 1979.

Gaughan, P. *Mergers, Acquisitions, and Corporate Restructurings*, 2e édition, New York, John Wiley & Sons, 1999.

Gilson, Stuart C. *Creating Value through Corporate Restructuring : Case Studies in Bankruptcies, Buyouts, and Breakups,* New York, John Wiley & Sons, Inc., 2001.

Golden, Brian R. « SBU Strategy and Performance : The Moderating Effects of the Corporate-SBU Relationship », *Strategic Management Journal*, vol. 13, 1992.

Goold, Michael, et Andrew Campbell. « Managing the Diversified Corporation : The Tensions Facing the Chief Executive », *Long Range Planning*, vol. 21, n° 4, 1988.

Goold, Michael, et John J. Quinn. *Strategic Control : Milestones for Long-Term Performance*, London, The Economist Books, 1990.

Gordon, M. J. *The Investment Financing and Valuation of a Corporation*, Homewood, Illinois, Richard D. Erwin, Inc., 1962.

Helfert, Eric A. *Techniques of Financial Analysis : A Guide to Value Creation*, 11e édition, New York, McGraw-Hill/Irwin, 2003.

Hill, Charles W. L. « Corporate Control Type, Strategy, Size and Financial Performance », *Journal of Management Studies,* septembre 1988.

Jensen, Michael C. « Eclipse of the Public Corporation », *Harvard Business Review,* septembre-octobre 1989.

Jensen, Michael C., et Kevin J. Murphy. « CEO Incentives – It's Not How Much You Pay, But How », *Harvard Business Review,* mai-juin 1990.

Jensen, Michael C., et William H. Meckling. « Theory of the Firm : Managerial Behavior, Agency Costs and Ownership Structure », *Journal of Financial Economics,* 3, 1976.

Kaplan, R., and D. Norton. *The Balanced Scorecard : Translating Strategy into Action*, Boston, Harvard Business School Press, 1996.

Kouzes, James M., et Barry Z. Posner. *Credibility : How Leaders Gain and Lose It, Why People Demand It*, San Francisco, Jossey Bass, 1993.

Leontiades, Milton. *Managing the Unmanageable : Strategies for Success Within the Conglomerate*, Reading, Massachusetts, Addison-Wesley Publishing Co., 1986.

Leontiades, Milton. *Strategies for Diversification and Change*, Boston, Massachusetts , Little, Brown and Company Inc., 1980.

MacDonald, Larry. *The Bombardier Story*, New York, John Wiley and Sons, 2001.

Malkiel, Burton G. *A Random Walk Down Wall Street*, 7e édition, New York, W. W. Norton & Company, 1999.

Marakon Associates. « The Challenge of Value Creation », document présenté au Southern California Corporate Planners Association, mai 1984.

Merchant, Kenneth A. *Rewarding Results* : *Motivating Profit Center Managers,* Boston, Massachusetts, Harvard Business School Press, 1989.

Monks, Robert A. G., et Neil Minow. *Corporate Governance*, Oxford, Blackwell Publishing, 2001.

Muller, Jerry Z. *Adam Smith in His Time and Ours : Designing the Decent Society,* New York, The Free Press, 1992.

O'Boyle, Thomas F. *At Any Cost : Jack Welch, General Electric, and the Pursuit of Profit*, New York, Vintage Books, 1998.

Partnoy, Franck. *Infectious Greed : How Deceit and Risk Corrupted the Financial Markets*, New York, Times Books, Henry Holt and Company, 2003.

Porter, Michael E. « Capital Choices : Changing the Way America Invests in Industry », *Journal of Applied Corporate Finance,* été 1992.

Prahalad, C. K., et Yves L. Doz. « The CEO : A Visible Hand in Wealth Creation ? », *Journal of Applied Corporate Finance*, vol. 15, no 5, automne 2000.

Pratt, John W., et Richard J. Zeckhauser. *Principals and Agents : The Structure of Business,* Boston, Massachusetts, Harvard Business School Press, 1985.

Rappaport, Alfred, et autres. *Harvard Business Review on Compensation*, Boston, Harvard Business School Press, 2002.

Rappaport, Alfred. *Creating Shareholder Value : The New Standard for Business Performance*, New York, The Free Press, 1986.

Ravenscraft, David, et F. M. Scherer. *Mergers, Sell-Offs, and Economic Efficiency*, Washington, D.C., The Brookings Institution, 1987.

Reimann, Bernard C. *Managing for Value : A Guide to Value-Based Strategic Management*, Oxford, Ohio, The Planning Forum, 1987.

Rucci, Anthony J., Steven P. Kirn et Richard T. Quinn. « The Employee-Customer-Profit Chain at Sears », *Harvard Business Review*, n° 98109, janvier-février 1998.

Skapinker, Michael. « CEOs Pay Price for Poor Performance », *Financial Times*, 12 mai 2003.

Sobel, Robert. *The Rise and Fall of the Conglomerate Kings*, New York, Stein and Day Publishers, 1984.

Stewart, Bennett G. III. *The Quest for Value*, New York, Harper Business, 1991.

Tosi, Henry L., et Luis R. Gomez-Mejia. « The Decoupling of CEO Pay and Performance : An Agency Theory Perspective », *Administrative Science Quarterly*, vol. 34, juin 1989.

Utterback, James M. « Environmental Analysis and Forecasting », dans Dan E. Schendel et Charles W. Hofer, *Strategic Management a New View of Business Policy and Planning*, Boston, Massachusetts, Little, Brown and Company Inc., 1979.

Wallace, James, et Jim Erickson. *Hard Drive : Bill Gates and the Making of the Microsoft Empire*, New York, John Wiley & Sons Inc., 1992.

Weaver, Samuel C. « Measuring Economic Value Added : A Survey of the Practices of EVA Proponents » *Journal of Applied Corporate Finance*, vol. 11, 2001.

Wernerfelt, Birger, et Cynthia A. Montgomery. « Tobin's q and the Importance of Focus in Firm Performance », *The American Economic Review*, vol. 78, n° 1, mars 1988.

Williamson, Oliver E. *The Mechanisms of Governance*, Oxford, Oxford University Press, 1996.

Partie III

Barney, Jay B. « Firm Resources and Sustained Competitive Advantage », *Journal of Management*, 1991, vol. 17, n° 1, p. 99-120.

Baumol, William J. « Contestable Markets : An Uprising in the Theory of Industry Structure », *American Economic Review*, 1982.

Baumol, William J., John C. Panzar et Robert D. Willig. *Contestable Markets and the Theory of Industry Structure*, New York, Harcourt Brace Jovanovich Inc., 1982.

Caves, Douglas W., Laurits A. Christensen et Michael W. Tretheway. « Economies of Density Versus Economies of Scale : Why Trunk and Local Service Airline Costs Differ », *Rand Journal of Economics*, vol. 15, n° 4, hiver 1984.

Coase, R. H. « The Nature of the Firm », *Economica*, 4, 1937.

Dixit, A. « The Role of Investment in Entry Deterrence », *Economic Journal*, 1980, vol. 90, p. 95-106.

Eccles, Robert G. *The Transfer Pricing Problem : A Theory for Practice*, Lexington, Massachusetts, Lexington Books, 1985.

Hammer, Michael, et James Champy. *Reengineering the Corporation : A Manifesto for Business Revolution*, New York, Harper Business, 1993.

Jacquemin, A. *The New Industrial Organization*, Cambridge, Massachusetts, The MIT Press, 1987.

Jacquemin, A. *Économie industrielle européenne*, Paris, Dunod éditeur, 1979.

Panzar, John C., et Robert D. Willig. « Economies of Scope », *American Economic Review, Papers and Proceedings*, vol. 71, n° 2, mai 1981.

Penrose, Edith. *The Theory of the Growth of the Firm,* New York, John Wiley and Sons, 1958.

Scherer, F. M. *Industrial Market Structure and Economic Performance*, Chicago, Rand-McNally, 1978.

Thorelli, Hans B. « Networks : Between Markets and Hierarchies », *Strategic Management Journal,* 1986, vol. 7.

Ware, Roger. « Sunk Costs and Strategic Commitment : A Proposed Three-Stage Equilibrium », *The Economic Journal,* vol. 94, juin 1984.

Williamson, Oliver E. « Contested Exchange Versus the Governance of Contractual Relations », *Journal of Economic Perspectives,* vol. 7, n° 1, hiver 1993.

Williamson, Oliver E. « Strategizing, Economizing and Economic Organization », *Strategic Management Journal,* vol. 12, 1991, p. 75-94.

Williamson, Oliver E. « Transaction-Cost Economics : The Governance of Contractual Relations », *Journal of Law and Economics,* octobre 1979.

Williamson, Oliver E. *Markets and Hierarchies : Analysis and Antitrust Implications,* New York, The Free Press, 1975.

Yip, George S. *Barriers to Entry : A Corporate Strategy Perspective*, Lexington, Massachusetts, Lexington Books, 1982.

Partie IV

Allaire, Yvan. *The Measurement of Heterogeneous Semantic, Perceptual and Preference Structures,* thèse de doctorat, Sloan School of Management, M.I. T., 1973.

Allaire, Yvan, et Mihaela Firsirotu. « Monti contre Welch. L'Europe et l'Amérique : deux visions de la concurrence en quête de convergence », *La Presse,* 2 juillet 2002.

American Bar Association. *Antitrust Law Developments (second),* premier supplément, 1983-1986.

Bacher, Thomas J. « The Economics of the Commercial Aircraft Industry », *Financial Times Limited,* février 1984.

Bhatt, Swati. « Strategic Product Choice in Differentiated Markets », *The Journal of Industrial Economics,* vol. 36, n° 2, décembre 1987.

Blattberg, Robert C., et Subrata K. Sen. « Market Segments and Stochastic Choice Models », *Journal of Marketing Research,* vol. 13, février 1976.

Bliss, Christopher. « A Theory of Retail Pricing », *The Journal of Industrial Economics,* vol. 36, n° 4, juin 1988.

Bork, Robert H. *The Antitrust Paradox : A Policy at War with Itself,* New York, Basic Books, 1978.

Boyer, Kenneth D. « Is There a Principle for Defining Industry ? », *Southern Economic Journal,* 1983-1984, vol. 50.

Brander, James A., et Jonathan Eaton. « Product Line Rivalry », *The American Economic Review,* vol. 74, n° 3, juin 1984.

Buzzell, Robert D. « Are There "Natural" Market Structures ? », *Journal of Marketing,* 1981, vol. 45, hiver 1981.

Buzzell, Robert D., et Bradley T. Gale. *The PIMS Principles : Linking Strategy to Performance,* New York, The Free Press, 1987.

Calantone, Roger J., et Alan G. Sawyer. « The Stability of Benefit Segments », *Journal of Marketing Research,* vol. 15, août 1978.

Caves, Richard E., et Pankaj Ghemawat. « Identifying Mobility Barriers », *Strategic Management Journal,* vol. 13, 1992.

Day, G. S. « Strategies for Surviving a Shakeout », *Harvard Business Review,* n° 97202, mars 1997.

De Sarbo, Wayne, Kim Juyong, Chan Choi S. et Melinda Spaulding. « A Gravity-Based Multidimensional Scaling Model for Deriving Spatial Structures Underlying Consumer Preference/Choice Judgments », *Journal of Consumer Research*, vol. 29, juin 2002.

Groocock, John M. *The Chain of Quality* : *Market Dominance Through Product Superiority*, New York, John Wiley & Sons, 1986.

Grover, Rajiv, et V. Srinivasan. « A Simultaneous Approach to Market Segmentation and Market Structuring », *Journal of Marketing Research*, vol. 24, mai 1987.

Heskett, J. L., W. E. Sasser et L. A. Schlesinger. *The Service Profit Chain : How Leading Companies Link Profit and Growth to Loyalty, Satisfaction and Value*, New York, The Free Press, 1997.

Horowitz, Ira. « Market Definition in Antitrust Analysis : A Regression-Based Approach », *Southern Economic Journal*, 1981.

Hotelling, Harold. « Stability in Competition », *Economic Journal*, 1929.

Jacobson, Robert, et David A. Aaker. « Is Market Share All That It's Cracked Up to Be ? », *Journal of Marketing*, vol. 49, automne 1985.

Jacquemin, A. *L'entreprise et son pouvoir de marché*, Québec, Les Presses de l'Université Laval, 1967.

Krugman, Paul. *Geography and Trade*, Cambridge, Massachusetts, The MIT Press, 1991.

Lancaster, Kevin. *Consumer Demand* : *A New Approach*, New York, Columbia University Press, 1971.

Landes, William M., et Richard A. Posner. « Market Power in Antitrust Cases », *Harvard Law Review*, vol. 94, 1981.

Levitt, Theodore. *The Marketing Imagination*, New York, The Free Press, 1983.

MacMillan, Ian C., et Rita Gunther McGrath. « Discover your products' hidden potential », *Harvard Business Review*, n° 96305, mai-juin 1996.

Mahajan, Vijay, et Arun K. Jain. « An Approach to Normative Segmentation », *Journal of Marketing Research*, vol. 15, août 1978.

Martinez-Giralt, X., et D J. Neven. « Can Price Competition Dominate Market Segmentation ? », *The Journal of Industrial Economics*, vol. 36, n° 4, juin 1988.

Nightingale, John. « On the Definition of "Industry" and "Market" », *The Journal of Industrial Economics*, vol. 27, n° 1, septembre 1978.

Porter, Michael. « Industry Transformation », *Harvard Business Review*, juillet 2000.

Prahalad, C. K., et G. Hamel. « The Core Competence of the Corporation », *Harvard Business Review*, n° 94403, juillet 1994.

Rangan, V. K., R. T. Moriarty et G. S. Swartz. « Segmenting Customers in Mature Industrial Markets », *Journal of Marketing*, vol. 56, octobre 1992, p. 77-82.

Rapp, Stan, et Tom Collins. *MaxiMarketing* : *The New Direction in Advertising, Promotion and Marketing Strategy*, New York, McGraw-Hill, 1987.

Ries, Al, et Jack Trout. *Marketing Warfare*, New York, McGraw-Hill, 1986.

Robertson, David, et Karl Ulrich. « Planning for Product Platforms », *Sloan Management Review*, vol. 39, n° 4, été 1998.

Rozanski, H. D., A. G. Baum et B. T. Wolfsen. « Brand Zealots : Realizing the Full Value of Emotional Brand Loyalty », *Strategy & Business*, n° 4, 1999.

Rumelt, Richard P. « How Much Does Industry Matter ? », *Strategic Management Journal*, 12, 1991, p. 167-185.

Schmalensee, Richard. « Do Markets Differ Much ? », *The American Economic Review*, vol. 75, n° 3, 1985.

Schmalensee, Richard. « Product Differentiation Advantages of Pioneering Brands », *The American Economic Review,* vol. 72, n° 3, 1982.

Schmalensee, Richard. « Entry Deterrence in the Ready-to-Eat Breakfast Cereal Industry », *The Bell Journal of Economies,* 9, 1978, p. 305-327.

Shaked, Avner, et John Sutton. « Product Differentiation and Industrial Structure », *The Journal of Industrial Economics,* vol. 36, n° 2, décembre 1987.

Shih, Chuan-Fong, et Alladi Venkatesh. « Beyond Adoption : Development and Application of a Use-Diffusion Model », *Journal of Marketing,* vol. 68, janvier 2004.

Shocker, Allan D., Barry L. Bayus et Namwoon Kim. « Product Complements and Substitutes in the Real World : The Relevance of "Other Products" », *Journal of Marketing,* vol. 68, n° 1, janvier 2004.

Shocker, Allan D., et Raji Srinivasan. « Multiattribute Approaches for Product Concept Evaluation and Generation : A Critical Review », *Journal of Marketing Research,* mai 1979.

Sissors, Jack Z. « What Is a Market ? », *Journal of Marketing,* vol. 30, juillet 1966.

Stremersch, Stefan, et Gerard J. Tellis. « Strategic Bundling of Products and Prices : A New Synthesis for Marketing », *Journal of Marketing,* vol. 66, janvier 2002.

Treacy, Michael, et Fred Wiersema. *The Discipline of Market Leaders : Choose Your Customers, Narrow Your Focus, Dominate Your Market,* Perseus Publishing, 1997.

Von Hippel, Eric. *The Sources of Innovation,* New York, Oxford University Press, 1988.

Wedel, Michael, et Wagner A. Kamakura. *Market Segmentation : Conceptual and Methodological Foundations (International Series in Quantitative Marketing),* 1re édition, vol. 8, Kluwer Academic Publishers, 1999.

White, Harrison C. « Varieties of Markets », dans Wallman et S.D. Berkovitz (édit.), *Social Structures : A Network Approach,* Cambridge, Angleterre, Cambridge University Press, 1988.

White, Harrison C. « Where Do Markets Come From ? », *American Journal of Sociology,* vol. 87, n° 3, 1981.

Willard, Gary E., et Arnold C. Cooper. « Survivors of Industry Shake-Outs : The Case of the U.S. Color Television Set Industry », *Strategic Management Journal,* vol. 6, 1985.

Zaltman, Gerald. *How Customers Think : Essential Insights into the Mind of the Market,* Harvard Business School Press, 2003.

Partie V

Allaire, Yvan, et Mihaela E. Firsirotu. *Shaping the Firm's Destiny : Strategic Thinking and Planning for the Modern Corporation,* travail de recherche, DSA, Université du Québec à Montréal, 1987.

Boulding, William, et Markus Christen. « First-Mover Disadvantage », *Harvard Business Review,* n° F0109A, oct. 2001.

Cool, Karel, et Dan Schendel. « Performance Differences among Strategic Group Members », *Strategic Management Journal,* vol. 9, 1988.

Cool, Karel, et Dan Schendel. « Strategic Group Formation and Performance : The Case of the U.S. Pharmaceutical Industry, 1963-1982 », *Management Science,* vol. 33, n° 9, septembre 1987.

Cusumano, Michael A., et David B. Yoffie. *Competing on Internet Time : Lessons from Netscape and Its Battle with Microsoft,* New York, Simon & Schuster, 1998.

De Rosnay, Joël. *Le macroscope,* Paris, Seuil, 1970.

Deighton, John. « The Brita Products Company », Harvard Business School Case, n° 9-500-024, août 1999.

Dierickx, Ingemar, et Karel Cool. « Asset Stock Accumulation and Sustainability of Competitive Advantage », *Management Science,* 35, 1989, p. 1504-1514.

Dierickx, Ingemar, et Karel Cool. « Competitive Advantage : A Resource-Based Perspective », INSEAD, document de recherche, Fontainebleau, France, 1987.

Doz, Y. L., et G. Hamel. *Alliance Advantage : The Art of Creating Value Through Partnering,* Boston, Harvard Business School Press, 1998.

Doz, Y. L., et C. K. Prahalad. « Managing DMNCs : A Search for a New Paradigm », *Strategic Management Journal,* vol. 121991.

Forrester, Jay. « The Counterintuitive Behavior of Social Systems », *Technology Review,* janvier 1971.

Forrester, Jay. *Industrial Dynamics,* Cambridge, Massachusetts, The MIT Press, 1961.

Fuhrman, Elizabeth. « Only the Strong Survive », *Candy Industry,* avril 2003.

Ghemawat, Pankaj, et Baird Bret. « Leadership Online : Barnes & Noble vs. Amazon.com », Harvard Business School Case, n° 9-798-063, mai 1998.

Hamel, Gary, et C. K. Prahalad. *Competing for the Future : Breakthrough Strategy for Seizing Control of Your Industry and Creating the Markets of Tomorrow,* Boston, Harvard Business School Press, 1994.

Iansiti, Marco, F. Warren McFarlan et George Westerman. « Leveraging the Incumbent's Advantage », *Sloan Management Review,* été 2003, p. 58-65.

Kim, W. Chan, Peter Hwang et William P. Burgers. « Global Diversification Strategy and Corporate Profit Performance », *Strategic Management Journal,* vol. 10, 1989.

Laseter, Timothy, Patrick W. Houston, Joshua L. Wright et Juliana Y. Park. « Amazon Your Industry : Extracting Value from the Value Chain », *Strategy & Business,* n° 1, 2000.

Loomis, Carol. « Analyzing Amazon », *Fortune,* 2000.

Lynk, William J. « Interpreting Rising Concentration : The Case of Beer », *Journal of Business,* vol. 57, n° 1, 1984.

Mascarenhas, Briance. « Strategic Croup Dynamics », *Academy of Management Review,* vol. 32, n° 2, 1989.

Nelson, Richard R., et Sidney G. Winter. *An Evolutionary Theory of Economic Change,* Cambridge, Massachusetts , The Belknap Press of Harvard University Press, 1982.

Nelson, Richard R., et Sidney G. Winter. « Forces Generating and Limiting Concentration under Schumpeterian Competition », *The Bell Journal of Economics,* 9, 1978.

Ng, Pauline, et Ali F. Farhoomad. « FedEx Corp. : Structural Transformation Through E-Business », INSEAD-Center for Asian Business, case n° HK098, Hong Kong, 2000.

Ngai, E. W. T. « Internet Marketing Research (1987- 2000) : A Literature review and Classification », *European Journal of Marketing,* vol. 37, janvier 2003.

Oster, Sharon M. *Modern Competitive Analysis,* New York, Oxford University Press, 1990.

Porter, Michael E. « Strategy and the Internet », *Harvard Business Review,* mars 2001, p. 63-78.

Porter, Michael E. *Competitive Advantage,* New York, The Free Press, 1985.

Porter, Michael E. *Competitive Strategy,* New York, The Free Press, 1980.

Robinson, William T., et Claes Fornell. « Sources of Market Pioneer Advantages in Consumer Goods Industries », *Journal of Marketing Research,* vol. 22, août 1985.

Rosenbaum, David I. *Market Dominance,* Praeger Publishers, 1998.

Rugman, Alan M. *New Theories of the Multinational Enterprise,* Londres, Croom Helm, 1982.

Senge, Peter M. *The Fifth Discipline : The Art and Practice of the Learning Organization,* New York, Doubleday Currency, 1990.

Simon, Hermann. « Lessons from Germany's Midsize Giants », *Harvard Business Review,* mars-avril, 1992.

Simon, Hermann. *Hidden Champions : Lessons from 500 of the World's Best Unknown Companies,* Boston, Massachusetts, Harvard Business School Press, 1996.

Spector, Robert. « Amazon.com. Get Big Fast. Inside the Revolutionary Business Model That Changed the World », *Harper Business,* 2000.

Srinivasan, Raji, Gary L. Lilien et Arvind Rangaswamy. « First in, First out ? The Effects of Network Externalities on Pioneer Survival », *Journal of Marketing,* vol. 68, janvier 2004.

Stalk, George Jr., Philip Evans et Lawrence E. Shulman. « Competing on Capabilities : The New Rules of Corporate Strategy », *Harvard Business Review,* mars-avril 1992.

Urban, Glen L., Theresa Carter, Steven Gaskin et Zofia Mucha. « Market Share Rewards to Pioneering Brands : An Empirical Analysis and Strategic Implications », *Management Science,* n° 6, vol. 32, 1986.

Vogelstein, Fred. « Mighty Amazon », *Fortune,* 23 mai 2003.

Wernerfelt, Birger. « A Resource-Based View of the Firm », *Strategic Management Journal,* vol. 5, avril-juin 1984.

White, Roderick E. « Generic Business Strategies, Organizational Context and Performance : An Empirical Investigation », *Strategic Management Journal,* 1986.

Wingfield, Nick. « In Latest Strategy Shift, Amazon Is Offering a Home to Retailers », *Wall Street Journal,* 24 septembre 2003.

Partie VI

Abell, Derek F. *Defining the Business : The Starting Point of Strategic Planning,* Englewood Cliffs, New Jersey, Prentice-Hall, 1980.

Abravanel, Harry, Yvan Allaire, Mihaela E. Firsirotu et autres. *La culture organisationnelle : aspects théoriques, pratiques et méthodologiques,* Montréal, Gaëtan Morin Éditeur, 1988.

Allaire, Yvan. « Westjet : The Challenge of Growth », *Ivey Business Journal,* 2002

Allaire, Yvan, et Mihaela E. Firsirotu. *The Meta-Change Program : A Methodology for Strategic Change,* Université du Québec à Montréal, Chaire Bombardier en gestion des entreprises transnationales, 1999.

Allaire, Yvan, et Mihaela E. Firsirotu. « Comment créer des organisations performantes : l'art subtil des stratégies radicales », *Revue internationale de gestion,* septembre 1989.

Allaire, Yvan, et Mihaela E. Firsirotu. « Gérer la diversité : structures et formes d'organisations », *Revue internationale de gestion,* septembre 1987.

Allaire, Yvan, et Mihaela E. Firsirotu. « How to Implement Radical Strategies in Organizations », *Sloan Management Review,* printemps 1985 (repris dans Schein, 1987).

Allaire, Yvan et Mihaela E. Firsirotu. « Theories of Organizational Culture », *Organization Studies,* vol. 5, n° 3, 1984.

Allaire, Yvan, et Mihaela E. Firsirotu. « Turnaround Strategies as Cultural Revolutions », *Proceedings of Best Papers,* Canadian Association of Administrative Sciences, 1982.

Allaire, Yvan, Marcel Côté et Roger E. Miller. *IBM Canada Ltd. : A Case Study,* étude n° 14, ministère des Approvisionnements et Services, Canada, 1977.

Amado, Gilles, Claude Faucheux et André Laurent. « Changement organisationnel et réalités culturelles : contrastes franco-américains », dans Jean-François Chanlat (dir.),

Bibliographie

L'individu dans l'organisation : des dimensions oubliées, Éditions ESKA, Québec, Les Presses de l'Université Laval, 1990.

Argyris, Chris. *Strategy, Change and Defensive Routines,* Boston, Massachusetts, Pitman, 1985.

Arrow, Kenneth J. *The Limits of Organization,* New York, W. W. Norton & Co., 1974.

Auletta, Ken. *Three Blind Mice : How the TV Networks Lost Their Way,* New York, Random House Inc., 1991.

Avolio, B. J., et B. M. Bass (cds). *Developing Potential Across a Full Range of Leadership : Cases on Transactional and Transformational Leadership,* New York, Erlbaum, 2002.

Bartlett, Christopher A., et Sumantra Ghoshal. « Managing Across Borders : New Organizational Responses », *Sloan Management Review,* automne 1987.

Bazerman, Max H. *Judgment in Managerial Decision Making,* 5e édition, New York, Wiley, 2001.

Chandler, Alfred D. Jr. « Organizational Capabilities and the Economic History of the Industrial Enterprise », *Journal of Economic Perspectives,* vol. 6, n° 3, été 1992.

Chandler, Alfred D. Jr. « The Functions of the HQ in the Multibusiness Firm », *Strategic Management Journal,* vol. 12, 1991.

Chandler, Alfred D. Jr. *Scale and Scope : The Dynamics of Industrial Capitalism,* Cambridge, Massachusetts, The Belknap Press of Harvard University Press, 1990.

Chandler, Alfred D. Jr. *The Visible Hand : The Managerial Revolution in American Business,* Cambridge, Massachusetts, The Belknap Press of Harvard University Press, 1977.

Chandler, Alfred D. Jr. *Strategy and Structure : Chapters in the History of the American Industrial Enterprise,* Cambridge, Massachusetts, The MIT Press, 1962.

Collins, James, et Jerry I. Porras. « Building Your Company's Vision », *Harvard Business Review,* 1998.

Cope, Robert G. *High Involvement Strategic Planning : When People and Their Ideas Really Matter,* Oxford, Ohio, The Planning Forum, 1989.

Deal, Terrence E., et Allan A. Kennedy. *The New Corporate Cultures : Revitalizing the Workplace After Downsizing, Mergers, and Reengineering,* Cambridge, Massachusetts, Perseus Books, 2001.

Egelhoff, William G. *Organizing the Multinational Enterprise : An Information-Processing Perspective,* Cambridge, Massachusetts, Ballinger Publishing Co., 1988.

Evans, Richard, et Colin Price. *Vertical Take-Off : The Inside Story of British Aerospace's Come-Back from Crisis,* Nicholas Brealey Publishing, 1999.

Ewing, David W. *The Managerial Mind,* New York, The Free Press, 1964.

Firsirotu, Mihaela E. « Comment les facteurs de contingence façonnent la culture d'une organisation : le cas du Canadien National », dans Gladys L. Symons (dir.), *La culture des organisations,* Montréal, Institut québécois de recherche sur la culture, 1988.

Firsirotu, Mihaela E. « Strategic Turnaround as Cultural Revolution : The Case of Canadian National Express », thèse de doctorat, Montréal, Université McGill, décembre 1984.

Galbraith, Jay R. « Evolution without Revolution : Sequent Computer Systems », *Human Resource Management,* vol. 24, n° 1, printemps 1985.

Galbraith, Jay R. « Strategy and Organization Planning », *Human Resource Management,* printemps-été 1983.

Galbraith, Jay R., et Robert K. Kazanjian. *Strategy Implementation : Structures, Systems and Process,* 2e édition, Saint-Paul, Minnesota, West Publishing Co., 1986.

Gannon, Martin J. *Understanding Global Cultures : Metaphorical Journeys through 23 Nations,* 2e édition, Berverly-Hills, Californie, Sage Publications, 2001.

Gardner, James R., Robert Rachlin et H. W. Allen Sweeny. *Handbook of Strategic Planning,* New York, John Wiley & Sons, 1986.

Geertz, Clifford. *The Interpretation of Cultures,* New York, Basic Books, 1973.

Gersick, Connie J. G. « Revolutionary Change Theories : A Multilevel Exploration of the Punctuated Equilibrium Paradigm », *Academy of Management Review,* vol. 16, n° 1, 1991.

Gerstein, Marc, David Nadler et Robert B. Shaw. *Organizational Architecture : Designs for Changing Organizations,* Boston, Jossey-Bass, 1992.

Gerstner, Louis. *Who Says Elephants Can't Dance. Inside IBM's Historic Turnaround,* New York, Harper Business, 2002.

Goold, Michael. « Strategic Control in the Decentralized Firm », *Sloan Management Review,* hiver 1991.

Hamermesh, Richard G. *Making Strategy Work : How Senior Managers Produce Results,* New York, John Wiley & Sons, 1988.

Hammond, J., R. Keeney et H. Raiffa. « The Hidden Traps in Decision Making », *Harvard Business Review,* septembre – octobre 1998.

Hampden-Turner, Charles. *Corporate Culture for Competitive Edge,* Londres, Angleterre, The Economist Publications, rapport spécial, n° 1195, février 1990.

Hampden-Turner, Charles. *Charting the Corporate Mind,* New York, The Free Press, 1990.

Hampden-Turner, Charles. *Maps of the Mind,* New York, Collier Books, 1982.

Haspeslagh, Philippe C., et David B. Jemison. *Managing Acquisitions : Creating Value through Corporate Renewal,* New York, The Free Press, 1991.

Hofstede, Geert. *Culture's Consequences : International Differences in Work-Related Values,* Beverly-Hills, Californie, Sage Publications, 1980.

James, J. *Thinking in the Future Tense : Leadership Skills for the New Age,* New York, Simon & Schuster, 1996.

Janis, Irving L. *Groupthink,* dans Leavitt et al., *Readings in Managerial Psychology,* 3e édition, Chicago, University of Chicago Press, 1980.

Janis, Irving L., et Leon Mann. *Decision Making : A Psychological Analysis of Conflict, Choice and Commitment,* New York, The Free Press, 1977.

Johnson, Chalmers. *Revolutionary Change,* Boston, Massachusetts, Little, Brown and Company Inc., 1966.

Kanter, Rosabeth Moss, Barry A. Stein et Todd D. Jick. *The Challenge of Organizational Change,* New York, The Free Press, 1992.

Keesing, Roger M. « Theories of Culture », *Annual Review of Anthropology,* vol. 3, 1974.

Kegan, R., et L. Laskow. *How the Way We Talk Can Change the Way We Work : Seven Languages for Transformation,* San Francisco, Jossey-Bass Publishers, 2000.

Keller, Maryann. *Rude Awakening : The Rise, Fall and Struggle for Recovery of General Motors,* New York, William Morrow and Company, 1989.

Keynes, John M. *The General Theory of Employment, Interest and Money,* Cambridge, Macmillan Cambridge University Press, 1936.

Killen, Michael. *IBM : The Making of the Common View,* Boston, Massachusetts, Harcourt Brace Jovanovich Publishers, 1988.

Kilmann, Ralph H., Mary J. Saxton, Roy Serpa et autres. *Gaining Control of the Corporate Culture,* San Francisco, Jossey-Bass Publishers, 1985.

Kim, W. Chan, Peter Hwang et William P. Burgers. « Global Diversification Strategy and Corporate Profit Performance », *Strategic Management Journal,* vol. 10, 1989.

Bibliographie

Klein, G. *The Sources of Power : How People Make Decisions*, Cambridge, Massachusetts, The MIT Press, 1998.

Kluckholn, F., et F. Strodtbeck. *Variations in Value Orientations*, Evanston, Illinois, Row Peterson, 1961.

Kotter, J. « Why Transformation Efforts Fail », *Harvard Business Review*, 1999.

Kouzes, James M., et Barry Z. Posner. *The Leadership Challenge*, 3e édition, San Francisco, Jossey-Bass, 2002.

Langer, Ellen J. *The Power of Mindful Learning,* Reading, Massachusetts, Addison-Wesley, 1997.

Lawrence, Paul R., et Jay W. Lorsch. *Organization and Environment* : *Managing Differentiation and Integration,* Homewood, Illinois, Richard D. Irwin Inc., 1967.

Leibenstein, Harvey. *Inside the Firm* : *The Inefficiencies of Hierarchy,* Cambridge, Massachusetts, Harvard University Press, 1987.

Leifer, Eric M., et Harrison C. White. « Wheeling and Annealing : Federal and Multidivisional Control », dans James F. Short Jr. (édit.) *The Social Fabric : Dimensions and Issues,* Beverley Hills, Californie, Sage Publications, 1986.

Loomis, Carol J. « Dinosaurs ? », *Fortune,* mai 1993.

Lorange, Peter, Morton Scott, F. Michael et Sumantra Ghoshal. *Strategic Control Systems,* Saint-Paul, Minnesota, West Publishing Co., 1986.

March, James G. (édit.). *Decisions and Organizations,* Oxford, Basil Blackwell Inc. 1988.

March, James G., et Herbert A. Simon. *Organizations,* New York, John Wiley, 1958.

Martin, R. « Changing the Mind of the Corporation », *Harvard Business Review*, 1999.

Mercer, David. *The Global IBM Leadership in Multinational Management,* New York , Dodd, Mead & Co., 1987.

Mills, D. Quinn. « The Decline and Rise of IBM », *Sloan Management Review,* été 1996.

Mills, D. Quinn. *Rebirth of the Corporation,* New York, John Wiley & Sons, 1991.

Mills, D. Quinn. *The IBM Lesson* : *The Profitable Art of Full Employment,* New York, Random House, 1988.

Mintzberg, Henry, et Richard A. Normann. *Reframing Business : When the Map Changes the Landscape,* New York, John Wiley & Sons, 2001.

Mintzberg, Henry. *The Rise and Fall of Strategic Planning,* New York, The Free Press, 1994.

Mintzberg, Henry. *The Structuring of Organizations,* Englewood Cliff, New Jersey, Prentice-Hall, 1979.

Mobley, Lou, et Kate McKeown. *Beyond IBM,* New York, McGraw-Hill, 1989.

Moss-Kanter, Rosabeth. *Change Masters,* Simon & Schuster Adult Publishing Group, 1985.

Nathanson, D. A., et J. S. Cassano. « Organization, Diversity and Performance », *The Wharton Magazine,* vol. 6, n° 4, été 1982.

Ohmae, Kenichi. *The Mind of the Strategist : Business Planning for Competitive Advantage,* New York, Penguin Books, 1982.

Olson, Mancur. *The Logic of Collective Action,* Cambridge, Massachusetts, Harvard University Press, 1971.

Ouchi, William G. « Markets, Bureaucracies and Clans », *Administrative Science Quarterly,* vol. 25, mars 1980.

Pennings, Johannes M., et al. *Organizational Strategy and Change,* San Francisco, Jossey-Bass Publishers, 1985.

Peters, Thomas J., et Robert H. Waterman Jr. *In Search of Excellence : Lessons from America's Best-Run Companies,* New York, Harper & Row Publishers, 1982.

Pettigrew, Andrew. *The Management of Strategic Change,* Oxford, Basil Blackwell, 1988.

Pfeffer, Jeffrey, et Gerald R. Salancik. *The External Control of Organizations : A Resource Dependence Perspective,* New York, Harper & Row Publishers, 1978.

Pondy, L. *Organizational Symbolism,* JAI Press,1983.

Prahalad, C. K., et Yves L. Doz. *The Multi-National Mission : Balancing Local Demands and Global Vision,* New York, The Free Press, 1987.

Putnam, Robert D. *Bowling Alone : The Collapse and Revival of American Community,* New York, Simon & Schuster, 2000.

Putnam, Robert D. *Making Democracy Work : Civic Traditions in Modem Italy,* Princeton, Princeton University Press, 1993.

Quinn, Robert E., et Kim S. Cameron. *Paradox and Transformation : Toward a Theory of Change in Organization and Management,* Cambridge, Massachusetts, Ballinger Publishing Co., 1988.

Ready, D. « How Story Telling Builds Next Generation Leaders », *Sloan Management Review,* 2002.

Rhenman, Eric. *Organization Theory for Long-Range Planning,* New York, John Wiley & Sons, 1973.

Rosen, Robert, et Patricia Digh. *Global Literacies : Lessons on Business Leadership and National Cultures,* New York, Simon & Schuster, 2000.

Schaffer, Robert H., et Harvey A. Thomson. « Successful Change Programs Begin with Results », *Harvard Business Review,* janvier-février 1992.

Schein, Edgar H. *The Art of Managing Human Resources,* New York, Oxford University Press, 1987.

Schein, Edgar H. *Organizational Culture and Leadership,* San Francisco, Jossey-Bass Publishers, 1985.

Schelling, Thomas C. *Micromotives and Macrobehavior,* New York, W. W. Norton & Company, 1978.

Selznick, Philip. *TVA and the Grass Roots : A Study in the Sociology of Formal Organization,* New York, Harper & Row Publishers, 1966.

Senge, Peter M. « The Leader's New Work : Building Learning Organizations », *Sloan Management Review,* automne 1990.

Silverman, David. *The Theory of Organisations,* New York, Basic Books, 1970.

Simon, Herbert A. *Administrative Behavior,* 3e édition, New York, The Free Press, 1976.

Sloan, Alfred P. *My Years with General Motors,* Garden City, New York, Doubleday, 1963.

Stack, Jack, et Bo Burlingham. *A Stake in the Outcome : Building a Culture of Ownership for the Long Term Success of Your Business,* New York, Currency Doubleday, 2002.

Symons, Gladys L. (dir.). *La culture des organisations,* Montréal, Institut québécois de recherche sur la culture, 1988.

Thomas, Lacy Glenn III. *The Economics of Strategic Planning,* Lexington, Massachusetts, Lexington Books, 1986.

Trompenaars, Fons. *Riding the Waves of Culture : Understanding Diversity in Global Business,* McGraw-Hill, 1998.

Ulrich, Dave, et Dale Lake. *Organizational Capability,* New York, John Wiley & Sons, 1990.

Wallace, W. Anthony. *The Psychology of Culture Change : Culture and Personality,* New York, Random House, 1970.

Bibliographie

Weick, Karl E. *The Social Psychology of Organizing,* 2e édition, Reading, Massachusetts, Addison- Wesley Publishing Co., 1979.

Welch, Jack, et John A. Byrne. *Jack : Straight for the Gut*, Warner Books, 2001.

White, Leslie A. *The Concept of Culture,* Minneapolis, Minnesota, Burgess Publishing, 1973.

Williamson, Oliver E. *Economic Organization : Firms, Markets and Policy Control,* New York, New York University Press, 1986.

Index

3M, 31, 139

A

A&P, 466

A&T, 31

ABC, 274

achat, critères périphériques d', 278

acquisitions, 14, 32, 36, 38, 62, 76, 127, 141, 145, 151, 153, 241, 255, 385

actifs
    à court terme, 61
    à long terme, 61
    comptables, 62
    économiques, 51, 61, 71-90, 93, 112, 338
    indivisibles, 199
    intangibles, 62, 70, 194, 273, 276, 293, 326, 340, 341, 379, 386, 392
    gestion des, 65-70
    partagés, 327
    rotation des, 6, 50, 61-71, 73, 75, 338
    tangibles, 62-65, 194, 273, 276, 293, 326, 340, 341, 379, 386, 392
    valeur de ses, 50
    VCI, 50, 54, 91, 95, 101, 103-105, 111, 115, 414, 450

action(s)
    dividende par, 86
    émission publique, 79
    ordinaires, 79, 86

actionnaire(s), 13, 14, 15, 36, 51, 56
    comptable des capitaux propres, 51
    dilution des, 149
    rendement total pour l', 51, 98

activité(s)
    connexes, 141
    reliées, 141-146
    secteur d', 61, 406

Adelphi, 51

Adtranz, 70, 147, 150, 455, 456

AEG, 350

aéroport international de Mirabel, 183

Airbus, 127, 383

Akers, John, 429, 432, 452, 463, 466, 475, 488

Alamo Rent-A-Car, 257, 378

Alcan, 13, 370-371

Alcoa, 371

Algroup, 371

Allegis, 307, 388

alliances, 130
    stratégiques, 348

Allis-Charmers, 466

Alstom, 139, 146

Altavista, 411

AM International, 466

Amado, 434

Amazon.com, 8, 9, 66, 67, 68, 85, 119, 126, 265, 273, 269, 318, 319, 352, 360, 387, 409-415

AMD, 60, 68, 73, 298

amélioration continue, 468

American Brands, 418

American Customer Satisfaction Index (ACSI), 414

American Express, 475

American Motors, 466

angel funds, 79

angels, 82

antitrust, 444

AOL Time Warner, 61, 69, 75, 85, 143, 145, 241, 294, 308, 387, 388, 411, 503

Apollo, 307

appareil
    juridique, 241
    réglementaire, 241

Apple, 5, 129, 298

arbitrage, 2, 3, 187
    stratégique, 333

Arctic Cat, 261, 295, 364

arrangement structurel, 33, 129, 422

arsenal stratégique, 324

marque, 277, 279-280, 281, 363, 374,
    395, 396
    de commerce, 327

Marriott International, 29, 375

Maslow, 24

Massey-Ferguson, 466

maturité, 163, 244, 248, 252, 255, 258,
    260, 262, 284, 305, 326, 358

Max Factor, 386

Maynard Keynes, John, 484

McDonald's, 8, 9, 59, 68, 72, 73, 87-88,
    108, 211, 250, 252, 266, 270,
    328-329, 348, 352, 356-360, 365,
    412, 466

McGregor, 24

McKesson, 396

Means, 13

Meckling, 14, 22, 25

Melitta, 418

Mercedes Benz, 373, 399

Méritocratie, 434

Messageries du Canadien National, 443

métastratégie, 7, 483, 484

méthodes
    APT, 86
    Gordon, 86

Metro, 338

Microsoft, 5, 7, 29, 60, 68, 69, 73, 85,
    119, 120-121, 128, 158, 201, 208,
    241, 298, 412

Mintzberg, 496

mises à pied, 491

Mitsubishi, 128

mobilité, 15, 23, 55
    du talent, 4, 443, 482, 513
    faible, 17
    forte, 16
    interfirmes, 19, 58, 227

mode de gestion, 11, 26-48, 346
    et de la planification stratégiques, 41,
        171, 520
    inefficace, 41
    line-driven, 28, 30, 41, 42
    number-driven, 28, 33, 42
    staff-driven, 28, 34, 37, 42

mode de gouvernance stratégique, 507

modèle(s)
    à trois marchés, 21, 35
    binomial, 92
    Black Scholes, 92
    d'affaires, 349
    de création de valeur, 105-109
    de leadership et de gestion, 118
    de loyauté réciproque, 12-13, 22
    économique, 50, 71
    multifactoriel, 436

modes
    de fonctionnement, 376
    de gestion, 11, 26-48
    de leadership, 11, 26-48
    de pensée, 376

Moën, 418

mondialisation, 324, 388, 389, 392
    stratégie de, 328-330, 372, 381-385,
        393, 502

monocompétence, 293

monomarché, 293

monopole, 55, 363
    naturel, 206, 266
    virtuel, 199, 266, 267

monoproduit, 293

Montgomery Ward, 466

Moody's, 78, 151, 161

Moss-Kanter, 25

moteurs
    corporatifs, 50, 54, 57, 114, 116,
        139-177
    de création de valeur, 50, 51, 57,
        114-177, 413
    financiers, 50, 54, 57, 114-138
    stratégiques, 50, 54, 57, 114-138

motivation économique, 120

Motorola, 60, 73, 195, 466

Muller, 23

multicompétence, 293

multimarché, 293

multiproduit, 293

MVA, 101

Mylan Laboratoires, 397

myopie, 144, 243, 306, 310